행복의 지도

−하버드 성인발달 연구가 주는 선물−

The Wisdom of the Ego

행복의 지도

하버드 성인발달 연구가 주는 선물

조지 베일런트 지음 | 김진영 · 고영건 옮김

학지사

The Wisdom of the Ego
by George E. Vaillant

역자 서문

심리학적인 연구가 사람들에게 줄 수 있는 최고의 선물 중 하나는 사람들이 살아가면서 가장 알고 싶어 하는 것 중 하나인 '인생 사용법', 즉 한 번뿐인 인생을 어떻게 살아야 하는지에 관한 직접적인 해답을 제공해 준다는 점이다. 그리고 심리학이 우리에게 선사해 줄 수 있는 최고의 재미 중 하나는 대작가의 상상력 속에서만 가능할 것 같은 드라마 같은 삶이 현실에 실제로 존재한다는 점을 보여 준다는 것이다. 놀랍게도 하버드 대학의 성인발달 연구는 우리에게 이 두 가지를 동시에 선사해 준다.

1937년 하버드 대학의 정신건강 연구진은 전 생애에 걸친 인생 사례 연구를 위해 재학생 268명을 선발하였다. 그들은 세계 최고의 대학에 입학한 수재 중에서도 가장 똑똑하고 삶에 적응을 잘하는 학생들이었다. 나중에 미국의 대통령이 된 존 F. 케네디도 그들 중 하나였다. 이 연구는 박애주의자인 윌리엄 그랜트William T. Grant의 지원에 힘입어 진행되었기 때문에 일명 그랜트 스터디Grant Study라고 불린다.

그런데 지적으로 뛰어난 남학생들로 구성된 하버드생 표본College sample에 관한 연구 결과를 여성이나 지적으로 평범한 능력을 갖고 있는 사람들에게 적용하기는 어렵다. 이러한 점을 고려하여 하버드 대학의 성인발달 연구 책임자인 조지 베일런트George E. Vaillant 박사는 나중에 연구과정에서 두 가지 표본을 추가로 조사하였다.

하나는 스탠퍼드 대학에서 진행된 루이스 터먼Lewis Terman 박사의 영재 연구에서의 영재 여성 표본이다. 1920년에 터먼은 IQ가 최소 140에서 최대 200에 이르는 영재 아동 1,470명을 선발해서 그들의 실제 삶을 평생 추적 조사하는 야심 찬 프로젝트에 착수하였다. 그리고 67년이 지난 후인 1987년에 베일런트 박사는 터먼 표본Terman sample에서 대표성을 갖는 영재 여성 90명을 추출하였다. 그 후 그들 중에서 사망 및 질병 등의 이유로 면접이 불가능한 50명을 제외한 40명을 추적 조사하였다.

다른 하나는 도심 표본Core City sample이다. 하버드 법대 교수인 셸던 글루엑Sheldon Glueck과 사회복지 전문가인 엘리노어 글루엑Eleanor Glueck은 1940년에 나이 어린 청소년 범죄자들을 사회경제적으로 같은 조건을 갖고 있는 일반 또래 집단과 비교하기 위한 장기 종단적인 연구를 진행하였다. 도심 표본은 보스턴에 거주하는 456명의 청소년으로서, 그들은 비행을 저지르지는 않았지만 사회경제적으로 매우 불리한 조건에서 생활하고 있었다. 예를 들면, 이 도심 표본의 참여자 중 절반 정도는 아동기 때 매우 황폐한 슬럼가에서 살았다. 그리고 그들 대부분이 정부의 생활보조비를 받아 생계를 꾸려 나가는 극빈 가정 출신이었다.

하버드 대학의 성인발달 연구에 포함된 세 표본은 각각 내부적으로는 모두 동질적이었지만, 세 집단 간에 비교할 때는 매우 이질적인 집단이었다. 만약 세 집단이 성별과 지능 수준 그리고 아동기 사회경제적 환경 간의 차이에도 불구하고 살아가면서 유사한 행동(성숙한 행동 또는 미성숙한 행동)을 한 결과로서 삶에서 비슷한 성과(적응 또는 부적응)를 얻는다면, 그러한 자료는 행복한 삶의 비결을 추론해 볼 수 있는 귀중한 기회를 제공해 줄 수 있다. 또한 이때 만약 세 집단이 각각 내부적으로 성별과 지능 수준 그리고 아동기 사회경제적 환경이 같음에도 불구하고 살아가면서 상이한 행동을 한 결과로서 삶에서 상이한 성과를 얻는다면, 앞에서 확인한 행복한 삶의 비결에 대해 더욱더 확실한 결론을 얻을 수 있을 것이다. 그리고 만약 세 집단이 유사한 행동을 보였음에도 불구하고 삶에서 상이한 결과를 얻는다면, 그러한 차이점은 지능, 성별 또는 아동기 사회경제적 환경 간 차이로 설명하는 것이 가능할 것이다. 다시 말해, 하버드 대학의 성인발달 연구의 목적은 하버드생 표본, 터먼 표본, 도심 표본을 대상으로 '세 집단 간 유사성'과 '세 집단 내 차별성', 그리고 '세 집단 간 차별성'을 조사함으로써 행복한 삶과 부적응적인 삶의 비결을 조사하는 것이다.

하버드 대학의 성인발달 연구가 갖는 최대의 강점 중 하나는 세 집단 모두에 대해 아동기부터 시작해서 전 생애에 걸친 자료를 수집했다는 점이다. 이러한 형태의 전향적 연구는 연구 참여자를 어느 한 시기에만 조사한 자료로는 알아낼 수 없는 자아의 연금술을 실감나게 이해할 수 있도록 해 준다. 조지 베일런트 박사는 이런 점에서 이 책의 원제를 '자아의 지혜The Wisdom of the Ego'로 정했다. 왜냐하면 보이지도 않고 또 때때로 당사자가 의식하지도 못하는 스트레스에 대해서 인간의 정신세계가 나타내는 보이지 않는 반응, 즉 자아가 활용하는 무의식적인 방어는 자율신경계의 신체적인 반응만큼이나 치유적이고 또 건강에 필수적이기 때문이다.

인간은 삶 속에서 운명적으로 애벌레에서 나비로 성장해 가는 변화의 과정을 거치게 된다. 특히 우리가 전 생애에 걸쳐 자료를 수집함으로써 비로소 깨닫게 되는 인간의 삶이 변화해 가는 모습은 놀랄 정도로 신비롭다. 예를 들면, 하버드생 표본의 한 참여자는 세월이 흐른 뒤에 자신의 과거 기록을 읽으면서 그것이 자기 자신의 이야기라는 사실조차 인식하지 못했다. 이것은 단순한 망각을 의미하지 않는다. 연구 참여자가 심리적인 필요에 의해 나비가 된 후 애벌레 시절의 기억을 체계적으로 왜곡하는 것이기 때문이다. 이처럼 전향적인 연구방법은 프로이트Freud식의 심리학적 가정들을 직접 눈으로 확인해 볼 수 있게 해 준다.

하버드 대학의 성인발달 연구가 제시하는 가장 흥미로운 점 중 하나는 행복한 삶과 밀접하게 연관된 대표적인 심리적인 지표 중 하나로 심리적인 동화를 제시한다는 점이다. 조지 베일런트 박사에 따르면, 개인의 심리적인 성숙과정은 마치 유기체가 생물학적인 신진대사 과정을 통해 음식물을 소화한 후 영양분으로 전환시키는 것처럼 일상생활에서의 다양한 대인관계 경험을 심리학적으로 소화해 나가는 과정과 밀접한 관계가 있다.

지혜로운 심리학자 마이런 호퍼Myron Hofer에 따르면, 인간관계는 신체적인 접촉 수준뿐만 아니라 정신적인 표상 수준에서도 이루어진다. 우리의 삶은 실제 사람들 속에서와 마찬가지로 정신내적 표상의 세계 안에서도 진행되고 있다. 이러한 심리적인 힘은 우리로 하여금 사별 혹은 이별로 인한 아픔을 견딜 수 있게 해 준다. 따라서 다른 사람과의 관계에 대한 심리내적인 경험은 적어도 실제 대인관계에서의 외부적인 상호작용만큼이나 중요하게 고려할 필요가 있다.

비록 생텍쥐페리Saint Exupery가 『어린왕자』에서 심리적인 동화라는 표현을 사용하지는 않았지만, 그는 심리적 동화의 가치를 세계에 널리 알린 대표적인 작가 중 하나라고 할 수 있다. 그는 어린왕자의 입을 빌려서 심리적 동화와 밀접한 관계가 있는 행복의 비결을 상징적인 표현을 사용해 다음과 같이 전한다. "너희 장미들은 아름답긴 하지만 텅 비어 있어. 아무도 너희를 위해 죽진 않아. 물론 그저 지나치는 사람이라면 내 장미꽃과 너희들을 똑같이 여기겠지. 그렇지만 내가 사는 별의 장미꽃 한 송이는 너희들 모두보다 더 중요해. 왜냐하면 내가 물을 준 것은 바로 그 장미꽃이니까." 그 후 생텍쥐페리는 행복을 위해 다음의 사실을 기억하는 것이 중요하다고 말한다. "무언가를 잘 보려면 마음으로 보아야 해. 정말 중요한 것은 눈에 보이는 게 아니니까." 그에 따르면, 삶에서 가장 수수께끼 같은 일은 바로 이처럼 눈에 보이지 않는 심리적인 동화에 의해 '세상이 온통 달라질 수도 있다는 사실'이다. 하버드 대학의 성인발달 연구는 생텍쥐페리가 『어린왕자』에서 들려준 동화 같은 이야기가 현실에서 실제로 일어나는 일이라는 점을 분명하게 보여 준다.

심리학자로서 우리 부부는 하버드 대학의 성인발달 연구에 관해 지난 20년간 틈나는 대로 함께 열띤 논의를 진행해 왔다. 그리고 그때마다 이러한 연구에 대해 알게 된 것이 우리 부부에게는 축복과 같은 경험이라는 점을 확인하고는 한다. 부디 이 책을 읽는 독자들도 그러한 축복 같은 경험을 만끽할 수 있기를 바란다.

마지막으로, 이 책이 한국에 소개될 수 있도록 도와 주신 학지사의 김진환 사장님과 편집부의 하시나 선생님에게 감사의 마음을 전한다. 그리고 이 책은 2011년도 서울여자대학교 사회과학연구소 교내학술연구비의 지원에 힘입어 작성되었음을 밝힌다.

2013년 9월
김진영, 고영건

저자 서문

> 인간의 정신은 제각기 고유한 자신만의 거처를 가지고 있으며,
> 그 속에서 지옥을 천국으로 또 천국을 지옥으로 바꿀 수 있다.
>
> – 존 밀턴, 『실낙원』

우리의 삶은 때때로 견디기 힘들다. 그리고 우리는 때때로 그러한 현실에 직면하게 된다. 그럴 때면 우리의 마음은 우리를 희롱하기 시작한다. 우리의 마음이 우리 안팎의 현실을 왜곡하기 때문에 다른 사람은 우리가 부인denial하고 자기를 기만하며 심지어는 부정직하다고까지 비난하게 된다. 그러나 그러한 정신적 방어 덕분에 우리는 갈등의 근원들을 창의적으로 재구조화해 비로소 다룰 수 있을 만한 것으로 바꾸게 된다. 신체의 면역기제처럼 마음의 방어체계들은 통증을 걸러 내고 또 스스로 마음을 달랠 수 있는 다양한 착각 경험을 제공함으로써 우리를 보호해 준다.

그러한 형태의 정서적이고 지적인 부정직성은 건강한 것일 뿐만 아니라 성숙한 동시에 창의적이다. 그러한 방어적인 자기기만은 삶에서 겪는 다양한 사건에 대처할 수 있도록 우리의 자아, 즉 통합된 뇌가 종합적인 노력을 기울이기 때문에 나타나는 것이다. 이러한 노력이 없었다면 우리는 삶에

서 사건들에 압도당했을 것이다. 여기서 중요한 점은 그러한 자기기만이 평생에 걸쳐 계속 진화한다는 것이다. 우리의 발달은 아동기에서 끝나는 것이 아니라 성인기에도 지속된다. 청소년기의 부적응적인 방어는 성인기에 성숙한 덕목으로 발달해 나갈 수 있다. 이러한 정신적 연금술은 생애 초기에 오랫동안 학대받았음에도 불구하고 가치 있고 쓸모 있는 성인으로 성장해 나가는 사람들의 탄력성을 설명하는 데 도움이 된다. 간단히 말하자면, 우리의 자아방어들은 창의적이고 건강하며 위안을 주는 대처기제에 해당된다. 그럼에도 불구하고 자아방어들은 사용자가 아닌 관찰자의 입장에서 볼 때는 깜짝 놀랄 정도로 매우 이상한 것이 된다.

60년 전에 생리학자인 월터 캐넌Walter B. Cannon은 『신체의 지혜The Wisdom of the Body』라는 획기적인 책을 썼다. 그 책에서 캐넌은 인체의 소화계가 스트레스에 대해 나타내는 보이지 않는 반응을 기술했다.[1] 그는 우리 신체의 교감신경계와 부교감신경계가 항상성을 유지하기 위해 견제와 균형을 이루는 과정을 명확하게 규명하였다. 그는 평화로운 상태에 있는 신체를 기술하기 위해서 항상성이라는 용어를 사용했다. 그리고 그때까지는 보이지 않았던 생리적인 과정들을 조사하기 위해서 당시 최신식 발명품이었던 엑스레이 촬영 장비를 활용했다. 이러한 캐넌의 관점을 차용해 나는 이 책의 핵심 주제를 '자아의 지혜The Wisdom of the Ego'로 정했다. 왜냐하면 나는 스트레스에 대한 마음의 보이지 않는 반응들, 즉 자아가 활용하는 방어체계들이 캐넌이 규명하기 위해 애썼던 자율신경계만큼이나 치유적이고 건강에 필수적이라고 믿기 때문이다.

캐넌처럼 나는 최신의 과학적 업적을 활용한다. 다시 말해서, 전향적인 연구방법을 통해서 얻은 인간의 삶에 대한 기록들을 이용하는 것이다. 나는 성인발달 연구Study of Adult Development에서 증거를 수집했다. 성인발달 연구에서는 수많은 사람을 청소년기부터 시작해 성인기에 이르기까지 추적 조사한다. 그렇게 오랫동안 지속되는 연구는 자아의 방어들이 지닌 치유력을 가시화可視化하는 데 도움이 된다. 더구나 수백 명의 삶이라는 풍부한 데이터베이스는 개인들의 삶에서 얻은 결과를 일반화할 수 있는 통계적 기반을 제공해 준다. 또 나는 자아의 적응적인 자기기만 책략과 인간의 창의성 간 관계에 관심이 있기 때문에 천재 예술가들의 인생사에 대해서도 살펴볼 것이다.

나는 세 가지 실을 가지고 이 책을 직조해 나가려 한다. 그중 하나는 자기기만과 부인이라는 마음의 양식, 즉 방어기제라고 불리는 자아의 양식이다. 장 피아제Jean Piaget의 표현을 빌리자면, 그러한 방어들은 삶에 **적응하고자** accomodate 하는 성인의 노력과 밀접한 관계가 있다. 이러한 자아 방어기제를 사용하면 내적인 현실과 외적인 현실 모두에 대한 지각이 달라질 수 있다. 방어기제를 사용하는 것은 마치 최면처럼 사고의 다른 측면들을 바꾸어 버릴 수 있다. 예컨대, 본능적 소망을 자각하는 것은 현저하게 줄어드는 반면에 그와 반대되는 소망을 열정적으로 추구하게 되는 것이다. 때로는 우리의 양심을 잊어버리거나 다른 사람들을 인식하지 못하게 되기도 한다. 이런 맥락에서 나는 사람들이 어떤 방어기제를 선택하는지가 정신건강에 매우 중요하다는 증거를 제시할 것이다.

두 번째 가닥은 창의성, 즉 이전에는 존재하지 않았던 것을 세상 속에 내놓는 독특한 능력에 대한 분석이다. 창의성은 혼란과 고통 속에서 질서와 의미를 찾아내는 자아의 연금술과 밀접한 관계가 있다. 그러한 창의적인 능력은 심미적인 취미를 통해서 슬픔을 약화시킬 수 있고, 또 자아의 자기기만이 죄악이라기보다는 오히려 덕성으로 보일 수 있게 해 준다. 피아제식으로 표현하자면, 창의성은 우리가 삶을 동화하는 과정, 즉 경험을 받아들이고 우리 것으로 만들며 다른 사람들과 나누는 과정과 밀접한 관계가 있다. 창의성은 우리가 삶을 경험하고 표현해 내는 방식에 해당된다.

이 책의 세 번째 가닥은 성인의 발달과정을 조망하는 것이다. 인간의 전 생애에 관한 연구를 통해서 우리는 성인발달에 대한 교차횡단적 관점(발달과정 중 어느 한 시기를 분석하는 관점—역자 주)을 통해 얻은 결과를 재검토할 수 있다. 그러한 연구는 우리가 사람들이 어떻게 싹을 틔우고 꽃을 피우는지, 그리고 어떻게 애벌레에서 나비로 성장해 가는지를 바라볼 수 있도록 해 준다. 예컨대, 우리는 어떻게 친밀감을 형성하는 능력이 만족스러운 경력 정체성을 얻는 데 필수적인 헌신commitement이 나타나도록 하는지, 또 어떻게 경력에서 얻게 되는 충족감이 생산적인 보살핌을 제공하는 능력을 발달시키는 것으로 이어지는지를 추적해 볼 수 있다. 또 우리는 사람에서 일 그리고 일에서 다시 보살핌으로 이어지는 발달에서의 연속성이 남성과 여성 모두에게 적용될 수 있다는 점을 확인할 수 있다.

특히 전향적으로 수행되는 전 생애 연구는 성인도 지속적으로 성숙한다는 사실과 탄력성을 생생하게 보여 준다. 지그문트 프로이트Sigmund Freud는 생후 첫 5년간의 삶이 인간의 운명을 좌지우지한다고 주장함으로써 인간의 삶에 대한 희망감을 꺾어 놓았다. 이 책에서 내가 제시하는 증거는 사람들에게 다시 희망감을 선사해 줄 수 있을 것이다. 성인발달 연구에서 나온 자료는 정신건강과 방어의 선택이 고정된 것이 아니라는 점을 보여 준다. 오히려 성인기에도 개인이 어떤 방어를 선택하는가 하는 측면은 계속 발달해 가며, 그 결과 고통을 야기하는 모래알을 진주로 변형시키기도 한다. 어떤 방어를 선택하는지는 사회계급이나 교육 혹은 성별과 같은 것들에 의해 결정되지는 않는다.

현대 정신분석학에서 사용하는 자아라는 용어는 인간 두뇌의 적응적인 노력을 포괄적으로 지칭할 때 사용된다. 즉, 자아는 내적 현실과 외적 현실을 통합하고 통달하며 의미를 만들어 내는 조직화 능력을 가리킨다. 프로이트는 "개개인에게는 정신과정을 일관성 있게 조직해 내는 능력이 있는데 그것을 자아라고 부른다."라고 하였다.[2] 자아는 세계를 동화시키고 또 세계에 순응하는 마음의 통합 능력을 뜻한다.

한편, 성격발달과 성숙은 개인과 사회적 환경 간 상호작용을 통해 이루어진다. 존 밀턴John Milton이 우리에게 일깨워 주었듯이, 경험은 마음(또는 심장)에 일어나는 것이 아니라 경험을 가지고 무엇을 하는가가 문제시되는 어떤 것이다. 따라서 마음이 경험을 조작하는 방법이 바로 자아발달의 핵심 관점이 된다.

우리는 자아발달을 아동기에 일어나는 어떤 것으로 생각하는 데 길들여져 있다. 발달심리학자인 로버트 키건Robert Kegan은 어린아이의 자아발달 과정을 관찰하면서 다음과 같이 적었다. "아이가 다른 사람 앞에서 놀라울 정도로 사적인 활동, 즉 의미를 창출해 내는 활동을 하느라 안간힘을 쓰는 것은 매우 감동적이다." 키건이 주목했듯이, 그러한 발달은 사회적인 것이다. "우리의 생존과 발달은 다른 사람들의 관심이 우리를 향하도록 만드는 우리의 능력에 달려 있다."[3] 아동이 발달하려면 자신을 사랑해 주는 양육자가 필요하다. 양육자는 아동을 위해서 도널드 위니컷Donald Winnicott이 '지지적 환경holding environment'이라고 명명한 것을 만들어 준다. 지지적 환경은 아동이 성숙해 나가고 자기개념을 발달시키는 데 필요한 안전한 토대에 해당된다. 이런 점에서 양육자가 베푸는 사랑은 아이의 마음속에 항상 머물면서 자아의 자기기만에 대항하려는 노력을 위한 버팀목이 된다. 그 결과, 양육자로부터 받은 사랑은 힘들고 고통스러운 순간을 스스로에게 해를 끼치는 왜곡과 착각으로 일그러진 시간이 아니라 인생의 황금기로 바꾸어 주는 원동력이 된다.

하지만 이 책은 아동을 위한 것이 아니다. 비록 키건은 청소년과 성인이 "감동적이고 근본적인 방식으로 스스로를 표현하는 경우"가 별로 없는 점을 염려했을지라도, 그 역시 이러한 일은 "우리가 그들이 삶의 모습을 감동적으로 바라보는 것이 어려울 때에만 나타나는 것"이라는 점을 깨닫고 있었다.[4] 이 책은 자신들의 전체 삶을 정교한 심리학적 분석의 대상이 될 수 있도록 공개하거나 상처받기 쉬운 개인적 활동 내역이 관찰된 사람들에 관한 이야기다. 이 책은 사랑하는 법을 배우느라, 삶의 의미를 탐색하느라, 혼란 속에서 새로운 질서를 창출해 내느라, 흔히 우연이기는 해도 이전에는 없었던 무언가를 세상에 내놓는 방법을 고민하느라 무던히도 애쓰던 남성들과 여성들에 관한 이야기다. 그들의 인생 이야기는 성숙과 지지적 환경의 내재화가 아동기가 아닌 성인기에 걸쳐 지속적으로 일어난다는 점을 계속해서 보여 준다.

마지막으로, 나는 비록 정신분석학의 잘못된 인습들은 포기한다 할지라도 정신분석학의 정수만큼은 고수해야 한다고 과감하게 주장하고 싶다. 나는 독자에게 우리가 대뇌피질뿐만 아니라 변연계도 가지고 있으며 또 우리의 뇌를 우리의 가슴과 분리시키는 것이 불가능하다는 사실을 상기시키고 싶다. 이 책은 소위 인지 혁명, 정신과학의 의학화, 그리고 '두뇌의 시대'라고 칭해진 현상의 과도한 면을 조율하고자 하는 시도에서 탄생했다. 하워드 가드너Howard Gardner는 인지 혁명의 역사를 명쾌하게 소개하면서 '인지 – 과학적 연구를 쓸데없이 복잡하게 만들 수 있는' 요인들을 배제하기 위해 내린 인지과학자들의 결정에 주목한다. "이러한 요인들로는 정서나 감정, 역사 및 문화적 요인, 그리고 특정한 행위나 생각이 나타나도록 만드는 배경적 맥락이 있다."[5] 이 책은 바로 인간에 대한 연구 프로젝트를 인지 혁명 이전으로 되돌리고자 노력한 숙고의 산물이다.

인간의 삶에 대한 전향적 연구는 심리적 경험을 정교하게 살펴보고 남성과 여성에게서 나타나는 유사점과 차이점을 분명하게 파악할 수 있게 해 준다. 정신과 의사인 존 네미아John Nemiah에 의하면, "많은 사람이 정신역동적 개념의 타당성을 받아들이기 어려워하는 이유는 인지 능력이 부족해서가 아니라 그 이론이 근거하고 있는 임상적 사실들을 바라보고 싶어 하지 않거나 관찰 경험이 부족하기 때문이다. 정신역동 이론을 거부하는 사람들은 인간의 주관적인 심리적 경험이 진지한 관심과 연구의 대상이 될 만한 가치가 있는 현상이라고 생각하지 않는다. 따라서 그들은 자신이 그러한 경험을 관찰하는 것을 허용할 수 없고 또 허용할 생각도 없다."[6] 수많은 사람의 실제 삶을 전향적으로 추적 조사한 자료를 이용해서 이 책은 엄격한 경험주의자에게조차 인간의 주관적인 심리적 경험을 명확하게 확인할 수 있도록 해 준다.

이 책 전반에 걸쳐 나는 '실제 과거와 기억된 과거 사이' '예술가의 삶과 그 예술가의 창의적 작품 사이', 그리고 '실제 현실과 그러한 현실에 대한 우리의 지각 경험 사이'에서 발생하는 다양한 왜곡을 짚어 낼 것이다. 나의 의도는 숨겨진 것을 보이게 만듦으로써 프로이트와 피에르 자네Pierre Janet가 처음으로 대중화한 역동적 '무의식'을 '프로이트식'을 표방하는 인문주의자들의 편협한 지배로부터 되찾는 것이다. 그리하여 정신역동적 무의식을 자연과학자들의 영역 속으로 재편입시키는 것이다. 이제는 자아와 그 방어들을 정신분석적 신념으로 가득 들어찬 사변적 기사들이 아니라 정신생물학적인 현실의 일면으로 바라봐야 할 때가 된 것 같다.

차 례

행복의 지도

왜 인간의 자아를 칭송하는가

> 경험의 의미를 이해하고 통달하며 통합하려는 노력은
> 여러 가지 자아의 기능 중 하나에 불과한 것이 아니라
> 그것이 바로 자아의 본질이다.
>
> – 제인 뢰빙거

얼마 전 나는 캘리포니아에 있는 놀이동산에서 빙글빙글 돌아가는 롤러코스터를 타고 있는 사람들을 바라보면서 무척 놀랐다. 나는 탑승자들이 속도를 점점 내다가 한 바퀴를 돌면서 거꾸로 매달리며 흥분한 채로 팔을 흔드는 것을 보면서 그들에게는 그 경험이 즐거움과 해방감 그리고 짜릿한 흥분감을 선사해 준다는 것을 알 수 있었다. 그러면서도 나는 그런 놀이기구를 타는 것이 내게는 전혀 즐거운 일이 못된다고 생각했다. 나는 그때 롤러코스터 탑승이 가져올 신체적인 손상에 대해서만 곰곰이 생각했다. 롤러코스터 탑승으로 인한 스트레스는 내 몸 안의 점액낭을 칼슘으로 채우고, 내 위장벽을 궤양으로 울퉁불퉁하게 만들며, 관상동맥 내의 콜레스테롤을 축적시키고, 내 면역계를 코르티코스테로이드로 뒤덮어 손상시킬 것이다. 아마도 내가 롤러코스터를 탄다면 수명이 몇 년은 단축될 것이다.

　도대체 웃고 있는 탑승자들의 뇌 속에서 작용하는 어떤 연금술이 내게

는 오직 공포와 디스트레스distress만을 가져다줄 경험을 그처럼 완화시킬 수 있게 만드는 것일까? 만약 내가 롤러코스터를 탄다고 하더라도 우리가 보이는 반응의 차이가 위험을 알아차리는 능력에서의 차이 때문에 나타나는 것은 아닐 것이다. 사실 대부분의 놀이동산에서 실제로 재앙이 일어나는 경우는 없다. 나도 그것을 잘 안다. 그렇다고 우리가 스트레스에 대해 알고 있는 내용이 다른 것도 아니다. 정신과 교수인 나는 스트레스에 대해서 상당히 잘 이해하고 있다. 나는 롤러코스터를 탑승했을 때 심호흡을 하고 옆 사람과 함께 잔잔하고 푸른 석호를 떠올리면 불안감을 줄이는 데 효과가 있다는 것을 안다. 롤러코스터를 탈 때 우리는 지상 30미터 상공에서 거꾸로 매달려 있는 무력감을 공유하기 때문에, 우리가 경험하는 외적인 스트레스에서 차이가 나는 것도 아닐 것이다. 그들과 나의 차이는 우리의 마음, 즉 우리의 자아가 경험을 왜곡하는 방식에서 비롯된 것이다.

자아는 이해하기 어려운 메타포metaphor다. 심리학자들과 정신과 의사들은 좋은 자아를 어떻게 하면 객관적인 용어로 정의하고 측정할 수 있는지를 기술하기 위해서 고심 중이다. 부분적으로 이러한 고민은 정신건강에 대한 우리의 개념이 조작적 행동이 아닌 이론적 구성 개념이기 때문에 발생한다. 그러나 우리가 정신건강이 무엇을 의미하는지를 정의하기 위해서 아무리 많은 시간을 들인다고 할지라도 자아는 여전히 신체라는 기계 속에 있는 신비한 신으로 남는다.

이 책에서 소개하는 자아의 지혜는 허황된 지혜가 아니라 통합되고 적응적인 중추신경계의 지혜를 말한다. 자아에 대한 이러한 개념은 안팎의 현실을 통합하고 과거와 현재를 잘 혼합하며 관념과 느낌을 합성하는 마음의 능력을 나타낸다. 나는 자아라는 말을 이타적인 양심과 이기적인 본능이라는 플라톤Plato의 말 두 필을 모는 민첩한 기수, 즉 자기보전적인 실행자라는 의미로 사용한다. 이것은 지그문트 프로이트Sigmund Freud가 사용했던 것과 동일하다. 그러나 자아는 우리의 두뇌는 할 수 있지만 세계 최고의 정밀한 컴퓨터는 할 수 없는 온갖 복잡한 행동을 할 수 있다. 예컨대, 얼굴, 서명, 르누아르 모조품의 인식은 컴퓨터의 능력을 한참 벗어나는 것이지만 인간의 두뇌라면 별 훈련 없이도 쉽게 해낼 수 있다.

원래 프로이트는 자아를 동시에 두 마리 말에 올라타려고 애쓰는 플라톤의 기수에 빗대어 기술하였다. 이드id의 이기적인 본능에게 들들 볶이고 초자아superego의 도덕적 제약에 에워싸이며 현실에게 퇴짜 맞은 채로, 자아ego는 자신에게 가해지는 압력들을 감소시키고 대처함으로써 어떻게든 조화를 이루게 하려고 고군분투한다. 자아라는 기관은 우리의 본능적 행동을 지연시킨다. 자아는 행동하기 전에 먼저 생각한다. 그럼으로써 자아는 본능적인 충동들을 '중화'시킬 수 있다. 대개 이러한 중화는 점진적으로 변화하게 되지만, 종교적인 개종의 경우에는 본능을 지연시키는 능력의 발달이 갑자기 일어날 수도 있다.

시간이 흐르면서 자아에 대한 프로이트의 모델도 진화해 왔다. 우리 밖에 존재하는 것들 역시 우리 안에 존재하는 것들만큼 위협적이다. 대인관계와 외부 현실도 이제 이드와 초자아만큼이나 무의식적 갈등에 중요한 것으로 여겨진다. 따라서 자아는 욕망, 양심, 타인 그리고 현실이라는 네 마리의 말을 조정해야만 한다.

자아를 정의하고자 하는 현대적인 시도에는 수술 때문에 좌우 반구가 분리된 환자들을 연구하는 마이클 가자니가Michael Gazzaniga와 같은 신경심리학자들의 연구도 포함된다. 가자니가에 따르면, "분리 뇌 환자들에 관한 연구는 우리의 의식적 자각의 범위를 벗어나서 작용하는 일군의 모듈에 의해서 발생하는 활동, 기분, 사고과정을 통합하는 좌반구에 있는 시스템의 존재를 밝혀 주었다. 좌반구의 '해석자'는 이러한 활동과 기분에 대해서 이론을 구성하며 우리의 의식적인 삶에서 질서와 통일성을 창출한다. 이 시스템은 언어과정과는 독립적으로 작동하되 인간의 두뇌에만 고유한 것으로 보이며 인과관계를 추론하는 두뇌의 뛰어난 능력과 연관되어 있는 특별한 시스템이다."[1]

그러나 가자니가는 진짜로 '자기self'에 대해서 이야기하고 있다. 자기는 주관적 경험을 가지고 있으며 생각과 신체적 느낌을 가지고 있다. 자아는 경험을 가지고 있지 않다. 자아는 통합된 중추신경계의 총합으로서 조직화를 하는 정신기관이다. 자아는 눈에 보이지 않으며 오직 그 흔적을 통해서만 확인이 가능하다. 우리가 자아 기능의 결과를 마음속에 그려 보고 인지할 수 있기는 하지만 자아는 영원히 추상적 개념으로 남을 것이다.

자아가 단지 적응과 정신적 합성을 통해서 존재하는 것만도 아니다. 자아의 지혜는 또 방어와 성인발달 그리고 창의성을 포함한다. 발달하는 자아의 궁극적인 과제들은 지혜, 배려와 정情의 융합, 우리의 욕구와 권리, 과거력에 주의를 기울이는 동시에 다른 사람의 욕구, 권리, 과거력을 고려하는 능력이다. 그러한 자아 과제들은 친밀한 관계의 통달 및 멘토와의 동일시를 포함할 뿐만 아니라, 비교 및 역설과 양가성을 견디는 능력을 포함한다. 자아는 우리가 변화를 일으키기 위해서 용기를 내야만 하는 경우와 받아들이기 위해서 평정을 유지해야 하는 경우를 변별할 수 있게 해 준다.

물론 나는 자기애를 표현하기 위해서 자아라는 용어를 사용하지는 않는다. 사실 자기중심적(이기적)인 것과 자기 안에서 중심을 잡는 것(자아 강도를 지니는 것)은 천양지차다. 생존하려면 우리는 이타심과 이기심 사이, 무모할 정도의 자기무시와 쓸모없게 만드는 자기도취 사이에 존재하는 중요한 영역을 찾아야만 한다. 이렇게 자아 강도는 자기보호를 포함한다. 자기배려는 이타심도 모르고 이기심도 모른다. 오히려 자기배려는 장기적인 관점을 채택하고 다른 사람들을 위축시키지 않으면서도 자기를 과대화할 수 있는 영역들 속으로 확장해 가야 한다. 적응적인 자아는 아낌없이 베풀 줄 알아야 하며, 그래야 그 베풂이 10배로 돌아올 것이다. 적응적인 자아는 짚으로 금실을 짜는 법을 배워야 한다. 그러나 롤러코스터 탑승자의 경우처럼 그러한 자아는 합당한 자기기만을 위한 능력을 발달시켜야만 한다. 그리고 나중에 보겠지만 그러한 자기기만이 예술로 이어지든 광기로 이어지든 간에 자아의 연금술은 기적이나 다름없다.

마지막으로, 자아발달은 도덕발달과 다르지 않다. 시인 에드워드 알링턴 로빈슨Edward Arlington Robinson은 친구에게 "세상은 '감옥'이 아니라 틀린 블록을 가지고 신God을 쓰려고 애쓰면서 어찌할 바를 모르는 수백만의 아기로 가득 찬 일종의 영혼의 유치원 같은 곳이다."라고 적고 있다.[2] D를 E로 바꾸면 신GOD만큼이나 쉽게 자아EGO라고 쓸 수 있다. 편집적인 사람과 이타적인 사람 사이의 차이를 생각해 보자. 양자 모두 다른 사람들이 어떻게 느끼는지를 직감적으로 감지할 수 있다고 주장한다. 차이점은 이타주의자는 옳은 반면에, 편집적인 사람은 오직 자기 스스로의 이미지를 본다는 것이다. 그럼에도 불구하고 시간이 흐르면 편집적인 사람도 이타주의자로 발달해 갈 수 있다. 적응적 능력이 성숙함에 따라 편집증은 공감으로, 투사는 이타주의로, 죄인은 성인聖人으로 진화해 간다. 자아발달은 투사의 자기를 폄하하는 죄악이 공감의 자기를 확장해 가는 덕목으로 진화해 가도록 하려는 우리의 끊임없는 노력을 반영한다. 자아발달의 과정은 지혜, 창의성의 성장, 그리고 자기기만을 동시에 포함한다.

* * *

자아는 삶을 보존시키는 왜곡을 할 수 있는 대단한 능력을 가지고 있다. 앞서 제시한 바 있듯이, 그러한 왜곡은 투사, 이타주의, 혹은 행복한 롤러코스터 탑승자들의 경우처럼 해리의 형태를 취할 수도 있다. 위약의 마술, 원시 샤먼의 숭배, 군중의 광기, 그리고 예술의 힘처럼 인간의 기발하고 창의적이며 흔히 치유적인 자기기만은 무궁무진한 것 같다. 실제로 총명한 생리학자인 월터 캐넌Walter B. Cannon이 자기조절을 하는 항상성과 더불어 '신체의 지혜wisdom of the body'라고 칭했던 것은 마음의 유익한 연금술에 비하면대적이 되지 않는다. 많은 환경 자극이 단지 우리가 그것들에 부여하는 상징적 의미 때문에 우리의 건강을 위험에 빠뜨린다. 롤러코스터와 같은 다른 자극들은 무의식적인 적응기제에 의해서만 안전하게 여겨진다. 유명한 미국인 시험 비행사인 척 예거Chuck Yeager가 완벽하게 보여 준 '바른 것'은 단순히 의지력과 스트레스 관리, 능숙한 비행 지도의 함수가 아니었다. 많은 사람이 비행사가 되는 것을 결코 견딜 수 없을 것이며, 많은 비행사 역시 시험 비행사가 되는 것을 견딜 수 없을 것이다. 시험 비행사들조차도 예거의 반사를 '멋지다'고 감탄했다. 만약 예거가 자신의 내적 현실과 외적 현실에 완전한 주의를 기울였다면 그 역시 두려워했을 것이다. 그러나 또 한편으로 그러한 현실을 한순간이라도 무시했다면 예거는 죽고 말았을 것이다. 그의 자아의 지혜는 자기기만과 내·외적 현실의 정확한 인식 사이에 최적의 균형을 이루어 내는 데 있다. 흔히 하는 말로, 그러한 섬세한 균형이 바로 **대처하기**coping다. 하지만 그것은 매우 특별한 종류의 대처하기다.

우리의 마음이 스트레스와 위험을 다룰 수 있는 방법에는 크게 다른 세 가지가 있다. 첫째, 우리는 다른 사람들로부터 도움을 받을 수 있다. 시험 비행사는 공감적이면서 숙련된 비행 지도를 받을 수 있다. 대처하는 데 이러한 도움을 받는 것을 흔히 사회적 지지라고 부르는데 대개는 자발적으로 일어난다. 둘째, 우리는 우리 스스로를 돕기 위해서 자발적이고 학습된 방법들을 사용한다. 시험 비행사는 스트레스 관리와 위험 관리를 시연해 볼 수 있다. 그러한 방법들은 때로 인지적 대처전략이라고 한다. 셋째, 우리는 자기도 모르게 하는 무의식적 전략을 사용할 수 있다. 흔히 그것들은 정신분석학 용어인 자아의 방어기제에 포함된다. 그러나 무서움 없는 롤러코스터 탑승자처럼 이 세 번째 대처과정, 즉 방어기제의 사용은 많은 부분 자기도 모르게 내적 현실과 외적 현실의 지각을 둘 다 변경시킨다. 현실을 정신적으로 왜곡함으로써 흔히 불안과 우울이 경감되고, 결과적으로 스트레스로 인한 생리적이고 정신적인 마모가 덜 일어난다. 그러나 방어가 롤러코스터라는 무서운 현실에 대해서만 작용하는 것은 아니다. 그것은 또한 무서운 관계, 욕망 그리고 금기사항에 대해서도 작용한다. 방어기제는 본능적인 '소망', 사랑 그리고 욕망의 자각을 감소시킬 수 있는 동시에 상반되거나 중립적인 욕망에 대한 열정적인 집착을 야기할 수도 있다. 아홉 살짜리 소년이 흥분한 소녀의 키스로부터는 도망치면서 중립적인 야구 카드는 얼마나 열심히 모으는지를 생각해 보라. 또 방어는 문화적 금지의 자각을 감소시킬 수 있다. 어떻게 청소년들이 부모의 가장 합당한 규제들을 무시하면서 자기네끼리는 가장 터무니없는 규칙들을 만들어 내는지를 생각해 보라.

세 가지 종류의 대처방식을 설명하되 이 책에서 내가 오직 세 번째 종류에만 초점을 맞출 것이라는 점을 강조하기 위해서 자아의 지혜로 스트레스를 극복하는 것과 캐넌이 얘기한 '신체의 지혜'로 결핵을 극복하는 것 사이의 유사성을 보여 주겠다. 결핵과 같은 감염성 질환에 걸린 사람에게는 세 가지 선택안이 있다. 첫째, 애디런댁에 소재한 트뤼도의 요양소나 토마스 만Tomas Mann의 『마의 산Magic Mountain』에 나오는 요양소 같은 곳에서 도움을 받고 사회적 지지를 구할 수 있다. 항생제가 개발되기 전의 결핵 치료는 사회적인 것이었다. 부분적으로 치료는 다른 사람들의 힘과 희망, 경험에서 얻어졌다. 동일한 요소가 스트레스에 대한 저항에도 적용된다. 만약 내가 잡을 수 있는 용감하고 따뜻한 손이 있었다면 롤러코스터를 잘 타 냈을지도 모른다.

둘째, 결핵 환자는 최신 의학 잡지를 읽고 치료와 요양을 위한 현명한 식이요법을 지킬 수도 있다. 그러한 식이요법은 주의 깊게 지켜질 필요가 있을 것이다. 스트레스 대처를 위한 학습된 인지전략은 중요하며 미국인들이 스트레스 관리를 '배우는' 데 관심을 갖게 이끌었다. 분명히 이것은 내가 놀이동산에서 취했던 방법이다. 표를 사지 않기로 현명하게 결정함으로써 나는 말로 다할 수 없는 괴로움으로부터 스스로를 보호한 셈이다.

셋째, 결핵 환자는 자신의 신체의 지혜에 의존할 수 있다. 그는 자기도 모르는 상태에서 백혈구 세포를 이용하고 만들어 낼 수 있다. 침입하는 마이크로박테리아에 대항하기 위한 항체를 '무의식적으로' 만들어 낼 수 있다. 마찬가지로 롤러코스터 탑승자는 노력이나 의도 없이 공포와 위험으로부터 자신을 해리시킨 것이다. 방어기제와 마음의 관계는 면역계와 신체의 관계와 같다. 스트레스에 지대한 관심을 가졌던 캐나다의 한스 셀리Hans Selye가 '스트레스가 우리를 죽일 수 있다'라고 한 것은 오직 방정식의 반쪽만을 얘기한 셈이다. 아마도 더 중요한 사실은 방어 덕분에 우리가 생존할 수 있다는 점일 것이다.

자아와 스트레스 극복의 관계는 면역계와 결핵 극복의 관계와 같다. 만약 결핵 환자가 면역계를 '지혜롭게' 활용할 수 있다면 결코 악화되지 않을 것이다. 하지만 그의 면역계가 비효율적으로 작동하거나 너무 많이 작동하게 된다면 그 결과는 끔찍할 것이다. 실제로 결핵의 만성적 합병증은 감염 마이크로박테리아 때문이 아니라 그 박테리아를 싸워서 물리치려는 신체의 노력 때문에 생겨나는 것이다. 마찬가지로 정신질환이라고 명명된 것들 중 많은 경우가 방어기제의 '지혜롭지 못한' 활용을 보여 주는 것이다. 만약 우리가 방어를 잘 한다면 우리는 정신적으로 건강하고 양심적이며 재미있고 창의적이며 이타적인 사람으로 보일 것이다. 만약 우리가 방어기제를 제대로 쓰지 못한다면 정신과 의사는 우리가 병들었다고 진단할 것이고, 우리의 이웃은 우리를 불쾌한 사람으로 여길 것이며, 사회는 우리가 비도덕적이라고 낙인찍을 것이다. 그러나 나는 내가 **방어기제**라는 전통적 용어를 사용할 때 대처, 즉 **적응**adaptation의 의미로 사용한다는 것을 분명히 하고 싶다. 우리의 꿈처럼 정신이상조차도 일탈적인 뇌 기능에서 의미를 찾고 통합하며 통달하려는 자아의 노력을 반영한다. 만약 우리가 기침을 하지 못하고 고름을 만들지 못한다면 죽게 될 것이다. 만약 우리가 우리 안팎의 현실을 무의식적으로 왜곡하지 않는다면 우리는 불안과 우울에 빠질 수밖에 없다.

그러나 나는 이제 막 이 책의 서두를 시작했을 뿐이며 메타포를 가지고 과학을 논하려고 애쓰고 있다. 자아방어의 이해에서 기제라는 용어는 면역계처럼 구체적인 무언가를 의미하는 것은 아니다. 방어는 두뇌 활동의 불변적인 생리적 패턴이 아니다. 방어는 생각, 느낌, 행동을 통해서 현실을 일시적으로 흐리게 하는 것에 대한 기술적인 메타포다. 방어는 중추신경계 최고의 통합적인 조절과정이기 때문에 일상적인 행동과 생각, 느낌과 쉽게 구분되지 않는다. 거기에 문제가 있다. 아주 사려 깊은 사회생물학자이자 인류학자인 멜빈 코너Melvin Konner가 지적했듯이, "적응은 모든 과학적 현상 중에서 가장 신비로운 것이다. 본래 증명이 불가능하면서도 아주 쓸 만한 아이디어다."[3] 무지개는 그러한 현상을 논하기에 좋은 메타포다. 너무 심사숙고하는 과학자는 무지개를 착각이라고 일축해 버릴 수 있다. 실제로 가까이에서 관찰하면 무지개는 사라져 버린다. 분명 무지개는 공간 속 어디에도 있지 않으며 시작도 없고 끝도 없다. 하지만 비행접시와는 다르게 무지개는 사진에도 찍히고 모든 사람이 볼 수 있다. 그럼에도 여전히 무지개 그리고 자아방어를 완전하게 감상하려면 과학자보다는 화가와 시인의 언어를 빌려야 할 때가 종종 있다.

*　　*　　*

내가 신참이었을 때 우리 정신과 과장님이 의학을 처음 배우는 학생들에게 방어기제를 가르치는 것은 헛수고가 될 것이라고 경고했다. 그는 정신분석학적 심리학의 난해한 교리를 정신과 수련의 후반부에 가르쳐야 한다고 생각했다. 그는 틀렸다. 왜냐하면 무의식적인 심리적 방어에 대한 믿음은 더 이상 정신분석을 종교처럼 신봉하는 사람들에게만 국한되지 않기 때문이다 정치인들은 투사를 알고 있다. 생태학자들도 자유롭게 전위를 언급한다. 승화와 억 압은 전기작가들, 그리고 최근에는 사회역사가들에게 익숙한 개념이 되었다.

그러나 학문으로서의 심리학은 일반적으로 무의식, 특히 방어기제를 미심쩍어 한다. '인지 혁명cognitive revolution'은 방어기제를 무시해 왔고, 최근에 와서야 실험심리학이 조절적인 자기기만을 위한 용어를 다시 고안하기 위해서 탐색적인 시도를 하고 있다. 그러한 불신의 근원은 학문적 심리학의 엄격한 경험주의, 그리고 정신분석학 자체가 제시하는 경험주의를 무시하는 것에 대한 아전인수격의 변명일 것이다.

방어기제에 대한 불신은 여러 가지 면에서 근거 없는 것이다. 흔히 현대의 실험심리학자들은 프로이트가 과학적 경험주의자로서 출발했다는 것을 망각할 때가 있다. 많은 현대 심리학자는 대본을 읽는 것만으로 오페라를 이해하려고 하는 것처럼 성격을 연구하려고 한다. 프로이트는 우리가 음악에도 마찬가지로 주의를 기울여야 한다고 주장했다. 칸트Immanuel Kant나 스키너Burrhus F. Skinner의 무미건조한 산문보다 키츠John Keats나 베르디Guiseppe Verdi, 셰익스피어William Shakespeare의 메타포가 아름다운 일몰의 과학적 실상이나 실연으로 인한 상심의 고통을 묘사하는 데 더 적합하다. 프로이트는 인간은 보거나 완벽하게 통제할 수 없는 힘들의 수호자라고 재차 강조했다. 시상하부와 변연계에 대한 현대의 연구는 이러한 힘들의 중추적 중요성을 분명하게 해 주고 있다. 좋은 소식은 심리학자들이 최근 방어기제를 재발견하기 시작했다는 사실이다. 그러나 심리학자들은 나와는 좀 다른 개념으로 방어기제를 사용한다. 그들은 방어를 '자기기만' '위안을 주는 부인denial' '인지적 조절기제'로서 조작적으로 정의하려고 한다.

다른 한편으로는 방어기제에 대한 불신이 여러 면에서 전적으로 옳기도 하다. 프로이트는 방어를 개념화하면서 많은 오류를 범했다. 처음에 프로이트는 방어를 오로지 병리적인 것으로 보았다. 완전하게 분석을 받는다는 것은 방어를 포기하는 것을 의미했다. 이렇듯 방어가 동질항상적이며 심리적으로 가장 건강한 성인도 불안과 우울에 의해서 꼼짝달싹하지 못하게 되지 않도록 막아 줄 수 있다는 점을 프로이트가 처음부터 인식했던 것은 아니다. 둘째, 그는 모든 병리적인 방어가 아동기에 뿌리를 두고 있다고 잘못 생각했다. 더구나 그 자신의 삶과 그 당시 역사적으로 벌어진 사건들 때문에 프로이트는 방어를 전적으로 성적 갈등과 연관된 것으로 보았다. 그는 방어가 공격성, 슬픔, 의존성, 부드러움 그리고 기쁨을 조절하는 데에도 똑같이 중요한 역할을 한다는 점을 간과했다. 마지막으로, 고립된 상담 장면에서 사람들을 연구했던 프로이트는 대인관계를 조절하는 자아방어의 역할을 간과했다. 그는 추동의 심리학을 지나치게 강조하고 관계의 심리학을 너무 소홀히 했다. 클라인Melanie Klein과 설리번Harry Stack Sullivan, 컨버그Otto Kernberg 등은 프로이트가 방어기제에 부가했던 제한적인 역할을 확장시키기 위해서 많은 노력을 기울여 왔다. 그들은 방어가 추동과 감정뿐만 아니라 사람들의 외적인 관계와 내재화된 표상을 조절하고 왜곡한다는 것을 임상가들이 인식하도록 이끌었다.

방어기제에 대한 프로이트의 설명을 진지하게 받아들일 수 있게 된 것은 19세기에 생물과학에서 이루어진 발전 덕분이었다. 19세기의 막바지에 이르면서 두뇌가 해부학적으로 뚜렷하게 구별되는 감각기관으로서 개별적인 세포로 이루어져 있고 그 조직적인 패턴과 연결을 염색 가능한 현미경으로 연구할 수 있다는 사실이 처음으로 밝혀졌다. 1897년에 찰스 셰링턴 Charles Sherrington 경은 이러한 세포들이 시냅스로 연결되어 있고 감각계로 배열되어 있다는 것을 증명했다.[4]

셰링턴과 다른 사람들의 발견은, 프로이트도 그랬듯이, 잘 훈련된 신경학자들이 마음이 마음을 속일 수 있다는 것을 증명할 수 있게 해 주었다. 즉, '히스테리' 환자는 정상적인 중추신경계를 가지고 있으면서도 불구가 되는 무감각증과 마비 증상으로 고통받을 수 있다. 예컨대, 손의 '실제' 감각 경로의 분포가 도표화되자 신경학자들은 (팔꿈치에서 손가락 끝으로 이어지는 패턴이 아니라) 장갑 모양의 마비 증상을 보이는 사례가 생물학적인 근거가 없다는 사실을 증명할 수 있었다. 이러한 마비는 환자의 상상에서 비롯된 본의 아니게 만들어진 창조물이었다. 하지만 그러한 환자들이 꾀병을 부리는 것은 아니다. 그들은 핀으로 찔러도 움찔하지 않았기 때문이다. 통합된 신경계는 적응적인, 심지어는 창의적인 자기기만을 연습할 수 있다. 최면 상태에서는 통증 없이 발치를 할 수도 있으며, 그러면서도 환자는 그 과정에 대해 얘기할 수 있다. 20세기의 신경생물학은 프로이트가 꿈에 관해서 기술했던 것 중 상당 부분이 잘못되었음을 보여 준다. 그럼에도 불구하고 19세기 신경생물학에 대한 프로이트의 지식은 그의 저술 중 상당수가 생물학적 고전으로 남을 수 있게 해 준다.

또한 프로이트는 시적인 과학만이 비언어적인 인간 갈등의 많은 부분을 이해할 수 있게 해 준다고 지적했다. 여기서 시적인 과학이라는 것은 다름 아니라 내가 말하는 정서가 실린 과학이다. 시적인 과학은 비언어적 느낌 및 정서적 색채에 대한 시인의 감수성과 상상력을 의식 속에 담고 있어야 한다. 사회생물학자이자 시인인 멜빈 코너의 말을 빌리자면, "프로이트가 기술한 '무의식'은 사실 경이로운 은유적 기관이다. 무의식의 기제는 여전히 우리에게 미지인 채로 남아 있지만, 무의식은 그 오고 가는 감정의 변화, 현저한 경험의 저장된 기록, 신체와의 조화, 느낌과 표현의 잘 다듬어진 길들을 가지고 꿈, 실수, 믿음, 증상, 평생 지속되는 언행 패턴을 만들어 낸다."[5] 그러나 무의식은 사실 잘못 붙여진 이름이다. 단순히 우리가 충분히 이해하지 못하거나 제대로 표현하지 못하는 측면의 인간 경험을 무의식이라고 부르는 경우도 많다.

그럼에도 불구하고 현대 실험 신경생물학은 무의식적 갈등에 대한 프로이트의 메타포를 지지한다. 그리고 더 중요하게는 실험적 반복 검증이 가능한 방식으로 그러한 갈등을 기술한다는 것이다. 실험실에서 심리학자들은 언어 없이도 마음속 의미 있는 정신적 활동을 확인할 수 있다. 상당량의 연구가 대부분의 사람에게서 언어 능력과 논리적 분석이 좌반구에서 일어난다는 것을 분명하게 보여 주었다. 가자니가는 수술로 좌반구와 우반구가 분리된 환자들을 대상으로 연구하면서 우반구가 보고 있는 것을 좌반구(언어 및 논리 담당 반구)가 알지 못할 때 어떤 일이 발생하는지를 조사하기 위한 방법들을 고안해 왔다. 그는 한 연구에서 다음과 같이 적고 있다.

우리는 폭력적인 내용 또는 평온한 내용을 담은 일련의 영상물을 우반구에 보여 줬다. 우리는 눈을 한 지점에 고정시킨 채로 우반구에 시각적 그림을 지속적으로 노출시키는 장치를 사용했다. 전산화된 시스템은 눈의 위치를 주의 깊게 추적하며 눈이 고정된 지점에서 움직이면 영상물이 꺼지게 되어 있다. 예컨대, 한 테스트에서 한 사람이 다른 사람을 불 속에 던지는 것을 묘사한 영상물이 환자의 우반구에 제시되었다. 그녀(즉, 그녀의 수술로 분리된 좌반구)는 "나는 내가 무엇을 보았는지 정말 모르겠어요. 난 단지 하얀 플래시가 생각나요. 어쩌면 나무 몇 그루, 가을에 볼 수 있는 붉은 나무. 왜인지는 모르겠지만 무서운 느낌이 들어요. 조마조마한 기분이에요. 이 방이 맘에 들지 않거나 아니면 당신이 저를 불안하게 만드는 건지도 모르겠어요."라고 말했다. 그리고 그녀는 한 동료에게 작은 목소리로 "난 가자니가 박사님을 좋아해요. 하지만 무슨 이유인지 모르겠지만 지금은 박사님이 좀 무서워요."라고 말했다. 분명히 영상물과 연합된 정서적인 색조는 우반구에서 좌반구로 넘어갔다고 할 수 있다. 좌반구는 영상물의 내용은 알지 못했다……. 그런데 그 내용을 다루어야만 했다. 좌반구의 해석자는 새롭게 느껴진 마음의 상태를 설명하는 이야기를 만들어 내는 것으로 반응했다.[6]

그 여자 환자가 보았다고 인정한 것은 단풍 든 나뭇잎, 불의 색깔뿐이었다. 그러나 그것들이 그녀를 불안하게 만든 것은 확실했다. 정신분석가는 그녀의 반응을 억압이라고 할 수도 있겠지만 그러한 해석은 뇌의 합성 능력을 너무 무시하는 셈이다.

1960년대 초에 연구 전문 정신과 의사들은 증가된 스트레스가 부신에 의한 코르티코스테로이드(코르티솔)의 생산 증가를 가져왔다고 보고하였다. 이러한 스테로이드의 혈중 수준 측정은 과학자에게 스트레스를 측정하는 객관적 방법을 제공하는 것처럼 보였다. 생애 처음으로 대학에 입학하기 위해서 집을 떠나거나 병원에 입원하는 것이 혈중 스테로이드 수준을 약간 높인다면, 과학자들은 어떤 스트레스가 그 수준을 많이 높일 수 있을까라는 의문을 갖게 되었다. 연구자들은 워싱턴 DC의 점잖은 실험실로부터 베트남의 전쟁터로 터전을 옮겼다.[7] 소위 떨어지는 포탄 때문에 중포기지에서 꼼짝 못하고 있는 사람들의 혈중 코르티코스테로이드 수준에는 어떤 일이 일어날까? 이 의문에 답하기 위해서 연구자들은 베트남에서 전투 중에 있는 군인들의 소변을 채취해서 워싱턴으로 돌아와 분석했다. 그리고 군인들의 코르티코스테로이드 수준이 높아지지 않았다는 것을 확인하게 되자 전장에 있는 군인들을 인터뷰하였다. 그들은 겹겹이 둘러싸여 있는 중포기지 안에서 상당히 안전하게 느꼈다고 설명했다. 그리고 그들은 진짜 스트레스를 받는 사람들은 공격 헬리콥터를 담당하는 비행사와 승무원들일 것 같다고 얘기했다. 그래서 그 사람들의 소변도 정식으로 채취해서 분석하였다. 이번에도 코르티코스테로이드 수준은 높지 않았다. 이유를 물었을 때 그들은 자신들의 기동성, 즉 적의 포화를 피할 수 있는 능력을 언급하였다. 그들은 연구자들에게 스트레스를 제대로 측정하려면 중포기지 안에 있는 병사들의 소변을 채취하는 것이 좋을 것이라고 제안했다. 각 집단마다 자신들이 스트레스를 경험하고 있다는 것을 부인하였으며 그들의 신체는 그들을 믿었다. 다시 말해서, 20세기 내분비학자들은 19세기 신경학자들이 통증 및 감각에 대해서 발견했던 것과 동일한 종류의 적응적인 자기기만을 호르몬 생산에서 마주하게 되었다.

영국의 저명한 소아정신과 의사이자 아동에게서 나타나는 심리적 탄력성의 연구자인 마이클 러터Michael Rutter는 단순히 스트레스 근원의 총합에서 보호요인을 빼는 것만으로는 스트레스에 대한 반응에서 나타나는 엄청난 다양성을 설명하기 어렵다는 것을 지적한다. 그는 "가장 극심한 스트레스 요인과 가장 확연한 역경 앞에서도 과반수 이상의 아동은 굴복하지 않는다……. 혼란을 일으키는 생활 사건을 겪은 후 우울의 위험률이 증가하기는 하지만 대부분의 사람은 우울해지지 않는 것이 보통이다."[8]라고 말한다. 다시 말해서, 면역계(즉, 방어기제)의 능력 차이 때문에 개인들은 감염에 대한 저항(즉, 스트레스에 대처하는 능력)에서 폭넓은 차이를 보인다. 방어가 우리로 하여금 생존할 수 있도록 해 주기 때문에 스트레스는 우리를 죽이지 못한다.

*　　*　　*

만약 방어가 무지개와 같은 착시에 불과하다고 인정한다면 방어가 무지개와 마찬가지로 실재하는 것인 동시에 가치 면에서는 훨씬 더 중요하다는 것을 증명하는 것이 좋을 것이다. 만약 내가 프로이트의 '소중한 개념'을 보존하고 싶다면 '쓸모없는 것들'은 과감히 버려야만 할 것이다. 공상, 시, 자유연상은 프로이트가 의지했던 것들이지만 잘못된 것들이다. 가자니가가 그랬던 것처럼 여하튼 우리는 프로이트의 정신분석용 카우치를 떠나서 실험실로, 아니, 더 바람직하게는 현실로 방향을 잡아야 한다. 이 책 전반에 걸쳐서 나는 시적인 예 대신에 수치가 담긴 표들을 제시할 것이다. 그러나 그 표들은 과학적으로 합당하다고 할지라도 여전히 무지개와 인간의 자아를 설명할 때 파생되는 과학적의 한계를 강조할 뿐이다. 일반적으로 자아의 현상은 사례를 제시할 때 가장 분명하게 나타난다고 할 수 있다. 이 사례들 중 많은 경우가 앞으로 5장에서 설명할 50년 된 성인발달 연구에서 얻어진 것이다. 그러나 우선 나는 방어기제, 즉 불수의적으로 조절하는 대처과정의 근본적인 특성을 정의 내려야만 한다.

① 방어는 창의적인 종합능력을 반영한다. 마음은 이전에는 없었으며 단순히 외부 현실에서 비롯된 것이 아닌 지각을 창조한다. 이런 점에서 방어적 행동은 예술과 유사하다.

② 방어는 비교적 무의식적이며 그 활용도 비교적 불수의적이다.

③ 방어는 내부 현실과 외부 현실 모두 혹은 둘 중 하나를 왜곡한다.

④ 방어는 정서와 관념의 관계, 그리고 주체와 객체의 관계를 왜곡한다.

⑤ 방어는 병리적인 경우보다 건강한 경우가 더 많다.

⑥ 흔히 방어는 사용자를 제외한 모든 사람에게는 이상하게 보이거나 놀랍게 보인다.

⑦ 시간이 흐르면서 방어는 성숙해지고 정신적으로 '아픈' 사람들이 정신적으로 잘 지내는 사람으로 진화해 가게 만들어 준다.

이제 성인발달 연구라는 은유적 망원경을 통해서 얻어진 무지개 사진을 가지고 방어를 구체적으로 설명해 보겠다. 나는 성인발달 연구에 30년 동안 참여해 온 내과 전문의를 인터뷰한 적이 있다. 그는 내게 열정과 생기가 넘치는 목소리로 자신의 취미에 대해서 이야기했다. 그의 취미는 지하실에서 조직을 배양하는 것이었다. 그리고 더욱 열정적으로, 그 조직 배양 중 하나는 자신의 어머니의 다리에 난 상처에서 떼어 낸 세포를 가지고 한 것이라고 얘기했다. 마치 그는 조직 배양이 매우 평범한 취미인 것처럼 말했다. 그러나 내가 이 이야기를 할 때마다 어김없이 청중 사이에는 어색한 웃음이 퍼져 나간다. 청중에게는 이 의사가 아이가 꽃을 기르는 것처럼 지하실에서 자신의 어머니의 세포를 기르고 있다는 사실이 좀 이상하고 어떻게 보면 병리적인 느낌을 준다. 간단히 말해서, 의사는 자신의 행동을 정상적으로 보았지만 다른 사람들 눈에는 기이하게, 어쩌면 부적절하게도 보였다. 우리가 흔히 다른 사람들의 종교나 정치, 꿈을 기이하게 보는 것처럼 말이다.

그러나 누구나 특이한 취미를 가질 수 있다. 이 의사의 취미를 특별히 눈에 띄게 만드는 것은 다름 아니라 인터뷰 말미에 내게 밝혔던 사실이었는데, 바로 그의 어머니가 돌아가신 지 3주밖에 되지 않았다는 사실이었다. 그가 어머니를 매우 좋아했다는 사실을 알았기 때문에 나는 그에게 어머니의 죽음을 어떻게 견딜 수 있었는지를 물었다. 그는 자신이 의사이기 때문에 아버지를 위로해 드리면서 지내 왔다고 말했다. 의식적인 수준에서 그는 자신에게 능숙한 합리화를 하고 있었고, 어머니를 잃은 슬픔을 다른 사람을 보살피는 행동을 통해서 견뎌 내고 있었다. 즉, 그의 자기보고에 따르면 그는 이타주의를 대응전략으로 사용하고 있는 것이었다. 만약 내가 의식적인 대응전략에만 관심이 있었다면 그가 어머니의 죽음을 극복하기 위해서 사용했던 방법을 이타주의로 분류했을 것이다. 대신 나는 자기위안의 출처를 그 자신은 알지 못했을 것 속에서 규명하고자 했다. 나는 그의 어머니가 아직도 지하실에서 살고 있음을 아는 것 자체가 은밀한 위로를 제공하고 있을 것이라고 추론하게 되었다. 확실히 그는 보통은 사람과 예술에 대해 쏟는 열정과 따뜻함을 가지고 자신의 과학적인 취미를 설명했다. 분명 그는 죽음으로 어머니를 잃게 된 것에 대해서는 마치 가을 나무에서 나뭇잎이 떨어지는 것이나 조직 배양 과정에서 나타낼 정도의 밋밋한 감정을 보였을 뿐이었다.

간단히 말해서, 방어는 창의적이고 건강하며 위로가 되고 적응적이지만, 한편으로는 관찰자에게는 매우 이상하게 보일 수 있다. 그러나 그것이 바로 방어가 면역체계처럼 적응적인 기능을 할 수 있는 이유다. 그것은 왜 방어가 통증을 위한 다양한 여과 장치와 자기기만을 위한 기제를 창의적으로 제공함으로써 경험을 통합하는가를 설명해 준다. 방어는 갈등의 근원을 창의적으로 재배열함으로써 다룰 수 있게 만들어 준다. 한편으로는 성장한 아이의 진짜 사랑이 고인이 된 어머니로부터 분리되어 살아 있는 배양조직에 다시 부착된 셈이다. 자아심리학자들은 그러한 과정을 흔히 전위displacement라고 부른다. 다른 한편으로는 의사들이 배양조직을 관리하고 환자의 죽음을 극복할 때 유용하게 사용하는 무감각하고 지적인 관심이 어머니의 죽음에 부착된 셈이다. 자아심리학자들은 그러한 과정을 감정의 고립isolation of affect이라고 부른다. 투사와 해리처럼 전위와 고립은 방어기제 중의 하나다.

방어는 창의적인 합성의 결과다 방어는 그림과 꿈, 공포증과 환각, 유머와 종교 경험 등에서 그 모습을 드러낸다. 그렇게 방어는 흥미로운 행동과 광기, 그리고 예술의 조각들을 하나씩 쌓아올리고 있다. 방어는 죄인과 성인 모두에게 해당하는 무분별함을 설명하는 데 도움이 된다. 그러나 방어가 갈등을 통합하고 이해하며 통달한다고 해도 여전히 설명하기는 어렵다. 무지개와 유성처럼 한순간 보이는가 싶다가 또 한순간 보이지 않는다.

손으로 만질 수 있는 세상을 만드는 화학적 구성요소와는 달리 방어는 주기율표로 만들 수가 없다. 결국 창의적 합성은 가장 고차적인 두뇌 활동의 결과물이다. 모차르트의 마법은 단순히 두뇌 회선의 이상이나 야심 많고 음악적 재능이 있었던 아버지에 의한 사회화의 결과로 설명할 수는 없다. 마찬가지로 우리는 크리스털 형성의 원리와 기본 물리학에 대해 알고 있지만 여전히 눈송이 형태의 복잡성을 완전하게 분류하지는 못한다. 눈송이 하나하나는 독특하고 새롭고 아름다운 창조물인 것이다. 모차르트와 눈송이의 예술과 같은 손재주를 설명하려면 신경세포와 크리스털 형성에 대한 이해 이상의 고차적인 복잡성이 필요하다.

그럼에도 불구하고 나는 방어를 도식화하려고 시도할 것이다. 나는 방어기제를 무지개의 색깔만큼이나 실제적이고 쉽게 분류할 수 있는 것처럼 취급할 것이다. 실제로 다음 장에는 방어기제용으로 일종의 주기율표 같은 것을 제시할 것이다. 그러나 방어는 무지개의 색깔과 같이, 그리고 화학적 구성요소와는 다르게, 서로서로 섞여 있다. 그리고 유의어 사전에 색깔에 대한 수많은 유의어가 수록되어 있는 것처럼 심리학 문헌은 이 조절적 대응 과정을 칭하는 이름들을 당혹스러울 만큼 다양하게 제시하고 있다. 그러나 색깔이나 불수의적인 조절적 대응과정을 칭하는 용어가 얼마나 제각각인지 와는 상관없이 무지개와 창의적 적응은 분명히 존재한다.

방어는 '무의식적이다' 만약 방어로 인한 왜곡이 꿈과 시처럼 창의적이라면 사용자가 방어를 알아차리기 어려울 뿐만 아니라, 콜럼버스를 비방하는 사람들이 지구가 둥글다는 것을 믿을 수 없었던 것처럼 믿기도 어려울 것이다. 내가 인터뷰했던 내과 의사는 그의 취미에 대한 열정과 어머니의 죽음에 대한 무덤덤한 기술 사이의 괴리를 볼 수 없었다. 만약 그 차이를 볼 수 있었다면 그의 자기기만의 유용성은 사라져 버렸을 것이다. 필요에 의해서 방어는 '무의식적'일 수밖에 없다. 그렇다고 해서 사용자가 방어적 행동 자체를 못 본다는 이야기는 아니다. 다만 사용자는 방어를 방어로서 인식하지 못할 뿐이다.

만약 우리가 어떤 특정한 방어를 사용하고 있다는 것을 알게 된다면 그것은 더 이상 제구실을 하지 못한다. 만약 우리가 무아지경 상태를 제거하고 환자에게 통증을 상기시켜 준다면 최면 하에 수행된 치과 수술은 고통스러워질 것이다. 만약 앞서 언급한 내과 의사가 자신의 취미와 어머니의 죽음 사이의 관련성에 주목했다면 울음을 터뜨렸을지도 모른다. 하지만 무의식적이라는 말은 상대적인 개념이라는 것을 명심해야 한다. 인지심리학자들이 행한 창의적인 실험들은 가장 위안이 되는 자기기만이 부분적으로 억압이 일어나는 경우라는 점을 시사한다. 예를 들어, 생일 케이크의 촛불을 끈 다음에 우리의 소원이 이루어지게 하는 비법은 누구에게도 말하지 않는 것이다. 비밀은 자기기만을 강화시킨다. 공상은 그것이 비밀인 경우에만 위로가 되지만, 그래도 공상에서의 자기기만은 여전히 부분적으로 나타날 뿐이다.

방어는 현실을 왜곡하고 부인하며 억압한다 방어는 내·외부 현실을 변경함으로써 부인과 자기기만이 가능하게 한다. 사랑하는 사람이나 유명한 사람의 갑작스러운 사망 소식을 들었을 때의 공통적인 반응은 이렇다. "오, 맙소사. 말도 안 돼. 난 안 믿어." 부인의 더 극적인 예로는 진정제에 의존하게 된 내과 의사가 있다. 진정제의 과다 사용은 어눌한 말과 불안정한 걸음걸이, 옆으로 보게 되는 눈동자의 특징적인 흔들림(안구진탕증)과 설명할 수 없는 발작을 일으킨다. 그 의사는 남들한테나 자기 스스로에게 자신이 중독되었다는 것을 인정할 수 없었기 때문에 신경과 의사에게 도움을 구했다. 동료 의사가 진정제에 중독되었다는 사실을 믿기 어려웠던(그 사실을 믿는 것만으로 불안하고 우울해졌을) 그 신경과 의사는 그러한 증상들에 대한 그럴듯한 다른 원인, 즉 뇌종양을 잠정적으로 진단했다. 그 당시에는 아직 전산화된 단층촬영computer-assisted tomography: CAT scan이 진단용으로 발명되지 않았을 때였기에 환자의 뇌실에 공기를 삽입하는 것이 필요했다. 그것은 두개골에 구멍을 뚫고 뇌 속으로 바늘을 삽입하는 것을 의미했다. 그때까지도 그 의사는 자신의 중독을 인정하지 않았으며, 완전히 불필요하고 밝혀지지도 않은 진단 절차인 두개골에 구멍을 뚫는 것을 순순히 허락했다. 의사의 그런 행동은 완전한 왜곡 혹은 **외부 현실의 부인**이라고 할 수 있다. 내가 제시했던 전위의 예(내과 의사)와 해리의 예(롤러코스터 탑승자)와는 달리, 우리는 대개 외부 현실의 무시를 정신병과 연관시킨다. 하지만 이 예에서 의사가 미쳤던 것은 아니다. 단지 그는 진정제에 심하게 중독되었고 엄청나게 수치감을 느꼈을 뿐이다.

방어는 정서와 관념의 관계를 변경시킨다　방어는 감정과 관념 사이의 연결, 감정의 주인과 그 감정이 향하는 대상 사이의 연결을 변경시킨다. 감정이 물들어 있는 정신적 표상인 정서는 뇌의 변연계나 포유류에서만 고도로 발달되는 뇌의 일부분인 후뇌嗅腦에 의해서 발현되는 것으로 생각된다. 사랑과 증오, 역겨운 냄새와 감상적인 노래, 추억을 불러일으키는 기억과 간질의 전조 증상은 모두 포유류 뇌의 측두(변연) 영역에서 만들어진다. 대조적으로 관념과 논리적인 정신과정, 추상적 패턴 인식은 인간에게서만 고유하게 진화된 대뇌피질에 대부분 달려 있는 것으로 생각된다.

뇌의 측두 영역이나 변연 영역은 특히 정서적 인식과 연결되어 있다. 향기나 멜로디를 다른 사람과 연결 짓는 것은 그 사람을 기억 속에 지워지지 않도록 새기는 셈이다. 그러나 우리가 다른 사람의 향기를 기억하는 것은 그 사람의 이름을 기억하는 것과는 전혀 다른 방식으로 이루어진다. 우리가 노래의 멜로디를 기억하는 것 역시 가사를 기억하는 것과는 전혀 다르다. 멜로디를 기억하는 것은 우리로 하여금 울거나 노래를 부르게 만들기가 더 쉽다. 정서의 성질 자체가 그렇다. 정서는 느낌과 대상(대개는 사람)을 영원히 함께 묶을 수 있다. 자아의 주요한 과제는 포유류 고유의 변연계와 특히 인간의 고유한 대뇌피질 사이의 교류를 중재하고 균형을 잡는 일이다.

[그림 1-1]은 앞서 언급한 내과 의사가 자신의 슬픔에 대한 방어로서 조직 배양이라는 취미를 사용하면서 경험한 느낌과 관념의 통합이 왜곡되는 과정을 묘사하고 있다. 정신과 의사들이 고립과 전위라고 명명하는 구체적인 방어기제를 사용할 경우 관념과 감정의 치환transposition이 유발된다.

때로는 프로이트의 '지형학적' 모델이라고 불리는, [그림 1-1]에 제시된 마음의 모델은 방어기제의 과제가 그 내과 의사의 갈등을 감소시키는 것이라는 점을 시사한다. 방어는 주체, 객체, 관념, 느낌이라는 네 가지 구성요소 중 하나 또는 그 이상에 대한 의식적 자각을 체계적으로 변경함으로써 갈등의 감소라는 목적을 달성한다. [그림 1-1]에서 관념, 즉 상실은 그것의 정서, 즉 슬픔으로부터 분리되고 그다음에는 의식으로부터 제거된다(고립된다). 또 다른 관념인 애착과 그것의 정서인 사랑은 죽었지만 중요한 사람으로부터 분리된 후 여전히 살아 있지만 더 중성적인 배양조직에 재부착된다(전위된다). 첫 번째 과정은 흔히 고립이라고 불리며 두 번째 과정은 전위라고 불린다. [그림 1-1]은 우리의 의식 속에 존재하는 한 가지의 내적 현실과 외적 현실, 그리고 우리의 의식 속에 존재하지 않는, 즉 '억압된' 더 진실

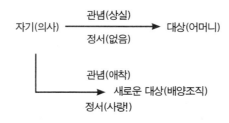

실제이지만 무의식적인 정신적 현실:
"나는 내가 사랑했던 어머니가 돌아가셔서 슬프다."

자기(의사) → 대상(어머니)
관념(상실/애착)
정서 (슬픔!/사랑!)

의식적 현실:
"나는 나의 배양조직을 사랑한다! 어머니가 돌아가셨다."

자기(의사) → 대상(어머니)
관념(상실)
정서(없음)

관념(애착)
→ 새로운 대상(배양조직)
정서(사랑!)

그림 1-1 | 고립과 전위 방어를 설명하는 적응적 마음 모델의 작용

한 무의식적 현실이 있다고 가정한다. 그러나 여기서 내가 억압이라는 말을 굉장히 폭넓은 의미로 사용하고 있음에 주목하기 바란다. 2장에서 나는 억압을 더 협소하게 재정의할 것이다. 억압이란 방어기제를 사용하면 정서는 의식되지만 이제는 그것과 연합된 아이디어로부터 분리된 채로 억눌리게 된다. 프로이트도 이러한 구분을 할 때가 종종 있었다. 그는 억압을 모든 방어과정을 포괄하는 용어로 사용했다. 앞으로 2장에서 보겠지만 방어를 둘러싼 의미론적 문제는 만만하지 않다.

방어는 건강한 것이다 관찰자의 눈에 얼마나 장애가 되든, 병들었든, 죄스럽든, 혹은 비합리적으로 보이든 상관없이 방어는 적응적 반응이며 온전하게 작동하고 있는 뇌를 반영한다. 방어는 그 자체로는 질병의 증거가 아니다. 면역기제의 경우와 마찬가지로, 방어는 그 결과가 얼마나 부적응적이든 상관없이 대처하기 위해서 사용되는 것이다. '방어하기'와 '대처하기' 사이의 구분은 여드름 때문에 생긴 건강하지 못한 고름과 우리 몸의 백혈구가 침입하는 박테리아를 건강하게 소화하는 것 사이의 구분만큼이나 임의적이다. 방어를 불러일으키는 상황과 백혈구를 불러일으키는 상황은 위험하다. 우리는 최선을 다해서 대처할 뿐이다. 적응적인 것과 부적응적인 것 사이의 구분은 흔히 보는 사람에게 달려 있다.

방어의 부조리와 자기기만은 죽은 척하는 주머니쥐나 날개가 상처 입은 척하면서 덤불 속으로 허둥지둥 숨는 어미 메추라기만큼이나 건강한 것이다. 오직 건강한 중추신경계를 가진 주머니쥐나 메추라기만이 그러한 속임수를 쓸 수 있다. 스탈린과 히틀러는 심하게 편집적이었던 것일 수 있다. 우리는 그들의 투사를 '병적'이라고 한다. 하지만 그 두 사람은 금세기 가장 천재적이었던 지도자였다. 다른 사람들에게 얼마나 이상하고 해가 되었는지와는 상관없이 스탈린과 히틀러의 투사 사용과 정신적 행동은 조지왕 3세와 우드로 윌슨의 더 도덕적이지만 확실히 손상된 뇌보다는 더 효과적으로 그들을 지도자로 만들었다. 조지왕 3세와 윌슨은 각각 포르피린증과 뇌졸중이라는 질병 때문에 효과적인 지도자가 될 수 없었다. 스탈린과 히틀러가 사회적으로 훨씬 더 위험한 인물이 된 것은 지혜롭지는 않더라도 내·외부 현실의 능숙한 편집적인 왜곡을 지나치게 잘 해낸 뇌 기능 때문이다.

방어기제의 사용은 발열과 기침, 백혈구의 사용과 유사하다. 우리는 열이 나면 아프다고 생각하고 걱정한다. 하지만 그렇지 않다면 우리는 그냥 죽게 될 것이다. 율리우스 바그너 폰 야우레크Julius Wagner von Jauregg가 정신과 의사로서 유일하게 노벨상을 받을 수 있었던 것은 진행성 마비(뇌의 매독) 환자에게 말라리아를 투여하면 목숨을 살릴 수 있다는 사실을 발견했기 때문이었다. 그는 발작성 말라리아의 열이 매독의 병원인 스피로헤타를 죽여서 환자의 질병을 저지한다는 것을 발견했다. 병리적 증상인 열이 건강에 도움이 된 것이다. 마찬가지로 방어기제 역시 동질항상성homeostasis을 추구하며 갑작스러운 갈등에 직면한 사람들이 우울과 불안으로 꼼짝달싹 못하게 되지 않도록 해 준다.

내가 아는 여덟 살짜리 소년은 뉴햄프셔에 있는 초코루아산을 등산하다가 정상까지 300미터도 채 남지 않은 지점에서 양쪽 다리 모두에서 힘이 빠지고 쥐가 나기 시작했다. 그 아이는 엄청난 고통 없이는 다리를 전혀 움직일 수 없었다. 유일한 해결책은 앉아 있는 것이었다. 반 시간 후 탐험대의 더 나이 많은 다른 소년들이 정상에 오른 후 집에 돌아갈 시간이 되었을 때, 마치 나사로가 죽은 자 가운데서 되살아난 것처럼 기적적으로 걸을 수 있게 되었다. 그들이 등산 대신에 하산을 하게 되자 그 소년의 마비되었던 다리는 고통 없이 움직일 수 있게 되었다. 소년은 병에 걸린 것이 아니었다. 단지 지루했고 지쳤으며 다른 소년들보다 어렸을 뿐이었다. 그러나 그 소년은 악의로 거짓말을 한 것도 아니다. 그가 보인 마비는 인상적인 신경학적 진단인 **기립보행불능증**atasia-abasia처럼 신기한 정신과적 진단인 **히스테리성 전환반응**이라는 진단이 합당하다. 하지만 그의 방어적 행동을 무엇이라고 부르든 간에 그것은 질환이 아닌 적응을 위한 것이었다.

방어는 다른 사람들에게는 이상하게 보인다 관찰자에게는 방어가 이상하게 보이고 단연코 눈에 띄며 때로는 완전히 불합리해 보인다. 앞서 언급한 내과 의사의 조직 배양에 대한 얘기를 들은 청중은 늘 어색하게 웃는다. 여덟 살짜리 소년의 친구들은 처음에는 걱정하지만 나중에는 짜증스러워한다. 그러한 불수의적 행동을 보는 사람들은 그 행동을 하는 사람을 비난하거나 고쳐 보려고 한다. 방어 때문에 그런 행동을 하게 된 것이라고 지적받은 사람의 첫 번째 반응은 대개 그 행동이 우연히 일어났다고 주장하는 것이다. 그다음에는 자신의 행동에 대한 합당한 이유를 '설명'하고 합리화하려고 한다. 또 그다음에도 계속해서 직면이 요구되면 불안해지거나 화가 나거나 우울해진다. 방어를 포기하는 것은 갈등을 노출시키는 것이다. 방어가 없다면 롤러코스터 탑승자와 앞서 언급한 내과 의사 모두 편치 못했을 것이다.

관찰자는 방어를 사용하는 사람을 어리석거나 사악하거나 혹은 정신적으로 아픈 상태라고 할 수도 있다. 그러한 모든 반응은 재채기를 했다고 아이를 야단치는 것만큼이나 소용없는 일이다. 우리는 결핵 환자가 기침을 했다고 비난할 수도 없고 그 기침이 전조하는 내과적 장애를 무시할 수도 없다. 마찬가지로 우리는 자아 방어기제의 당연한 자아중심성을 죄악이라고 비난할 수도 없고 그것들을 단순히 우연적인 사건으로 치부해 버릴 수도 없다. 폐결핵 환자의 기침과 마찬가지로 감정적으로 불편한 사람들의 이상한 행동에 주의를 기울여야 한다. 우리는 가타부타 간섭하기 전에 신체의 지혜와 마찬가지로 자아의 지혜를 이해해야 한다.

우리는 방어를 이해함으로써 사람들이 왜 불합리하게 행동하는지를 이해할 수 있다. 따라서 방어를 이해하는 것은 여하간의 상담이나 심리치료에서 필수적이다. 방어에 주의를 기울임으로써 우리는 눈에 보이는 명확한 것 아래에 숨은 것을 보는 훈련을 할 수 있다. 예를 들어, 우리가 공포증에 기저하는 전위를 안다면 공포증 환자의 불안의 근원지를 찾기 위해서 그가 두려워하는 정확한 대상을 물어보려고 하지 않을 것이다. 오히려 우리는 그들의 고통의 근원을 다른 어딘가에서 찾아야만 한다.

일단 방어의 존재를 인정하기 시작하면 우리는 친구와 이웃, 친지들이 사용하는 방어를 알아볼 수 있을 것이다. 이때 적절한 반응은 "알았어."라고 큰소리치는 것도 아니고 뭔가 심하게 잘못되었다고 우려하는 것도 아니다. 오히려 방어를 이해함으로써 우리는 다른 사람들에 대해서 우리를 혼란스럽게 하는 것이 무엇인지를 통달하게 된다. 우리는 불합리한 행동의 이유를 이해하고 덜 판단적이 되며 사회적 지지를 제공할 수도 있다. 만약 우리가 사람들의 방어를 당사자에게 굳이 지적하고 싶다면 그에 따른 그들의 불안을 함께 책임져야 할 것이다. 그 누구도 정신적으로 벌거벗은 상태에서 편안하지는 못할 것이다.

게다가 방어를 이해하는 것은 많은 사례에서 구체적인 정신과 진단과 질병이 존재하지 않는다는 사실을 인식하는 것이다. 아돌프 메이어Adolf Meyer가 시사했듯이, 정신과 의사가 많은 시간 동안 다루는 것은 질환이 아닌 반응reactions이다. 인간의 불행이 바실루스桿菌처럼 구체적인 무언가에 의해서 발생하는 경우는 드물다. 보험회사들이 불편함dis-ease이 아니라 오직 정신질환을 치료하기 위한 지불에 동의하는 것은 그들의 고객이나 정신과적 분류에 별로 보탬이 되지 않았다. 더구나 때로 고통은 더 근본적인 일차적 원인으로 우리를 안내하는 역할을 하므로 아무 생각 없이 제거되어서는 안 된다. 이렇게 의사들은 더 이상은 기침과 복통을 위해서 생각 없이 약물 처방을 하지 않는다. 대신 그들은 원인을 찾고자 한다. 예컨대, 그들은 식도에 걸린 생선 가시나 감염된 충수처럼 제거해야 할 원인을 찾고자 한다. 마찬가지로, 인식하지 못한 디스트레스 증상인 여러 가지 불안과 주요우울장애를 위해서도 원인 탐색이 필요할 것이다.

애초부터 방어의 본질과 현실을 규명하고자 하는 데서 발생하는 문제들을 인식하기를 바란다. 캐넌이 얘기한 신체의 동질항상적 지혜에 기저하고 있는 것은 분명히 실재하는 부교감신경계와 교감신경계다. 기저하는 방어와 자아의 지혜는 무지개처럼 일시적이고 눈송이의 크리스털 같은 격자 세공처럼 다양하며 기술하기가 어려운 과정이다. 캐넌은 위장을 자극하는 직선적이고 시각화하기 쉬운 단순한 신경계를 연구했다. 대조적으로 방어기제는 창의적이고 무한히 복잡한 중추신경계에 홀연히 나타났다 사라지는 홀로그램 같은 합성적인 생산물이다.

신체의 동질항상성을 시각화하고 조작하기 위해서 캐넌은 새로운 과학적 도구였던 엑스레이를 활용할 수 있었다. 그러나 과학적 증명이 실험적 조작을 요구한다면 방어의 경우에는 어떻게 하는 것이 좋을까? 실험심리학자들은 정신분석가들이 난공불락의 철학적 체계를 만들어 왔다고 오랫동안 조롱해 왔다. "무의식에서는 그 어떤 것도 나쁘지 않다."라는 프로이트의 격언은 우리가 얘기하는 어떤 것도 분석가의 논지에 맞게끔 재조정될 수 있게 한다. 정신분석가(나는 심리분석적 전기작가psychobiographer라고 부르고 싶다)의 관점에서는 일반적인 망각도 동기화된 '억압'으로 비난받을 수 있다. 식관적인 임상적 추측을 기록하기 위해서 분석가는 점쟁이가 찻잎을 늘어놓듯이 제 마음대로 꿈과 시의 내용을 정리할 수 있다. 만약 우리가 눈에 보이지 않는 무의식적인 방어를 믿는다면, 만약 우리가 우리의 편견을 정당화하기 위한 수단으로 데몬과 유령처럼 방어를 사용하지 않는다면, 만약 방어가 단지 보이는 사람에게만 존재하는 것이 아니라면, 우리에게 모종의 실험적 타당화가 필요하다는 것이 자명해진다. 우리가 방어를 연구하려면 캐넌의 엑스레이와 같은 도구가 필요하다.

방어를 타당화할 수 있는 최상의 세팅은 창의적 예술가의 심리분석적 전기와 인간의 평생을 연구하는 종단 연구들처럼 정상적인 개인들에 대한 임상적 관찰을 장기적으로 그리고 **전향적으로** 진행하는 것이 가능한 상황이다. 그러한 종단 연구의 예로는 하버드 대학에 기반을 둔 성인발달 연구가 있다. 그 연구에서는 참여자들이 원래 연구를 시작했던 연구자들의 작업 수명보다 더 오랜 시간 동안 연구되고 있다. 방어를 타당화하기 위해서 이 책에서 나는 창의적인 예술가의 삶과 성인발달 연구에서 얻은 자료를 사용할 것이다.

성인발달에 대한 전향적 연구와 예술가의 심리분석적 전기라는 종단적 방법들 각각은 세 가지 부류의 자료를 수집하고 비교한다. 그 세 가지는 기억에 의해 편향되지 않은 당시의 전기적 사실들, 자서전적인 주관적 보고, 그리고 병리적이고 창의적이며 심지어는 실재적인 증상이다. 이 세 가지 부류의 증거는 방어기제의 존재를 삼각측량하는 토대가 된다. 여기서 **삼각측량**은 측량에서 사용되는 의미 그대로 사용되었다. 대비되는 각도에서 산 정상을 조사함으로써 측량사는 그 높이를 측정할 수 있다. 전기와 자기보고 및 증상을 통합함으로써 우리는 방어의 현실을 인식하고 마음의 내적인 작업을 평가할 수 있다. 한 창의적인 예술가의 심리분석적 전기를 예로 들어 보자. 전기작가는 그 예술가에 관한 전기적 사실들, 즉 구체적이고 관찰 가능하며 분명해 보이는 사실들을 보유하고 있다. 전기작가는 예술가의 편지와 감정적으로 몰입된 작품에 대한 예술가 자신의 설명을 알게 될 수도 있다. 그리고 전기작가가 지혜롭다면, 예술가의 창의적인 작품들 자체, 즉 광인의 망상만큼이나 개인적이고 깜짝 놀랄 만하며 다채로운 상상적인 행동의 기이한 편린들에 주의를 기울일 것이다. 이러한 전기, 자서전 그리고 창의적 생산물이라는 세 가지 관점을 결합함으로써 우리는 방어의 타당화에 필요한 증거를 획득할 수 있다.

그러한 심리분석적 전기 자료는 오랫동안 지속된 정신과적 관찰에서 얻어지는 자료와 유사한데, 이는 예술가의 창작품과 아이의 놀이, 그리고 광인의 창작품과 꿈 사이에는 절대적인 구분이 없기 때문이다. 예술가에 관한 전기적 사실들은 예비조사와 오래된 병원 기록에서 나온 검사 결과들, 간호사가 병동에 보고한 내용 등으로부터 얻어진 환자의 과거력과 비교해 볼 수 있다. (어떻게 내가 회고적인 자료보다 다중적 출처의 자료와 그 당시에 수집된 자료를 탐색하는지에 주목하라.) 예술가의 자서전적 보고는 현재와 과거 사건에 대한 환자 자신의 주관적이고 때로는 감정적인 재설명과 같다. 마지막으로 예술가의 창작물은 환자의 공상, 망상 혹은 강박과 같은 실제적 내용과 유사하다. 그러한 증상들 혹은 창작물은 앞서 언급한 내과 의사의 조직 배양에 해당한다.

상기한 내과 의사의 예를 다시 한 번 들어 보자. 그의 증상 혹은 이를테면 그의 창작물은 어머니로부터 채취한 종양을 자신의 지하실에서 키우는 기발한 경우로서, 우리 대부분에게는 일상적인 일이 아닐 것이다. 우리가 인터뷰하기 3주 전에 그의 어머니가 사망한 것은 사실이었다. 그의 자서전적 보고에서는 어머니의 최근 죽음에 대한 언급에서 별다른 감정이나 슬픔, 동요가 별로 나타나지 않았다. 대신 그는 간신히 살아 있는 배양조직에 관해서 굉장한 열정과 흥분 그리고 관심을 표현했다. 가장 중요한 점은, 전기적 증거에 대한 내 자료는 미래에 대해서 알지 못하는 관찰자들로부터 조심스럽게 수집한 사실에 근거한 것이라는 점이다. 나는 사실들이 모두 수집된 이후에 행해진 해석이나 기억에 따른 것이 아닌 '사실'에 의존한다. 나는 성인발달 연구를 통해서 얻은 이 남자에 대한 전향적 관찰에 의존한다. 그가 어머니를 굉장히 좋아했고 단란한 가정 출신이라는 증거는 그가 열여덟 살 때 그의 미래를 모르는 평정자가 평가했던 것이다. 마지막으로, 그가 관념을 감정으로부터 고립시키고 자신의 주의를 실제 고통과 갈등으로부터 더 다루기 쉽고 정서가 덜한 관심 분야로 돌리기 위해서 전위를 사용하는 경우는 이번이 처음도 아니었고 마지막도 아니었다.

* * *

이제 이 책에서 나의 의도는 자아의 지혜를 살펴보는 것이다. 자아의 지혜는 너무나 복잡하고, 너무나 정서가 실려 있으며, 너무나 인간적이라서 오직 메타포가 가득한 시적인 과학만이 다룰 수 있는 현상이다. 나는 말하기보다는 보여 주기 위해서 전기를 사용하려고 노력할 것이다. 나는 자아의 지혜를 탐색하고자 하기 때문에 정신과 환자의 사례는 이 책에서 사용하지 않을 것이다. 대신에 방어가 질병이 아니라 건강과 창의성을 반영한다는 점을 보여 주기 위해서 **정상 성인발달에 관한 전향적인 종단 연구를 활용할** 것이다.

나는 자아에 관한 세 가지 연관된 주제들을 전개해 나가려고 한다. 첫째, 방어는 우리의 면역계만큼이나 우리의 행복에 중요하다. 둘째, 인간의 창의성은 고통을 변화시키고 자기를 회복시킨다. 셋째, 인간 신체가 아동기에 성숙하듯이 인간의 자아도 성인기에 성숙한다. 나는 프로이트의 자아 방어기제에 대해서 임상가들은 면역기제에 대해 보이는 것과 동일한 형태의 존중을, 그리고 덧없어 보일지라도 자연과학자들은 무지개나 천둥에 대해 보이는 것과 동일한 형태의 존중을 보여야 한다는 점을 피력할 것이다.

어떻게 정의할 것인가

> 자, 우리가 내려가서 그들의 언어를 혼잡하게 하여
> 그들이 서로 알아듣지 못하게 하자 하시고,
> 여호와께서 거기서 그들을 온 지면에 흩으셨으므로
> 그들이 그 도시를 건설하기를 그쳤더라.
> 그러므로 그 이름을 바벨이라 하니
> 이는 여호와께서 거기서 온 땅의 언어를 혼잡하게 하셨음이니라.
>
> – 창세기 11장 7–9절

방어를 명확하게 분류하고 명명할 수 있다면 스트레스에 대한 적응을 이해할 수 있을 뿐만 아니라 인간 행동 중에서 불합리하게 보이는 많은 부분의 의미를 파악하고 이해할 수 있다. 그렇게 불합리한 행동의 의미를 파악할 수 있다면 사법제도에 인간애를 도입하고, 집단행동에 대한 더 나은 이해를 추구하며, 이해하기 어려운 신경증에 대한 새로운 통찰을 얻을 수 있을 것이다. 방어를 모순된 감정의 산물로 이해함으로써 우리는 잃어버렸던 정서를 인지 및 관념과 다시 연결 지을 수 있게 된다. 이렇게 하면 방어에 관한 연구가 심지어는 인지심리학 분야까지도 인간적인 것으로, 즉 완전히 추상적이고 계산적으로 되지 않도록 만들 수 있다. 그러나 독자들에게 사전에 경고를 해 둘 필요가 있어 보인다. 우리 자신의 방어는 눈에 보이지 않고 또 우리의 지력을 뛰어넘는 것이라서 방어에 관한 연구를 한다고 해도 그것만으로는 스스로에게 별다른 도움이 되지는 않는다는 점이다. 방어를 이해하기 위해서는 이타적인 노력이 뒷받침되어야만 한다. 우리가 자신의 방어를 파악하기 위해서는 스스로 자신의 방어적인 노력에 대해 인식하기 전에 다른 사람들이 그러한 방어의 존재에 대해 지적을 해 주어야 하기 때문이다.

안타깝게도 방어에 관한 개념을 배우는 것은 외국어를 배우는 것과는 매우 다르다. 외국어를 배울 때는 처음에 재미를 느끼지만 방어를 배울 때의 재미는 주로 막바지에 찾아온다. 처음에 방어를 해독하려고 노력하는 것은 대화나 신문기사를 이해하게 되었을 때 겪게 되는 '아하!' 경험이라기보다는 사전을 들고 씨름하는 관광객의 경험과 더 비슷하다. 외국어 학습사전처럼 이 장에서는 주로 방어에 관한 구별을 분명하게 하고자 한다. 그러나 많은 독자는 이제까지 배워 온 것과는 다른 정의들을 접하게 될 것이다. 내가 용어를 사용하는 방식을 명확하게 하기 위해서 임상 사례를 소개할 것이다.

하지만 방어에 대해서 이해할 때 자기기만과 부인의 위계나 서열을 정하는 것만큼 중요한 것은 방어를 논의할 때 사용하는 용어의 발달과정이다. 심리학자인 리처드 라자러스Richard Lazarus는 "이론에 기초한 대처 반응의 분류체계가 마련되기 전까지는 제대로 된 적응심리학psychology of coping이 온전하게 발전하지 못할 것이다."[1]라고 적었다. 이 장에서 나는 이론에 근거한 분류체계를 소개하겠지만 우리 마음이 똑같은 갈등의 상황에서 의식적 표상을 변화시킬 수 있는 방법들을 서로 대비시켜 가면서 방어의 도식적 문법을 제시하려고 한다.

[그림 2-1]에는 어떻게 방어가 작동하는지에 관한 모델이 제시되어 있다. 앞 장의 [그림 1-1]이 갈등의 표현을 도시했다면, [그림 2-1]은 인간 갈등의 근원을 보여 준다. 다시 말해, [그림 1-1]이 내과 의사가 다루어야 하는 정서의 고립과 전위에서처럼 어떻게 갈등의 결과물이 약화되는지를 보여 준다면, [그림 2-1]은 어떻게 갈등이 여러 출처에서 생겨나는지를 보여 준다. 이 그림의 내용은 소위 프로이트Freud의 마음의 구조 모델, 즉 초자아, 자아, 이드의 3요인tripartite 모델과 유사하다. 우리 모두는 우리의 욕망, 양심,

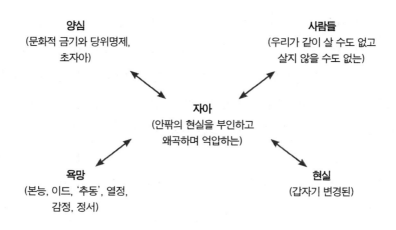

양심
(문화적 금기와 당위명제,
초자아)

사람들
(우리가 같이 살 수도 없고
살지 않을 수도 없는)

자아
(안팎의 현실을 부인하고
왜곡하며 억압하는)

욕망
(본능, 이드, '추동', 열정,
감정, 정서)

현실
(갑자기 변경된)

그림 2-1 | 인간 갈등의 네 가지 지표

우리에게 중요한 사람들, 그리고 현실이라는 네 가지 지표 사이의 부조화스러운 다툼이 정신적 갈등을 방향 지워 나가는 정신세계 속에서 살고 있다. 만약 네 가지 지표 중 어느 하나에서라도 급격한 변화가 일어난다면 그러한 갈등에 의해 유발된 방어가 작동한다. 이처럼 적절히 보상되지 못한 급격한 변화(예: 예기치 못한 죽음)는 불안과 우울을 야기한다. 이러한 변화가 수용되지 못하는 정도만큼, 그것이 인지 부조화를 일으키는 정도만큼, 우리의 중추신경계에서 통합하는 원칙인 자아가 정신적으로 받아들일 수 있을 때까지 시간을 벌 필요가 있다. 쉽게 얘기하자면, 수반되는 불안과 우울을 참아 낼 수 있게 될 때까지 우리의 내·외부 현실과 감정에서 일어나는 그러한 변화는 부인되고 억압되며 왜곡되어야 한다.

내가 욕망이라고 칭한 지표는 우리의 감정, 추동, 소망(배고픔, 슬픔, 허영, 분노 등)을 의미한다. 정신분석가는 이러한 내적인 힘을 이드라고 부르고, 근본주의자들은 죄악이라고 부르며, 인지심리학자들은 뜨거운 인지hot cognition라고 부른다. 또 신경해부학자들에게 이러한 세계는 뇌의 시상하부와 변연계에서 일어나는 일들에 해당된다. 프로이트는 리비도libido라는 용어를 사용하면서 모든 욕망을 한 덩어리로 취급하였다. 슬픔, 분노, 그리고 의존은 갈등의 근원으로서 성욕만큼이나 큰 비중을 차지한다. 정신내적 갈등을 이해하는 데 정신분석적 용어로서 정서는 욕망에 대한 유용한 대체물이 될 수 있다. (정서는 본능이나 욕망이 어떤 대상에 부착되었을 때 생긴다. 예를 들어, 배고픔은 우리의 주의를 지글거리는 햄버거에 붙들어 두도록 만든다.)

정신분석에서 초자아인 양심이라는 지표는 우리가 5세 이전에 흡수한 부모의 훈계를 의미하지 않는다. 내가 양심이라고 부르는 것은 우리의 사회, 문화 그리고 자아 이상과 완전하게 동일시를 이룬 것을 뜻한다. 실제로 '문명과 불만족'에 대한 프로이트의 견해는 초보 정신분석가조차도 초자아를 '어린아이의 내재화된 부모'를 훨씬 넘어서는 것으로 보게 해 주었다. 우리 양심의 율법은 평생에 걸쳐서 계속 진화해 간다. 신경해부학자들은 양심이 뇌의 어느 부위에 있는지 밝히지 못했지만, 약물학자들은 양심이 알코올 속에서는 쉽게 녹는다는 것을 오래전부터 알고 있었다.

『파이드루스Phaedrus』에서 플라톤Plato은 양심과 욕망을 중재해야 하는 자아의 과제를 다음과 같이 기술했다.

나는 영혼을 세 가지로 나눈다. 말 두 마리와 전사 한 명. 두 마리 말 중 한 마리는 선하고 한 마리는 악하다……. 오른쪽의 말은 강직하다……. 명예와 겸손과 절제의 찬미자다……. 다른 한 마리는 사악하고 다루기 힘들다……. 무례와 오만의 친구이며 귀머거리에 텁수룩한 귀를 가졌고 채찍과 박차에 굴하지 않는다. 자, 이제 전사가 사랑하는 자를 보고 온 영혼이 감각적 쾌락으로 달구어지고 욕망의 성가신 간지럼으로 뒤덮일 때, 언제나 그렇듯이 수치심의 지배하에 있는 복종적인 군마는 사랑하는 자를 덮치지 않으려고 한다. 그러나 다른 말은…… 전사가 사랑하는 자에게 접근하고 사랑의 기쁨을 떠올리도록 만든다.[2]

방어를 설명할 때 프로이트 역시 자아를 오직 양심과 욕망 사이, 초자아와 이드 사이, 개인의 성적 본능과 내재화된 '빅토리아 시대'의 금기 사이를 중재하는 것으로 간주했다. 그러나 그러한 플라톤식의 견해는 너무 편협한 것이다. 방어를 낳는 것은 단순히 갈등을 야기하는 양심과 욕망 사이의 불협화음 때문만은 아니다. 정신분석가들이 사회적 상호작용에 관심을 기울이고 상담실이라는 고립된 환경이 아닌 다른 사람들과의 관계 속에서 환자를 연구하기 시작하자마자 대인관계의 갈등이 분명하게 보이기 시작했다. 해리 스택 설리번Harry Stack Sullivan과 멜라니 클라인Melanie Klein이 처음으로 정교화한 대인관계에서의 긴장은 그 하나하나가 정신내적 갈등만큼이나 중요하다.

이런 이유로 [그림 2-1]에서 사람들이 세 번째 지표가 된다. 사람이 갈등의 근원이 되는 경우는 우리가 그러한 사람들과 함께 사는 것을 견딜 수 없지만 그럼에도 그들 없이는 살 수 없을 때다. 사랑하는 사람이 죽는 경우가 가장 명백한 예가 될 수 있겠지만 또 다른 예들도 존재한다. 우리는 특별한 애착을 가지고 있으면서도 그다지 편하게 느끼지 않는 사람들이 있다. 그러한 예로는 우리가 기쁘게 만들려고 매우 애쓰면서도 동시에 증오하는 상사들, 우리가 못살게 굴지만 없어지면 슬퍼하는 희생양, 매우 망설이다가 시도했던 결혼 프러포즈에 "좋아!"라고 환호 함으로써 우리를 긴장하게 만드는 연인을 들 수 있다. 사람들은 또한 우리 안에도 존재한다. 삶에서 중요한 사람들에 대한 우리의 내적 표상은 그들과 더 이상 함께 살지 않게 된 후로도 오랫동안 우리를 계속 쫓아다니며 갈등을 유발한다.

네 번째 지표인 현실은 우리가 적응할 수 있는 속도보다 더 빠르게 변화하는 외부 환경의 다양한 측면을 일컫는다. 호주 오지의 가뭄과 아마존의 습기는 원주민들에게는 예측 가능하고 늘상 있는 일이기 때문에 스트레스가 되지 않는다. 그러나 몬트리올에서는 눈발이 날리는 것에 불과하거나 아스펜이나 세인트 모리츠에서는 축복이라 할 수 있는 10센티미터 정도의 눈은 파리나 워싱턴을 마비시킬 수 있다. 마찬가지로 로스쿨을 졸업하거나 예상치 않았던 복권에 당첨되는 것과 같은 좋은 소식도 변화의 급작스러움이 동반되거나 혹은 예상에서 벗어난 정도에 따라 홍수나 결핵만큼 스트레스가 될 수 있다.

아이의 백혈병처럼 누구에게도 책임이 없는 비극적인 현실을 견뎌 내려면 정신적으로 너무나 불안정해지기 때문에 현실이 왜곡될 수밖에 없다. 예를 들어, 백혈병이 있는 아이들의 부모를 대상으로 한 미국 국립정신보건원National Institute of Mental Health의 연구는 거의 모든 어머니가 자녀의 죽음을 가져온 인과적인 원인이 없다는 사실을 받아들이기 힘들어한다는 점을 보여 주었다.[3] 자녀의 백혈병에 대해서 어머니들은 주로 자신을 탓하거나 병원을 탓했다. 그들의 분노는 외부로 투사되거나 내부로 향했다.

흥미롭게도 갈등의 네 번째 지표인 외부 현실은 정신분석가가 지표로 인식하게 된 마지막 요소다. 제2차 세계대전 이후가 되어서야 그링커Roy Grinker와 스피겔John Spiegel의 『스트레스 받는 인간Men Under Stress』, 에릭슨Kai Erikson의 『버펄로 크릭 재해The Buffalo Creek Disaster』, 그리고 콜스Rober Coles의 『위기의 아이들Childern of Crisis』에서와 같은 스트레스에 관한 정신분석학 이론을 통해 우리는 정신내적 갈등과 대인관계 갈등을 완화시키는 것으로 알려진 방어가 갑자기 변한 현실도 약화시킬 수 있음을 깨닫게 되었다.

정신내적 갈등을 완화시키기 위해서 자아 방어기제가 해야 할 일은 네 가지 지표 중 하나 혹은 그 이상을 왜곡하거나 무시함으로써 정신적 항상성을 회복시키는 것이다. 앞서 얘기한 내과 의사는 자신의 삶 속에 있는 사람들의 중요성을 무시했다. 백혈병이 있는 자녀를 둔 어머니들은 백혈병이 누구의 잘못도 아니라는 현실을 무시했다. 롤러코스터 탑승자들은 공포라는 느낌의 중요성을 무시했다. 요약하자면, 방어(즉, 정신적 조절과정)는 두 가지 방식으로 그 과제를 해낼 수 있다. 우선, 방어는 욕망이나 사람, 현실, 양심 혹은 이들의 다양한 결합을 부인하거나 왜곡함으로써 갈등의 원인이 되는 지표를 변경할 수 있다. 아니면 앞 장의 [그림 1-1]에서 제시되었듯이 방어는 주체, 객체, 관념, 정서 혹은 이들의 다양한 결합에 대한 인식을 왜곡함으로써 갈등의 표현을 변경시킬 수 있다.

〈표 2-1〉은 어떤 사람이 자신이 아버지를 증오한다는 갈등 내용을 표현할 수 있는 다양한 방법을 보여 주고 있다. 가상의 사례를 생각해 보자. 서른 살의 중국계 미국인 사업가가 자신의 사업 파트너이자 이제까지 결코 의식적으로 의심해 본 적이 없는 예순다섯 살의 아버지 때문에 위협당하고 불명예스러운 상황에 처하게 되었음을 알게 되었다. 그는 아버지가 고객들에게 사기를 쳐 왔다는 사실을 알게 되었다. 전혀 마음의 준비를 할 시간도 없이 그 젊은 사업가는 삶의 진실과 직면하게 되었다. 그는 아버지랑 살 수도 없고 그렇다고 부자관계를 끊을 수도 없다. 윤리적으로 그는 계속해서 아버지를 존경해야 한다고 생각하지만, 그의 변연계와 편도체는 '아버지를 증오해!'라고 느낀다.

이 아들 사례의 경우 현실과 대인관계에서의 변화는 외부의 사회적 갈등을 가져왔으며, 이는 부친 살해에 대한 내적 갈등만큼이나 역동적으로 중요하다. 그리고 분노, 슬픔, 의존성에 대한 갈등은 다른 부모-자녀 관계에 있을지도 모르는 금지된 '프로이트식' 성적 소망에 대한 갈등만큼이나 괴로운 것이다. 아들은 아버지를 증오한다는 관념과 느낌을 모두 의식적으로 경험해야만 하거나, 아니면 내·외부 현실 모두 혹은 그중 어느 하나를 변경시켜야만 한다. 전자의 경우에는 심한 불안과 우울 및 심리적 스트레스를 경험하게 될 것이다. 〈표 2-1〉은 불안, 죄책감 혹은 우울을 감소시키기 위해 젊은 사업가의 갈등이 실린 "나는 아버지를 증오해."라는 진술을 자아가 의식적으로 재구조화할 수 있는 여러 가지 방법을 보여 준다. 이 표의 중앙에는 모두에게 익숙한 현상들이 있다. 왼쪽에는 정신분석가들이 그러한 현상의 정신역동을 기술하기 위해서 사용하는 개별적인 명칭들이 있고, 오른쪽에는 정신의학자들이 그러한 행동을 분류하기 위해서 사용하는 개별적인

표 2-1 | 갈등의 의식적 표상을 변경시키는 방법들의 비교

방어	관념, 느낌 또는 행동의 의식적 표상	DSM-III 현상학적 진단[a]
방어 없음	나는 아버지를 싫어한다(!)	309.9 비전형적 특징을 지닌 적응 반응
정신병적 방어		
부인	나는 아버지 없이 태어났다.	298.8 단기 반응성 정신병
미성숙한 방어		
투사	아버지는 나를 싫어한다(!)	301.0 편집성 성격장애
소극적 공격	나는 나 자신을 싫어한다(!)(자살 시도).	300.4 기분부전증
행동화	경솔하게, 나는 12명의 경찰을 쳤다.	301.7 반사회성 성격장애
공상	나는 거인들을 죽이는 공상에 잠긴다.	301.4 정신분열성 성격장애
신경증적(중간 수준의) 방어		
해리	나는 아버지에게 농담을 건넨다.	300.15 비전형적 해리장애
전위	나는 아버지의 개를 싫어한다.	300.29 단순공포증
고립(또는 이지화)	나는 아버지의 행동이 못마땅하다.	300.3 강박장애
억압	나는 내가 왜 그렇게 짜증이 나는지 알지 못한다.	300.02 일반화된 불안장애
반동형성	나는 아버지를 사랑한다(!) 혹은 나는 아버지의 적을 싫어한다(!)	—
성숙한 방어		
억제	나는 아버지에게 화가 났지만 아버지에게 말하지 않을 것이다.	—
승화	나는 테니스에서 아버지를 이겼다.	—
이타주의	나는 아버지를 싫어하는 사람들을 위로한다.	—

a. 진단은 갈등의 의식적 표상이 병리적인 극단으로까지 이행되었으며 진단을 내리는 데 필요한 다른 진단 준거들도 충족된 상태임을 가정한다.

명칭들이 있다. 따라서 〈표 2-1〉은 교훈적 메시지를 담고 있다. 흔히 정신과 의사들이 정신장애로 명명하는 것은 불편함dis-ease에 대한 환자의 대처 방식에 불과하다는 것이다. 공포증, 강박관념, 심지어는 일부 정신병조차도 당뇨나 암처럼 기침이나 발열 현상에 더 가깝다. 그러나 내가 성숙한 방어기제라고 칭하는 것을 활용하는 경우에 나타나는 자기기만은 정신과 진단으로 이어지지 않는다. 자기기만을 사용한다고 해서 누구나 다른 사람들에게 아픈 것으로 보이지는 않는다. 결국 진주를 만들어 내려면 굴은 반드시 모래알 때문에 생긴 아픔을 다루어야 한다.

＊　＊　＊

〈표 2-1〉에 대한 설명에는 두 번째 교훈도 담겨 있다. 이 표는 이미 1장에서 설명한 몇 가지 방어, 즉 해리, 전위, 고립, 투사를 보여 주고 있다. 또 반동형성과 승화 같은 몇 가지 방어기제도 소개한다. 자기기만과 부인이 존재한다는 사실 자체를 인정하는 것도 중요하지만 진단을 위해 명명을 할당하는 것보다는 방어에 대해서 상호 배타적이면서 타당한 것으로 합의될 수 있는 명명법을 찾는 것이 더 어렵다. 과거 문헌에서 버클리의 발달심리학자인 노마 한Norma Haan[4]은 30개 스타일의 부인을 제시했다. 정신분석가이자 하버드 대학의 교수인 그레테 바이브링Grete Bibring과 동료들[5]은 40개 스타일을 제시했다. 보다 최근에 만프레드 뷰텔Manfred Beutel은 정신분석학적으로 지향된 학자들이 제시한 17개의 방어 목록을 검토해서 37개의 방어를 목록화했다. 하지만 37개의 방어 중에서 오로지 5개에 대해서만 합당한 수준의 합의가 있었다. 설상가상으로 정신분석가가 아닌 연구자들은 완전히 다른 분류법을 내놓았다. 간단히 말해서, 바벨탑의 건축자들처럼 성격심리학을 공부하는 학생이 갈피를 못 잡도록 만드는 많은 용어 때문에 혼란에 빠질 위험성이 있었다.

이런 점에서 〈표 2-2〉는 이러한 바벨 왕국에 일종의 질서를 부여하려는 시도다. 프리즘이 빛을 뚜렷이 구별되는 개별적인 색들로 굴절시키듯이, 이 표는 폭넓게 정의된 용어들을 뚜렷이 구별되고 상호 배타적인 방어 스타일로 분류한다. 이러한 분류는 각 방어가 갈등의 근원인 네 가지 지표 중에서 어느 것을 가장 심하게 왜곡하는지와 자아가 자기, 관념, 정서, 그리고 대상에 대한 주체의 상대적 인식을 변경시키는 여러 수단을 확인함으로써 이루어진다. 그럼으로써 〈표 2-2〉는 안나 프로이트Anna Freud가 『자아와 방어기제The Ego and the Mechanisms of Defense』에서 처음 제시했고 또 그 이후로 빈번하게 인용된 가설, 즉 어떤 방어는 사람들보다는 특정한 정서를 더 다루

표 2-2 | 방어기제를 파악하는 상호 배타적인 방식

방어 스타일	갈등의 근원			
	정서/ 본능/ 욕망	양심/ 문화	관계/ 사람	현실
I. 정신병적				
1. 망상적 투사	외현화된	과장된	왜곡된	왜곡된
2. 부인	무시된	—	무시된	무시된
3. 왜곡	과장된	무시된	왜곡된	왜곡된
II. 미성숙한				
1. 투사	외현화된	—	왜곡된	과장된
2. 공상	—	무시된	내부로 취해진	—
3. 건강염려증(신체화)	왜곡된	—	평가절하된	왜곡된
4. 소극적 공격	자신에게 향한	과장된	과장된	—
5. 행동화	과장된	무시된	전치된	—
6. 해리	변경된	변경된	과장된	—
III. 신경증적(중간 수준)				
1. 전위	—	—	전위된	최소화된
2. 고립/이지화	최소화된	과장된	멀리 떨어진	—
3. 억압	위장된	—	—	최소화된
4. 반동형성	무시된	과장된	—	—
IV. 성숙한				
1. 이타주의	최소화된	과장된	—	—
2. 승화	위장된	—	—	—
3. 억제	최소화된	최소화된	최소화된	최소화된
4. 예상	—	—	—	—
5. 유머	—	—	—	—

표 2-2 | 계속

방어 스타일	갈등의 근원			
	자기/주체	관념	정서	대상
I. 정신병적				
1. 망상적 투사	인위적 대상	과장된	과장된	인위적 자기
2. 부인	전능한	무시된	무시된	무시된
3. 왜곡	전능한	변경된	변경된	일반화된
II. 미성숙한				
1. 투사	인위적 대상	—	—	인위적 자기
2. 공상	전능한	—	감소된	내면의 자기
3. 건강염려증(신체화)	—	변경된	화가 고통이 되다	전치된
4. 소극적 공격	인위적 대상	—	—	무시된
5. 행동화	전능한	무시된	무시된	일반화된
6. 해리	—	—	변경된	—
III. 신경증적(중간 수준)				
1. 전위	—	—	—	전치된
2. 고립/이지화	—	—	무시된	—
3. 억압	—	무시된	—	무시된?
4. 반동형성	—	역전된	역전된	—
IV. 성숙한				
1. 이타주의	—	—	—	인위적 자기
2. 승화	—	—	감소된	—
3. 억제	—	—	—	—
4. 예상	—	감소된	감소된	—
5. 유머	—	과장된	변경된	—

고 다른 방어는 오로지 사람들만을 대상으로 한다는 가설을 배제한다. 이 가설이 옳을 수도 있지만 지금까지 실험적으로 입증된 바는 거의 없다.

〈표 2-2〉에는 합당한 수준으로 전문가들 간에 의견이 일치하는 방어기제들을 포함시켰다.[6] 이 표에서는 이러한 특성을 갖는 방어들을 성인의 삶에서 관찰되는 상대적인 적응성에 기초하여 네 가지 범주로 나누었다. 예컨

대, 투사는 미성숙한 혹은 부적응적 방어기제로, 그리고 이타주의는 성숙한 혹은 적응적 방어기제로 분류되었다. 처음에는 이러한 작업이 무지개의 색깔에 이름을 붙이고 그다음에 가치를 할당하는 것처럼 보일 수 있다. 어떤 면에서 방어는 메타포다. 즉, 우리가 그 존재를 단지 추론할 수밖에 없는 정신과정을 기술하기 위한 약어인 셈이다. 그리고 사람들이 사용하는 방어는 그 자신과 다른 사람들에게 지대한 영향을 줄 수 있다. 우리가 빨간 스카프의 색깔을 명명하기 위해서 사용하는 말은 상당히 임의적이다. 그러나 황소에게는 그 색이 빨간색인지 혹은 녹색인지가 커다란 차이를 만든다. 일반적으로 성숙한 방어기제를 사용하는 것은 다른 사람들을 편하게 해 준다. 그에 비해 미성숙한 방어기제를 사용하는 것은 마치 빨간색이 황소에게 영향을 주는 것과 같은 방식의 부정적인 영향을 관찰자들에게 준다.

이타주의(성숙한), 반동형성(신경증적 혹은 중간의 수준) 그리고 투사(미성숙한)의 세 가지 방어기제는 여러 가지 면에서 유사하다. 예컨대, 각 방어기제는 주체 자신의 욕망을 부인한다. 게다가 발달적으로 투사는 흔히 반동형성으로 진화하고, 반동형성은 이타주의로 진화한다. 사실 그래야 마땅하다. 그렇다면 적응을 가져오는 결정적인 차이는 무엇일까?

성숙한(적응적, 대처하는) 방어기제와 미성숙한(부적응적, 병리적) 방어기제 사이의 이러한 구분을 확인하기 위해서 두 명의 열정적이고 유명한 자기희생적 고행자의 예를 살펴보자. 아마도 그들의 신념체계는 대부분의 사람들에게 자기기만을 포함하는 것으로 보였을 것이다. 그들은 바로 테레사 수녀와 히틀러다. 반동형성, 즉 감각적 만족을 의도적으로 회피하는 것은 그 두 사람 모두의 삶에 존재했다. 테레사 수녀는 금욕적이고 빈곤한 삶을 살았다. 히틀러 역시 자주 금욕적이었고 어떤 독재자보다도 더 검소한 복장을 했으며 채식주의자였다. 그러나 테레사 수녀는 캘커타의 빈곤층을 위해서 자신을 희생했으며 노벨 평화상을 받았다. 다른 사람들이 무엇을 원하는지를 알고 있다고 믿었던 그녀의 신념은 옳았고 공감적이었으며 이타주의라고 명명될 수 있었다. 반대로 독일 국민의 이익을 위해서 자신을 희생하고자 했던 히틀러의 노력은 그가 자신의 욕구를 독일 국민들에게 비공감적으로 투사하고 정치적으로 비타협적인 태도를 고집하는 바람에 폐허가 된 베를린의 잔해 속에서 자살 후 수치스럽게 화장당하는 대가를 치르도록 만들었다.

물론 어려운 점은 그러한 비교가 세월이 흐른 뒤에야 가능하다는 것이다. 역사적 진실을 판별할 때와 마찬가지로 방어의 상대적 적응성을 구별하려면 장기간의 추적이 필요하다. 1930년대의 국수주의자인 독일 정치가라면 히틀러가 금욕적이고 이상적인 정치가로서 적어도 한동안은 조국에 경제적 재탄생을 가져왔다고 볼 수도 있지 않았을까? 힌두교 신자인 어떤 심리학자는 테레사 수녀를 백인의 책무라는 인종차별주의 신조를 영속시키고 결과적으로 캘커타의 경제 침체에 기여한 서양의 종교적 괴짜라고 간주할 수 있지 않았을까?

그러나 〈표 2-2〉를 가지고 테레사 수녀와 히틀러를 구별해 주는 적응적 자기기만을 분석해 보자. 분명히 두 사람 모두 반동형성을 사용했다. 두 사람 모두 풍요가 아닌 빈곤 속에서 쾌감의 근원을 발견했다. 그러한 행동은 반동형성의 사용자가 그 욕망을 인정하기는 하지만 그러한 욕망에 대한 가치판단 방향은 역전된다는 사실과 부합된다. 다시 말해, 검은색이 하얀색이 되는 것이다. 그러나 이타주의와 반동형성 모두에서 자기는 객체와 혼동되지 않으며 다른 사람들은 왜곡되지 않는다. 이는 히틀러보다는 테레사 수녀에게 더 잘 맞는 얘기다. 이타주의에서와는 다르게, 반동형성과 투사 모두에서 우리는 우리 외부에 존재하는 강렬한 욕망이 우리를 위험에 빠트린다고 믿게 된다. 하지만 실제로 그러한 강렬한 욕망은 우리 안에 존재한다. 히틀러처럼 투사를 사용하는 사람은 자신의 본능적 욕망이 자신이 아닌 다른 대상들에게서 나온다고 고집스럽게 주장한다. 히틀러는 유대인과 공산주의자가 히틀러 자신이 자기 내부에 있다고 인식하지 못하는 욕망으로 가득 차 있다고 믿었다. 하지만 대조적으로 테레사 수녀는 책망할 사람은 오직 자신뿐이라고 보았다. 이러한 차이점들을 고려할 때, 1930년대의 독일 경제학자와 힌두교인 심리학자조차도 누가 노벨 평화상의 더 나은 후보인지, 그리고 궁극적으로 누구의 자기기만이 보다 더 적응적인지에 대해서 동일한 답변을 내놓을 것이라고 믿는다.

그러나 수녀를 국가 원수와 비교할 수는 없을 것이다. 그렇다면 어떻게 하면 우리가 적응적 자아와 운 좋은 자아를 구별할 수 있을까? 문제가 복잡하기 때문에 한 번에 한 단계씩 해답에 접근하는 것이 최선일 것이다. 첫 번째 단계는 갈등과 재능, 주인공은 그대로 두고 방어 스타일을 체계적으로 하나씩 변화시켜 보는 것이다. 사람들이 사용하는 '부인'의 종류가 우리가 그들을 어떻게 생각하는지와 그들이 자신의 삶에 적응하는 데 중요한 영향을 미친다는 것을 증명할 수 있는 길은 한 사람에게 초점을 맞추는 것뿐이다. 이렇게 한 명의 가상적 인물에게 집중하면서 〈표 2-2〉에 제시된 18개의 방어기제를 구별하고 왜 부인과 자기기만 중 일부는 상대적으로 성숙한(적응적) 방어기제로 명명되고 어떤 것은 상대적으로 미성숙한(부적응적) 방어기제로 명명되는지를 보여 줄 것이다. 가상의 주인공 사례에서 예시된 설명은 상당한 수준의 실험적 증거에 의해서 지지된 내용들이다.

내가 적응적인 영웅으로 선택한 것은 페기 오하라Peggy O'Hara라는 16세 소녀다. 오하라는 갑자기 자신의 양심과 욕망, 현실, 그리고 같이 살 수도 없고 그렇다고 떨어져 지낼 수도 없는 사람들과 갈등 상태에 빠져 있는 자신을 발견한다. 나는 일부러 중년 남성 대신에 사춘기 소녀를 선택했다. 자신이 주로 사용하는 것과 너무나 유사한 특징을 갖는 방어에 대해서 이야기하거나 쓰는 것은 난국을 초래할 수 있다. 아마도 그러한 시도는 우울이나 불안 혹은 더 심각한 자기기만으로 이어질 수 있을 것이다. 그러므로 나 자신이 방어기제들을 냉정하게 논의하기 위해서는 내가 선택한 가상의 주인공과 거리를 유지할 필요가 있다.

페기의 삶에서 외부 현실은 그녀가 16년의 인생 중 12년 동안 천주교 여학교에 다녔고 전적으로 수녀들에게 교육을 받아 왔다는 것이다. 페기는 데이트를 해 본 적도 없고 남자아이와 손을 잡아 본 적도 없다. 페기의 삶에서 본능적 현실은 12세 때 초경을 했으며 14세 때부터 내분비적으로는 성적으로 성숙한 상태라는 것이다. 페기의 문화적 현실은 페기가 8세 때 처음으로 영성체를 했으며 16세에 이르러서는 수녀들의 믿음이 그녀 자신의 믿음이 되었다는 것이다. 페기의 독실한 천주교는 그녀의 성적인 동요만큼이나 정체감에서 큰 부분이 되었다. 그녀의 대인관계 현실은 지난 몇 달간 교회 프로젝트에서 일하면서 18세 남자아이와 사랑에 빠지게 되었다는 것이다. 페기는 사회적으로 성숙했기 때문에 단순히 애송이식 사랑이 아니라 진정한 감정이입을 경험한다. 마지막으로 당황스러운 사실은 그녀의 남자친구도 그녀만큼이나 성적으로 순진하다는 것이다.

어떻게 페기의 자아가 그녀를 불안하거나 우울하게 만들지 않고 길고 무더운 여름을 보내게 할 수 있을까? 천주교적 양심(초자아)은 참을성 없는 생물학적 작용(이드)과 상충되고, 참을성 없는 생물학적 작용은 성적인 경험이 없는 그녀의 현실과 상충되며 그녀의 성적인 경험이 없는 현실은 남자친구의 친밀한 요구와 상충된다. 이 어린 사춘기 여자아이의 자아로부터 조정이 이루어지지 않는다면 갈등을 피할 수 없게 될 것이다. 일종의 적응적인 자기기만 없이는 그녀의 갈등(굳이 다르게 칭하자면 인지적 부조화 또는 스트레스)은 그녀를 우울하고 불안하게 만들고 〈표 2-1〉에 제시된 정신과적 진단 중 하나를 위한 후보가 되게 할 것이다.

그러나 페기의 딜레마는 사실 많은 불안과 우울이 정식으로 진단받을 만한 불안 신경증과 정신병적 우울에 해당되지는 않는다는 점을 상기시킨다. 불안과 우울은 일상적인 갈등과 변화를 경험하는 보통 사람들에게도 해당된다. 페기의 문제는 로미오와 사랑에 빠진 줄리엣만큼 이례적인 것이라고 할 수 없다. 사실 페기의 사례에서는 그러한 갈등과 변화가 운동과 교육

만큼 성장과 발달에 필수적이다. 수많은 젊은 여성이 비슷한 상황에 처해 왔다. 그들의 갈등은 결코 병리적이지 않으며, 충분한 시간이 주어질 경우 그들의 '질병'은 내면세계에 국한될 뿐 외부세계에 악영향을 미치는 식으로 확대되지 않는다는 점이 입증될 것이다. 그렇다면 페기의 자아 과제는 지나치게 불안하고 지나치게 우울하지 않게 여름을 보내는 것이 된다. 그러나 그렇게 하려면 선택적인 자기기만을 사용해야 한다. 즉, 방어를 효율적으로 사용해야 하는 것이다.

페기가 이용할 만한 방어기제들을 추적하기 전에 자아의 불수의적인 정신적 조절과정(방어)을 통한 대처방식과 다른 형태의 대처방식을 구분할 필요가 있다. 1장에서 스트레스를 해결할 수 있는 세 가지 일반적인 대처 스타일의 범주를 제시한 바 있다. 첫 번째 범주는 인지적이고 의식적인 대처전략을 포함한다. 이 장에 나오는 어린 천주교도 주인공에게는 여름 동안 아버지가 그녀를 유럽으로 보내 버리는 것이 그러한 해결책이 될 것이다. 그러나 그러한 대처전략은 흔히 너무 사치스럽다. 오직 부자만이 가혹한 운명의 돌팔매와 화살을 피해 갈 수 있는 길을 스스로 선택할 수 있다. 그리고 아버지가 페기를 그해 여름 동안 유럽에 보냈다면 그녀는 화가 나고 매우 우울해졌을 것이다.

대처 스타일의 두 번째 범주는 사회적 지지다. 페기의 남자친구는 이례적으로 이해심이 많고 참을성이 많을 수도 있다. 아니면 페기가 선배나 믿을 만한 신부님, 언니 혹은 생활지도 상담사에게 조언과 위안을 얻을 수도 있다. 누군가가 위로하고 격려해 주면 우리는 스트레스 상황에서도 덜 불안해할 수 있다. 그러나 이러한 대처 스타일은 사회적 지지의 풍부함에 달려 있다. 이 세상에는 생활지도 상담사가 없는 곳이 더 많을 뿐만 아니라 청소년인 연인이 이해심이 많은 경우는 더더욱 드물다.

이 세상에서 혜택을 별로 받지 못하는 사람들은 자아의 연금술, 즉 적응적인 자기기만에 의지해야 한다. 따라서 나는 페기의 이야기에서 세 번째 대처 스타일, 즉 자아의 방어기제에 초점을 맞출 것이다. 〈표 2-2〉에서 제시한 정신적인 삶과 방어기제의 위계에 대한 모델에 입각하여, 열여섯 살짜리 소녀가 내·외부 현실을 왜곡할 수 있는 다양한 상호 배타적인 방법을 소개할 것이다. 먼저 정신병적이라고 분류된 방어기제들부터 살펴보자.

정신병적 방어

〈표 2-2〉는 세 가지 스타일의 정신병적 방어를 보여 준다. 그것들은 망상적 투사, 왜곡 그리고 부인이다. 정신병적 방어는 결함이 있는(예를 들어, 자고 있거나 유독물질에 오염되었거나 미성숙하거나 혹은 정서적으로 압도된) 형태의 중추신경계 지각 내용을 재조직화한다. 다른 수준의 방어와는 달리, 정신병적 방어는 외부 현실에 대해 지각한 내용을 크게 변형시킨다.

망상적 투사

망상적 투사delusional projection를 사용할 경우, 페기는 악마가 그녀의 성기에 레이저 광선을 쏘고 있다고 신부님에게 보고하게 될 수도 있다. 공포에 질려서 페기는 침실에 자신을 가두고 고립시킬 수도 있다. 외부의 가해자인 악마, 어떠한 과학적 논리와 종교적인 위안으로도 쫓아 버릴 수 없는 악마의 무기력한 피해자가 되는 것이다. 신부님은 당황해서 페기를 정신과 의사에게 의뢰할 것이고, 페기는 조현병schizophrenia이라는 진단을 받게 될 것이다.

꿈에서, 아동기에, 그리고 커다란 위험에 처했을 때 그러한 망상적 투사는 가끔 우리 일상생활의 일부분이 되기도 한다. 따라서 그처럼 기괴한 행동이 오직 조현병의 꼬인 유전자에서만 비롯된다고 치부해 버리기 전에 우리는 우리 자신의 악몽 속에서, 동화 속에서, 위대한 종교화에서, 그리고 현실을 검증하기에는 그들의 적과 너무나 많은 문화적 차이가 있는 군인들의 마음속에서 어떤 일이 벌어지는지를 잘 살펴보아야 한다. "그 마을을 구하기 위해서 파괴시켜야만 했다."라고 보고했던 베트남전의 미국 장교를 기억해 보라. 전쟁의 스트레스로부터 멀리 떨어진 상태에서 본다면 그러한 논리는 정신 나간 것이다.

망상적 투사에서 내적 갈등은 외현화되고 분명히 실재하는 현실로 탈바꿈한다. 꿈에서 깨어나거나 동화가 단지 이야기에 불과하다는 사실을 기억하기 전까지, 현대의 진정제가 오델로를 진정시키기 전까지, 혹은 우리의 인간 이하의 적이 다음번 군사적 충돌에서 고귀한 동지가 되기 전까지 그러한 망상적 투사는 치유가 불가능해 보인다.

망상적 투사는 현실 검증이 사실상 거의 없어진다는 점에서 단순한 투사와 구별될 수 있다. 오델로의 의심은 단순한 투사보다는 지나친 것이다. 왜냐하면 오델로는 죄 없는 데스데모나를 상대로 단지 잘못을 추궁하는 데 그치지 않고 그녀의 목을 졸랐다. 마찬가지로 현명한 지도자들조차도 베트남 마을을 불태우지 않는다면, 다루기 힘든 분쟁들이 마치 '도미노' 연쇄 반응처럼 번져 가게 될 것이고 결국에는 소중한 미국마저 무너뜨릴 것이라고 믿었다. 후대의 역사가들은 결코 이해할 수 없겠지만 완전히 정상적인 사람도 가끔은 정신병적인 방어기제를 사용한다.

왜 곡

페기가 왜곡distortion을 전략적으로 사용한다면 그녀는 유명한 록스타가 그녀에게 프로포즈를 했다고 사람들에게 공언할 수도 있다. 페기는 그 록스타가 텔레비전에서 보인 제스처와 영화 잡지에서 한 얘기들을 보면서 자신이 그 록스타의 연인이라고 말할 수 있다. 기쁨에 취해서 페기는 이국적인 란제리와 엄청난 양의 피임약을 구입할 수도 있다. 이렇게 그녀가 흥분하게 되면 진짜 남자친구의 존재감은 저 멀리 희미해지고, 부모는 그녀가 미쳤다고 생각하게 될 것이다. 그러한 방어의 가치는 그녀가 가상의 인물을 손에 넣을 수 없기 때문에 섹슈얼리티에 직면할 필요 없이 계속 사랑받는 느낌을 간직할 수 있다는 것이다.

사실 그러한 행동은 흔히 조울증의 조증 단계와 연합되어 있다. 하지만 다시 얘기하지만 페기의 예와 같은 왜곡은 일상생활에서도 일어난다. 죽은 고양이가 다시 깨어나기를 기다리는 어린아이가 가지고 있는 깊은 확신이나 피할 수 없는 재난에 직면한 매우 종교적인 사람을 지탱해 주는 신념을 생각해 보라. 운디드니에서 미국 기갑부대에게 학살당하기 불과 며칠 전에 라코타 인디언들은 초원으로 버펄로를 돌아오게 하기 위해서, 그들의 죽은 조상들에게 새로운 생명을 불어넣기 위해서, 거대한 흙더미 속에 증오하는 백인을 묻기 위해서 춤을 추었다. 라코타 인디언들이 미쳤던 것은 아니다. 그들은 단지 견딜 수 없는 차원의 재난에 직면했던 것뿐이다. 이렇듯 종교적 신념은 일상생활 속에서 왜곡의 극적인 예들을 보여 준다. 그러나 모든 방어를 규명하는 것과 마찬가지로 관찰자 편향이 통제되어야만 한다. 만약 우리가 우리 자신의 종교만이 진실이라고 믿는다면 어떻게 다른 종교의 온전성을 공정하게 판단할 수 있을까?

또 왜곡에서는 다른 사람과의 기분 좋은 동화나 융합이 일어날 수 있다. 천사의 상냥한 목소리가 머릿속에 '존재'하게 되는 것이다. 죽은 아버지에 대한 햄릿의 망상적 이미지는 죄의식을 불러일으키는 동시에 위안도 제공해 준다. 그러나 그러한 환각적 융합은 죽은 아버지와의 대화를 오로지 '상상하기'만 하는 정신분열성 몽상가와는 다르다. 공상 속에서 위안은 머릿속에만 존재한다. 하지만 왜곡에서 위안은 현실세계 속에 실제로 존재하는 것이 된다.

실제 삶 속에서 왜곡과 망상적 투사를 명확하게 구별하는 것이 언제나 가능한 것은 아니다. 그럼에도 불구하고 망상을 가지고 있는 페기는 악마가 그녀의 성기에 레이저 광선을 비추기 때문에 '야기된' 성적 흥분으로 인해 비참해진다. 반대로 왜곡은 원래 수줍음을 잘 타는 페기가 그녀 자신을 매릴린 먼로보다 더 섹시한 대상으로 믿을 수 있게 해 준다. 이때 현실은 완전히 무시된다. 편집적 망상에서 사용자는 욕망의 충족을 덜 강조하고 양심의 명령의 왜곡을 더 강조한다(〈표 2-2〉 참조). 대조적으로 만약 개인이 조증이지만 편집적이지는 않다면 심지어는 진짜로 정조가 없는 연인조차도 여전히 그를 사랑하고 있다고 믿을 것이다. 조울증적 정신병에서 조증 시기에는 왜곡이 본능을 고결하고 즉각적으로 만족할 수 있는 것으로 만들어 준다. 하지만 우울증 시기에는 죄의식에 기초한 망상이 마음속 악마로 하여금 우리가 천형을 받는 죄인처럼 살도록 만들어 결국 덕목조차도 죄악으로 보이게끔 한다. 당연히 조증과 종교적 위안은 악몽과 전쟁에 대한 편집적인 증오심보다도 포기하기가 더 힘들다.

정신병적 부인

수녀원에서 운영하는 학교에 다니는 16세의 페기는 남자친구의 존재를 무시할 수도 있다. 페기는 거리에서 그를 지나쳐 버리고 또 그가 모르는 사람이라고 주장할 수도 있다. 페기는 그의 '죽음'을 애도하면서 검은 옷을 입을 수도 있다. 외부 현실을 그렇게 부인하는 것은 일상생활보다는 긴장성 조현병에서 더 흔한 것이 사실이다. 그러나 나는 정신적으로 조금도 병들지 않은 어떤 여성이 그러한 행동을 보이는 것을 관찰한 적이 있다. 그녀의 요리사가 부엌에서 살해된 채로 발견되었을 때 그녀는 이층에 그대로 있었다. 독실한 기독교 신자이자 과학자인 그녀는 그 유감스러운 사건 전체가 일어나지 않았던 것처럼 행동했다. 아래층의 사람들이 경찰에 응하는 동안 그녀는 강한 확신으로 "어떤 악마도 내 집에 들어올 수 없다."고 주장했다. 외부 현실에 대한 부인의 또 다른 예로는 1장에서 나온 내과 의사를 들 수 있다. 그는 자신의 진정제 중독을 인정하는 대신에 머리에 쓸모없는 구멍이 나는 것을 허용했다. 또 동물원에서 자기보다 큰 동물들이 살고 있는 우리가 마치 비어 있는 것처럼 굴었던 다섯 살짜리 아이도 그러한 예가 될 수 있다.

간단히 말해서, 정신병적 부인psychotic denial은 말 그대로 외부 현실을 지워 버린다. 억압과는 달리, 부인은 내부 현실의 지각보다는 외부 현실의 지각에 더 큰 영향을 미친다. 정신병적으로 눈이 먼 자는 주변과 충돌한다. 하지만 히스테리에 의해 눈이 멀게 된 사람은 주변을 잘 빠져나간다. 해리(신경증적 부인)와는 달리, 정신병적 부인은 외부의 고통스러운 자극을 무시한다. 대조적으로, 해리는 고통스러운 내적 감정의 주관적인 해석을 변형시킬 뿐이다. 조현병 환자는 자신의 문제가 심장발작에 의해 유발된 것이라는 사실을 인정하지 않는다. 그것이 바로 부인이다. 대조적으로, 관상질환 집중치료실에 머무는 상태에서 간호사들에게 집적거리고 만사에 문제가 없다는 태도를 견지하는, 해리를 사용하는 마초 스타일의 간부는 병원에 입원한 후에야 비로소 자신의 문제를 인정한다. 이때 그는 자신의 심장발작을 부인하지 않는다. 단지 나중에 문제가 심각해진 상태가 되어서야 비로소 인정하는 것일 뿐이다.

여기서 부인이라는 용어를 매우 협소한 의미로 사용한다는 점을 주목하라. 〈표 2-2〉에서 제시하듯이, 모든 방어는 무언가를 부인하는 요소를 포함한다. 여기서는 부인을 자아의 기제가 외부 현실을 부정하는 경우로 제한한다. 많은 사람이 공상 속에서 부인을 사용한다. 이미 죽은 사랑하는 사람들도 백일몽 속에서는 되살아날 수 있다. 그러나 정신병적 부인은 아침식사 때 그 사람을 위한 자리를 마련하도록 만든다. 갑작스러운 죽음을 알게 되었을 때, 대부분 우리는 충동적으로 해리를 일으키면서 외친다. "그건 사실이 아냐. 난 안 믿어." 하지만 그러한 부인은 오래 지속되지 않는다. 반대로 내가 봤던 조현병 환자는 그가 입원한 병원의 깃발들이 사흘 동안 조기 상태로 계양된 후에야 존 케네디 대통령의 장례 행렬에 대한 TV 보도를 보게 되었는데, 그토록 슬프지만 새로운 TV 장면을 보고 '오래된 재방송'이라고 일축해 버렸다. 단순화를 하자면, 부인은 외부 현실을 무시한다(페기의 남자친구가 '죽었다'). 왜곡은 우리의 소망에 맞추어 외부 현실을 변형시킨다(페기의 남자친구는 손에 넣을 수 없는 록스타로 바뀐다). 그리고 망상적 투사는 우리의 양심에 맞추어서 외부 현실을 변형시킨다(그 짓을 하는 것은 악마다. 내가 아니다). 이 세 가지 모두 참을 수 없는 내부의 갈등을 감소시킨다.

＊　　＊　　＊

망상적 투사, 외부 현실의 부인, 그리고 왜곡의 예들은 우리의 아동기와 꿈속에서 그리고 정신병에서 가장 흔하게 발견된다. 그러나 이러한 방어들은 (우리의 종교적 믿음 및 신화와 동화 속에서처럼) 현실 검증이 필요하지 않는 상상의 세계 속에서 일어난다. 대학원 교육이나 정신분석, 마오쩌둥의 영향을 받은 간부단, 스키너skinner의 조건형성도 그러한 자기기만을 굴복시키지는 못한다. 엔지니어가 공기역학에 대한 지식을 가지고 있다고 해도 꿈속에서는 그가 스스로의 힘으로 날고 있는 것이 아니라는 점을 납득시키기가 쉽지 않다. 여하간의 심문이나 고문도 정신병자가 깨어 있는 채로 꾸는 꿈을 변화시킬 만큼의 설득력을 갖기는 어렵다. 대부분의 경우 다른 종교를 믿는 사람의 독실한 신념은 약간 정신 나간 것처럼 보인다. 하지만 어떠한 논리적 주장도 천주교와 힌두교가 신념을 교환하게 만들거나, 산타클로스를 철석같이 믿는 다섯 살짜리 아이에게 산타클로스가 허상이라고 설득하지는 못할 것이다. 이를 위해서는 뇌의 상태를 변화시킬 수 있는 어떤 방법이 필요하다. 조현병의 경우에는 신경안정제(소라진Thorazine 같은)가, 꿈을 꾸고 있는 사람에게는 자명종 소리가 그러한 방법이 될 것이다. 또 논리적 사고과정을 발달시키고, 그래서 산타클로스에 대한 믿음을 영원히 잃어버리게 만드는 발달하는 뇌의 무자비한 수초화myelinization도 그러한 방법 중 하나다.

그러나 자아의 성숙은 생물학적인 과정과 마찬가지 수준으로 환경의 영향도 받는다. 한편으로는 어린아이들로 하여금 상상 속의 친구들과 산타클로스라는 사실적이고 위안을 주는 현실을 버리게 하는 것은 (신경학적 발달과 더불어서) 사회적 경험에 점진적으로 노출되는 것이다. 다른 한편으로 무경험이라는 경험(심한 감각 박탈이나 교육 박탈과 같은)과 극단적인 경험(신체 학대나 성적 학대와 같은) 모두 현실의 유치한 '정신병적' 왜곡이 성인기 삶 속으로 그대로 이어지도록 만든다.

세 가지 정신병적 방어와 다른 방어들 사이의 결정적인 차이는 외적인 현실 검증이 손상되었는지의 여부다. 예를 들어, 투사를 사용하는 망상적이지 않은 편집증 환자들은 그들의 두려움이 완전히 상상의 산물인 경우는 드물며 현실 검증 능력이 유지된다. 지나치게 열성적인 (편견을 가진) 야구 팬은 단지 "심판을 죽여라."라고 소리 지를 뿐이다. 대조적으로 망상적 투사와 왜곡이 있는 사람은 단지 생각만 하는 것이 아니라 비현실적인 강박관념과 강박행동을 실제 행동으로 옮길 수 있다. 망상이 있는 조증 환자와 도취되어 있는 종교적 열성분자에게는 사회의 규범이 적용되지 않는다. 대조적으로, 문제행동을 나타내는 정신병질자와 투사를 하는 편집증 환자, 그리고 자신을 등한시하는 순교자는 사회의 규범을 어길 때조차도 그에 대해서 잘 알고 있는 경우가 흔하다.

사실, 모든 정신병적 행동이 독창적인 방어를 위한 것은 아니다. 어떤 이들은 유해한 환경에 적응하기 위한 노력 때문에, 그리고 유전적 결함이나 기질적인 뇌손상 때문에 기태적인 행동을 나타낼 수 있다. 유사하게 일부 공포증 환자와 강박증 환자의 전위는 심리치료적 해석보다는 항우울제로 더 잘 치료될 수 있기도 하다. 이것은 놀라운 일이 아니다. 때로 어미 메추라기는 진짜로 날개가 부러진 것일 수 있다. 그러나 뇌가 '망가졌을' 때조차도 손상된 뇌에 의해서 유발된 증상은 언제나 결함뿐만이 아니라 뇌의 온전한 나머지 영역의 노력을 반영한다. 중독성 섬망에서조차도 환자의 환각과 망상은 혼란 속에서 질서를 찾아낸다. 손상된 뇌조차도 그 주인을 위로하기 위한 노력의 일환으로 기발한 면을 보인다. 자아는 생물 활동의 종복이다.

미성숙한 방어

〈표 2-2〉는 6개의 소위 미성숙한 방어기제를 제시하고 있다. 이들 기제는 학생들의 공격으로 괴로움을 겪어 온 고등학교 교사에게는 매우 익숙한 것들이다. 경찰관, 도시의 사회복지사, 그리고 지방 신문의 안쪽 지면에 실리는 픽션보다 더 이상한 진실과 기이한 기사거리를 즐기는 마니아도 마찬가지로 고개를 끄덕이며 수긍할 것이다. 왜냐하면 미성숙한 방어들은 성격장애를 이루는 벽돌들인 셈이기 때문이다. 독자는 내가 이 집단의 방어들을 특징짓기 위해서 '미성숙한'이라는 용어를 사용하는 것을 의아하게 생각할 수 있다. 그러나 이러한 일반화를 위한 경험적인 근거는 다음 장에서 제시될 것이다. 내가 '미성숙한'과 '성숙한'이라는 용어를 사용하는 이유는 가치판단으로서가 아니라 자아가 성인이 되어 감에 따라 점차 발달해 나간다는 사실을 강조하기 위해서다.

투 사

폐기는 남자친구에 대한 수용하기 어렵고 불안을 유발하는 느낌을 투사projection해 버릴 수 있다. 폐기는 친구에게 "남자가 그렇게 섹스를 밝히는 건 짐승 같아. 너무 끔직한 일이야. 거의 언제나 옷을 벗기는 것 같은 눈빛이라니까."라고 말할 수 있다. 그러한 사고과정이 어떻게 그녀 자신의 느낌에 대한 책임을 면제시켜 주면서도 성적인 생각과 정서는 의식 속에 존재할 수 있게 해 주는지 주목해 보라. 정신병적 방어와는 달리, 그리고 여름 동안 유럽에 가 버리는 것과는 달리, 투사를 사용하는 것은 폐기가 갈등 상태에 있는 대상과 심리적으로 분리되도록 강요하지 않는다. 폐기는 남자친구가 혐오스럽다고 얘기하더라도 여전히 남자친구가 눈으로 그녀를 애무하고 있다고 믿는다. 편집적인 욕구는 외롭거나 버림받았다고 느끼지 않도록 하는 것이 필요하다. FBI가 자신을 핍박하고 있다고 믿으며, 고립된 생활을 하는 편집증적인 사람은 어떤 면에서는 누군가의 지명수배 명단에 올라간 것일 수 있다. 역설적 결과는 공상과 건강염려증, 소극적 공격처럼 투사가 대용품에 대해서나마 대인관계 항상성을 보존한다는 점이다. 그러한 방어들은 만족스러운 형태로 내재화된 애정 대상이 거의 없는 마음을 복구하고 위안을 주는 방법들을 제공한다. 지그문트 프로이트와 안나 프로이트보다는 멜라니 클라인과 오토 컨버그Otto Kernberg에게 더 많은 영향을 받은 임상가들은 그러한 자아과정을 기술하기 위해서 분리splitting 및 평가절하devaluation와 같은 용어를 선호한다.

투사에서는 주체가 객체로 전환되고 객체는 주체로 전환된다. 투사는 자기혐오를 편견으로, 스스로의 사랑하는 느낌에 대한 불신을 근거 없는 의심에서 비롯된 친밀감에 대한 거부로 전환시킨다. 만약 우리가 누군가를 사랑한다면 결국 우리는 상처받기 쉬워진다. 만약 우리가 상처받기 쉬워진다면 누군가가 비난을 받아야만 한다. 좀처럼 우리는 우리 자신의 연약함에 대해서 책임감의 전부를 짊어지지는 않는다. 망상적 투사를 사용하는 사람과는 다르게, 단순한 투사를 사용하는 사람은 얼마나 이상하고 거슬리건 상관없이 법의 영역 안에 있으며 흔히 법에 집착한다. 사실 앞의 정신병적 방어와 미성숙한 방어들을 가장 예리하게 구별해 주는 것은 바로 실제와 상상 사이에 존재하는 미묘한 차이다. 자신을 치료하고 있는 정신과 의사를 고소해서 대법원에서 정의의 심판을 받게 하겠다는 조현병 환자의 위협은 아무도 걱정하지 않는다. 반면에 소송 걸기를 좋아하는 편집적인 외래환자는 의사의 가슴을 섬뜩하게 만들 수 있다. 부분적으로 우리는 편집적인 사람들에게 아주 민감하다. 흔히 그들의 의심에 찬 비난 속에는 어느 정도의 진실이 있기 때문이다.

모든 미성숙한 방어는 우리의 사적인 경계를 무력화시킨다. 따라서 투사는 상대방을 괴롭게 만든다. 병리적인 질투심의 대상은 편집증 환자가 얼마나 이상한 방식으로 친밀하게 구는지를 안다. 편견의 피해자는 흔히 박해자의 망상을 믿기 시작한다. 어떤 이들은 이러한 전염과정을 투사적 동일시라고 부른다. 익명의 증오편지는 사랑하는 연애편지보다 더 지속적으로 보낸 사람에 대해서 더 집요하게 생각나도록 만든다. 이렇게 미성숙한 방어들을 사용하는 주체의 대상은 이례적인 방식으로 그 사용자와 복잡하게 얽히게 되고 상호적인 형태의 방어들로 반응하게 된다. 새디스트와 마조히스트 사이의 이중주가 그 좋은 예다.

투사가 전위와 다른 점은 객체가 주체로 전환되는 것이지, 단순히 덜 위협적인 대상으로 전환되는 것이 아니라는 점이다. 투사와 투사의 더 성숙한 친척인 반동형성 및 이타주의 사이의 차이점은 히틀러와 테레사 수녀의 비교에서 이미 다룬 적이 있다. 이타주의와 투사 모두 사용자는 다른 사람이 어떻게 느끼는지를 알며 객체가 자기가 된다. 그러나 이타주의자가 편집증 환자와 다른 점은 이타주의자는 올바른 행동을 한다는 점이다. 투사에서와는 달리, 이타주의와 반동형성 모두에서 양심의 역할은 확대된다.

공상

페기는 심오한 종교적 확신을 천명하고서 여름방학 동안 자기 방에서만 지낼지도 모른다. 그러나 거기서 페기는 남자친구의 사진을 바라보면서 그에게 보내지는 않겠지만 열정이 넘치는 연시를 쓸지도 모른다. 마음속으로는 카마수트라 목판화집에서 발견했거나 문란한 여자친구가 해 본 가상의 환희를 시연해 볼 수도 있다. 남자친구로부터 떨어져 있기는 하지만 여름방학을 유럽에서 보내라는 아버지의 제안을 따랐다면 겪었을 슬픔은 전혀 느끼지 않을 것이다. 남자친구가 곁에 없다고 해도 슬픔이 유발되지 않고 욕망에 가득 찬 공상fantasy도 죄의식을 야기하지는 않을 것이다. 어떠한 악마도 그녀를 공격하지 않는다. 얼마나 낯설든 상관없이 상상 속의 성적인 성취는 걸음마를 하는 아이가 부모의 주차된 차를 운전할 때 느끼는 정도의 불안밖에 야기하지 않을 것이다. 사실 공상은 우리의 마음속 세상을 환하게 밝혀 주는 것 이외에는 다른 내적인 결과물을 가져오지는 않는다. 그러나 남자친구에게는 페기가 이상하고 냉담해 보일 것이다. 남자친구는 페기로 인해 외로움을 느낄 것이다. 꿈을 꾸는 페기는 아니겠지만.

정신분열성 공상은 사용자가 갈등 해결과 만족이라는 목적을 위해서 자폐적인 은신처에 몰입하게 한다. 공상 속이라면 안전한 상태에서 호랑이와 연인 모두를 제압할 수 있다. 또 죄의식 없이 티파니 상점에서 다이아몬드를 훔칠 수도 있다. 상상이라는 평범한 방어는 조금이라도 화가 나거나 우울하거나 불안해지지 않게 하면서 앞날에 기다리고 있는 것을 시연하고 연습할 수 있게 해 준다. 공상에서 가장 본질적인 것은 진짜 사람들이 우리의 마음에 끼어들지 못하도록 막는 것이다. 생일 케이크의 촛불을 끄면서 비는 소원은 우리가 비밀을 지킬 때에만 이루어질 수 있다. 아이들은 상상 속 친구들의 세부사항을 비밀로 지키려는 면에서 매우 단호하다.

단순한 소망과는 달리, 정신분열성 공상은 관계에 대해 충족되지 못한 욕구를 만족시켜 준다. 여기서 관계란 살인, 유혹, 그리고 유아적 만족이 제멋대로 자유분방하게 이루어질 수 있는 관계를 말한다. 공상에서 주체, 객체, 관념 그리고 정서는 모두 의식 속에 있지만 오로지 주체의 마음속에만 있다. 공상은 다른 사람에게 향한 공격적·의존적·성적 추동의 외현적인 표현을 지워 없앤다. 월터 미티의 비밀의 삶 속에서는 모든 악이 가능하다.

그러나 사용자에게 위안을 주는 힘에도 불구하고 미성숙한 방어들은 다른 사람들에게는 못된 짓으로 평가받는다. 가장 용서를 잘하는 사람조차도 편견이 아주 심한 사람의 투사를 용서할 수 없듯이, 현실 속에서 완전히 무해한 정신분열성 사람들은 우리가 그들을 두려워하거나 학대하게 만든다. 예를 들어, 사회는 언제나 다른 드러머에 발맞추어 행진하는 몽상가들을 믿지 못했다. 그 누구도 임신시키지 않고 HIV 양성으로 만들지도 않는 자위 행위는 수천 년 동안 죄악으로 분류되어 왔다. 페기의 이전까지의 남자친구는 상냥하지만 정신분열성인 페기를 고상한 체한다거나 불감증이라거나 너무 싫은 애라고 할 것이다.

정신분열성 공상은 갈등을 외현화하지 않기 때문에 투사와는 상당히 다르다. 투사는 우리의 감정과 갈등을 외부세계에 놓는다. 정신분열성 공상은 내적인 마음을 상상의 관계로 가득 채우고 그곳에서 머무른다. 정신병적 부인과는 달리, 정신분열성인 사람은 자신의 공상을 완전히 믿거나 그대로 실천해야 한다고 주장하지 않는다. 광신도(망상적 투사)의 꿈과 정신병질자(행동화)의 꿈은 실제 세계를 무대 삼아 펼쳐진다. 반면에 교통신호를 기다리는 동안 몽상 속 운전자의 마음에서 일어나는 정복, 강간, 살인은 자동차 안의 변치 않는 외로움 속에서 영원히 비밀로 남는다.

정신분열성 공상은 그것의 근접한 친척 두 가지, 즉 강박 환자가 사용하는 고립 및 사회공포증 환자가 사용하는 전위와 구별될 수 있다. 정서의 고립과는 달리, 공상은 다른 실제 인물들과의 접촉을 제한하기보다는 배제한다. 보상적으로 공상의 사용자는 강박증 환자보다 대개 더 풍부하게 정서적이고 대인관계가 포함된 내적 세계를 가지고 있다. 『유리동물원*THe Glass Managerie*』에서 크리스털 펫에 대한 로라의 애정은 강박적인 우표수집가의 우표에 대한 전위된 애정보다 아마 더 깊을 것이다. 그러나 소심한 우표수집가의 열정은 자신과 마찬가지로 우표에 집착하는 다른 사람들과는 점잖게 공유될 수 있는 반면, 로라의 상상 속 유리 친구들은 비밀로 남아야만 한다. '머릿속 즐거움'은 외로운 일이다.

건강염려증(신체화)

영화 데이트가 끝날 때마다 페기는 남자친구의 접근을 퇴짜 놓는 대신에 심한 편두통이 생길 수 있다. 그녀는 메스꺼운 증상과 빛을 견디지 못하는 증상 때문에 서둘러 집으로 돌아가야 할 것이다. 페기는 두통에 대해서 어머니에게 장황하게 늘어놓겠지만 가슴속에 있는 갈등은 전혀 눈치채지 못할 것이다. 무의식적으로 신체적 고통을 확대함으로써 폐기는 시연되지 않은 친밀한 행동에 대한 갈등과 관련해서는 무지한 채로 남을 수 있다. 동시에 그녀는 남자친구로 하여금 그녀의 고통에 대해서 충분한 책임감을 느끼고 병문안을 계속 오게 만들 수 있다.

일반적 믿음과는 반대로, 건강염려증hypochondriasis(스트레스 상황에서 심리적 불편감은 신체적인 증사의 형태로 표출되기도 하는데, 이를 신체화somatization라고 부른다. 이러한 신체화의 대표적인 예로는 건강염려증을 들 수 있다. 일반적으로 동아시아 문화에서는 건강염려증보다는 신체화가 더 흔하게 관찰된다―역자주)은 환자 역할을 통해서 만족과 이차적 이득을 얻기 위한 노력이 아니다. 오히려 건강염려증의 핵심에 있는 것은 내적인 꾸짖음이다. 잠깐만 생각해 보자. 건강염려증 환자들은 도움을 거절하면서 불평하는 사람들이다. 그들은 위로해 주러 온 사람들한테 불평을 하는 엄청난 능력을 보여 준다. 말하자면 건강염려증 환자는 그들에게 먹이를 주려고 내민 손을 물어뜯는다. 건강염려증 환자가 제안된 도움으로부터 위안이 아닌 고통스러운 부작용을 경험하는 것은 당연하다. 그리고 역설적으로 그들이 진짜 고통을 드러내는 경우는 거의 없다. 건강염려증 환자의 보호자와 비난자는 그녀가 성적으로 학대받은 아이였다거나 나치 강제수용소에서 여러 해를 보낸 적이 있다는 사실을 모르는 경우가 태반이다. 오히려 의료 기록은 환자가 허리 통증을 지나치게 호소한다든가 재발하는 자살사고에 대해서 언급할 뿐이다. 간단히 말해서, 건강염려증은 슬픔이나 공격적 추동으로부터 야기된 다른 사람들을 향한 비난을 처음에는 자기비난으로, 그다음에는 통증에 대한 호소와 신체적 질병, 자살에 대한 집착, 신경쇠약으로 전환시킨다.

전위를 사용하는 전환 히스테리 환자와는 달리, 건강염려증 환자는 청중이 필요하다. 무인도에는 건강염려증 환자가 없다. 또 전환 히스테리와는 다르게 건강염려증에서는 고통과 괴로움이 증폭된다. 전환 히스테리에서는 아름다운 무관심la belle indifference을 보이는 동시에 통증과 괴로움은 무시된다. 전위라는 방어기제에 의해 중재되는 공포증 혹은 강박적 관념은 대개 사용자에게만 문제가 된다. 반대로 건강염려증 환자의 열렬한 걱정은 불합리하고 망상적이며 심지어는 다른 사람들에게 공격적으로까지 보일 수 있다. 매우 친절한 의사조차도 건강염려증 환자를 미워하게 된다. 건강염려증 환자는 결코 그 이유를 알지 못한다. 눈에 보이지 않는 해답은 건강염려증 환자의 수용되지 못하는 무의식적 분노가 이제 보호자에게는 의식적인 부담이 된다는 것이다. 그리고 시간의 안개 속으로 숨어 버린 가해자인 어머니와 집단수용소의 간수는 처벌을 모면하게 된다.

흔히 건강염려증은 내사introjection와 연합되어 있다. 내사는 양가적으로 여겨지거나 위협적이거나 혹은 갑자기 없어져 버린 사람의 여러 측면이 자기 안에서 지각되는 정신적 과정이다. 나는 임의적으로 건강염려증에 내사를 포함시켰다. 종종 내사는 그 자체로 개별적인 방어기제로 간주된다. 내사와 마찬가지로 건강염려증은 융합fusion을 포함한다(예: 방금 아버지를 죽게 만든 심장 증상을 고통스럽게 호소하면서 애도하는 사람). 이러한 관점은 내사의 자아발달적 측면(즉, 사랑하는 사람을 안에 품는 내사의 능력)으로부터 내사의 방어적(즉, 대처하는/자기기만의) 측면을 구분 짓게 해 준다. 이에 대해서는 13장에서 더 논의할 것이다. 건강염려증과 내사는 왜곡 및 합체incorporation의 망상적 융합과는 반드시 구분되어야 한다. 망상적 융합은 괴로움을 주는 사람을 통째로 삼키는 것이다(예: 죽은 아버지가 머릿속에서 말하는 소리를 듣는 것). 내사는 사람의 부분을 내재화한다. 반면에 합체에서는 사람 전체를 내면에 넣는다. 두 과정 모두 너무나 잔인하고 배려심이 없어서 죽음이든 다른 어떤 방법으로든 우리를 영원히 버리게 하고 싶지만 그러면서도 사랑하는 사람을 향한 우리의 비난과 분노를 다루기 위해 존재한다.

소극적 공격(자기를 배신하기/자기에게 등 돌리기)

페기는 콧대가 높은 것처럼 굴 수도 있다. 또 남자친구를 애타게 하고 짜증나게 만들 수도 있다. 그녀는 계속해서 지각하고 예고 없이 데이트를 취소한다. 그녀는 밤늦게 남자친구랑 단 둘이 있게 될 경우에는 마늘을 먹거나 샤워를 하지 않고 나올 수도 있다. 친구가 그녀에게 스스로 제 발등을 찍고 있다(피학성)고 말을 하거나 남자친구가 그녀가 일부러 잔인하게 굴고 있다(가학성)고 말한다면 그녀는 정말 깜짝 놀랄 것이다. 그녀는 그 모든 사건이 순전히 우연이었다고 스스로에게나 남들에게 고집할 것이다. 게다가 그녀는 남자친구를 애태우게 할 수도 있다. 어떻게 폐기는 자기패배적으로 굴면서 동시에 남을 못살게 굴 수 있는 것일까?

청소년의 부모들, 보안 수준이 높은 감옥의 간수들, 그리고 피학적인 어머니에 의해 고문당해 본 아이들은 폐기의 질문에 대한 답을 너무나 잘 알고 있을 것이다. 피학은 가학의 반대가 아니라 단지 가학의 한 종류일 뿐이다. 이러한 진술을 지지하는 증거는 예수가 내놓았던 가장 그리스도답지 않은 제안 속에 있다. 예수는 다른 뺨을 내미는 것이 적의 머리 위에 불타는 석탄을 붓는 것과 같음을 설파했다. 나는 피학성의 역설적 본질을 파악하기 위해서 자기에 대한 배신 대신에 소극적 공격passive aggression이라는 용어를 사용한다. 자살은 자기와 다른 사람들을 동시에 (속박하고) 벌한다. 간디는 영국을 처벌하고 인도를 해방시키기 위해서 자신을 굶겼다. 처칠은 스스로를 압제자가 아닌 피해자로 느끼면서, 대영제국이 간디를 가난하게 만들기 위해서 1년에 백만 파운드를 쓰고 있다고 불평했다. 미성숙한 방어를 관찰하는 사람들에게 진실은 허구보다 더 이상해 보인다.

소극적 공격 행동은 일상생활에서 흔하게 나타난다. 도망가고 애를 태우는 것은 여러 구애에서 전희와 지연 전술의 일부분이다. 의존성과 친밀감 둘 다에 대한 두려움과 열망을 가지고 청소년들은 연애사에서의 애태우고 자기패배적인 특징을 이겨 나간다. 에리히 시걸Erich Segal의 『러브 스토리Love Sotry』의 여주인공은 장차 애인이 될 사람을 '부잣집 애송이'라고 평가절하하면서 시작한다. 프레드릭 허버트Fredrick Herbert의 희곡 『키스 앤 텔Kiss and

Tell』에서 성질을 돋우는 10대 여주인공을 생각해 보라. 달빛이 빛나는 낭만적인 밤에 그녀는 사랑에 빠진 남자친구에게 손을 뻗어서 별을 만지고 싶은 느낌이 들지 않느냐고 묻는다. 남자친구가 굴복하면서 "그래!"라고 외치자, 그녀는 별들이 수억 광년은 떨어져 있다는 사실도 모른다며 남자친구를 조롱한다. 그러나 얼마나 고통스럽든지 간에 그러한 애태우기에는 구속력이 있다.

소극적 공격에는 실패, 미루기, 질병, 그리고 관심을 끌기 위한 어리석은 행동이나 도발적인 행동이 포함된다. 가학-피학 관계를 통해서 주체는 '위험한' 친밀감과 성적인 흥분을 도덕적으로는 덜 비난받을 만하지만 동일하게 매혹적인, 모욕당하고 맞고 학대당하는 감각으로 전환시킨다. 정의상 애태우기는 주의를 끌고 너무 진지하게 받아들여지지 않게 하면서 적대감을 표현하는 것이다. 함께 살 수도 없지만 그 사람 없이는 살 수도 없는 사람과의 관계를 유지하는 데 이보다 더 좋은 방법은 없다. 억압받는 일등병과 청소년이 소극적 공격의 전문가가 되는 것은 당연하다. 도발시킬 장교와 부모가 없다면 그들의 삶은 관리가 불가능할 것이다. 자기를 내세우지 않는 어릿광대 짓은 경쟁적 역할을 취하거나 슬픔을 드러내는 것을 피하게 해 준다. 사실 광대의 실제 입이 아래로 향한 모양새는 글자 그대로 그의 그려진 미소, 익살맞게 그려진—비극적으로 그려진—미소에 의해서 드러나게 된다.

소극적 공격(혹은 자기에 대한 배신)은 가까운 계열인 건강염려증, 반동형성, 이타주의와는 구별되어야만 한다. 부분적으로 소극적 공격이 건강염려증과 다른 점은 대상의 선택이다. 소극적으로 공격적인 사람은 흔히 자신의 갈등의 실제 근원을 처벌하고 또 그로 인해서 고통받는다. 페기는 실제 남자친구를 처벌한다. 신병은 자신을 괴롭히는 수석 병장을 처벌한다. 자살에 실패해서 화가 난 사람은 연인이나 휴가 중인 의사를 비난한다. 대조적으로 건강염려증 환자의 비통함은 구태의연한 뉴스일 뿐이고 은밀한 비난을 받는 사람에게는 잘못이 없다. 남자친구가 아닌 페기의 어머니가 페기의 편두통에 대해서 상세하게 들어 줘야 한다.

반동형성 역시 사용자가 고통을 받지만 소극적 공격과 달리 적어도 객체는 위안을 받는다. 소극적 공격에서는 주체가 가장 큰 몫을 내주는데, 그 방식이 결과적으로는 객체에게 처벌받는다는 느낌을 들게 한다. 반동형성에서는 대상이 어떤 몫을 받는 것을 우연이나 관대한 선물이라고 여긴다. 이타주의는 주체에게 주어지는 보상이 고통을 능가한다는 점에서 이 두 가지 방어와는 다르다. 이타주의자는 보수를 바라지 않고 선행을 베풀며 그 10배를 돌려받는다. 공감적인 제빵사는 케이크의 가장 큰 몫을 남을 위해 떼어 준다고 해도 뚱뚱해지고 더 사랑받는다. 테레사 수녀는 고마워하는 가난한 사람들에게 자신이 가진 모든 것을 주었고 노벨 평화상을 받았다. 이타주의자가 보여 주는 자기와 객체의 혼동은 모두에게 즐거움을 선사한다.

행동화

페기는 이전 남자친구를 무시하면서 네 명의 풋볼 팀 선수들과 난잡한 성관계를 갖는 등 납득이 잘 안 가는 행태를 보일 수도 있다. 결과적으로 입양을 보내야 할 아이가 생길 수도 있다. 페기의 친구들과 부모, 학교상담사는 쉽사리 믿지 못할 것이며, 남자친구는 페기의 배반을 욕할 것이다. 그런데도 페기는 성적인 흥분도, 그리고 죄의식도 경험하지 못할 수 있다. 관찰자는 페기가 제정신이 아니거나 도덕적으로 결함이 있다고 생각할 것이다. 페기 자신은 남자친구의 관심이 삼촌이 저지른 근친상간의 고통스러운 학대를 반복하게 하는 위협이 되었다는 사실을 알아차리지 못할 것이다. 풋볼 팀은 마치 꿈속에서 등장하는 사람들처럼 그녀의 침대를 일시적으로 통과할 뿐인 것이다.

관찰자 입장에서는 그러한 행동이 의식적인 반추 없이 또는 미치지 않은 상태에서 나타날 수 있다고 보기 어렵다. 어떻게 15세 매춘부가 타임스 퀘어에서 겁 없이 잘 해낼 수 있을까? 어떤 신경학적 이상이 있어서 양심이 없거나 공포감을 느끼지 못하는 것은 아닐까? 그렇지 않다. 그녀의 자아는 그녀를 양심에 대한 더 큰 모욕으로부터, 양심 안에 품고 있기에는 너무나 예리한 고통으로부터 벗어나게 해 준다. 많은 경우 10대 매춘부들은 가정 내 근친상간적인 학대나 다른 학대로부터 도망치고 있는 것이다. 그 자신이 어린 시절 당했던 학대를 의식적으로는 인식하지 못하는 가증스러운 아동 학대자가 드물지 않다.

간단히 말해서, 행동화action out는 정서와 흔히 그 정서에 수반되는 관념을 의식하지 않기 위해서 무의식적 소망이나 추동을 직접적으로 표현하는 것이다. 더구나 행동화의 객체는 불특정인이거나 익명의 누군가다. 예를 들어, 페기의 경우에는 풋볼 선수들이다. 행동화는 그 사람이 가장 애착을 가지고 있거나 화가 나 있는 사람에게 향해지는 경우가 거의 없다. 이렇게 행동화는 사용자가 자신의 열정을 인식하지 못하게 할 정도로 급속하게 발생하는 많은 충동적인 비행과 울화 터뜨리기를 포함한다. 갈등이 실린 정서도 그 정서에 수반되는 죄의식이 담긴 관념화도 의식적으로 인식되지 못한다. 텍사스 타워 살인에서 찰스 휘트먼Charles Whitman의 행동, 마이라이 대학살에서 윌리엄 캘리William Calley의 행동, 아우슈비츠에서 요제프 멩겔레Josef Mengele의 행동은 모두 페기의 행동화에 대한 더 극단적인 예다. 그들의 피해자는 대부분 모르는 사람들이었다. 휘트먼은 낯선 사람들은 물론이고 아내와 어머니를 살해하면서도 정작 아버지는 살려 두었다. 그의 아버지는 휘트먼이 화가 날 만한 가장 뚜렷한 원인 제공자였던 동시에 사냥 여행을 같이 가기로 했던 사람이기도 했다.

행동화란 방어기제는 드물지 않지만, 너무나 불합리한 행동으로 이끌기 때문에 19세기 정신과 의사인 제임스 프리처드James Pritchard는 '도덕적 정신이상'이라고 불렀고, 헤비 클레클리Hervey Cleckley는 영향력 있는 저서에서 정신병질자는 단지 '온전한 정신의 가면'을 쓰고 있을 뿐이라고 주장했다. 그러나 행동화가 정신이상을 반영하지는 않는다. 그보다는 성인의 성질 부리기를 보여 주는 것이고 흔히 어린아이의 슬픔이 위장된 것이다. 한번은 두 아들을 살해한 뉴햄프셔의 인텔리 여성을 법률적인 목적으로 인터뷰해야 했던 적이 있다. 섬뜩했다. 그녀의 조직적이고 동기 없는 행위는 눈물 없이 행해졌으며, 정신이상의 혼란이나 둔주 상태의 기억상실증도 없었다. 사실 그녀는 좋은 여성이었고, 자신이 죽인 자식들이 아니라 바람을 피운 남편에게 화가 나 있었다. 예전에 나를 알고 있었기 때문에, 그녀는 감옥에서 나를 만났을 때 자신의 느낌에 일시적으로 다시 연결되었고 정신적 마취 상태에서 깨어났다. 내 앞에서 일순간 그녀는 굉장한 고통을 느끼면서 자신이 한 행동의 끔찍스러움을 인정했다. 그녀는 방아쇠를 당겼을 때 아들이 "엄마, 엄마가 나를 아프게 하고 있어."라고 소리친 것을 기억했다. 그럼에도 불구하고 창문을 깨거나 자동차 안테나를 부러뜨리는 청소년처럼 당시에는 그런 행동이 좋은 것처럼 보였다. 총을 발사했을 당시, 그녀의 자식 살해는 제2차 세계대전 당시 도쿄나 로테르담이나 코벤트리를 폭격한 기수의 행위처럼 감정의 동요나 의심 없이 질서정연하게 비인간적으로 이루어졌다.

아무 생각 없이 충동에 굴복하는 것은 갈등을 유발하는 욕구 충족을 지연하는 데 따르는 심사숙고와 좌절, 자각을 피하도록 해 준다. 처칠과 그의 공군 사령관이었던 일명 '폭격기' 해리스로 하여금 드레스덴의 시민들은 자유세계를 위협하는 치명적인 적들이기 때문에 체계적인 소이탄 공격으로 유발된 화염 속에서 희생될 필요가 있다고 인식하게 만들었던 애국심을 생각해 보라. 사실 5년 동안 영국을 황폐화하고 괴롭혔던 나치는 드레스덴이 아닌 주로 독일에 있었다. (현실에서 드레스덴은 연합군에게 별 위협이 되지 않았기 때문에 주요 폭격 대상으로 취급되지 않았고, 그래서 온전하게 유지될 수 있었다.) 드레스덴 대학살에 대해서 공감적으로 격분하는 소설인 커트 보네거트Kurt Vonnegut의 『제5도살장Slaughter House Five』을 읽은 독자들은 어떻게 처칠과 해리스가 그러한 공습을 명령할 수 있었는지 의아하게 생각해야만 한다. 관찰자에게는 행동화를 향한 도덕적 격노가 쉽게 일어난다. 그러나 울화를 터뜨리는 와중에는 그 누구도 죄책감을 느끼지 않는다.

행동화는 반동형성과 정반대다. 행동화는 본능이 완전히 장악하고 양심은 완전히 제거되게 하기 때문이다. 행동화는 '섹스, 약물, 로큰롤'이 면역계와 온전한 정신, 청각에 대한 분명한 위험이 아니라 웰빙의 핵심적인 원천으로 숭상받게 한다. 또 발달적으로 청소년기에 나타나는 행동화에 이어서 중년기에 반동형성이 나타나는 빈도수는 겉보기에 정반대로 보이는 이 방어들이 가까운 관계가 있음을 밝혀 준다. 예를 들어, 낭비벽이 있는 강간범, 대학 낙오자, 강박적 도박자, 관음적인 군국주의자였던 레프 톨스토이 Leo Tolstoy는 농노의 금욕적인 보호자와 공교육에 헌신하는 평화주의자가 되었다. 그의 발달적 연속성은 우리에게 행동화의 사용자가 나중에 비대해진 양심을 가질 수 있다는 사실을 상기시킨다. 도덕성의 부재보다는 근친상간 금기가 낯선 사람과의 문란한 성관계를 야기할 수 있다. 텍사스 대학교 타워에서 벌어진 휘트먼의 살인 소동은 아버지랑 함께 가기로 한 사냥 여행을 앞둔 시점에서 사냥터에서 아버지를 살해하는 것을 피하려는 무의식적인 몸무림이었을지도 모른다.

반대로 알코올중독이나 기질적 뇌질환의 경우에는 반동형성이 행동화에게 자리를 내어 준다. 미국 국회의원이자 도덕적 강직함의 대들보인 윌버 밀스Wilbur Mills는 알코올에 대한 통제를 상실한 상태에서 스트립쇼 댄서 패니 폭스Fanny Foxe와 함께 분수로 뛰어드는 장관을 연출했다. 피로와 알코올, 노화는 우리 모두를 일탈자로 만든다.

긍정적인 측면에서 볼 때, 왜곡 및 정신병적 부인의 만성적인 사용자들이 보이는 것과 달리 행동화에서는 현실을 잊어버리는 일이 없다. 만약 사회에서 만나게 된다면 연쇄살인범이나 대담한 매춘부도 상당히 정상적으로 보일 것이다. 그들을 정신병적 노숙자나 편집적인 선동가와 혼동해서는 안

된다. 행동화는 진짜 괴롭히는 사람은 면제해 주지만 누가 고통을 받고 있는지에 대해서는 정확하기 때문에 망상적 투사와는 다르다. 대조적으로 조현병 환자는 사랑의 관심을 고문으로 오인하고 사랑해 주는 형태로 자신을 '괴롭히는 사람'에게 복수를 가한다. 사회병질자의 행동화와 정신이상자의 망상 사이의 이러한 구분법은 다음과 같은 역설을 가져온다. 완전히 낯선 사람한테 가한 폭력적인 행동화의 결과로 수감된 젊은이들은 가슴 위에 '엄마'라고 쓰인 하트 문신을 하고 있으며 다른 사람들이 자신의 어머니를 비난하는 것에 대해서 폭력적인 공격을 한 경우가 많다. 더구나 그들 중 다수는 아동기에 어머니에게 신체적인 학대를 당했다. 대조적으로 어린 시절 비교적 잘 대우받았던 조현병 환자도 어른이 되었을 때 부모를 신체적으로 공격할 수 있다. 하지만 그래도 여전히 부모는 그들의 삶에서 가장 중요한 인물로 남아 있다. 그러한 조현병 환자들은 그들을 괴롭히는 낯선 사람들한테는 매우 수동적이고 순종적이다.

행동화는 덜 친밀한 대상에게 행해지기는 하지만 추동이 약화되지 않는다는 점에서 전위와는 다르다. 사실상 성질을 부릴 때 우리는 진심보다 더 심한 말을 하고 또 더 심하게 화를 낸다. 한편 전위의 경우는 테니스 코트에서 아버지를 6대 0으로 무찌른다. 그래도 아버지는 다시 일어나 우리를 사랑해 준다. 행동화가 정서의 고립이나 강박과 다른 점은 그 두 가지 방어 모두에서는 추동이 감정적으로 느껴지지 않지만 행동화에서는 추동이 아예 생각나지도 않는다는 것이다. 대신 직접적인 표현은 행위에 주어진다. 행동화의 사용자는 살인을 하지만 그 행위를 하기 전이나 하는 동안에는 걱정하지 않는다. 반대로 살해하는 강박관념으로 고통받는 사람은 끊임없이 걱정하지만 실제로 살인을 하지는 않는다.

해리(신경증적 부인)

내가 대학생들에게 페기의 딜레마를 해결할 수 있는 여러 가지 방법을 물었을 때, "왜 페기는 그냥 천주교를 무시해 버리고 남자친구랑 자 버리면 안 되나요? 그냥 해 버리면 안 되나요?"라고 질문하는 남성우월주의자가 많았다. 이러한 해결책에 대해서 나는 마초 스타일의 대학교 2학년 남학생한테 한번 상상해 보라고 한다. 비행자격증 없이 비행기를 조종하면서도 잡히지 않을 수 있는 방법을 알고 있다고 가정하자. 모하비 사막 상공 3만 피트에서 광속으로 날고 있는데 단독 착륙을 해내야만 하는 상황이다. 그런데 혼자서 조종을 하고 있는 자신을 발견했다면 조금은 불안하고 우울하지는 않을지 상상해 보라. 내가 주장하고 싶은 것은 단순히 페기의 천주교적인 초자아의 갈등이 성적인 각성에 대한 반응으로 불안과 우울을 경험하게 만드는 것이 아니라는 점이다. 오히려 강렬하지만 해 보지 못한 현실의 위험은 그 어느 것이라도 우리를 불안하게 만든다. 페기가 남자아이와 손 한 번 잡아 보지 못했다는 사실을 기억하라. 그러나 페기는 일부러 술에 취할 수 있다. 그러한 해리dissociation 상태에서 페기는 두려움 없이 남자친구와 한 침대에 미끄러져 들어갈 수도 있다. 이렇게 술의 힘으로 페기는 어떠한 의지력으로도 해내기 어려운 과제를 불안감 없이 수행할 수 있을 것이다. 오그든 내시Ogden Nash의 불멸의 2행시는 성교에 대한 그러한 해결책을 잘 요약하고 있다. "캔디는 달지. 하지만 술이 더 빠르지."

해리의 기제는 우리로 하여금 고통스러운 아이디어와 정서를 유쾌한 것으로 대체하게 해 준다. 그 방어는 우리가 말 그대로 우리의 실제 자기로부터 우리의 의식을 해리시키게 해 준다. 해리는 의식적으로 이용할 수 있는 방어들 중 하나다. 우리는 고통스러운 생각과 느낌으로부터 자발적으로 도망칠 수 있다. 우리는 명상이나 자기최면, 매소드 연기법method acting(극 중 인물과의 동일시를 통한 극사실주의적 연기 스타일—역자 주) 혹은 만취 상태를 통해서 고통스러운 현실에 대한 우리의 의식을 변경시키기만 하면 된다. 중독과 마디그라Mardi Gras 축제, 무아지경 상태의 해리는 우리 모두를 폴리애나Pollyanna(미국 여류작가 엘리노 포터의 동명 소설 속 여주인공으로 매우 낙천적인 성품의 소유자 — 역자 주)로 만들 수 있다.

해리는 주의를 다른 데로 돌리게 해서 우울과 불안을 피해 간다. 하지만 요술쟁이의 마술처럼 주의를 다른 데로 돌리는 것은 초점을 맞추기 어려운 과정이다. 따라서 해리는 정의하기도 가장 어렵고 신뢰롭게 파악하기도 가장 어렵다. 해리 방어를 가장 빈번하게 사용하는 동시에 극적으로 눈길을 사로잡으면서 마음을 산란케 하는 히스테리처럼 해리는 다른 것으로 오인되기 쉽다. 흔히 신경증적 부인이라고 불리는 해리는 다중성격, 둔주, 여러 히스테리성 전환 반응, 그리고 많은 역공포적인counterphobic 행동(공포의 대상을 회피하지 않고 과도한 수준으로 직면하는 것)의 기저가 되는 방어다. 해리는 갑작스러운 형태의 근거 없는 우월감이나 아무것도 상관없다는 듯 초연한 태도로 나타날 수 있다. 해리라는 방어는 롤러코스터 탑승자의 공포를 즐거움으로 변형시킬 수 있다. 해리는 형언할 수 없는 고문의 희생자가 고문당한 육체의 현실을 벗어나서 그 과정을 구경꾼으로 바라볼 수 있게 해준다.

해리는 외부 현실이 아니라 오로지 내부 현실을 부인한다는 점에서 정신병적 부인과 구별된다. 하이드는 지킬 박사가 되지만 외부의 세상은 변하지 않은 채로 남아 있다. 해리는 고통스러운 생각이 사라지는 것과 동시에 고통스러운 감정이 변형된다는 점에서 억압과 구별된다. 해리가 행동화와 다른 점은 행동화에서는 대체된 대상이 면제받지 못한다는 것이다. 사실 행동화에서 대상은 놀이치료 회기에서의 나무인형처럼 취급된다. 대조적으로 행동화처럼 해리가 양심을 무시하는 경우에도 해리는 위험한 감정도 놀이로 변형시킨다. 해리는 주체를 변경시키더라도 대상을 무시하지는 않는다. 따라서 '전염성이 있는' 모든 미성숙한 방어들 중에서 관찰자를 매혹시키고 마음을 사로잡는 가장 큰 힘을 가지고 있는 것이 바로 해리다. 학대받은 아이는 세상에 위험이 될 수도 있지만 그렇지 않다면 극장에서 우리에게 큰 즐거움을 선사하게 될 수도 있다. 해리를 통해서 창녀는 고급 매춘부가 되고 해적은 매력적인 리버보트 갬블러가 된다. 해리는 관념과 느낌의 복합체가 무언가 다르고 재미있고 주의를 돌리는 것으로 변화된다는 점에서 반동형성과는 다르다. 반면에 반동형성은 관념과 느낌의 복합체를 그것과 진짜로 정반대되는 것으로 변화시킨다. 반동형성이 욕망을 부인하고 행동화는 양심을 부인한다면 해리는 두 가지 모두를 부인한다. 아마도 이것이 미성숙한 방어기제 중에서 신경에 가장 덜 거슬리는 해리가 나머지 다른 미성숙한 방어들만큼이나 부적응적인 이유일 것이다.

그럼에도 불구하고 해리가 부적응적이라는 경험적 증거만 아니라면 중간 혹은 신경증적 방어에 해당하는 다음 수준의 방어들에 포함될 만한 가치가 있다. 다른 미성숙한 방어들과는 달리 해리는 중년기보다 청소년기에 더 흔하게 나타나는 방어는 아니다. 다른 미성숙한 방어들과는 달리 그리고 중간 수준의 방어들과 마찬가지로 해리는 사람들보다 감정을 왜곡한다. 다른 미성숙한 방어들과는 달리 그리고 중간 수준의 방어들과 마찬가지로 해리는 해석될 수 있다. 마지막으로, 해리는 관찰자들을 괴롭게 만들지는 않는다. 편집증 환자나 건강염려증 환자와는 달리 히스테리 환자는 정말 짜증나게 하기도 하지만 매력적이다. 물론 문제는 해리 상태의 폴리애나가 아무 탈 없이 고통으로부터 도망칠 수는 있을지라도 승리나 안락함, 진정한 기쁨 혹은 상대방의 마음을 얻게 되는 영원한 사랑을 누리는 경우는 별로 없을 것이라는 점이다. 스칼렛 오하라, 볼테르Voltaire의 팽글로스(볼레르의 작품 『칸디다』에 나오는 극단적으로 낙천적인 교사―역자 주) 박사, 그리고 『매드 매거진Mad Magazine』의 앨프리드 뉴먼Alfred E. Neuman은 모두 '내일로' 삶을 연기시켰다.

＊　　＊　　＊

미성숙한 방어들은 많은 특징을 공유한다. 해리를 제외한다면 미성숙한 방어들은 다른 사람들을 짜증나게 하지만 사용자에게는 적어도 단기적으로는 무해하다. 흔히 그러한 방어들은 관습적인 도덕성이나 법을 위반하는 것을 의미한다. 예를 들어, 자살 시도는 적어도 최근까지 일부 미국 주에서는 범죄였다. 또 미성숙한 방어들은 사용자와 대상을 결속시키는 이상한 능력을 모두 가지고 있다. 미성숙한 방어들은 다른 사람들의 비위를 건드린다. 따라서 그러한 방어들은 사용자가 대인관계의 항상성과 애착에 대한 착각을 유지하는 데 도움이 된다. 의심 많은 고집쟁이와 고립적인 몽상가, 소극적 공격을 보이는 청소년, 원망하는 건강염려증 환자는 모두 각기 방식은 다르더라도 그들이 사랑하는 동시에 증오하는 사람과 거리를 두면서도 바싹 끌어안는다. 그러한 양면적인 행동은 보호와 분리가 모두 필요한 청소년들에게는 필수적인 것이다. 하지만 그것은 부모에게는 매우 힘든 일이다. 어떻게 브러 래빗이 자신을 조롱한다고 느꼈던 타르 베이비를 치려다가 붙어 버려서 꼼짝달싹 못하게 되었는지를 생각해 보라. 간단히 말해서 도발과 마조히즘은 분리를 어려운 일로 만든다.

신경증과는 달리, 미성숙한 방어들은 정신과적인 해석에 굴하지 않으며, 오히려 그러한 노력이 문제를 더 악화시킬 수 있다. 만약 우리가 미성숙한 방어기제를 사용하는 사람을 법정이 아닌 정신과에 의뢰한다면 그 사용자는 오해받는다고 느낄 것이다. 그는 '도움'이 아닌 공평한 재판을 원한다. 사랑하는 동료들에 의한 집단적인 직면이 미성숙한 방어기제를 치료하는데 더 유용하다. 따라서 청소년과 성격장애가 있는 사람들은 흔히 '친구들로부터의 작은 도움을 통해 그럭저럭 살아간다.' 이 얘기는 좋은 의도를 가졌더라도 청소년 선도원은 행동화를 사용하는 청소년에게 주사바늘이나 마약을 돌려 쓰는 것이 위험하다는 사실을 주지시킬 수 없지만, 우호적인 또래 친구는 할 수 있다는 말이다. 알코올 익명집단Alcoholics Anonymous의 지지적인 집단 결속 속에서 회복 중인 알코올중독자의 훈계는 아직도 알코올중독 상태에 빠져 있는 사람들에게 전달이 될 수 있다. 하지만 그들은 자신을 사랑해 주지만 알코올중독자는 아닌 가족들과 비싼 값의 치료를 해 주고 있는 정신과 의사가 얘기하는 이유, 위협 혹은 애원에는 귀머거리가 된다.

정신병적 방어와는 달리, 미성숙한 방어기제들은 약물치료에 반응하는 경우가 거의 없다. 오히려 미성숙한 방어들은 약물 사용으로 더 심해지는 경우가 많다. 예를 들어, 진정제 중독과 약물 중독은 투사와 감정 폭발을 모두 증가시킨다. 그리고 항우울제가 충동적인 사람들에게 안락을 주는 대신에 자살 수단을 제공하는 경우는 너무나 흔하다.

미성숙한 방어기제들을 묘사하는 데 사용되어 온 다른 대중적인 용어가 있다. 잘 알려진 이러한 분류에는 분리splitting, 평가절하devaluation, 이상화 idealization, 투사적 동일시projective identification가 포함된다. 이러한 용어들은 대상관계 이론과 관계된 것이며, 그것들이 기술하는 방어들은 때때로 심상왜곡 방어image-distorting defenses라고 칭해진다. 이 용어는 만약 신경증적 방어들이 추동을 다룬다면 미성숙한 방어기제들은 관계를 다룬다는 사실을 반영한다. 투사적 동일시는 거의 모든 연구자마다 다르게 정의한다. 그럼에도 불구하고 투사적 동일시는 미성숙한 방어를 사용하는 사람이 있을 때 관찰자의 자아 경계가 불분명해지고 투과성이 높아진다는 사실을 잘 보여 준다. 두 사람 간의 감정의 전염은 내 것이 무엇이고 네 것이 무엇인지를 분리하는 것을 어렵게 만든다. 전염병에 감염된 사람들처럼 미성숙한 방어기제를 사용하는 사람들은 그들의 수치와 충동, 불안을 주변 사람들에게 전파한다.

이미지를 왜곡하는 방어들은 세 가지 이유 때문에 〈표 2-2〉에 포함되지 않았다. 첫째로, 나중에 오토 컨버그에 의해 대중들에게 알려진 이 방어들은 그 당시 방어에 대한 요약서인 『자아와 방어기제*The Ego and the Mechanisms of Defense*』를 집필하고 있던 안나 프로이트와 관계없이 멜라니 클라인이 개념화한 것들이다. 클라인의 분류와 안나 프로이트의 분류는 동일한 정신내적 보편성을 기술하고 있지만 다른 개념 틀로 접근하고 있다. 클라인의 용어들은 어느 정도 〈표 2-2〉에 있는 용어들과 중복되는데, 표에 소개된 대부분의 방어는 안나 프로이트의 분류에 해당하는 것들이다. 둘째로, 이미지를 왜곡하는 방어들은 더 복잡하다. 왜냐하면 그것들은 쌍방 간의 의사소통과 상호작용을 기술하기 때문이다. 그 방어들은 하나의 자아가 아닌 두 개의 자아 간 상호작용을 반영한다. 따라서 투사적 동일시와 투사의 관계, 그리고 분리와 행동화의 관계는 마치 대화와 연설 간의 관계와 같다. 요약하자면, 이미지를 왜곡하는 방어들은 내가 이 책에서 사용하고 싶은, 〈표 2-2〉에 개관해 놓은 단순한 분석 단위를 넘어서는 수준의 자아 기능을 다루고 있다. 클라인의 이 방어들을 제외하는 세 번째 이유는 그것들이 전적으로 대인관계를 다루는 데 사용되며, 따라서 〈표 2-2〉의 방어들보다 적용 폭이 좁다는 점이다. 표에 제시된 방어들은 사람, 욕망, 양심 그리고 현실이라는 갈등의 네 가지 근원 모두에 적용하는 것이 가능하다.

신경증적 방어

〈표 2-2〉는 세 번째 부류의 방어, 즉 중간 수준 혹은 신경증적 기제들을 규정하고 있다. 신경증적 기제들의 사용은 미성숙한 방어들에 비해 더 개인적이고 다른 사람들에게 침입적이지 않다. 과잉단순화를 하자면, 미성숙한 방어들은 관계를 가지고 속임수를 부리는 반면에, 신경증적 방어들은 생각과 감정을 신기하게 재배열한다. 따라서 신경증적 방어들의 한계는 그것들이 다른 사람으로 하여금 개입되어 있다는 느낌을 받게 하지 못하기 때문에 미성숙한 방어들이 가지고 있는 관계를 통제하는 힘이 부족하다는 점이다. 신경증적 방어들은 관찰자에게 별 영향을 미치지 않기 때문에 더 적응적인 다른 수단을 통해서 지속적인 관계를 형성할 수 있는 사람들만을 보호할 수 있다. 다르게 표현하자면, 배우자를 구타하는 편집적인 사람과 그들의 피학적인 배우자는 '신경증적인' 바람둥이와 강박적인 회계사보다 덜

유쾌할지라도 결혼생활을 훨씬 더 오래 지속할 수 있을 것이다.

신경증적 방어의 이점은 그것들이 현실에 더 가깝다는 것이다. 자기기만은 그렇게 크지 않다. 사용자는 자신의 갈등에 책임을 느끼며 신경증적 방어들은 실무율적인 해결책('전부' 아니면 '전무'를 선택하는 방식—역자 주)이 아니라 일종의 타협을 반영하곤 한다. 미성숙한 기제들과 비교해 볼 때 신경증적 기제들은 관찰자에게 덜 이상해 보인다. 그것들은 도덕적으로 중립적이다. 신경증적 방어기제들을 사용해도 소문거리가 될 일은 별로 없다. 신경증적 방어들은 대인관계와는 별 상관이 없다. 사막에서 조난당했을 때 편집증이나 건강염려증이 나타날 가능성은 거의 없지만 공포증이나 강박증이 나타나기는 쉬울 것이다.

전 위

아버지에게는 다행스럽게도, 페기는 사랑하는 말이나 더 어리고 덜 성숙하며 덜 섹시한 남자애에게 관심을 쏟게 되어 현재의 남자친구로부터 멀어질 수도 있다. 페기는 사랑의 관념과 감정 모두를 위험하고 성적인 경험이 있는 남자친구로부터 분리시키고 더 중성적인 사랑에 다시 부착시킬 수 있다. 페기가 언제까지나 남자보다 말을 더 좋아한다면 혹자는 페기의 말에 대한 '집착'을 부적응적이라고 할 것이다. 그보다는 페기의 전위된 열정은 그녀를 기량이 뛰어난 기수로서 각광받게 하고 아버지도 안심시켰을 것이다. 더구나 방어들은 역전 가능하기 때문에 갈등을 억누르려는 페기의 기발한 여름 전략은 이미 가을에는 폐기 처분될 수도 있다. 그 가을에는 페기의 자아가 섹시한 남자친구의 새로움을 수용할 수 있을지도 모른다.

심리치료 작업의 많은 부분은 전위displacement를 활용한다. 약화된 바이러스를 이용해서 위험한 바이러스에 대한 환자의 면역력을 기르는 것과 마찬가지로, 심리치료의 중요한 목적은 현실의 전위되고 약화된 접근치(근사치)를 제공하는 것이다. 심리치료에서 애착을 과거의 사랑과 증오로부터 치료자에게 이식시키는 것은 전위의 일종인 전이transference라는 용어로 공식화한다. 그러나 심리치료에서 전위의 가치는 전이를 훨씬 더 넘어서는 것이다. 아이들과의 놀이치료를 생각해 보자. 부모 인형이 살해를 당해서 쓰레기통 안에 처박힌다. 하지만 최종 결과는 안도감이지 죄의식이 아니다. 사실 말장난, 꿈에 대한 정서가 실린affect-laden 연합, 메타포 같은 것들은 모두 전위의 예이며, 심리치료에서 매우 중요한 역할을 담당한다. 내담자와 치료자가 워즈워스Wordsworth의 시를 쓰는 목표, 즉 고요함 속에서 회상한 감정을 성취하는 것은 전위를 통해서다.

재치, 캐리커처, 패러디 또한 전위를 포함하며 일부 편견도 마찬가지다. 물론 편견은 전위를 미성숙한 형제인 투사와 연결시킨다. 중요한 차이는 전위가 관념─정서 복합체의 방향을 바꿀 뿐이지만 투사는 그 복합체의 주인도 마찬가지로 변경시켜서 결과적으로 주체가 자신을 대상으로 상상하게 만든다.

전위는 공포증에서 흔히 나타난다. 따라서 행동치료자도 공포증 환자를 둔감화하기 위해서 힘든 수고를 할 때 전위의 가치를 인정한다. 행동치료자들은 멀리 떨어져 있고 가까스로 안심할 만한 수준의 위험에 내담자를 노출시키는 것에서부터 시작해서 위험에 점진적으로 직면하도록 만든다. 그러나 정신분석가와는 달리 어떤 학습치료자들은 중립적인 관념들 간의 연결(예: 빨간 등은 멈춤의 의미)에서 나타나는 학습과 관념 및 감정의 연결(예: 빨간 등은 홍등가와 성적 각성의 의미)에서 나타나는 학습 간의 차이를 충분히 이해하지 못하고 있다. 프로이트의 시적인 과학은 스키너의 합리적인 과학을 넘어서서 훨씬 더 나아간다. 대뇌피질은 뇌의 변연계에 연결되어 있다. 그리고 머리는 심장과 연결되어 있다.

감정의 고립(이지화)

로렌스D. H. Lawrence의 소설과 아나이스 닌Anaïs Nin의 일기에 대한 열렬한 독자로서 페기는 자신의 처녀성을 잃어버리겠다고 의식적으로 결정할지도 모른다. 좋아하는 소설 『벨 자*The Bell Jar*』의 주인공 에스더 그린우드처럼 성교의 개념을 명료하게 의식하고 있는 상태에서 어떠한 쾌감도 없이, 그러나 마찬가지로 불안도 전혀 없이 기계적으로 성관계를 맺을 수도 있다. 이러한 맥락에서 고립isolation이나 이지화intellectualization는 적응의 따분한 수단인 것 같다. 하지만 외과 의사와 공군의 전략 사령부의 장군들에게는 관념과 감정의 분리가 적응에 필수불가결한 것이다. 실제로 고립이란 방어는 의식rituals이 우리로 하여금 선혈이 낭자한 외과 수술을 수행하고 감정의 동요 없이 장례식을 진행할 수 있게 하는 절차들이다.

고립이란 용어는 마음이 관념에 수반되는 감정을 부인하는 여러 가지 방법을 포괄한다. 고립의 사용자는 마음속에 고통스러운 생각을 품는 데 엄청난 능력을 발휘하지만 그러한 생각은 감정적 색채가 모두 벗겨진 채 무채색으로 유지된다. 따라서 고립은 우리가 본능적 소망에 대해서 형식적이고 감정적으로 무덤덤한 용어로 생각하고 합리화할 수 있게 한다. 감정의 고립은 살아 있는 것들과의 밀접한 개입을 피하기 위해서 무생물에 주의를 기울이는 것도 포함한다. 고립은 내적인 느낌에 대한 의식적 인식을 피하기 위해서 불필요한 세부사항에 부당한 주의를 기울이는 것도 포함한다. 양을 세는 것은 이러한 과정의 친숙한 예다. 감정 고립의 더 극적인 예는 정신분석가가 친밀감이나 사랑 대신에 대상관계라는 삭막한 용어를 사용하는 것이다. 외과 의사와 마찬가지로 정신분석가도 그들의 뜨거운 감정에 압도당하지 않을 수 있는 방책이 필요하다. 그들 역시 외설스러운 감정의 강도를 약화시킬 필요가 있다.

방어에 대한 많은 이론이 취소undoing를 별개의 방어기제로 취급하지만, 나는 취소를 고립의 하위 유형으로 취급하는 쪽을 선택했다. 취소는 소망을 표현하고 그다음에는 그것을 부인하는 것을 포함한다. 취소의 한 예는 "난 몇 년째 의사한테 가 본 적이 없어." 혹은 "우리 집은 결코 도둑맞은 적이 없어."라고 말한 뒤에 문제가 없기를 바라면서 주문을 외우는 것이다. 주문을 외우는 것은 너무 자신만만해 보이는 것을 취소하거나 완화시키는 의식으로 쓰인다. 먼저 건강을 자랑한 다음에 어쩌면 아프게 될지도 모른다는 가능성을 의식적으로 떠올린다. 취소의 또 다른 고전적 예는 "금을 밟으면 엄마 등이 부러질 거야."라고 노래하면서 보도 블록의 한가운데를 조심스럽게 밟는 아이다. 아이의 대담한 적대적인 관념은 언어적으로 표현되고 있지만 부정적인 정서는 제거되고 보도 블록의 금을 밟지 않는 행동에 의해서 의식적으로 취소된다. 내가 휴가를 갈 때, 내 환자들은 내게 나쁜 일이 일어나지 않기를 바란다고 말하곤 한다. 하지만 내가 책임감 있게 일하고 있으면서 '대기 환자가 늘어나는 것을 신경 쓰고 있을 때' 그들은 그러한 우연한 응징에 대해서 걱정하는 법이 없다.

내가 취소를 고립과 구분하지 않기로 마음먹은 데에는 세 가지 이유가 있다. 첫째, 두 가지 방어 중의 하나를 빈번하게 쓰는 사람은 거의 언제나 나머지 하나도 사용한다. 둘째, 두 방어기제의 임상적 특징이 동일하다. 셋째, 두 방어 모두 갈등에 대해서 의식적으로 느끼는 것 없이 생각하거나 말하는 것을 포함한다. 우리는 생각을 철회할 수는 있지만 느낌을 철회할 수는 없다.

강박관념과 강박행동으로 고통받는 사람들은 고립을 만성적으로 드러낸다. 그들은 느낌을 생각에 부착하는 데 어려움을 겪기 때문에 심리치료자를 찾아온다. 사실 나중에 가서는 무의식 교파로 완전히 개종한 열렬한 정신분석가조차도 처음에는 느낌으로부터의 고질적인 고립을 통해 스스로를 억제시켰던 적이 많다. 만약 의대에서 그들이 수술실에서 흐르는 피를 현기증 없이 쳐다볼 수 있었더라면 자신의 배 속을 흐르는 피도 느낄 수 없었을 것이다. 그러한 사람들은 심리치료자의 역동적 해석을 환영하며 자신의 열정을 발견하게 된 것을 감사하게 여긴다.

임상적으로 고립은 부지불식간에 전위 속으로 녹아든다. 전위에서 느낌은 덜 중요한 대상에게 재부착되는 한편 약화되고 의식 속에 남아 있다. 전위와 고립은 결합하여 강박관념을 만들어 낸다. 고립과 전위는 그들의 밀접한 친척인 공상보다 사회적으로 더 적응적이다. 예를 들어, 자신의 욕정으로부터 모든 느낌을 먼저 고립시킨 다음에 여전히 욕정에 가득 찬 관념을 바퀴벌레의 번식에 대한 대리적인 연구에 전위시키는 강박적인 곤충학자를 생각해 보자. 그는 고독한 외톨이가 『플레이보이Playboy』지를 보면서 성적 공상에 빠져드는 동안 경험하는 인간적인 집착이나 여하한의 열정도 드러내지 않지만 동시에 아무것도 즐기지 못한다. 그러나 그 곤충학자는 전문가 모임에서 그의 가장 가까운 수백 명의 동료를 앞에 놓고 자신의 전위된 성적 관심을 공개적으로 논의할 수 있다. 외톨이와는 달리, 그 곤충학자는 돈도 벌고 흥미로운 세계의 도시들을 가 볼 수 있는 항공료도 벌며 자신의 성적 집착에 대해서 수치심 없이 논의할 수 있는 청중도 얻을 수 있다. 대조적으로 공상을 사용하는 사람은 복지 기금으로 연명하면서 섹시한 여자에 대한 비밀스러운 사랑을 감히 다른 사람과는 공유할 생각조차 하지 못할 것이다.

억압

페기가 고립이 아닌 억압repression을 사용한다면, 그녀는 도발적으로 차려입고 낭만적인 얘기를 하면서도 남자친구가 처음으로 성적인 접근을 할 때는 화를 낼 것이다. 그녀는 "도대체 왜 나한테는 그런 생각이 전혀 안 들었을까!"라고 탄식할 것이다. 남자친구와 있을 때는 페기의 체온, 얼굴빛, 구애하는 듯한 여성스러운 옷차림과 향수 냄새가 방 안을 가득 채울 것이다. 페기의 친구들과 엄마는 그녀의 관심사를 눈치챌 수도 있다. 남자친구의 변연계는 성적이고 후각적인 인식을 할 것이다. 자신의 애정에 대해서 깨닫지 못하는 것은 오로지 페기뿐일 것이다. 이러한 행동에는 의식적인 자각이라는 냉철한 흑백논리식 관념화가 빠져 있다. 처음에 프로이트는 그 정도로 자각이 결여되어 있는 것은 분명히 의도적인 것이라고 생각했다. 유사 이래로 남자들은 페기처럼 히스테리컬한 여자들이 유혹하는 것처럼 보였다가도 막상 성적인 관계는 거부하는 것에 대하여 비난해 왔다. 남자들은 그러한 여자들이 보이는 성적인 도발 행동이 의식적인 욕망과는 전혀 상관없다는 사실을 상상조차 할 수 없었다.

억압의 경우, 감정은 여기저기 널려 있지만 연합된 관념은 '마음속'에 없다. 관념은 억압된다. 그러나 소극적 공격을 보이는 청소년의 초점 맞춰진 희롱과는 다르게 억압을 만성적으로 사용하는 히스테릭한 사람의 지분거림은 안쓰러울 정도로 굉장히 순진하다. '천진난만하게' 자기 발에 총을 쏜 소극적 공격을 보이는 청소년은 자기 아버지가 화내는 반응을 보였을 때 전혀 놀라지 않는다. 하지만 히스테릭한 사람은 자신의 플라토닉한 여자친구가 자신의 의도를 오해했을 때 진짜로 화들짝 놀란다. 두 가지 형태의 희롱, 즉 히스테리와 소극적 공격은 관찰자의 반응으로도 구분될 수 있다. 순교자의 소극적 공격은 언제나 우리를 괴롭힌다. 반대로 거의 대부분의 사람은 억압에 대해 너그러우며 끌리는 경향이 있다. 우리는 억압이란 방어를 사적으로 받아들이지 않으며 매력이 넘치는 희롱을 멍하니 바라보면서 좋아한다. 신경증적 방어들은 협상을 하고 휴전을 가져온다. 미성숙한 방어들은 방어를 할 때조차도 공격하고 얽혀들게 된다. 그럼에도 불구하고 성숙해지면서 소극적 공격은 억압으로 진화해 간다.

억압의 '망각'이 방어가 아닌 대부분의 망각과 구분될 수 있는 것은 억압에서 나타나는 자각의 결여가 페기의 미니스커트처럼 비밀을 누설하는 상징적 행동을 수반한다는 점 때문이다. 억압은 소중한 목표를 단순히 지연시키는 것이 아니라 상실하게 될 지경까지 추동을 무의식적으로 제어한다는 점에서 억제라는 방어기제와 다르다. 히스테릭한 사람과는 달리, 억제를 사용하는 금욕주의자는 문제를 최소화하고 밝은 면을 찾지만 완전히 무시하지는 않는다. 금욕적인 페기라면 남자친구에게 그의 정열을 연기시켜 달라고 부탁하겠지만 그러한 열정이 표출된 것에 대해서는 놀라지 않을 것이다.

연극을 해 본 사람이라면 알겠지만 해리와 억압은 종종 함께 발생한다. 억압 자체는 그것의 가장 가까운 친척인 해리(신경증적 부인)나 반동형성과는 다른데, 이는 억압된 관념에 수반되는 정직한 감정이 그대로 의식에 남아 있기 때문이다. 억압을 사용하는 유혹자는 자신이 예쁘게 보이기를 좋아한다는 것을 알고 있다. 따라서 매력적인 남자를 볼 때마다 키득거리는 해리 상태의 '멍청이'와는 다르다. 또 그녀는 매력적인 남자를 볼 때마다 경건한 느낌과 섹슈얼리티의 위험에 갑자기 압도당하는 종교적인 근본주의자와도 다르다. 물론 억압은 의식으로부터 감정이 아닌 관념을 배제한다는 점에서 고립과도 다르다. 억압 때문에 히스테릭한 사람은 음악을 듣더라도 가사는 잊어버릴 수 있다. 고립을 사용하는 강박적인 사람은 가사는 생각할 수 있지만 멜로디는 기억하지 못한다. 따라서 강박적인 사람은 겉보기에 생동감이 넘치는 히스테릭한 사람보다 더 '억압'되어 있는 것처럼 보이기 마련이다. 1905년부터 1926년에 걸친 프로이트의 예시에 뒤이어, 정신분석학자들은 종종 억압과 고립을 일반적인 용어인 억압에 포함시켜 버림으로써 감정을 자각하지 못하는 것과 사고 내용을 자각하지 못하는 것 간의 중요한 구분을 희생시키고 말았다.

반동형성

다른 많은 교구 부속 고등학교 학생들처럼 페기는 섹스는 나쁘며 만약 자신이 '순결함'을 지킨다면 그가 자신을 더욱 사랑하게 될 것이라고 남자친구에게 선언할 수 있다. 그녀 이전의 수많은 금욕주의자가 그랬던 것처럼, 페기는 그녀가 이제까지 한 일 중에서 가장 잘한 일은 남자친구한테 처녀성을 주지 않은 것이라고 설명할 수도 있다. 반동형성reaction formation은 관념과 감정을 모두 마음속에 보존한다. 다만 그 가치가 역전될 뿐이다. 간단히 말해서, 반동형성은 하양을 까망으로, 어떤 소망을 그 반대의 소망으로 바꾼다. 섹스는 즐겁기 때문에 나쁜 것이 된다. 냉수욕이 온수욕보다 더 좋은 이유는 바로 냉수욕이 당신을 더 고통스럽게 하기 때문이다. 반동형성을 쓰게 되면 금지된 소망을 막는 댐이 완성될 뿐만 아니라 그 소망과 정반대되는 소망이 세상에서 가장 가치 있는 것이 된다. 좋은 쪽으로 보자면, 반동형성은 우리가 보살핌을 받고 싶을 때 오히려 다른 사람을 보살피게 하고 싫어하는 경쟁자와 불쾌한 의무를 좋아하게 해 준다. 나쁜 쪽으로 보자면, 친밀한 관계에서 사용되는 반동형성은 양측 모두에게 결코 행복을 안겨다 주는 법이 없다. 헤어셔츠(거친 모직 제품으로 만들어 움직일 때마다 고통을 느끼게 하는 윗옷으로, 주로 고행자들이 착용하였음—역자 주)를 입는 사람들에게 너무 가까이 다가가는 사람들은 불편하게 느낄 것이다.

앞서 지적했듯이, 반동형성은 사용자에게 즐거움을 주지 않는다는 점에서 이타주의와 구별될 수 있다. 반동형성의 자기기만 혹은 '부인'은 해리(신경증적 부인)의 그것과는 다른데, 이는 해리가 우리의 내적인 느낌으로부터 우리의 주의를 분산시키고 무시하는 것과는 달리, 반동형성은 모든 것을 알아차리지만 그것의 가치를 역전시키기 때문이다. 마찬가지로 반동형성의 '부인'은 정신병적 부인과는 다른데, 반동형성의 경우에는 가치만 제외하고는 외부세계에서 그 어떤 것도 무시되지 않기 때문이다. 섹스가 존재하지 않기 때문이 아니라 단지 섹스가 불결하기 때문에 배척되는 것이다.

반동형성은 추동을 비난하지만 사용자에게 책임을 남겨 둔다는 점에서 투사와는 다르다. 투사는 추동이나 감정의 근원에 대한 책임을 주체로부터 객체로 변환시키며 그 가치는 역전되기도 하고 역전되지 않기도 한다. 반동형성은 대개 투사보다 더 적응적이다. '나쁜' 섹슈얼리티를 근거로 마녀들을 화형시키는 편집적인 종교재판관은 여자 악령이나 남자 악령에게 괴롭힘을 당하고 마음 편안하게 자지 못한다. 결혼을 하지 않는 순결한 금욕주의자는 반동형성과 헤어셔츠의 안전함 속에서 오직 자기 자신의 섹슈얼리티를 탓하며 놀라울 정도로 숙면을 취한다. 우리가 우리의 열정을 통달하려면 그에 대한 책임을 지는 것이 우선되어야 한다.

이미 지적했듯이, 반동형성은 종종 행동화의 자연스러운 파생물이지만 행동화와 혼동되는 법은 없다. 하지만 신경증적 반동형성이 끝나고 종교적 신념의 왜곡이 시작되는 곳에서는 더 큰 문제가 존재한다. 이슬람교 전사는 자신이 불멸의 존재라고 정말로 믿을까(왜곡), 아니면 전투에서 죽는다면 정말 큰 행운이라고 믿을까(반동형성)? 나도 모른다. 단지 전사마다 다를 것이라고 짐작할 뿐이다.

*　*　*

미성숙한 방어들과는 달리, 신경증적 방어들은 치료과정에서 진행되는 해석이 효과적일 수 있다. 만약 누군가가 우리에게 투사를 사용한다고 비난한다면 우리는 화를 낼 것이다. 하지만 누군가가 우리에게 무서워서 잊어버린 치과 예약을 상기시켜 준다면 우리는 양가적으로 된다. 그리고 우리는 '아하!' 경험을 한다. "정말 고마워. 내가 그걸 어떻게 잊어버릴 수가 있었지?" 신경증 환자들은 심리치료비를 기꺼이 지불한다.

미성숙한 방어들은 전염성이 있다. 그러나 신경증적 방어들은 그렇지 않다. 달리 말하자면, 미성숙한 방어의 사용자는 마늘이 잔뜩 든 저녁식사를 하고 난 뒤에 사람이 많이 탄 엘리베이터 안에서 시가에 불을 붙이는 사람과 비슷하다. 엘리베이터에 같이 탄 사람은 비좁고 침해받은 느낌을 받으면서 기분이 안 좋아져서 그 흡연자를 역겹고 거슬리며 비도덕적이라고 생각한다. 그래서 화가 난 듯 '금연' 표시를 가리킨다. 그 시가 흡연자는 자신만의 기분 좋은 느낌에 취해 있다가 화를 낸다. 미성숙한 방어들은 마늘 냄새를 풍기는 입냄새처럼 오로지 관찰자의 감정 속에 존재한다. 반대로 신경증적 방어들의 사용자는 붐비는 그 엘리베이터 안에서 담뱃재가 눈에 들어

간 사람과 유사하다. 그는 당황하고 고통을 느낀다. 같이 탄 다른 사람들은 단지 그의 얼굴이 왜 그렇게 일그러졌는지 의아하게 생각하는 것 말고는 그의 고통을 거의 알아차리지 못한다. 만약에 그들 중 하나가 고통의 이유를 알아차리고 티슈 가장자리로 담뱃재를 재빨리 빼내어 준다면 아팠던 사람은 그를 참견하는 사람이 아닌 구조자로 생각할 것이다. 짧은 동안에도 신경증적 방어들은 사용자를 고통받게 하지만, 미성숙한 방어들은 관찰자를 고통스럽게 만든다.

성숙한 방어

마지막으로 〈표 2-2〉에 제시되어 있듯이 네 번째 수준의 방어들, 즉 성숙한 방어들이 있다. 성숙한 방어들은 [그림 2-1]에 있는 갈등의 네 가지 근원을 부인하기보다는 합성하는 과정을 포함하기 때문에 도식으로 나타내기가 더 어렵다. 관념을 무시하는 억압이나 감정을 무시하는 고립, 주체를 무시하는 투사나 객체를 무시하는 전위와는 달리, 성숙한 방어들은 섬세한 균형을 잡고 주체가 자신과 객체, 관념, 감정을 경험하도록 해 준다. 양심을 무시하는 행동화나 욕망을 무시하는 반동형성, 혹은 진짜 사람을 무시하는 정신분열성 공상이나 현실을 무시하는 정신병적 방어들과는 달리, 성숙한 방어들은 현실과 사람, 양심, 그리고 욕망이라는 네 가지 지표를 약화시켜 우아하게 균형을 잡는다. 따라서 성숙한 방어기제들의 결과물은 정신질환이라기보다는 조화, 보기 좋은 대조 혹은 연금술이다. 지푸라기는 황금이 되고 절망은 시로 탈바꿈하며 전체는 부분의 합보다 더 커진다. 갈등의 모든 요소가 어느 정도 의식되기 때문에 성숙한 방어들이 자유 의지에 따른 것이라고 착각하기 쉽다. 이쯤에서 독자들은 내가 그렇게 고결한 대처전략들을 무의식적인 방어라고 부르는 것에 대해서 내게 불평하기 시작할 수 있다.

성숙한 방어들은 또 다른 면에서 나머지 세 가지 수준의 방어들과 다르다. 성숙한 방어들은 갈등의 근원들을 통합하므로 이러한 자기기만 양식은 해석을 필요로 하지 않는다. 심리치료자조차도 더 나은 해결책이 없다고 느낀다. 성숙한 방어들을 활용하는 데 포함된 부인은 치료를 요하는 것이 아니라 칭찬받을 일이다. 안타까운 점은 대체로 성숙한 방어들이 '의도적으로' 활용될 수 없다는 것이다. 보통 성숙한 방어들의 발달은 다른 사람과의 애정 어린 관계나 다른 사람과의 동일시를 요한다.

이타주의

페기는 수녀원에 들어갈 수도 있다. 페기는 예수의 신부가 되기 위해서 진짜 반지를 받고 진짜 웨딩드레스를 입은 후 수녀들과 양심으로부터 진짜 칭찬을 받는 의식ritual을 위해서 노력할 수 있다. 페기의 첫 번째 임무는 수녀원의 유치원이나 어린이집에서 일하는 것일지도 모른다. 그녀는 아이를 가질 수 없더라도 아이들과 놀고 아이들로부터 사랑받을 수 있다. 그녀가 자신의 소유물을 가난한 사람과 나누고 그들을 위해서 수고를 아끼지 않는다면 그 대가로 그녀는 그들의 사랑과 십일조, 찬사를 얻게 될 것이다. 그러한 운명은 축구 팀과 섹스를 하는 수치심과 비인간성, 그 결과로 생긴 아이를 입양시키기 위해 포기하는 슬픔, 그리고 난잡한 성생활에 따르게 마련인 외로움과는 사뭇 대조된다. 수녀가 되는 것보다 더 나쁜 운명도 있다.

이타주의altruism는 다른 사람들이 자신에게 해 주었으면 하는 것을 다른 사람에게 베풀게 한다. 반동형성도 자기가 원하는 바를 객체에게 주지만, 이타주의는 반동형성과는 달리 적어도 부분적으로는 자기도 만족한 상태로 만들어 준다. 반동형성과 달리, 이타주의는 금욕주의를 즐거움으로 채색해 준다. 소극적 공격성 및 순교적 고통과는 달리, 이타주의는 객체에게 고통스러운 느낌을 주지 않고 대신에 축복받은 느낌을 갖게 해 준다. 이타주의는 사람들이 사용자에게 매력을 느끼게 한다. 순교는 사람들을 가까이 속박시키고자 하지만 실제로는 사람들을 쫓아낸다.

이타주의는 자기의 느낌이 객체에게로 돌려진다는 점에서 투사와 유사하다. 하지만 투사와 달리 이타주의는 그러한 귀인이 공감적으로 정확하다. 투사의 경우 주체의 죄악이 객체에게로 잘못 돌려진다. 반면에 이타주의의 경우 주체의 욕구가 객체에게 제대로 돌려진다. 따라서 투사는 우리가 자기 혐오의 무력한 희생자가 되도록 만드는 반면에, 이타주의는 우리에게 자기 효능감을 선사한다. 편집증 환자는 부유한 자들의 집을 보면서 그들이 너무나 많이 가지고 있는 반면에 자신은 가진 것이 너무 없다고 박탈감을 느낀다. 수녀가 될 경우 페기는 빈곤한 사람들을 도와주고 자신을 더 행운아라고 믿으면서 편안함을 얻는다. 감사는 시기보다 더 재미있고 더 도덕적이며 대개는 더 성숙하다. 만약 우리가 자유 의지로 우리 자신을 편집적인 사람에서 성인군자로 전환시킬 수 있다면 얼마나 멋진 일인가. 불행히도 다른 방어들처럼 이타주의는 본질적으로 불수의적이다. 이타주의가 때로 은총으로 불리는 것은 당연하다.

승화

승화sublimation를 사용한다면 페기는 교구에서 제작한 〈웨스트사이드 스토리West side story〉(『로미오와 줄리엣Romeo and Julliet』을 모델로 한 레너드 번스타인Leonard Bernstein의 대중적 뮤지컬)에서 남자친구의 상대역을 연기하면서 멋진 여름을 보낼 수도 있다. 억압을 사용한다면 페기는 향수를 뿌리고 도발적인 붉은 드레스를 입으면서도 섹스와 관련된 생각은 눈곱만큼도 한 적이 없는 상태로 머물게 될 것이다. 승화를 사용한다면 페기는 마리아를 연기하면서 도발적인 붉은 드레스를 입고 음악과 낭만적인 대사를 통해서 섹슈얼리티의 느낌과 관념 모두를 마음속에 계속해서 간직할 수 있다. 동시에 마리아로서의 페기의 섹슈얼리티는 너무 절묘하게 약화되어서 순진한 페기조차도 불안을 느끼지 않으며, 그녀의 세상 물정에 밝은 열여덟 살짜리 남자인 토니/로미오 역시 음악과 페기의 진짜 키스 때문에 넋을 잃고 좌절감을 잊어버릴 수 있다.

승화는 행동화에서처럼 우리 감정의 소용돌이를 단순히 소멸시키거나 반동형성에서처럼 단순히 억누르는 대신에 다른 곳으로 돌려 활용한다. 해리와는 대조적으로, 승화에서의 느낌은 거짓이거나 위장된 것이 아니다. 무대에서 페기는 자신이 실제로 사랑하는 남자에게 키스한다. 이렇게 승화는 불리한 결과나 쾌감의 현저한 손실 없이도 본능을 간접적으로 혹은 약화된 형태로 표현하게 해 준다. 일부 배우와 극작가가 아동기에 극심한 고통에 시달렸고 젊은 시절에 갈등을 겪었던 것은 너무나 잘 알려져 있다. 그럼에도 불구하고 무대는 그들의 고통이 마침내 그들에게 사랑과 칭송, 그리고 더 좋게는 카타르시스를 경험하게 해 준다는 것이다. 프로이트가 적었듯이, 승화는 "섹슈얼리티의 특정한 근원에서 비롯된 지나치게 강한 흥분이 다른 영역에서 배출구를 찾고 사용될 수 있게 해 준다. 그 결과 그 자체로 매우 위험한 성향으로부터 정신적 효율성의 증진이 적잖이 일어난다."[7] 바로 그러한 것이 승화의 마법이다.

유머, 전위 그리고 승화는 모두 놀이의 구성요소다. 그러나 유머의 경우처럼 자아가 온전한 상태에서 이루어지는 퇴행과는 다르게, 그리고 일부 전위에서 나타나는 가장의 세계와는 다르게 승화의 장난은 종종 현실적인 결과물을 창출해 낸다. 우리의 여배우는 마리아처럼 차려입고 마리아처럼 행동한다. 하지만 그녀의 진짜 남자친구가 상대역을 하기 때문에 그녀의 행동은 허상이거나 공상이 아니다. 전위라면 가능한 한 느낌이 덜 중요하거나 덜 위협적인 대상에게로 향하게 된다. 반면에 승화가 그렇게 비범한 이유, 그리고 한편으로는 승화의 사용이 아주 위험할 수도 있는 이유는 우리의 느낌과 주의가 더 위엄 있고 더 어려운 사람에게로 향하기 때문이다.

억 제

억제suppression를 사용하는 경우, 페기는 천주교의 유산과 넘쳐나는 욕망 모두를 잘 알고 있다. 또 그녀는 사랑의 강도와 경험의 한계도 잘 알고 있다. 페기는 많은 사람이 그랬듯이 손 잡기에서 키스를 거쳐 애무로, 그리고 부모의 눈을 피해서 보내는 긴 주말에 이르기까지 불안해하면서도 서서히 나아갈 것이다. 왜냐하면 억제에는 무한하지는 않지만 유한한 시간 동안 불평 없이 기다리면서 관념과 느낌 그리고 사람을 마음속에 보존하는 능력이 포함되기 때문이다. 모든 방어 중에서 억제를 주 방어 스타일로 사용하는 것이 자아 강도와 가장 큰 관련이 있는 것은 당연하다.

억제는 의식적인 추동과 갈등 혹은 둘 중 어느 하나에 주의를 기울이는 것을 지연시키는 반의식적인semiconscious 결정을 포함한다. 그러나 그러한 결정이 단순히 의도적이지만은 않다는 점은, 범법자들이 "단지 안 해."라고 말하는 법을 배울 수 있다면 혹은 주유소를 털거나 경찰관을 폭행하거나 코카인을 구매하기 전에 열까지 셀 수만 있다면 감옥이 텅 빌 것이라는 사실로 짐작할 수 있다. 프로이트는 만족의 지연이 성숙의 전형적인 특징이라고 언급한 바 있다. 억제의 섬세한 균형은 수의적이면서 동시에 불수의적이어서 마치 외줄타기를 하는 능력과 유사하다. 그러한 균형은 능숙한 곡예사처럼 이미 성취한 사람에게는 너무나 쉬워 보이지만, 그렇지 못한 나머지 사람에게는 말 그대로 불가능하며 불안을 유발하는 것이다.

억압의 사용자와는 달리 억제를 사용하는 사람은 갈등을 기억한다. 〈바람과 함께 사라지다Gone with the Wind〉의 마지막에서 레트 버틀러는 스칼렛 오하라와는 달리 '내일 생각해야 한다는 것'을 기억할 것이다. 그러나 언제나 억제와 억압 사이, 억제와 고립 사이, 금욕적인 억제와 스파르타식 반동형성 사이의 결정적인 차이는 억제라면 갈등의 모든 요소가 적어도 부분적으로는 의식 속에 존재하도록 허용한다는 점이다.

억제와 해리 사이의 구분은 더 복잡하다. 이 구분의 핵심은 성숙도다.

전도서의 지혜로운 금욕주의는 폴리애나의 유치한 해리와는 분명히 매우 다르다. 금욕주의자와 폴리애나 모두 아무리 안 좋은 상황이라도 무언가 긍정적인 측면이 있다는 점에 주목하지만 폴리애나는 집에 우산을 두고 나온다. 해리와 억제는 둘 다 우리가 밝은 면을 볼 수 있게 해 주지만, 억제는 잔이 반만 차 있다는 사실에도 주목하게 해 준다. 대조적으로 해리는 말똥으로 가득 찬 자신의 크리스마스 양말을 발견한 어느 낙천주의자가 분명히 산타가 멋진 조랑말도 가져왔을 것이라고 생각하고서 열심히 찾기 시작한다는 얘기에서도 잘 드러난다. 억제와 해리의 차이는 또 있다. 억제에 필수적인 것은 만족의 지연이다. 억제를 사용하는 사람은 다음 여름휴가의 비행기 삯을 위해서 저축한다. 하지만 빚을 잔뜩 진 상황에서도 해리를 사용하는 사람은 일단 여행을 가고 나중에 지불할 수 있을 것이라고 믿어 의심치 않는다.

예 상

남자친구를 만난 지 얼마 안 되었을 때 페기는 걱정하기 시작할 수 있다. 만약 내가 남자친구를 너무 많이 좋아하게 되면 어떻게 하지? 만약 그가 내게 키스를 하려고 한다면? 페기의 친구들은 어떻게 낭만적인 만남이 그렇게 많은 조바심을 만들어 내는지 이해하지 못할 수 있다. 페기의 어머니는 페기가 때때로 우울해 보여서 이상하게 여길 것이다. 그러나 페기는 미리 불안과 우울이라는 대가를 치르고 있는 셈이다. 페기는 처음에 애무가 흥분되는 만큼 죄의식을 유발할 수도 있다는 사실을 의식하고 있을 것이다. 그러나 예상했던 일이 일어났을 때 당황해서 그 자리를 피해 버리지는 않을 것이다.

예상anticipation은 미래의 불편함에 대한 현실적이면서도 정서가 실린 계획을 포함한다. 〈표 2-2〉에서 시사하듯이, 모든 성숙한 방어 중에서 예상은 안팎의 현실을 가장 적게 변경시킨다. 자기기만을 사용하는 것보다 예상은 서서히 불안을 엷게 희석시킨다. 예상은 미래의 감정적인 고통을 소량으로 미리 섭취하는 자기면역 과정을 포함한다. 피살당할지도 모른다는 것을 예상한 미트리다테스 6세(소아시아의 폰터스Pontus의 왕[120-63 BC] — 역자 주)는 독에 대한 내성을 기르고 독살당하는 것을 방지하기 위해서 매일 소량의 독을 섭취했다는 사실 때문에 유명해졌다. 정신분석가인 하인즈 하르트만Heinz Hartmann의 말에 따르면, "미래를 예상하고 그에 따라 우리의 행동을 방향 짓고 수단과 방법을 상호 적절하게 연결 짓는 친숙한 기능은······ 자아의 기능에 속하며 가장 중요한 적응과정임이 분명하다."[8]

억제와 마찬가지로 예상도 날씨가 좋을 때 지붕을 고쳐야 한다는 사실을 기억하는 것이 얼마나 어려운지를 깨닫기 전까지는 마치 수의적인 것처럼 보인다. 스칼렛 오하라처럼 우리는 대부분 '내일 생각해야지'를 선호한다. 여행을 떠나기 전에 가능한 위험 목록을 작성하는 것은 합리적인 인지적 대처전략처럼 보인다. 하지만 걱정하기를 좋아하는 사람은 없다. 그래서 우리는 그러한 충고를 따르는 것을 '잊어버린다'. 만약 우리가 불쾌한 결과들을 미리 숙고할 수 있다면 비행기를 놓칠 일도 치실 사용하는 것을 잊어버리는 일도 없을 것이다. 더구나 비행기 여행과 충치 예방을 위해서 의도적으로 계획하는 것은 전쟁에 따른 실제 희생과 장례식처럼 정서가 실린 행사보다 훨씬 더 쉬운 일이다. 따라서 사회적 지지가 없는 상태에서 내일의 감정적인 고통에 대한 계획을 세울 수 있는 사람은 거의 없다. 코치나 치료자와 같은 다른 사람의 도움 없이 감정적인 고통을 시연하는 것은 어렵다. 최상급 복싱 선수들조차도 트레이너의 도움을 받으면서 시합을 위한 훈련을 한다. 파일럿과 승무원들도 집단 프로토콜에 따라서 위급 상황에 대비한다. 정부는 안전띠와 헬멧 착용을 의무화하는 법을 집행한다. 교회, 목사, 그리고 친인척들은 우리가 장례식을 치를 수 있게 도와준다. 이 예들은 도움을 받지 않은 상태에서 미리 걱정하고 슬퍼할 수 있는 능력은 쉽게 익힐 수 있는 대처전략이 아니라 자아의 기술이라는 나의 주장을 지지한다. 또

이 예들은 자아의 성숙에 있어서 사회적 지지의 중요성을 잘 보여 준다. 우리가 사랑받고 있다는 사실을 자각한다면 치실을 사용하는 것이 훨씬 더 쉬워질 것이다.

예상은 고립 및 이지화와는 다른데, 이는 예상이 부지런히 인지적 계획을 세우고 목록을 작성하는 것 이상의 무언가를 실제로 하기 때문이다. 예상은 정서적인 주제들에 대한 생각과 느낌을 포함한다. 예상은 공상과도 다른데, 이는 주체가 재난과 소망 충족에 관한 자폐적이고 무미건조한 백일몽 대신 현실적인 걱정을 통해 비교적 감당할 수 있는 정도의 감정적인 고통을 경험하기 때문이다.

마지막으로, 비현실적인 낙천주의자와 폴리애나의 '태평스러운' 행동으로 이끄는 해리와 스트레스 상황에서 침착함을 유지하는 능력을 갖게 해 주는 예상을 구분하는 것이 중요하다. 전설적인 비행사인 찰스 린드버그Charles Lindbergh와 척 예거Chuck Yeager는 가장 조심스러운 사람만 살아남았을 비행들을 침착하게 해내고 경력을 빛냈다. 린드버그와 예거는 미트리다테스가 독에 대응한 방법으로 스트레스를 다루었다. 위험을 과소평가했더라면 치명적이었을 것이다. 그리고 위험을 과대평가했더라면 운신을 하지 못했을 것이다. 따라서 그들은 미리 염려했고 목록을 만들었으며 연습했고 최대한 준비가 되었다는 사실을 인식한 다음에서야 마음을 놓을 수 있었다. 하지만 말은 쉬워도 실천하기는 너무나 어렵다.

유머

유머humor라는 기제는 너무나 미묘하고 너무나 우아해서 말로 표현하기가 어렵다. 스트레스를 야기하는 딜레마에 빠진 열여섯 살짜리 청소년이 유머를 사용하는 것을 독자들에게 상상해 보게 하는 것이 가능할지 난감하다. 아마 원래부터 지혜로운 페기가 유머를 통해서 자신의 곤경을 완화시키는 방법들을 찾아 왔다고밖에 설명할 수 없을 것이다. 그러나 유머는 오로지 실제 삶 속에서만 설득력 있게 묘사될 수 있다. 나는 다른 방어를 설명할 때 사용했던 우화를 유머에서는 사용할 수가 없다.

우리 모두는 유머가 삶을 훨씬 더 수월하게 만든다는 것을 알고 있다. 억제 및 예상과 마찬가지로 유머는 마음속에 관념과 감정 그리고 대상을 보존한다. 프로이트는 "유머가 모든 방어과정 중에서 최고 수준의 방어라고 생각할 수 있다."[9]라고 제안했다. 예상 및 억제와 마찬가지로 유머는 무척 분별력 있는 대응 장치이므로 의식적이어야만 한다. 하지만 유머는 '잘 짜인 계획'과는 달리 요구에 따라 불러낼 수 있는 것이 아니다. 그 정의에 따르면, 유머는 우리가 전혀 기대할 수 없었던 순간에 불쑥 드러난다. 유머는 언제나 우리를 놀라게 한다.

유머가 언제나 돌발적인 것처럼 보일지라도 결코 순전히 우연하게 발생하지는 않는다. 마찬가지로 불수의적인 심장박동처럼 우리 자아의 행동은 무선적이지도 않고 나태하지도 않다. 억제와 마찬가지로 유머는 외줄 타기나 카드로 집 짓기와 같은 섬세함을 필요로 한다. 많은 위대한 코미디언들이 무척 불행한 아동기를 경험했던 것은 우연이 아니다. 그리고 불행한 아동기를 겪었던 대부분의 사람이 변변한 코미디언도 되지 못하는 것 역시 우연이 아니다. 찰리 채플린Charlie Chaplin, 매릴린 먼로Marilyn Monroe, 재키 글리슨Jackie Gleason과 같은 사람들이 유머를 통해서 고통스러운 아동기를 예술적으로 통달한 것은 의식적인 선택에 따른 것이 아니다. 여덟 살 때 이미 건반을 다룰 수 있었던 모차르트의 능력과 예술적인 창조물처럼, 우리가 모방하려고 노력해 보면 비로소 유머가 수의적이지 않다는 사실을 알게 된다.

유머는 개인이 무대응하거나 불편감을 경험하거나 또는 다른 사람들에게 불쾌감을 주지 않으면서도 감정을 겉으로 표현할 수 있게 해 준다. 히스테리성 웃음에서 드러나는 공허한 해리와는 달리, 유머는 자아의 관찰적인 요소가 없다면 일어날 수 없다. 코미디언이라면 다 알 듯이, 유머에서는 타이밍이 정말 중요하다. 디킨슨Dickens의 맥커버 씨(디킨스의 작품『데이빗 코퍼

필드』에 나오는 코믹한 인물―역자 주)와 볼테르의 팽글로스 박사처럼 해리를 사용하는 사람들은 착각 뒤에 현실을 영원히 숨기고 있다. 대조적으로 교수대 유머처럼 위대한 코미디언의 유머는 우리가 현실을 직면하게 해 주면서 동시에 그것이 게임인 양 반응할 수 있게 해 준다. 마크 트웨인Mark Twain 은 우리에게 왜 우리가 세례식에서는 기뻐하지만 장례식에서는 우는지 묻는다. 정답 : 우리 일이 아니기 때문이다! 유머는 우리로 하여금 고통스러운 것 자체를 직접 직면하게 해 주지만, 해리는 우리로 하여금 뭔가 다른 방향을 보게끔 주의를 분산시킨다.

언젠가 한 친구가 내게 다음과 같이 적어 보낸 적이 있다. "유머는 기적적으로 치유적일 수 있다. 유머는 파괴적인 활동 없이도 긴장 수준을 낮춰 줄 수 있다. 유머는 즐거움을 주는 동시에 교훈을 준다. 유머는 우리가 가식을 부리지 않게 해 준다. 유머는 다르게 표현되었다면 해가 되었을 감정을 위한 배출구를 제공한다." 그리고 프로이트가 적었듯이 유머는 "고통스러운 정서를 담고 있는 관념적 내용들을 의식의 주의로부터 철수시키기를 거부함으로써 결과적으로 방어의 자동성을 넘어선다……. 유머는 고통스러운 정서에도 불구하고 즐거움을 얻을 수 있는 수단이다."[10]

짓궂은 농담과 어릿광대 그리고 다른 형태의 소극적 공격과는 달리, 유머는 관찰자와 사용자 모두에게 즐거움을 선사한다. 해리의 일종인 위트와는 달리, 유머는 우리가 자기 생각을 그대로 숨김없이 말할 수 있게 해 준다. 캐리커처와 패러디는 관념과 정서를 위험한 대상으로부터 더 중립적인 표적으로 전위시키게 한다. 반대로, 희망과 마찬가지로 유머는 참아 내기에는 너무나 끔찍한 것에 초점을 맞추지만 견뎌 낼 수 있게 한다. 그러나 꿈의 안전성처럼 유머의 안전성은 탈력脫力발작에 달려 있다. 우리는 모든 것을 보고 또 모든 것을 느끼지만 마비되어 있다. 마지막으로 금욕주의와 공감, 위대한 예술과 마찬가지로 유머는 성숙과 더불어 찾아온다. 유머는 자아의 지혜가 방어에 의존하는 것만큼 성인발달과 창의성에도 의존하게 된다는 사실을 우리에게 상기시킨다.

* * *

　지금까지 내가 계속 암시해 왔던 방어의 두 가지 측면을 논의하기 위해서 잠시 본론에서 벗어나기로 하겠다. 먼저, 성숙한 방어들은 도덕적으로 보이는 반면에, 미성숙한 방어들은 비도덕적으로 보인다. 따라서 〈표 2-2〉에 제시된 다섯 가지의 성숙한 방어는 ① 내가 받고 싶은 것을 남에게 해주는 것(이타주의), ② 예술적인 창조(승화), ③ 불굴의 정신(억제), ④ 미래를 계획하기(예상), ⑤ 자신을 너무 진지하게 취급하지 않기(유머)로 다시 정리할 수 있다. 두 번째, 정의상 성숙한 방어들은 젊은이에게서는 흔히 찾아보기가 어렵다. 독자들은 내가 내린 유머의 정의에 반론을 제기할 수 있다. 예컨대, "하지만 유머라고 해서 모두 해가 없지는 않다. 유머도 악의적이고 부적응적일 수 있다. 풍자는 어떤가? 더 심하게는 짓궂은 농담은? 혹은 가학적인 농담은?" 그러한 반론들은 내가 방어들에 관해서 강조하고 싶은 두 가지 점으로 다루어 볼 수 있다. 방어들은 성숙해진다. 그리고 방어들은 성숙해질수록 점차 도덕적으로 되어 간다.

　선생님의 의자에 놓인 압정은 여섯 살짜리에게는 웃기는 일이지만 교사에게는 여러 가지로 짜증나는 일일 것이다. 이 경우에는 적대적인 추동이 너무나 명백해서 누구나 알 수 있다. 오로지 사용자만 웃을 뿐이다. 이렇게 소극적 공격의 가학적인 유머는 유치하고 죄악에 해당된다.

　시간이 흐를수록 학생의 적대적 추동은 더 은밀해진다. 성난 학생의 공격성은 재치와 패러디, 풍자로 전위된다. 의대 교수들이 학생의 풍자적인 촌극을 관람할 경우, 교수들은 자신들이 풍자되는 것을 실제로 기뻐하지는 않더라도 여전히 웃고 박수치면서 불쾌감을 조절한다. 적당한 타협인 셈이다. 그 누구도 정치적인 카툰에 속지 않는다. 하지만 전제주의 국가에서는 전위된 위트와 소극적 공격인 조롱 사이의 구분이 저널리스트로서의 생명과 수용소에서의 순교 간 차이를 만들어 낼 수 있다. 그렇지만 의대의 풍자 촌극과 『매드 매거진』의 위트에서 보이는 것이 전부가 아니라는 사실은 프로이트 학파의 정신분석가가 아니더라도 누구나 알 수 있다. 분노, 슬픔 그리고 섹슈얼리티가 재치 있게 전위되어 있는 것이다.

성숙한 유머는 그러한 전위 및 소극적 공격과는 다르다. 첫째, 관찰자가 농담을 성숙한 유머로 '이해'하기 위해서는 교양(즉, 사회적 성숙)이 필요하다. 『뉴요커*New Yorker*』와 『펀치*Punch*』의 카툰을 보고 웃는 사람은 교사의 의자에 놓인 압정을 보고 웃거나 정부 고관한테 비둘기가 똥을 싸는 만화를 보고 웃는 사람보다 더 나이 든 사람이다. 둘째, 대부분의 성인 유머에서 농담은 우리 자신에 대한 것이지 다른 누군가에 대한 것이 아니다. 톰과 제리의 가학적이기까지 한 전위된 위트에서 고양이는 농담의 대상이 되며 우리는 쥐와 동일시한다. 대조적으로 우디 앨런*Woody Allen* 영화와 『뉴요커』의 카툰을 보면서 우리가 웃는 이유는 그 속에서 풍자되는 것이 바로 우리 자신의 약점이기 때문이다. 셋째, 성숙한 유머에서는 프로이트 학파조차도 농담의 비밀스러운 에너지가 어디서 생겨나는지를 결코 알 수 없다.

공상에서 전위를 지나 승화에 이르는 성숙과정은 쉽게 묘사될 수 있다. 열 살짜리 페기는 켄과 바비 인형을 가지고 외로운 공상을 놀이로 풀어냈고, 하늘에 떠 있는 진짜 별들만큼 멀리 있는 팝스타를 동경했다. 열세 살짜리 페기는 저학년 때 수줍음을 많이 타는 소년과 친해져서 발렌타인데이 때 초콜릿을 주었다가, 1년 뒤에 겁 많은 말을 길들이는 흥미로운 과제를 시작하게 되면서 전위가 일어난다면 그 소년을 금방 잊어버리고 만다. 이제 열여섯 살이 된 페기는 〈웨스트사이드 스토리〉의 여름방학 특집극에서 열정적인 토니/로미오의 상대역을 맡은 여주인공 마리아/줄리엣으로서 여름을 보낸다. 만약 반복적으로 승화가 일어난다면 완성된 사랑이라는 목표가 실제 인물을 대상으로 현재의 삶 속에서 매일 밤 기억될 것이다.

일상생활 속의 자기기만

> 그[프로이트]는 편집증 환자의 망상을 근본적인 것이 아니라
> 완전히 혼란스러운 세상을 복구하고 재건하려는 시도(어떻게
> 위장되어 있든 간에)로 보았다.
>
> – 올리버 색스, 『아내를 모자로 착각한 남자』

심리학자인 로버트 화이트Robert White는 1952년에 "우리는 삶의 조건들
이 인간을 조형하는 방식에 대해서 상당 부분 알고 있으며 이러한 지
식은 매우 중요하다. 반면에 우리는 인간이 삶의 조건들을 조형하는 방식에
대해서는 거의 알지 못하는데 이러한 지식이 중요하지 않다고 말하기는 어
렵다."라고 적고 있다.[1] 성인발달 연구의 초기 개척자였던 화이트의 이 말은
이중적인 의미를 담고 있다. 하나는 사회과학이 어떻게 인간이 역사를 만들
어 내고 그 결과 자신들의 외부 환경을 창출해 내는지에 대해서 다소 무지하
다는 점이다. 다른 하나는 우리가 또한 우리 자신의 마음속에서 그렇게 하지
않으면 혼돈에 빠져 버릴 것이라는 생각에 두려워서 내부세계와 조건들을 어
떻게 조형하고 재구성하는지에 대해서도 너무나 아는 바가 없다는 점이다.

이 장에서 나는 자기기만 혹은 조건들의 재구성을 보여 주는 여섯 가
지 예를 숭고한 경우에서부터 정신병질적인 경우에 이르기까지 제시할 것

이다. 또 나는 방어들 외에 자아의 지혜를 구성하는 창의성과 성인발달이라는 두 주제를 소개할 것이다. 내가 언급하려는 각각의 실화는 두 가지 이상의 교훈을 가지고 있다. 그리고 그 이야기는 2장의 핵심 개념을 보여준다. 즉, 부인과 자기기만은 매우 다양한 양상으로 나타난다는 것이다. 또 그들은 일반적으로 병리적으로 보이는 방어들이 미성숙하고 부적응적이며 부도덕하게 보인다는 것을 시사한다. 그리고 건강하게 보이는 방어들은 또한 도덕적이고 적응적이며 성숙하게 보인다. 간단히 말해서, 성숙함, 덕목 그리고 정신건강은 불가분의 관계로 얽혀 있다. 이 여섯 가지 예는 방어라는 현상이 뜨거운 인지와 흥미로운 정서를 다룬다는 것을 보여 주며, 아울러 인간 행동을 이해하기 위해서는 심리학이 방어들을 규명하고 해석해야만 한다는 것을 시사한다. 이 이야기들을 소개하면서 나는 자아의 창의성을 강조하고 창의적인 예술처럼 창의적인 과학도 창조자의 상처를 봉합하는 데 기여한다는 점을 지적하고 싶다. 마지막으로, 나는 모든 방어가 무의식적이면서 동시에 의식적이기도 하다는 역설을 다시 한 번 강조하고 싶다. 우리의 뇌는 병행 처리가 가능하다. 즉, 중요한 주제에 대해서 두 마음이 병존할 수 있다.

나는 모든 행동이 방어적이라고 제안하고 싶지는 않다. 오직 이상한 행동만 그렇다. 그리고 이상한 행동이라 함은 지하실에서 조직 배양을 하는 것과 같은 행동을 말한다. 혹은 곧 보게 되겠지만 한밤중에 교사校舍를 폭파시키는 것 같은 행동을 말한다.

*　　*　　*

나는 프로이트Freud가 일상생활의 정신병리라고 일컬은 예, 즉 반동형성의 예에서부터 시작하려고 한다. 1976년 2월 16일에 『타임Time』지는 다음과 같은 기금모금 편지를 인용했다. "친애하는 여러분, 우리나라에서 도덕과 예의범절이 퇴락하고 있기 때문에 수년간 충격과 슬픔의 시간을 보낸 지금 나는 더 이상 충격을 받지 않게 된 것 같습니다……. 여러분은 믿을 수 있습니까? 우리의 아이들을 이용해서 동성애를 비롯한 여자와 남자 사이의 성적 행동을 묘사한 총천연색 영상물들을. 여러분과 제가 오늘 행동하지 않는다면…… 우리의 아이들은 그리고 우리의 아이들의 아이들은 너무나 끔찍한 변태행위에 노출될 것이고, 결과적으로 선이 악이 되고 악이 선이 되는 일이 벌어질 것입니다."

이 편지는 빌리 제임스 하기스Billy James Hargis 목사가 기독교 도덕성을 위한 털사 운동Tulsa Crusade for Christian Morality에서 기금모금의 일환으로 보낸 것이었다. 1950년 미국 기독교대학의 총장이었던 하기스는 극우파 정치와 종교 운동을 촉진하기 위해서 기독교 운동을 창시하였다. 그는 매주 『기독교 운동Christian Crusade』을 발간했고, 그의 조직은 집회에서 1960년대 자유주의자들의 경멸 대상이었던 두 주축인 에드윈 워커Edwin Walker 육군소장과 조지 월러스George Wallace 주지사를 숭배했다.

이 시점에서 독자는 화가 나기 시작할지도 모르겠다. 한편으로 독자는 내가 나의 정견을 과학적 논의에 투영시키려는 것으로 의심할 수도 있다. 다른 한편으로는 이미 하기스의 은밀한 호색을 의심하면서 순복음적 성격의 반동형성, 즉 선을 악으로, 악을 선으로 만드는 방어기제를 은근히 비웃고 있는지도 모른다. 이제는 과학적인 독자가 숨죽이고 키득거릴 차례다. 어쩌면 투사라는 방어기제를 사용하는 것은 바로 정신분석학자 자신일지도 모른다. 어쩌면 내가 나 자신의 편견을 다른 사람들에게서 상상하고 있는 것일지도 모른다. 그렇다면 우리는 어떻게 해야 그러한 아귀다툼 속에서 진실을 가려낼 수 있을까?

자아가 작용하고 있다는 것을 증명하기 위해서 실험법을 사용해 보자. 다원적으로 장기 추수 연구와 심리분석적 전기를 사용해 보자. 그리고 증거를 수집해 보자. 이전에 하기스는 『학교는 노골적인 섹스를 가르치기에 적절한 장소인가*Is the Schoolhouse the Proper Place to Teach Raw Sex?*』라는 베스트셀러 (25만 부)를 쓰는 것을 거든 적이 있다. 왜 그의 창의적인 생산물(혹은 증상) 의 제목이 단순히 '학교는 섹스를 가르치기에 적절한 장소인가'가 될 수 없 었던 것일까? 왜 꼭 섹스를 '노골적인' 것으로 해야 했을까? 아마도 하기스 는 그의 반동형성이 허용하는 것처럼 보이는 것보다 더 많이 섹스에 집착하 고 있었던 것 같다. 그러나 우리가 어떻게 자신할 수 있을까? 방법은 전후 이야기를 모두 살펴보는 것이다.

하기스의 편지는 1976년 1월에 쓰였다. 그로부터 14개월 전에 한 학 생이 미국 기독교대학의 부총장을 찾아가서 하기스 목사가 그의 결혼식에 서 주례를 섰는데 신혼여행에서 "신랑과 신부가 모두 하기스 목사와 잔 적이 있다는 사실을 알게 되었다."라고 고백했다. 『타임』지에 따르면, 그 밀 회는 하기스 목사의 사무실에서, 오자크에 있는 농장에서, 심지어는 대학교 합창단인 올아메리칸 키즈와의 여행 동안에도 있었다고 한다. "하기스 목사 는 구약성서에 나오는 다윗과 요한의 우정을 인용하면서 동성애 행위를 정 당화했다." 그러고는 만약 그 사실을 발설하면 평생 동안 블랙리스트에 올 려놓겠다고 협박했다. 대학 당국으로부터 추궁을 받자, 하기스 목사는 그의 죄를 인정하고 그의 행동을 '유전과 염색체' 탓으로 돌렸다. 당시에는 동성 애가 원죄와 악마에 의해서 발생한다고 주로 보았고 유전과 염색체에 의해 서 발생한다는 증거가 별로 없었기 때문에 나는 하기스 목사가 부인한 것이 라고 주장할 수 있다. 나는 하기스 목사가 견디기에는 너무나 '노골적인' 정 열을 가지고 있었기 때문에 다른 누군가에게 그것을 투사할 수밖에 없었다 고 주장할 수 있다. 만약 반동형성이 속이지 못한다면 그보다 덜 성숙한 투 사를 써 봐야 할 것이다.

스캔들이 터진 지 일 년이 채 안 되어서 하기스 목사의 자아방어의 진 면목은 은폐하려고 애썼던 '사악한' 본능보다 더 강력하고 적응적인 것으로 확인되었다. 그의 가공할 만한 기금모금 기술 때문에 하기스 목사는 다시 그 대학교로 초청받았다. 그는 즉각적으로 그가 "신의 인도를 받아 털사로 돌아오게 되었다."라고 공표했다. 이윽고 그는 시내 본부를 위해서 6층짜리 건물을 구입했고, 그 후 10년 동안 교육행정가로서 맹렬한 활동을 펼쳤다. 분명히 그러한 정치적 재주는 정신적 무능력과 양립 불가능하다. 하기스 목사의 행동이 얼마나 이상하든 간에 사회는 그를 병들었거나 나쁘다고 이름 붙일 준비가 되어 있지 않았다.

한 학부모가 하기스 목사와 그가 사용한 방어의 교훈을 요약하였다. 그 아버지는 자신의 아들이 하기스 목사와 가졌던 3년간의 성관계가 아들이 15세나 16세였을 때부터 시작되었다고 보고했다. 그리고 말했다. "하나님의 말씀이 내가 무엇을 해야 하는지를 말해 주기 때문에 나는 하기스 목사의 죄를 용서할 것이다. 하지만 나는 내 아들에게 자행한 그의 행위를 결코 잊지 못할 것이다." 우리 역시 죄는 있을지언정 죄인은 없다는 것을 기억할 필요가 있다. 자아의 지혜와 왜곡을 이해할 때 잘못된 행동에 대해서 허용적일 이유는 없다. 하지만 우리 인간의 딜레마는 어떻게 미국 기독교대학의 신탁관리자들처럼 하기스 같은 사람의 창의적인 기금모금을 이용하면서도 그의 부적응적 방어들이 우리 아이들을 학대하는 것을 허용하지 않게 할 수 있는가 하는 것이다.

*   *   *

일상생활의 정신병리의 두 번째 예는 반동형성과는 매우 다른 종류의 부인을 보여 주는데, 그것은 다름 아닌 승화다. 언젠가 진행성 청각장애를 앓고 있는 30세의 한 음악가가 자살에 대해 얘기하고 있었다. 그는 친구에게 "난 불행한 삶을 살고 있어. 자연과 그 창조주와 으르렁거리고 있어. 가장 아름다운 꽃송이를 부러뜨리거나 망가뜨리는 아주 사소한 사고에도 자신의 피조물이 굴복하게 만드는 창조주에게 저주를 퍼붓곤 하지." 그럼에도 그는 친구에게 "내 귀가 멀고 있다는 것을 비밀로 해 주게. 다른 사람한테는 말하지 말아 주게. 절대로 그 누구한테도."[2]라고 부탁하고 있다. 다른 친구에게는 "2년 동안 나는 거의 모든 사회적 모임을 피해 왔어. 왜냐하면 다른 사람들한테 '난 귀가 멀었어.'라고 말할 수 없기 때문일세……. 이미 난 나의 창조주와 나의 존재를 저주해 왔다네."[3]라고 고백했다. 신이 자신을 학대한다고 생각하는 것은 상상이었다고 하더라도 그를 창조했던 실제 아버지가 반복적으로 그를 창피하게 만들었던 만성 알코올중독자였던 것은 사실이었다.

이듬해 이 음악가는 낮은 자존감과 자살관념이 더욱 분명해진 유언장을 작성했다. "아, 어떻게 내가 그 누구보다도 더욱 완전하게 가지고 있어야 할 그 하나의 감각에서 불능자가 된 것을 인정할 수 있단 말인가?…… 내 곁에 선 누군가는 저 멀리서 희미하게 들리는 플룻 소리를 듣는데 나는 아무것도 들을 수 없다니 얼마나 창피한 일인가!…… 그러한 일들은 나를 절망 속으로 밀어 넣었다. 만약 조금만 더 했다면 나는 삶을 마감하고 말았을 것이다……. 즐거운 마음으로 서둘러 죽음을 맞았을 것이다." 우리는 이 음악가가 어떻게 평생을 살다 갔는지 의아하게 생각할 만하다. 분명히 우리는 그가 자신의 능력을 십분 발휘할 수 없었을 것이라고 짐작할 것이다. 우리는 그가 실제로 자살을 했을 것이라고 예측할 수 있다. 왜냐하면 그때 그는 "내가 붙잡고 있는 것은 오직 나의 예술이다."[4]라고 적었기 때문이다.

예측은 추수 연구를 통해서만 검증될 수 있다. 만약 내가 이 음악가의 예술이 그로 하여금 그의 고통, 슬픔, 수치심을 승화시킬 수 있게 해 주었다고 주장하려면 명확하고 구체적인 증거가 필요하다. 사반세기가 흐른 후에도 그 음악가는 여전히 살아 있었고 여전히 그의 예술을 하고 있었다. 53세에 그는 비엔나 로얄 임페리얼 코트 극장에서 방금 공동지휘로 초연을 마친 교향악의 악보를 쳐다보고 있었다. 솔로 연주자들 중의 하나가 그의 소매를 끌어서 그의 등 뒤로 주의를 돌려 주었고, 그는 들을 수 없었던 것을 볼 수 있었다. 박수치는 손들, 흔들리는 모자들, 휘날리는 손수건들을. 한 관람객은 자랑스럽게 자신의 일기장에 다음과 같이 기록했다. "내 평생 동안 그렇게 열광적이면서도 따뜻한 박수갈채는 들어 본 적이 없다……. 아래층 좌석이 다섯 차례의 환호하는 함성 속에서 무너지자 경찰국장이 '정숙!'이라고 소리 질렀다."[5]

그러나 기적은 완전히 귀머거리가 된 베토벤이 이제 삶을 새롭게 시작하기 위해 서두르고 있는 것이 아니다. 기적은 그의 예술이 인간을 혐오하는 불구의 독신인 그에게 두 아름다운 여성 솔로 연주자의 찬사를 안겨 준 것도 아니다. (베토벤은 자신이 처음에 이 리드 솔로 연주자들을 면접했을 때 "그들이 내 손에 키스하기를 너무나도 절실히 원했고 진짜로 예뻤기 때문에 나는 내 입술에 키스할 것을 제안했다."라고 고백했다.)[6] 기적은 로시니의 이탈리아어 가사에 빠져 있던 비엔나가 베토벤 덕분에 모국어인 독일어로 쓰인 합창에 갈채를 보낼 수 있게 된 것도 아니고, 베토벤이 '삶의 조건들을 조형하고' 자존감을 치유하기 위해서 예술을 사용했던 것도 아니다.

아니다, 위에 언급한 것 중 어느 것도 기적이 아니다. 기적은 베토벤의 9번 교향곡이 실러의 〈환희의 송가〉를 개선곡으로 만든 점이다. 23년 전에 베토벤은 그의 유언장에 "가을 나뭇잎들이 시들어 가는 것처럼 나의 희망도 사그라지고 있다……. 오, 신이여, 내게 하루만이라도 **순수한 기쁨**을 허락해 주소서. 내 가슴속에 진정한 기쁨이 메아리쳤던 적이 언제였던가. 오, 언제, 오, 신성한 존재여, 오, 언제가 되면 내가 기쁨을 다시 느낄 수 있을까요?"[7]라고 적었다. 동시에 점점 귀머거리가 되어 가고 있던 음악가는 가해자인 창조주와 하고 싶은 협상을 고백했다. "오, 내게서 이 고통을 없애 버릴 수만 있다면 난 세상을 포용하겠소."[8] 그러나 그의 고통은 사라지지 않았고 더 심해져 갔다. 그럼에도 불구하고 완전히 귀가 먼 베토벤이 음악에 담았던 노랫말은 "얼싸안세, 만민들아. 입 맞추세, 온 세상이여. 형제여, 저 별 너머 사랑의 주님이 계신다네."였다. 베토벤 9번 교향곡의 기적은 알코올중독자였던 '저주받은 창조주'를 '사랑을 주시는 아버지'로 전환시킨 자아의 기만이나 혹은 내가 마법이라고 부르는 것이 단지 자신을 위해서만이 아니라 다른 사람들과 후대들을 위해서 실제로 싸구려 찌꺼기를 황금으로 탈바꿈시켰다는 점이다.

* * *

이 처음의 두 가지 예에서 얻을 수 있는 교훈은 세상에는 많은 종류의 부인이 있고 많은 형태의 자기기만이 있다는 것이다. 베토벤의 부인은 하기스의 부인과는 사뭇 다르다. 하기스의 반동형성이 적응적이면서 동시에 부적응적이었다면, 베토벤의 승화는 모두에게 기쁨을 가져다주었다. 베토벤의 심리적 연금술의 정점에는 그의 자아의 가차 없는 솔직함이 깔려 있다. 사실 베토벤은 실러의 〈환희의 송가〉를 위한 악보를 쓰고 또 쓰면서 한 악기의 서창 부분의 초고에 "아니야, 이건 우리의 절망을 너무나 많이 생각나게 해."9라고 끄적거려 놓았다. 매 순간 그는 자신의 고통을 의식하고 있었다. 그리고 그는 복음주의 목사처럼 사기극이나 장밋빛 안경으로 예쁜 놀이 친구들을 유혹하는 데 탐닉하면서 늙어 가는 인간 혐오주의자가 아니었다. 자기 실력으로 베토벤은 9번 교향곡의 연주를 위해서 그의 예쁜 솔로 연주자들을 개인적으로 가르쳤다. 그는 그들을 학대하지도 않았다. 그는 단지 그들의 입술에 키스하고 싶었다고 일기장에 적었을 뿐이었다.

9번 교향곡의 왜곡은 정신병적인 것도 아니고 해리 상태의 폴리애나식 왜곡도 아니다. 한번은 수업에서 한 대학생이 나와 베토벤의 이야기를 재해석하려는 나의 노력에 대해 "진짜 감상적이고 진부한 시골뜨기!"라고 비아냥거리듯 속삭였다. 하지만 같은 말을 베토벤에게도 할 사람이 있을까? 만약 그렇게 된다면 자아의 지혜는 분석과정에서 고문을 받는 셈이 된다.

베토벤은 정해진 시간에 침대에서 죽었다. 전해지는 이야기에 따르면,

그가 죽었을 때 밖에서 천둥번개가 쳤고, 그의 양손은 안에서부터 동그랗게 주먹이 쥐어져 있었다고 한다. 그러나 이것은 말 그대로 전해지는 이야기일 뿐 나는 사실을 존중하고 싶다. 역사적 사실은 다음과 같다. 베토벤의 죽음을 기념해서 비엔나에서는 학교까지도 휴교를 했다.[10] 19세기의 비엔나는 정신병자나 시골뜨기를 위해서 휴교를 하지는 않았다.

또 다른 면을 보기 위해서 창의성과 놀이의 관계를 살펴보자. 하기스의 반동형성과는 달리 베토벤이 9번 교향곡을 작곡한 것은 의지에 따른 거의 의식적인 행위처럼 보인다. 누군가가 그 예를 따라 하기 전까지는. 성숙한 방어들은 미성숙한 방어들보다 언제나 더 의식적으로 보인다. 그러나 사실 사람들이 스스로를 행복하게 만들 수는 없다. 사람들은 스스로를 창의적으로 만들 수 없다. 그러나 불행한 아이들은 때로 놀이를 하면서 행복해진다. 우리는 창의성을 의도할 수 없지만 그럼에도 그것은 의식적이다. 놀이는 분명 의식적이고 수의적이다. 그것은 패러독스다. 놀이를 통해서 우리의 내부 세계가 변하며 상상의 게임이 진짜 미소를 이끌어 낼 수 있다. 때때로 놀이는 창의성이 된다. 그리고 창의성은 분노와 절망을 무언가 아름다운 것으로 탈바꿈시킨다. 그러한 것이 자아의 연금술이다. 어른은 노는 방법을 다시 배울 필요가 있다. 그렇게 하면 승화와 유머가 그들의 방어 목록에서 더 뚜렷해질 것이다.

오랜 세월동안 베토벤은 자신을 학대한 알코올중독자인 아버지, 즉 자신의 저주받은 창조주와 함께 보냈던 고통스러운 아동기를 희석시키기 위해서 수많은 이야기를 스스로에게 들려주었다. 그러나 9번 교향곡의 연주에서 베토벤의 고통스러운 상상은 해방감을 주는 현실로 전환되었다. 놀이는 우리로 하여금 단순히 소망하게 하는 것이 아니라 삶 속으로 뛰어들게 한다. 우리는 놀이 속으로 빠져듦으로써 우리 자신을 발견한다. 그래서 창의성과 놀이는 공상과는 다르다. 베토벤의 승화라는 부인은 하기스 목사의 반동형성이라는 부인보다 논쟁의 여지없이 더 적응적으로 보이며, 빙글빙

글 도는 롤러코스터를 타지 않으려는 나 자신의 인지전략보다 더 재미있다.

분명 모든 부인이, 모든 자기기만이 동일하지는 않다. 그의 자살 의향에도 불구하고 베토벤은 자신의 분노에 찬 절망에 대한 책임을 지고 그의 격노를 청중을 위한 기쁨의 화음으로 변화시켰다. 그러나 방어들을 해독하는 데는 위험이 따른다. 베토벤의 멜랑콜리에 대해 언급했던 한 강연의 말미에 대학교 2학년 학생 하나가 연단으로 뚜벅뚜벅 걸어왔다. 그녀는 도대체 내가 베토벤이 우울했다고 단언할 권리가 어디 있냐고 도전적으로 물었다. 사실 뭔가 아름다운 것의 핵심에는 절망이 있다고 말할 권리를 누가 가지고 있는가? 아마도 오로지 또 다른 예술가만이 할 수 있을 것이다.

베토벤을 감상하면서 시인의 뛰어난 예리함으로 에이드리언 리치Adrienne Rich는 9번 교향곡의 창조를 곰곰이 되새겨본다.

> 한 사내가 무기력하게
> 혹은 무능력하게 떨고 있네……
> 완전히 고립된 영혼의
> 격정적인 음악과 울부짖음……
> 부단히도 무언가를 말하려는 몸짓
> 환희에 찬 감정으로 재갈 물리고
> 속박되며 매질당했더라면 참아 낼 수 있었으련만
> 모든 것이 침묵인 곳
> 그리고 가시 돋힌 테이블 위
> 피투성이 주먹의 두드림.[11]

평범한 우리가 지켜볼 수 있도록 어떤 예술가의 고통을 붙들어 두려면 또 다른 예술가의 승화가 필요하다. 부인 및 진실을 말하는 방법으로서 승화는 기적과 다름없다.

* * *

    그러나 우리가 방어들을 이해하는 것의 가치는 단지 예술을 이해하는 것과는 다르다. 그 가치는 우리가 너무나 자주 정신질환이나 죄악으로 치부해 버리는 행동들 속에 있는 궁극적인 인간성을 이해하는 것이며, 심지어는 궁극적인 존엄성decency을 이해하는 것이다. 우리 모두는 고통을 겪는 사람들에 대한 의심을 삼갈 필요가 있다.

    퓰리처상 수상자인 정신과 의사 로버트 콜스Robert Coles는 예술가가 아닌 죄인의 이면을 살펴보고자 했다. 콜스는 정신분석을 신봉하지는 않았지만, 역사와 이데올로기, 그리고 그것들이 어떻게 인간을 조형했는지를 무시하지 않았으며 그보다 더 앞서 나갔다. 그는 여성과 남성이 어떻게 삶의 조건들을 조형하는지에 관심을 쏟았다. 초보 소아정신과 의사 시절, 콜스는 1960년에 미시시피 사람들이 법정에서 명령한 공립학교의 인종 통합의 고통과 소동에 어떻게 적응하는지를 알아보기 위해서 남쪽으로 갔다. 콜스는 흑인 아이들이 어떻게 희롱과 증오 어린 인종차별적인 욕설에 적응하는지뿐만 아니라 독실하고 편견이 아주 강한 북부 자유주의자들이 '촌뜨기'라고 매도하는 성인 백인들이 변화하는 세계에 어떻게 적응하는지를 이해하고자 했다.

    콜스의 질문은 이랬다. 도대체 왜 야밤에 학교와 교회에 다이너마이트를 설치하는 것보다 더 나은 일을 하지 못하는 것일까? 그래서 그는 루이지애나 폭동 참여자인 존을 만났다. 존은 "통합 반대. 검둥이가 백인과 함께하기를 원하는 것은 공산주의자들이다."라고 적힌 플래카드를 들고 학교 밖에서 행진했다. 콜스는 존에게 "전 의사입니다……. 스트레스에 처한 사람들의 적응 문제를 전공하고 있는 연구전문 의사예요."라고 설명했다.[12] 그는 내가 편견 덩어리 존이라고 부를 이 남자를 매주 만났다. 콜스는 존의 증오에 불타오르게 한 느낌, 관념보다 그 느낌을 경청하고 이해하려고 노력했다. 그는 존의 플래카드의 편집증 뒤에 있는 의미를 찾아보려고 했다.

분명히 존의 관념은 터무니없다. 그의 생각은 합리적인 인지심리학자한테는 아무 의미도 전달하지 못했을 것이다. 관찰자 자신의 편견에 따라서 편견 덩어리 존의 인지 내용은 명백히 미쳤거나 사악하거나 편집적으로 보일 것이다. 존의 기괴한 관념은 콜스가 왜 사람들이 야밤에 다이너마이트를 설치하는 것보다 더 나은 일을 할 수 없는지를 이해하는 데 아무 도움이 되지 않았다. 존의 이상한 관념 중에는 뉴올리언스 주민들이 보트를 타고 침입하는 그리스인과 레바논인을 마땅히 알아차려야 한다는 것도 있었다. 존은 불임 상태에서 육체노동자로 일할 몇몇을 제외하고는 흑인들이 모두 아프리카로 돌아가야 한다고 믿었다. 마찬가지로 유태인들의 권력을 박탈하고 러시아로 추방해야 한다는 것이다. 더군다나 그에게 수돗물의 불소화는 미국의 자유에 대한 위협이었다. 존의 관념의 세계는 신과 악마 사이의 미친 전쟁터였다. 악마의 편에는 공산주의와 한 팀인 검둥이들, 그리고 아마도 수돗물 불소화를 지지하는 사람들이 있었다. 존의 관념들은 당초 프로이트식의 용서(예컨대, 승화)조차도 격려하지 않았다. 존이 콜스에게 설명한 대로라면 그의 부모는 "더 이상 바랄 것 없을 정도로 훌륭한 부모였기 때문이다."[13] 어떻게 콜스는 존이 말한 것을 존이 무엇을 느꼈고 의미했는지로 옮길 수 있을까? 어떻게 콜스는 올리버 색스Oliver Sacks의 제안을 따르고 존의 말들을 "완전히 혼란스러운 세상을 복구하고 재건하려는 시도(얼마나 잘못되어 있든 간에)로 이해할 것인가?"

표면상의 의미 이면을 살펴보면서 콜스는 자신의 멘토였던 에릭 에릭슨Erik Erikson처럼 사회학과 정신분석학을 조합하려고 시도했다. 많은 정신과 의사와는 달리, 그는 사회를 무의식만큼이나 중요하다고 볼 줄 알았다. "우리 모두는 우리 안에 있는 짐승이 살인을 자기방어로 보고 폭파된 집들이 도덕적 용기의 증거가 되는 지경까지 사회 속에서 정교하게 합리화될 수 있다는 것을 알아야만 한다."[14] 베트남을 보존하기 위해서 베트남 마을 전체를 폭파시키고 불사른 미국의 애국적 행위는 여전히 반복될 수 있다.

간단히 말해서, 콜스는 편견 덩어리 존의 관념을 무시하는 대신 그의 사회적인 현실과 정서적인 현실에 주의를 기울였다. 존의 최초 기억은 제2차 세계대전에서 돌아온 아버지한테 회초리로 매를 맞은 일이었다. 부모에 대한 그의 처음 언급과는 달리, 존은 마침내 그가 기억하는 한 가장 오래 전부터 그의 아버지를 증오해 왔다고 인정했다. 그의 아버지는 검은 피부에 단신이었으며 루이지애나 케이즌 소수민족이었다. 존 역시 작은 키에 가무잡잡한 피부를 가지고 있었다. 아버지가 더 좋아한 그의 어머니와 형은 눈이 파랬고 키가 더 컸으며 앵글로색슨의 남부 이상형에 더 가까웠다. 존의 아버지는 늘 화가 나 있었는데, 그것은 알코올중독(생물학) 때문이기도 했고 일당을 늘 벌지는 못했기(경제학) 때문이기도 했다. 아들 존은 편리한 희생양이 되었다. 편견은 우리가 우리 자신의 용서할 수 없는 느낌이라고 믿는 것을 다른 사람에게 이식하게끔 해 준다. 우리의 편견은 우리 자신에 반反해서 생겨나며 오직 나중에 가서야 다른 사람, 특히 우리 자신을 상기시키는 다른 누군가에게 투사된다. 따라서 가무잡잡한 희생양인 존은 피부색이 어두운 소수민족을 증오했다.

편견 덩어리 존은 또 다른 문제도 가지고 있었다. 아동기에 그의 어머니는 존을 돌보는 일을 흑인 유모 윌리 진에게 시켰다. 존은 아픈 아이였다. 그의 어머니는 아프다고 존을 비난했다. 대조적으로 윌리 진은 존을 돌보았고 사랑받는 느낌을 받게 해 주었다. 그러나 그녀는 두 가지 용서할 수 없는 죄를 지었다. 그녀는 존이 그녀를 사랑하게 허락해 주었고 그가 아직 어렸을 때 죽었다. 이렇게 투사가 슬픔을 해소하는 불합리하고 비논리적인 방식 그리고 그것의 첫 번째 사촌인 반동형성을 통해 존은 자신이 검둥이를 사랑했기 때문에 신이 벌을 주었다고 믿으면서 자라나게 되었다. 그는 콜스에게 흑인들은 더러운 아이 같다고 털어놓았다. 그는 할렘의 태생적인 사악함이 어떠한지를 말했다. "난 거기에 가서 본 적이 있어요." 존이 갈망에 찬

관음주의자로서 할렘에 가 본 적이 있으며 그의 분리주의자 철학의 지혜를 증명이라도 하듯이 "당신은 야수가 당신의 아이들이 있는 집이나 학교에서 자유롭게 돌아다니게 내버려 두지 않을 것입니다. 그렇게 하겠습니까?"[15]라고 승리감에 찬 결론을 내렸을 것이 분명했다. 인터뷰 중에 콜스는 독자에게 "우리는 각각 갑자기 피곤해지고 무감각해졌다."라고 고백한다. 이전에는 믿고 수용하던, '나 자신이 그를 알고 있다고 믿고 있었던' 소아정신과 의사는 마침내 존의 방어들에 혐오감을 느끼게 되었다. 믿음이 없다면 투사는 관계를 파괴시킨다. 그리고 존의 불합리함은 순간 너무나 터무니없어졌다. 두 개인 사이를 '갑자기 피곤하게' 만들 법정 서류도 없고 수학 공식도 없으며 차가운 관념도 없다. 존의 투사가 유모를 향한 갈등이 실린 사랑과 아버지 자신의 자기혐오에 대한 왜곡된 내재화를 조절했지만 침입적이 되었고 분열과 분노를 촉발하게 되었다. 존의 부인은 분명히 부적응적이었다. 그의 부인은 인간적인 임상가조차 극도로 화가 나게 만들 수 있었다. 존의 방어는 죄악과 동등하게 되었다. 대부분의 경우 하기스의 부인(즉, 반동형성)은 다른 사람들이 알아차리지 못했다. 베토벤의 부인(승화)은 수세기 동안 세계에 영감을 불어넣어 주고 있다. 반대로 다른 사람들에게 그 자신의 고통스러운 분노에 대한 책임을 지게 만드는 존의 편집적인 플래카드와 그의 열정적인 노력은 뉴올리언스의 학교체제에 아무런 영향도 미치지 못했다.

이야기를 하면서 콜스는 한 걸음 물러서서 개인의 편견에 대한 전염은 내적인 갈등뿐만 아니라 사회와 문화에도 달려 있다는 사실을 곰곰이 생각한다. 그는 존이 뉴올리언스에서 플래카드를 가지고 다녔던 당시에 인근의 광적인 분리주의자들이 연방정부에 취업하는 조건으로 루이지애나 공군 기지에서의 인종평등에 굴복했다는 사실을 지적한다. 콜스가 암시하는 것은 투사라는 방어기제, 편견이라는 죄는 적절한 경제적 유인가 앞에서는 제어될 수 있다는 것이다. 또 그는 존이 겪는 어려움의 일부는 실직 상태의 두려움이었고 학교의 피켓 라인에서의 그의 위치가 그에게는 '그의 마음'을 털어놓을 기회를 주었다는 점을 알고 있었다. 개인 심리치료, 사회적 갈등, 경제적 불안정에는 서로 다른 원인들이 있다. 각각은 인간의 행동에서 중요한 역할을 한다. 우리는 편견 자체는 비난한다고 해도 편견을 가진 사람과는 공감하는 법을 배워야만 한다.

*　　*　　*

이제 네 번째 형태의 부인을 소개하려고 한다. 콜스는 『위기의 아이들 *Children of Crisis*』에서 존이라는 또 다른 아이를 기술한다. 이번에는 존의 성이 워싱턴이었다. 그는 지방의 고등학교를 통합하는 데 배정된 열 명의 흑인 아이 중 하나였다. 농구경기에서 워싱턴과 콜스 자신에게 쏟아지는 증오를 알아차린 콜스는 경각심이 일면서 불안해졌다. 하지만 워싱턴은 그렇지 않았다. 콜스는 워싱턴의 '완전히 명백한 평정 상태', 스트레스에 대한 면역성이 있는 것처럼 보이는 상태가 이해되지 않았다. 워싱턴의 식욕과 유머, 표현은 조절되고 있었다. 인종분리자의 위협에 반응해서 두려움을 보이는 대신에 한번은 담담하게 고백했다. "난 그런 것에 익숙해지려고 해요. 그래서 이제 또 시작하려고 해요."[16] 워싱턴은 위협과 위험을 겪었던 다른 경우에 대해 설명했다. "그렇지만 이번에는 달콤한 고통이에요. 왜냐하면 저 아이들이 나에게 뭐라고 하든, 나한테 해를 끼치려고 하든 어쨌든 내가 끝까지 견디기만 하면 인종분리라는 전체 체계를 끝내 버릴 수 있다는 것을 알고 있기 때문이죠……. 맞아요. 아이들이 내게 욕을 하고 '검둥이'라고 놀리기 시작하면 나는 우리가 이루어 내고 있는 진전에 대해서 생각해요."[17]

대단한 재구성이다. 대단한 부인이다. 대단한 억제다! 워싱턴의 진술이 해리, 즉 롤러코스터 탑승자가 사용했던 감정의 부인을 반영하지 않는다는 점에 주목해야 한다. 또한 워싱턴은 다른 사람들에게 화살을 돌림으로써 자신의 감정을 부인하는, 플래카드를 들고 다녔던 편견 덩어리 존과도 다르다. 그는 암울한 현실과 밝은 희망을 모두 의식 속에 가지고 있을 수 있었다. 존 워싱턴은 자신이 고통받고 있다는 것을 정확하게 보았고 인정했다. 하지만 그것은 '달콤한 고통'이 되었다. 왜냐하면 그의 자아가 그로 하여금 그 고통이 지닌 과거, 현재 그리고 미래의 의미를 하나의 정신적 게슈탈트 안에 포함시킬 수 있게 했기 때문이다. 분명 용어의 사전적 정의를 빌리자면, 그의 행동은 베토벤의 승화와 롤러코스터 탑승자의 해리와 마찬가지로 부인이라고 얘기할 수 있다. 그러나 워싱턴은 현재와 마찬가지로 미래도 상상할 수 있었기 때문에 그의 고통이 그를 아프게 하지는 않았다.

존 워싱턴의 사례는 다른 의문을 야기한다. 역경에 직면했을 때 그러한 탄력성은 도대체 어디에서 비롯되는지를 설명해야 하는 문제다. 콜스 역시 워싱턴의 탄력성이 어디에서 비롯되었는지에 의문을 가졌고 명백한 곳에서 답을 찾고자 했다. 편견 덩어리 존과는 달리 아마도 워싱턴은 행복한 어린 시절을 보냈을 것이라고 생각했다. 그러나 워싱턴도 행복한 어린 시절을 보내지 못했던 것으로 드러났다. 그는 조현병 환자인 어머니로 인해서 유전적으로(그리고 환경적으로) 열악하고 알코올중독인 아버지로 인해서 환경적으로(그리고 유전적으로) 저주받은 가정 출신이었다. 유전과 양육이라는 전통적인 예비 품목이 도움이 되지 않기 때문에 콜스는 해답이 역사적 순간에 있는지를 살펴보았다. 만약 그 맥락 속에서 피해자라기보다는 영웅처럼 느낀다면 전쟁이 분명 덜 두려울 것이다. 인종 통합에 대한 텔레비전 보도에서 워싱턴은 전 세계가 기뻐하고 있다는 것을 느꼈다. 반면에 편견 덩어리 존은 전 세계가 조롱하고 있다고 느꼈다. 만약 당신이 세상 속에서 설 자리가 있다면 당신은 그 고통을 견딜 수 있다.

그러나 콜스는 또한 다음과 같이 존 워싱턴의 자아를 묘사하면서 자아의 지혜를 짚어 냈다. "그의 성격의 강인한 면, 즉 피해의식이 있는 가난한 사람들이 단지 생존을 위해 발달시키곤 하는 고집스럽고 재주가 뛰어나며 창의적인 자질이 예전에는 혼란을 가까이 두게 했다면 이제는 성공을 보장하는 자질들로 만드는 사건, 즉 그러한 자질들을 활용할 수 있는 도전을 발견했다.”[18] 맞는 말이다. 상황이 사람을 조형한다. 콜스는 이것이 중요하다는 것을 충분히 인식했다. 그러나 인간의 자아가 사회적 스트레스를 도전으로, 즉 그 힘을 활용할 수 있는 도전으로 탈바꿈시킬 수 있는 방식들도 똑같이 중요하다.

＊　　＊　　＊

일상생활의 정신병리의 다섯 번째 예로는 방어기제에 대한 우리의 이해에 가장 크게 기여한 한 남자의 삶에서 뽑은 일화다. 존 워싱턴처럼 지그문트 프로이트Sigmund Freud는 재주가 뛰어나고 창의적이었다. 내 생각에 현대 심리학을 위한 프로이트의 가장 큰 기여는 자기기만을 할 수 있는 인간의 능력을 인정한 것뿐만 아니라 그러한 부인과 억압, 왜곡이 일어나는 조절과정을 파악한 것이다. 그러나 그러면서 프로이트는 스스로의 고통을 치유하기 위해서 자신의 과학을 예술인, 동시에 창의적인 자기기만으로 사용했다. 프로이트가 꿈이 무의식에 이르는 왕도라고 제안했던 것은 틀린 얘기일 수도 있다. 오히려 그 자신이 그랬던 것처럼 우리에게 그러한 통로를 제공하는 것은 깨어 있는 상태에서 하는 창의적인 활동일 것이다.

19세기 라이프치히 대학의 빌헬름 분트Wilhelm Wundt와 하버드 대학의 윌리엄 제임스William James라는 창시자의 시대 이래로 학문적인 심리학은 인지와 인지적 부조화 및 그 해결책에 너무 협소하게 초점을 맞추어 왔다. 분트와 제임스 모두 두껍고 영향력 있는 심리학 교재를 썼다.[19] 하지만 두 교재 모두는 정서에 대해서는 단 한 장만을 할애했다. 거의 모든 19세기 심리학자와는 첨예하게 대조적으로, 프로이트는 경험을 형성하는 데 있어서 차지하는 감정의 역할을 무시하지 않았다. 오히려 그는 감정에게 가장 중요한 자리, 자아에 대한 그의 설명을 가능하게 한 우선권을 내주었다.

1894년 분트와 제임스의 동시대 인물이었던 프로이트는 감정(정서)이 관념으로부터 '벗어나거나 뒤바뀔' 수 있을 뿐만 아니라 그가 전위와 승화라고 부른 정신적 조절과정에 의해서 그러한 정서가 다른 관념과 대상에 '재부착'될 수 있다는 것을 관찰했다.[20] 당시에 이러한 생각은 듣도 보도 못한 새로운 개념이었다. 그럼에도 과학적으로 창의적인 이러한 행동 속에는 자기기만의 자아, 건강한 자아, 심지어는 영감을 받은 자아가 작동하고 있다는 증거가 있다.

프로이트가 1894년에 정신분석학을 새롭게 시작했을 때 그는 여전히 콧대 높은 과학자였고, 진료를 하는 신경과 의사였으며, 독일 동식물학자 및 의사 협회Society of German Naturalists and Physicians의 총무였다. 그럼에도 바로 그해에 그는 최초로 방어기제들을 기술하기 위해서 열심이었다. 그의 획기적인 에세이 『방어의 신경정신증The Neuropsychoses of Defense』을 언급하면서, 프로이트는 친구인 빌헬름 플리스Wilhelm Fliess에게 "가장 아름답고 참신한 발견으로 가득 찬 원고를 보낼 걸세."라고 약속했다.[21] 4개월 후에도 여전히 자신의 논문에 담긴 통찰을 소중히 하면서, 그는 플리스에게 "난 내가 자연의 위대한 비밀들 중 하나를 건드렸다는 분명한 감이 있네……. 난 세 가지의 기제를 알고 있어. 정서의 변형(전환 히스테리아), 정서의 전위(강박적 관념), 정서의 교환(불안 신경증과 멜랑콜리아)……. 그것들의 추동력이 언제나 무언가 성적인 것은 아닐세."라고 썼다.[22] 1895년에 프로이트는 플리스에게 그러한 창의성이 쉽지는 않다는 점을 시사했다. "진정으로 심리학은 짊어져야 할 십자가일세……. 어느 경우든 버섯을 찾아다니는 것이 훨씬 더 건강하게 시간을 보내는 거라니까. 내가 하고 싶은 것은 그저 방어를 설명하는 것이었지만 단지 자연의 가장 핵심에서부터 무언가를 설명하려고 했다니!"[23]

그럼에도 불구하고 방어에 관한 2개의 중대한 논문을 발표한 1894~1896년은 프로이트의 삶에서 가장 불안했던 시기였다. 이 기간 동안에 그는 50세까지 살 수 없을 것이라고 믿었다. 플리스에게 구별되는 방어기제들을 발견했다고 자랑했던 편지에서 프로이트는 건강염려증 환자의 전형적인 모습을 보였다. "다음번엔 내 병에 대해서 상세하게 보고할 것을 약속하네."[24] 사실 그는 플리스에게 자신의 건강에 대해서 한동안 불평을 해 오고 있었다. 자신의 신경쇠약증 환자들의 증상이 상상에서 비롯된 것이라고 규명하기에 바빴던 신경과 의사인 프로이트는 바로 2주 전에 플리스에게 다음과 같이 썼다. "그러고는 갑자기 심한 심장 고통이 시작되었어. 흡연을 할 때 경험했던 것보다 더 큰 고통이었어. 극심한 천식과 끊임없는 긴장, 심장에서 느껴지는 압력Pressung과 작열감Brennung, 왼쪽 팔 아래의 전격 통증, 약간의 호흡곤란……. 호흡곤란은 제법 상당한 수준이어서 기질적인 것으로 보일 정도야. 그리고 아울러서 죽음을 보는 형태의 우울감."[25] (반세기 후에 프로이트의 주치의였던 막스 슈르Max Schur는 프로이트의 증상뿐만 아니라 프로이트의 언어도 그의 자아의 창의성을 보여 주었다고 지적했다. 프로이트가 사용한 Pressung과 Brennung은 영어에서 'pressure'와 'burning'으로 번역되었지만 사실 독어에는 존재하지 않는 말이다.)[26]

　1896년 여름 프로이트의 아버지인 야콥 프로이트Jacob Freud가 위독하게 되었다. 그해 11월 2일자로 적힌 편지에서 프로이트는 "그 노인의 죽음은 내게 심오한 영향을 끼쳤네. 나는 그를 높이 평가했으며 매우 잘 이해했어……. 그가 죽었을 때 이미 그의 삶은 오래전에 끝이 났네. 하지만 이 사건으로 인해 전체 과거가 나의 내면 속에서 다시 일깨워졌지."[27] 그 편지에서 프로이트는 '장례식 다음 날 밤에 꾸었던 좋은 꿈'을 묘사했다. '좋은' 꿈에 대한 프로이트의 실제 묘사는 침울한 것이었고 보기 좋은 것과는 거리가 멀었다. 아마도 그것은 죽음이 살아남은 사람들에게 흔히 남기는 자기 책망감을 위한 배출구였을 것이다. 프로이트의 꿈은 아버지의 장례식에 관한 것이었다. 그리고 그는 짧은 문구를 보았다. "눈을 감겨 주십시오." 프로이트의 전기작가들 중 하나인 마리안느 크럴Marianne Krull은 그 문구가 죽은 사람의 눈을 감기기 위해서 그 위에 동전을 얹는 것을 의미하지는 않았다고 제안한다. 하지만 "프로이트는 아버지가 자신에게 마지막 서비스를 해 주었을 뿐만 아니라 어떤 사실들에 대해서 눈감아 주기를 바랐다고 느꼈다. 달리 말하자면, 이 꿈은 초기 아동기에 야콥이 프로이트에게 전수했던 무언의 금기, 말하자면 프로이트의 과거, 야콥의 과거를 파고들지 말라는 금기를 상기시켰음에 틀림없다."[28]

1897년에 프로이트는 남자 형제들과 몇몇 여자 형제(그러나 자신은 아니었음)가 보였던 히스테리성 증상에 근거해서 그의 아버지조차도 근친상간이 의심된다고 하였다. 프로이트는 근친상간이 히스테리성 증상들의 원인이라고 여겼다. 그는 "불행히도 나의 아버지도 그러한 성도착자들 중 하나였고, 내 형제와 몇몇 여동생의 히스테리아에 대해 책임이 있다네."라고 플리스에게 고백했다.[29]

3개월 후에도 여전히 자신의 눈을 감지 못했던 프로이트는 대신 '심장통증'뿐만 아니라 글을 쓰지 못하는 상태를 경험하기 시작했으며, 꿈에 관해 자기분석하는 책에 대한 모든 관심을 잃어버렸다. 그는 원초적 장면(어린아이가 부모의 성교 장면을 목격하는 것)에 대해 관심을 가지기 시작했고, 그러한 외상적 경험이 공상으로 연결될 수 있다고 제안했다. 이 시점에서 그 자신의 자기분석이 본격화되었다. 프로이트는 아이들이 부모를 향해서 불태우게 되는 원망에 초점을 두기 시작했다. 그는 "부모를 향한 적대적인 추동(부모가 죽어야 한다는 소망)도 신경증을 통합하는 구성요소다. 그것은 강박관념으로서 의식적으로 드러난다…… 이 죽음에 대한 소망은 아들의 경우는 아버지에게, 딸의 경우는 어머니에게로 향한다."[30]라고 제안했다. 같은 달에 프로이트는 자신의 꿈 하나를 해석했다. "물론 그 꿈은 신경증의 시조로서 아버지를 잡으려는 나의 소망 충족을 보여 주며, 따라서 끊임없이 생겨나는 의심에 종지부를 찍는다."[31]

1897년 6월까지 프로이트는 글이 써지지 않아서 더욱더 애를 먹었다.

"나는 전에는 이러한 지적 마비의 기간을 상상조차 해 본 적이 없었다. 한 줄 한 줄이 고문이다."[32] 그는 필체조차 변했다. 8월에 그는 아버지의 묘비를 준비하고 플리스에게 다음과 같이 썼다. "내가 몰두하고 있는 첫 번째 환자는 바로 나 자신일세. 내 작업에 의해서 크게 강조되기는 했지만 나의 작은 히스테리아는 조금 더 해결되고 있어."[33] 그다음 달에 그는 그의 유혹 이론을 철회했고 그렇게 아버지가 무죄임을 증명했다. "그리고 이제 나는 지난 몇 달간 서서히 분명해지고 있는 거대한 비밀을 자네에게 바로 털어놓고 싶네……. 무의식 속에는 현실을 알려 주는 것이 없기 때문에 우리는 진실과 정서가 부착된 공상을 구분할 수가 없어."[34] 한 달 후에 그는 플리스에게 아이가 부모와 형성하는 '오이디푸스적인' 관계는 초기 아동기에서 보편적인 사건이며 **오이디푸스 왕**이 가진 매력적인 힘을 설명해 준다고 적었다. 공상 속에서 청중들은 한번은 모두 풋내기 오이디푸스였을 것이고, 그러한 공상은 **햄릿**의 힘도 마찬가지로 설명해 줄 것이다. "히스테릭한 햄릿은 '이렇게 양심은 우리 모두를 겁쟁이로 만든다.'는 자신의 말을 어떻게 정당화하는가?"[35]라고 프로이트는 묻는다. 이 질문에 답하려면 내면으로 향하기만 하면 된다. 그 자신의 양심은 자신의 유혹 이론을 취소하도록 이끌었다. 그가 자신의 '좋은 꿈'의 금지령인 "눈을 감겨 주십시오."에 복종하자마자, 그의 글쓰기 마비 증상은 사라졌다. 프로이트는 그의 유혹 이론을 폐지했고, 오이디푸스 전설을 음탕한 아이들이 죄 없는 부모의 가해자이자 살인자가 되는 자신의 버전으로 대체했다.

 1898년 2월이 되자 프로이트는 완전히 회복했고, 그의 창의성도 해방되었다. 그는 플리스에게 "나는 꿈에 관한 저서에 깊이 빠져 있으며 술술 써 나가고 있다네. 이 책이 담고 있는 나의 무분별한 행동과 대담함에 고개를 저을 모든 사람을 생각하면 정말 즐겁네."[36]라고 적고 있다. 그러나 이처럼 전위된 대담함과 무분별성에도 불구하고 프로이트 스스로 평생에 걸친 창의적 업적의 정점이라고 생각한 『**꿈의 해석**_The Interpretation of Dreams_』은 아버지를 위한 송사였다. 그것은 피해자인 오이디푸스를 비난했으며 라이오스가 단죄를 피해 가게 했다. 프로이트가 의심의 여지없이 알고 있었을 원래 오이디푸스 전설에서 라이오스는 남색자였고 심복에게 자신의 갓난아이를 난도질하고 대못으로 발을 찌른 다음에 죽도록 산속에 버리라는 명령을 내릴 수 있는 무자비한 아버지였다. 따라서 우리가 역사적인 전설에 주의를 기울인다면 오이디푸스의 부친 살해는 정당방위라고 생각할 수 있다. 그러나 프로이트는 라이오스를 비뚤어진 인물로 만든 오이디푸스 전설의 내용들을 무시하기로 마음먹었고, 프로이트의 자기기만은 자신의 신경쇠약증을 치료했다. 그 후 40년 동안 프로이트는 글을 못 쓰게 되는 경우도 없었고 호흡곤란과 심장질환을 겪지도 않았다. 그는 또한 얼마나 많은 반동형성과 전위가 자신의 위대한 저서 속에 드러나 있는지를 잘 알지 못했다.

80년 동안 그의 교조적인 찬미자들뿐만 아니라 많은 관찰자도 프로이트가 유혹 이론을 포기한 것을 과학적 진실을 찾고자 하는 커다란 용기의 예라고 생각한다. 그러나 지난 20년 동안 막스 슈르의 사랑스러운 책에서부터 제프리 메이슨Jeffrey Masson의 논쟁적인 『진실에 가한 공격: 프로이트의 유혹 이론의 억제The Assault on Truth: Freud's Suppression of the Seduction Theory』에 이르기까지 전기적 조사는 프로이트가 스스로를 속였다는 사실을 분명하게 보여 주었다. 대부분의 경우, 부모의 근친상간에 대한 환자들의 진술은 공상이 아니다.

프로이트는 자신의 전체적인 과학적 방향을 재정립하는 것이 자신의 아버지와 연관 있음을 스스로 인정했다. 1908년에 프로이트는 "이 책[『꿈의 해석』]은 내게 개인적으로 더 큰 주관적 의미, 내가 이 책을 마친 후에야 겨우 깨달은 의미를 가지고 있다. 내가 발견한 것은 그것이 나 자신의 자기분석의 일부분, 아버지의 죽음에 대한 나의 반응이었다는 점이다."[37]

1905년에 이르러서 프로이트는 짊어지기에는 너무나 무거운, 그가 심리적인 '십자가'라고 불렀던 것 중 적어도 한 면을 추가로 발견했다. 그는 자신이 구분한 방어들에 대해서 모두 잊으려고, 즉 눈을 감아 버리려고 애썼다. "'억압'(이제 내가 '방어' 대신에 사용하기 시작하는 것처럼)."[38]이 일어났던 것이다. 1926년에 그의 '억압'이 해제되었고, 그는 다음과 같이 적었다. "나는 처음에 그 주제[불안]를 연구하기 시작했던 30년 전에 독점적으로 사용했다가 나중에 폐기했던 개념을 되살렸다……. 다름 아니라 '방어과정'이란 용어를 말하는 것이다……. 내 생각에 '방어'라는 오래된 개념으로 되돌아가는 것은 의심할 바 없이 득이 되는 것이다."[39]『이드, 억제, 그리고 불안 Id, Inhibitions and Anxiety』이라는 책에서 프로이트는 고립과 억압 방어를 구별할 때의 유용성을 지적하고 있다. 그는 1894년에 이러한 구분을 명확하게 정의한 바 있다. 하지만 1926년에 그는 "우리는 [그것을] 최초로 기술할 준비가 되어 있다."[40]라고 주장한다. 정신분석가들조차도 억압을 사용한다.

요약하자면, 프로이트가 1894년에 신경학으로부터 방어와 정신분석의 연구로 학문적 경력을 바꾼 것이 과학적인 진전이었다면, 1897년에 유혹 가설을 포기하고 1905년에 구별되는 방어기제의 개념을 포기한 것은 거의 분명히 불안 갈등에 대한 방어적 반응의 일례이지 과학적인 진전은 아니었다. 인간의 무의식에 대한 프로이트 자신의 발견은 부분적으로는 무능한 아버지를 향한 적대적인 양가감정, 아버지의 죽음이 가까워짐에 따라 표면화된 양가감정을 통달하는 창의적인 방법이었다. 프로이트는 스스로를 풋내기 오이디푸스라고 낙인찍었고, 그 결과 아동기 고통의 피해자가 아닌 죄를 지은 가해자가 되었다. 그러나 프로이트의 의식적인 진술의 표면 아래에는 아버지를 향한 그의 진짜 책망이 숨겨져 있다. 얼핏 보기에 프로이트의 내 탓이로소이다는 자신의 이익에 반하는 피학주의처럼 보이고 상당히 부적응적으로 여겨질지도 모른다. 그러나 그의 자기기만 때문에 괴로움을 겪은 사람은 아무도 없다. 더구나 당신은 죽은 사람을 제대로 처벌할 수도 없다. 그보다 프로이트의 자기기만은 『꿈의 해석』이라는 책을 생산해 냈다. 『꿈의 해석』은 그에게 불멸성을 안겨 주었고, 아이들이 반대 성의 부모에게 강한 욕정을 가진다는 사실에 눈뜨게 했다.

　프로이트가 무의식적으로 스스로를 방어했으며 그의 증거를 왜곡했다는 전기적 증거가 축적된다고 해서 방어의 '신경정신증'에 대한 그의 발견, 즉 자아의 지혜에 대한 그의 발견의 과학적 타당성이 감소되는 것은 아닙니다. 이에 피터 게이Peter Gay는 프로이트의 전기를 위한 명구를 레오나르도 다 빈치Leonardo da Vinci에 대한 프로이트 자신의 전기로부터 인용했다. "그 누구도 정상적인 활동과 병리적인 활동을 동등하게 다스리는 법칙들의 대상이 되지 않을 정도로 위대하지는 않다."⁴¹ 찰스 다윈Charles Darwin의 먼 조상이 원숭이라는 것을 발견했다고 해서 우리가 그의 『종의 기원The Origin of Species』의 타당성을 의심하지는 않을 것이다.

＊　＊　＊

　마지막으로, 또 다른 종류의 부인인 억압의 예를 들어 보겠다. 그렇게 하면서 나는 방어로서의 억압이 얼마나 복잡하고 역설적인지를 보여 주고 싶다. 왜 인지심리학자들은 억압을 감소된 주의의 산물로 치부해 버릴 수 있는지, 동시에 왜 정신분석학자들은 그것을 중심적인 개념으로 보는지를 보여 주고 싶다. '무의식'이 무의식이라고 믿는지의 여부는 보는 사람의 관점에 달려 있다. 진실은 전혀 흑백의 문제가 아니다.

　눈 내리는 화요일에 심리학 인턴이 정신분석을 위한 카우치에 누워 있었다. 때는 회기의 마지막이었고, 그는 다음 약속 시간을 잡고 있었다. "하지만 목요일은 공휴일인데요."라고 환자가 말했다. "워싱턴의 탄생일이에요."

　"괜찮아요."라고 정신분석가가 대답했다. "목요일에 볼 수 있어요."

　"글쎄요, 시간을 빼 두지 않는 것이 좋을 것 같은데요."라고 환자가 고집을 부렸다. "있잖아요. 그냥 집에 있을지 없을지 모르겠어요. 어디 갈지도 몰라요."

"글쎄요. 아마 내일 얘기해 볼 수 있을 것 같아요."라고 분석가가 회기를 마치면서 말했다. "그때 알려 주세요."

환자는 진료실을 걸어 나갔고, 그의 의식적인 마음속에서는 계속 생각하고 있었다. 얼마나 이상한 일인가. 공휴일에 이 바쁜 의사를 만나는 것이 나에게 달려 있다니. 내가 결정할 때까지 의사가 기다려야 한다는 것은 잘못된 일이야. (이 심리학 인턴이 엄격한 양심을 가지고 있다고 말해도 과장은 아닐 것 같다.)

어쨌든 그 환자는 다음 날 그 문제를 더 논의하자고 스스로를 안심시켰다. 사실 그는 목요일에 전화해서 의사에게 자신이 온다는 것을 알려 줘도 되는지 물어볼 수도 있다. 그러나 그는 이렇게 물어보는 것이 잘못이라고 생각했다. 그러한 마지막 순간의 계획은 의사에게 굉장히 큰 불편을 줄지도 모른다.

다음 날인 수요일에 그 인턴은 10분 늦게 도착했다. 그는 약속을 놓치는 꿈을 꾸었다고 말했다. 너무 늦을 때까지 까마득하게 잊어버리고 있었던 꿈이었다. 분석가는 환자의 지각에 주목하고 때로는 그러한 실수가 무의식적으로 의도적이라는 점을 믿으면서 질문을 했다. "당신이 놓친 약속이 오늘 약속이었나요?" "아니요."라고 환자가 대답했다. "그것은 목요일 오후 약속이었어요." 그는 그의 꿈이 대부분 진료소에서 집으로 가는 길에 사회복지사에게 차를 태워 달라고 부탁하는 것이 얼마나 힘든지에 관한 것이었다고 설명했다. 그는 실제로 일주일 전에 집에 가려면 차를 태워 줄 사람이 필요하다는 생각을 오후 내내 했지만, 결정적인 순간에 그 사회복지사에게 부탁하는 것을 깜빡했던 일을 기억했다. 그 사회복지사는 그를 태우지 않고 그냥 떠나 버렸다. 그에게는 다른 사람들에게 도움을 구하는 일이 늘 어려웠다. 그는 한동안 그의 꿈에 관해 연상했다.

수요일 시간이 다 끝났고 환자는 떠나기 위해서 카우치에서 일어났다.

"금요일 날 봅시다."라고 의사가 말했다.

그 인턴은 실망했다. 이제 그는 목요일에 오기를 원했다. 그는 물론 이제는 너무 늦었다는 것을 깨달았다. 회기는 끝났다. 목요일 약속을 요청할 수가 없었다……. 목요일 약속을 부탁하고, 그래서 무언가를 부탁하는 일이 그에게 얼마나 힘든지를 계속해서 분석할 수 있다면. 그러나 떠나려고 일어났을 때는 마치 그가 떠나고 싶어 하지 않는 것처럼 보일 정도로 자신의 책들을 찾을 수 없었다.

요약하자면, 목요일 약속을 부탁하려는 인턴의 계획은 수요일 회기 내내 그의 마음 저편에 자리 잡고 있었다. 그의 실제 삶 속의 문제, 즉 도움 청하기는 의식 밖에 있지 않았으며 도움에 대한 욕구 뒤에 자리 잡은 갈망하는 정서 역시 의식 밖에 있지 않았다. 주체와 정서, 대상이 모두 마음속에 있었다. 부탁하기에는 너무 늦을 때까지 망각하는 방어과정조차 꿈에서는 분명하게 드러나 있었다. 인턴이 잊어버렸던 것은 하루 전날 이야기하기로 의식적으로 마음먹었던 것에 대해서 이야기한다는 관념이었다. 즉, 목요일 약속을 요청하기였다. 그 전주 주말에 그는 억압에 대해서 대학원 논문을 썼기 때문에 그의 망각은 더더군다나 이례적이다. 안나 프로이트Anna Freud 가 썼듯이, "성공적인 억압의 모호성은 억압한 재료가 되돌아올 때 억압과정의 투명성에 의해서 상쇄된다."[42] 부인의 한 방법으로서 억압은 굉장히 흔하고 일상생활에서 자기기만의 상당히 많은 부분을 차지하기 때문에 우리 모두는 그 신세를 지고 있다.

*   *   *

이 책은 내부로부터 보는 관점이다. 나는 로버트 콜스와 에릭 에릭슨처럼 생물학과 사회학을 통합하려고 시도하지 않는다. 나는 그 대신 삶의 조건들이 어떻게 인간을 조형하는지, 어떻게 인간이 삶의 조건들을 조형하는지에 대한 일방향적인 관점을 소개할 것이다.

나는 갈등 속에 있는 인간들을 살펴보고 다음과 같이 갈등에 대한 다양한 해결책을 더듬어 볼 것이다. 미친 것, 편견 덩어리 존의 해결책처럼 다른 사람들을 짜증나게 하는 것, 심리학 인턴의 억압처럼 자신에게만 성가신 것, 베토벤의 해결책처럼 훌륭하게 적응적이어서 사용자에게는 생존을 보장하고 세상에는 기쁨을 가져오는 것. 적응적인 부인과 자기기만을 부적응적인 부인 및 자기기만과 변별하기를 바란다. 그러나 가치가 실린 용어인 **적응적인**을 둘러싼 철학적인 사변들은 무시할 것이다. 대신에 나는 클로드 베르나르Claude Bernard의 생리학적 적응에 대한 말에 귀 기울일 것이다. 그는 우리에게 다음과 같이 경고했다. "일반적으로 발열, 감염, 질병의 이름과 같은 말들은 그 자체로는 전혀 아무런 의미가 없다……. 우리의 언어는 사실 오로지 근사치에 불과하며 과학에서조차도 그것은 너무나 분명히 규정되지 않아서, 우리가 현상을 보지 못하고 말에만 집착한다면 금세 현실에서 벗어나게 된다. 그러므로 더 이상 모든 사람에게 동일한 관념을 표현하지 않기 때문에 단지 오류의 근원인 말의 편을 드는 것은 과학을 손상시키는 일일 것이다. 따라서 우리는 언제나 현상을 고수해야 한다고 결론을 내리자."[43]

필요한 질문

> 얼핏 보기에 단순해 보이기는 하지만 적응이라는 개념은……
> 대단히 많은 문제를 내포하고 있다. 이 개념을 분석한다면 정
> 신건강이란 개념을 포함해서 정상심리학과 이상심리학의 많
> 은 문제가 명료해질 것이다.
>
> – 하인즈 하르트만

우리가 무의식적인 정신 조절과정을 진지하게 다루기로 마음먹자마자, 그리고 적응적인 자기기만을 구체화하려고 시도하자마자 몇 가지 질문이 떠오른다. 그 질문들은 여러 적응 스타일의 함축점을 곰곰이 생각해 보는 지적인 청중들이 가장 흔하게 제기하는 것들이다. ① 얼마나 많은 방어가 있는가? ② 방어를 어떻게 알아보는가? ③ 방어를 의도적으로 사용할 수 있는가 혹은 더 적응적인 방어를 사용하는 방법을 가르칠 수 있는가? ④ 방어가 증상인 때는 언제이고 적응적인 때는 언제인가? 다른 것들보다 더 건강한 부인이나 자기기만의 종류가 있는가? 달리 말하자면, 적응기제는 방어기제와는 다른 것인가? ⑤ 어떤 방어는 특정한 상황, 특정한 정서 혹은 특정한 관계에만 국한되는 것일까? 어떤 방어는 특정 성, 문화 혹은 역사적 시대에만 특정한 것일까? ⑥ 각 성격 유형은 특징적인 방어를 사용하는가? ⑦ 방어를 사용하지 않을 때 우리는 어떻게 대처하는가? 다시 말해서, 만

약 방어가 의식된다면 무엇이 그 자리를 차지할 것인가? ⑧ 방어를 깨뜨리는 것은 치유에 도움이 되는가? 만약 그렇다면 방어를 사용하고 있는 사람에게 당신이 방어를 사용하고 있다고 어떻게 말할 것인가? ⑨ 방어 스타일은 변하지 않는 것인가 혹은 시간이 흐르면서 변하는가? 성인발달은 방어의 선택에 영향을 미치는가?

이 목록이 모든 가능한 질문을 포괄하고 있지는 않지만 한 장을 채우기에는 충분하다. 꽤 의도적으로 나는 가장 흥미로운 질문, 즉 성숙한 방어는 어디에서 비롯되는가라는 질문은 이 책의 맨 마지막으로 미룰 것이다.

얼마나 많은 방어가 있는가

무지개의 색깔만큼 많은 수의 방어가 있다. 무지개의 색처럼 다양한 수의 방어기제가 변함없는 전체를 구성한다. 변하는 것은 우리의 언어와 관점이지 무지개가 아니다. 우리가 목록을 만들 수 있는 상상력, 무모함 혹은 언어적 능력을 가지고 있는 만큼 다양한 방어가 있다. 프로이트Freud는 『신입문강좌New Introductory Lectures』에서 오직 4개의 방어만을 목록화했다.[1] 관례적으로 안나 프로이트Anna Freud는 이제는 고전이 된 『자아와 방어기제The Ego and the Mechanisms of Defense』라는 개론서에서 10개의 방어기제를 열거한 것으로 전해진다.[2] 그러나 그 저서를 연구하면서 나는 적어도 20개를 발견했다. 그레테 바이브링Grete Bibring과 동료들은 어린 어머니들에 대한 연구에서 40개의 방어를 수록하였다.[3] 그러나 그것은 단지 시작에 불과했다. 대처하기, 적응하기 그리고 방어하기라는 말은 바벨탑을 세우던 사람들 수만큼 다채로운 어휘를 만들어 냈다.

이러한 와자지껄한 소란의 외중에서 가장 교훈적인 레슨은 미국정신의학회American Psychiatric Association가 『진단 및 통계 편람 3판Diagnostic and Statistical

Manual, 3rd ed.: DSM-III』을 계획하고 있었던 1977년에 일어났다. 나는 진단과 방어에 관심이 있는 정신분석가 집단의 일원으로서 맨해튼 도심에 위치한 뉴욕 정신의학원New York Psychiatric Institute의 한 회의실에 가게 되었다. 우리의 과제는 DSM-III에 수록할 만한 가능성이 있는 가장 중요한 방어들이 무엇인지에 대해서, 그리고 그 방어들의 잠정적인 정의에 대해서 의견을 모으는 것이었다. 그것은 쉬운 일이어야 했다. 우리는 매우 동질적인 집단이었으니까. 그리고 미국 동부의 정신분석가들이었으니까. 그러나 결과는 혼란 그 자체였다. 대화를 나누자 합의점이 전혀 없다는 것이 금방 분명해졌다. 그러한 맥락에서 DSM-III 안에 방어들에 대한 설명 개념을 포함시키는 것이 과학적으로 터무니없는 것으로 보였다. 만약 그 회의실에 영국 정신과 의사, 생물학자인 정신과 의사, 인지심리학자가 포함되었다면 어땠을까? 당연히 DSM-III는 방어에 대한 언급 없이 출판되었다.

우리가 상상에 불과한 개념을 위해서 이름을 만들어 낸 것일까? 아니면 우리의 어려움은 단지 언어적인 것에 불과했을까? 우리는 신화에 나오는 신들의 정확한 이름에 대해서 분쟁했던 그리스인과 로마인 같았던 것일까? 아니면 자동차 생산업자처럼 각자 생산품의 색깔에 다른 이름을 경쟁적으로 붙이는 것과 비슷할까? 그 누구도 파란색이 존재한다는 것을 부정하지는 못할 것이다. 하지만 파란색을 하늘색으로 부를지, 연한 청색으로 부를지, 혹은 쪽빛으로 부를지는 어의적인 선택이다. 색깔은 실제다. 오직 그 이름만 지어낸 것이다.

마찬가지로 방어에 기저하는 현상들은 실제다. 오로지 그 이름만 지어낸 것이다. 방어는 정신적 갈등(혹은 인지적 부조화)의 통달(혹은 회피)을 허용하는 대개는 무의식적인 정신적 조절과정의 스펙트럼을 반영한다. 2장에서 나는 다른 학자들이 제안한 방어들로부터 18개의 방어를 선택했다. 그러한 목록은 임의적이고 개별적인 것이다. 그러나 이 18개의 방어 중에서 13개는 DSM-III의 개정판인 DSM-III-R에 포함되어 있다. 이 13개의 방어와 이 책에서 간단하게만 논의될 추가적인 7개의 방어는 방어를 논의할 때 사용할 수 있도록 합의된 국제 공용어를 고안하려는 미국정신의학회의 노력을 반영하고 있다. 이는 그 분야에서 진정한 의견 일치를 얻기 위한 전도유망한 시작이라고 하겠다.

2장에 정의된 18개의 방어를 선택하기 위해서 내가 사용한 규칙은 단순하다. 첫째, 존경받는 연구자들이 사용하고 기술해 온 용어여야 한다. 둘째, 이름 지어진 각 기제는 나머지 것과는 확연하게 구분될 수 있어야 한다. 셋째, 18개의 용어는 우리의 마음이 주체, 정서, 관념 그리고 대상 사이의 지각된 관계를 왜곡하는 데 사용해 온 여러 가지 방법을 대부분 포함해야 한다.

그러나 시간이 흐르면서 방어에 대한 논의는 더 복잡해지고 있다. 실제 삶에서 순수한 색깔이 거의 존재하지 않듯이, 자연에는 화학합성물이 순수한 원소보다 더 흔하듯이, 그리고 많은 음악 작곡이 하나 이상의 악기를 포함하듯이, 실제 행동을 기술하려면 복합적인 혹은 혼합된 방어들을 사용해야만 한다. 페기 오하라의 이야기는 이솝 우화에 나오는 인물들처럼 과잉단순화된 것이다. 방어의 명칭과 구체화는 환원주의적이다. 그러나 여러 종류로 구성된 복잡한 삼림지대의 생물군계를 자작나무 숲이나 소나무 숲으로 명명하는 것도 마찬가지다.

복잡한 방어의 단순한 예를 들어 보자. 여러 강박관념에서 정서의 고립과 전위는 혼합적으로 발생한다. 어떤 여성이 임상가에게 와서 자신이 칼 공포증이 있고 자녀들을 해치는 강박관념에 사로잡혀 있다고 보고하는 것은 흔한 일이다. 이러한 생각은 어머니를 매우 두렵게 하지만 분노감을 동반하는 경우는 거의 없다. 오히려 자녀를 해치는 생각은 비논리적으로 경험된다. 이러한 여성들은 대개 자녀들을 매우 좋아한다고 느끼고 있으며 왜 아이들을 해치려는 느낌이 자꾸 드는지를 도대체 상상조차 할 수 없다. 그러한 사람들은 아동학대자는 되지 않지만 그들의 공포증적 강박관념이 칼을 사용하지 못하게 한다. 임상가가 이러한 여성들에 대해 알게 될수록 그들이 남편을 향한 실제 분노를 자녀들에게 전위시켰다는 것을 발견하게 된다. 이 남편들은 학대를 하거나, 보살핌을 받고 싶은 아내의 욕구를 충족하지 못했던 것이다. 그러나 지나치게 의존적인 여성들에게 분노는 위협적인 것이며, 따라서 그들의 분노는 자녀들에게로 옮겨 간다(전위된다). 그러면 흉측한 관념은 정서가 벗겨져 나가고(고립되고) 결과적으로 이유 없는 강박관념으로 마음속에 나타나게 된다.

종종 방어적 행동들은 주체에 의해서 생기는 것과 마찬가지로 다른 사람에 의해서도 결정된다. 동일시, 건강염려증, 투사적 동일시, 평가절하, 분리와 같은 방어들은 그러한 고차적인 대인관계 방어들의 예다. 건강염려증(그리고 내가 아닌 안나 프로이트에 의하면, 역전)을 예외로 한다면, 더 복잡한 이 방어들은 멜라니 클라인Melanie Klein과 오토 컨버그Otto Kernberg의 영향을 받은 임상가들에 의해서 가장 흔히 사용된다. 이 두 저자들은 사람들이 어떻게 양심, 현실 그리고 욕망을 다루는지보다 그들이 어떻게 친밀감과 같이 살 수도 없고 살지 않을 수도 없는 사람들을 다루는지에 더 관심이 많았다. 그러나 이 책에서 나는 가장 단순하고 가장 일반화된 수준의 방어에만 논의를 국한시킬 것이다.

방어를 어떻게 알아보는가

프로이트 이래로 많은 정신분석적 저자가 점점 더 높은 도수의 확대경을 가지고 방어들을 살펴보려고 애썼지만, 오히려 그렇게 하면서 조사하고 싶었던 현상이 애매모호하게 되어 버렸다. 무지개나 인상파 그림을 연구할 때와 마찬가지로 방어를 너무 가까이서 관찰하는 것은 결국 방어들이 의미 없는 조각들과 모호성으로 흩어져 버리게 만든다. 『자아와 방어기제』가 그 주제에 대한 고전적인 참고서로서 여전히 존재하는 한 가지 이유는 안나 프로이트의 탁월한 단순화 능력 때문이다. 그녀는 정신분석가인 조지프 샌들러Joseph Sandler에게 다음과 같이 방어기제를 설명하였다. "만약 당신이 방어를 미시적으로 본다면 그것들은 서로 뒤섞여 버릴 것입니다. 어디를 보든 억압을 보게 될 것입니다……. 중요한 것은 우리가 방어를 미시적으로 보지 않고 크고 분리된 기제들, 구조들, 사건들로서 거시적으로 보아야 한다는 것입니다……. [그러면] 방어들을 이론적으로 분리하는 문제는 사소한 것이 됩니다. 당신은 방어를 살펴보기 위해서 안경을 써야 하는 것이 아니라 벗어야 한다는 말입니다."[4]

하지만 내가 단순함을 유지한다고 하더라도 독자는 베토벤과 빌리 제임스 하기스에 대한 나의 추측이 맞다는 것을 어떻게 알 수 있을까? 어쩌면 나는 원시적인 원주민처럼 내가 이해할 수 없는 사건들을 설명하기 위해서 신화를 만들어 내고 있는 것일까? 우리가 방어에 대해서 이야기할 때 늘 남의 눈의 티끌과 내 눈의 대들보를 혼동하는 위험에 빠지는 것은 아닐까? 만약 우리가 사람들의 무의식적 갈등에 대해서 추정을 한다면 동물들을 잉크 반점 안에 투사시키고 미래를 찻잎에 투사시키는 위험에 빠지는 것은 아닌가?

물론 유머감각이나 편집증 환자를 증명하는 것만큼이나 방어를 증명하는 것도 어렵다. 물론 나에게는 갈릴레오의 천체망원경도 없고 다윈의 화석 증거도 없다. 그러나 보이지 않는 위성과 마찬가지로 방어의 존재는 방어가 주변 사건들을 예측 가능하게 지속적으로 왜곡하는 것으로 증명될 수 있다. 멀리 있는 산처럼 주어진 방어의 현저성은 다양한 각도에서 반복적으로 관찰하는 삼각 측량을 통해서 평가될 수 있다. 즉, 만약 자기보고가 객관적인 전기 자료와 대비해서 검토되고 증상이 자기보고와 전기 자료 모두에 따라 검토된다면, 그 결과로 얻은 관찰의 신뢰성은 독립적인 관찰자에 의해서 확증될 수 있다.

그러나 자아의 영리함에 찬사를 보내기 위해서 내가 자아의 전형적인 모습을 보여 준다는 점에 주목하라. 내가 만질 수 없는 방어들을 어떻게 구체화하는지를 눈여겨보라. 탄소의 산소화는 보이지 않지만 불꽃은 우리 모두에게 보인다. 기침 반사는 보이지 않는 신경과정이지만 기침은 느낄 수 있는 소리다. 이와 마찬가지로 자기기만의 신경학적 행위, 투사의 과정은 보이지 않지만 편견주의자 존의 편집적인 플래카드는 우리 모두가 볼 수 있다.

임상적 판단, 자기보고, 투사적인 연상 기법은 그 어느 것이라도 한 가지만으로는 그러한 추론된 무의식적 과정들을 파악하는 데 아주 불충분하다. 그러나 숙련된 임상가나 전기작가들이 그렇게 하듯이, 이 세 가지 정보는 함께 사용한다면 아주 강력해진다. 베토벤의 경우처럼, 우리는 전기적 사실들을 알고 있다. 예컨대, 베토벤이 귀가 멀기 시작한 연도, 9번 교향곡이 광인의 망상이라기보다는 예술작품으로 여겨진다는 역사적 사실, 그리고 실러의 〈환희의 송가〉의 실제 문구와 베토벤의 개서改書에 대해서도 알고 있다. 우리는 또한 베토벤의 자서전을 통해서 그의 세계관에 대한 정보도 알고 있다. 예컨대, 베토벤이 일기와 '유언장'에 자신에 대해서 무엇이라고 썼는지를 알고 있다. 마지막으로 우리는 그 비범한 창의적인 왜곡인 9번 교향곡을 가지고 있다. 세 가지 출처의 정보를 모두 합하면 나는 다음과 같은 결론을 내릴 수 있다. 베토벤이 언젠가 "만약 내가 청력을 되찾을 수 있다면 이 세상을 껴안을 것이다."라고 말한 적이 있었는데, 20년 후 완전히 귀머거리가 되었을 때 "얼싸안세, 만민들아. 입 맞추세, 온 세상이여."라며 비상하는 듯한 음악을 만들었으며, 더 기적적인 것은 세상으로 하여금 함께 얼싸안은 것 같은 생각을 하게 만든 것은 우연의 일치도 아니고 망상도 아니며 바로 승화라는 것이다.

임상적인 심리치료 연구에서는 텔레비전이 전기라는 종단적 연구를 대체하고 있다. 연구자들은 연구를 목적으로 복잡한 행동들을 확보하기 위해서 비디오테이프를 사용한다. 조작적으로 정의된 기술들이 제시된 매뉴얼을 숙지한 독립적인 평정자가 비디오에 담긴 환자의 방어들을 신뢰롭게 확인하는 데 상당한 성공을 거두어 왔다. 전향적인 종단적 연구방법과 비디오테이프를 이용한 방법 모두에서 방어의 신뢰로운 확인에 필수적인 비결은 말을 행동으로 대체하는 것이다.

방어를 의도적으로 사용할 수 있는가

이 질문은 프로이트를 포함해서 방어를 공부하는 학생들 대부분이 가졌던 의문이다. 우리는 방어를 의도적으로 사용할 수 있는가? 억압은 너무나 자기 잇속만 차린다. 소극적 공격은 성가시게 만들려고 일부러 하는 것처럼 보인다. 그리고 행동화를 하면서 자동차 50대의 안테나를 고의적으로 부러뜨린 젊은 펑크족이 죄값을 치르지 않도록 사면해 주고 싶은 사람은 아무도 없을 것이다. 그러나 방어가 의도적으로 사용된다는 착각은 두뇌가 오로지 인지적 뇌로서 먼저 교육되고 순전히 합리적 방식으로 행동하는 훌륭한 백지라는 단순한 생각에서 비롯된다. 하지만 두뇌는 합리적이고 수의적인 기관 이상의 것이다. 우리는 의식적인 계획이나 자유 의지는 거의 없이 재채기를 하고 기침을 하고 꿈을 꾸고 사랑에 빠진다.

우리 뇌 중에서 가장 이해가 안 된 부분이라고 할 만한 측두엽과 변연계는 냉철한 이성에 거역하는 방식으로 사랑하는 대상과 사람 그리고 기억에 의미를 부여한다. 우리는 우리의 기억이 우리의 의식적인 통제하에 있지 않다는 것을 잊어버린다. 우리가 구구단을 외우겠다고 마음먹을 수 있지만, 실연한 지 2년이 지난 뒤에도 어떤 멜로디에 갑자기 울음을 터뜨리게 된다는 사실은 우리에게 놀라움으로 다가온다.

방어가 의지에 따라 활용되지 않는다는 사실을 소개하는 두 번째 방법은 다음과 같은 질문을 하는 것이다. 느낌은 의도적인가? 우리는 명령에 따라서 웃고 울고 분해서 씩씩거릴 수 있는가? 사실 우리는 그렇게 할 수 없다. 그리고 울 것이라고 예상한 비극적인 상황에서 오히려 웃거나 돌처럼 굳은 얼굴이 되기도 한다. 오로지 매소드 배우만이 의지에 따라 감정을 만들어 낼 수 있다. 그리고 드물지 않게 그러한 사람들은 의도적인 희곡뿐만 아니라 의도하지 않은 히스테리아에도 취약하다. 우리의 생각조차도 의식적인 통제 아래에 있지 않다. 우리는 연인의 입술에 키스하는 것을 즐길 수 있지만 그들의 칫솔은 경멸할 수 있다. 우리는 왜 어떤 사람들은 생굴을 진미로 여기지만 어떤 사람들은 역겨워하는지를 설명할 수 없다. 이러한 차이는 우리의 기억, 장기臟器, 우리의 사랑과 증오의 섬세한 상호작용에 토대를 두고 있다. 느낌과 마찬가지로 우리를 정신질환으로부터 보호하는 방어들은 의도적이지 않으면서도 여전히 의식적일 수 있다.

방어들이 의도적인 통제 밖에 존재하는 무언가를 조정한다는 사실은 우리가 관념과 느낌 사이의 차이를 고려한다면 더 분명해진다. 첫째, 느낌으로부터 분리된 관념은 중립적이다. 관념은 우리가 그것이 뜻한다고 믿는 바를 의미한다. 관념은 상징적인 표현에 스스로를 내어 준다. 우리는 마치 수학적 공식을 다루는 것처럼 관념에 대해서 생각하고 쓸 수 있으며 관념이 이성을 따르도록 만들 수도 있다. 대조적으로 우리가 관념이나 대상이 느낌을 가지고 있다고 믿는 순간 우리는 이성을 잃어버린다. 대상은 과대평가되거나 혹은 역병처럼 회피될 것이다. 우리는 우리가 느낌을 부여하는 것들에 점점 더 애착을 갖게 된다. 전화번호부가 발렌타인이나 손주의 낙서보다 훨씬 더 유용한 것이 사실이지만, 전화번호부를 그것들처럼 소중하게 다루지는 않는다.

관념과는 달리, 느낌은 우리의 몸 안에 있다. 불안은 숨이 막히다라는 의미의 고어 불어인 'angere'에서 파생되었다. 슬픔은 우리의 가슴이 찢어지는 듯한 통증을 만들어 낸다. 분노는 목구멍에서 무언가 치밀어 오르는 느낌을 만들어 낸다. 그에 비해 중요하고 이성적인 숫자로 가득 차 있는 전화번호부는 우리의 몸에 아무런 감각도 일으키지 않는다. 관념과 느낌이 분리된 현상이라는 것을 극적으로 보여 주는 예는 뇌출혈로 브로카 영역Broca's area, 즉 소위 대뇌피질의 언어중추라고 불리는 영역이 손상되는 경우다. 브로카 영역이 손상된 사람들은 누군가가 그들의 발을 밟거나 뜨거운 커피를 무릎에 쏟았을 경우가 아니고서는 어떠한 말도 시작할 수가 없다. 하지만 그런 경우에는 선정적이고 지저분한 욕설을 내뱉는 데 전혀 지장이 없다. 심한 실어증에도 불구하고 그런 사람들은 "이런 빌어먹을! 지옥으로 꺼져 버려!"라고 또렷하게 소리칠 수 있다.

느낌에는 온도가 있지만 관념에는 없다. 느낌은 부글부글 끓거나 미지근하거나 얼음처럼 차가울 수 있지만 인지는 기껏해야 서늘하다. 성적인 욕망은 우리를 뜨겁고 붉어지게 만든다. 공포는 우리를 떨고 얼어붙게 만든다. 또 관념과 숫자는 흑백이지만 느낌은 총천연색이다. 분노는 빨강을 보게 하고, 질투는 우리를 초록색으로 물들이며, 슬픔은 한때는 화사하게 채색되었던 세상을 흑백으로 만든다. 한번은 여섯 살짜리 남자아이가 탁자 위에 놓인 총천연색 『플레이보이』지를 발견했던 적이 있다. 그 아이는 잡지를 잠깐 훑어보더니 그 농담들이 별로 재미없다고 하면서 갑자기 방을 나갔다. 그리고는 10분 뒤에 겉보기에 불합리한 추론을 가지고 돌아왔다. "아빠, 방금 내가 1,000까지 세었어." 이제까지 한 번도 해 본 적이 없었던 높은 숫자를 세면서 그 아이는 자극적인 누드 가슴 사진으로부터 자신의 마음을 성공적으로 분산시킬 수 있었다. 그의 자아는 중립적인 숫자들을 퍼부음으로써 갈등하는 느낌에 질서를 가져왔다. 마찬가지로 혼란스러운 하루의 불안과 느낌이 우리를 잠들지 못하게 할 때 우리는 우리의 의지대로 마음을 편하게 갖기는 힘들지만 대신 마음의 주의를 돌리기 위해서 양의 숫자를 센다.

관념의 강도는 다른 사람들에게 달려 있지 않지만 느낌의 강도는 다른 사람들에게 달려 있다. 우리는 독학으로 미적분학을 배울 수 있다. 우리는 그것의 힘과 유용성, 대칭성을 감정할 수 있다. 천재적인 미적분학 교사도 오직 작은 차이만을 만들 뿐이다. 죄수들은 스스로 법을 배우고 미술가는 교사 없이도 해부학을 배운다. 교사들이 더 중요한 역할을 하는 것은 우리가 시와 미술 감상 혹은 임상적 의학을 배울 때다. 다른 사람과 상관없이 화가 나기는 어려우며 사람을 포함하지 않는 농담도 거의 없다. 우리가 스스로 간지러움을 태우는 것은 거의 불가능하지만 다른 사람이 간질일 때는 자기도 모르는 사이에 키득거리고 움찔거린다. 자위를 통해서도 성적인 만족감을 얻을 수 있지만 그때조차 다른 사람과 관련된 공상이 거의 언제나 함께한다. 혼자서 밥을 먹는 것은 사람들과 어울려서 밥을 먹는 것보다 훨씬 더 재미없다. 그럼에도 불구하고 우리로 하여금 이성을 잃게 하는 것 역시 사람들이다.

관념은 객관화될 수 있고 의도적으로 세대에서 세대로 전술될 수 있는 반면, 느낌은 언제나 주관적이고 가르치기가 어렵다. **본질적으로 취향을 왈가왈부할 성질의 것이 아니다.**

나의 마지막 주장이자 가장 중요한 점은 갈등이 느낌이 있는 경우와 없는 경우에 다른 방식으로 해결된다는 것이다. 의식적이고 합리적인 갈등 해결은 무의식적이고 정서가가 실린 갈등 해결과 어떻게 다를까? 내가 토요타를 사야 할까, 포드를 사야 할까? 멋진 헤겔식 변증법이 발생한다. 정正은 반反에 의해 상쇄되고 만약 모든 것이 잘 이루어진다면 합合이 발생한다. 약간의 빛만 있을 뿐 열기도 없고 색깔도 없다.

하지만 시나리오를 바꾸어 보자. 내가 독자인 당신에게 동전을 입안에 넣어 보라고 요청한다고 해 보자. 당신은 아마도 "그건 역겨운 생각인데요. 당신 좀 괴짜 같아요."라고 대답할 것이다. 이 대화에서 분명한 것은 하나도 없다. 빛은 거의 없고 오로지 열기와 혼란이 있을 뿐이다. 당신이 동전을 핥는 행위를 혐오하는 이유는 알 수 없다. 그러나 토요타와 포드 사이의 경합은 대략 50 대 50의 확률이겠지만, 입에다가 동전을 넣으려는 독자는 거의 없을 것이다. 왜 그럴까? 우리는 동전을 핥는 행위에 대한 의견에 도달하기 위해서 의식적인 선택을 하지는 않는다. 우리 부모님들의 훈계가 떠오른다. 우리의 추론은 기껏해야 시적이고 최악의 경우에는 비이성적이며, 아마도 우리가 왜 동전을 핥는 행위를 혐오하는지에 대해서 완전히 알지는 못할 것이다.

요약하자면, 두뇌의 자아는 부분의 합 이상이다. 자아는 불수의적으로 창조하며, 창조한 것을 방어하고 조절한다. 자아는 혼란스러운 느낌에 질서를 부여하는 동시에 내적 현실과 외적 현실을 왜곡한다. 편집증 환자가 마음먹는다고 해서 이타주의자가 될 수는 없다. 그러나 사람들은 치료와 성숙과 사랑하는 관계를 통해서 더 성숙한 스타일의 자기기만을 배운다.

방어가 증상인 때는 언제이고 적응적인 때는 언제인가

방어가 건강한 경우와 병리적인 경우를 어떻게 구분할 수 있을까? 방어가 적응에 도움이 될 때는 언제이고 정신질환의 밑거름이 되는 때는 언제인가? 많은 심리학자는 방어기제라는 용어를 경멸적으로 느낀다. 그들은 만약 무의식적 스타일이 이득이 된다면 적응기제로 불려야 한다고 주장한다. 내가 보기에는 적응과 방어의 구분이 그리 명확하지만은 않은 것 같다.

백혈구와 백혈구의 고름 간의 결합을 생각해 보자. 여드름의 경우에 백혈구의 축적은 과잉 상태이자 성가신 것이며 병리의 본래적인 부분이다. 살갗에 박힌 가시에 의해서 발생한 잠재적인 염증의 경우에는 백혈구가 목숨을 구하는 것이고 적응적이며 치유과정의 본래적인 부분이다. 갑옷은 중세의 마상 창시합 토너먼트 경기에서는 목숨을 보호해 주지만 급류에서 카누를 타고 있다면 거추장스러운 것이 될 뿐이다. 자아의 갑옷 역시 다르지 않다.

따라서 우리는 방어의 본질과 그 방어가 사용되는 맥락 모두를 고려할 필요가 있다. 첫째, 방어가 적응적이려면 정서를 제거하기보다는 계량해야 한다. 단순히 마취시키는 것이 아니라 고통을 감소시켜야 한다. 예상과 억제라는 가장 적응적인 두 가지 방어가 반동형성과 정신병적 부인, 행동화보다 즉각적으로 훨씬 더 많은 디스트레스distress를 가져오는 것은 우연이 아니다. 반동형성과 정신병적 부인, 행동화는 사용자에게 (일시적이라고 해도) 완전한 마취 상태를 허락한다.

둘째, 방어는 느낌을 차단하지 않고 그 통로를 뚫어 주어야 한다. 꽉 막혀 있는 느낌은 막혀 있는 홍수가 존스타운과 버펄로 크리크의 거주자들에게 가져왔던 위험만큼이나 반동형성에 빠진 마조히스트와 금욕적인 전문가에게 위험할 수 있다. 끓고 있는 주전자는 열기를 식힐 구멍이 필요하다.

셋째, 면역학과 감염에 대한 비유와 일맥상통하게 방어는 단기간이 아닌 장기간에 초점을 맞추어야 한다. 실연을 당한 후에 사기 그릇을 모두 부셔 버리거나 이틀 동안 폭음하는 것과 같은 행동화는 긴장을 해소시킨다. 한동안은 그렇다. 그러나 단기간의 긴장 해소는 미래의 지속적인 디스트레스라는 대가를 지불하게 한다. 대조적으로 금욕주의와 예상했던 애도는 지금은 힘들지만 나중에는 날아다니게 해 준다.

방어는 현재와 미래의 고통 해소를 지향해야 하며 과거의 디스트레스에 초점을 두어서는 안 된다. 5세 때 받았던 불쾌한 편도선 절제수술 때문에 나이 40에 의사와 병원을 향해서 편집적으로 행동하는 것은 치명적일 수 있다. 그럼에도 불구하고 제2차 세계대전 동안에는 편집적인 사람들이 최고의 정탐기 조종사가 되었다.

넷째, 적응적인 방어가 되려면 가능한 한 특정적이어야 한다. 방어가 특정한 자물쇠에 꼭 맞는 열쇠여야 하지 모든 닫힌 문마다 습관적으로 내려치는 큰 망치가 되어서는 안 된다. 시민의 불복종(소극적 공격과 마조히즘)은 마틴 루서 킹Martin Luther King의 손에서 정확하게 그리고 상당히 의식적으로 사용된 도구였다. 대조적으로 베트남 전쟁에 대한 반대로 가솔린을 뒤집어

쓰고 분신했던 불교 신자들은 텔레비전 카메라 앞이 아닐 때는 스스로에게 향했던 분노가 미친 짓이었다고 돌이켜 생각했다.

마지막으로, 자아의 가장 중요한 동료는 다른 사람들이기 때문에 방어의 사용은 다른 사람들을 몰아내기보다는 끌어들이는 것이어야 한다. 성숙한 방어와 미성숙한 방어 사이의 가장 큰 차이는 성숙한 방어를 사용하는 경우에는 주체의 조절적인 자기기만이 다른 친한 사람들에게는 덕목으로 그리고 매력적인 것으로 보인다는 점이다. 미성숙한 방어의 경우에는 그러한 자기기만이 다른 사람들에게는 성가시고 사악하며 혐오스러운 행동으로 비춰진다는 것이다. 편견주의자인 존과 베토벤은 둘 다 학대하는 알코올중독자였던 아버지를 둔 고통을 약화시키려고 노력했다. 하지만 그들의 자기기만의 노력은 매우 다른 방식으로 우리에게 영향을 미친다.

지금까지 내가 한 구분은 대부분의 맥락에 적용된다. 이제 특정한 상황에 처한 방어가 어떻게 치유를 촉진할지 혹은 질환을 조장할지에 영향을 미치는가를 살펴보자. 첫째, 일부 상황에서는 미성숙한 방어가 적응적이고 신경증적 방어가 부적응적일 수 있다. 예를 들어, 방어가 세상을 상상 속에서 재배열하는지 혹은 현실의 맥락에서 재배열하는지가 차이를 만든다. 우리 모두는 꿈속에서 안전하게 미칠 수 있다. 우리는 백악관이나 크렘린이나 할리우드에서 사는 사람들의 사생활에서 어떤 일들이 일어나는지를 상상할 때 투사와 왜곡 그리고 공상을 사용하기 쉽다. 그러나 우리가 직접적으로 관여하지는 않기 때문에 우리가 원시적인 방어를 쓰더라도 아무런 문제가 없다. 아이들은 또한 어른이었다면 발생했을 나쁜 결과물 없이도 내적 현실과 외적 현실을 왜곡할 수 있다. 공상과 소극적 공격을 어느 정도 사용하는 것은 타협하는 청소년에게는 아마도 필수적일 수 있지만 동일한 방어가 어른에게는 별 도움이 되지 못한다.

특정한 문화적 맥락에서 허용되는 방어들도 있다. 강박적 행동과 정서의 고립은 일상생활에서 그다지 해가 되지 않으며 외과 수술실과 회계사의 사무실에서는 덕목이 된다. 동일한 방어가 무대와 무도회장에서는 부적응적이다. 행동화, 즉 자신의 안전에 대한 일고도 없이 충동적으로 행하는 보복행위는 전쟁에서는 덕목으로 그리고 평화 시에는 범죄로 간주된다. 우리가 우리 자신이 아닌 다른 누군가라고 믿고 우리의 충동적인 행동이 오직 즐거운 결과물을 가져올 것이라고 믿는 해리 역시 가장假裝 축제에서는 더 이상 부적응적이지 않다.

마지막으로, 방어가 정상인지 혹은 비정상인지는 보는 사람의 눈에 달려 있다. 우리는 언제나 적을 향한 우리 자신의 원한을 적응적인 것으로 보지만, 우리에 대한 그들의 불신은 그들 자신의 결점에 대한 근거 없는 투사라고 생각한다.

특정한 상황에 국한된 방어가 있는가

나는 이 질문에 대한 답은 '아니요'라고 생각한다. 하지만 많은 사람이 나와는 다르게 생각할 것이다. 나 자신은 지능이나 창의성처럼 방어도 고차적인 현상을 반영하기 때문에 비교적 비특이적이라고 생각한다. 실제로 방어를 자아의 지혜에서 핵심 요소로 만드는 것은 바로 그 비특이성이다. 방어의 목적은 갑작스러운 변화나 갈등에 의해서 생겨난 인지적 부조화, 즉 불안한 우울을 감소시키는 것이다. 하루에 담배를 두 갑 피우는 흉부외과 의사는 흡연이 폐암을 유발한다는 사실을 갑자기 직면하게 되었을 때 무엇을 할까? 수녀원에서 교육받은 열여섯 살짜리 페기 오하라는 갑자기 사랑에 빠지게 되었을 때 무엇을 할까? 생애주기의 다른 단계에서 각기 다른 개인들이 직면하는 매우 다른 상황들은 2장에서 소개된 열여덟 가지 방어 중 어느 것이라도 유발할 수 있다.

방어는 사람, 현실, 본능 그리고 양심의 네 가지 지표 중 어느 것에서든 갑작스럽고 준비되지 않은 변화가 있을 때면 언제나 불려 나온다. 현실에서의 갑작스러운 변화는 심장마비, 학교체제의 통합화, 난생 처음 다윈을 읽는 것, 혹은 대학을 졸업하는 것일 수 있다. 사람에게 갑작스러운 변화는 너무 빨리 그리고 너무 가까이 오거나 혹은 너무 멀리 가는 것일 수 있다. 정서에서의 갑작스러운 변화는 예상치 못한 슬픔이든, 경쟁이나 전쟁의 열기 속에서의 분노든, 사춘기의 성적 욕망이든, 혹은 병중이나 사랑에 빠졌을 때의 의존적인 갈망이든 예상치 못했던 감정의 격동일 수 있다. 우리의 양심과 문화적인 가치의 강도가 갑작스럽게 증가하는 예로는 전쟁의 열기 속에서 살인을 하는 것, 불치병에 걸린 가족을 '안락사'시키는 것, 캘커타의 빈민들 속에서 부자라고 느끼는 것 등 다양하다. 이 모든 사례에서는 여러 방어 중 어느 것이라도 활약을 하게 될 수 있다. 어떤 방어를 특정한 상황에만 국한시키는 것은 창의성을 인간 경험의 단일한 영역에만 제한시키는 것과 마찬가지다. 한편, 미성숙한 방어는 사람들 사이의 갈등을 해결하는 데 더 많이 사용되고, 신경증적 방어는 느낌에 대한 갈등을 다루는 데 더 많이 사용된다. 또 한편으로, 사람들에 대한 갈등은 거의 언제나 느낌을 포함하고, 느낌에 대한 갈등은 대개 사람들을 포함한다.

일반적으로 창의성과 마찬가지로 방어의 선택에 있어서 표현 양식을 결정하는 것은 상황이 아닌 주인공이다. 예외는 있지만 예외는 예외일 뿐이다. 달리 얘기하자면, 방어의 선택은 결과에 지대한 영향을 미치는 반면에 사회적 환경이 방어의 선택에 미치는 영향은 단지 미미할 뿐이다. 다음 장에서 자세하게 소개하고 있는 성인발달 연구에서 얻은 결과들은 이 놀라운 일반화를 지지한다. 물론 성격, 동기 그리고 행동은 모두 사람과 상황의 상호작용을 반영한다. 하지만 어떤 사람들은 다른 사람들에 비해서 특정한 방어를 더 즐겨 사용한다. 모든 사람이 동일한 성격을 가지고 있지 않으므로 결과적으로 다음 질문이 생겨난다.

각 성격 유형은 특징적인 방어를 사용하는가

개인의 특징적인 방어가 성격을 결정하느냐, 아니면 개인의 성격이 방어의 사용을 결정하느냐에 대한 닭이 먼저냐 달걀이 먼저냐 식의 질문에는 아마도 "맞아요, 둘 다예요."라고 대답하는 것이 최선일 것이다. 어째서 어떤 사람들은 특정한 방어를 선택적으로 사용하는가? 방어와 성격 사이의 유사성은 무엇인가? 분명 편집적인 사람은 투사를 사용한다. 그리고 공포증적인 성격은 전위를 사용하고, 연극성 성격은 해리와 억압을 사용한다. 찰리 채플린, 윌 로저스, 마크 트웨인 그리고 매릴린 먼로는 유머를 사용했고, 그래서 우리는 그들을 코미디언으로 생각한다. 그러나 그 누구도 한 가지 방어만을 언제나 혹은 전적으로 사용하는 경우는 없다. 교과서의 예와는 달리, 사람들은 성격 유형과 방어 스타일의 복잡한 목록을 보여 준다. 근사한 비유는 한 사람의 선택된 방어들을 한 에이커의 숲과 비교하는 것이다. 자작나무 숲과 소나무 숲이 있다. 야생의 자작나무 숲에는 여러 다른 나무도 있을 것이며, 소나무 숲 역시 마찬가지일 것이다. 그럼에도 불구하고 우리는 우세한 나무를 가지고 숲 이름을 짓는다. 때로 그 영역이 너무나 이질적이어서 분류하기 어렵게 하지만 대개의 경우는 일반화가 가능하다. 그러나 일반화를 하려면 그 영역을 걸어 지나가면서 패턴을 찾아보아야 한다. 방어와 성격에도 마찬가지 논리가 적용된다. 우리는 삶을 연구하고 한 개인의 지배적인 방어 패턴을 찾으려고 한다. 하지만 다른 관찰자들은 다른 길을 따라가고 다른 결론에 도달할지도 모른다.

방어를 사용하지 않을 때 우리는 어떻게 대처하는가

완전히 적응한다는 것은 현실을 완전히 경험한다는 것이다. 양심과 충동, 대인관계 애착과 현실을 마음속에 완전히 보존하는 것은 이상理想이다. 우리는 충분히 적응할 때 울고 주장하고 사랑하고 기쁨과 슬픔을 느낀다. 우리는 갈등을 견딜 수 없거나 우리 삶에서의 변화가 우리가 순응할 수 있는 것보다 더 빠른 속도로 일어날 때만 방어를 필요로 한다.

1장에서 나는 사회적 지지와 인지적 전략 모두 방어기제의 대안이 될 수 있다고 제안했다. 게다가 무의식적 방어는 급성 스트레스보다 만성 스트레스를 다루는 데 있어서 덜 중요하다. 예컨대, 엄마들은 인지적 전략(스포크 박사의 글을 읽는 것 같은)과 사회적 지지(친정어머니에게 도움을 요청하는 것 같은) 모두를 통해서 장염에 걸린 아기를 다루는 법을 점차적으로 배우게 된다. 그러나 첫아이가 난생 처음 장염에 걸려서 달래기 어렵게 울기만 한다면 자아방어에도 의존하게 될 가능성이 크다.

인지적 전략과 의식적 적응에 대해서 얘기할 거리가 많은 것이 분명하다. 정보를 구함으로써, 문제를 단계별로 나눔으로써, 모호성을 줄임으로써, 그리고 새로운 정보가 얼마나 빠르게 들어오는지에 발맞춤으로써 우리는 스트레스와 갈등을 상당히 감소시킬 수 있다. 이것들은 위험하고 스트레스가 많은 전문직 업무를 배워야 하는 사람들 모두에게 가르칠 수 있는 기본적인 기법들이다. 성숙과 지능은 그러한 의식적인 적응 양식에서 중요하다. 움직임과 자율성을 유지하는 자유를 가지는 것도 마찬가지로 중요하다. 갈등의 근원으로부터 자발적으로 물러서는 것도 스트레스를 감소시키는 또 다른 방법이다. 예를 들어, 대학의 독립성을 포기하고 어머니와 함께하기 위해서 집으로 돌아올 수도 있다. 호랑이 사냥, 행글라이딩, 무서운 롤러코스터 타기 등을 그저 피해 버릴 수도 있다. 실제로 우리가 선택의 자유를 가지고 있다면 그것을 사용할 필요도 없을 것이다. 선택할 수 있을 때 행동하는 것은 언제나 스트레스를 덜 준다.

문제는 우리에게 선택을 할 자유가 언제나 주어지지는 않는다는 것이다. 지능과 선택의 자유는 사치다. 사실 지능과 선택의 자유가 없는 것 자체가 스트레스를 야기하는 데 기여하기 쉽다. 게다가 대처전략은 우리가 생물보다 무생물을 다룰 때 훨씬 더 쉽게 배울 수 있다. 교과서적인 대처전략은 사랑에 빠지는 법보다 비행 방법을 배우는 데 더 적절하다. 청소년의 부모들은 아이들이 어렸을 때 효과를 보았던 인지적 전략들이 여전히 유효하기를 기대한다. 하지만 청소년을 다루는 법은 걸음마를 하는 아기를 다루는 법과는 달리 계속 변한다.

사회적 지지 역시 방어기제에 대한 훌륭한 대안이다. 따뜻한 관계는 온전성과 안녕감, 치유에 절대적이다. 우리가 어머니, 의사, 무당, 지도자의 중요성을 생각한다면 다른 사람들의 존재가 불안을 약화시키고 우울을 해소하는 데 얼마나 강력할 수 있는지를 깨닫게 된다. 그들의 단순한 존재 외에도, '안수'의 힘 외에도 우리의 정서적 항상성에 기여하는 부가적인 역할이 있다. 첫째, 사회적 지지는 우리가 갈등을 나눌 수 있도록 허용해 주며 더 중요하게는 연합된 정서를 표현하고 결과적으로 약화시킬 수 있도록 허용해 준다. 다른 사람들은 우리가 회상하고 고백하며 이상적으로는 우리 양심의 이차적인 지레짐작을 줄일 수 있게 도와준다. 스트레스 관리를 위한 인지적 전략은 종종 다른 사람을 포함한다.

사회적 지지는 또한 양심이 쉬고 있는 동안에 정서가 표현될 수 있는 '안전 가옥'을 제공한다. 마디그라Mardi Gras 축제, 아이리시 웨이크Irish Wake (아일랜드의 전통 장례 관습으로 파티 같은 분위기의 장례식임—역자 주), 기대어 울 수 있는 어깨는 모두 매우 사회적인 일들이다. 장례식과 시바의식은 참을 수 없는 불안과 우울에 대한 해독제로서 기능하는 사회적 지지의 예다. 다른 사람들은 애도자의 고통에 대한 책임을 나누어 가진다. 마지막으로,

다른 사람은 갈등을 겪고 있는 사람에게 공유된 유능감과 무조건인 긍정적 존중을 제공할 수 있다. 그러한 지지는 우리가 통달감을 성취할 수 있도록 도우며, 일단 그 통달감이 내재화되기만 하면 우리의 것이 된다. 그러한 학습된 통달감은 무기력을 물리치고 우울에 대한 강력한 해독제가 된다. 따라서 자아가 우리가 역경에 처했을 때 의지할 수 있는 유일한 동맹인 것은 아니다. 인지적 전략, 선택의 자유, 그리고 따뜻한 손길은 매우 귀중하다. 그러나 이러한 도움이 이용 가능하지 않을 때에도 자아는 우리와 함께 있다.

방어를 깨뜨리는 것은 치유에 도움이 되는가

방어를 이해하는 것이 유용한 이유는 바로 우리가 도움이 필요한 사람에게 사회적 지지와 인지적 전략을 더 잘 제공할 수 있게 해 주기 때문이다. 공감 어린 경청은 그 사람이 정말로 무엇에 대해서 이야기하고 있는지를 아는가에 달려 있다. 그러나 방어를 이해하는 것과 좋은 위안자가 되는 것 사이의 관계는 우리에게 다음 질문을 던진다. 우리는 다른 사람의 자아의 왜곡에 대해 언제 개입하는 것이 좋을까? 만약 부적응적 방어기제를 사용하는 친구를 본다면 어떻게 해야 할까? 친구한테 말해야 할까? 만약 우리가 말한다면 도움이 될까?

방어를 제거할 경우, 바람과 태양 그리고 외투의 우화를 기억해 두는 것이 좋다. 바람과 태양이 누가 더 강한지에 대해서 다투고 있었다. 그들은 외투를 입은 한 남자를 가리키면서 외투를 벗게 하겠다고 서로 장담했다. 바람이 먼저 나섰다. 바람이 남자의 얼굴에 바람을 거세게 불면 불수록 그는 자신의 외투를 더 꼭 부여잡았다. 마침내 바람이 실패하고 물러서자 태양이 구름 뒤에서 나와 상냥하고 따스한 햇살을 남자의 등에 비치기 시작했다. 그러자 그 남자는 금방 외투를 벗어 버렸다. 다시 말해서, 방어를 제거하는 최선의 방법은 사람들이 안전하게 느끼게 하고 방어에 간접적으로 접근하는 것이다. 누군가의 방어를 전면에서 공격한다면 성공할 확률은 굉장히 낮다.

방어를 깨뜨릴 때 지켜야 할 몇 가지 규칙이 있다. 우선 방어의 성가시거나 자기패배적이거나 위험하거나 혹은 일구이언하는 모습이 무의식적이라는 사실을 기억하라. 적응기제를 합리적으로 이해하거나 훈육하려고 애쓰는 것은 코고는 것을 통제하려는 것만큼이나 소용이 없다. 방어는 코골이처럼 의도적으로 다른 사람을 성가시게 하거나 속이려는 것이 아니다. 그리고 우리는 코골이처럼 방어를 이해하고 용서해야 하지만 반드시 그것을 참을 필요는 없다. 때로는 잠자는 사람을 깨워야만 한다. 때로는 자기기만을 직면해야만 한다.

그러한 경우에 사용자의 허락을 받기 전에 먼저 방어를 해석하거나 도전하지 않는 것이 현명하다. 우리는 허락 없이 다른 사람의 옷을 벗기지는 않는다. 게다가 은유적으로 말해서 옷을 입고 있지 않은 상태라면 따뜻함과 공감 그리고 황금률이 중요하다. 만약에 당신이라면 노출되는 것에 대해서 어떻게 느낄 것인가? 우리는 다른 사람의 옷을 벗길 때 사용하는 것과 동일한 요령을 가지고 사람들의 방어를 지적하거나 제거해야 하며 개인의 선택과 프라이버시를 존중해야 한다. 방어에 관한 프로이트의 군사용어인 방첩국Abwehr이란 표현은 잘못된 것이다. 방어를 공격할 때는 전면공격이 아니라 요령과 놀이 그리고 메타포를 가지고 우회적 공격을 해야 한다. 우리 모두는 우리의 노출된 가슴에 따뜻한 청진기를 대는 의사를 선호한다.

더구나 당신에게 그 결과물에 대한 책임을 함께할 마음과 시간과 인내심이 없다면 방어를 직면시키지 말라. 만약 부분적으로나마 누군가가 기꺼이 대체해 준다면 자신의 자아방어를 포기하는 경우가 종종 있다. 사회적 지지가 심리치료의 형태가 되면 더 지속적인 가치를 제공할 수 있다. 그러한 경우, 심리치료자는 방어의 사용자인 내담자와 함께 방어를 인식하는 가운데 내담자에게 '지지'를 제공할 뿐만 아니라 방어가 해제되는 데 따른 감정 폭발을 이해하고 그에 대한 책임을 공유한다. 갈등에 수반하는 불안과 우울의 기저에는 의식되지 못하는 현실, 관계 그리고 도덕적 기준은 물론 욕망과 분노, 그리움과 슬픔이 자리 잡고 있다. 그 과정이 얼마나 고통스러운지와 상관없이, 경청자는 갈등의 근원을 인식하고 참아 내고 인정해야만 한다.

그렇게 한다 하더라도 우리가 다른 대안적인 적응 양식을 제공할 준비가 되어 있지 않다면 방어를 제거하려는 시도는 실패할 것이다. 방어기제는 다른 기제들로, 심지어는 인지적 전략으로 진화하며 반드시 사라지는 것은 아니다. 따라서 방어를 해석할 때 우리는 대체물을 제공할 필요가 있다. 그것은 우리 자신일 수도 있고 인지적 전략이나 도피 혹은 다른 방어기제의 활용 증진일 수도 있다. 예를 들어, 우리는 '지옥의 천사'(미국의 대표적인 오토바이 동회회—역자 주)의 행동을 행동화로 해석하기보다는 그가 오토바이 경찰이 될 수 있도록 도울 수 있을 것이다. 속도를 내고 싶은(행동화) 그의 욕구를 다른 사람들이 과속하는 것을 저지하는 것(반동형성)으로 대체하도록 도울 수 있을지도 모른다. 나아가 그러한 지지적인 상황에서 우리는 사용자가 방어의 대가가 얻는 것보다 잃는 것이 더 많다는 것을 인식하도록 도울 수 있을 것이다. 다른 사람들이 미성숙한 방어를 '망치는 것'은 성숙에 있어서 핵심적일 수 있다.

마지막으로, 자아는 약삭빠르고 탄력성이 있으며 지혜롭다는 사실을 명심하라. 우리가 어떤 방어를 너무나 강력하다거나 혹은 너무나 위험하다고 지적한다고 해도 그들이 필요로 하는 방어를 포기하게 만들 수는 없다.

방어 스타일은 변하지 않는 것인가

우리가 우리 자신이나 다른 사람의 방어를 의지대로 바꿀 수 없다는 얘기는 그 방어들이 영구적이라는 뜻일까? 달리 말하자면, 우리의 적응기제에 미치는 성숙의 영향은 무엇일까? 우리의 성격과 글씨체는 시간이 흐르면서 변하지만, 그러한 변화는 계속해서 빙하가 녹고 나이가 드는 것처럼 점진적으로 일어난다. 우리가 선호하는 방어의 선택에서도 마찬가지의 변화가 일어난다.

프로이트는 "우리 각자의 성생활은 정상 기준으로 부과된 좁은 선을 넘어서서 단지 약소한 정도로만 이번에는 이쪽으로, 다음 번에는 저쪽으로 확장된다. 도착증은 말의 정서적 의미에서는 짐승 같은 것도 아니고 퇴화된 것도 아니다. 도착증은 배아胚芽의 발달이다. 그 배아들은 아이의 미분화된 성적 지향 속에 담겨 있고, 또한 억제되거나 혹은 승화를 통해서 더 고차적이고 비非성적인 목표들로 전환되며, 많은 문화적 성취를 위한 에너지를 제공하도록 운명 지어져 있다."5 달리 말하자면, 갈등의 무의식적 해결은 도착증뿐 아니라 예술도 관장한다. 창의적인 자기기만은 범죄행동뿐만 아니라 이타주의도 관장한다. 어린 소녀의 죄악은 성인 여자의 덕목의 모태가 될 수도 있다. 그러한 성숙은 어떻게 토머스 머튼Thomas Merton과 아시시의 성 프란시스St. Francis of Assisi가 방종한 청소년이었는지를 설명해 준다.

더 성숙한 방어의 습득은 성숙하는 신경계와 다른 사람들과의 동일시로부터 비롯되는 것으로 보인다. 기술의 발달에서처럼 성숙한 방어의 성장은 생물학적인 준비와 동일시를 위한 적절한 모델을 필요로 한다.

인간발달을 연구한 총명한 스위스 학자 장 피아제Jean Piaget는 아이가 성숙하게 되면서 올림포스산의 힘이 진리라는 식의 도덕성은 구약의 엄격한 동해同害 복수법이 되고, 다시 황금률이라는 더 자비롭고 융통성 있는 계율로 바뀐다고 했다.6 이러한 도덕성의 성숙은 내부로부터 발생하며 아이가 주일 성경학교에 다니는지 여부와 상관없이 일어난다. 다르게 표현한다면, 행동화와 투사는 반동형성으로 진화하고, 반동형성은 다시 이타주의로 진화한다.

예를 들어, 아이는 7세가 되어야 자기와 마주 앉아 있는 사람의 관점에서 방의 물리적 지형도를 묘사할 수 있다. 그 전에는 자기 시점에서의 좌우를 다른 사람에게 그대로 투사한다. 아이는 자신의 오른쪽에 있는 것이 상대방의 왼쪽에 있다는 사실을 상상할 수 없다. 마찬가지로 아이가 신경학적으로나 정서적으로 다른 사람들이 반드시 자신과 동일한 감각을 느끼는 것은 아니라는 사실을 인식하기 전까지는 아마도 느낌의 투사(외현화)가 전위(즉, 누가 소유주인지가 명확한)를 위해서 포기될 수는 없을 것이다. 아이를 키워 본 사람이라면 누구나 걸음마를 하는 아이의 충동적인 행동화가 초등학교에 가면서 갑자기 엄격한 자제로 대체된다는 사실을 눈치챘을 것이다. 목적을 위한 의도적인 울음이 '소년은 결코 울지 않는다.'로 대체된다. 그리고 청소년기에 행동화가 다시 시작되면 그러한 충동적 행동을 비난하는 부모들은 자신들이 청소년이었을 때 아주 똑같은 충동 때문에 힘이 들었던 사람들이다(반동형성). 반대로 우리는 아주 지치거나 중독된 상태일 때, 사실 우리 자신의 것이기도 한 감정을 다른 사람들에게서 갑자기 보게 된다. 다시 말해서, 만약 성숙한 인지적 기능이 약물이나 피로 혹은 귀머거리에 의해서 손상되면 미성숙한 방어가 되돌아온다.

해리 휴즈Harry Hughes의 삶은 성인기 동안의 투사의 진화를 보여 준다. 휴즈는 성인발달 연구의 하버드생 표본의 한 사람이었다. 성인발달 연구에 대해서는 다음 장에서 설명할 것이다. 청소년 시절의 휴즈는 회의주의와 자기의심이 지배적이었다. 기숙학교에서 그는 성에 대해서 두려워했고 자위가 정신질환을 가져온다고 믿었다. 그러나 그는 그 책임을 외부로 돌렸다. 그는 성을 두려워하는 것이 학교이지 자신은 아니라는 것을 증명하려고 애썼다. 사실 그는 에세이 대회에서 우승했을 때 우승상품인 헨리 밀러Henry Miller의 『북회귀선Tropic of Cancer』을 무삭제판으로 줄 것을 요구함으로써 캠퍼스에서 논쟁을 불러일으켰다.

대학 시절 성인발달 연구의 연구진은 휴즈가 "불행해 보이고 불행한 것 같다."고 보고했지만, 그 자신이 인정한 유일한 불편은 사람들이 그의 얼굴이 붉어지는 것을 눈치챌 때 경험하는 창피함뿐이었다. 많은 편집적인 사람들처럼 휴즈도 사람들에게 의존하는 것을 매우 싫어했고 항상 경계심을 풀지 않았다. 휴즈는 비판을 견디기 힘들어했으며 내적인 디스트레스를 인정하는 대신에 공기와 수질 오염에 관해서 적극적인 관심을 보였다. 그는 창의적인 예술가로서 성공하지 못한 초기의 실패를 세계에서 일어나는 정치적 불안의 탓으로 돌릴 수 있었다. 그에게는 자기 안의 청소년기 울적함과 전쟁을 인정하기보다는 더러운 공기와 전쟁으로 찢겨진 유럽에 초점을 맞추는 것이 더 쉬웠다. 그럼에도 불구하고 포르노 금지법의 개혁과 공해방지법 신설의 필요성을 예상할 정도로 휴즈는 시대를 몇 년씩 앞서가고 있었다. 종종 편집적인 사람들은 사회의 진전을 위한 최고 수준의 예지를 제공한다.

대학 시절에 휴즈는 다른 사람들의 정직성을 심하게 의심했다. 그리고 정신과 의사의 견해는 "해리는 그의 불신과 냉소주의를 다른 사람들에게 투사한다."는 것이었다. 2년 후에는 휴즈 자신이 연구에 대해서 '편집적인' 느낌을 가지고 있다고 인정할 수 있었다. 그럼에도 불구하고 휴즈가 1940년에 공기오염을 염려했던 것이 옳았던 것처럼 그의 과민성은 은밀한 진실을 밝혔다. 성인발달 연구의 몇몇 연구자는 그의 등 뒤에서 험담을 하며 그를 '깔보았다'. 그들은 휴즈를 '진짜 정신신경증 환자'와 '아픈 작자'라고 적어 놓았다. 만약 휴즈가 연구자들의 태도에서 그러한 비난을 눈치챘다면 부당하게 이용당하고 있다는 느낌을 받는 것이 당연하다.

투사를 사용하는 사람들처럼, 휴즈는 어디서 박해가 멈추고 친밀함이 시작되는지를 깨닫기가 매우 어려웠다. 20대에 휴즈는 "결혼할 생각이 없다."고 덤덤하게 언급했다. 29세에 그가 장차 아내가 될 여자와 사랑에 빠졌을 때 그는 스스로를 괴롭힘을 당하는 사람으로 보았다. 몇 년 후, 그는 어머니의 죽음으로 인한 내적인 슬픔을 기술하면서 외부로 책임을 돌렸다.

"이제 막 극복하기 시작했지만 난 어머니의 죽음 때문에 한동안 스트레스를 겪었다." 마지막으로, 대부분의 사람은 성인발달 연구에 의해서 지속적으로 조사받는 것을 어떤 식으로든 받아들였지만, 휴즈는 '그렇게 오랫동안 추적당할 것'을 알지 못했다고 항의했다.

성숙해질수록 휴즈는 투사를 반동형성으로 대체해 나갔다. 그는 혁명적으로 되는 대신에 매우 엄격한 양심을 가지고 열심히 일하는 강박적인 편집자가 되었다. 그 변화는 서서히 일어났으며 처음에는 반동형성과 투사 사이의 경계가 분명치 않았다. 18세 때는 춤추기가 건강하지 못하고 "밴드 음악은 사람의 감정을 동요하게 하므로 비난받아 마땅하다."고 주장했다. 26세에 이르러서는 더 이상 성이 그에게 해를 끼칠 것이라고 그렇게 두려워하지 않게 되었다. 대신 그는 종교적인 이유로 독신을 유지하기로 마음먹었다. 그가 관찰한 바에 따르면, "나의 종교적 관심은 문제가 생기기 쉬운 대부분의 영역으로부터 나를 배제시켰다."

19세 때 휴즈는 생리적으로 그리고 은유적으로 자신의 분노를 자신 밖에 두려고 시도했다. 화가 난다고 느끼면 글자 그대로 토하고 싶어졌다. 그러면서 마치 성에 대해서 그랬던 것처럼 적개심에 대해서도 투사 대신에 반동형성을 사용하기 시작했다. 그래서 24세 때 그는 독신 상태였을 뿐만 아니라 제2차 세계대전 동안에 양심적 반대자가 되었다. 만약 그의 백일몽이 완전히 명성에 관한 것이었을지라도 실제 삶 속에서 그는 "나 자신을 낮출 필요가 있다."는 것을 알아차렸다. 46세에도 여전히 그는 "난 해를 가하게 될까 두려워서 경쟁이 두렵다."라고 주장했다. 그럼에도 그는 동시에 매우 깊게 자리 잡은 경쟁의식을 가지고 있음을 인정했다. 그가 자기 감정의 주인이기는 했지만 그 감정을 진압하는 것은 그의 책임이었다.

마침내 나이 50이 되어서야 휴즈는 비로소 그가 승리 자체를 즐긴다는 것을 고백할 수 있었다. 드디어 그는 이타주의에서 안식처를 찾을 수 있었다. 그는 출판인로서의 성공을 '천사의 편에 선 긍정적인 활동'으로 간주했다. 그는 '봉사가 행복에 이르는 길이라는 믿음'을 가지고 자녀들을 키웠다. 성숙해지면서 그는 한때는 이용당한다고 느꼈던 성인발달 연구의 아주 충실한 참여자임을 증명해 보였다. 한때는 고독하고 종교적이었던 금욕주의자가 이제는 파티를 즐기게 되었다. 그 누구도 학교의 우승상품으로『북회귀선』을 요청하는 것이 전혀 금지되지 않았다.

65세에도 휴즈는 내적인 고통 때문에 여전히 괴로움을 겪고 있었지만 투사는 사용하지 않게 되었다. 대신 그는 심오한 내적 고통과 삶을 위협하는 질병을 세상에 즐거움과 아름다움을 선사하는 아름다운 소설로 탈바꿈시켰다.

*　　*　　*

성숙이란 여러 가지 것을 의미한다. 성숙은 자신에게 적절한 예상과 목표를 세우고 생산적인 일에서 만족의 최대 근원을 찾는 것을 포함한다. 성숙은 사랑하는 능력과 희망을 가질 수 있는 능력을 포함한다. 성숙은 다른 사람이나 자신을 해하지 않으면서 적대감을 표출할 수 있는 능력과 성인으로서의 정체감을 보류하고 아이 같은 놀이를 즐길 수 있는 능력을 포함한다. 마지막으로, 성숙은 변화에 적응하고 좌절과 상실을 견디며 자신이 속한 집단과 시간과 장소를 넘어서 다른 인간을 위한 이타주의적인 관심을 유지하는 것을 포함한다.

그러한 발달을 순전히 발생학적으로 보는 것은 너무나 편협한 것이다. 피아제의 뒤를 이은 발달심리학자들은 서구 문화에서 도덕적 발달은 적어도 부분적으로는 사회계급, 국적 그리고 종교적 취향과 상관없이 진행된다는 것을 증명해 왔다. 양심이나 외적으로 파생된 초자아와는 달리, 적응적인 자아의 성숙은 도덕성의 대리인인 것으로 보인다. 방어의 성숙을 허락하는 첫 번째 발달적 변화는 통제 소재locus of control가 외부에서 내부로(즉, 외현화하는 미성숙한 방어에서 신경증적인 중간 수준의 방어로) 전환될 때, 그리고 어떤 사람이 "그건 네 문제가 아닌 내 문제야."라고 말할 수 있을 때 일어난다. 두 번째 변화는 본능적인 갈등이 창피하거나 죄의식을 유발하는 것으로서 인식되는 대신에 죄의식을 요하지 않는 고통과 즐거움의 수용 가능한 내적인 자원으로 인식될 때 더 깊은 성숙과 더불어 일어난다. 전위와 반동형성이 주는 위안은 이타주의와 승화에게 자리를 내어주게 된다. 자아는 고정된 죄책감이 아닌 성숙한 추론 능력을 통해서 기능하게 된다.

성숙의 하위 세트인 자아발달은 적어도 다섯 가지 영역에서의 성숙을 포함한다. 그 다섯 가지 영역은 충동 통제, 심리사회적 통합(개인 내적 스타일), 창의적 합성(의미 창출), 방어의 성숙, 인지적 스타일의 성숙이다. 마지막 영역인 인지적 스타일의 성숙은 다른 데에서 포괄적으로 논의한 바 있으며 이 책의 범위를 벗어난다. 하지만 해리 휴즈의 삶은 방어의 선택과 성숙을 이해하기 위해서 왜 성인발달의 다른 영역에도 주의를 기울여야 하는지를 잘 보여 준다. 만약 우리가 방어의 발달 및 그것이 개인에게 미치는 영향을 이해하고자 한다면 우리는 자아의 개체발생학과 방어의 선택에 미치는 그것의 영향을 이해하려고 노력해야만 한다. 분명 심리사회적 발달과 창의적 합성 그리고 방어의 선택은 밀접하게 연결되어 있다. 자아심리학의 초기 개척자 중 한 명인 하인즈 하르트만Heinz Hartmann은 방어적인 행동으로 시작한 활동이 우리의 갈등 없는 생활의 영구적인 일부분이 될 수 있다고 지적했다. "인간의 작품은 문제를 해결하기 위해서 스스로 발견해 낸 방법을 객관화한다." 하르트만은 "방어과정은 동시에 본능적인 추동의 통제와 외부세계에의 적응 모두에 기여한다."[7]라고 적고 있다. 분명 창의적 합성은 본능적인 갈등이 일련의 행동으로 진화해 가는 적응을 보여 주는 놀라운 예다. 자아의 지혜는 종종 창의적인 활동 속에서 모습을 드러낸다.

하르트만 자신은 본능적인 갈등과 지속적인 사회심리적 발달 및 사회제도와의 합성을 보여 주는 아주 탁월한 예로서 종교를 언급했다. 발달이 방어를 도덕적 발달에 연결시키면, 한때는 상품으로 『북회귀선』을 원했으며 독신주의를 유지하고 비경쟁적인 삶을 살고 싶어 했던 젊은이가 어떻게 행복한 결혼생활을 누리면서 '천사의 편에서' 좋은 급여를 받고 살 수 있게 되었는지를 잘 설명해 준다. 도덕적 발달과 자아의 성숙의 관계는 로렌스 콜버그Lawrence Kohlberg와 제인 뢰빙거Jane Loevinger에 의해서 가장 잘 탐색되어 왔다. 그들은 아동, 청소년 그리고 젊은 성인의 도덕적 발달을 추적함으로써 자아발달을 연구했다.[8] 스튜어트 하우저Stuart Hauser와 로버트 키건Robert Kagan은 그러한 연구 결과들을 심리사회적 발달 및 방어의 진화와 통합시켰다.[9] 예를 들어, 콜버그의 도덕적 발달의 가장 덜 성숙한 단계와 뢰빙거의 충동이 실린 단계들은 행동화와 분리 그리고 공상을 반영하는 행동들이다. 콜버그의 2단계와 뢰빙거의 자기보호 단계는 투사와 소극적 공격의 자아과정을 반영하는 행동들이다. 반동형성은 콜버그의 3단계와 뢰빙거의 위안자 단계conformist stage 모두를 특징짓는다. 이타주의는 콜버그의 더 성숙한 4단계와 뢰빙거의 양심적 단계의 특징이다. 경험적 연구가 완전한 상응성을 입증하지는 못했지만, 한편으로 자아발달 자체와 방어기제의 진화는 명백하게 연결되어 있는 것처럼 보인다.[10]

자아발달은 무엇보다 중요한 과제이며 심리사회적 발달, 도덕발달, 방어 스타일의 성숙 등 수많은 과제를 포함하고 있다. 이 과정들은 모두 상호 연관되어 있다. 예를 들어, 우리가 해리 휴즈의 방어기제가 투사에서 반동형성으로, 그리고 다시 반동형성에서 이타주의와 승화로 변화해 간 것에서 나타났던 일반적인 방어의 성숙을 따른다고 한다면, 우리는 심리사회적 발달과 방어의 성숙 모두를 통해서 창의적 과정의 진화를 일목요연하게 정리할 수 있다. 그러한 연쇄 속에서 우리는 휴즈의 욕망과 양심, 다른 사람들, 그리고 현실을 연결하려는 노력뿐만 아니라 자기, 대상, 관념, 그리고 정서를 통합하려는 노력을 따라갈 수 있다. 동일한 발달 선상에서 우리는 휴즈의 자기중심적인 청소년기 발달이 종종 성공적인 경력의 공고화와 연합된 반동형성을 거쳐서 관대함의 이타주의로 이어지는 것을 따라갈 수 있으며, 성인의 심리사회적 발달과 자아발달의 성숙이 얼마나 밀접하게 연결되어 있는지를 볼 수 있다. 방어의 선택에서의 진화에는 성숙의 전체 과정이 포함되어 있다.

방어가 존재한다는 것을
어떻게 증명할 수 있을까

> 가서 별똥별을 잡아라,
> 맨드레이크의 뿌리로 아이를 가져 봐라,
> 모든 과거가 어디에 있는지 말해다오,
> 누가 악마의 발을 갈라놓았는지 말해다오,
> 인어의 노랫소리를 듣는 법을 나에게 가르쳐다오…….
>
> ─존 던

학문적인 사회과학이 직면한 가장 큰 어려움은 아마도 측정 가능한 것
은 종종 문제와는 별 상관이 없고 정말 중요한 것은 흔히 측정할 수
없다는 점일 것이다. 사회과학자들은 정말로 관심 있는 주제 대신에 측정할
수 있는 것을 연구하는 경향이 있다. 이런 면에서 그들은 때때로 열쇠를 잃
어버린 곳이 아니라 가로등이 있는 밝은 곳에서 열쇠를 찾는 우화 속의 남
자와 유사하다. 방어들을 연구하면서 나의 딜레마는 소유자가 신뢰롭게 보
고할 수 없는 주관적인 정신과정을 어떻게 평가하고 측정할 것인가였다. 관
례적인 해결책은 임상적 직관을 이용하는 것이다. 하지만 임상적 판단은 악
명 높을 정도로 신뢰할 만하지도 못하고 측정하기도 어렵다. 내가 과학적인
엄격성을 유지하지 않는다면 미신과 지적인 부정직함을 어떻게 피해 갈 수
있을 것인가? 커밍스E. E. Cummings가 경고했듯이, "오직 몹쓸 놈들만 온도계
로 봄을 측정한다." 따라서 모든 것을 과학자가 바라는 방식대로만 측정한

다면 어떻게 인간적인 자취를 잃어버리지 않을 수 있겠는가? 부분적인 해결책은 메타포를 허용하면서도 실험과 가설 검증을 배제하지 않는 과학적 방법론 안에 있다. 시적인 메타포는 독특하고 형언할 수 없는 것을 성공적으로 기술하지만 미래를 예측하지는 못한다. 한편, 과학은 그 환원주의적 죄에도 불구하고 우리가 일식을 예측하게 해 주고 4월이 12월보다 따뜻하다는 것을 알게 해 준다.

때로 직관은 옳다. 아름다움은 보는 눈마다 다르다는 사실이 아름다움에 대한 우리의 지각을 타당하지 않게 만드는 것은 아니며, 단지 신뢰하지 못하게 만들 뿐이다. 잉크 반점의 지각 혹은 꿈에 대한 개인의 자유연상은 비밀을 털어놓지만 우리가 과연 어느 수준의 추론에서 자료를 얻어 내고 있는 것인지를 알 수는 없다. 잉크 반점과 아름다움, 꿈에서 드러난 사실로부터 우연과 편견을 분리해 낼 수 없고 투사적으로 폭로된 사실로부터 진실의 폭로를 분리해 낼 수 없다. 시와는 달리, 과학은 진실을 완전하게 담지는 못하더라도 오류를 깨닫게 해 준다. 모든 오류에도 불구하고 시는 우리가 진실을 인식하게 해 준다. 따라서 시적인 과학은 우리가 노래하는 '인어'를 단순히 소망 속의 착각으로 간주하게 할지라도 무지개와 '별똥별'의 현실을 믿게끔은 해 줄 것이다. 그러나 여전히 우리는 천문학이라는 과학과 점성술이라는 신화를 분리해 낼 필요가 있다.

프로이트Freud의 역동적 정신의학은 우리에게 프린스턴 대학의 철학자 월터 코프먼Walter Kaufman이 '시적인 과학'이라고 부른 것을 제공했지만 과학적인 관찰 양식을 제공하지는 못했다. 역동적 정신의학은 투사검사와 자유연상의 사용, 그리고 정신의 블랙박스 속에서 어떤 일이 벌어지고 있는지에 대한 건방진 귀납을 통해서 신뢰도와 예측타당도를 무시하곤 했다. 그리고 신뢰도와 예측타당도가 없다면 시적인 과학은 그저 또 다른 종교가 된다. 역동적 정신의학 자체는 미래를 탐사하는 망원경을 제공하지 못한다. 예를 들어, 이론상으로는 정신의 비밀을 발견하기 위해서 메타포를 사용하는 전도유망한 수단으로 소개되는 투사검사가 실제로는 실망스러운 것으로 드러났다. 대개 투사검사들(로샤 검사와 주제통각검사 같은)은 평정자 간 일치를 끌어내거나 미래의 행동을 예측하기에는 사용자의 직관을 너무 반영하는 동시에 너무 민감한 것으로 드러났다. 성인발달 연구에서 대학교 남학생들이 주제통각검사Thematic Apperception Test에서 드러낸 방어들은 그들이 일상생활에서 사용했던 방어와 상응하지 않았다.[1] 그리고 도심 표본 남자들의 로샤 검사Rorschach Test 결과에서 나타난 정신병리는 그들의 실생활에서의 심리적 문제와 별 상관이 없었다.[2]

나는 자아와 방어기제에 대한 연구가 진기한 정신분석적 민간신앙의 영역에서 과학적 의학의 영역으로 옮겨 가려면 세 가지 질문에 대해서 '예'라고 대답할 수 있어야 한다고 본다. 첫째, 방어들이 사적인 정신분석 장면 밖에서도 신뢰롭게 확인될 수 있는가? 예를 들어, 정신분석에 대해서 모르는 관찰자가 심리치료를 한 번도 받아 본 적이 없고 말솜씨도 변변치 않은 노동자계층의 남자에게서도 방어들을 신뢰롭게 확인할 수 있는가? 흔히 합의적 타당화라고 불리는 평정자 간 신뢰도는 메타포에 의존하는 과학을 타당화하는 중요한 수단을 제공한다. 두 번째 질문은 만약 방어기제를 신뢰롭게 확인할 수 있다면 그것들이 예측타당도를 가질 것인가다. 방어의 선택과 미래의 정신병리 간의 인과적 고리가 구축될 수 있는가? 간단히 말해서, 무의식적인 스트레스 관리 스타일은 진짜로 차이를 만들어 내는가? 우리의 마음이 내·외부의 현실을 변경하는 방식들은 우리의 신체적 건강에 영향을 미칠까? 세 번째 질문은 방어의 성숙이 단순한 사회계층의 또 다른 유물이 아니라 환경과는 독립적인 무엇인가로 증명될 수 있는가다. 방어 스타일이 교육, 인종, 성, 그리고 사회적 혜택과는 독립적으로 나타날 수 있는가? 자아가 혈액 응고나 면역계 같은 신체의 다른 동질항상성 기제와 유사하다는 것을 증명할 수 있는가?

이 세 가지 질문을 다루기 위해서 나는 종단적 연구라는 망원경을 사용해 왔다. 전통적으로 일반적인 사회과학과 특히 정신분석학은 가장 높은 확대율로 인간 행동을 검토하고자 노력해 왔다. 그러나 성격발달을 이해하기 위해서 고화대율을 사용한다면 지형학 연구에서와 마찬가지로 별 보람이 없다. 만약 우리가 현미경으로 풍경을 연구한다면 나무에 가려 숲을 보지 못하게 된다. 방어와 풍경을 연구하려면 거리를 두고 피험자를 바라볼 필요가 있다. 우리가 여하간의 확신을 가지고 사람들을 심리적으로 '성숙하다'거나 '병들었다'고 진단 내리자면 종단적 조망을 취할 필요가 있다. 따라서 내가 제시한 세 가지 질문에 답하기 위해서 나는 50~70년에 걸친 세 가지 종단 연구를 통합해 보았다.

성인발달 연구

성인발달 연구는 두 개의 하버드 대학 연구와 한 개의 스탠퍼드 대학 연구로 이루어져 있다. 성인발달 연구는 세 개의 동년배 집단을 포함하는데, 각 동년배 집단은 반세기 이상 동안 전향적으로 연구되었다. 하버드생 표본College sample은 1920년경, 도심 표본Core City sample은 1930년경, 그리고 터먼 표본Terman sample은 1910년경에 태어난 사람들이다.

하버드생 표본

그랜트 스터디Grant Study(하버드생 표본)는 1938년에 하버드 대학 건강 서비스에서 알리 복Arlie Bock과 클라크 히스Clark Heath에 의해서 시작되었다. 이 두 의사는 박애주의자인 윌리엄 그랜트William T. Grant로부터 선물을 받았다. 이 선물은 건강한 인간의 삶에 대한 연구를 위한 것이었다. 왜냐하면 히스의 말을 빌리자면, "질병의 연구에 많은 기금이 투자되었고 계획들이 효력을 발휘했지만, 건강하게 잘 지내고 있는 사람들에 대한 체계적인 조사가 적절하다고 생각했던 사람은 거의 없었기 때문이었다."³ 복은 1938년 9월 30일자 신문에서 그랜트 스터디의 목표를 "전통적으로 의사는 여러 가지 종류의 문제가 생긴 이후에야 환자들을 치료하게 된다. 위생과는…… 이 절차를 개정할 것을 제안하며 정상적인 젊은이를 만드는 힘을 분석하고자 시도할 것이다……. 누구나 병자에게는 보살핌이 필요하다는 것에 동의한다. 하지만 어떻게 사람들이 잘 지내고 성공하는지에 대해서 체계적인 탐구를 할 필요가 있다고 생각한 사람들은 거의 없었던 것 같다……. 현재의 추측을 대체할 많은 양의 사실이 필요하다. 우리에게 필요한 삶의 구호는 이런 것이다. 해야 할 일은 더 많이, 하지 말아야 할 일은 더 적게."라고 적고 있다.

참여자는 하버드대 2학년생들 중에서 선발되었다. 선발과정에서 각 하버드 클래스의 40% 정도, 즉 졸업을 위한 학업 요건을 충족할 수 있을지에 대한 의문이 있는 학생들(대개 이는 1학년 성적의 총점평균이 C+ 이하라는 얘기다)은 임의적으로 배제되었다. 각 클래스의 나머지 60%의 건강 서비스 기록이 검토되었고 신체적 혹은 심리적 장해의 증거 때문에 다시 반수가 제외되었다. 매해 나머지 300명의 이름이 학장들에게 제출되었고, 학장들은 '건전하다'고 생각한 약 100명의 남학생들을 선정하였다. 복의 표현을 빌리자면 '자립할 수 있는 학생', 학장의 표현을 빌리자면 '우리가 입학시켰다는 사실이 기쁜 학생'인 2학년생들을 선정했다. 매해 선발된 100명의 학생들 중에서 약 80명이 연구에 참여하는 데 동의했다.

1939년부터 1942년에 이르는 4년 동안 268명의 2학년생들이 연구를 위해 선발되었다. 그들 중 12명은 재학 중에 연구에서 탈락하였고 8명은 나중에 그만두었다. 반세기 동안, 나머지 학생은 굉장한 충성심을 가지고 계속해서 참여했다. 그들은 거의 2년마다 설문지를 받았고, 5년마다 신체검사를 받았으며, 15년마다 인터뷰를 하였다.

학업성취도 검사에서 측정된 바에 따르면, 선택된 학생들의 학업 성취는 고졸 당시 상위 5~10%에 해당되었다. 하지만 584점이라는 그들의 평균 검사점수가 다른 많은 유능한 학생의 범위를 넘어서는 것은 아니었다. 그들은 급우들보다 더 지적으로 재능 있는 것은 아니었지만, 다른 급우들 중에서 26%만이 우등으로 졸업한 반면에 그랜트 스터디에 참여한 사람들 중에서는 61%가 우등으로 졸업하였다. 그리고 급우들보다 더 높은 비율인 76%가 대학원에 진학하였다. 급우들과 비교했을 때 두 배 정도로 많은 연구 참여자가 중배엽체형(탄탄한 근육질의 체격)이었고 98%가 오른손잡이였다. 참여자 중 반은 장남이거나 외동이었다.

1940년 하버드대 학생회의 구성을 반영하듯이 하버드생 표본의 모든 구성원은 백인 남자였다. 사회경제적으로 그들은 특권 집단 출신이었지만 모두 다 그런 것은 아니었다. 1940년에 1/3의 부모가 연수입 1만 5,000달러를 넘는 수준이었지만 7명 중 1명의 아버지는 연수입이 2,500달러도 채 되지 않았다. 아버지들 중 1/3은 전문적인 훈련을 받았지만 반수는 대학을 졸업하지도 않았다. 거의 반수 이상이 대학에 들어오기 전에 사교육을 받은 적이 있었지만 재학 시절 동안 거의 반수가 장학금을 받거나 적어도 등록금의 일부를 벌기 위해서 학기 중에도 일을 해야만 했다.

그들의 신체건강과 정신건강은 일반 집단보다 분명히 더 좋았다. 막연한 예측 수준인 1/7만이 신체적 이유로, 그리고 1/12은 정신과적 이유로 군복무를 하지 못했다.[4] 전쟁 중에 그들은 구토, 변비, 심계항진 같은 증상을 보다 적게 보고하였고 훈장을 더 많이 받았다. 65세까지 하버드생 표본의 사망률은 동일한 출생 동년배인 백인 남성들에게 기대되는 것의 반에 불과했고 하버드대 급우들의 사망률의 2/3에 불과했다.

하버드생 표본이 47세가 되었을 때는 1989년 달러로 평균 연수입이 약 9만 달러였으며 공화당보다 민주당이 더 많았다. 1954년에 하버드생 표본의 오직 16%만이 매카시 공청회를 인준하였다. 1967년에는 91%가 베트남에 대한 미국의 개입을 단계적으로 줄여 나가야 한다고 지지했다. 일반화를 하자면, 그들은 기업 매니저의 수입과 사회적 지위를 누리고 있었지만 낡은 차를 몰았고 대학교수의 취미와 정견 그리고 생활양식을 추구했다.

도심 표본

도심 표본의 456명은 모두 백인 남성이었으며 매우 다른 사회경제 계층의 동년배 집단을 대표한다. 고등학교 저학년 때 그들은 하버드 법대 교수인 셸던 글루엑Sheldon Glueck과 엘리노어 글루엑Eleanor Glueck[5]이 진행한 전향적인 연구를 위한 통제집단으로 선발되었다. 셸던 글루엑과 엘리노어 글루엑은 그 연구 결과를 『청소년 비행의 해명Unraveling Juvenile Delinquency』이라는 획기적인 저서를 통해 발표하였다. 하버드생 표본처럼 도심 표본의 남자들도 내과 의사, 심리학자, 정신과 의사, 사회조사자, 자연인류학자들로 이루어진 학제 간 팀에 의해 연구되었다. 그들은 14세, 25세, 32세, 47세 때 인터뷰를 받았다. 첫 35년 동안 탈락으로 인한 마모율은 5%였고, 완전히 연락이 끊긴 것은 단지 4명(1%)뿐이었다.

1930년대 동안 글루엑 부부는 비행에 관한 중요한 후향적 연구를 진행하고 있었다. 1939년에 그들은 어린 청소년 범죄자들을 사회경제적으로 동등한 일반 또래와 비교하기 위한 전향적 연구를 수행할 목적으로 기금을 받게 되었다. 1940년과 1944년 사이에 그들은 심각한 비행 문제가 없는 것으로 알려졌다는 근거로 보스턴 도심 지역 학교들에서 도심 지역 참여자들을 선발했다. 이 표본을 비행청소년들과 매치시키기 위해서 네 가지 선발 조건을 사용했다. 도심 참여자들은 동일한 연령, 동일한 지능, 동일한 인종이어야 했고, 소년원에 보내질 정도로 충분히 심한 품행 문제(그리고 사회적 불이익)를 가지고 있었던 비행청소년 500명의 이웃범죄율과 동일한 범죄율을 가진 공동체에서 거주하고 있어야 했다. 따라서 도심 표본의 95%가 보스턴 인구조사에서 가장 높은 청소년 범죄율을 보인 지역의 60%에서 나왔다. 소년들의 평균 IQ는 95였고 61%의 부모가 외국 출신이었다. (70%의 부모나

조부모가 이탈리아, 아일랜드, 영국, 캐나다에서 태어났다. 뚜렷한 설명 없이 글루엑 부부는 양쪽 표본 모두에서 흑인들을 제외했다.) 비행 문제가 없어서 선택되었음에도 불구하고 결국 적어도 26%가 체포되었는데 주로 만취 상태나 경범죄 때문이었다. 그리고 19%는 적어도 하루 동안 수감된 적이 있었다. 이 수치들은 이례적인 반사회적 경향보다는 애초의 사회적 불이익을 보여 준다고 하겠다.

도심 표본의 반 정도는 아동기에 완전히 황폐한 슬럼가에서 살았다. 반수는 다섯 개 이상의 사회기관에 알려진 가정 출신이었고, 2/3 이상은 최근에 정부의 생활보조비를 받게 되었다. 그들의 아동기 주택의 반수가 욕조나 샤워 시설이 없었고, 온수, 중앙난방, 전기시설, 욕조와 화장실이 모두 있는 집은 단지 30%뿐이었다. 비행청소년과 매치되도록 도심 표본의 1/3은 IQ가 90 미만이었고 25%는 두 번 이상 유급을 한 적이 있었다. 보스턴의 엘리트 공립 고등학교에 진학하지 못하게 한 그들의 낮은 평균 지능에도 불구하고, 1950년대와 1960년대 동안 성숙해져 감에 따라 그들은 사회적으로 현저한 상향 이동을 보여 주었다. 그들의 부모들 중 10%만이 중류층(사회계층 II와 III)[6]에 속했지만 그들은 47세 당시 51%가 중류층에 속했다. 47세에 그들의 평균수입은 1989년 달러로 약 3만 달러였다.

터먼 여성 표본

성인발달 연구에 포함된 세 번째 자료는 90명의 여성(터먼 표본)으로 캘리포니아 공립학교 영재아에 관한 루이스 터먼Lewis Terman의 연구에 참여한 672명 중 대표적인 하위 표본이다. 스탠퍼드 대학 교육학과 교수였던 터먼은 비네 지능검사를 미국에 소개함으로써 IQ라는 말을 대중화했다. 1920년부터 1922년 사이에 터먼은 캘리포니아의 도시 지역에 거주하는 아이들 중에서 IQ가 140 이상인 모든 아이를 확인하려고 시도했다.[7] 그는 캘리포니아의 3개 대도시 지역에 초점을 맞추기로 하고 교외를 포함한 오클랜드, 샌

프란시스코, 로스앤젤레스를 선택했다. 1920년에 이들 지역에는 10만 명의 초등학생이 있었고 캘리포니아 인구의 약 1/3이 살고 있었다. 터먼은 도시 지역의 초등학교 전체에서 집단검사를 하기 위해 7%의 표본을 먼저 선택했다. 이 대규모 표본은 각 학급에서 가장 어린 아이와 현재 학급에서 가장 똑똑한 아이, 그리고 교사의 견해에 근거할 때 이전 학년의 학급에서 가장 똑똑한 아이로 구성되었다. 그러고 나서 터먼은 이 집단에서 가장 유망한 아이들을 스탠퍼드-비네 지능검사Stanfore-Binet Intelligence Test로 평가했다. 이런 식으로 IQ가 140 이상인 1,000명의 아이가 파악되었다. 그들은 비네 검사의 표준에 의하면 캘리포니아 도시 학생들 중 가장 똑똑한 1%인 것이었다. 그다음 몇 해 동안 다소 충동적으로 터먼은 자신의 표본에 매우 똑똑한 아이들을 추가하였다. 결국 그는 여자 672명과 남자 856명을 선택하게 되었다.

원래 터먼의 엉성한 선발 절차의 목표는 3개 도시 지역의 가장 똑똑한 아이들 중 적어도 90%를 포함시키는 것이었다. 그러나 그가 전체 학교에 되돌아가서 확인한 바에 따르면 아마 단지 80% 정도를 파악했던 것 같다. 못생겼거나 수줍은 아이들이 선발 절차에서 빠지는 경향이 있었다. 더구나 사립학교나 중국어를 사용하는 학교에 다니는 아이들은 임의적으로 제외되었다. 그 당시 교사들은 인종 편견이 아주 심했기 때문에 영어가 제2국어인 똑똑한 아이들도 부주의하게 제외될 위험이 있었다. 예를 들어, 한 터먼 연구 대상의 아버지는 시인이자 체스 장인이었고 전직 시장이었으며 원예학자로서 삼 년간의 대학원 교육을 받기도 했다. 하지만 그의 딸의 교사는 그에 대해서 '일본인 정원사'라고 경멸조로 이야기했다.

1920년에 캘리포니아는 아직 젊은 주였다. 로스앤젤레스의 인구는 50만 명이었고 오클랜드의 인구는 2만 명이었다. 따라서 도시 중심 출신이라고 하더라도 터먼의 연구 대상의 아동기는 19세기 미 동부 지역 아이들의 아동기와 더 비슷했다. 많은 아이가 농장이나 나무가 늘어선 거리에서 자랐다. 그들이 다녔던 도시의 공립학교들에는 여전히 풀로 덮인 운동장이 있곤 했다. 한편 터먼 연구 대상의 아버지 중 20%는 육체노동자였다. 그리고 29%의 아버지는 '전문직'에 종사했는데, 이는 통제집단이었던 그들의 공립학교 급우들의 아버지에 비해서 10배나 많은 것이었다. 그러나 터먼이 정의한 전문직은 광범위해서 고등학교 교사도 포함하는 것이었다.

터먼 연구의 대상은 발달이 빨랐다. 그들은 급우들보다 한 달 더 빨리 걸음마를 시작했고 세 달 더 빨리 말했다. 급우들보다 모유 수유를 더 많이 받았다. 20%는 5세 이전에 읽을 줄 알게 되었고 60%는 16세나 그 이전에 고등학교를 졸업했다. 평균 IQ가 151인 그들의 높은 지능은 심리적인 어려움을 야기하지 않았다. 오히려 그들의 정신건강은 급우들보다 훨씬 더 좋았다. 성격 특성의 경우, 그들은 유의하게 더 많은 유머와 상식, 끈기, 리더십을 가지고 있었고 인기가 많았다. 그들은 급우들과 비슷한 정도로 결혼했다. 그들의 신체적 건강 또한 더 좋았다. 그들은 영양 수준이 더 좋았고 두통과 중이염은 더 적게 앓았다. 그들의 형제자매는 급우들의 형제자매에 비해 아동기 사망률이 반밖에 되지 않았다. 78세에 이르기까지 터먼 연구 대상의 사망률은 출생 동년배인 미국 백인 여성들에게서 기대되는 수준의 반에 불과했다.

이 지능이 우수한 여성들을 위한 기회는 역설로 가득 차 있었다. 한편으로 그들의 어머니는 딸들이 10세가 될 때까지도 투표권이 없었다. 다른 한편으로 캘리포니아 대학의 등록금은 저렴했으며(스탠퍼드 대학과 버클리 대학 모두 25~50달러가 학기당 등록금이었다), 똑똑한 여성들에게는 학위를 따는 것이 기대되었다. 또 한편으로 그들이 20세였을 때 시작된 대공황과 30세였을 때 시작된 제2차 세계대전은 이 여성들이 노동인구에 진입하도록 압력을 가했다. 또 다른 한편으로는 그들이 가질 수 있었던 직업은 범위와 기회의 측면에서 제한되어 있었다. 제2차 세계대전 덕분에 어떤 직업 기회를 가질 수 있게 되었느냐는 질문에 버클리 졸업생이었던 터먼 연구의 참여자는 "드디어 타자를 치는 것을 배우게 되었죠."라고 대답했다.

70년 동안 터먼과 그의 계승자인 메리타 오든Melitta Oden, 로버트 시어스Robert Sears 그리고 앨버트 해스토프Albert Hastorf는 이 1,528명의 영재를 추적 연구했다.[8] 터먼 연구 참여자들은 5년마다 질문지에 답했고, 1940년과 1950년에 개별 인터뷰를 했다. 최초의 연구를 시작한 지 20년이 지난 후인 1940년에 터먼은 모든 참여자를 인터뷰하고 재검사를 하기 위해서 결연한 노력을 다시 기울였다. 사망한 경우를 제외한다면 그 당시 마모율은 단지 2%에 불과했다. 추적조사를 한 지 65년 만인 1986년에도 사망 외에 다른 이유들로 인한 마모율은 여전히 10% 미만이었다.

1987년에 캐롤라인 베일런트Caroline Vaillant와 나는 터먼의 원래 표본인 672명 중에서 대표적인 표본으로 90명을 선택했다. 이 90명 중에서 29명은 사망했고 다른 21명은 건강 문제가 있거나 협조를 하지 않아서 만나지 못했다. 우리는 남은 40명을 다시 인터뷰했다. 그들의 평균 연령은 78세였다. 우리가 인터뷰하지 못했던 50명의 여성 대부분도 반세기 동안 추적 조사하고 있었기 때문에 우리는 그들을 대부분의 자료 분석에 포함시킬 수 있었다. 일반적으로 더 나쁜 신체적 건강을 제외한다면 이 50명의 여성은 우리가 인터뷰했던 40명의 여성과 유의하게 다르지 않았다.

세 표본의 비교

성인발달 연구에 포함된 세 표본 각각은 비교적 동질적이지만 서로 간에 매우 달랐다. 하버드생 표본의 아버지들의 30%는 사회계층 I(의사, 성공한 변호사, 사업가)에 해당했지만 도심 표본의 아버지들은 한 명도 해당 사항이 없었다. 도심 표본의 아버지들의 31%가 사회계층 V(교육 연한 10년 미만의 미숙련 노동자)에 해당했지만 하버드생 표본의 아버지들은 한 명도 해당 사항이 없었다. 터먼 여성 표본의 부모들은 대부분 중류층이거나 숙련공(사회계층 III과 IV)이었으며 하버드생 표본의 부모들과 같은 특권계층도 아니었고 도심 표본의 부모들과 같은 소외된 계층도 아니었다. 예를 들어, 터먼 연구 참여자들의 아버지들 중에는 비숙련 노동자가 단 한 명이었다. 그는 영재인 자신의 자녀가 대학교육을 받을 수 있게 하기 위해서 버클리대에 수위로 취직했던 농부였다.

터먼 여성 표본의 아버지들의 평균 학력이 12년이었던 것에 비해 도심 표본의 아버지들의 평균 학력은 8년, 하버드생 표본의 아버지들의 평균 학력은 16년이었다. 어머니를 보자면 터먼 여성 표본의 경우에는 15%, 하버드생 표본의 경우에는 32%가 대학에 진학했지만, 도심 표본의 경우에는 단 한 명도 대학에 다닌 사람이 없었다. 터먼 여성 표본의 평균 IQ(비네 검사)는 151이었고, 도심 표본의 평균 IQ(웩슬러 검사)는 95였으며, 하버드생 표본의 평균 IQ 추정치는 130~135였다.

아마도 터먼 여성 표본의 높은 지능이 환경적인 특혜가 아니라 생물학적인 잠재성에 기반을 두고 있다는 가장 설득력 있는 증거는 그들의 자녀들이 사회경제적으로 더 특혜받은 하버드생 표본의 자녀들보다 분명하게 더 높은 지능(표준화된 검사 결과)을 보였다는 사실일 것이다. 터먼 여성 표본의 자녀들은 우연 수준에서 기대되는 것보다 75배나 더 많은 수가 170을 상회하는 IQ를 나타냈다! (부정적인 환경요인이 측정된 IQ 수치를 현저하게 저하시킬 수 있지만 긍정적인 환경요인은 측정된 IQ를 단지 몇 점만 올릴 수 있을 뿐이다.)

터먼 여성 표본의 67%, 하버드생 표본의 99%, 그리고 도심 표본의 10%만이 대학을 졸업했다. 도심 표본의 35%가 10년 미만의 교육을 받은 반면에, 터먼 여성 표본의 24%와 하버드생 표본의 76%가 대학원에 진학했다. 그럼에도 불구하고 저명한 학문적 경력이나 전문적 경력을 쌓은 터먼 연구의 남성 참여자들과는 대조적으로 동등한 정도로 총명하고 교육도 거의 비슷한 수준으로 받은 여성 참여자들은 사회에서 크게 쓰이지 못한 것이 분명하다. 그들의 수입을 살펴보면 이 사실이 극적으로 드러난다. 적어도 253명은 거의 평생 동안 정규직을 가지고 있었다. 이 잘 교육받고 평생 동안 직장생활을 했던 영재 여성들의 평균 최대 연수입(1989년 달러로 3만 달러)은 제대로 교육받지 못하고 때로는 지적이지 못했던 도심 표본의 평균 최대 연수입과 동일했다.

높은 지능 때문에 터먼 여성들의 삶에 가해진 가장 큰 부정적 편견은 그들 중 75%만이 자녀를 두었고 평균 자녀 수가 1.8명에 불과했다는 것이다. 대조적으로 하버드생 표본의 참여자들은 평균 3명의 자녀를, 그리고 도심 표본의 참여자들은 평균 4명의 자녀를 두었다. 가장 성공적인 직장생활을 했던 30명의 터먼 여성들 중에서는 오직 5명만 자녀를 두었다. 이 30명의 여성은 집단 전체로 봤을 때 단지 7명의 자녀만을 두었다.

그렇다면 개별적으로 봤을 때 이 세 표본 중에서 어느 것도 일반 전집을 대표한다고 볼 수 없다. 하지만 세 표본은 사회적으로 서로 굉장히 다르다는 장점이 있고 최대 20년까지 차이가 나는 역사적 출생 동년배 집단으로 태어났다. 그럼에도 각 표본 내에서는 상당한 동질성이 존재한다. 따라서 집단 간 유사성과 집단 내 차이점은 미국의 백인 표본에 일반화할 수 있다.

성인발달 연구의 세 동년배 집단이 아동기 이후에 연구되었다는 점도 큰 도움이 된다. 전향적 연구는 우리가 실험법을 프로이트식 가정들과 관련지을 수 있게 한다. 예컨대, 나는 하버드생 표본의 한 참여자로부터 출판 허가를 받으려고 그의 지속적인 억압의 사용을 기술하기 위해서 전향적으로 수집한 일화들을 보냈던 적이 있다. 왜냐하면 그가 대학 시절 보고했던 견해들과 나중에 지녔던 견해들이 매우 달랐기 때문이다. 그러나 그는 자신의 젊은 시절의 일화를 내게 되돌려 보내면서 "조지, 아무래도 틀린 사람한테 자료를 보낸 것 같은데요."라고 말했다. 그는 웃기려고 한 것이 아니었다. 그는 자신의 대학 시절 페르소나를 기억할 수 없었다. 그에게는 억압이 지배적인 방어기제였다.

또 전향적 연구는 기억이 얼마나 창의적이고 믿을 수 없는 것인지를 밝혀 주었다. 마틸다 라이어Matilda Lyre라는 한 터먼 여성의 삶을 예로 들어 보자. 78세 때 라이어는 의사가 되고 싶었던 적이 있냐는 질문에 "여성들이 기나긴 세월을 지나 왔다는 사실을 기억해야만 해요. 나는 의사가 되는 것은 전혀 생각해 본 적이 없어요."라고 꾸짖듯이 대답했다. 사실 그녀는 14세 때 의사가 되고 싶다고 터먼 연구진에게 말한 적이 있었다. 대학 시절 그녀는 예과 공부를 했으며 30세 때는 스트롱 직업흥미검사Strong Bolational Interset Test에서 직업적 흥미가 가장 큰 영역이 의학인 것으로 나타났다. 다시 78세 때 라이어는 그녀의 잠재력과 실제로 그녀가 성취할 수 있었던 것 사이의 차이를 어떻게 극복했는지에 대한 질문을 받았다. 그녀는 겸손하게 "나는 내가 잠재력을 가지고 있었다는 것을 결코 몰랐어요……. 난 요리를 하고 정원을 가꾸는 것을 배워야 했어요."라고 대답했다. 이것은 아동기 때 의사가 되고 싶어 하는 것 외에도 천문학자도 되고 싶었고 시인도 되고 싶었으며 과학자도 되고 싶어 했다는 사실을 은폐하기 위한 재구성의 결과였을 것이다. 사실 그녀가 20세였을 때 터먼 연구진은 그녀를 '시도하는 것이 무엇이든 화려한 성과를 올리는' 사람으로 묘사했다. 버클리대에서 그녀는 학보의 편집자였고 올스타 수영 팀의 일원이었으며 강의를 하고 기사를 쓰면서 주 전역을 돌아다니기도 했다. 그러한 잠재력에도 불구하고 그녀의 뒤이은 초기 성인기는 작은 마을의 시간제 체육교사로 일하는 수준에 머물러 있었다. 대공황 동안의 제한된 경제적 기회는 그녀의 경력을 심각하게 제한하였다. 그럼에도 불구하고 젊었을 때의 라이어는 자신이 잠재력을 가지고 있다는 사실을 알고 있었다. 심지어 50세 때는 "나한텐 공부가 매우 쉬운 일이라는 것을 일찍이 깨달았으며, 어른이 되어서는 지식이 스스로 생각하고 싶은 나의 욕망을 강화한다는 것을 깨달았습니다."라고 인정했다.

78세에도 마틸다 라이어는 대학을 마칠 무렵에야 자신이 터먼의 영재 연구 대상이라는 사실을 처음 알게 되었다고 주장했다. 50세에 그녀는 자신이 영재라는 사실을 10세 때 알게 되었다고 기억했다. 25세에는 자신이 영재라는 사실을 알게 된 것이 6세 때였다고 말했다. 그녀의 인생 이야기는 편견과 대공황, 빈곤에 의해서 좌절되었던 인생이 견딜 수 있을 만한 것으로 재구성된 것이었다. 따라서 자아를 이해하기 위해서는 전향적 연구가 필수적이다.

하지만 마틸다 라이어의 이야기는 비교적 행복한 결말을 보여 준다. 그녀가 30세 때 했던 스트롱 직업흥미검사는 그녀가 의학 이외에도 음악에 큰 관심을 가지고 있음을 보여 주었다. 그녀는 60세가 되어서야 자신의 이러한 면모를 개발하기 시작했다. 당시에 그녀는 바이올린을 배웠다. 조금 후에는 이혼을 하게 되었고 친한 친구로부터 바이올린을 넘겨 받았는데 자신의 음악이 마침내 비상하기 시작하는 것을 발견했다. 지난 6년간 라이어는 로스앤젤레스에서 독주회를 열어 왔다.

임상적 직관을 검증하기 위한 종단적 표본의 사용에 대한 소개와 더불어 자아 방어기제의 타당성을 경험적으로 증명하려면 앞서 제시된 세 질문에 긍정적으로 답해야 할 필요가 있다. 이제는 앞의 세 질문으로 되돌아가 보자.

방어를 신뢰롭게 규명하고 분석할 수 있는가

일부 방어는 다른 방어보다 더 성숙하다('건강하다')는 가설을 세울 수 있다면 이러한 방어들을 신뢰롭게 규명할 수 있는가? 신뢰도에 관한 첫 번째 질문을 다루기 위해서 나는 도심 표본에 초점을 맞출 것이다. 왜냐하면 이 표본의 경우 이용 가능한 정보가 가장 적고 그들의 방어를 신뢰롭게 규명하는 방법이 다른 표본으로 더 쉽게 일반화될 수 있기 때문이다. 그러나 세 표본 모두에 본질적으로 동일한 방법이 사용되었다.

2장에서 기술된 방어의 조작적 정의를 익힌 후에 독립적인 평정자들은 다른 많은 평정자에 의해 평정된 적이 있는 인터뷰 프로토콜을 가지고 먼저 훈련받았다. 그다음에 그들은 도심 표본 참여자들이 47세 때 받았던 두 시간짜리 반구조화된 인터뷰의 요약문(20~30페이지)을 받았다. 의료사회복지사와 최근 대학원을 졸업한 심리학 전공자인 평정자들은 정신분석적으로 훈련받은 적은 없었다. 그들은 도심 표본의 아동기 기록과 결과에 대해 독립적으로 이루어진 성인 평가에 대해서는 모두 모르는 상태였다.

인터뷰 프로토콜은 도심 표본 참여자에게 개별적으로 실시된 두 시간짜리 인터뷰의 축어록을 바탕으로 면접자가 작성한 것이었다. 이 인터뷰들은 참여자들의 대인관계, 신체적 건강, 그리고 일에서의 어려움에 초점을 맞추도록 고안된 것이다. 수많은 직접 인용이 포함되었지만, 우리의 방법론은 과학의 한계와 저널리즘의 이점을 모두 포함하고 있다. 그 목적은 자료 정리의 첫 번째 단계로서 면접자의 요약을 사용하고 녹음된 자료의 녹취에 묻혀 버리곤 하는 인터뷰의 강조점을 보존하기 위한 것이었다. 정보를 모르는 평정자가 사용할 수 있도록 인터뷰를 요약하면서, 면접자들은 참여자들이 역경을 다루는 데 썼던 행동들을 명명하지는 않되 명시하도록 지시받았다.

각 인터뷰 프로토콜마다 평정자들은 2장에서 논의된 열여덟 가지 방어 스타일 각각에 해당할 수 있는 모든 예를 기록해야 했다. 그러나 〈표 2-2〉에 제시된 세 가지 '정신병적' 방어는 너무나 드물어서 상관이 없을 정도였다. 평정자는 알려진 과거 행동과 과거 어려움에 적응한 것으로 추정되는 스타일 모두에 주의를 기울였고, 인터뷰에서 일어나는 상호작용상의 특별한 우여곡절에도 집중하였다. 2장에서 소개된 페기 오하라의 예들은 평정자들이 초점을 맞춘 종류의 행동 자료를 보여 준다. 임상적 추론도 허용된다. 이런 식으로 평정자들은 도심 표본 참여자의 인터뷰마다 10~30개에 이르는 방어 일화들을 확인하였다.

일단 개인의 방어 스타일이 확인된 뒤에는 임상적 직관을 전산화하기 위해서, 즉 메타포를 숫자로 전화시키기 위해서 체계적 절차[9]가 사용되었다. 이 절차를 통해서 하버드생 표본, 도심 표본, 그리고 터먼 표본 참여자의 방어의 성숙도를 1(가장 성숙한)부터 9(가장 미성숙한) 사이로 평정하였다. 2명의 독립적인 평정자들이 평정했을 때, 방어의 성숙도에 대한 9점 척도는 평정된 307명의 도심 표본 참여자 중에서 오직 23명만 2점 이상 차이가 났다.[10] 터먼 여성 표본 37명 중에서는 단지 7명만 1점 이상의 차이를 보였다. 간단히 말해서, 독립적인 평정자들은 한 개인의 지배적 방어 스타일이 성숙한(적응적인)지 혹은 미성숙한(부적응적인)지에 대해 일관성 있게 일치할 수 있었다.

방어기제는 타당한가

앞에서 우리는 방어의 성숙도를 신뢰롭게 평가할 수 있다는 것을 알게 되었다. 다음 질문은 타당도다. 사람들의 방어의 성숙도는 그들의 삶에 대해 필체나 점성술 징표보다 더 많은 것을 얘기해 주는가? 이에 대답하기 위해서 나는 하버드생 표본, 도심 표본, 그리고 터먼 표본의 자료를 사용했고 참여자의 방어 성숙도에 대한 평정과 정신건강, 심리사회적 성숙(6장 참조), 그리고 일하고 사랑하는 능력에 대한 평가 간의 상관을 계산했다. 〈표 5-1〉에 제시되어 있듯이, 방어의 성숙과 성공적인 성인발달의 다른 지표들 간의 상관은 유의했다. 대략적으로 비교 가능한 변인들(방어를 평가한 평정자들이 아닌 평정자들이 평정한)을 매우 다른 이 세 표본을 대상으로 비교했을 때 동등한 정도로 강한 상관을 보였고, 이는 사회계층, 교육, 성별과는 무관하게 방어의 성숙과 정신건강 간에 정적인 상관이 있음을 시사해 준다. 노마 한 Norma Haan의 초기 작업 또한 이러한 결과를 지지한다.[11]

그러나 성숙한 방어가 사람들로 하여금 삶 속에서 즐거움을 찾을 수 있게 해 주는 것이 아니라 삶에서의 즐거움이 성숙한 방어라는 호사를 누리게

표 5-1 | 방어의 성숙과 성공적인 성인 결과물의 측정치 간의 상관관계

변인	터먼 여성 표본 (n = 37)	하버드생 표본 (n = 186)	도심 표본 (n = 307)
삶의 만족도, 60~65세	.44	.35	해당 없음
심리사회적 성숙(에릭슨 단계)	.48	.44	.66
정신건강(GAS 또는 HSRS)[a]	.64	.57	.77
직업적 성공, 47세	.53	.34	.45
결혼 만족도, 47세	.31	.37	.33
직무 향유, 47세	.51	.42	.39
취업기간 %	.37	해당 없음	.39

주: 터먼 여성 표본의 가장 낮은 3개의 상관관계를 제외한 모든 상관관계는 p < .001 수준에서 유의하다(즉, 해당 상관치가 우연일 가능성은 1000분의 1보다 낮다).

a. GAS는 다음 참조: J. Endicott, R. L. Spitzer, J. L. Fleiss, and J. Cohen, "The Global Assessment Scaled: A Procedure for Measuring Overall Severity of Psychiatric Disturbance," *Archives of General Psychiatry* 33 (1976): 766-770. HSRS는 다음 참조: L. Luborsky, "Clinicians' Judgements of Mental Health," *Archives of General Psychiatry* 7 (1962): 407-417.

해 주는 것이라고 주장할 수도 있다. 따라서 〈표 5-1〉에 제시되어 있는 대부분의 상관계수가 시사하듯이 방어 스타일의 성숙도가 단지 안면타당도가 아닌 예측타당도를 가지고 있다는 것을 증명하는 것이 중요하다. 예측타당도는 다음과 같은 방식으로 평가되었다. 하버드생 표본에 대해 모르는 상태에서 평정자들은 참여자들이 50~65세에 이르는 동안 2년마다 실시된 설문지를 검토하고 만약 그 나이에 동일한 적응을 했더라면 어떤 기분이었을지를 5점 척도에 표시하게 했다. 20~47세에 실시된 질문지로부터 평가된 성숙한 방어 스타일들이 하버드생 표본이 65세에 느끼는 삶의 만족도를 상관계수상에서 .35 수준으로 예측했다.

〈표 5-2〉는 방어의 성숙도가 외견상의 만족뿐만 아니라 정신건강도 예측한다는 것을 시사한다. 하버드생 표본의 50세 이전의 삶에 대해서 전혀 몰랐던 평정자들은 그들이 보여 준 50~65세 사이의 일하는 즐거움, 정신과 및 진정제의 이용, 결혼생활의 안정성, 그리고 47세 이후에 그들의 직업 경

표 5-2 | 하버드생 표본의 방어 스타일 성숙과 후기 중년기 적응 간의 관계

65세 당시 심리사회적 적응	방어 스타일(20~47세)		
	가장 성숙한 (n = 37)	중간의 (n = 105)	가장 덜 성숙한 (n = 31)
상위 1/5(n = 37)	18	19	0
중간 3/5(n = 99)	18	66	15
하위 1/5(n = 37)	1	15	16

주: 피어슨 상관관계 r = .47, p < .0001.

력이 상승되었는지 혹은 퇴락했는지를 평가했다.[12] 47세 이전에 미성숙한 방어들을 사용하는 것으로 평가된 사람 중에서 65세 때 비교적 잘 지내고 있는 경우는 한 명도 없었다. 그리고 20~47세에 매우 성숙한 방어들을 사용했던 사람 중에는 한 명만 65세 때 잘 지내지 못하고 있었다. 도심 표본의 로샤 검사가 아무것도 예측하지 못했다는 것을 기억하라.

하버드생 표본 중 성인기 어느 시점에서든 임상적으로 우울 진단을 받았던 23명의 방어들은 디스트레스가 가장 적었던 70명(관찰 대상이 되었던 30년 동안 진정제를 사용한 적이 한 번도 없거나, 정신과에 간 적이 한 번도 없거나, 정신과적 진단을 받은 적이 없는 사람들)의 방어들과 대조적인 양상이었다. 두 집단은 성숙한 방어 전체에서 현저한 차이를 나타냈다. 첫째, 〈표 5-3〉에 제시된 것처럼 디스트레스가 가장 적었던 집단의 61%와 가장 우울했던 집단의 단지 9%만이 전반적으로 성숙한 방어들을 보여 주었다. 우울한 집단의 47%와 디스트레스가 가장 적었던 집단의 7%만이 미성숙한 방어 스타일을 지속적으로 애용했다. 불행한 아동기를 겪었던 많은 사람이 성인기 삶에 적응하기 위해서 성숙한 방어기제인 이타주의를 사용하지만, 우울한 하버드생 표본에서는 그 누구도 주요한 적응 스타일로서 이타주의를 지속적으로 사용하지는 않았다. 그러나 여전히 의문을 갖는 것도 당연하다. 단순상관이 인과관계를 증명하지는 않는다. 예를 들어, 미성숙한 방어들은 알코올 남용 및 뇌손상과 연합되어 있는 것이지 원인이 된다고 할 수 없다. 오

표 5-3 | 하버드생 표본에서 가장 우울한 남성과 가장 덜 고통받는 남성의 방어 사용

| 방어 | 각 방어를 주 적응방식으로 사용하는 % | |
	가장 우울한 집단 (n = 23)	가장 덜 고통받은 집단 (n = 70)
억제	26	53
이타주의	0	19
반동형성	17	4
전위	39	6
해리	26	7
소극적 공격	30	16
가장 성숙한	9	61
가장 덜 성숙한	47	7

주: p < .05. 수준에서 유의한 차이임.

히려 알코올 남용과 뇌손상이 방어의 성숙도에서 퇴행을 야기할 수 있다. 미성숙한 방어와 우울증의 상관은 그렇게 단순하고 명확한 인과관계가 아닐 가능성이 높다. 어떤 사람들의 경우에는 심한 우울증이 방어의 성숙에서 퇴행을 가져올지도 모른다. 그렇지만 또 다른 사람들의 경우에는 우울증과 미성숙한 방어들이 모두 다룰 수 없는 스트레스, 왜곡된 뇌 화학기전, 혹은 그 둘 다에 대한 반응일 수도 있다. 정동장애와 방어의 성숙 사이의 관계를 규명하려면 더 많은 증거가 필요하다.

이 시점에서 다소 더 흥미로운 질문을 던져 볼 수 있다. 방어 스타일의 성숙은 생물학에 영향을 미칠까? 즉, 방어 스타일은 성공적인 노화를 예측하는가? 초기 성인기에 평가한 방어의 성숙이 미래의 신체건강을 예측한다고 증명할 수 있는가? 불행히도 방어의 성숙이 신체건강을 예측한다는 증거는 〈표 5-2〉에서 보이는 정신건강을 예측한다는 증거만큼 명확하지는 않다.

[그림 5-1]은 비교적 성숙한 방어를 가진 하버드생 표본 79명의 쇠퇴하는 신체건강(짙은 색 막대)을 비교적 미성숙한 방어를 보인 하버드생 표본 61명의 쇠퇴하는 신체건강(흐린 색 막대)과 대비시킨 것이다. 이전처럼 방

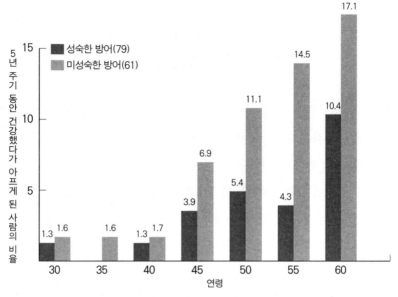

그림 5-1 | 방어의 성숙과 신체건강의 감소 간 관계

(방어의 성숙에 대한 정보는 47세 이전에 수집되었다. 각각의 5년 주기 동안 만성적으로 아프게 된 남성의 비율은 각 기간의 출발 시점에서 여전히 건강했던 남성의 총수를 근거로 했다. 따라서 취약한 신체건강이 방어의 성숙에 영향을 미치지는 않았을 것이다.)

어의 성숙은 20~47세 사이의 적응 스타일에 기초하여 평가되었다. 그래프의 막대는 각 5년 주기 동안 만성적으로 아프게 된 참여자들의 퍼센트를 나타낸 것이다. 60세 이전에 각 5년 주기마다 미성숙한 방어를 보인 사람들은 성숙한 방어를 보인 사람들보다 불치병을 얻게 될 가능성이 훨씬 더 컸다. 즉, 적어도 평가 대상이 된 10년 동안 성숙한 방어를 사용하는 사람의 신체건강은 나빠지는 속도가 느렸다. 따라서 적어도 한동안은 방어기제의 적응적 선택이 건강하지 못한 상태에 대한 일종의 면역을 제공하는 것으로 보인다. 그러나 65세가 되자 성숙한 방어와 지속적인 건강 사이의 이러한 상관은 더 이상 뚜렷하게 나타나지 않았다.

방어 스타일의 성숙도는 성별, 교육, 그리고 사회적 혜택과는 무관한 것인가

정신의학의 주요 과제는 인간이 정신건강을 유지하는 방법인 동질항상성 기제를 사회문화적 유산으로부터 분리시키는 것이다. 생물의학에서는 그 과제가 더 쉽다. 예컨대, 혈액응고 요인은 평등한 방식으로 분배된다. 로마노프와 합스부르크 왕족은 혈우병 때문에 젊은 나이에 죽었지만 소작농들은 그렇지 않았다. 생물학이 혈액응고 요인과 면역기제의 배분만큼 자아 강도의 분배도 민주적으로 행했으면 좋겠다고 바랄 것이다. 그러나 의심의 여지가 있다. 정신건강 지수 중 다수가 분명히 교육과 지능, 사회계층, 그리고 성에 대한 사회적 편견에 달려 있다. 예컨대, 정신과 의사에게 진료받는 것은 사회적으로 동질적인 집단 내에서만 정신적 질병의 지표로 사용될 수 있다. 하버드생 표본의 약 40%와 도심 표본의 단지 7%만이 정신과 의사의 도움을 받았지만, 실제로 도심 표본의 정신건강은 하버드생 표본보다 좋지 못했다. 마찬가지로 도심 표본의 동년배 집단 내 비교에서도 수입은 정신건강과 상관이 있었다. 그러나 동년배 집단 간 비교에서 똑같이 정신적으로 건강한 터먼의 여성 표본은 자신들보다 지적으로 우수하지 못하고 단지 교육을 조금 더 받은 하버드생 표본의 수입의 1/3에 불과한 돈을 벌었다. 이러한 집단 간 차이는 정신건강보다는 사회 자체에서 비롯되는 문제다. 마지막으로, 충분히 교육받지 못한 도심 표본 참여자(그리고 언어적 재능이 가장 적었던 하버드생 표본)는 제인 뢰빙거의 워싱턴 대학교 문장완성검사에서 언어적으로 유창한 하버드생 표본보다 낮은 단계의 전체 자아발달을 보였다.[13] 그러나 언어적 유창성이 성숙한 자아발달을 반영한다는 증거는 없다. 오히려 자아발달 검사로서 널리 인정받고 있는 뢰빙거 검사가 교육 및 언어적 유창성에 영향을 받았다고 결론 내려야 할 것이다. 그렇다면 방어 스타일의 성숙도가 사회경제적 지위나 지적 능력 혹은 성별에 의해 영향을 받지 않는 것처럼 보인다는 것은 대단히 흥미로운 일이다. 원래 정신적으로 건강하다는 이유로 선발되었던 하버드생 표본이 조금 더 나아 보였고(현저하게 미성숙한 방어를 사용한 경우는 단지 11%에 불과했다), 사회적으로 소외된 환경 때문에 비행 집단에 상응하는 집단으로 선발되었던 도심 표본은 조금 더 나빠 보였다(25%가 현저하게 미성숙한 방어를 사용했다). 그러나 지능, 사회적 혜택, 교육에서 나타나는 이 두 집단의 커다란 차이를 고려한다면, 방어 스타일의 성숙도에서 나타나는 이러한 차이는 그다지 대단치 않으며 원래 정신적으로 건강한 대학생을 선발하고자 했던 선택 편향으로 쉽게 설명할 수 있다.

사회적 특권이 방어 스타일에 미치는 영향에 대한 덜 왜곡된 견해는 집단 내 비교를 통해서 얻어질 수 있다. 즉, 각 집단 내의 구성원을 동일 집단 내의 다른 구성원과 비교하는 것인데, 이렇게 하면 애초의 선택 편향을 배제할 수 있다. 〈표 5-4〉는 사회계층, 지능지수, 그리고 교육이 방어 성숙도에서 나타나는 집단 내 차이에 미치는 영향을 검토한 것이다. 상관은 유의하지 않다. 심지어는 온화한 아동기 환경과 방어의 성숙도 간 상관도 기대

표 5-4 | 방어의 성숙과 생물심리사회적 선행 조건 간의 상관관계

배경 정보 변인	터먼 여성 표본 (n = 37)	하버드생 표본 (n = 186)	도심 표본 (n = 277)[a]
부모의 사회계층	-.07	.04	-.02
IQ	.18	-.05	.10
학력	.09	해당 없음	.17**
아버지와의 온정적 관계	.24	.23**	.01
온정적인 아동기 환경	.39**	36**	.10
어머니와의 온정적 관계	.22	.18**	.04

** $p < .01$.
a. IQ가 80 미만인 30명의 남자는 제외됨.

에 미치지 못한다. 사회적 환경으로부터의 독립성은 혈액응고 요인과 같은 생물학적 차이에서 나타나는 것과 유사하다.

내가 질문을 해 봤던 모든 사람은 여성이 남성과는 다른 방어 스타일을 사용한다는 것을 '알고' 있었다. 하지만 그들의 지식은 직관에 기초한 것이지 자료에 기초한 것이 아니다. 정말로 하버드생 표본보다 터먼 여성 표본이 더 선호했던 방어 스타일이 있는 것일까? 성인발달 연구 참여자가 사용했던 개별적인 방어들의 수치를 점수화하기 위해서 평정자들은 관찰된 사용 횟수를 계산했다. 각 평정자는 터먼 여성 표본과 도심 표본의 두 시간짜리 인터뷰 동안 해당 방어가 전혀 없다면 0점, 1~2회 정도 나타난다면 1점, 가장 흔히 사용된 방어이거나 3회 이상 나타난다면 2점으로 채점했다. 더 집중적으로 연구된 하버드생 표본의 경우에는 이러한 평정이 20~40세 사이에 수집된 모든 자료를 대상으로 이루어졌다. 두 평정자가 언제나 일치하지는 않았다. 실제로 방어에 따라서 한 평정자는 주요 방어로 평정하고 다른 한 평정자는 전혀 사용되지 않는 방어라고 평정한 경우도 4~20%였다. 이러한 문제를 해결하기 위해서 각 참여자에 대한 두 평정자의 점수가 합산되었다. 이렇게 해서 각 방어에 대한 개별 평정은 두 평정자 모두 없는 것으로 평정할 때의 0점에서부터 두 평정자 모두 주요 방어로 평정할 때의 4점에 이르는 범위를 가지게 되었다.

방어 스타일의 선택에서 세 집단이 보인 차이는 〈표 5-5〉에 제시되어 있듯이 놀라울 정도로 작다. 이 표는 세 연구 표본 각각이 각 방어를 주요 방어로 사용한 빈도수의 순위를 매긴 결과다. 동년배 집단의 10%를 넘어서서 사용된 모든 방어가 주요 방어로 포함되었다.

〈표 5-5〉는 상대적으로 더 많은 도심 표본의 참여자가 전위와 투사를 주요 방어로서 사용한 반면에, 승화는 높은 수준의 교육을 받은 두 집단이 더 많이 사용했음을 시사한다. 전위는 승화로 진화해 가기 때문에 도시 표본 집단에서 나타난 충동의 덜 우아하고 덜 성숙한 완화에 대한 평정자의

표 5-5 | 각 방어기제가 주요 방어 스타일로 사용된 상대적 빈도

방어	도심 표본 (n = 203)		터먼 여성 표본 (n = 40)		하버드생 표본 (n = 188)	
	순위	%	순위	%	순위	%
고립	1	52	2	38	1	46
전위	2	47	6	13	4	18
억제	3	34	1	43	1	46
억압	4	16	11	5	5	17
해리	5	15	6	13	6	13
이타주의	6	12	3	33	6	13
반동형성	7	10	5	20	9	11
소극적 공격	8	10	8	10	3	23
투사	9	9	14	3	13	2
승화	10	7	4	30	6	13

지각에서의 차이는 실제이거나 혹은 참여자의 교육 혹은 평가의 편향에 따른 인위적인 결과물일 수도 있다. 예를 들어, 지하철에 그래피티를 쓴다면 전위로 분류되고 『뉴요커』에 시를 쓴다면 승화로 분류되겠지만, 그 둘 간의 차이는 예술가의 자아 성숙도가 아니라 단지 해당 예술가와 평정자의 교육 수준 및 지능지수의 차이에서 더 비롯된 것일 수 있다.

터먼 여성 표본은 두 남성 집단보다 이타주의와 반동형성을 더 많이 사용하고 억압을 덜 사용하는 경향이 있었다. 이 차이는 여하간의 생물학적 영향보다는 단순히 우리 문화에서 여성의 사회화를 반영할 가능성이 있다. 그러나 사용된 다른 여러 방법과 비교된 수를 고려할 때, 〈표 5-5〉에서 나타난 어떤 차이도 유의미하다고 얘기하기는 어려울 것 같다. 아마도 가장 흥미로운 것은 보통 여성에게 더 흔한 것으로 생각되었던 소극적 공격(마조히즘)과 억압이 어째서인지 하버드생 표본에서 더 흔하게 나타났다는 사실이다.

만약 성과 사회계층이 방어 스타일의 성숙도를 형성하는 데 중요하지

않다면 민족성은 어떨까? 자연스러운 언어에서의 미묘한 뉘앙스와 표본들을 정확하게 매칭하는 어려움 때문에 민족성이 다른 집단들에서 나타나는 방어 스타일의 차이에 관해서 타당한 결론을 내리기는 매우 어렵다. 그러나 뜻밖에도 흥미롭게 도심 표본은 이러한 어려움에 대한 우회적인 해결책을 제공했다. 도심 표본의 61%의 부모는 외국에서 출생한 사람들이었다. 그럼에도 불구하고 도심 표본의 모든 참여자는 보스턴에서 성장했고 영어가 유창했으며 똑같은 방식으로 표집되고 연구되었다. 따라서 다른 인구학적 변인들을 동일하게 유지하면서 민족성과 양육 문화를 달리하는 것이 가능했다. 도심 표본에서 부모들의 민족 차이는 성인기 삶의 일부 측면에서 심오한 영향을 끼쳤다. 예를 들면, 백인 앵글로색슨 개신교도WASP와 아일랜드계는 이탈리아계에 비해 5배나 되는 알코올 남용 비율을 보였다.[14]

〈표 5-6〉은 도심 표본 중에서 부모가 이탈리아에서 출생한 74명과 부모가 미 동북부 또는 영국 태생이거나 영어를 사용하는 캐나다인인 100명의 방어 스타일을 비교한 것인데, 그 유사성이 상당하다. 성별과 마찬가지로 우리가 직관적으로 문화에 귀인한 방어 스타일에서의 차이는 보기보다 근거가 없는 것 같다. 해리는 백인 앵글로색슨 개신교도들에게 더 흔하게 나타난 방어 스타일이었다. 알코올 남용자가 아닌 경우에도 해리는 이탈리아계보다 백인 앵글로색슨 개신교도에게서 2배나 많이 나타났다. 민족성에 따른 방어 스타일에서의 차이에 대한 의문은 더 많은 연구를 필요로 한다. 그러나 성격에 대한 교차문화적 연구방법이 개선됨에 따라 문화인류학자들은 유사한 결론에 도달하고 있다. 관찰자 편견과 무지를 적절하게 통제한다면 성격 차이는 민족성과는 비교적 독립적인 것으로 보인다.[15]

하지만 문화가 방어 스타일에 미치는 영향이 거의 없다고 하더라도 생물학은 지대한 영향을 미친다. 도심 표본의 일부 참여자의 중추신경계는 만성적인 알코올중독으로 손상되었다. (여기서 나는 급성 중독을 의미하는 것은 아니다. 인터뷰 당시 대부분의 참여자는 정신이 말짱했기 때문이다.) 게다가 어떤

표 5-6 | 도심 표본 남성들의 인종과 방어의 사용

방어	주요 양식으로 방어를 사용하는 %	
	이탈리아인 (n = 74)	WASP* (n = 100)
성숙한 방어		
억제	25	30
이타주의	10	12
승화	6	6
예상	4	5
유머	6	11
중간 수준의 방어		
반동형성	8	14
고립	50	45
억압	16	20
전위	37	50
미성숙한 방어		
해리	16	39
투사	12	12
소극적 공격	19	18
건강염려증(신체화)	7	4
공상	3	4
행동화	4	5

a. 미 동북부나 영국 태생, 또는 영어를 사용하는 캐나다 혈통.

남성들은 80 미만의 지능지수에서 시사되듯이 인지적 손상의 가능성이 있었다. 이 두 집단 모두 도심 표본의 나머지 참여자보다 유의하게 덜 성숙한 방어 스타일을 나타냈다. 〈표 5-7〉이 보여 주듯이, 모든 미성숙한 방어는 중추신경계가 손상되지 않은 표본과 비교했을 때 손상된 두 집단에서 2~4배 더 흔하게 나타났다. 사례 수가 적었기 때문에 그 차이의 통계적 유의성을 증명할 수는 없었다.

표 5-7 | 인지 장해와 알코올 남용이 도심 표본 남성들의 방어 성숙에 끼친 영향

방어	주요 양식으로서의 방어를 사용하는 %		
	손상되지 않은 도심 표본 (n = 203)	IQ < 80 (n = 29)	만성 알코올중독 (n = 24)
성숙한 방어			
억제	34	34	11***
이타주의	12	7	0
승화	7	3	0**
미성숙한 방어			
해리	15	45***	83***
투사	9	10	29**
소극적 공격	10	31	46***
건강염려증(신체화)	3	17***	21**
공상	5	0	13**
행동화	1	10	8***

**p < .01; *** p < .001.

주: 통계적 유의성 계산은 표본 전체(307명)를 대상으로 하였으며, 알코올중독 햇수 및 IQ는 각 방어에 대한 전 범위
(0~4)의 평정과 상관을 냈다. 다시 말해, 통계적 유의성은 표에 제시된 비율을 사용해서 계산되지 않았다.

*   *   *

경험적 연구는 내가 이 장을 시작하면서 던졌던 세 가지 질문에 대해서 긍정적인 대답을 내놓았다. 첫째, 방어의 성숙도는 신뢰롭게 평가할 수 있다. 둘째, 방어의 성숙도는 정신건강의 타당한 측정치를 제공한다. 셋째, 방어의 성숙도는 사회계층과는 독립적이지만 생물학의 영향은 받는다. 간단히 말해서, 방어기제는 정신분석학자의 종교에서 또 하나의 교리에 불과한 것이 아니다. 자아 방어기제에 대한 연구는 진지한 사회과학자들에게 알맞은 주제다.

> 우리가 이제는 거울로 보는 것같이 희미하나 그때에는 얼굴과 얼굴을 대하여 볼 것이요.
> 이제는 내가 부분적으로 아나 그때에는 주께서 나를 아신 것같이 내가 온전히 알리라.
>
> –고린도전서 13장 12절

펜실베이니아에 있는 스워스모어 컬리지에서 맞이하는 부드러운 6월의 아침이었다. 한 총명한 여교수가 모교에서 방금 명예학위를 받았다. 이제 그녀는 단순함과 명료함, 인간미를 갖추고서 졸업식 청중 앞에 섰다. "오늘 저는 여러분에게 질문을 하나 하겠습니다."라고 말하면서 사라 로렌스 라이트풋Sara Lawrence Lightfoot이 도전장을 내밀었다.

여러분은 여러분이 어느 자리에서 가장 큰 기여를 할 수 있다고 생각하십니까? 저는 여러분에게 세 가지 대안적인 가능성을 드립니다. 첫 번째이자 가장 명백한 대답은 뛰어난 경력에 헌신commitment하는 것입니다……. 제가 보기에는 남성과 여성 모두에게 훨씬 더 미묘하고 복잡한 일은 두 가지 대안적인 대답 안에 있는 것 같습니다. 그것은 가족에 대한 헌신과 공동체 건설에 대한 헌신입니다.

가족 안에서 관계를 키우고 유지하는 것, 즉 친밀감의 요구는 직무에 대한 제한된 책임감보다 훨씬 더 복잡합니다. 왜 그렇게 복잡하냐면 가족의 삶이 본디 즉흥적인 성질을 가지고 있고 사랑이 깊어서 우리를 취약하게 만들 수 있기 때문입니다. 또한 우리 안에서 화산처럼 폭발하는 혼란스러운 감정 안에서 사라져 버리는 것처럼 보이는 매일의 힘든 노동이 있고 끝없이 계속되는 영원한 헌신이 요구되기 때문입니다. 저는 언제나 어머니가 될 것입니다.

마찬가지로 어려운 세 번째 대안은 공동체 건설에 대한 헌신입니다……. 제가 의미하는 공동체 건설은 마을의 노력부터 글로벌 변화에 이르기까지 걸스카우트와 소년 야구를 지도하는 것에서부터 빈곤과 부랑아를 위해서 투쟁하는 것에 이르기까지 폭넓은 범위에 걸쳐 있습니다.[1]

하버드 졸업 25주년 동창회가 끝난 직후에 한 교사는 라이트풋의 세 가지 대안을 약간 다르게 표현했다. 그는 그 세 가지 대안을 발달 순서에 따라 재배열했다. 대학 시절과 중년기 사이에 어떻게 변했는지를 질문받았을 때, 이 하버드생 표본 참여자는 "20세에서 30세 사이에 나는 아내와 잘 지내는 방법을 배웠다. 30세에서 40세 사이에는 일에서 성공하는 법을 배웠다. 그리고 40세 이후에는 나 자신에 대해서는 덜 걱정하고 아이들에 대해서 더 걱정하게 되었다."라고 대답했다. 이 남자 교사의 경우에는 성인발달을 향한 직선적인, 거의 발생학적인 진전이 있었다. 여교사의 경우에는 자유 선택이 있었다. 성인기 삶은 피할 수 없는 심리생물학적 발달에 의해서 더 많은 영향을 받는가, 아니면 환경적으로 결정된 자유로운 선택에 의해서 더 많은 영향을 받는가? 아마도 두 가지 대답 모두 부분적으로 옳을 것이다. 하지만 나는 교사의 대답에 초점을 맞추고자 한다. 나는 자아발달의 중요한 측면, 즉 폭넓어지는 사회적 반경을 포괄하면서도 시간적으로 지속되는 능력을 강조하려고 한다.

20세기 하버드와 스워스모어에서 다른 세기로, 다른 문화로, 그리고 대학 낙오자의 생애발달로 주의를 돌려 보자. 30세의 나이에 한 젊은이는 여전히 정체성 문제로 씨름하고 있으며 청소년기를 넘어서려고 애쓰고 있다. 아무도 그를 어른이라고 생각하지 않을 것이다. 라이트풋이 '우리 안에서 화산처럼 솟아오르는 갈등하는 감정'이라고 부른 것 때문에 그는 그 누구에게도 친밀함을 허락할 수 없었다. 20세와 30세 사이에 그는 친밀해지려는 관계로부터 도망치기를 여러 번 반복했다. 더구나 그는 그의 유일한 재능인 글쓰기에 대해서도 자부심을 가지지 못했다. 그는 일기장에 "더 이상 소설을 쓰지 않는 것이 좋겠다. 사람들은 흐느끼면서 죽어 가고 결혼하는데, 나는 그저 앉아서 그녀가 그를 어떻게 사랑했는지를 쓰고 있다는 것을 생각해 보면 그렇게 창피할 수가 없다."[2] 자신의 하녀를 강간하고 경제적으로 착취하며 매춘부와 강박적으로 성관계를 가졌고 부유한 여성 친지들을 등쳐먹으면서 유럽을 전전한 이 젊은이가 공동체 건설에 힘썼다고 볼 수는 없을 것이다. 겉보기에 그는 이기적이고 자기도취적으로 보였으나, 실상 그 이면을 보면 그는 영속적인 자기감이 부족했다. 그의 자아는 사랑이나 일 혹은 배려의 화산을 견딜 수가 없었다.

　　4년 후 34세가 되었을 때, 레프 톨스토이Leo Tolstoy 백작은 친밀한 관계에 대한 오래된 혐오감을 극복하고 소냐 베르스Sonya Behrs와 사랑에 빠졌다. 그들의 결혼은 13명의 자녀와 40년에 걸쳐 라이트풋의 '끝없이 지속되는 영원한 헌신'을 가져왔다. 전기작가들은 그들의 관계를 고통스러운 것으로 묘사했다. 그러나 그들의 시각은 회고에 의해서, 그리고 톨스토이가 가장 부정적인 생각을 주로 일기에 적었기 때문에 왜곡된 것이다. 다른 많은 일기와 마찬가지로 소냐와 톨스토이의 일기는 조각난 부정적인 감정을 흡수하는 역할을 했다. 따라서 나는 그들이 나이가 들어서도 서로를 깊이 사랑했다고 짐작한다. 어쨌든 결혼생활에서 첫 10년 동안 톨스토이는 결혼이 가져다주는 친밀감을 통해서 꽃피었고 즐거움을 누렸다.

결혼한 지 2년이 지난 36세 때, 톨스토이는 사냥을 하다가 낙마를 한 적이 있었다. "의식이 돌아오면서 번개처럼 번득 떠오른 생각이 있었다. '나는 작가다!' 그러자 어깨에 타는 듯한 통증을 느끼면서도 환희가 그의 마음에 솟구쳤다."[3] 이 무렵에 그의 소설 『전쟁과 평화War and Peace』가 상당 부분 진척되었다. 그가 작가로서 저명한 업적을 이루게 된 것은 말할 것도 없다.

이듬해 톨스토이는 다음과 같이 적고 있다. "만약 내가 모든 사회 문제에 대한 내 견해의 정확성과 상관없이 그런 책을 써야만 한다는 말을 들었다면 그 책을 쓴답시고 두 시간도 낭비하지 말아야 할 것이다. 하지만 내가 오늘날 아이들이 자라서 20년 후에 읽을 책을 써야 하며 그들이 내 책을 읽으면서 웃고 울고 또 그 때문에 삶을 더욱 사랑하게 될 것이라는 말을 들었다면, 나는 그 작품을 위해서 내 모든 삶과 혼신의 힘을 기울일 것이다."[4] 그의 생산 활동은 그의 말보다 훨씬 더 믿음을 주었다. 41세가 될 때까지 그는 『전쟁과 평화』의 마지막인 여섯 번째 권을 완성했다. 작가로서의 그의 입지는 탄탄해졌으며, 그다음 30년에 걸친 그의 삶은 이상적인 생산성에 대해 자신이 정의한 바를 잘 보여 주었다. 그것은 다른 사람들, 즉 5세대에 걸친 후대가 그의 작품 덕분에 삶을 더욱 사랑하게 될 수 있도록 하는 것이다. 톨스토이의 길었던 여생은 위대한 공동체 건설자였던 마하트마 간디Mahatma Gandhi와 마틴 루서 킹Martin Luther King에게 예시가 되는 삶이었다. 그러나 그 여정은 화산과 같은 감정을 통달하고 소냐와의 친밀감을 성취하면서부터 시작되었다. 이 은총 같은 친밀한 관계가 영원히 지속되었는지 여부는 중요하지 않다. 나의 전 편집자인 루이스 하울랜드Louis Howland가 내게 참을성 있게 설명한 것처럼 말이다. "조지, 이혼이 꼭 나쁜 건 아니에요. 사랑하는 사람들이 오랫동안 사랑할 수 있다면 좋다는 것이죠." 오랜 시간 동안 깊이 있게 다른 사람을 사랑하는 능력을 누구나 가진 것은 아니다. 그러나 톨스토이의 삶에 대해서 내가 지적하고 싶은 것은 그가 라이트풋의 세 가지 대안 중에서 어느 하나를 선택한 것이 아니라 앞서 언급한 교사처럼 세 가지를 모두 이루었다는 것이다. 사실 그 이상을.

성인발달을 위한 모델

라이트풋의 말과 톨스토이의 삶은 성인의 자아발달에서 가장 중요한 세 가지 단계를 내게 보여 준다. 먼저 친밀감 과제의 통달, 다음으로 경력 강화란 과제, 마지막으로 생산성이란 과제다. 많은 예외에도 불구하고 나는 일반적으로 이 과제들이 순서대로 통달되어야 한다고 믿는다. 왜냐하면 이 과제들은 차례대로 자아가 점차적으로 복잡한 통합을 성취할 것을 요구하기 때문이다. 하버드생 표본과 도심 표본의 경우, 이 이론이 적절한 것으로 증명되었다.[5] 사랑이 일보다 더 복잡하다는 라이트풋의 주장은 설득력이 있지만, 이 장에서 나는 대부분의 경우 먼저 친밀감을 형성하지 않는다면 직업세계에서 성공하기는 매우 어렵다는 경험적인 증거를 보여 줄 것이다. 두 번째, 덜 논쟁적인 점은 누군가가 자기 자신이 직업에서 성공한 사전 경험 없이는 다른 사람들에게 생산적인 보살핌을 제공할 수 없다는 점이다. 실존주의자들이 주장하듯이, 우리가 행하는 것이 바로 우리 자신이 된다.

이 장에서 내게 가장 도전적인 과제는 이러한 발달이 여성에게도 똑같이 적용될 수 있다는 점을 보여 주는 것이다. 그렇게 하기 위해서 나는 하버드생 표본과 도심 표본으로부터 얻어진 성인 남성의 발달에 관한 나의 초기 연구 결과를 터먼 여성 표본에 관한 자료와 통합할 것이다. 나는 에릭 에릭슨Erik Erikson이 직관적으로 구성한 성인의 자아발달 모델을 경험적으로 지지하는 이 세 가지 종단적인 연구를 사용할 것이다.

분명 어느 사회에서든 여성에게 유능감을 주는 직업적 역할은 남성에게 유능감을 주는 직업적 역할과는 다를 수 있다. 예를 들어, 주부로서 직업생활을 보냈던 터먼 표본의 여성들은 65세에 '과거의 직업' '과거에 계획했던 직업' '현재 희망하는 직업' 모두에 '주부'라고 표시했다. 대조적으로 친밀감을 전혀 통달하지 못했던 하버드생 표본의 남성은 돈을 잘 버는 의사였지만 환자들에 대한 헌신은 부족했다. 그는 철학적으로는 크리스천 사이언스Christian Science를 선호했지만 오로지 돈 때문에 진료를 했다. 이 남성은 4명의 아내를 버렸고 자녀들에 대한 책임도 전혀 지지 않았기 때문에 '가정을 지켰다'고 할 수도 없었다. 그의 자기감은 평생 동안 흔들렸다. 『세일즈맨의 죽음Death of a Salesman』에 나오는 윌리 로먼처럼 그는 스스로에 대해서 늘 '일종의 임시직'이라고 느꼈다. 또 윌리 로먼처럼 그는 창조한 것이 없었다. 그는 아무것도 이룬 것이 없었다. 그는 미성숙한 방어를 상습적으로 사용했고 50세에 자살로 생을 마감했다. 간단히 말해서, 그는 결혼도 쉬웠고 의사 자격증을 따는 것도 쉬웠지만 자아발달이 결여된 상태에서의 그러한 성취는 빛 좋은 개살구에 불과했다. 그는 결코 어른이었던 적이 없다.

성인의 생애주기에 대한 에릭슨의 견해를 검증하기 위해서 사용할 수정 모델은 나선형 계단으로 [그림 6-1]에 묘사되어 있다. 이 모델은 점차적으로 복잡해지는 사회적 반경을 통달하고 또 그 안에서 편안하게 느낄 수 있도록 발달해 나가는 성인 자아의 능력을 묘사하고 있다. 나는 일부러 **모델**이라는 용어를 사용한다. 미국 심리학의 아버지인 윌리엄 제임스William James가 1세기 전에 경고했듯이, 삶의 풍요로움과 모든 가능한 공식의 빈곤함 사이에는 엄청난 차이가 있다. 방어를 기술하는 용어처럼 [그림 6-1]은 과학적인 진실이 아닌 하나의 메타포를 제공하고 있다. 성인발달의 대안적 모델에 관한 포괄적인 견해는 다른 데서 찾아볼 수 있다.[6]

나는 성인 자아발달의 연속적인 성질을 이해하는 데 있어 가장 핵심적인 요소는 통달해야 하는 과제와 헌신의 상대적인 복잡성과 내적인 위협을 얼마나 잘 인식하느냐에 있다고 본다. 초기 성인기의 쌍생아 같은 관계의 두 가지 불안은 어떻게 하면 나의 자율성을 희생하지 않고도 어떤 한 사람 그리고 한 가지 직업에 스스로를 전념하게 만들 수 있을 것인가다. 이러한

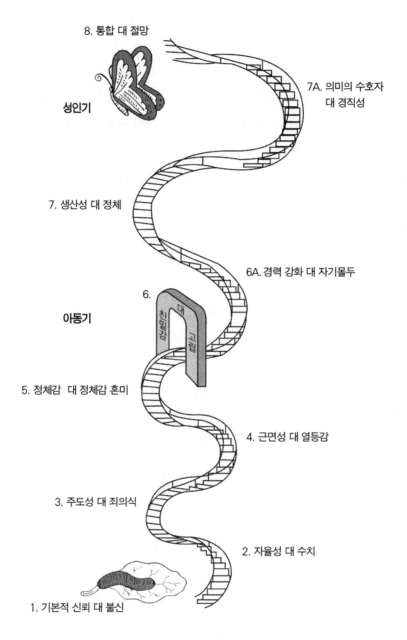

8. 통합 대 절망

성인기

7A. 의미의 수호자
대 경직성

7. 생산성 대 정체

6A. 경력 강화 대 자기몰두

6.
대
친밀감
고립

아동기

5. 정체감 대 정체감 혼미

4. 근면성 대 열등감

3. 주도성 대 죄의식

2. 자율성 대 수치

1. 기본적 신뢰 대 불신

그림 6-1 | 성인발달 모델
(기본적으로 에릭 에릭슨의 성인 생애주기 모델에 6A와 7A 단계를 추가한 것이다.)

과제들을 성취한 더 나이 든 성인은 젊은 성인들이 10~14세 정도의 자녀들이 이성 때문에 고민하는 것을 호의적인 친숙성을 가지고 지켜보듯이 멘토로서 이러한 고민을 지켜본다.

에릭슨의 모델과 그것을 수정한 내 개정판은 성인발달을 계단으로 묘사했던 19세기 독일과 펜실베이니아 더치 예술가들의 그림과 어딘가 닮았다. 그러나 보통 그들은 계단을 먼저 올라가고 그다음에 내려오는 것으로 묘사했다. 대조적인 방법으로 여성발달을 연구하는 학자인 캐럴 길리건Carol Gilligan은 도발적일 정도로 차이가 나는 생애주기 발달 모델을 제시한 적이 있다. 길리건의 모델은 연못에 떨어진 돌이 파문을 일으키고 각각의 오래된 물결이 개개의 새로운 물결로부터 파생된 원들을 포함하되 지워 버리지는 않는 그런 것이다. 그러한 모델은 성인발달에 대해서 마찬가지로 실감나는 묘사인 한편 덜 목적 지향적이고 전통적인 남성적 느낌이 덜하다. 나는 쓸데없는 트집을 잡지는 않겠다. 분명 에릭슨의 발달 모델의 기본 원칙은 성인발달이 점진적으로 넓혀지는 사회적 관계의 반경을 포괄하는 것을 포함한다는 명제다.

프로이트Freud의 인간발달의 '구강기, 항문기, 남근기, 그리고 잠복기' 모델에 지대한 영향을 받기는 했지만, 에릭슨의 모델은 더 탁월하다. 에릭슨의 모델은 프로이트의 모델보다 덜 편협하며 프로이트의 시적인 메타포를 생물학적인 실재로 전환시킨다. 더구나 에릭슨은 인간발달에 대한 우리의 개념을 성인기로까지 확장시켰다. 1단계에서 에릭슨은 프로이트의 **구강성**orality이라는 메타포를 **기본적 신뢰 대 불신**Basic Trust vs. Mistrust으로 바꾸어 놓았다. 기본적 신뢰라는 개념은 대상항상성과 어머니가 안아 주고 눈 맞춰 주기를 바라는 유아의 실제 욕구를 더 잘 파악하고 있다. 어렸을 때 이러한 경험이 박탈되었던 성인은 '구강기적' 욕구를 언어적으로 강조하고 상징적으로 표현할 것이다. 프로이트는 이러한 욕구를 생물학적인 필요성으로 오인했다. 기본적 영양이 공급되는 한, 유아의 빨기 욕구의 만족이 발달에 필수적이지는 않다. 그러나 안정적인 양육자가 해 주는 사랑이 담긴 눈 맞춤과 포옹이 없다면 인간과 다른 영장류의 발달은 정체되고 만다.

2단계에서 에릭슨은 프로이트의 메타포인 **항문성**anality을 **자율성 대 수치**Autonomy vs. Shame로 대체한다. 에릭슨의 자율성이란 개념은 걸음마기 아이가 분노, 자기에 대한 주인의식, 그리고 어머니로부터의 자기주장적인 분리를 조금이나마 통달하려는 욕구를 더 잘 파악하고 있다. 대조적으로 항문기적 만족이라는 개념을 가지고 프로이트는 배변 통제의 감각적이고 훈육적인 측면을 강조했는데, 2세경의 배변 통제는 일반적인 **호모사피엔스**보다는 근대 서구 유럽인들과 특히 연관된 것이라고 할 수 있다. 성인의 '구강기적' 메타포가 사랑에 대한 충족되지 못한 욕구를 담고 있듯이, 서구의 항문기적 메타포 역시 자율성에 관한 분노와 갈등을 담고 있다. 에스키모 아이들은 6개월이 되기 전에 배변훈련을 받는다. 그들의 문화에서는 부모가 '끔직한 두 살짜리'와 전쟁하는 것이 배변 문제가 아니라 화가 나서 터뜨리는 울음 때문일 것이다.

3단계에서 에릭슨은 프로이트의 성차별적인 메타포인 **남근성**phallic을 **주도성 대 죄의식**Initiative vs. Guilt으로 대체한다. 주도성이란 개념은 4~6세 아이들이 부모를 모방하고 자기과시를 하면서, "너 재미없고 귀엽지도 않아."라며 그러한 야심을 누르려는 부모의 경향을 견디어 내려는 노력을 보다 잘 파악한다. 다섯 살짜리 아이는 너무 잘난 척을 하거나 너무 독립적으로 굴면 어른들에게 보복을 당하거나 버림받을 것이라고 두려워한다. 이렇게 거세라는 프로이트의 메타포는 생생하지만 구강성 및 항문성 메타포와 마찬가지로 말 그대로 부정확한 것이다. 라이오스가 오이디푸스를 거세시킨다고 위협했던 것은 아니다. 그는 오이디푸스의 발에 큰 못을 박아서 산 중턱에 내버려 두고 죽게 되기를 바랐던 것이다. 성적인 정복은 인간이 가지고 있는 주도성의 일면에 불과하다.

마지막으로, 4단계에서 에릭슨은 프로이트의 성적인 개념인 **잠재성**

latency을 근면성 대 열등감Industry vs. Inferiority으로 대체시킨다. 근면성이란 개념은, 프로이트가 그랬듯이 아이들에게 존재하는 섹슈얼리티를 부인하고 비난하는 근대 서구의 기계적 사회의 가부장적인 문화적 욕구를 강조하기보다는, 어른들과 '함께 그리고 옆에서 작업하고자' 하는 6~10세 아이의 보편적인 욕구를 더 잘 파악한다.

성인발달에 관한 이 책에서는 1단계부터 4단계로 다시 돌아가지는 않을 것이다. 그보다는 내가 수정해 온 에릭슨의 5단계부터 8단계에 집중할 것이다. [그림 6-1]에 도시된 나선형을 살펴보면, 에릭슨의 8단계에 2개의 단계, 즉 경력 강화(6A)와 의미의 수호자(7A)를 추가한 것을 알 수 있다. 내가 이렇게 2개의 단계를 추가한 이유는 성인의 삶을 전향적으로 반세기 동안 추적하면서 조사 관찰한 결과 얻은 반복적인 패턴을 포함시키기 위해서다.

성인발달을 기술할 때는 로버트 해빙허스트Robert Havinghurst의 발달 과제들[7]이 단계보다 과학적으로 더 정확하다는 것을 지적하면서 에릭슨의 모델을 개정한 내 모델에 대한 소개를 시작하고 싶다. 성인발달에서 단계라는 용어는 에릭슨과 다른 학자들이 폭넓게 사용했기 때문에 생겨난 대중성을 가지고 있는 메타포일 뿐이다. 변함없으며 명확하게 정의되는 발달 단계들은 오로지 생물학적 발생학에만 적용될 뿐 성인발달에는 적용되지 않는다. 성인발달 연구의 참여자들에게서 내가 관찰한 성인발달의 과정은 피아제Piaget와 그의 제자들이 아이들에게서 관찰했던 인지발달만큼 깔끔하게 정리된 순서를 따르지 않는다. 따라서 성인의 자아발달을 평가하기 위해서, 기저하고 있는 자아발달을 반영한다고 생각하는 특정한 과제들의 통달을 정리하였다. 나는 이러한 선택된 과제들을 개인이 특정 '단계'를 획득했는지를 결정하기 위해서 사용한다.

연구 목적을 위해서 나는 에릭슨의 정체감 대 정체감 혼미Identity vs. Identity Diffusion(5단계)의 과제를 아동기의 마지막 과제라고 정의했다. 정체감이란 사회적, 주거적, 경제적 그리고 이데올로기적 의존성을 벗어나서 원가족으로부터의 분리를 유지할 수 있는 것이다. 그러한 분리는 새로운 삶을 통달하는 능력에서 비롯되는 만큼 중요한 아동기 인물들과의 동일시와 내재화로부터 비롯되어야 한다는 점이 중요하다. 정체감이 단지 자아중심성 혹은 가출, 또는 집에서 벗어나기 위해서 결혼하는 것이 아니라는 점도 강조되어야 한다. 도구적 행위로서 가출하는 것과 자기 가족의 가치가 어디에서 끝나고 자기 자신의 가치가 어디부터 시작하는지를 아는 발달 과제 사이의 차이는 엄청나다. 분리/개별화는 평생에 걸친 과정이며 자아발달을 반영한다.

앞서 언급한 연구 참여자들 중에서 5단계인 정체감에 도달하지 못한 남성과 여성은 원가족이나 기관으로부터 독립성을 성취한 적이 전혀 없었다. 중년기에도 그들은 다른 사람들에게 의존적이었으며 직업적인 전문성을 키우거나 친밀한 우정을 지속적으로 유지할 줄도 몰랐다. 그들은 정신과적 도움이 필요한 경우는 드물었으며, 몇몇은 자신들의 삶이 에릭슨이 생산성이라고 부른 것과는 얼마나 거리가 먼 것인지에 대한 통찰도 가지고 있었다(7장에서 관련 사례를 다루고 있다).

친밀감 대 고립 Intimacy vs. Isolation(6단계) 과제의 통달은 성인발달로 향하는 통로 역할을 한다. 연구 목적을 위해서 나는 친밀감을 상호 의존적이고 헌신적이며 친밀한 방식으로 다른 사람과 10년 이상 살아온 것이라고 정의한다. 터먼 연구 참여자 중 몇몇 독신여성은 상대방이 친한 여자친구였다. 우리 연구에 참여한 남성들의 경우에는 상대방이 불가피하게 거의 대부분 아내였다. 이러한 이성의 강조에 대한 설명의 일부는 하버드생 표본의 오직 2%만이 스스로를 동성애자로 보았으며(2명은 65세가 되어서야 그 사실을 털어놓았다), 도심 표본에서는 동성애자인 남성들은 연구에서 애초에 제외되었기 때문이다.

터먼 표본의 참여자인 벳시 브라우닝Betsy Browning은 친밀감 기제를 통달했다고 분류하기 위해서 내가 사용한 증거를 잘 보여 준다. 벳시는 다소 늦게 친밀감을 획득했다. 밥 브라우닝과 어떻게 결혼하게 되었느냐는 질문을 78세 때 받았을 때, 그녀는 "난 섹스가 아주 중요하다고 생각해요."라고 대답했다. 그리고 "나는 엄청나게 사랑에 빠졌기 때문에 밥과 결혼했어요." 라고 덧붙였다. 그녀는 우리에게 남편의 최고 관심사인 정원을 즐기는 것을 배우게 되었으며, 그 결과 남편은 그녀가 첫 번째 결혼에서 얻은 아이들에게 "아주 잘해 줬다."고 우리에게 말했다. 그녀는 이러한 협조 덕분에 "우리는 멋진 일들을 함께 할 수 있었어요."라고 설명했다. 서로에게 의존했느냐는 질문에 대해서는 "우리는 서로에게 완전히 의존하고 있어요."라고 대답했다. 그들의 가장 큰 문제는 나이가 들수록 그녀는 깔끔해지는데 남편은 그렇지 않다는 것이었다. 한편 에릭슨이 시사했듯이 의존성, 자율성, 섹슈얼리티, 정체성은 모두 친밀감이 수월해지기 위해서 통달되어야 하는 것이다. 다른 한편 우리가 어떤 플라토닉한 이상적인 친밀감을 추구할 것을 사람들에게 요구하는 것은 아니다. 단지 우리는 불완전하더라도 틀림없는 상호 간의 만족을 가질 수 있도록 적어도 10년은 상호 의존적인 관계를 공유할 것을 요구할 뿐이다.

경력 강화 대 자기몰두 Career consolidation vs. Self-absorption(6A단계)의 과제는 분명하고 전문화된 직업 경력 정체성으로 정의되며, 헌신commitment, 보상compensation, 만족contentment, 그리고 유능감competence이 특징이다. 이 네 가지 단어는 직업과 경력을 구분해 준다. 경력 강화는 자기에 대한 집착, 청소년기 취미에 대한 전념, 그리고 (셰익스피어가 표현했듯이) 자기와 사회가 가치 있게 여기는 전문화된 역할 속으로 들어가기 위해 '시시한 명성을 찾아가는 것'을 변화시켜야 한다. 에밀리 핸콕Emily Hancock은 다음과 같이 말하고 있다. "가정을 가지고 결혼을 한 것만으로는 충분하지 않았다……. 나는 나 자신의 유능감을 확보하기를, 무언가를 잘 하기를, 인정받을 만한 기술, 그러니까 내가 '나는 이것을 배웠고 이것을 잘한다. 이것을 할 수 있다. 이것을 잘 알고 있다.'와 같은 이야기를 할 수 있기를 원했다."[8] 분명히 비범한 능력조차도 목적의식과 선택, 의지를 통해서 추진력을 얻지 못한다면, 그리고 소유주에게 만족감을 주지 못한다면 아무 소용이 없다. 개인의 정체감과 마찬가지로, 그리고 친밀감에 본질적인 통합감처럼 직업적 헌신 역시 젊은 성인에게는 두려운 것일 수 있다. 그러한 헌신은 통달을 위한 자아발달을 필요로 한다.

에릭슨의 이론에 익숙한 독자들은 그의 이론에서 5단계인 정체감 대 정체감 혼미의 일부 측면을 잘라 내어 경력 강화 대 자기몰두의 6A단계를 만든 것을 알아차렸을 것이다. 내가 그렇게 한 이유는 개인이 자신이 속한 가족 내에서 정체감을 발달시키는 것과 자신이 속한 세상 속에서 정체감을 발달시키는 것을 구분하기 위해서다. 이렇게 결정한 한 가지 이유는 안정적인 정체감을 성취하는 이기심(일명 자기관리)과 경력 강화의 이기심(일명 자기실현) 모두를 통달할 수 있게 되어야만 이기심 없는 생산성을 습득할 수 있기 때문이다. 발달적 틀 안에서 **이기적인 것**selfish(자기감의 발달)은 좋은 것이며 **이기적이지 않은 것**selfless(영혼 안에 아무도 없음을 발견하는 것)은 부적응적인 것이다. 그러나 자기를 향상하고 경력을 강화하려면 다른 사람들을 안으로 들어오게 해야만 한다. 이기적인 것과 이기적이지 않은 것은 교체되어야만 한다. 그것은 아마도 친밀감을 성취하는 것이 왜 멘토를 받아들일 수 있기 위한 전조가 되며 결과적으로 경력 강화를 성취하는 토대가 되는지를 설명해 준다. 다른 사람이 자신을 위한 모델로서 기여할 수 있도록 감사하며 허락하는 것은 신뢰와 성숙함 그리고 사랑하는 능력을 필요로 한다.

생산성 대 정체 Generativity vs. Stagnation(7단계)의 과제를 통달하는 예는 경력 강화를 통해서 스스로를 발견하고 배려와 생산성, 그리고 후대를 건설하고 지도하는 능력을 분명하게 보여 준 남성들과 여성들에게서 찾아볼 수 있다. 생산성은 다른 사람들의 성장과 안녕을 위해서 지속적인 책임을 지는 것을 의미한다. 생산성은 라이트풋이 공동체 건설이라고 부른 것을 의미한다. 사회가 이용 가능하게 만들어 주는 기회에 따라서 생산성은 더 큰 사회에서 젊은 성인들을 위하여 자문가, 가이드, 멘토 혹은 코치로서 봉사하는 것을 의미한다. 우리가 학장, 여자 가장, 사업계의 실력자를 아둔한 야심과 유아적 자아도취의 산물이라고 치부해 버린다면 다른 사람들을 위해서 민감한 책임을 지는 데 필요한 자아 기술들을 간과해 버리는 셈이다. 리더십은 직접 해 보기 전에는 그저 자기과대화self-aggrandizement로밖에 보이지 않는다.

그러나 에릭슨은 **생산성**이란 용어를 도입하는 과정에서 창의성과 충분하게 구분하지 않았다. 이 책에서 사용되는 생산성은 단순히 농작물을 키우고 아이들을 키우며 그림을 그리는 것을 의미하지는 않는다. 파블로 피카소Pablo Picasso는 꽤 명료하게 이것을 구분한다. "당신은 예술가가 무엇이라고 생각하는가? 화가라면 오직 눈만 가지고 있는 저능아일까……? 오히려 예술가는 예술인인 동시에 정치적인 존재다." 1937년 파리에서 개최된 국제전시회의 스페인 파블리온을 위해서 정치적인 영감을 받은 대작인 〈게르니카Guernica〉를 완성한 뒤, 피카소는 또한 "나는 한결같이 믿어 왔고 그 믿음은 지금도 변함없다. 영적인 가치와 더불어 살고 일하는 예술가는 인류와 문명의 최고의 가치가 위험에 처하는 갈등 상황에 대해서 무관심할 수도 없고 또 무관심해서도 안 된다."9 (나는 자아와 창의성을 8장에서 다룰 것이다.)

때로 경력 강화를 성취하려는 노력은 배려를 배제하고 입센Ibsen의 '노라'나 벌핀치Bullfinch의 '나르시소스', 혹은 괴테Goethe의 '파우스트'를 영원한 자기몰두, 즉 경력 강화의 반대 극단 속으로 빠트려 버릴지도 모른다. 그런 경우에 개인들은 에릭슨의 정체의 구렁텅이, 즉 에릭슨의 표현을 빌리자면 "지나치게 열심히 노력하고 자수성가한 성격에 바탕을 둔 과도한 자기사랑"으로부터 만들어진 늪 속에서 영원히 허우적거리게 된다. 자기몰두는 자기향상과는 완전히 다르다! 누구든 거울을 응시할 수는 있지만, 우리가 치실을 사용할 정도로 충분히 우리 스스로를 보살피지 않는 한 우리 자녀들에게 치실을 사용하는 것을 가르치기를 바랄 수 없다.

[그림 6-1]에서 나는 에릭슨의 생산성 개념 중 일부를 쪼개어 7A, 즉 **의미의 수호자 대 경직성**Keeper of the Meaning vs. Rigidity이라고 다시 이름 붙였다.

생산성과 그것의 덕목인 보살핌은 다른 누구도 아닌 어떤 한 사람을 보살 피는 것을 필요로 한다.[10] 의미의 수호자와 그것의 덕목인 지혜는 당파성이 더 적고 다른 사람들에 대해 덜 개인적인 접근을 포함한다. 달리 말하자면, 문화를 보존하는 것은 자신의 즉각적인 공동체를 넘어서서 확장되는 사회 적 반경에 대한 관심의 발달을 포함한다. 이것은 사소한 차이가 아니다. 우 리 모두는 '누구에게든 어떠한 악의도 없이' 시민전쟁의 상처를 치유하고자 노력했던 지혜로운 에이브러햄 링컨Abraham Lincoln과 냉전 중 상대방을 '악의 제국'이라고 불렀던 당파주의자이면서 성공적으로 생산적이었던 로널드 레 이건Ronald Reagan 사이의 자아발달의 차이를 인식할 수 있다. 경직성이 조부 모와 원로 정치가의 잠재적인 악덕인 것처럼, 경직성은 의미의 수호자의 반 대말이다.

청소년기 아이들을 위한 생산적인 코치나 부모의 과제는 대법원의 정 의 혹은 사학회의 의장과는 사뭇 다르다. 생산적인 사람은, 예컨대 학생을 위한 교사 혹은 멘토처럼 직접적이고 미래 지향적인 관계 속에서 다른 사람 을 보살핀다. 대조적으로 의미의 수호자는 과거의 문화적 성취를 대변하고 집단, 조직 그리고 단체를 과거 전통의 보존을 위해 지도한다. 올림픽 게임 의 전통을 보존하는 사람들과 조직자들은 육상 선수의 생산적인 코치와는 매우 다른 역할을 수행한다. 마찬가지로 성인의 자아와 도덕발달에 관한 제 인 뢰빙거Jane Loevinger와 로렌스 콜버그Lawrence Kohlberg의 연구에 근거해서 추 정한다면, 성숙해짐에 따라 선수는 코치가 되고 코치는 심판이 된다.[11]

캐럴 길리건이 강조하듯이, 보살핌과 정의는 언제나 성격의 다른 차원 들이었다.[12] 그러나 그중 어느 한 차원이라도 한 성별의 영역으로 영원히 고 정된다면 인류에게 매우 슬픈 일이 될 것이다. 어떤 면에서 그것은 정의보 다 지혜라는 용어가 더 선호되는 이유이기도 하다. 우리는 모두 셰익스피어 의 "엄격한 시선과 잘 다듬어진 수염을 갖추고, 현명한 속담들과 선구적인 예들로 가득 찬…… 정의"보다는 지혜로운 솔로몬 왕의 이미지를 선호한다.

그럼에도 지혜는 정의 없이 존재할 수 없으며 정의 역시 지혜 없이 존재할 수 없다.

이제 나는 성인발달의 중추적 과제들을 더 상세하게 논의하려고 한다. 그러나 각 발달 단계에 포함된 행동과 자아 기술의 더 심층적인 논의는 다른 저자들의 저술을 참고하기 바란다. 정체성 발달의 성쇠에 대해서는 에릭 에릭슨,[13] 친밀감의 발달에 대해서는 조지 고설스George Goethals,[14] 경력 강화에 대해서는 대니얼 레빈슨Daniel Levinson,[15] 생산성의 발달에 대해서는 존 코트르John Kotre,[16] 그리고 지혜의 발달에 대해서는 버지니아 클레이턴Virginia Clayton과 폴 볼츠Paul Baltes[17]를 참고하기 바란다.

친밀감

결혼이나 성교의 도구적 행위와 친밀감이란 발달 과제 사이에는 엄청난 차이가 있다. 에릭슨의 친밀감에 대한 원래 정의는 "사랑하는 이성 파트너와의 오르가슴에서의 상호성"이었지만, 그는 "그것이 순전히 성적인 문제를 의미하는 것은 결코 아니다."라고 덧붙였다.[18] 분명 상호적인 오르가슴이라는 개념은 지속적인 성인 애착의 통달을 제대로 파악하지 못한다. 알다시피 많은 사회병질자가 성숙하고 아주 친밀한 관계를 유지하는 기혼자들보다 '상호적인 오르가슴'에 더 능통하다는 것이 밝혀졌다. 그러나 우리가 상호적인 오르가슴을 상대방이 화답하도록 허용하는 동시에 다른 성인의 취약성에 대한 책임을 지고자 하는 의지에 대한 메타포라고 생각한다면 에릭슨은 올바른 방향에 있는 셈이다. 만약 상호적인 오르가슴의 능력을 육체적으로 책임감 있고 호혜적인 형태로 친밀한 누군가와의 관계를 확인하기 위한 메타포로 간주한다면 말이다. 파트너와 기꺼이 즐길 수 있으려면 소위 침대에서 아침식사를 받을 줄도 알아야 하고, 또 누군가를 위해서 침대로 아침식사를 가져갈 줄도 알아야 한다. 이것이 바로 에릭슨이(그리고 그 이전에 프로이트도) 표현하려고 했던 양방향적인 상호 의존성을 제시하는 더 적절한 방법이다. 결국 친밀감은 섹슈얼리티는 물론이고 의존성, 공격성, 그리고 자율성과 타협을 이루는 것을 포함한다. 이기적인 것과 그렇지 않은 것 사이의 긴장이란 측면에서 친밀감은 양자가 모두 즐길 수 있는 방식으로 상대방과 자기를 상호적으로 공유할 수 있게 한다.

남성은 친밀감을 성취하기 전에 정체성을 획득하고 여성은 정체성을 획득하기 위해서 친밀감을 획득해야 한다는 전통적인 믿음이 있다. 나는 이 개념이 문화적으로 만들어진 산물이라고 생각한다. 만약 어떤 남성이 부모의 집을 떠난 후에야 아내를 재정적으로 지지할 수 있다고 믿는다면, 그리고 사회가 여성이 자신을 재정적으로 지원할 남편을 발견한 이후에만 집을 떠날 수 있게 허용한다면 겉으로는 그럴싸하게 보인다. 하지만 재정적인 발전이 자아발달은 아니다. 여성은 자신의 핵가족을 떠날 준비가 되지 않은 남성을 원하지 않을 수 있으며, 결과적으로 이미 집을 떠난 남성과 결혼하는 경향이 있는 것은 확실하다. 또한 과거에는 결혼이 경제적으로 의존적인 여성이 자신의 핵가족을 떠날 수 있게 해 준 것도 사실이며 결과적으로 좋은 직장을 가진 남자와 결혼할 필요가 있었다. 하지만 그러한 고려점들은 모두 경제적인 것이지 발달적인 것이 아니다.

경력 강화

경력 강화는 정체성 형성이라는 청소년기 과제와는 질적으로 다르다. 독립적인 정체성의 획득에서 청소년의 욕구는 오로지 자기 스스로에게만 가치 있으면 된다. 대조적으로 경력 강화에서는 사회도 유용하게 생각하는 정체성을 필요로 한다. 수년에 걸쳐서 에릭슨은 안정적인 직업적 정체성의 발달을 어디에 놓아야 할지를 두고 고민했다.[19] 에릭슨은 때로 경력을 청소년기 정체성의 형성과 연결시키려고 시도하기는 했지만 확신을 가지지 못했다. 나는 그 이유가 바로 친밀감이 통달된 후가 아니고서는 경력 강화가 이루어지는 일이 거의 없기 때문이라고 생각한다. 결국 많은 사람은 자신이 누구인지에 대해서는 비교적 잘 알지만 어떤 장인이 되고 싶어 하는지에 대해서는 잘 알지 못한다. 성인발달은 생애주기 동안 다른 사람들을 '대사'시키고 동화하는 것이 필요하다. 비록 엄선되기는 하지만 어쨌든 내재화된 부모의 가치는 청소년의 정체성에서 중요한 역할을 한다. 대조적으로 부모의 감독은 경력 정체성의 창출에서 중요하다고 언급되는 법이 별로 없다. 오히려 경력 강화는 일군의 새로운 멘토의 내재화를 통해서 얻어진다. 만약 운이 좋다면 우리는 우리가 찬미하는 사람들을 평생 내재화할 수 있을 것이다.

자아발달의 측면에서 경력 강화의 과제는 친밀감과 마찬가지로 호혜성을 반영하는 직업적 정체성을 성취하는 것을 포함한다. 직업적 정체성을 위해서는 유능성과 헌신이 필요하며 그러한 정체성으로부터 다시 만족과 보상이 파생된다. 예를 들어, 다음의 직업적 적응 사례 각각은 경력 강화의 네 가지 준거 중 하나를 충족하지 못한다. 만족하면서 헌신하는 만년 대학원생은 유능성이 결여되어 있다. 청소년기 취미를 성인기에도 계속하고 있는 전업 아마추어 골프선수, 출판하지 못한 시인, 고독한 조류 관찰자의 경우에는 보상이 결여되어 있다. 입센의 '노라'는 결혼이라는 금박 새장 속에서는 유능했고 보상도 잘 받았지만 불행한 월스트리트의 변호사처럼 자신의 재능을 파는 일에 헌신도 없었고 '대가'에서도 만족을 느끼지 못했다.

경력 강화의 과제를 성인발달 모델에 추가하는 것은 오로지 현대 기계사회나 중상류층의 전문직에 종사하는 고학력 남성에게만 적용된다는 주장이 제기될 수 있다. 그러나 성인발달 연구의 결과를 보면 그렇지 않다는 것을 알 수 있다. 자아발달은 문화의 반영이 아닌 사회생물학의 반영이다. 사랑의 역할과 마찬가지로 일의 역할은 세계 어느 사회에서나 중요하다. 견습생에서 일반 장인 그리고 숙련된 장인으로 이어지는 중세 위계는 의예과 학생에서 레지던트 그리고 전문의로 이어지는 경로처럼 천 년 전에도 명확했다. 수렵채집 사회의 남녀 모두 주어진 과제에 여전히 헌신하고 의례적인 즐거움을 경험한다. 수세기 동안 마을의 성공적인 여자 가장들은 자신들의 삶을 되돌아보고 자신의 성취에서 아내이자 어머니로서의 만족과 헌신, 보상, 그리고 유능성을 보았다.

여성발달에 관한 최근의 대중적인 저자들은 에릭슨이 거리두기distantia-tion라고 부른 것 혹은 다른 사람들이 자기실현이라고 부른 것이 친밀감을 넘어서서 성인의 성장에 본질적이라고 지적해 왔다. 노라가 가부장적인 남편 토발드의 면전에서 냅다 문을 닫으면서 발달적 깨달음으로 끝이 나는 입센의 희곡 『인형의 집A Doll's House』은 남성과 마찬가지로 여성에게도 본질적인 경력 정체성을 향한 이 욕구가 얼마나 통렬한지를 잘 보여 준다. 에밀리 핸콕은 자신의 책인 『내면의 소녀The Girl Within』에서 여성에게 적용된 경력 강화의 문제를 다루고 있다. 핸콕의 연구 참여자들 중의 하나는 "내 일은 나의 자아를 정의하는 데 있어서 나에게 만족을 주었다……. 일은 진정으로 성장을 위한 모체matrix였다. 모체는 아주 여성적인 말이다. 그 말은 **자궁**에서 파생되었고 '어머니mother'를 뜻하는 라티어인 *mater*에서 유래했기 때문이다."[20]

터먼 여성 표본에서 집 밖에서 일한 여성과 전업주부로서 경력 강화를 성취했던 여성 사이에는 흥미로운 차이가 있었다. 65세에 실시된 설문에서 거의 평생 일했던 300명의 직업 여성 중 5%만이 전업주부였기를 바랐다고 답한 반면에 다른 직업이 없었던 전업주부 300명 중 30%는 급여를 받는 직업을 가지고 싶었다고 대답했다. 달리 얘기하자면, 베티 프리단Betty Friedan과 글로리아 스타이넘Gloria Steinem 세대를 앞서갔던 역사적인 동년배 집단에 속했지만 터먼 여성들은 가사를 넘어서는 수준의 경력을 희망했다. 더 중요한 것은 터먼 여성들이 그러한 경력을 성취했을 때 매우 기뻐했다는 사실이다.

급여를 받는 직업을 통해서 만족감을 경험했던 대부분의 여성이 주부로서도 성공적인 경력을 갖는 것으로 나타났다.

물론 많은 남성과 여성이 스스로 독립할 권리가 있다고 전혀 느끼지 않을 수도 있다. 과제를 망가트리는 위협이 되는 '이기적인' 성질이 경력 전문화에는 있다. 그러나 성공과 이기주의에 대한 두려움이 양성 모두에게 영향을 미친다고 해도 사회와 생물학 모두 그러한 이기적인 측면에서는 남성에게 더 큰 지지를 보낸다. 따라서 핸콕은 다음과 같이 경고한다.

초기 사춘기가 오면서 소녀는 성장이 더뎌지고 소년은 덩치가 커진다. 소년은 소녀의 키, 체중, 근육 강도를 따라잡고 능가하게 되며 처음으로 소녀보다 더 크고 강하게 된다. 소년의 몸은 단단해지는 반면에 소녀의 몸은 부드러워진다. 소년이 더 강해지고 영리해지고 목소리가 커질수록 소녀는 더 약해지고 불확실한 느낌을 갖게 된다. 소년의 사춘기의 변화는 지배하는 능력의 증가를 더욱 강화시킨다. 소녀의 사춘기의 변화는 양육에 대한 의무와 억제를 할 필요성을 반복적으로 암시한다. 소년이 겪는 청소년기의 경험은 일종의 증가된 힘이다. 소녀가 겪는 청소년기의 경험은 일종의 증가된 위험이다.[21]

이 인용문은 많은 독자에게 구식으로 느껴질 것이다. 그러나 너무나도 자주 여성들은 그러한 증가된 위험을 금지와 혼동한다. 테스토스테론은 일인자가 되고 경쟁하는 것을 즐거운 일로 만든다. 에스트로겐은 그렇지 않다. 호수의 여인의 손아귀에서 빠져나와 바위에서 엑스칼리버를 뽑아들었을 때, 젊은 아서왕은 자신이 왕이 될 운명이라는 것을 알았다. 반대로 백설공주가 지닌 최고의 아름다움은 자신이 치명적인 위험에 처해 있음을 서글피 인정하게 만들 뿐이었다. 키플링Kipling은 "혼자 여행하는 자가 가장 빨리 여행한다."고 적고 있다. 하지만 그러한 이기주의는 책임감 있는 많은 여성에게는 생각조차 할 수 없는 일로 보인다.

경력발달의 관점에서 임신에 대한 취약성은 또 다른 핸디캡이다. 아이를 기르는 것은 많은 여성에게 버니스 뉴가튼Bernice Neugarten이 '막간의' 사건들이라고 부른 것을 만들어 내고 그들의 성인발달을 아이가 없는 경우보다 덜 질서정연하게 만들 수 있다. 아이를 가지는 것은 자기와 관련 있지만 자기를 제공하지는 않는다. 핸콕의 연구 참여자들 중 한 명은 "그 정도 수준에서 누군가를 고려해야 하는 것은 이기적이지 않을 수 있다는 것을 의미한다. 나는 아이가 내게 원하는 것을 선택할 수밖에 없었다. 내가 피곤하든 아프든 외롭든 간에……. 인생의 우선순위들은 내가 이 아이의 안녕을 무엇보다도 중요하게 생각해야 한다고 명령했다."[22] 소냐 톨스토이가 소망했던 행복한 아내와 어머니로서의 경력도 열세 번의 임신으로 무너져 버렸다. 더구나 가족이 있는 직장 여성의 경우는 '2교대'라는 총체적 이슈가 양쪽 과제 모두를 더 어렵게 만든다. 남성과는 달리, 직장이 있는 여성은 두 가지의 전일제 일을 해야만 하는 경우가 왕왕 있다. 간단히 얘기하자면, 사회의 불공평뿐만 아니라 생물학의 불공평은 여성이 이기주의와 비이기주의라는 함정을 피해서 항해하는 과정에서 훨씬 더 좁은 통로를 제공하는데, 그 통로의 다른 한쪽에는 만족스러움을 주는 경력 정체성이 어렴풋하게 보인다.

개성은 사회 혹은 생물학이 자율적인 자기발달을 '이기적'이라고 비난할 때마다 희생된다. 그럼에도 불구하고 공산주의와 봉건제도, 수도원처럼 계획된 사회가 제시하듯이 성인발달의 억제에서 얻을 수 있는 단기적인 사회적 이득이 실제로 있기는 하다. 사회는 경력 강화를 통해서 마침내 사적인 자기가 공적인 자기로 탈바꿈하지 않고서는 보상을 얻지 못한다. 동부 유럽의 사회주의 경제가 이룬 최근의 발견들이 적절한 예로 보인다. 농부들이 이기적일 수 있게 허용한 사회의 생산물이 강제로 수집된 농장에서 생산된 먹을거리보다 더 좋은 것이 사실이다. 너무나 자주 터먼 표본의 여성들은 비이기적이지 않으면 무조건 이기적인 것이라고 믿게 되었다. 훌륭한 사회주의자들처럼 그들은 개인의 성인발달이 적어도 단기적으로는 다른 사람의 발달을 박탈한다고 생각했다. 이 여성들 중 많은 수가 후기 중년기가 되어서야 스스로를 해방시킬 수 있었다.

장기적으로 터먼 여성들이 그들의 남편과 부모 그리고 자녀들에게는 복이었겠지만 자신이 선택한 개인적인 직업 경력으로부터 배제되었다는 사실은 미국 사회 전체로서는 엄청난 손실이었다. 루이스 터먼Lewis Terman 자신의 지적인 영재였던 두 자녀의 운명을 생각해 보자. 터먼의 아들과 딸은 모두 스탠퍼드 대학을 우수한 성적으로 졸업하고 결혼을 했다. 터먼의 영재 아들은 스탠퍼드 대학 공대의 저명한 학장, 그리고 실리콘밸리의 창시자가 되었다. 터먼의 영재 딸 역시 스탠퍼드 대학을 위해서 일했지만 학생 기숙사의 불행한 전화교환수였다.

성숙한 성인발달의 과제들 중 하나는 호르몬상의 변화와 사회의 요구를 보상하고 또 그것들에 적응하는 것이다. 인게 브로버먼Inge Broverman과 동료들이 행한 유명한 연구[23]에서는 학력과 무관하게 남성과 여성 모두 일련의 특정한 특성(독립성, 합리성, 자기방향성)을 이상적인 남성에게 귀인시켰고, 그것과는 다른 일련의 특성(온화함, 정서적인 표현성, 관계성)을 이상적인 여성에게 귀인시켰다. 그러나 전향적인 연구는 중년기에 이르면 여성의 주요 발달 과제는 잠재기 아동의 덕목인 **독립성, 합리성, 자기방향성**을 되찾는 것이 된다. 이러한 강점들의 재발견은 흔히 여성의 중년기 발달의 흥미로운 측면이 된다.[24] 유사하게 중년기 남성이 온화함, 정서적 표현성, 관계성처럼 청소년기에 호르몬상으로 그리고 사회적으로 부인되었던 성숙한 덕목들을 회복하는 것은 매우 보탬이 되는 일이다.[25] 간단히 말해서, 생물학적으로 그리고 사회적으로 억제되었던 기술을 보상하고자 하는 발달적 욕구는 여성에게는 경력 강화를 더 중요한 발달 과제로, 남성에게는 생산성을 더 중요한 발달 과제로 만들 것이다. 앞으로 이에 대한 더 많은 연구가 필요하다.

요약하자면, 경력 강화는 견습생에서 숙련된 장인으로 가는 다소 자기

중심적인 과정이다. 나는 친밀감에서 경력 강화로 그리고 생산성으로 이어지는 성인발달의 연속적인 순서가 성별, 사회적 계급, 그리고 역사적 시대를 넘어서서 확장되는 하나의 패턴이라고 믿는다. 이 연속성은 여성이 한 손에는 새로 태어난 아기를 잡고 다른 한 손에는 스포크spock 박사의 『아기 돌보기Baby Care』를 잡은 상태에서 턱에는 친정어머니와 통화하고 있는 전화기를 끼고 있는 데서 시작해서, 10년 후에는 밖에 나가 놀려는 열 살짜리 자녀에게 손을 흔들면서 다른 한 손으로는 전화기를 들고서 이제 막 아이를 키우기 시작한 이웃에게 조언을 해 주는 것으로 이어지는 순서에서도 나타난다. 세대에서 세대로 이어지는 즐거움을 가져다줄 양탄자를 짜기 위해 초심자에서 시작해서 재봉의 대가가 된 이 여성의 거의 천 년 전 조상도 똑같은 형태의 변화를 잘 보여 주는 것 같다.

의미의 수호자

에릭슨은 자신의 글에서 종종 보살핌과 지혜를 구별하지 못하곤 했다. 자아는 단계별로 발달하며 보살핌은 지혜에 앞선다. 지혜 없는 보살핌을 상상할 수는 있지만 보살핌이 결여된 지혜를 상상할 수는 없다. 보살핌과 달리, 지혜는 편을 들지 않는 것을 의미한다. 지혜에는 아이러니와 모호성의 인식이 필수적인데, 이는 비교적 인생의 후기에 나타나는 자아 기술들이다. 우리는 우리 자신의 마음 안에서 생겨나는 모순과 역설을 의식 속에 유지하는 것을 어떻게 배우는가? 인지적으로 우리는 어떻게 논박을 환영하는 지적인 자세를 발달시키는가? 어떻게 우리는 과거, 현재, 미래의 경쟁하는 현실을 유지하면서 동시에 우리 자신의 관점을 유지하는가? 이것들은 지혜의 발달과 병행한다고 여겨지는 지적인 과제들이다. 그럼에도 불구하고 솔로몬왕과 『베니스의 상인The Merchant of Venice』에 나오는 포시아의 판사의 예에서 보이듯이, 진정한 지혜는 언제나 보살핌과 정의의 융합을 필요로 한다.

　이러한 이유로 나는 경력 강화에 더해서 성인발달의 순차적인 심리사회적 과제들에 의미의 수호자를 추가했다. 의미의 수호자라는 역할을 충족하는 것은 더 나이 든 성인에게서 나타나는 지혜의 객관적인 지표라고 생각한다. 하버드생 표본인 55세의 한 남성이 쓴 다음 편지는 그 과정의 일면을 보여 준다.

　　나는 그 어느 때보다도 지난 5년간 훨씬 많은 것을 배운 것처럼 느낀다. 또 이것은 미래를 좁히기보다는 넓혀 주는 것 같다……. 나는 마침내 우리의 미래에서 무엇이 정말로 중요한지를 깨닫게 되었다. 우리는 마침내 자연 그리고 우리의 자연적인 환경을 정복하는 것이 아니라 그것과 조화를 이루며 살게 되었다……. 이 모든 것이 왜 내가 이것을 내 인생의 가장 행복한 시기라고 하지 않는지 당신이 의아해하도록 만들 것이다. 그리고 그 대답은 이렇다. 더 이른 시기는 상대적인 순진함과 청년다운 패기가 넘치는 시기였다. 나의 육체적 힘과 자유분방함에 대한 찬양. 이제 내가 찬양하는 힘들은 더 지적인 종류이고 세상에 대한 경험으로 채색된 것이다. 어떤 면에서 내가 늦게 습득한 지식과 통찰, 말하자면 나의 지혜는 순수한 축복이라기보다는 어떤 면에서는 짐이기도 하다.

　또 다른 하버드생 표본의 참여자는 55세 때 그가 성숙해지는 데 가장 중요했던 길이 무엇이었는지에 대해서 다음과 같이 말했다. "성숙의 과정은 올리버 웬델 홈스Oliver Wendell Holmes의 '앵무조개The Chambered Nautilus'에 굉장히 잘 묘사되어 있다. 우리는 우리가 정말 성숙해진다고 가정하면서 결코 완전하게는 성취하지 못하는 목적이지만 세상과 그 안의 사람들에 대한 이해를 점점 넓혀 나가면서 '자연과 하나가 되는' 느낌이라는 궁극적인 목적을 향해 나아간다. 현 시점에서 나는 내가 세상 어딘가에 떨어뜨려진다 해도 그곳에 사는 사람들을 이해하고 인정하며 그들 사이에서 나의 길을 만들어 갈 수 있을 것 같다." 그의 자세는 폴 볼츠와 재클린 스미스Jacqueline Smith가 지혜의 기본 요소 중의 하나로 보았던, "모든 판단은 주어진 문화와 개인의 가치체계의 함수이며 상대적이라는 것에 대한 인식"[26]에 매우 근접해 있다.

이렇게 의미의 수호자의 초점은 자녀의 발달이 아니라 인류의 집단적인 산물, 개인이 살고 있는 문화와 그 제도들에 맞추어져 있다. 또 다른 하버드생 표본의 참여자는 55세 때 "횃불을 넘겨 주고 문명화된 가치에 아이들을 노출시키는 것이 내게는 늘 중요했지만 해가 거듭될수록 더욱 중요해지고 있다." 생산성에 대해 쓰면서 존 코트르는 잠재적인 멘토의 표적은 문화와 제자 둘 다여야 하며, 멘토는 양쪽의 균형을 맞추어야 한다고 언급하면서 보살핌과 의미의 수호자라는 두 가지 과제를 구분하고 있다. 만약 멘토가 멘티에게 너무나 많은 것을 쏟아붓는다면(생산성), "그는 문화의 중심적인 상징을 무시하고 희석시키는 것이다. 그러나 문화의 보존이 무엇보다도 중요하다면(의미의 수호자) 그는 제자에게 익명의 그릇이 되는 셈이다."[27] 이러한 위험 때문에 나는 이 단계의 반대 극으로 경직성을 제안한다.

생산성처럼 의미의 수호자가 되는 것은 친밀감과 경력 강화의 결합을 통해서 습득한 기술들을 나누어 주는 것이 특징이다. 그러나 이제 강조점은 경력 강화 기간 동안에 획득한 기술들에 주어진다. 그것은 조직화 기술과 정보 기술이다.

의미의 수호자가 하는 일의 한 가지 측면은 개인의 전문직에서 어떤 부분이 문화적인 신탁 자원으로 되돌려질 수 있는지를 구분하는 것이다. 역설적인 예로, 포드 자동차 회사의 생산적인 창출로 미국의 소도시들을 산산이 조각낸 헨리 포드Henry Ford는 애석해하는 마음에서 그린필드 마을을 건축함으로써 미국의 과거를 보존하려고 노력했다. 그린필드 마을은 T 포드 모델이 발명되기 전에 뉴잉글랜드가 어떤 모습이었는지를 보여 주는 박물관이다. 중년기에 찰스 린드버그Charles Lindbergh는 팬 미항공사의 경로 개척자였고 태평양의 구석구석까지 세계적인 항공 경로를 만들어 낸 창의적인 건축가였다. 말년에 그는 자신이 위험에 빠뜨리는 데 일조한 바로 그 샹그릴라를 보호하기 위해서 지구보존 운동에 헌신적인 노력을 기울였다. 그리고 논쟁거리가 되는 이 두 남성에 대한 비판은 그들의 인종적 편견과 그에 따른 경직성에 대한 잠재성으로 향해질 수 있다.

의미의 수호자 과제를 가지고 묘사하려는 모습을 잘 보여 주는 모델은 프린스턴 프로젝트 55Princeton Project 55에서 찾아볼 수 있다. 이 프로젝트는 중년기에 있는 프린스턴대의 졸업생들과 존슨 재단Johnson Foundation이 후원하고 12개의 대학에서 온 대표단들이 참석한 한 회의에서 1989년 12월에 시작되었다. 50대 후반이었던 남성들은 젊은 성인들이 '중요한 사회적 이슈를 언급하고 증상을 치료하기보다는 체계적 변화에 초점을 맞추며 공동체 참여를 격려하고 활용하며 당파주의가 되지 않도록' 후원하기를 바랐다. 조직자들의 신조와 50대와 60대 사이의 다른 사람들에 대한 그들의 호소는 다음과 같았다. "50대 중반에 들어서면서 우리는 우리의 시간과 에너지 중 많은 부분을 우리에게 그렇게나 많이 주어 온 세상을 보존하고 향상하는 데 헌신할 준비가 되어 있다. 우리는 우리가 축적해 온 지식과 경험이 우리 사회와 세상을 둘러싸고 있는 어려운 문제들에 대한 새로운 해결책을 발견하는 데 사용될 수 있다고 믿는다……. 우리는 함께 어른이 되었다……. 우리는 그 안에서 모두 함께한다. 해야 할 일이 많이 있다. 부디 우리와 함께하자." 창립 이래로 그 프로젝트는 단지 비현실적인 미사여구 이상의 것이 되었다. 창립자들의 적극적인 멘토십과 더불어 프로젝트 55는 공립학교 개혁, 공동체 역량 강화, 환경보호기금Environment Defense Fund, 세계야생생물기금World Wildlife Fund에서 1년 혹은 여름 동안 일하는 젊은 인턴들을 지원해 왔다.

모델의 다른 측면

내가 이미 언급했듯이, 성인발달의 다른 대안적 모델은 연못에 떨어진 돌이 기존의 물결을 감싸 안으면서 퍼져 나가는 물결을 만들어 내는 캐럴 길리건의 메타포일 것이다. 그러나 [그림 6-1]에서처럼 나선형으로 모델을 묘사하는 것은 몇 가지 교수법적인 이점을 가지고 있다. 첫째, 이 그림은 성인의 삶 동안에 개인이 단순히 성장하는 것이 아니라 진화한다는 것을 강조한다. 둘째, 나선형은 애벌레가 나비로 탈바꿈하는 것과는 다르게 성숙한 변화에서는 과거의 진전이 사라지는 것이 아니라는 개념을 전달한다. 셋째, 계단을 오르는 것과 마찬가지로 하나의 도착점에 도달하지 못하면 다음 도착점에 도달하기 어렵다는 점을 시사한다. 그럼에도 불구하고 계단을 오르는 것과 마찬가지로 하나의 도착점이 다른 도착점보다 더 나은 것은 아니다. 천문 항법의 연구를 생각해 보라. 육분의六分儀도 천문 지도도 우리에게 어디로 가야 할지를 얘기해 주지는 않는다. 그러나 두 가지 모두 우리가 어디에 있는지를 파악하는 데는 매우 소중하다. 인생은 여행이지 도보경주가 아니다.

나는 또한 네 번째 이유 때문에 계단형 모델을 좋아한다. [그림 6-1]과 같은 이차원 그림에서 묘사되었듯이, 계단에는 왼쪽과 오른쪽이 있다. 왼쪽과 오른쪽은 생애주기 동안에 발생하는 성격의 유연성에서의 리드믹한 변화를 반영한다. 적어도 우리 문화에서는 그런 것 같다. 견고한 자료가 아니라 임상적 인상에 의하면, 왼쪽의 단계들인 남근기(3단계), 청소년기(5단계), 중년기(7단계), 그리고 노년기(8단계: 파블로 피카소와 윌리엄 버틀러 예이츠 같은 정열적인 노인들이 살았던 것처럼)는 개인적 변화와 불안정성의 시기다. 인생의 이러한 시기들은 기존의 정체성을 재작업하고 관습적인 도덕성을 의문시하는 시간들이다. 고조된 내부 감각 수용성, 정서적 불안정성, 그리고 신선한 본능적 갈등의 시간들이다. 이 시기들은 수전 화이튼본Susan Whitenbourne

이 동화의 시기[28]라고 부를 만한 것이다. 이 시기들은 인류가 진지한 극작가와 대중적인 심리학자를 위해서 훌륭한 카피를 제공할 때이며 관계와 소속감이 가장 중요한 때다. 이 시기들은 사람들이 인생 주기 중에서 가장 충동적으로 그리고 가장 히스테릭하게 구는 때다.

나선형의 오른쪽에는 자율성(2단계), 잠재기(4단계), 경력 강화(6A단계), 그리고 '엄격한 눈과 잘 다듬은 수염을 가지고' 의미를 수호하는 셰익스피어 판사의 시기(7A단계)가 있다. 임상적 인상에 의하면, 이 기간들 동안에 사람들은 동일성과 자율성의 보존, 그리고 규칙의 준수와 유지에 집착한다. 그들은 그들의 문화를 재작업하기보다는 과거의 전통을 흡수하고 준수하며 널리 알리는 데 더 큰 관심을 보일 것이다. 계단의 오른쪽에 있을 때 사람들은 상대적으로 내부 감각에 덜 민감하고 새로운 관계를 형성하는 데 덜 의존적이다. 따라서 극작가와 대중 심리학자들은 인생의 이러한 시기들을 지나쳐 버리는 경향이 있다. 이 시기들은 사람들이 살아가는 동안 가장 강박적인 것처럼 보이는 때다.

[그림 6-1]에 그려진 모델의 패러독스는 성숙함을 에릭슨의 보살핌이란 '덕목'으로 특징지으려면 성숙함이 자기 스스로의 힘으로 자기를 실현하는 사람이 되는 능력으로 구성된다는 견해와 대립된다는 것이다. 매슬로 Abraham Maslow, 콜버그 그리고 뢰빙거는 다른 사람들로부터 점차 분화되는 자기와 맥락적인 그리고 사회적인 제한으로부터 자기를 점진적으로 해방시키는 것이 특징인 성숙화 모델을 제시하였다.[29] 대조적으로 에릭슨은 "그러면 보살핌은 보편적인 의무, 즉 자기가 선택한 후관습적인(즉, 성숙한) 판단에 기초한 윤리가 된다."[30]는 길리건의 입장에 동의할 것이다.

그러나 정의와 자기실현이 보살핌과 사회적 소속embeddedness보다 어느 정도 더 성숙한지는 해결되지 않을 논점이다. 오히려 우리는 정체성을 향한 청소년기의 탐색과 경력 강화를 향한 젊은 성인의 탐색 모두의 핵심에는 자기에 대한 책임감이란 윤리가 있다는 사실을 인식해야 한다. 그러나 나이가 들수록 개인은 발달적 계단의 한쪽에서 다른 쪽으로 옮겨 간다. 친밀한 상호 의존의 능력은 청소년이 원가족에 대한 의존성으로부터 스스로를 해방시킨 후에야 온다. 마찬가지로 젊은 성인은 직업적 정체성을 강화시키기 전에는 다른 사람들이 자율성을 획득하도록 돕는 책임을 지고자 새롭게 얻은 자율성을 경시하려고 하지도 않고 또 그렇게 할 수도 없다. 노라는 문을 꽝 닫을 수 있는 자유와 자신만의 방을 가질 수 있기 전에는 사랑과 보살핌으로 딸들이 결혼해서 떠나가게 내버려 두지도 못했고 공동체 건설에 대한 관심을 가질 수도 없었다. 실제로 제럴드 클러먼Gerald Klerman과 대니얼 레빈슨은 좋은 행정가(즉, 생산성의 대가)가 되려면 먼저 자신의 청소년기 자녀들이 독립적인 위험 감수와 분리된 정체성을 위해서 탐색하는 것과 화해할 수 있어야 한다고 제안한다.[31]

내가 말하고 싶은 것은 생애주기에 걸쳐서 개인들은 [그림 6-1]의 나선형의 한쪽에서 다른 쪽으로 오락가락한다는 사실이다. 계속해서 앞으로 움직이기는 하지만 성인발달이 늘 그렇게 보이지는 않는다. 하버드생 표본의 한 참여자는 4년간의 정신분석을 통해서 무엇을 알게 되었느냐는 질문에 "나는 4세 때 더 나 같았고 7세 때는 덜 나 같았다."라고 대답했다. 그러나 그는 그 과정 속에서 성장해 왔다. 인터뷰를 했을 때 그는 나선형의 왼쪽에 있었으며 고도로 생산적이었다. 아이 같은 유치함이 아니라 모험성이 그에게 네 살짜리였던 자신을 상기시켰던 것이다.

마지막으로, 나의 나선형 계단 모델에서 묘사된 앞뒤로 움직이는 여행보다 더 긴 진폭을 가진 진동이 생애주기에 걸쳐 있다. 인생의 어떤 시점에 이르면 갑자기 내일보다 어제가 더 많아진다. 이 시점(펜실베이니아 더치의 민속작품에서는 50세)에서 사람은 지금까지 올라왔던 계단들을 되돌아보는 것 같다. 유아기에서 아동기, 청소년기로 이르는 단계들이 순차적으로 자신의 몸, 외부 환경 그리고 마지막으로 감정을 통달하는 과정이었다면, 40세부터 노년기에 이르는 단계들은 역방향으로 나아간다. 청소년처럼 위기의

40세는 감정과 씨름한다. 열 살짜리처럼 60세 노인은 변화하는 시대에 저항하려고 애쓴다. 그리고 걸음마를 배우는 아이처럼 80세 노인은 다루기 힘들고 휘청거리는 몸에 온 신경을 쓴다. 뉴가튼은 만약 마흔 먹은 사람이 "환경을 대담함과 위험 감수를 보상해 주는 것으로 본다면……, 예순 먹은 사람은 환경을 복잡하고 위험한 것으로, 더 이상 자신의 소망에 맞추어 바꿀 수 있는 것으로 보지 않으며 자기를 외부세계의 요구에 순종하고 순응하는 존재로 보는 것 같다."[32] 엘리엇T. S. Eliot은 65세 때 "만약 당신이 당신 자신의 조건을 세상에 부과할 만한 힘을 가지고 있지 못한다면 세상이 당신에게 부과하는 조건을 수용해야만 한다."라고 썼다.[33] 그것은 또한 잠재기 아동의 곤경이기도 하다. 일반화하자면, 변화는 청소년기와 초기 중년기에는 환영이지만 9세와 60세 때는 혐오의 대상이다.

몇몇 연구자는 성인발달을 과도기라는 관점에서 정리하는 것을 선호한다. 그러나 나의 모델은 과도기를 얼버무리고 넘어간다. 시간에 걸쳐서 개인을 추적해 가다 보니, 나는 청소년기의 위기, 폐경기의 위기, 퇴직의 위기가 지나치게 강조되었다는 인상을 받았다. 나는 과도기가 단지 발달의 부수적 결과라고 생각한다. 분명히 발달의 과정은 단순히 졸업, 첫 직장, 결혼, 그리고 첫아이처럼 연대적인 이정표를 성취하는 것만으로 볼 수 없다. 거의 누구나 맥도날드에서 직장을 구하고 결혼 허가증을 사고 아이를 만들 수 있다. 달리 얘기하자면, 교육을 받으면 대학 졸업장을 받겠지만 전통에 참여하고 대학 졸업이라는 과도기를 경험하는 것이 반드시 교육을 만들어 내지는 않는다. 발달이 과도기를 가져오는 것이지 과도기가 발달을 가져오는 것은 아니다.

사실 우리가 과도기와 연관시키는 위기들은 발달과정 자체보다 세 가지 비발달적인 요인과 더 상관이 있는 것 같다. 첫 번째 비발달적 요인은 정신병리다. 예를 들어, 특별히 문제가 많은 청소년기를 거친 사람들은 특별히 문제가 되는 중년기를 경험하게 되는 것 같다. 더구나 심한 우울증 경향은 거의 언제나 모든 변화를 위기로 만든다. 정신과 의사들은 위기에 처한 사람들하고만 작업을 하기 때문에 청소년기와 중년기의 위기가 보편적이라는 잘못된 믿음을 갖게 된다. 그러나 청소년기와 중년기에 있는 보통 사람들에 대한 지역사회 연구를 보면 불가피한 발달적 위기에 대한 그러한 가정이 부적절하다는 것을 알 수 있다.[34]

발달적 과도기 동안의 위기와 연합된 두 번째 비발달적 요인은 문화가 제대로 중재하지 못하는 역할에서의 변화와 상관이 있다. 예를 들어, 축하받지 못한 은퇴나 형식적인 민간 결혼식은 더 큰 적응상의 불안정과 위기를 나중에 가져올 수 있다. 원시부족은 청소년기, 폐경기, 그리고 노년기를 의식화하는 일을 현대의 산업화된 문화보다 훨씬 더 잘한다. 따라서 원시 문화에서는 청소년기와 폐경기가 별 문제가 되지 않는다. 부드러운 이행은 문화적 의식과 신성한 기념행사를 통해서 촉진된다.

삶의 과도기를 위기로 만드는 세 번째이자 아마도 가장 중요한 상황은 정상적인 발달의 연속선에서 발생한다. 과부가 되는 것은 80세보다 40세일 때 더 큰 발달적 위기가 된다. 폐경은 30세에게는 위기가 되겠지만 55세에게는 환영받는 경우가 흔히 있다. 자녀의 죽음은 성인발달에 역행하기 때문에 언제나 위기가 된다.

경험적 증거로 향하기 전에 나는 독자에게 내가 제안한 모델을 너무 액면 그대로 받아들이지는 말라는 점을 상기시키고 싶다. 나르시스가 불행했다고 누가 확신할 수 있는가? 들판의 백합화와 나르시스는 힘들게 일하지도 않고 실도 잣지 않는다. 달리 말하자면, 자연에서와 마찬가지로 발달적 과제의 통달이 결실을 맺지만 그러한 심리사회적 과제를 통달하지 못하는 것이 나쁘다는 얘기는 아니다. 이런 점에서 에릭슨의 심리사회적 발달 모델은 피아제의 인지발달 모델, 뢰빙거의 자아발달 모델, 그리고 콜버그의 도덕발달 모델과 다르다. 첫째로, [그림 6-1]에 묘사된 모델은 구조적 발달이나 인지적 발달이 아니라 기능적 발달을 보여 주며, 기존에 정해진 사회생물학적 발달은 기껏해야 촉진적인 역할을 한다는 것을 보여 준다. [그림 6-1]에 제시된 에릭슨의 모델과는 대조적으로, 피아제, 뢰빙거, 콜버그의 경우에는 각각의 새로운 단계가 정해진 순서대로 나타날 뿐만 아니라 '더 좋은' 발달적 단계가 된다.

피아제, 뢰빙거, 콜버그가 각자의 모델에서 자아 성숙화라고 부른 것과 나의 더 심리사회적인 에릭슨의 모델에서 시사하는 것에는 매우 분명한 차이가 또 하나 있다. [그림 6-1]의 모델은 심리사회적 행동의 모델이며 인지적 통합보다는 정서적 통합을 반영한다. 심리사회적 발달은 인지적 발달이나 도덕적 발달보다 사회적 영향과 대인관계적 영향에 훨씬 더 취약하다. 심리사회적 발달은 인지심리학의 발달 모델보다 역할 모델의 내재화에 더 많이 달려 있다.

세 번째 차이는 에릭슨 모델이 능력보다는 수행을 강조한다는 점이다. 콜버그와 뢰빙거 그리고 피아제의 모델에서 사람들은 그들이 말하는 것에 의해서 평가받는다. 에릭슨의 모델에서는 그들이 행하는 바에 의해서 평가받는다.

성인 자아발달의 경험적 증거

내가 제안한 모델에 대한 반박은 여러 가지가 있을 수 있다. 한 가지는 경력 전문화를 이루는 것이 보살핌을 위한 능력의 필수조건이라는 내 가정이 직업적 성공이 친밀감 및 사회적 책임을 저해한다는 통념과 반대되는 것처럼 보인다는 것이다. 왜 경력을 쌓는 것과 같은 이기적인 과제가 대인관계상의 친밀감과 같은 사랑하는 과제와 생산성 같은 비이기적인 과제 사이의 연결고리로 작용해야 하는가? 생산적인 거물은 많은 사람에게 모순어법으로 보인다.

더구나 경력 강화와 생산성은 중상류 테크노크래트하고만 상관 있는 얘기 아닌가? 고교 낙오자나 단순 조립공이 생산적일 수 있는 기회는 얼마나 될까? 또한 여성은 후대를 위한 보살핌(생산성)과 경력 강화, 그리고 중요한 다른 사람들과 잘 지내기(친밀감)라는 과제를 동시에 통달해야 하는 것 아닌가? 내가 라이트풋의 세 가지 대안인 친밀감, 경력 강화, 그리고 생산성이 순차적으로 일어난다는 것을 어떻게 정리할 수 있을까?

그러한 이론적 구성 개념을 검증하려면 일생에 대한 무선적인 연구가 필수적이다. 따라서 하버드생 표본, 도심 표본, 그리고 터먼 표본처럼 전향적으로 연구하는 것이 필수적이다. 그러나 평정자들이 참여자가 주어진 발달 과제를 통달했는지를 결정하게 해 줄 특정한 준거들을 파악하려고 하면, 사려 깊은 독자들은 더 큰 이의를 제기할 것이다. 발달 과제에 대한 경험적 정의가 에릭슨의 순수하고 우아한 언어를 볼품없는 것으로 만들지는 않을까? 그러한 정의가 문화적 보편성과 임상적 깊이를 희생시키지는 않을까? 분명 내가 선택한 발달 과제들은 특정한 문화적 맥락에서 바라보아야 한다. 다른 과제들은 다른 문화와 다른 시대에 더 적절할 수도 있다. 그럼에도 불구하고 만약 발달 과제들에 대한 나의 구체적인 정의를 다른 문화들에 항상 적용할 수는 없다면 그 누구도 순수한 추상적 개념에 기초해서 그것들을 분류할 수 없을 것이다. 정치와 마찬가지로 연구도 가능성의 예술이라고 할 수 있다.

예를 들어, 나는 상호 의존적인 방식으로 적어도 10년 동안 지속된 결혼은 친밀감이라는 발달 과제를 통달한 증거라고 주장한다. 10년간의 행복한 결혼이 20세기 미국에서 살고 있는 많은 사람에게 적절한 준거인 것은 분명하다. 그러나 안정적인 동성애 관계, 혼인의 유대가 중요하지 않거나 늦은 나이까지 지연되는 문화, 혹은 수도원처럼 공동체 삶을 위한 규칙이 이자=⁎ 유대를 대체하는 고도로 상호 의존적인 제도에서 생활하는 사람들의 경우에는 안정적인 결혼 이외에 다른 친밀감 준거가 고안되어야 할 것이다.

다시 얘기하지만, 내가 과제 통달의 지표로 선택한 10년은 평정자들이 흑백의 이분법적 결정을 내리도록 돕기 위해서 고안한 상식적인 환원주의를 반영한다. 사실, 아무것도 영원히 지속되는 것은 없다. 하지만 10년은 '진짜'와 '허상'을 구분하기에 충분한 시간이기도 하다. 그러나 내가 준거로 8년이나 15년을 선택했더라도 진실은 달라지지 않았을 것이다. 사실 그렇게 긴 시간을 선택한 것의 문제는 다음 과제의 통달이 현재 과제가 완성되기 훨씬 전에 이미 시작된다는 점이다. 또한 몇몇 사례에서는 과제들이 예측된 순서대로 완성되지 않았다. 예를 들어, 하버드생 표본에서는 친밀감이 성취되기 전에 31%의 남성이 경력 강화에 연루되어 있었고 10%가 생산성에 연루되어 있었다. 그러나 하버드생 표본뿐만 아니라 터먼 여성 표본에서도 이기적인 경력 강화는 비이기적인 생산성보다 언제나 앞서 일어났다.

성인발달 모델이 심리생물학적 과정으로서 진지하게 고려되기 전에 네 가지 경험적인 검증을 거쳐야 한다. 첫째, 만약 성인발달이 심리생물학적 과정으로 인식된다면 그것은 사회적 관습이나 생활연령이 아니라 반드시 생물학에 순응해야 한다. 이것은 면도 및 월경과 마찬가지로 모든 사람이 동일한 생활연령에서 주어진 단계에 도달하지는 않는다는 것을 의미한다. 이는 생활연령에 지대한 중요성을 부과하는 대니얼 레빈슨의 모델과 첨예하게 다르며, 16세 이상이면 누구나 운전을 할 수 있다고 정하는 사회적 모델과도 대조된다. 더구나 성인발달이 심리생물학적 과정이라면 그것은 평생 동안 지속되어야 한다. [그림 6-2]가 시사하듯이, 하버드생 표본이 60세에 도달했을 때에도 일부는 여전히 인생의 초기에서 시작되어 미해결된 채로 남아 있는 과제들을 다루고 있었다. 문화적으로 제약받았던 터먼 여성들 중 어떤 이들의 경력은 65세 혹은 70세가 되어서야 꽃을 피웠다.

둘째, 심리생물학적 발달 모델이 진지하게 취급되려면 남성과 여성에게 전반적으로 동일해야 하며, 사회계층, 교육 기회, 지적 능력과는 비교적 독립적이어야 한다. 제인 뢰빙거의 매우 유용하고 세련된 성인발달 모델의

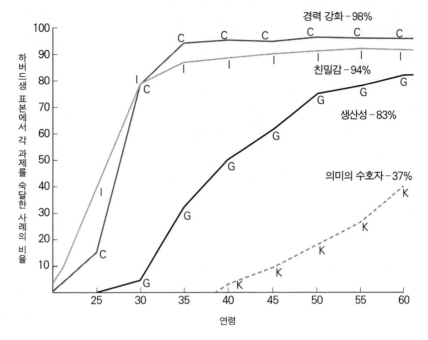

그림 6-2 | 심리사회적 과제의 숙달 연령

커다란 제한점 중의 하나는 그것의 할당된 자아 수준이 피검자의 언어적 지능과 교육의 영향을 받는다는 사실이다. 〈표 6-1〉에 요약되어 있는 최근의 인터뷰 자료는 성별, 교육, 언어적 지능, 사회적 기회에서의 차이에도 불구하고 하버드생 표본, 도심 표본, 터먼 표본이 에릭슨의 발달 수준에서 크게 다르지 않았음을 시사한다.

사실 세 동년배 집단을 선택하는 데 내포된 선택 편향은 그들 사이에서 관찰된 차이를 사소해 보이게 만든다. 터먼 표본과 도심 표본의 참여자들은 초등학교의 전체 학급 표본에서 선택되었다. 어떤 학생도 참여할 수 있었다. 대조적으로 하버드생 표본의 각 참여자는 유수한 대학에 입학 허가를 받고 집을 떠날 수 있을 정도로 충분히 성숙해야만 했다. 그리고 그 엘리트 표본에서 다시 가장 건강한 2학년들만 포함시킨 것이 하버드생 표본이다.

표 6-1 | 세 표본의 구성원들이 도달한 심리사회적 발달 단계

가장 높게 도달한 단계	하버드생 표본 (n = 186)	터먼 여성 표본 (n = 40)	도심 표본 (n = 212)[a]
4단계	3%	0%	7%
5단계	5	10	4
6단계	3	22	15
6A단계	34	25	33
7단계	55	43	41

a. 기질적 손상의 저해 영향을 최소화하기 위해서 알코올 남용자와 IQ가 80 미만인 사람은 제외되었다.

그럼에도 불구하고 〈표 6-1〉은 각 표본에서 라이트풋이 제안한 세 가지 인생의 과제인 친밀감, 직업적 헌신, 공동체 건설(생산성)을 숙달한 비율이 놀라울 정도로 비슷하다는 것을 보여 준다. 경력 강화는 남자만의 영역이 아니었고, 생산성 역시 대학교육을 받은 자들의 개인적인 전유물이 아니었다.

〈표 6-1〉에 제시된 집단 내 차이들은 부모의 사회계층이나 교육으로는 설명되지 않는다. 각각의 동년배 집단의 표본은 청소년기부터 후기 중년기까지 추적 조사되었다. 지능과 부모의 사회계층은 참여자들의 앞날을 모르는 평정자들에 의해서 평가되었다. 사회적 지위에 영향을 미치는 데 매우 중요한 이 변인들의 심리사회적 발달 단계와의 상관계수는 〈표 6-2〉에 제시되어 있다. 모든 상관계수가 매우 작고 우연의 결과로 발생할 수 있는 수준이다. 사회적 불이익이나 낮은 지능 혹은 교육의 결핍 자체가 에릭슨의 과제 완수에 유의한 영향을 미친 경우는 없었다. 이렇게 각 표본 내에서 부모의 사회계층과 참여자 자신의 지능 및 교육은 생산성의 획득에 영향을 미치지 않았다. 정상적 성장과 발달에는 특권과 보호가 필요하기 때문에 이것은 놀라운 일이다. 그럼에도 불구하고 〈표 6-2〉에 따르면, 성인의 성숙에서 나타나는 개인차의 근원은 사회적 환경에 대한 단순한 반응만큼이나 내부에서 비롯되며 정신내적 발달을 반영하는 것으로 보인다.

그러나 발달 과제들이 사회적 압력으로부터 완전히 자유로운 것은 아

표 6-2 | 심리사회적 발달 단계와 사회계층, 지능 및 교육과의 독립성

배경 정보 변인	터먼 여성 표본 (n = 85)	하버드생 표본 (n = 187)	도심 표본 (n = 277)
부모의 사회계층	.05	.06	.04
IQ[a]	.01	.00	.09
교육 기간	.15	해당 없음	.12
온정적 아동기 환경	.10	.24***	.17***
어머니와의 온정적 관계	.09	.18**	.14**
아버지와의 온정적 관계	.21**	.21**	.06

** p < .01; *** p < .001.

a. 아미 알파(Army Alpha) 검사는 하버드생 표본에게, 스탠퍼드 – 비네(Stanford-Binet) 검사는 터먼 여성 표본에게, 웩슬러 – 벨뷰(Wechsler-Bellevue) 검사는 도심 표본에게 실시되었다.

니다. 빈곤하거나 병들거나 전제주의적이거나 편견이 가득 찬 사회는 라이트풋이 스워스모어 대학의 졸업생들에게 권했던 밝은 미래를 어쩔 수 없이 흐릿하게 만들 것이다. 그리고 〈표 6-2〉에서 주어진 부가 자료는 따뜻한 아동기 환경이 성인발달을 촉진한다는 것을 시사한다. 각 연구 참여자의 부모와의 관계의 질은 참여자의 성인기에 대해서 모르는 평정자들에 의해서 평가되었다. "부모 – 자녀 관계는 기본적 신뢰와 자율성, 주도성의 발달을 촉진하였는가?" 이 세 가지 특성은 에릭슨이 제안한 첫 번째 세 가지 발달 단계의 준거이기 때문에 선택되었다. 세 표본 각각에서 따뜻한 아동기 환경은 심리사회적 성숙을 예측했다.

내 모델의 세 번째 시험은 성인이 질서정연한 방식으로 발달한다는 것을 증명하는 것이다. 내가 제안했듯이, 만약 성인의 발달 과제가 대개 순차적으로 숙달되어야 한다면 자신의 일을 사랑하는 성인은 먼저 자신의 배우자를 사랑해야 하고, 다른 사람들을 보살피는 성인들은 일에서 가장 유능하고 또 가장 보상받는 사람들이어야 할 것이다. 적어도 통계적으로 친밀감, 경력 강화, 그리고 생산성의 과제는 순차적으로 숙달되어야 할 것이다. [그림 6-2]에 제시된 대학생 자료와 〈표 6-3〉에 제시된 도심 표본 자료는 순

표 6-3 | 6A와 7단계의 객관적 기준의 대부분을 숙달한 자로, 6~7단계에 도달한 것으로 임상적
으로 평가받은 도심 표본의 비율

	성취한 성인 삶의 단계 (임상적 평가)		
	친밀감 (6) (n = 75)	경력 강화 (6A) (n = 126)	생산성 (7) (n = 121)
6A단계 준거[a]의 3~5개를 숙달한 사례	32	68	88
7단계 준거[b]의 2~3개를 숙달한 사례	15	22	70

a. 준거는 ① 실직의 기간이 1년 이하이고, ② 자신의 직업을 좋아하고, ③ 지난 20년 동안 꾸준한 직업적 향상이 있고, ④ 10년 동안 동일한 고용주이고, ⑤ 지난 10년 동안 4개 이상의 직업을 갖지 않았거나 만성적인 실직 상태가 아닌 것이다.
b. 준거는 ① 청소년기 자녀와의 관계를 즐기고, ② 봉사 활동에 참여하고, ③ 대상관계가 상위 2/5에 해당하는 것이다.

차적인 숙달의 증거를 제공한다. 후기 중년기까지 모든 사람이 친밀감을 숙달하거나 심지어는 혼자 사는 법을 배우는 것은 아니지만, 어떤 주어진 '단계'에 있는 거의 모든 사람은 그 단계에 앞서는 '단계들'에 해당하는 과제들을 숙달한 상태였다.

[그림 6-2]의 목적은 각 과제를 숙달하는 개인들의 비율이 시간이 흐를수록 증가하며 숙달은 기대되는 순서에 따라 발생한다는 것을 보여 주는 것이다. 시간이 지나면서 각 과제를 숙달하는 하버드생 표본의 비율이 증가하였다. 그 수치는 하버드생 표본의 각 참여자에 대해서 연대순으로 기록되어 있는 수백 페이지의 서류 일체를 샅샅이 읽은 평정자가 정한 것이었다. 참여자들은 거의 비슷한 연령일 때 동일한 질문지에 응답했다. 면대면 인터뷰 프로토콜도 반구조화되었다. 따라서 하나의 동년배 집단에 속한 개인들이 비교된 자료 세트는 매우 유사했다. 평정자가 한 단계/과제에서 명확한 숙달이나 실패를 보여 주는 항목이나 인용을 발견할 때마다 그 증거와 참여자의 나이를 기록하였다. 평정자가 생각하기에 주어진 과제가 완료되었다고 자신 있게 느낄 만큼 충분한 증거를 발견하게 되면 해당 과제에 대한 더

이상의 증거 수집은 이루어지지 않았다. 과제 완수의 연령은 충분한 증거에 도달하는 항목들이 기록되었던 연령들을 평균 냄으로써 추정되었다. 그러나 과제의 숙달이 확실하게 성취된 것으로 간주되기 위해서는 10년 동안 지속되어야 했다. [그림 6-2]는 하버드생 표본이 에릭슨의 발달 과제를 완수한 것으로 추정된 연령을 그림으로 나타낸 것이다. 친밀감, 경력 강화, 생산성, 그리고 의미의 수호자의 순차적인 완수의 증거는 표본의 대다수에서 명확하게 나타난다. 생산성을 숙달했던 77명의 남성 중에서 57명(74%)이 먼저 친밀감을 숙달하고 그다음에 경력 강화를 숙달하고 그러고 나서야 생산성을 숙달했다.

터먼 여성의 자료도 마찬가지로 시사적이다. 생산성을 획득했던 17명의 터먼 여성들 중에서 11명은 먼저 친밀감을 획득하고 그다음에 경력 강화를, 그리고 그다음에야 생산성을 획득했다. 4명의 여성은 두 단계의 과제를 거의 동시에 숙달했으며, 17명 중 단지 2명만이 친밀감, 경력 강화, 생산성을 좀 다른 순서로 숙달했다.

〈표 6-3〉은 도심 표본의 남성들이 이 세 가지 발달 과제를 순차적으로 숙달하는지를 살펴보고 있다. 이 표는 어렵기에 주의를 기울여야 한다. 이 표는 평정자 2명의 주관적이고 임상적이면서 총체적인 판단과 개별적이지만 환원주의적인 준거의 객관적인 평정을 대비시키고 있다. 이렇게 이 표는 임상적인 근거에서 생산적이라고 판단된 121명의 남성을 확인하고 있다. 그들 중에서 70%는 또한 표현하기 어려운 덕목인 보살핌에 대한 명료한 정의를 제공하기 위해서 선택된 세 가지 독립적인 준거들 중 두 가지 이상을 충족했다. 보살핌의 세 가지 준거는 ① 청소년 자녀의 존재를 즐거워하고, ② 자원봉사 활동에 참여하며, ③ 다른 성인들과 전반적으로 따뜻한 관계를 맺고 있는 것이다. 이 121명의 생산적인 남성들 중에서 88%가 중산층의 가치와 물질주의를 신봉하는 경력 강화의 칼뱅식 준거들 중에서 세 가지 이상을 충족했다. 경력 강화의 준거는 ① 실직 상태가 1년을 넘지 않을 것, ② 자신의

일을 좋아할 것, ③ 지난 20년간에 걸친 꾸준한 직무 향상, ④ 10년 동안 한 직장에서 일하기, ⑤ 만성적인 실직 상태에 있지 않기 혹은 지난 10년간 다섯 가지 이상의 일을 가진 적이 없기다.

대조적으로 임상적 근거에서 오직 친밀감만 숙달한 것(즉, 아내를 사랑하는 것은 잘 했지만 일을 사랑하지는 않는 것)으로 판단된 75명의 남성들 중에서 오직 15%만이 생산성의 준거 중 적어도 두 가지를 충족했다. 이러한 결과들은 라이트풋의 세 가지 선택안이 서로 간에 순차적인 관계를 맺고 있다는 나의 가설을 지지한다. 경력 강화는 생산성의 중요한 선행 조건인 것 같다. 왜냐하면 일하는 능력 없이 사랑하는 능력을 발달시키면 '보살피는' 능력이 분명하게 나타날 수 없기 때문이다. 임상적으로 봤을 때 생산적으로 판단된 121명의 직업의 안정성과 만족도는 오직 경력 강화만을 숙달한 것으로 판정받는 사람들보다 실제로 더 컸다. 반면에, 임상적으로 봤을 때 생산성은 아니고 경력 강화만 숙달한 것으로 판정된 126명의 남성 중에서 오직 22%만이 생산성의 객관적인 준거를 충족했다.

어떤 발달 모델이든 간에 네 번째 시험은 합당한 수준의 평정자 신뢰도와 예측타당도를 성취해야 한다는 것이다. 일반적으로 이 장에서 보고된 단계 수준들은 평정자 간 일치로부터 추정된 것들이다. 독립적인 평정자가 평정한 개별 평정 결과 간의 상관은 .6이었다. 이 수치는 수용 가능하지만 다소 약한 수준의 신뢰도라고 할 수 있다. 〈표 6-4〉는 성인발달 연구의 주요한 결과 변인들과 에릭슨의 생애 단계 사이의 상관을 보여 준다. (에릭슨의 단계들은 5점 척도 변인으로 취급되었다. 1 = 4단계, 2 = 5단계, 3 = 6단계, 4 = 6A단계, 5 = 7단계) 〈표 6-4〉에 있는 대부분의 변인은 에릭슨의 생애 단계의 평가와 함께 동시에 측정되었다. 하버드생 표본과 도심 표본은 47세에, 터먼 여성 표본은 50세와 60세 사이에 측정되었다. 매치가 완벽하지는 않지만 〈표 6-4〉는 심리사회적 발달이 방어의 성숙과 높은 상관을 보인다는 것을 보여 준다. 그러나 [그림 6-2]에 도시된 심리사회적 발달의 경우와는 대조적으

표 6-4 | 심리사회적 단계의 성숙과 주요 결과 변인 간의 상관관계

	터먼 여성 표본 (n = 50)	하버드생 표본 (n = 187)	도심 표본 (n = 277)
공존 변인			
방어의 성숙	.48	.44	.57
전반적 정신건강, 40~50세	.48	.65[a]	.77
직업적 성공, 40~50세	.59	.50	.40[b]
결혼 만족도, 40~50세	.33**	.42	.53
직무 향유, 40~50세	.54	.38	.41
성인기 중 취업 상태의 비율	.10(n.s.)	n.a.	.40
30세 자녀의 성취	n.a.	.29	n.a.
창의성	.47	n.a.	.14(n.s.)
예언타당도			
77세의 생활 적응	.47	n.a.	n.a.
65세의 생활 적응	.58	.34	n.a.
65세의 삶의 만족도	.56	.29	n.a.

**p < .01; n.s. = 유의하지 않은; 다른 모든 상관관계는 p < .001.에서 유의함.
a. 하위 표본 88명의 경우.
b. 직업적 성공 대신 성인기 사회계층 적용.
주: n.a. = 해당 사항 없음.

로 30세 이후에 일관적인 방어의 성숙이 나타나지는 않는다. 후기 중년기에 모든 동년배 집단에서 더 성숙한 방어를 사용하는 것처럼 보이는 구성원들이 있었던 반면에 적응 스타일이 덜 성숙한 것처럼 보이는 구성원들도 있었다. 자아 성숙이 퇴화하는 이유는 대개 알코올중독과 기질적 뇌손상이다.

　　터먼 여성들의 세 가지 인생 변인은 심리사회적 성숙이 성립된 지 여러 해가 지난 다음에 평가되었다. 65세와 77세에는 삶에의 적응이, 그리고 65세에는 삶의 만족도가 평가되었다. 참여자들의 앞날을 몰랐던 평정자에 의해서 60세 때 생산적이라고 평가되었던 17명의 터먼 여성 중 100%가 그들의 과거를 몰랐던 평정자에 의해서 77세에도 노령에 잘 적응하는 것으로 평가받았다. 60세 때 생산성의 준거를 충족하지 못했던 23명의 터먼 여성들 중에서 39%가 노령에 잘 적응하는지를 독립적으로 평정한 준거를 77세에도 충족하지 못했다. 하버드생 표본의 경우에는 47세 때의 심리사회적 성숙(에릭슨의 생애 단계)은 65세 때 노화의 객관적인 적용과 .34의 상관 (p<.001)을 보였고, 후기 중년기에서 자신의 삶에 대한 주관적 만족감과는 .29의 상관(p<.001)을 보였다.

* * *

요약하자면, 이 장에서 개관한 발달 모델은 "원칙적으로 인간의 성격은 성장하는 개인이 넓어지는 사회적 반경을 향해 나아가고 그것을 인식하고 또 상호작용하려는 준비성 속에서 미리 정해진 단계들을 거쳐 가면서 발달한다."[35]는 에릭슨의 비범한 일반화에 근거하고 있다. 이 특별한 모델에 대한 나 자신의 열정에도 불구하고, 나는 독자들에게 생애주기에 걸친 발달적 변화를 개념화하는 데 있어서 의견 일치를 주도하는 모델은 없다는 점을 상기시켜야만 한다. 사실 성인발달에 관한 모든 기존의 모델은 방법론적인 결함이 있다. 그러한 모델의 대부분은 에릭슨의 모델처럼 이론적이거나 횡단적인 자료로부터 얻어졌거나 혹은 레빈슨의 모델처럼 회고적이다. 성인의 전체 생애주기를 총괄한 네 가지 주요한 종단적인 성인 연구조차 모두 방법론상의 하자가 있다. 이 네 가지 연구는 버클리 인간발달 연구소의 동년배 집단 연구, 하버드의 성인발달 연구에서 나온 하버드생 동년배 집단과 도심 동년배 집단, 그리고 스탠퍼드의 영재 아동 동년배 집단에서 추출한 터먼 여성들 연구다. 첫째, 이들 집단은 상당히 제한적인 표집을 통해서 얻어진 것이다. 따라서 이 장에서 제시된 증거가 단순히 시사적인 것 이상으로 고려되려면 그 결과들이 미국의 다른 인종 집단과 미국 외의 다른 문화권에서 확증되어야만 한다. 둘째, 종단적 연구들은 협소한 동년배 집단에 국한되어 있다. 단일한 동년배 집단에 대한 연구는 세속적인 변화나 역사적인 변화로부터 발달적 변화를 구분할 수가 없다. 셋째, 연구들은 자료 수집 방법이 구식이기 때문에 문제가 생긴다. 실제로 방법론적 정확성을 가장 조심스럽게 준수한 성인발달에 관한 2개의 종단적 연구인 워너 샤이Warner Schaie의 연구,[36] 로버트 매크래Robert McCrae와 폴 코스타Paul Costa의 연구[37]는 성인발달에 대한 증거를 아주 조금밖에 발견하지 못했다. 따라서 나와 같은 에릭슨식 낙관주의자들이 성인발달에서 나타난다고 생각하는 질서정연한 변화가 진짜로 일어난다는 것을 증명하기 위해서는 실험적 통제가 필요할 것이다. 우선 역사적 변화가 통제되어야 한다. 또 문화와 지형학도 통제되어야 한다. 그리고 발달하려는 인간 본성의 능력에 관한 연구자의 보장되지 않은 희망 역시 통제되어야 한다.

따라서 이 장은 에릭슨의 경고로 마감하는 것이 적절해 보인다. "나는 각 단계에서 새로운 내적인 갈등과 변화하는 조건들에 휘둘리지 않는 덕목이 획득된다는 가정은 성공 이데올로기의 투사라고 믿는다. 신체의 신진대사가 부식에 대처하고 있는 와중에도, 성공 이데올로기는 우리의 개인적이고 공적인 백일몽에 너무나 위험하게 만연할 수 있으며, 지속적으로 의미 있는 존재가 되고자 하는 맹렬한 투쟁에서 우리를 서투르게 만들 수 있다."[38] 생물학은 과정이지 업무 완수가 아니다. 친밀감은 한번 획득했다고 해서 영원히 지속되는 것이 아니다. 사랑의 씨앗은 끊임없이 다시 뿌려져야 한다. 지속적인 생산성이 없는 경력 강화는 경직성과 정체를 가져온다. 그리고 다른 어떤 생애 과제보다도 보살핌은 과정, 즉 나이가 들면서 놓아주고 포기하는 것이 우리의 지혜를 위한 능력과 연관되는 순간에 궁극적으로 포기해야만 하는 과정이다.

인생사

> 기본적으로 연구 분야로서의 임상심리학은
> 인생 혹은 인생 경력에 대한 연구다.
>
> -로렌스 콜버그

이 장과 다음 장은 자아가 성장과 창의성을 위해 숙달해야 하는 내적인 힘들을 예시할 것이다. 먼저 나는 상세한 인생사를 알 수 있는 성인발달 연구의 사례들을 가지고 성인발달에 관한 에릭 에릭슨Erik Erikson의 모델에 살을 붙여 구체화시키려고 한다. 우리는 친밀감의 추구는 여성에게 전형적인 욕구라고 보고 경력 강화의 추구는 남성에게 전형적인 욕구라고 본다. 또 생산성의 추구는 교육을 잘 받고 특권을 누리는 자들을 위한 것이라고 보기 쉽다. 하지만 나는 이러한 고정관념을 피해 가려고 노력할 것이다. 남성들도 친밀감을 향한 탐구를 보여 줄 것이고, 여성들도 경력 강화를 향한 탐구를 보여 줄 것이며, 도심 표본의 남성들도 생산성의 숙달을 보여 줄 것이다.

성인발달의 실패

만약 누군가가 앞 장에서 묘사된 나선형 계단을 올라가기를 결코 선택하지 않는다면? 만약 누군가가 영원히 어린 소녀로 남으려고 한다면? 엘리자 영Eliza Young은 성인의 인생 과제를 한 가지도 숙달하지 못했던 여성이었지만 정신질환도 없었다. 대부분의 성인기 동안에 혼자였고 자신감도 없었지만 그럼에도 자신이 "열두 살까지는 작은 마을에서 완벽하게 행복했어요……. 초등학교 시절에 저는 반에서 가장 인기 많은 이야기꾼이었어요. 일곱 살부터는 이야기를 만들면서 잠이 들었지만 여주인공과 저 자신을 동일시하지는 않았어요……. 대학 때 처음으로 진짜 이야기를 썼지요. 대학 졸업반일 때 처음으로 사랑에 빠졌어요."라고 얘기했다. 그러나 영은 그 이야기를 결코 출판한 적이 없었고 그녀의 첫 번째 이야기와 '첫사랑'도 그 이상의 발전은 없었다. 그녀가 여주인공과 동일시할 일은 절대 없었던 것이다.

영의 아버지는 한 중서부 대학의 부총장이었고 그녀보다 영재성이 별로 없었던 형제자매들은 탁월한 학문적 이력을 누리게 되었다. 영이 27세였을 때 그녀의 어머니는 터먼 연구진에게 딸이 소심하고 무뚝뚝하며 "우리의 기대를 충족하지 못했다고 느낀다."라고 썼다. 40세가 될 때까지 영은 부모와 함께 살았고 도서관에서 일했다. 때때로 영은 잡지에 단편들을 보냈고 거의 출판될 뻔하기도 했지만 결국에는 무산되곤 했다. 영은 머리로는 사회주의자였지만, 그녀의 유일한 사회 활동은 공동체 기금에 돈을 내는 것뿐이었다. 일생 동안 그녀는 도서관 일을 하면서 생계를 꾸려 나갔지만 그 일을 천직으로 여기지도 않았고 만족스럽다고 생각한 적도 전혀 없었다.

영이 39세 때 어머니가 돌아가셨다. 그러나 조금 있다 다루겠지만 그녀와 유사한 상태였던 하버드생 표본의 알제론 영Algeron Young과는 달리 어머니의 죽음도 새로운 성장을 위한 자극제가 되지 못했다. 대신 그녀는 터먼 연구진에게 "마침내 나는 무수히 많은 애도편지와 헌사에 대한 답신을 모두 보냈다. 내가 집에 남아 있던 유일한 자녀였기 때문에 여러 가지 일을 떠맡아야 했다."라고 썼다. 그녀는 돌이켜 보았을 때 자신이 "옷 입는 법, 춤추는 법, 수다 떠는 법을 배우는 데 느렸고" 다른 아이들보다 "더 책에 몰두했고 창의적이었고 좀 이상했다."라고 기억했다. "나는 그것[창의성]을 숨기는 법을 배워야 했다. 창의성을 드러내지 않든가, 아니면 이야기 만들기와 편집 같은 집단 활동으로 전환시켜야 했다……. 나는 군대에 들어가서 전쟁도 겪었고 그때에는 파리와 위험 그리고 로맨스도 있었다……. 작년에 어머니가 돌아가시기 전까지 집에 있다가 이제 투스콘에 간다……." 그러나 다른 터먼 여성들의 제2차 세계대전 경험에 비추어 본다면 영의 파리에서의 모험은 다소 밋밋한 것이었다.

나이 44세에 영은 독립적인 생활(에릭슨 5단계)을 위한 첫 번째 노력으로 자신의 집을 리모델링하고 새로 가구를 들이면서 신경피로로 아프게 되었고 신경피부염에 걸렸다. 그녀는 "의사들이 내 병을 고쳤다. 싱겁게 먹고 마음을 편하게 가지라는 얘기를 들었다."라고 적었다. 그렇지만 연구에 참여했던 다른 여성들은 모두 그보다 더 심한 스트레스를 겪었다. 영이 45세였을 때 그동안 출판한 적이 있는지에 대한 질문을 받았는데, "제가 작성한 도서관 연례보고서의 일부가 일간신문에 나왔어요."라고 대답했다. 50세에 그녀의 주요한 취미는 '빅토리아 시대 남자아이들의 이야기를 수집하는 것'이었는데, 그것이 "원자핵 시대에 매우 영감을 주고 마음을 위로해 준다."라고 했다. 휴가는 친구들을 즐겁게 해 주고 근처 해변에서 '정신을 잃는 상태'로 보냈다. 애완 고양이를 키우기는 했지만 조카들과는 전혀 교류가 없었다.

63세에 영은 사서로서의 자신의 평생 직업에 대해서 이제 어떻게 느끼는지에 대한 질문을 받았을 때, "나는 내 일을 싫어한다."라고 적었다. 그리고 그녀는 조기 퇴직의 구실로 경미한 심장질환을 이용했다. 그녀는 자기 일에서 좋아했던 부분도 있었다고 인정하기는 했지만 63세 때에도 평생 직업에서 진정한 정체성을 느끼지는 못했다. 그녀는 삶에서의 즐거움과 일에서의 만족을 묻는 터먼 연구의 질문지에 응답하기를 거부했다. 대신 그녀는 "전『미국여성명사인명록Who's who of American Women』의 새 판에 들어가기로 되어 있었는데 그걸 사 보지 않아서 들어갔는지는 모르겠어요."라고 응답했다.

은퇴 뒤에도 여전히 '진보주의'였던 그녀는 자신이 커먼코즈Common Cause에 참여하고 있다고 얘기했다. 하지만 이 시민단체를 위해서 그녀가 한 활동은 그들이 보내는 우편물을 읽는 것이 고작이었다. 마찬가지로 그녀는 지방 심포니 단체에도 참여했다고 적어 보냈다. 그녀가 말하는 참여란 그들의 콘서트에 참석하는 것이었다. 후기 중년기에 그녀의 주 관심사는 '건강을 잘 유지하고 스트레스와 근심, 고혈압을 잘 피하고 내 몸을 현명하게 돌보는 것'이었다. 그녀는 여주인공과 동일시를 하기는커녕 보통 어른들과도 동일시를 할 수가 없었다.

어떤 의학적 · 사회적 · 경제적 이유도 왜 이 영재가 결코 어른이 되지 못했는지를 설명할 수는 없다. 영은 평생 한 번도 정신질환의 준거를 충족할 만한 심각한 디스트레스나 증상을 보인 적이 없었다. 그녀는 "특별히 어떤 쓸모없는 생각이 계속 마음에 떠올라서 당신을 괴롭힙니까?"와 "열등감 때문에 힘듭니까?"라는 질문에 그렇다고 대답했다. 분명히 그녀의 성격 질문지는 우유부단, 의심, 근심, 신경쇠약증을 특징적으로 보여 준다. 어쩌면 그녀는 강박 신경증의 진단 준거를 충족했을 수도 있다. 그러나 찰스 다윈 Charles Darwin과 플로렌스 나이팅게일Florence Nightingale도 그랬다. 엘리자 영의 삶은 〈표 6-1〉에 제시된 것처럼 세 가지 동년배 집단 각각에서 약 10%에 해당하는 참여자의 삶을 보여 준다. 대부분 그들의 성인으로서의 삶은 라이트풋Lightfoot의 가족, 경력, 혹은 공동체 건설에 대한 세 가지 헌신 중 어느 것도 숙달할 수 없었다. 확장되는 사회적 반경에 대해 헌신하기 위해서는 엘리자 영에게는 결여되었던 자아발달이 필요하다.

친밀감

하버드생 표본의 참여자인 밥 브라우닝Bob Browning은 40년간 지속된 헌신적인 결혼생활을 시작하기 몇 달 전에 친밀감에 대한 자신의 양가감정을 연구진에게 적어 보냈다. 친밀감의 숙달 단계에 막 들어가고 있던 그는 "무언가 내 발목을 붙잡고 있다."는 사실을 자각하고 있었다.

내가 지금부터 하려는 것처럼 횡설수설하기보다는 그랜트 스터디 상담자에게 이에 대해서 얘기했더라면 더 좋았을지도 모르겠다. 지난 3년간 나는 대부분의 친구가 단계를 밟아 나가는 것을 지켜봐 왔다. 내가 아는 몇 안 되는 총각들처럼 내가 왜 아직까지 그렇게 하지 않았는지 잘 모르겠다……. 친한 친구들 중 하나는 결혼을 하면 더 편할 것 같아서, 그리고 법대 친구들이 모두 결혼을 했기 때문에 혼자 낙오되는 느낌이 싫어서 결혼을 한 것 같다. 그건 어리석은 이유다. 그들의 결혼생활은 별로 부럽지 않다.

특정한 여자를 인생의 파트너와 동반자로 원했기 때문에 결혼한 친구들도 주변에 좀 있다. 내 생각에는 그들이 가장 행복한 것 같다. 부럽기도 하고 대단하다고 생각한다.

나 자신의 얘기를 하자면, 결혼은 몇 가지 매력을 가지고 있는 제도다. 꼭 맞는 사람과 결혼하는 것이 나의 가장 큰 야심이다. 난 다른 어떤 이유가 아니라 이 때문에 결혼하고 싶어 할 것 같다.

내 생각에 꼭 맞는 사람에 아주 가까운 여자를 거의 매일 만나고 있다. 그녀는 내가 배우자에게 바라는 것의 많은 부분을 가지고 있다. 말하자면 그녀는 생기, 지적인 면, 나에 대한 애정, 유머감각을 가지고 있고 건강하다. 그녀는 내 친구들과 가족을 좋아한다……. 그래도 난 아직 그녀에게 청혼할 준비가 되어 있지 않다. 왜일까? 나도 그 이유를 알고 싶다. 어쩌면 언제나 내가 더 좋은 것을 찾으려고 하는 것이 문제인지도 모르겠다……. 모든 자질을 가지고 있고 뭔가를 더 가지고 있는 여자는 없을지 고민한다.

어쨌든 이것은 나를 상당히 괴롭히고 있고 현재 내 청춘의 엄청난 문제거리다. 내가 엘리자베스와 행복한 결혼생활을 하는 모습을 분명하게 그려 볼 수 있다. 그런데도 나도 잘 모르겠지만 뭔가가 나를 망설이게 하고 있다. 나도 정말 왜 그러는지 알고 싶다. 지난 세 달 동안 그녀를 거의 계속 만났는데도, 심지어는 새해 연휴에 그녀와 3일을 꼬박 같이 지낸 뒤에도, 저녁에는 그녀와 헤어져서 집에 오고 싶었다. 만약 그랜트 스터디가 나의 이 이상한 면에 대해서 내게 통찰을 줄 수 있다면 정말 기쁘고 감사할 것이다.

너무나 당연하게도 그랜트 스터디는 별로 해 줄 것이 없었다. 그러나 성숙해지고 시간이 흐르면서 밥 브라우닝은 '더 좋은 것'을 찾는 것을 포기했다. 곧이어 그의 자아는 '화산처럼 우리 안에서 솟구치는 혼합되고 갈등스러운 감정'을 꼼짝달싹 못하게 만들고 더 이상의 양가감정 없이 엘리자베스와 결혼했다.

대조적으로 하버드생 표본의 또 다른 참여자인 알제론 영은 늦은 나이까지 친밀감을 성취하지 못했다. 엘리자 영처럼 알제론 영도 중년기에 경력 강화가 아닌 자기몰두, 그리고 생산성이 아닌 정체를 보여 주고 있었다. 그의 어머니는 그가 "두 살 때 어른 같았다."라고 했지만, 그가 어른이 되었을 때는 여전히 사춘기 소년 같았다.

대학 시절 영은 자동차 엔지니어가 되고 싶었다. 하지만 30년 동안 그는 화이트 플레인즈White Plains 난방배관 회사에서 저임금을 받으면서 계속 일했다. 사회적 특권층인 어머니와 사립 기숙학교 교육에도 불구하고, 그리고 연구에 참여했던 대부분의 급우보다 더 우월한 것으로 보이는 지적 재능과 심리적 안정에도 불구하고 그랬다. 보일러를 설치하는 영의 직무상의 책임은 전혀 변하지 않았다. 그가 자신의 일에서 즐거움을 느낄 수 있었던 것은 오로지 어렸을 때처럼 무언가를 만들 수 있었기 때문이었다. 그는 면접자에게 보일러에 대해서 상세하게 열정적으로 이야기했지만 함께 일하는 다른 사람들에 대한 책임감이나 직업상의 역할에 대한 자부심이나 헌신을 언급하지는 않았다.

영이 경력 강화를 도모하지 않았다는 증거는 질문지를 보면 알 수 있다. 그는 29세에 "간단한 내 대답들을 보니 내 인생이 상당히 표준적이었다는 생각이 든다. 아마 지금도 그럴 것 같다……. 현재 내 일을 좋아하는 정도가 점점 줄어들고 있다. 판에 박힌 생활에 갇혀 있는 것 같다."라고 적었다. 사회적인 특권이 훨씬 적고 지적인 재능도 상대적으로 적었던 동기들이 중상류층에서 확고하게 자리를 잡은 46세에 그는 여전히 배관회사에서 일하고 있었으며, "난 부적절감을 심하게 느끼고 있다……. 당당하게 나 자신을 내보일 수 있다고 느끼지 못해 왔다."라고 적었다. 나이 50에도 영은 승진이 되지 않아서 불만이었다. 그는 여전히 하루 12시간씩 일했고 토요일에 일할 때도 종종 있었다. 그는 자신의 일이 '구닥다리 쳇바퀴' 같다고 불평했다. 그리고 58세에 다른 사람들에게 혜택을 줄 만한 기여를 한 것이 무엇이겠냐는 질문에 "도대체 내가 기여할 수 있는 게 있기는 한지 상상도 안되는데요."라고 대답했다. 그는 헌신과 만족이 결여된 상태가 지속되었다. 35년간이나 일한 후인 65세에 영이 자신의 일에 대해서 가장 좋았던 점으로 꼽은 것은 '좋은 연금보험과 스트레스가 없는 것'이었다.

그러나 영이 풍부한 인간관계를 유지하기 위해서 직장에서의 성공을 희생한 것은 아니었다. 연구진의 인류학자는 영이 29세에 "여전히 어머니와 밀접하게 연결되어 있고 새로운 관계를 만들고 싶어 하지 않는다."는 점에 주목했다. 나이 49세에도 그는 여전히 미혼이었고 부모 집으로부터 몇 블록 떨어지지 않은 곳에서 살았다. 그의 생활은 다른 사람들과의 관계가 아니라 애완동물을 중심으로 돌아갔다. 하지만 그는 애완동물들을 보살피기에는 너무나 바빴다. 그는 나에게 "여섯 마리의 고양이를 키우는 것은 큰일이랍니다."라고 확신에 차서 말했다. 엘리자 영처럼 알제론 영도 확장되는 사회적 반경에 헌신하는 것을 자아가 견디기에는 너무나 힘들다고 여겼다.

알제론 영은 생산성도 결코 성취하지 못했다. 그는 자신의 삶을 제대로 통제하지 못하고 있다고 느꼈다. 50세인 그의 힘든 일에 관한 철학은 "내가 정의의 파수꾼이 될 수 없다는 것을 알지요."였다. 그러나 그는 선량한 시민이 되고자 노력했고 공원로를 통해서 직장에 출근하는 웨스트체스터 이웃들을 돌보려고 노력했다. "우리는 서로를 돌보려고 애썼죠."라고 그가 면접자에게 말했다. 하지만 그는 면접자에게 20년을 출퇴근하는 동안 그 공원로에서 낯선 사람밖에 본 적이 없다고 얘기했다. 그는 곤경에 처한 다른 운전자를 위해서 멈추어 섰던 적이 한 번도 없었다. 그리고 한번은 그 공원로에서 만취한 사람이 방황하다가 20대의 차량에 치였던 일이 있었다고 말했다. 영은 세상이 자신에게도 냉담할까 봐 두려워했던 것 같다.

무엇이 영의 성장을 저해했는지는 알기 어렵다. 청소년기에 그의 부모는 모두 심한 우울증을 겪었고 그를 실망시켰다. 영이 11세였을 때 아버지가 정신병원에 처음 입원했는데, 그때부터 영은 신을 믿지 않기로 했다. 대학 시절에 그의 어머니가 우울해지자 이번에는 자신을 믿는 것을 그만두었다. 그럼에도 이후의 40년 동안 영이 주요우울장애의 진단을 충족한다는 증거는 없었다. 단지 그는 사람들 대신에 보일러의 확실성과 합리성을 선호했다. 내 추측은, 그러니까 정말 추측에 불과하지만 내 생각에는 부모의 유전자가 아닌 유약함이 그에게 죄책감과 분노감을 남겼으나, 그는 부모를 떠나지도 못하고 그렇다고 그들이 제공하는 것을 받아들이지도 못했던 것 같다. 나이 49세가 되어서도 열 살짜리 소년처럼 영은 "내 주 관심사는 뭔가 기계적인 것이에요."라고 얘기했다.

우리가 새로운 역할들을 수행하도록 추진하는 힘은 분명히 우리 안에 있는 변화만은 아니다. 다른 사람들이 우리의 삶 속에서 하는 역할도 우리를 변화시킨다. 그러한 변화는 우리 안에서 일어나며 오직 우리에게 영향을 미치는 다른 사람들을 소위 소화시킬 수 있을 때에만 가능하다. 그러한 성숙한 변화는 내재화와 동일시를 통해서 일어나며 단순한 사회화나 지시를 통해서 일어나지는 않는다. (내재화와 다른 사람의 지시 간 차이는 무언가를 마음으로 아는 것과 머리로 아는 것 사이의 차이다.) 만약 내재화가 일어나지 않는다거나 혹은 **사람들**보다 **사물들**이 더 많은 영양분을 차지한다면 우리는 성장하는 데 실패한다. 엘리자 영과 알제론 영 모두 거의 평생 동안 마치 다른 사람들을 마음 안에 담을 수 없는 것처럼 살았다.

한 친구가 죽은 후인 50세에 알제론 영은 친구가 죽을 때마다 자신의 한 조각을 잃어버렸다고 연구진에게 말했다. 그리고 "누구를 위하여 종을 울리는지 묻지 마세요. 그대를 위하여 울리니까."라고 덧붙였다. 영은 나이 먹은 사람이면 누구나 대답해야만 하는 질문을 너무 일찍 물었다. 생애주기의 후반기 동안에 상실에 어떻게 대처하는가? 자아는 오랜 친구의 죽음에 어떻게 대처하는가? 우리가 잃어버린 사람들을 더 이상 다른 사람들로 대체하지 않게 된다면 우리의 성장은 멈추게 될 것이다.

새로운 성장을 위한 놀라운 근원은 내재화된 사람들과 그들의 가치가 마치 매장된 지층과 유사하다는 사실에 있다. 관계들은 일정 기간 동안 축적된 채로, 즉 내재화된 채로 몇 년 동안 묻혀 있다가 현명한 정신분석가인 조지 폴록George Pollock이 '애도 해방과정the mourning-liberation process'[1]이라고 부른 과정을 통해서 수십 년 후에 드러날 수 있다. 그러한 과정은 인생 후기에 나타난 영의 르네상스를 설명할 수 있을 것이다. 영이 청소년이었을 때 그의 부모는 심하게 실망스러웠고, 그들이 이전에 영의 자기감에 기여했던 바는 영의 성인기 30년 동안 매장된 채로 드러나지 않았다 그러나 후기 중년기에 그들의 죽음이 촉매제로 작용하면서 영의 부모는 동일시의 근원이 되었다. 노화가 일어나고 있는 뇌에서 신경세포의 죽음이 오래된 기억을 되살릴 수 있는 것처럼, 성인기에 부모의 죽음은 새로운 성장을 가져올 수 있다. 알제론 영의 경우가 바로 그랬다.

영이 50대 초반이었을 때 어머니가 돌아가셨고 그 1년 후에 그는 결혼을 했다. 그에게는 친밀감이 미루어 놓은 과제였을 뿐 버려진 과제는 아니었던 것이다. 더구나 그는 11세 이후 처음으로 무신론을 포기하고 부모의 종교였던 성공회로 되돌아왔다. 60세에 영은 단순한 일반 성도가 아닌 집사였고 성공회 양로원을 위한 이사이자 회계사로서 활발한 활동을 했다. 그는 공동체 건설을 위한 자원봉사 활동에 주당 20시간을 할애했다. 지난 35년 동안 자신의 일을 '따분한' 것으로 생각하고 그것이 다른 사람들에게 유용하기 때문이 아니라 단지 연금 보장 때문에 가치 있다고 생각했으며 사람들보다는 오로지 고양이들과 공장 난방에 신경 썼던 이 남자는 이제 10년이 넘게 행복한 결혼생활을 하고 있다. 그는 자신에게 지난 40년이 아무 의미가 없었지만 이제는 소중해진 종교적 유산을 물려 주기 위해서 꾸준한 역할을 담당하고 있다. 자신의 교회를 위한 귀중한 회계 담당자가 되기 위해서 그는 처음으로 자신의 탁월한 지능을 사용하고 있다. 영은 마침내 연장자가 되었다. 성장하려면 우리는 우리가 사랑했던 사람들 덕분에 느끼는 내적인 풍요로움을 가질 필요가 있다. 우리는 부러움이나 원한이 아닌 감사를 느낄 필요가 있는 것이다.

경력 강화

많은 터먼 여성의 일생은 직장에 발을 들여놓지 않고도 경력 강화가 완전하게 숙달될 수 있다는 사실을 잘 보여 준다. 일례로 레베카 대처Rebecca Thacher의 일생을 들 수 있다. 그녀가 11세였을 때 어머니는 그녀가 주부로서의 경력에 가장 적합하다고 생각했다. 12세 때 레베카는 터먼 연구진에게 직장생활을 하기보다는 주부가 되겠다고 말했다. 그녀는 스탠퍼드 대학의 파이베타카파Phi Beta Kappa(미국 대학의 우등생들로 구성된 친목단체—역자 주) 회원이었고 졸업하자마자 바로 결혼했다. 그녀는 결혼이 그녀에게 가져온 가장 큰 변화에 대해서 다음과 같이 적었다. "나의 관심사들은 남편에 의해서 엄청나게 넓어졌다. 남편은 음악이나 문학에는 거의 관심이 없었고 엔지니어링과 같은 실용적인 관심사들의 가치와 매력을 나에게 가르쳐 줬다. 그는 언제나 모든 것을 분해하고 싶어 했고, 대개는 그렇게 하고야 말았다."

30세에 그녀는 평생 할 일을 완전히 정했다고 말했다. 그녀의 궁극적인 목표는 '남편과 아이들이 자유롭고 행복하게 지내고 그들이 애정의 중심이 되는 가정을 만드는 것'이었다. 1940년에 실시된 터먼 연구의 질문지에서 그녀는 부모의 결혼에 최고점을 주었다. 그녀는 아이로서 부모님 모두를 대단히 존경했으며 어느 쪽에 대해서도 반항심을 느낀 적이 없다고 표시했다. 그녀는 부모님이 자신의 독립성을 억눌렀다고 느낀 적이 없다고 믿었다. 대신 그녀는 부모로부터 받는 깊은 애정과 이해받는다는 느낌을 즐겼다고 말했다. (90명의 터먼 여성의 전체 인생에 대한 평가 경험으로 미루어 봤을 때, 1940년 질문지에 대한 레베카의 응답은 전반적으로 정직한 것이라고 할 수 있다.)

1950년에 40세가 되었을 때 레베카가 자신의 결혼에 매긴 점수는 최고점인 90점이었다. 그녀는 49세 때 "나의 가장 큰 만족과 자부심은 남편의 성공이다. 그는 대학 내내 열심히 했고 순전히 능력만으로 현재의 지위를 얻게 되었다."라고 적었다. 혹시 그녀가 『명사인명록』에 실렸는지를 묻자 "남편이 『명사인명록』에 실려 있죠."라고 대답했다.

레베카는 62세가 되었을 때 그녀의 경력이 주부로서의 경력뿐이었고 그녀의 선택이 "사실 그랬고, 내가 계획한 대로였고, 지금이라도 역시 선택했을 것이었다."라고 밝혔다. 또한 그녀는 "올해 결혼 40주년을 기념했다. 굉장히 행복한 결혼생활에 대해서, 훌륭한 아들들(둘 다 버클리를 졸업했어요)과 유쾌한 며느리들, 사랑스러운 손주들까지 모두 감사하게 생각한다."
라고 적었다. 1977년 67세가 되었을 때, 그녀는 "45년 동안 완벽한 남편과
결혼생활을 하고 있다."라고 적었다.

레베카는 25세였을 때 인생의 야망이 "공동체에 좋은 영향을 미칠 가
정을 만들고 훌륭한 아이들을 키우고 가능한 한 완전하게 종교적인 삶을 사
는 것."이라고 말했다. 그러나 바란다고 다 이루어지는 것은 아니다. 그녀
가 성스러운 말을 해서가 아니라 실제로 중년기에 패서디나에 있는 새 교회
의 건축과 재정을 돌보았고 운영회의 의장을 맡았기 때문에 생산성을 인정
받았다. 그녀는 결혼생활이 45년이 지난 75세에 만약 인생을 다시 살게 된
다면 어떤 변화를 원하겠냐는 질문을 받았다. 그녀는 "물론 더 잘하기를 바
라죠. 더 친절하고 더 참을성 있고 이해심 있고 다른 사람들의 욕구와 문제
를 더 잘 알아차리고. 나는 완벽한 남편과 굉장히 행복한 삶을 살았고 형제
자매들과 사촌, 시댁 식구들과의 관계도 따뜻하고 좋았어요"라고 대답했다.
다소 비이기적인 삶이었지만 유능성, 보상, 헌신, 그리고 만족감을 분명하게
보여 주는 삶이었다. 76세에 레베카 대처는 여전히 행복했고 신체적으로도
거의 완벽하게 건강했다.

그러나 대부분의 사람에게는 인생의 강물이 레베카 대처의 경우처럼
그렇게 순탄하게만 흘러가지는 않는다. 인생의 격정적인 강물이 터빈을 움
직이게 하려면 완전히 저지되어도 안 되고 완전히 자유롭게 흐르도록 내버
려 두어도 안 될 것이다. 인간의 분노도 마찬가지다. 엘리자 영과 알제론 영
의 사례가 보여 주는 마비와는 반대되는 유용한 에너지를 방출하려면 조정
과 제어가 있어야만 한다. 사랑하기와 베풀기처럼 분노 역시 자아의 지혜를
시험한다. 그리고 분노의 숙달은 경력 강화와 깊게 연결되어 있다.[2]

세 가지 예를 들어 보겠다. 첫 번째 예는 내 임상적 경험에서 나온 것이
고, 두 번째 예는 한 터먼 여성에 대한 나의 전기에서, 그리고 세 번째 예는
터먼 여성의 자서전에서 나온 것이다. 이 세 가지 예 모두에서 만족스러운

경력을 향한 그들의 탐구를 저지하는 위협을 가했던 주변의 심리적인 힘과 사회적인 힘을 찾아볼 수 있다.

내 환자 중에는 어느 날 아침 갑자기 내 사무실에 뛰어 들어온 의대생이 있었다. 눈물을 흘리면서 그녀는 창피해서 죽을 지경이라고 불쑥 내뱉었다. 그녀의 부모님은 작은 식품점을 경영하고 있으며 자녀들이 모두 그 가게에서 일하고 있었다. 그 의대생도 고등학교 때는 오후와 저녁에, 대학에 들어간 이후부터는 방학마다 그 가게에서 일하면서 자식으로서의 도리를 다하고 있었다. 그녀의 마음속에서는 그녀가 의대에 진학했고, 따라서 가족의 운명으로부터 도망치려 하는 무모함이 수치스러운 이기주의로 여겨졌다. 사실 그녀는 자기주장을 하는 모든 노력에 대해 그렇게 느꼈다.

특히 그날 그 의대생은 자신에 대해서 더 형편없이 느끼는 것처럼 보였다. 계속 눈물을 흘리면서 그녀는 그 전날, 즉 상급생으로서 산과 회진을 돌게 된 첫날에 있었던 일을 얘기했다. 그녀는 산과 레지던트와 함께 이제 막 출산을 앞두고 있는 여자를 돌보고 있었다. 그런데 산과 레지던트가 응급 호출을 받고 불려 나가게 되었고 결국 그녀는 출산의 마지막 단계에 있는 여자와 단 둘이 있게 되었다. 혼자서 아기를 받아야 할 상황이 된 것이었다! 나는 그녀의 유능하고 창의적인 행동이 내가 상상한 것만큼(나 자신의 의대생 시절을 회상하면서) 흥분되는 것이었는지 물었다. 그녀는 격렬하게 머리를 끄덕였다. 울음은 더 심해졌다. 그녀는 자기주장과 독립적인 유능성이 창피한 것이라고 믿도록 사회화되었던 것이다. 그러나 성인발달의 일부분이 성적인 표현은 즐거운 일이고 무서워할 일이 아니라는 것을 배우는 것이듯이, 성인발달의 또 다른 일부분은 직장에서의 유능성과 승리가 즐거움이지 장애물이 아니라는 것을 배우는 것이다.

심리치료 회기가 끝날 무렵이 되자 그 의대생은 환하게 웃음 짓고 있었다. 그녀의 수치스러운 잘못된…… 그러니까 내가 보기에는 공격적인, 주장적인, 창의적인…… 행동을 분명하게 격려해 주는 청중에게 1시간 동안 고백한 뒤에 그녀의 자아는 자기주장성과 창의성이 난동을 저지르는 것과는 다르다는 것을 받아들이게 되었다. 둘 다 똑같은 원시적인 본능적 에너지를 쓰고 똑같이 강한 감정의 흥분을 유발하기는 하지만 말이다. 누군가의 첫아기를 받는다는 것은 어떤 의사의 삶에서도 가장 흥분되는 사건들 중의 하나이며 위험할 정도로…… 하지만 창의적으로…… 신처럼 행동하는 것에 가깝게 만든다. 게다가 그 의대생의 부모 역시 창의적이 되려면 허가가 필요하다고 생각했던 것은 아니었다.

집단적으로 봤을 때 터먼 여성들은 유사한 딜레마에 반복적으로 봉착했다. 어떻게 그들은 유능하고 창의적인 행동을 수용 가능한 것으로 경험했을까? 특히나 급우들에 비해서 탁월한 것으로 이미 확인된 바 있는 지능을 소유한 여성으로서 그러한 행동을 어떻게 공공연하게 인정할 수 있었을까? 특히 그들이 10세가 될 때까지는 민주사회임에도 불구하고 여자는 투표할 권리가 없다고 여겨졌다면? 더구나 75세의 어느 터먼 여성이 똑같이 터먼 연구의 참여자였지만 사회 활동이 없었던 친구에게조차 자신이 영재 연구를 위해서 60년 전에 선택되었다는 사실을 인정할 수 없는 상황에 처했다면?

터먼 여성들의 문제는 그들이 직장에서 배제되고 제도적으로 낮은 임금을 받았기 때문은 아니다. 물론 그 영향도 일부는 있었겠지만. 오히려 나는 그들이 마티나 호너Matina Horner와 그녀의 학생들이 성공에 대한 여성의 두려움에 대한 연구[3]에서 자세히 기술했던 현상 때문에 방해를 받았다고 생각한다. 많은 여성이 그리고 많은 남성이 경쟁적인 성공에 직면했을 때 마음 편하게 느끼지 못한다. 그 의대생이 아기를 받아야 했을까? 레지던트가 아기를 받아야 했을까? 그녀가 유능한 성인의 이미지를 감히 가정하면서 자기애적 공상의 금기taboo of mirror-mirror-on-the-wall를 위반한 것일까? 마치 유쾌한 섹스처럼 유쾌함을 주는 경쟁적인 유능성은 사회적인 허가와 멘토링이 필요하다. 권총이 아닌 솔직한 분노가 합법화되어야 하는 것이다.

이제 터먼 연구의 참여자였던 엠마 디킨슨Emma Dickinson의 삶을 가지고 경력 강화를 이루지 못한 사람을 묘사할 것이다. 그녀의 아버지는 전기공이었는데 그녀가 10대 중반이었던 무렵부터 아팠다. 육체노동자 가정에서 자란 엠마는 책 읽을 기회가 별로 없었음에도 불구하고 여덟 살 반이었을 때 이미 열다섯 살 반짜리의 '언어 능력'을 갖고 있는 것으로 검사 결과 확인되었다. 그녀의 부모는 유머감각, 동정심, 그리고 미적 감각을 그녀의 두드러진 특성으로 꼽았다. 그녀가 열 살이었을 때 루이스 터먼Lewis Terman은 그녀의 균형 잡힌 관심사들에 놀라움을 표하면서 그녀의 부모에게 "이것은 우리가 작성한 최상의 보고서들 중의 하나입니다."라고 적었다.

그녀의 IQ가 160으로 확인되었지만 엠마 디킨슨은 대학에 갈 수 없었다. 22세 때 그녀는 시간제 비서로서 시간당 40~50센트 정도를 받았다. 그녀의 미래 경력에 대한 질문을 받았을 때, "나는 직장을 유지하는 것, 그리고 아마 나중에 가족을 부양하는 것 말고는 다른 목표가 없어요. 내게 적합하다고 느끼는 것은 이 두 가지뿐이에요."라고 말했다. 27세에 그녀는 '가장 몰입하는 취미가 음악'이라서 음악과 원예에 대한 야간 강좌를 듣고 있었다. 그녀는 베토벤의 전기를 탐독했다. 그러나 그녀는 연구진에게 "늘 나의 가장 뛰어난 능력은 지식을 흡수하는 것이었는데 사업계에서는 그것의 실용적인 가치가 별로 없었죠. 대공황 시절에 직장을 구하면서 면접할 때 무서워서 거의 죽는 줄 알았어요."라고 써 보냈다.

36세에 공공봉사와 창의성, 클럽 활동 분야에서의 성취에 대한 질문을 받았을 때 디킨슨은 질문지를 공란으로 남겨 두었다. "난 공란을 보고 진짜 소름이 끼쳤다."라고 적었다. "사실 따분하게 보이지 않도록 공란을 채울 만한 근사한 무언가를 만들어 내고 싶은 유혹에 거의 빠질 뻔한 정도였다. 하지만 난 당신들이 지독히도 진실을 원한다는 것을 알고 있기 때문에 그대로 두었다." 그녀의 직업은 한 석유 계량기 제조업자를 위해서 도구와 물품을 구입하는 것이었다. 그녀는 1950년 달러 가치로 주당 70달러를 받았다. 실제로 1978년에는 달러의 가치가 바뀌었을 뿐 그녀의 직업 경력 내내 수입은 별반 달라지지 않았다. 60세에 그녀는 "나의 개인적인 승리는 미미하고 덧 없는 것이었다."라고 적었다.

디킨슨은 어머니의 집을 떠나지 않았다. 40세에 혹시 성적인 문제를 겪은 적은 없는지에 대한 질문을 받았을 때, 그녀는 "기회가 없었는데요."라고 대답했다. 어머니가 죽은 후에 그녀는 나이 많은 상사와 결혼했지만 그 또한 1년밖에 살지 못했다. 그 후에 그녀는 나이 많은 친척들을 보살폈다. 평정자들은 그녀의 발달을 에릭슨의 근면성 단계인 4단계로 평가했다. 65세에 디킨슨은 알제론 영처럼 교회의 집사가 되었고, 자신의 탁월한 지능을 이용해서 다른 사람들의 부동산을 관리하고 유언을 집행하는 일을 하게 되었다. 그녀는 독신이었고 직업적으로 충분히 이루지는 못했지만 약소하나마 의미의 수호자가 되었다.

그러나 엠마 디킨슨의 발달적 실패와 성공이 예측할 수 없었던 것은 아니다. 12세 때 그녀는 다음과 같은 시를 썼다.

나비는 쓸모없는 삶을 산다네.
많은 이가 그리 얘기하지.
나비는 다툼이나 불화에 끼어들지 않는다네
일로부터는 날아가 버리지.
나비는 하루를 낭비하지 않는다네.
대신 충실하게 자신의 의무를 수행한다네.
나비는 세상을 밝고 즐겁게 만드는 데 일조하네.
그리고 아름다움의 메시지를 전달해 주네.

터먼 여성 표본의 참여자였던 에스더 피부시Esther Fibush가 그녀의 심리 치료 내담자였던 마사 모건Martha Morgan과 공동 집필한 책 『더 이상 나를 용서하지 말아요: 마사의 해방Forgive Me No Longer: The Liberation of Martha』4에서 좀 길게 인용을 해 보겠다. 마사 모건은 터먼 연구에 포함되기에는 너무 어렸지만 그 책을 읽어 보기만 해도 터먼 연구에 포함될 정도로 높은 지능을 가진 여성이라는 것을 알 수 있다. 치료자와 내담자 모두 경력 강화의 '다툼이나 불화'에 개입함으로써 직면하게 되는 젊은 성인의 딜레마를 잘 보여 준다.

에스더 피부시는 엠마 디킨슨이 던졌을 법한 질문을 직접 하고 있다. "여성은 지적인 능력을 어떻게 다루는가?"

> 지적인 능력이 문제가 될 수 있다고 하면 어리석거나 미친 소리로 들릴 것이다. 그러나 실제로 그렇다. 여성에게는…… 나의 지적인 능력이 드러날 때마다 매번, 그러니까 내 진짜 자기가 드러날 때면 거의 언제나, 잠재적으로든 멀리에서든 상관없이 나한테 행사할 수 있는 진짜 힘, 그것이 나를 해치는 힘에 불과할지라도 그런 힘을 가진 누군가에 의해서 치이곤 했다.[5]

> 여성 해방에서 핵심적인 이슈가 있다면 그것은 여성의 지적인 능력에 대해 세상이 바라보는 관점에서뿐만 아니라 여성들 자신이 보는 관점에서도 그 지적인 능력을 자유롭게 할 필요가 있다는 것이다. 자신의 지적인 능력에 대한 여성들 자신의 편견과 억제, 불편감으로부터 여성들을 해방시켜서 그들이 선택하는 목적이 무엇이든 그것을 위해서 더 건설적으로 사용할 수 있게 해야 한다……. 나는 남성들이 자신의 지적인 능력을 그렇게 두려워할 리가 없다고 생각한다……. 남성이 가지고 있는 어떠한 우월함도 그에게는 적어도 잠재적인 가치가 있다. 그는 그러한 재능을 알고 있다고 해서 혹은 그것을 적극적으로 사용한다고 해서 규탄받을 위험에 처하지는 않는다.[6]

> 다른 많은 여성과 마찬가지로 마사는 그녀의 지적인 능력을 다루는

데 어려움을 겪었다. 아이였을 때 그녀는 자신의 지적인 능력에 대해서 자각하지 못했고 다만 스스로를 뭔가 다르고 거부받는 존재로 경험했다. 실제로 자신이 매우 지적이라는 것을 자각하기 시작했을 때, 그녀는 자신에 대한 이러한 인식을 어떻게 다루어야 할지 알지 못했다. 만약 그녀가 그것을 숨기거나 경시했다면 스스로의 정체성을 부인하는 것이 된다. 하지만 그녀가 그것을 내보였다면 그녀는 다른 사람들을 불쾌하게 하거나 소외시킬 것이다. 그녀는 결코 자신의 지적인 능력을 자신감을 선사해 주고 찬사와 인정을 가져다주는 것으로 경험하지 못했다.[7]

그녀[마사]는 결코 경쟁해서는 안 된다고 느꼈다. 이기는 것이 지는 고통만큼 위험한 것이었기 때문에……. 그녀는 자신이 모든 사람보다 훨씬 우수하다는 두려운 생각으로부터 자신이 전혀 쓸모없다는 끔찍한 생각으로 방향을 돌리곤 했다. 이 현기증 나는 생각의 흔들림으로부터 도망치기 위해서 마사는 여성이라면 허락될 뿐만 아니라 적극적으로 권장되는 대체물로 방향을 돌렸다. 그것은 바로 여성이 남성에게 그리고 나중에는 자녀들에게 필수불가결한 존재가 되도록 만드는 애정관계다. 그녀는 가정 밖 세상 속에서 경쟁하거나 성취할 필요가 없다.[8]

에스더 피부시 역시 자신의 삶에 대해서 적고 있다.

내 가족, 그리고 친밀한 내 주변의 아동기 여건들은 내가 '여성성'을 지닌 여성을 가치 있게 여기는 사회에서 유용하게 쓸 수 있는 의존성과 순종성이란 특성을 발달시키는 원인이 되었다.[9]

어렸을 때 나는 혼자서 할 수 없는 일이 너무나 많았기 때문에 의지해야만 했던 어른들을 멀어지게 할 수 없었다. 그래서 나는 사람들이 내게 화가 날 만한 얘기나 행동을 할 수 없었다……. 나는 계속 줄타기를 했다. 나 자신의 어떤 면이든 내가 유지하고 있는 조심스러운 균형을 깨트릴지도 모르는 부분은 눈에 띄지 않게 하고 결정적인 순간에 감히 숨조차 쉬지 않으면서. (나의 첫 번째 외현적인 정신신경증적 증상이 호흡곤란의 형태로 나타난 것은 당연하다.)[10]

그들[내 가족]이 싸울 때, 나는 속으로 "난 당신들 모두를 증오해! 당신들 모두를 증오해!"라고 소리 지르곤 했다. 다른 사람들의 분노에 대한 내 두려움의 일부는 나 자신의 분노에 대한 두려움이기도 했다. 언젠가 내가 화를 내 버리고 진짜로 무엇을 느끼는지를 말해 버릴지도 모른다는 두려움 말이다. 그러면 모든 것이 끝장날 것이다. 내가 스스로를 위해서 쌓아 온 거짓된 안전감과 사랑의 끝 말이다……. 난 화가 거의 나지 않는 상태에까지 이르렀기 때문에 결국에는 분노를 인식하는 능력의 상당 부분을 상실해 버린 것이 틀림없다……. 나는 나의 '양호한 적응'을 근거로 스스로를 자랑스러워했다. 물론 이것은 여성에게 국한되는 양호한 적응을 의미했다.[11]

분노를 표현하는 데 어려움을 가지고 있는 남성과 여성에게는 유능성과 보상, 헌신, 만족을 반영하는 과제를 숙달하는 것이 특히 어렵다는 것이 이상한 일일까? 경력 강화와 같은 과제가 어떻게 하면 이기적이지 않다고 불릴 수 있을까? 에스더 피부시의 이야기를 계속 들어 보자.

실비아 플라스Sylvia Plath는 마사의 세대였지 내 세대는 아니었다. 하지만…… 나는 플라스와 모종의 동일시를 하는 나 자신을 발견한다. 나는 경쟁으로부터 물러나서 자기를 내세우지 않는 역할, 내 시절에 팽배했던 여성스러움이라는 개념으로 후퇴했다. 사실 나는 그 경쟁에서 이기기를 원했을 것이다. 내게는 실비아 플라스도 그랬던 것처럼 보였다……. 물론 자살과 고뇌를 제외한다면, 그녀의 경력은 내가 그 재능과 추진력 그리고 공격적이 될 만한 용기를 가졌더라면 스스로를 위해서 선택했을 그런 것이었다.[12]

플라스의 유명한 시 〈아빠Daddy〉는 아마도 보편적으로 공유되었을 여성의 경험을 보여 준다……. 그 시는 내게 그랬다. 내게는 정말로 사랑했던 아버지가 있었다.[13]

(〈아빠〉에서 실비아 플라스는 다음과 같이 읊조리고 있다. "당신의 기름지고 검은 심장에는 스테이크가 있어요. / 마을 사람들이 당신을 좋아했던 적은 한 번도 없었죠. / 그들이 당신 위에서 춤추고 쿵쾅거리고 있어요. / 그들은 그게 당신이라는 걸 언제나 알고 있었어요. / 아빠, 아빠, 나쁜 사람, 난 이제 끝이에요.")[14]

그리고 에스더 피부시는 묻는다. "이 모든 떠도는 증오가 어디서부터 오는 것일까? 정신병에 이를 정도로 너무나 현란한 증오의 노래에 걸맞은 이 증오는? 그리고 그렇게 많은 여성한테서? 그리고 내 안에서?"[15] 치료 회기 중에 그녀는 내담자인 마사에게 대답한다. 경력 강화와 관련된 교훈. "만약 당신이 분노를 가지고 있지 않다면, 그리고 분노를 효과적으로 이용하지 못한다면 아무 의미도 없다. 당신은 그냥 소멸되어 버릴 수 있다. 그러나 분노가 건설적으로 이용된다면…… 당신도 알다시피 그것은 창의성의 원천이 될 수 있다. 그러므로 당신은 분노를 가져야만 한다. 분노가 없다면 당신은 아무것도 할 수 없다."[16] 피부시의 요점은 아버지가 나쁘다거나 아버지를 사랑할 수 없다는 것이 아니다. 다만 때로는 아버지를 향해서 억제되지 않은 분노감을 경험하는 것이 자유를 선사해 준다는 것이다.

그러나 분노감을 제어하는 것은 친밀감처럼 자아가 섬세한 균형을 잡아야만 가능한 일이며 여성과 남성 모두에게 발달적인 도전거리가 된다. 도심 표본의 절반만이 경력 강화를 성취했다. 경력 강화를 성취하지 못한 사람들은 분노를 폭발적으로 분출하거나 아니면 자신 안에 묻어 두는 식으로 다룬다고 보고하는 사례가 3배나 많았다. 이와는 달리 안정적으로 일에 헌신한 사람들은 우아하고 순화된 방식으로 분노를 표현한다고 보고했다. 성공적이거나 만족스러운 경력을 결코 성취하지 못했던 알제론 영과 같은 하버드생 표본의 참여자는 평생 분노를 제대로 다루지 못했다. 지속적인 경력을 지녔던 하버드생 표본과 도심 표본 모두 경력 강화를 숙달하지 못했던 사람들에 비해 삶에서 멘토를 가지고 있을 확률이 2~3배 더 많았다. 부분적으로 멘토링은 적극적인 성취를 위한 사회적 허가와 동일시의 바람직한 모델을 제공해 준다. 그러나 여전히 왜 어떤 사람들은 멘토를 발견하고 '심리적으로 대사'시키는 반면에 엘리자 영과 같은 사람들은 여주인공과 결코 동일시하지 못하는지에 대해서는 미지의 영역으로 남겨져 있다.

생산성

존 코트르John Kotre는 자신의 계몽적인 저서 『자기 초월적 삶Outliving the Self』에서 생산성의 과제를 간결하게 요약하고 있다. "자신의 본질을 자기보다 영원할 삶과 일에 투자하는 것."[17] 네안데르탈인과 크로마뇽인은 똑같은 두뇌 용량을 가지고 있었지만, 네안데르탈인은 남녀 모두 40세 이전에 죽은 반면에 크로마뇽인은 60세가 될 때까지도 살았다. 그들의 수명이 연장된 것은 그들이 동시대인이었던 네안데르탈인을 대체할 만한 다원식의 능력을 지니고 있었기 때문일까? 그들의 연장된 수명이 크로마뇽인 남녀가 이룬 독특한 예술과 문화에 어떤 식으로든 기여했을까? 크로마뇽인의 장수가 자손들에게 조부모라는 선물을 안겨 주었을까? 나는 모른다. 하지만 나는 이러한 질문들이 고민해 볼 만한 가치가 있다고 생각한다. 왜냐하면 인류학자가 크로마뇽인과 네안데르탈인을 구분하는 기준은 인생 주기의 후반부에 중요해지는 발달 과제들이기 때문이다. 그것은 바로 종교, 문화, 조부모의 역할 그리고 공동체의 건설이다.

아마도 네안데르탈인과는 다르게 크로마뇽인은 코트르의 아주 적절한 문구처럼 자기를 뛰어넘는 삶을 살았던 것 같다. 내가 제시한 발달 모델에서 초기 단계들, 즉 근면성, 정체성, 친밀감, 경력 강화 단계는 자기를 위한 과정이다. 반면에 후기의 단계들, 즉 생산성과 의미의 수호자는 베푸는 과정처럼 보인다. 자기를 위한 과정이란 무엇을 의미하는 것일까?[18] 첫째, 청소년과 젊은 성인이 정체성을 성취하면서 획득하게 되는 자기감이 있다. 더 나아가 친밀감의 과제를 숙달하면서 획득하게 되는 대인관계 기술이 있다. 대인관계 기술은 다른 사람과 함께 살아가고 의존하고 보살피면서도 자신의 정체성을 보존할 수 있는 능력을 말한다. 마지막으로, 사람들은 경력을 강화하는(더 확장적인 축적과정을 보이는) 동안에 기계적인 기술, 소명의식, 보상과 성취를 축적한다. 즉, 헌신을 통해서 일의 즐거움과 유능성이 주조된다. 입센의 노라가 문을 쾅 하고 닫을 때, 버지니아 울프가 자신만의 방을 가질 때, 그리고 키플링이 혼자 여행하면서 가장 빨리 여행할 때, 우리는 그들이 이기적이라고 말하고 싶어진다. 그러나 현실에서 그러한 경력 강화는 생산성의 밑거름이 된다. 왜냐하면 일단 숙달이 되기만 하면 경력 강화는 개인들에게 권위를 가지고 이야기할 수 있는 통합된 자기, 그들이 안전하게 스스로를 내어줄 수 있는 상태를 만들어 주기 때문이다. 대니얼 레빈슨Daniel Levinson이 제안하듯이, 욕심 많은 '꿈'을 꾸었던 젊은이들은 성숙해짐에 따라 '유산'을 베풀어 주는 연장자들로 변해 간다.[19]

베품의 과정, 즉 다른 사람의 경력과 자율성이 자신의 것보다 더 중요해지게 만드는 연금술적인 과정은 어떻게 가능해지는 것일까? 분명히 우리는 우리가 가지지 못한 것을 나누어 줄 수는 없다. 엠마 디킨슨과 같은 많은 터먼 여성은 너무 어린 시절에 자신을 나누어 주었기 때문에, 미국 대공황 시절에 부모를 위해 밥벌이를 해야 했기 때문에, 혹은 자신을 위한 어떠한 기술도 배우기 전에 자녀들을 돌보아야 했기 때문에 삶이 황폐해져 갔다. 우리는 건강하고 합리적인('이기적'이지 않은) 자기관심을 통해서 많은 것을 취할 수 있어야 한다. 그래야만 나중에 되돌려 줄 수가 있다. 어린아이들을 돌보는 것이 경력이 아니라는 의미는 아니다. 난 단지 아이들에게 필요한 부모는 자녀는 물론 부모 자신도 존중할 줄 아는 부모라는 점을 지적하고 싶을 뿐이다. 한편 자신을 나누어 주기를 거부하는 것은 '정체(에릭슨의 생산성에 대한 반대 극)'라는 위험을 가져올 수 있다. 나는 이것이 성인발달의 과제가 연속적으로 숙달되어야만 한다는 그의 가설을 지지하는 논리라고 생각한다.

무엇이 베풂을 촉발하는가? 내 생각에는 소위 중년의 위기가 하나의 촉매제인 것 같다. 그러한 발달적 불안은 위기라기보다 실제로는 중년기의 과제이지만, 우리가 어디에 있고 또 어떻게 여기까지 왔는지에 대해서 경이롭게 바라보게 한다. 이러한 재평가에서는 우리가 가진 것은 무엇이고 왜 다른 것들은 가지지 못했는지에 주목하는 형태의 점검이 이루어진다. 베풂의 과정이 시작되도록 돕는 것은 바로 이처럼 위험한 의심과 방향을 재정비하는 기회다. 두 번째 촉매제는 청소년기 자녀를 두는 '미래의 충격'과 함께 온다. 그것은 우리로 하여금 해묵은 목록과 오래된 삶의 성취 준거들을 꺼내 버리게 하고, 힘들게 얻은 파트너십, 부모로서의 권위, 그리고 자아도취적인 인정이 그 풍미를 보존하기 위해서는 후대와 함께 공유되어야 하며 다음 세대를 위한 멘토가 되는 새로운 과제가 가미되어야 한다는 것을 깨닫게 한다. 아마도 이집트 문화가 정체(停滯)된 부분적인 이유는 부유층이 그들의 부를 자신들만 향유하려고 했기 때문일 것이다. 지난 세기에는 부유층이 그들의 부를 교회, 대학, 가장 최근에는 재단들에 기부하였다. 반드시 이상적이라고 평가하지는 못하더라도 옳은 방향으로 한 걸음 나아간 것이다. 그러나 결국 당신이 충만되어 흘러넘치는 상태라면 진정한 '넘겨 주기'는 자연스럽게 그리고 끊임없이 일어날 것이다.

도심 표본의 참여자였던 빌 디마지오Bill DiMaggio의 사례를 생각해 보자. 삶은 그에게 엠마 디킨슨보다 훨씬 적은 기회를 주었다. 빌이 아이였을 때 그의 가족은 최하위 계층에 속해 있었다. 그는 난방이 안 되는 아파트에서 형과 한 침대에서 잤다. 그의 아버지는 빌이 10대였을 때 장애인이 되었다. 그리고 그의 어머니는 그가 16세였을 때 죽었다. 웩슬러 벨뷰 지능검사 결과가 82였고 스탠퍼드 읽기 지수는 71이었던 그는 간신히 고등학교 1학년을 마쳤다. 지능지수상 빌은 엠마에 비해 딱 반만큼만 똑똑했다.

그럼에도 불구하고 47세에 행해진 인터뷰에서 빌은 매력적이고 책임감 있으며 헌신적인 남성상을 보여 주었다. 그는 단신에 배도 나와서 과체중으로 보이기는 했지만 여전히 젊은 활기를 간직하고 있었다. 그의 얼굴에는 갖가지 표정이 넘쳐났고 눈은 반짝거렸다. 그는 유머감각이 있었으며 대화를 즐길 줄 알았다. 그는 시선을 잘 맞추었고 면접자의 질문에 솔직담백한 태도로 응했다.

도심 표본 연구에 지속적으로 참여할 것을 약속하면서 빌 디마지오는 자신이 다른 사람들에게 뭔가 기여하고 있다고 느낀다고 말했다. 그는 이 '작은 것'이 중요하다고 느꼈다. 15년 동안 빌은 매사추세츠 공공사업과에서 노동자로 일해 왔다. 몇 년 전에 목수 자리가 하나 났는데 그는 목수 일을 해 본 적이 없었지만 선임순으로 그 자리를 얻게 되었다. 그는 일을 해 가면서 필요한 기술들을 배워 나갔다. 자신의 일에 대해서 그는 "나는 손으로 작업하는 것을 좋아한다."라고 말했다. 실제로 언제나 그는 나무를 가지고 일하는 것을 즐겨 왔다. 그리고 그는 문틀을 다시 만들고 붙박이장을 만드는 등 자신의 집 내부를 직접 고쳤다고 면접자에게 얘기했다. 그는 또 보스턴의 역사적인 건물들을 유지ㆍ보수하는 자신의 역할에 자부심을 가지고 있다고 말했다.

직장에서 문제가 생길 경우 어떻게 해결하느냐는 질문을 받았을 때, 그는 꽤 간단하게 대답했다. "전 노조 대표입니다. 그래서 회사에서 절 정직시키곤 하죠. 하지만 저는 옳다고 느끼면 대항합니다." 만약 어떤 일이 위험하다고 생각한다면 그는 부하 직원들에게 그 작업을 하지 못하게 했다. 그리고 노조 규정에 따라 경영진은 그에게 귀 기울였다. 간단히 말해서, 그는 권위 있게 이야기하는 법을 배운 것이다.

작년에 디마지오의 상사들은 그와 더 잘 지내려고 애썼다. 왜냐하면 디마지오가 그 업무에서 정말로 경험 많은 몇 안 되는 사람 중 하나였기 때문이다. 그는 "그들은 예전보다 저한테 더 많이 의존하죠."라고 말한다. 또 경영진은 다른 사람들을 가르칠 때도 그에게 의지한다. 나이가 40세가 넘어가자 웩슬러 지능검사처럼 학교교육에 토대를 둔 검사로 측정한 IQ는 중요하지 않게 되었다. 중요한 것은 살면서 배운 것들이었다.

만약 다시 살 기회가 주어진다면 어떻게 하겠느냐는 질문에 디마지오는 별로 다르게 살 것 같지 않다고 대답했다. 그리고 그는 "저는 일보다는 아내와 아이들에게 더 많은 관심을 가지고 있어요. 일단 직장을 떠나면 그냥 잊어버려요."라고 말했다. 집에 돌아오면 가족 일에 신경을 쓰느라 회사 일에 대해서는 걱정할 겨를이 없었다. 그러나 빌 디마지오와 알제론 영 사이의 차이는 디마지오가 직장에서 자기 일을 즐기고 자부심을 가지고 있었으며 일이 자신의 가치를 높인다고 생각했다는 점이다.

"저는 제 아버지가 저를 위해서 썼던 시간보다 더 많은 시간을 우리 아이들을 위해서 쓰죠."라고 그가 면접자에게 얘기했다. 그는 아들들이 자랄 때 함께 낚시도 가고 온갖 데를 다 갔다고 얘기했다. "우리는 아주 많은 시간을 같이 보냈어요." 계속해서 실업 상태였던 그의 아버지는 아들을 낚시에 데려갔던 적도 없고 또 같이 어디에 간 적도 거의 없었다. 이러한 점은 당신이 지역사회를 건설하기 위해서 도움이 필요하다면 아이러니하게도 바쁜 사람에게 부탁해야 한다는 것을 의미한다.

자녀들이 커 가면서 그가 겪는 가장 큰 문제가 무엇이라고 생각하는지 묻자, 디마지오는 미소를 띠면서 "당신 6개월 정도 시간이 있나요?"라고 되물었다. 진지한 태도로 그는 "약물에 대해서 걱정하죠."라고 덧붙였다. 그는 아이들이 마리화나를 핀다는 것을 알고 있으며 그 정도는 이해할 수 있다고 얘기했다. 그러나 그와 아내는 아들들이 마리화나를 피는 것을 어느 정도 용인하기는 했어도 집에서 하도록 내버려 두지는 않았다. 그들은 막내아들이 여자친구랑 동거하는 것도 받아들였고 '그 녀석이 철이 없어서' 그렇다고 생각하면서 나이가 들면 더 성숙해질 것이라고 믿었다. 생산성의 핵심적인 한 가지 구성요소는 바로 희망이다. 하지만 그러한 희망은 우리가 인간의 발달과정을 마음속에 품을 수 있어야만 생겨날 수 있다.

디마지오는 아내에 대해서 여러 차례 편안하고 생기 있는 농담을 했다. 사실 면접자는 그들이 서로에게 보여 주는 애정을 보고 감동받았다. 디마지오에게 아내에 대해서 얘기해 보라고 하자, 아내는 재치 있게 면접실을 나갔다. 그러자 그는 뒤돌아선 아내를 향해 만약 계속 나가 있으면 안 좋은 것들만 잔뜩 얘기하고 좋은 것은 하나도 얘기하지 않을 것이라고 소리 질렀다. 그러고 나서 면접자에게 아내의 좋은 자질에 대해서 간단히 얘기했다. "사랑스럽죠. 이해심도 아주 많고요. 당신이 여자에게 바라는 모든 것을 다 가지고 있다고나 할까요. 아내는 이야기하고 논쟁하는 것을 좋아하는데 난 그게 좋더라고요." 그는 자신이 아내에 대해서 가장 좋아하는 점은 아내의 "유머감각이고 만약 그게 없었다면 지금처럼 잘 살지 못했을 것"이라고 말했다. 그럼에도 불구하고 디마지오의 아내가 면접실로 되돌아왔을 때 면접자가 "어느 아이가 남편을 가장 닮았나요?"라고 묻자, 디마지오는 첫째라고 했지만 아내는 "막내가 당신의 유머감각을 가지고 있잖아요."라고 하면서 막내아들을 꼽았다.

요즘 디마지오가 아내에 대해서 가장 신경 쓰는 문제는 아내가 최근 들어 담배를 많이 피는 것이었다. 그는 "가능한 한 아내랑 같이 있으려고 해요."라고 말했다. 가족 내 불화에 대해서는 "쉽게 해결하지는 못하지만 그렇다고 그 문제 때문에 어쩔 줄 모르지는 않아요."라고 말했다. 그는 아내와 언쟁을 하더라도 오래 끌지는 않는다고 말했다. "우린 뒤끝이 없어요." 다시 한 번 그는 말다툼과 불화가 있을 때 어떻게 유머를 사용하는지 언급했다. 그는 부부가 서로 의견을 존중하려고 애쓰며 상대방에게 자신의 의견을 강요하지는 않는다고 말했다. 힘든 일이 있을 때 누구에게 의지하냐는 질문에는 "우리는 서로서로 의지해요."라고 대답했다. 그러자 그의 아내가 끼어들면서 "빌은 나의 가장 좋은 친구예요."라고 말했다. 가족 내에서 겪었던 사별의 아픔에 대해서 디마지오는 "우리는 서로를 위로해 주려고 애썼어요."라고 말했다. 헌신, 인내, 그리고 유머는 결혼생활을 행복하게 지속하는 데 핵심적인 세 가지 요소인 것 같다.

뢰빙거Loevinger의 자아발달 과제 중 마지막에서 두 번째인 '다른 사람의 자율성에 대한 존중'과 발맞추어, 디마지오는 앞으로 10년 동안 그의 가장 큰 포부는 자녀들이 독립해서 살아갈 수 있도록 돕는 것이라고 말했다. 보살핌과 내버려 두기 간의 생산적인 균형을 맞추는 능력은 정신적인 성숙을 필요로 한다. 익숙지 않은 다른 관점에서 스스로를 돌아보도록 강요받으면 사람들은 가던 길을 멈추고 방황하게 된다. 따라서 자기반성은 사회나 문화가 결코 명령할 수 없는 것이다. 그것은 어디로 갈지를 살피거나 걷는 법을 배울 때처럼 당사자의 내면으로부터 비롯되는 것이다. 그러나 걷기처럼 다른 사람의 자율성에 대한 존중은 때가 되어야 발달하는 까다로운 과제이기도 하다.

빌 디마지오는 '이탈리아의 아들들'이라는 클럽의 주축 멤버였다. 그는 야간 행사를 정기적으로 도왔고 또 친구와 함께 토요일마다 그 클럽을 위해서 점심을 준비했다. 디마지오는 요리를 좋아한다고 말했다. 또 그는 사람들이 그가 만든 음식을 먹고 행복해하는 것을 좋아했다. 그리고 그는 '이탈리아의 아들들' 모임을 통해서 지역사회를 위한 자원봉사 활동도 했다. 예를 들어, 그는 1년 내내 아이들을 위해서 열리는 다양한 클럽 활동을 도왔다.

게다가 시장에 출마한 후보의 선거 활동에 아내와 함께 참여했다. 그러한 활동들은 지역사회의 모금 활동에 단지 수표만을 보냈던 엘리자 영의 심리사회적 헌신과는 매우 달랐다. 또 디마지오는 보스턴 북부에 있는 모든 자선 클럽을 위한 일종의 총괄조직인 단체협의회에서도 활약했다. 결국 사회적으로 그리고 지적으로 제한되었던 어린 소년이 지도자들의 지도자로, 현명한 사람으로, 그리고 의미의 수호자로 성숙해진 것이다.

면접자는 그가 받은 인상을 다음과 같이 요약했다. "디마지오는 주변 사람들과 밀접한 관계를 맺고 있고 또 그들에게 건강한 관심을 가지고 있다. 그는 편견이 있는 사람들을 인내심을 가지고 대했지만 자신의 원칙을 무너뜨리지는 않았다. 전체적으로 봤을 때 그는 상당히 성숙하고 흥미로운 사람이다." 평정자들은 디마지오가 생산적이라는 데 전혀 이견이 없었다. 한 평정자는 그의 정신건강을 100점 만점에 93점으로 매겼다. 다른 평정자는 94점을 주었다. 지역사회를 건설하는 데 참여하기 위해서 반드시 스워스모어나 스탠퍼드 혹은 하버드를 가야 할 필요는 없다. 마찬가지로 생산성과 탁월한 직업 경력과 가족에 대한 헌신이라는 인생의 목표들 중에서 반드시 어느 하나를 선택해야 하는 것도 아니다. 하버드대 교수인 라이트풋과 고등학교 중퇴자인 빌 디마지오의 삶은 이 세 가지 과제를 통달하는 과정을 잘 보여 준다. 50년에 걸친 종단적 연구의 관점에서 봤을 때, 인간의 성숙은 아이의 탄생만큼이나 신비로운 인상을 준다.

친밀감이 양방 간의 상호 의존성을 위한 능력을 반영하듯이, 생산성은 세대를 아우르는 다른 종류의 호혜성을 위한 능력을 포함한다. 친밀감의 열매를 거두고 또 경력을 강화하는 데는 생산성이 중요한 역할을 한다. 즉, 다른 사람의 욕구를 '보살피고' 동시에 그 사람의 자율성을 존중하는 개별적인 관계를 맺는 능력이 필요한 것이다. 그러한 관계에서 멘토는 "나는 내가 하는 일, 내가 느끼는 것, 내가 가지고 있는 것을 무지무지 좋아하기 때문에 네가 원하기만 한다면 너도 그 일을 하기를 바란다. 하지만 또 주변에는 할 만한 것들이 많이 있단다!"라고 말할 수 있다.

그러나 에릭슨은 "어린이의 어른에 대한 의존성을 지나치게 강조하는 사고방식에 집착할 경우 나이 든 세대가 젊은 세대에 의존해야 할 필요성을 제대로 이해하지 못하는 경우가 종종 있다."라고 지적하였다.[20] 알코올중독자재활협회Alcoholics Anonymous: AA에서 회복 중인 알코올중독자를 상징하는 '비둘기'는 '후원자가 정신 차리도록 제때 찾아오는 사람'이라고 정의된다. 간단히 말해서, 어려움에 처한 비둘기는 이제 막 생산적이 되려는 참인 후원자에게 새로운 성장을 촉진시키는 존재가 된다는 것이다. 후원자가 권하는 도움을 받아들임으로써 알코올중독자재활협회의 비둘기는 후원자에게 존재의 새로운 이유를 제공하는 셈이다. 자녀의 분리가 인식되고 부모 - 자녀 관계가 재검토됨에 따라 부모/멘토는 그것들을 전체로 바라보는 즐거움을 향유하게 된다.

하버드생 표본과 터먼 여성 표본이 65세를 넘겼을 때, "당신은 자녀들로부터 무엇을 배웠습니까?"라는 질문을 했다. 그들 중 일부는 자녀들이 그들로부터 무엇을 배웠는지만을 얘기할 수 있었는데, 그런 사람들 중에서는 매우 소수만이 생산성을 통달했다. 예를 들어, 자녀들로부터 무엇을 배웠는지에 대한 질문을 받았을 때 터먼 표본의 비생산적인 여성 중 하나는 짜증을 냈다. "이건 마치 시험 문제집 같군요." 그녀가 자녀들로부터 배운 것은 딱 하나였다. "만약 내가 다시 아이들을 갖게 된다면 집에서 떠나지 못하게 할 거예요. 난 아이들이 무척 그리워요." 그러나 그녀는 반박하듯이 "그렇지만 내가 뭘 배웠냐고요?…… 내 일에나 신경 써야 한다는 거예요."라고 덧붙였다. 그리고 나서 그녀는 슬퍼하면서 생각에 잠겼다. "어쩌면 우리가 너무 강한지도 몰라요."라고 말하면서 바로 그러한 이유로 그녀의 자녀들이 떠나가야만 했던 것이라고 설명했다. 지적인 재능과 사회적 기득권에도 불구하고 그녀는 돈을 우아하게 쓸 줄 아는 능력 말고는 자신의 삶에서 거의 성취한 것이 없었다.

다른 비생산적인 여성들은 부모-자녀 역할이 역전되는 것을 도저히 허용할 수가 없었다. 그래서 한 여성은 그녀가 질문 자체를 이해했는지를 확인하기 위해서 몇 번씩이나 질문을 반복했다. 그러고는 우리에게 그녀의 자녀들이 그녀에게서 배웠다고 생각하는 것을 말했다. "전 아이들이 정직함을 배울 수 있게 도와줬다고 생각하고 싶어요." 그녀는 스스로에게 다시 물었다. "내가 그 애들한테서 무엇을 배웠을까?…… 전 변할 수 있다고 생각하지 않아요. 그렇다고 시도도 하지 않는다는 의미는 아니죠."

어떤 대답들은 더 서글픈 것이었다. 자녀들로부터 무엇을 배웠냐는 질문을 받았을 때, 한 여성은 "내가 참을성이 없다는 것, 내가 상냥하지 않다는 것, 내가 좋은 엄마가 아니라는 것을 배웠죠."라고 대답했다. 그녀는 책을 읽으려고 자리 잡고 앉았을 때 아이들이 방해하면 짜증이 난다는 것을 알게 되었다고 했다. 사실 그녀의 자기비난은 정당한 것이 아니었다. 그것은 잘못된 귀인에 근거한 것이었다. 그녀는 상냥하고 자기희생적인 여성이었고 두 자녀를 아주 훌륭하게 키워 냈다. 자아발달에서 중요한 부분 중 하나는 다른 사람들을 내재화하는 것뿐만 아니라 자신의 성공에 대해서 공을 차지할 줄도 아는 것이다. 만약 우리가 우리 자신이 성취한 것에 대해서 공을 취할 수 없다면 나누어 줄 것도 별로 없다고 느끼게 될 것이다.

가장 슬픈 대답은 또 다른 매우 불행한 여성으로부터 나왔다. 자녀들로부터 무엇을 배웠냐는 질문을 받았을 때, 그녀는 "나한테 애가 하나뿐이라서 정말 다행이에요. 난 엄마 스타일이 아니거든요."라고 대답했다. 그 여성의 경우는 그것이 사실이었다.

생산적이었던 터먼 표본 여성들은 대부분 자녀들로부터 배우는 것에 포함된 호혜성을 이해했으며 또한 통달했다. 한 여성은 스킨십이 없이 컸지만 그녀의 장성한 두 아들은 그녀에게 와서 포옹하는 것을 편하게 느낀다고 말했다. "전 제가 무엇을 놓치고 있었는지 몰랐어요." 또 다른 여성은 자녀들로부터 "신선한 관점…… 우리는 우리가 알게 된 모든 사람을 통해서 서로서로 만들어진다."는 것을 배웠다고 했다. 그녀는 한 개인이 자아 강도와 성숙한 방어기제들을 발달시키는 데 가장 중요한 그 자질을 이렇듯 간단하게 요약하였다. 그 자질은 다름 아니라 다른 사람들의 희망, 힘, 그리고 경험이 내면에 담길 수 있도록 허용하는 능력이다.

방어의 생산성과 성숙함이 극적으로 분명하게 드러났던 세 번째 여성은 '시험 문제집'의 성가심이 아니라 기다렸던 기회를 얻게 된 것처럼 우리의 질문에 반응했다.

전 아직도 배우는 중이에요. 전 그 애[장남]와 있을 때마다 어떻게 하면 사람들과 잘 지내고 모두에게서 좋은 점을 볼 수 있는지에 대해서 배우고 있어요……. 그게 바로 첫째 아들한테서 배운 거예요. 참을성과 사람들을 사랑하는 법이요. 사람들한테서 뭔가 좋은 점을 찾아내는 거죠. 딸아이한테서 배운 건, 딸아이는 저한테 좀 수동적으로 구는 것, 그러니까 말하기 전에 한 번 더 생각해 보는 것도 좋다는 것을 가르쳐 준 것 같아요……. 셋째 아이한테서는, 여기 같이 있는 작은 아이인데요, 그 애가 작지는 않지만 애기[나이 40]일 뿐이에요. 그 애가 "엄마 저보고 애기라고 하지 마세요."라고 말했죠. 그게 바로 내가 당신 앞에서 그렇게 말한 이유예요. 그 아이가 무엇이라고 할지 알고 있었기 때문이죠. 그 애는 아주 활기 넘치고 마음이 따듯해요. 그 애는 절 웃음 짓게 하고 또 제가 웃는 것을 잊어버리기 때문에 어떤 때는 원래보다 더 웃어야 해요. 그 애는 노래를 불러요. 그리고 저도 같이 부르게 하죠. 전 노래하는 것을 좋아하지만 혼자 있을 때는 더 이상 노래하지 않아요. 하지만 그럴 수 있었으면 좋겠어요. 전 집안일을 할 때 노래를 부르곤 했거든요. 우리 애들은 모두 저한테 그런 영감靈感을 준답니다.

'영감'이라는 표현 역시 다른 사람들을 내면으로 받아들임으로써 자아

강도가 획득되는 방식에 대한 메타포라고 할 수 있다.

의미의 수호자

나이 57세에 앤드류 메이슨Andrew Mason은 세상이 손주들이 살기에 적합한 곳이라고 생각하느냐는 질문을 받았다. 하버드생 표본에서 말수가 적은 참여자였던 그는 "그렇다. 식량, 인구, 생태계 문제에 대한 해결책을 찾는 것이 가능할 것이다."라고 적었다. 기업 회장을 지낸 적이 있었던 메이슨은 2년 후에 그의 새로운 의무를 보고했다. "자연보호협회의 단장, 미스틱 시포트 마리타임 박물관의 계획위원회 위원장, 로드아일랜드 환경단체의 이사." 한때 아프리카에서 사자들을 사냥했던 남자에게는 아마도 따분한 일이겠지만 환경을 위해서는 더 바람직한 일이었다.

의미의 수호자가 되는 것은 결코 남성만의 특권도 아니고 가정 외의 다른 직업 경력이 있는 사람들만의 특권도 아니다. 케이티 솔로먼Katie Solomon은 발달 모델에서의 모든 과제를 통달했으며 26세 때부터 간직했던 최고의 아내와 엄마가 되겠다는 야망을 결코 포기한 적이 없었다. 스탠퍼드를 졸업한 케이티는 고졸에 지적인 능력과 관심이 그녀보다 훨씬 부족한 남편과 행복한 결혼생활을 40년 동안 해 왔다. 32세에 그녀는 "나는 경제적으로 성공한 내 남편과 사랑스러운 세 아이 그리고 작은 집과 정원이 자랑스럽다."라고 적었다. 그리고 36세에 직업 경력상의 성공에 대한 그녀의 지각은 '누군가 필요로 하고 존중받고 받아들여지고 사랑받는 곳을 사회 속에서 발견했다는 것'이었다. 그녀가 그러한 목표를 달성했다는 데는 이의가 있을 수 없다. 78세에 그녀에게 가장 큰 성취감과 자부심을 안겨 주었던 업적이 무엇이었냐는 질문에 그녀는 "이제는 장성한 제 아이들 중의 한 아이라도 저한테 '엄마, 사랑해요…… 저희는 정말 행운아예요. 저희 어린 시절은 정말 멋졌어요. 제 친구들 중에서 제가 엄마한테 얘기하듯이 그렇게 할 수 있는 사람은 한 명도 없어요……. 엄마한테 유머가 있어서 정말 다행이에요.'라고 말하지 않고 지나가는 주는 단 한 주도 없어요."라고 답했다. 그녀는 그런 얘기들과 손주들을 그녀의 사진과 출판된 기사들보다 더 소중하게 여겼다. 또 60세까지 20년 동안 직장생활을 했지만 그녀는 "내가 일을 하기는 했지만 그걸 경력이라고 부르지는 않을 것이다."라고 적었다. 오히려 그녀는 가정주부임을 진짜 경력으로 생각했다. 레베카 대처처럼 케이티 솔로먼은 가정주부로서의 그녀의 경력이 "바로 '이거다' 싶은 것이었고 또 계획했던 그대로였으며 다시 선택하더라도 똑같이 선택할 만한 것이었다."라고 말했다.

다음의 증거는 케이티가 의미의 수호자라는 과제를 통달했음을 보여 준다. 케이티는 64세에서 68세 사이에 노년기 소비자 보호와 자연보호, 그리고 생태보존 모임에도 관여하고 있었다. 가장 중요한 것은 그녀가 '전통적인 백인 청교도식 양육'이라고 칭했던 것을 극복하는 방법을 익힐 수 있었고 다음 세대로부터도 배울 수 있는 방법을 습득했다는 것이다. 그녀는 68세에 오랫동안 해 온 감사 일을 반나절씩 하고 있었지만 이제는 자문역으로 일하고 있다고 적었다. "사람들은 내 조언을 원하고 또 잘 따른다. 그리고 분에 넘치는 인정과 보상도 받고 있다." 그녀는 손주들을 정서적 지지의 근원이 아닌 자부심의 근원으로 여겼는데, 이것은 결코 작은 차이가 아니다. 72세에 그녀는 작고한 남편의 50명이나 되는 친인척을 위한 '비공식적인 비서'가 되었고, '아들의 집에서 매년 피크닉을 열었다.' 그녀 또한 마을의 존경받는 어르신이 되었다.

통 합

에릭슨의 인생 주기에서 마지막 단계인 통합이라는 과제를 성공적으로 통달하는 것은 앞의 단계들을 모두 통달했다는 것과는 의미가 다르다. 물론 다른 과제들을 통달한다면 통합이란 과제를 통달하는 데 도움이 되겠지만 말이다. 통합이란 과제는 '성공적으로 나이 들어 가기'라고 다시 정의해 볼 수 있겠다. 즉, 변화와 질병 그리고 환경상의 불균형에 대한 효과적인 대처 반응을 반영하는 과정에 해당된다. 궁극적으로 그리고 가장 직설적으로 표현한다면, 성공적으로 나이 들어 가기는 쇠퇴를 통달하는 것이라고 할 수 있다. 성공적으로 나이 들어 가기는 어느 정도의 수용을 필요로 한다. 심리 치료 분야의 탁월한 스승이었던 영국인 로버트 홉슨Robert Hobson은 나와 나눈 사적인 대화에서 카를 융Carl Jung의 말년에 대한 개인적인 이야기를 들려 주면서 이러한 점을 보여 주었다. 한 저널리스트가 스위스의 위대한 심리학자였던 융에게 나이 들어 가는 것에 대해서 어떻게 느끼는지를 물었다. 이에 융은 "난 나이 들었소. 경륜 많은 노인이지 혈기왕성한 젊은이가 아니라오."라고 답했다.

성공적인 노화에 관해 생각하는 것은 장애에 직면했을 때의 인간의 존엄성에 대해서 숙고하게 만든다. 내 생각에는 터먼 표본 여성들 중 한 명인 리사 에클스Lisa Eccles의 적응이 에릭슨이 의미한 통합을 잘 보여 주는 것 같다. 태어난 뒤로 70년 동안 에클스는 생산성이나 의미의 수호자라는 과제를 통달했다는 증거를 하나도 보여 주지 못했다. 물론 그녀가 직장여성으로서 성공적이었던 것은 사실이다. '베터 홈즈 부동산 사장'으로서의 그녀의 직업적 정체성을 기술하면서, 그녀는 "전 제 부동산 고객들이 저를 존경한다는 것에 자부심을 느껴요."라고 말했다. 그러나 그녀의 경우, 친밀감과 경력 강화의 통달이 직계가족을 제외한 다른 사람들에게 큰 영향을 주지는 못했다. 대신 그녀가 말한 대로 그녀는 '다른 사람들의 성취를 즐기고 그들의 진가를 이해할 줄 아는 사람'이었다. 그리고 1984년에 에클스는 터먼 연구진에게 다음과 같이 썼다. "전 1981년도에 70세가 되었는데 10월에 3개의 폐쇄된 상완동맥과 피부이식 수술 때문에 입원했어요. 1982년의 골반 골절과 이듬해의 전체 골반 교체수술은 제게 장애를 가져왔지만 저를 좌절시키지는 못했답니다……. 그 일이 있고 나서 저의 성취는 살아남는 것, 그리고 깨어 있는 상태로 지금까지 내가 누려 온 모든 축복에 대해서 감사하는 것이 되었어요." 조지 버나드 쇼George Bernard Show가 말한 것처럼, "노년기는 계집애 같은 사내들을 위한 것이 아니다."

1984년에 터먼 연구진에게 편지를 보낸 이후에도 세상에 대한 에클스의 시각은 계속해서 확장되어 갔다. 그녀는 "다른 사람의 영적인 삶과 믿음에 대해서 지적할 권리를 도대체 누가 가지고 있단 말인가?…… 종교는 마치 구두를 사는 것과 같다. 대부분은 편안하게 신을 수 있다. 어떤 이들은 맨발에서 더 큰 평화를 얻는다. 그러나 그들 역시 발을 깨끗하게 해서 다른 사람들의 기분을 상하지 않게 하는 것이 중요하다."라고 적었다.

그녀는 또 "우리 중 어떤 이들은 광고에 나오는 소떼처럼 행복하고 만족스럽게 되새김질을 하고 있다……. 상황에 직면할 수 있는 우리의 능력과 당황하지 않고 위급 상황에 대처할 수 있는 능력도 무시되어서는 안 된다."라고 덧붙였다. 에클스의 작명에 영감을 준 전도서Ecclesiastes가 그것을 아주 잘 표현하고 있다. 최근의 설문지에서 앞으로의 계획에 대한 질문을 받았을 때 78세인 리사 에클스는 '평화롭게 죽는 것'이 그녀에게 중요한지 여부를 체크하는 대신에 체크박스 옆에 "누가 결정하는가? 죽음은 올 때 오게 되어 있는데."라고 적었다. 그녀는 죽음에 대한 준비가 되어 있으면서도 현재의 마음 상태에 대해 '행복하다'고 체크했다. 또 앞으로의 계획에서 '사회에 기여하는 것이 중요한지' 여부를 묻는 질문에 응답하는 대신에 체크박스 옆에 "미약하지만 나는 이미 그렇게 해 왔다."라고 적었다. 그녀에게는 과거가 충분히 의미 있었기 때문에 그녀는 몸이 쇠약해지는 것을 받아들일 수 있었다.

분명히 성인발달은 발생학처럼 질서정연한 것이 아니다. 일부 개인은 흔히 굉장히 큰 스트레스 때문에 발달 과제를 뒤섞인 순서로 밟아 가거나 한꺼번에 해치우기도 한다. 알렉산더 대왕, 라파예트 장군, 나폴레옹 보나파르트, 그리고 잔 다르크는 20대에 이미 영감을 주는 생산적인 지도자였다. 역사상 위대한 의사들 중 한 명인 윌리엄 오슬러William Osler는 총명한 의대 교수이자 그 시대의 가장 생산적인 의사로서 명성을 쌓은 지 한참 뒤인 40세가 될 때까지도 친밀감 과제에 직면하지도 않았고 결혼을 하지도 않았다. 베토벤은 훌륭한 경력을 즐겼지만 한 번도 친밀감을 향유하지는 못했다. 천재성은 규칙을 따를 필요가 없다.

급작스러운 죽음, 역사적인 재앙, 심각한 질병은 베풂이라는 생산적 과정을 촉발시킬 수 있다. 버니스 뉴가튼이 묘사한 대로, 그러한 '급작스러운' 사건들은 지금까지 이룬 것은 무엇이고 쌓아 온 것은 무엇이며 어떻게 성공했는지 혹은 실패했는지를 순서와 상관없이 되돌아보게 만들 수 있다. 하버드생 표본의 참여자였던 마틴 캐리Martin Carey를 살펴보자. 천재는 아니었지만 그의 인생은 질서 있는 방식으로 펼쳐지도록 허용되지는 못했던 것 같다. 그러나 그가 에릭슨의 통합이라는 발달 과제를 통달했다는 사실에 대해서 의문을 제기하기는 어려워 보인다.

마틴은 단합된 가족의 사교성 있는 일원으로 삶을 시작했다. 그의 부모는 완벽하지는 않더라도 상당히 훌륭한 사회복지사들이었다. 그리고 13세가 되었을 때 마틴 역시 다른 사람들에게 봉사하는 삶을 살기로 결심했다. 그는 일찍 정립한 정체성을 공고하게 만들어 갔으며 연구에 참여했던 45년간 세상과 신중하게 소통하였다. 이 남자는 극심한 결점들을 가지고 있었지만 살면서 겪는 모든 문제를 사적이든 직업적이든 다른 사람들과의 관계를 통해서 해결하였다. 23세 때 '현재의 일(의과대학)에 대한 자신의 적성'에 대한 질문을 받았을 때, 마틴은 "아이들은 나를 매혹시킨다. 나는 아이들과 놀고 일하는 것을 즐긴다……. 나는 아이들과 잘 지내며 그들을 즐겁게 해 주거나 그들이 가지고 있는 의사에 대한 불신을 피해 가기 위해서 시간을 내는 것을 즐긴다……. 나는 많은 사람이 그럴 만한 시간이 없거나 인내심이 없어서 하지 못하는 것들을 할 만큼 충분히 참을성이 많다."라고 썼다. 마틴은 생산적인 소아과 의사가 할 만한 행동들을 이미 동일시, 즉 마음속으로 받아들이고 있었다. 평정자는 "그가 성취한 것은 단순한 경력이 아니었다. 그것은 관계였고 그 관계 속에 존재하는 삶의 기술들이었다."라고 적었다. 간단히 말해서, 친밀감이나 의대 졸업장을 얻기도 전에 마틴은 연구자가 보살핌care에 대한 그의 능력에 대해서 언급하도록 만들었다. 나중에 26세 때 경력의 초기 단계에서 어떤 것이 흥미롭고 자극이 되는지 질문을 받았을 때, 마틴은 "부모의 이해를 증진시킴으로써 아이들을 도울 수 있는 기회"라고 언급했다. 의대에 다닐 때 마틴은 자기 일의 의미가 "공동체에 공헌하는 것"이라고 적었다.

마틴은 이른 나이에 생산성이라는 작업을 시작했을 뿐만 아니라 나이들어 가는 작업도 비교적 일찍 시작했다. 26세에 이미 그는 '힘든 시기에 대한 철학'을 연구진에게 얘기했다. "내가 어떠한 개인적인 어려움을 겪든 간에 다른 사람들은 그보다 더한 것도 극복해 왔다는 것. 근본적으로 어떤 힘이 있어서 개인적 희생이 있더라도 우리가 헤쳐 나가게 해 준다는 것."

소아과 전공의 수련을 마친 직후에 마틴은 소아마비에 걸렸다. 몇 달간 그는 완전히 무력한 상태였다. 6개월 동안의 철제호흡 보조장치 신세를 면하고 이제 막 다시는 걸을 수 없다는 사실을 알게 되었던 33세에 주제통각검사TAT를 받았을 때, 그는 한 소년이 바이올린을 앞에 놓고 고심하고 있는 카드를 보면서 다음과 같이 반응했다.

아마도 음악적인 재능이 있는 부모 밑에서 태어난 소년으로 시작하네요. 애초부터 부모의 강력한 야심은 아이에게서 음악적 재능을 만들어 내는 것이었죠. 우리는 이 소년을…… 아동기…… 부모의 야심과 그들의 삶을 지배하는 강력한 힘의 결과라고 봐요. 소년의 얼굴은 아마도 질병이나 사고 때문에 시력을 잃었다는 것을 보여 주는 것 같아요. 눈에 깁스를 했고 눈이 감겨진 모습은…… 청력을 잃은 후의 베토벤을 묘사한 고전적인 석판화를 떠올리게 해요. 이 아이는 그래도 여전히 그것[바이올린]에서 아름다운 소리를 만들어 낼 수 있을 거예요. 그는 자신의 느낌과 감정을 표현하기 위해서…… 손가락을 사용했어요.

다른 TAT 카드에 대해서는 다음과 같이 반응했다.

여기 한 어린 남자아이가 있어요. 그 아이는…… 전도유망한 미래에 대한 기대감을 품고서 대학생활을 시작했지만 삶에서 환멸을 느끼게 되었고 시무룩해져서 절망하고…… 그리고 삶을 끝내 버리기로 마음먹어요. 높은 빌딩에서 뛰어내리려다가 체포되고 말지요. 그러면서 눈을 감아요. 그 앞에는 지나간 삶, 희망, 야심, 슬픔, 그리고 실패가 파노라마처럼 펼쳐져요. 그러자 궁지에 몰린 괴로움…… 자신의 삶을 끝내려는 절망감을 깨달아요.

정신과 의사가 그를 검사할 것이고 치료를 받게 입원을 시켜요. 몇 달이 지난 다음에는 그의 목표가 바뀌게 되죠. 조금 더 치료를 받은 다음에 그는 원하는 것을 얻게 될 거예요. 그는 다시 사회에 쓸모 있는 사람이 될 수 있을 것이고…… 나중에는 만족스러운 것을 성취하게 될 거예요.

소아마비로 불구가 되었지만 마틴은 35세에 소아과 의사로서 그리고 교사로서 여전히 사회에서 쓸모가 많은 존재였다. 그는 교육자로서 성공했다고 해서 전임 임상가로서의 직무를 소홀히 하지 않았다. 그는 휠체어에 앉아 활동적인 임상가로 일할 때의 이점을 환자와 함께 나누었다. "아무 일도 일어나지 않았던 것처럼 해 나가는 것이 다른 사람들에게 전문적인 도움뿐만 아니라 어느 정도의 편안함을 줄 수 있습니다." 이처럼 멘토십은 단순히 말이 아니라 보여 주고 나누어 주는 것이다.

교육에서 얻는 마틴의 즐거움은 일방적인 강의식 교습과 자기 포장적인 이야기에서 오는 것이 아니다. 대신 그는 그에게 배우는 간호사들과 의대생들이 "진료소에서 흔히 수행하는 수동적인 역할과는 대조적으로 더 높은 수준의 참여도와 책임감을 보여주는 것이라고 적고 있다." 그의 교사로서의 성공은 다른 사람들도 할 수 있도록 돕는 데서 비롯되었다. 말하자면, 그의 성공은 자신을 다른 사람들에게 나누어 줌으로써 가능했다. 그것은 또한 그의 통합, 성공적으로 나이 들어 가기에서 필수불가결한 과정이다.

20년이 지난 후에 이제는 서서히 늙어 가고 있는 마틴은 노년기의 도전을 다시 표현했다. "양측 하지마비에 욕창까지 더해져서 심해진 신체적인 제한 때문에 무엇을 할 필요가 있고 어떻게 해야 되는지 알면서도 할 수 없다는 좌절은 지난 4년간 내 삶의 일상을 지배하는 문제들 중의 하나였다." 하지만 3년 후 55세였을 때 그는 자신의 도전에 대한 답을 내놓았다. "나는 내 활동들(직업적인 그리고 사회적인)을 필수적인 것과 내 능력 범위 안에 있는 것으로 제한하는 형태로 대처해 왔다."

75세에 25년간의 근육 마비에다 부수적인 폐부전증 때문에 서서히 죽어 가고 있었지만 마틴은 연구진에게 "나 자신과 아내 그리고 아이들과의 관계는 새로운 형태의 평화적 결실을 맺게 되었어요."라고 말했다. 그는 평화에 대해 얘기했는데, 그의 활동은 평화로운 세계를 잘 보여 주었다. 이 시기 동안에 그는 반세기 동안 빠져 있었던 우표 수집품을 '풀어 주었다'. 그는 그것을 아들에게 주었다. 죽기 1년 전에 면접자에게 '위험한 마취'와 최근의 수술에 대해 이야기하면서, 마틴은 "각 집단마다 죽을 사람의 비율을 내놓아요. 3명 중의 1명은 암에 걸리고, 5명 중 1명은 심장병에 걸리죠. 그러나 현실은 '1명 중 1명은 죽는다'죠. 누구나 언젠가는 죽으니까요."라고 말했다. 아직 중년에 불과했지만 그는 태어날 때가 있듯이 죽을 때도 있다는 사실을 완전히 받아들였다.

32세에 마틴은 그의 직업 동기에서 대해서 "소아과적 지식에 아주 조금이라도 보탬이 되기 위해서다. 그리고 나는 궁극적으로 내가 개인적으로 보는 환자들보다 더 많은 이에게 도움이 될 것이다."라고 적었다. 그러나 삶 속의 실제 행동 및 기능과 지필검사상의 결과를 구별하려면 종단적 연구가 필요하다. 마틴의 말이 비현실적인 선의라기보다는 불멸의 명성에 대한 암시였다는 것은 그가 죽었을 때 벌어진 일을 보면 알 수 있다. 소아과학에 기여한 그의 평생에 걸친 공헌을 영속시키기 위해서 그의 이름을 내건 교수직을 만들기 위한 기금이 모금되었다. 평생 동안 그의 아내와 아이들, 동료들, 환자들은 그를 사랑했다. 이제 그의 명성은 계속 생명력을 지속할 수 있게 되었다.

마틴 캐리의 일생은 좋은 신체적 건강 자체가 성공적인 나이 들기와 상관 있다는 명제를 일반화하기 어렵게 만든다. 생의 후반기에 보여 준 그의 심리사회적 적응은 그를 하버드생 표본 중에서도 가장 성공적인 사람들 중 한 명으로 만들어 주었지만 그는 60세가 되기도 전에 죽었다. 그러나 죽어가는 와중에도 그는 스스로를 위한 의미를 만들었고 다른 사람들을 위해서 그러한 의미를 유지하는 능력도 보여 주었다. 따라서 그의 삶은 죽음과 은퇴가 반드시 실패를 의미하는 것은 아니며 살아 있는 동안에 생산성을 유지하고 베푸는 것이 모두에게 즐거움과 의미를 제공한다는 점을 보여 준다.

우리는 자아의 지혜가 단순히 갈등을 통달하는 것이 아니라 살아가는 방식과 더 밀접한 관계가 있다는 것을 살펴보았다. 제인 뢰빙거의 말을 빌리자면, "통달하고 통합하며 경험으로부터 의미를 만들고자 노력하는 것은 자아의 여러 가지 기능 중 하나가 아니라 바로 자아의 본질이다."[21]

자아와 창의성

> 도스토예프스키의 다채로운 성격 속에서 네 가지 면모를 찾아볼 수 있다.
> 바로 창의적인 예술가, 신경증 환자, 도덕주의자, 그리고 죄인이다……
> 이렇게 당혹스러운 복잡성을 어떻게 이해할 수 있을까?
> 아아, 창의적인 예술가의 문제 앞에서 분석은 접어야 할 것이다.
>
> –지그문트 프로이트

가족이 로마의 휴일을 즐길 수 있도록 자신을 희생해야 했던 그녀는 일기에서 항의했다. "여성들은 스스로를 인간으로 전혀 생각하지 못한다. 신도 없고 국가도 없고 의무도 없다. 오직 가족이 있을 뿐이다……. 나는 상당히 많은 수녀원을 알고 있다. 그리고 물론 모든 이가 그곳에서 벌어진다고 생각하는 사소하지만 끝도 없는 독재에 대해서 말한다. 하지만 훌륭한 영국 가정만큼 사소하지만 끝도 없는 독재가 계속되는 곳은 없을 것이다. 그리고 유일한 위안은 압제받는 자가 애정이 가득 담긴 마음으로 굴복하는 것이다."[1]

이 일기를 쓴 빅토리아 시대의 저자가 화를 내는 것은 일면 이해가 간다. 런던의 훌륭한 병원에서 간호훈련을 받으려고 한 계획이 직전에 좌절된 것이다. 자신의 경력을 추구하는 대신, 그녀는 아버지의 감염된 눈의 통증 때문에 수水치료를 받게 하기 위해서 아버지를 모시고 있었다. 그러나 그 작가는 진심으로 굴복하지는 않았다. 대신에 그녀는 『카산드라Cassandra』라는 소설을 썼으며 개인적으로 출간했다. 상상 속의 여주인공인 카산드라는 '화실에서 한가하게 앉아 있거나 그림을 보거나 뜨개질을 하거나 책을 읽으면서' 하루를 보낸다. 밤이 되면 카산드라는 그런 여성들이 으레 그렇듯이 "괴로워한다. 심지어 신체적으로까지…… 낮 동안에 아무 할 일이 없는, 그래서 축적된 불안하고 초조한 에너지는 그녀가 밤에 잠자리에 들 때마다 미칠 것 같은 느낌을 받게 만든다."[2]

우리가 그런 여성들을 미친 것으로 바라보기보다는 화난 것으로 보게 도와주는 대신, 『카산드라』의 저자는 우리에게 그들이 꿈속의 세계로 도피하도록 강요받는 것이라고 말한다. "어떤 여자는 아픈 새 친구를 간호하는 자기 모습을 상상하지 않는가? 또 다른 여자는 남자와 낭만적인 모험을 함께 하는 모습을 상상하지 않는가?…… 또 다른 여자는 자신이 꿈속의 동료로 선택한 사람이 지켜보는 가운데 전대미문의 시련을 겪고 있지 않는가?" 카산드라는 특별한 무기는 없지만 건강염려증, 공상, 그리고 소극적 공격이라는 방어기제를 가지고 있는 것 같다. 그래서 '삶 속에서 행복을 발견할 수도 없고 변화시킬 수도 없는' 카산드라는 죽는다. 죽어 가면서 그녀는 "자유, 자유, 오! 신성한 자유여, 드디어 왔는가? 환영한다, 아름다운 죽음이여!"라고 부르짖는다.[3]

그 책의 저자 역시 공상, 마조히즘, 그리고 건강염려증이 낯설지 않았다. 일찍이 스물세 살에 그녀는 자신이 '꿈꾸기'라고 이름 붙인 습관의 노예가 된 것을 알아차렸다. "위안이 되는 상상이 그녀의 시간을 점점 더 많이 차지하게 되었다."라고 전기작가인 세실 우드햄-스미스Cecil Woodham Smith는 적고 있다. 때때로 그녀는 "스스로를 조절할 수 없었고 마약의 수치스러운 엑스터시에 굴복하고 말았다."[4] 스물여덟 살이 되자, "꿈꾸기는 통제 불능 상태가 되었다. 그녀는 시간이 망각된 상태에서 무아지경 상태에 빠져 버렸다. 그녀는 자신의 의지와는 상관없이 시간과 장소에 대한 감각을 상실해 버렸다."[5]

공상은 그것이 얼마나 위안을 주든 상관없이 아주 위험한 방어기제다. 우리는 『유리 동물원』에 나오는 로라의 모델이었던 테네시 윌리엄스Tennessee Williams의 '꿈꾸는' 누이가 무능력한 조현병 환자로 일생을 보낸 것을 알고 있다. 서른한 살에 『카산드라』의 저자는 자신에게서 비슷한 미래를 예견했고 일기에 "죽음 말고는 어떤 것도 바라지 않는다."라고 적었다.⁶ 그러나 그녀는 실비아 플라스Sylvia Plath가 아니었다. 플로렌스 나이팅게일Florence Nightingale은 천수를 누리고 아흔 살에 죽었다.

그러나 나이팅게일의 꿈과 갈등이 어떻게 그녀를 자폐적인 몽상가로 일생을 보내게 하는 대신에 『런던 타임즈London Times』의 1면을 장식하게 했을까? 어떻게 공상 속 삶이 그녀가 경기병대의 돌격을 무색하게 만들 정도로 영예스러운 일을 하도록 만들었을까? 도대체 그녀의 괴로움이 창의적으로 해결되도록 만든 과정들은 무엇일까? 어떻게 이 고질적인 건강염려증 환자가 스스로 아파하는 대신에 아픈 사람들을 치료할 수 있었을까? 어떻게 낭만적인 모험을 함께 하게 될 '병중의 새로운 친구'를 실제로 발견할 수 있었을까?

이들 질문에 대답하려면 우리는 그 창의적인 과정을 살펴봐야만 한다. 이러한 과정에 대한 고찰은 승화가 발달적으로 분열성 공상과 강박적 이지화로부터 자라나며 이타주의는 건강염려증에서 진화해 나간다는 것을 보여줄 것이다. 예술가의 카리스마와 신용사기꾼의 성격장애는 그다지 거리가 멀지 않다. 앤디 워홀Andy Warhol, 앙드레 지드André Gide, 그리고 오스카 와일드Oscar Wilde는 두 세계의 가교 역할을 한 사람들의 예다. 성격장애가 있는 사람들처럼, 성공적인 예술가들은 우리도 그들의 고통 때문에 괴로워하고 또 그들의 욕망을 함께 느끼게 될 때까지 자신을 우리의 마음속 깊이 밀어넣는 방법을 알고 있다. 그러나 사기꾼이나 허풍선이, 돈 주앙Don Juan과는 다르게 예술가들은 우리의 마음속 깊은 곳에 영향을 줌으로써 우리도 그들의 구원에 동참하게 해 준다. 예술가의 승화와 창의적인 공동체의 건설자는 우리가 우리 자신의 경험에 의미를 갖게 해 준다. 우리는 우리를 눈물 짓게 만드는 성격장애 환자를 저주하지만, 베르디와 셰익스피어가 우리를 울게 만들 때는 카타르시스 때문에 감사하게 생각한다. 어떻게 창의적인 사람들은 그들의 쓴 독약을 우리 몸에 도움이 되는 보약으로 변화시키는 것일까?

창의적 과정에 대한 아서 케스틀러Arthur Koestler의 인지적 관점은 우리가 그 대답에 한 걸음 더 나아가게 해 준다. 창의성에 대한 가장 사려 깊은 계몽자들 중 하나인 케스틀러는 '아!' '아하!' 혹은 '하하!'라는 경험을 하기 위해서 뇌가 거치는 인지적 단계를 정리하였다. 케스틀러는 모든 창의성을 상호 연결되어 있는 세 가지 영역으로 나눈다. 첫째는 인지적 측면에서의 만족인 '아하!'다. 이는 열쇠가 자물쇠에 꼭 맞을 때, 퍼즐이 풀렸을 때, 패러독스가 해결되었을 때 경험하는 유레카Eureka 같은 '정신적 긴장의 감소'로 구성되어 있다. 둘째는 유머의 놀라운 반전인 '하하!'다. 이는 패러독스가 언급될 때 우리가 통쾌하게 웃게 하고 억눌러 온 욕망을 세상에 안전하게 방출할 수 있도록 해 주는 주장적이고 탐욕스러운 충돌로 이루어져 있다. 셋째는 예술작품과의 동일시에서 비롯되는, 음미하는 형태의 '아!'다. 이는 우아하고 조용하고 대양과 같이 평온한 느낌이며 슬픈 영화와 훌륭한 오페라가 우리를 울게 하기 때문에 고액을 지불하게 만든다. 케스틀러의 '아!'는 워드워스Wordworth가 어떻게 시를 묘사했는지—평온함 속에 떠올리는 감정—를 상기시킨다. 케스틀러는 예술적인 창의성, 과학적 발견, 그리고 희극적 영감과 더불어서 언제나 우리에게 "당신은 당신이 처음에 투자한 전체보다 더 많은 것을 얻게 된다."라고 말했다.[7] 그것은 물론 승화의 경이로움이다.

자아심리학의 말을 빌리자면, 창의성에 대한 케스틀러의 정의는 성숙한 방어기제에 관한 정의와 유사하다. 일상생활의 관점에서 창의성에 대한 케스틀러의 정의는 이전에는 존재하지 않았던 무엇인가를 세상 속에 가져오는 것과 같다. 그러나 케스틀러는 어떻게 순수하게 인지적인 창의성이 나이팅게일을 도울 수 있었는지를 충분하게 설명하지는 못한다. 대신 만약 그녀가 분노, 슬픔, 그리고 탐욕을 어떻게 조절하여 제 수명인 아흔 살에 죽을 수 있었는지를 규명하려면, 우리는 하워드 가드너Howard Gardner가 인지과학에서 논의하지 않겠다고 주장했던 바로 그 주제에 주의를 기울여야 한다. "정서적 요인이나 감정의 영향, 역사적이고 문화적인 요인의 기여, 특정한 행위나 관념이 발생하는 배경적 맥락의 역할."[8] 이 모든 요인의 가치를 인정하는 것이 나이팅게일의 창의성과 구원을 이해하는 데 필수적이다.

창의적인 예술가의 문제를 다룰 때 인지심리학은 정신분석보다도 훨씬 더 무기력하다. 결국 정서와 맥락은 예술가의 고통 속 역설적인 치유의 힘을 설명하는 데 필수적이다. 나이팅게일이 신경쇠약에 걸린 빅토리아 시대의 노처녀나 터먼 표본의 엠마 디킨슨처럼 세상에서 잊히는 대신에 불멸성을 성취했던 과정을 이해하는 유일한 길은 감정에, 역사적 순간에, 그리고 그녀의 가족환경에 주의를 기울이는 것이다.

이러한 이유로 나는 나이팅게일의 성취를 설명하기 위해서 프로이트Freud에게 도움을 청할 것이다. 그러나 프로이트는 전형적인 예술가가 남자인 것으로 개념화했다. 그의 글에 익숙한 독자들은 내가 예술가를 여자로 기술하기 위해서 프로이트의 개념을 약간 변경해야 한다는 것을 알 것이다. 또 나는 프로이트가 예술가에 관한 정의를 너무 협소하게 내렸다고 생각한다. 공동체 건설자와 과학자도 여러모로 비슷하게 고도로 창의적이다. 그래서 나는 플로렌스 나이팅게일을 선택했다.

프로이트는 『입문 강의Introductory Lectures』에서 '예술가는 내향적인 사람'이라고 지적하였다. 즉, '지나치게 강력한 본능적 욕구에 의해서 압박받고 있는' 내향적인 사람이다. 이렇게 예술가는 명예와 힘, 부, 명성, 그리고 이성의 사랑을 쟁취하기를 원하지만, '이러한 만족을 성취하기 위한 수단은 부족하다.' 결과적으로 여느 불만족스러운 사람과 마찬가지로 예술가는 "현실로부터 벗어나서 모든 관심과 리비도를 자신의 소망에 기초해 설계된 공상적인 세계를 건설하는 데 쏟게 된다……."⁹ 스물여섯 살이 되었을 때, 나이팅게일은 공상뿐만 아니라 반동형성도 사용하고 있었다. 그녀는 성공을 너무나 즐겼기 때문에 오히려 성공을 두려워하게 되었다. 그녀는 허영심, 과시욕, 명예욕을 자신이 쉽게 빠지는 죄악으로 여겼다. 그 결과, 외견상으로는 착하고 순종적인 딸, 쓸모없는 인생을 살고 있는 한 마리의 나비처럼 살아야 했을 뿐이었다.

프로이트는 예술가들이 보통 사람들과는 다르다고 보았다. "아마도 그들의 체질 자체가 승화를 위한 강한 능력을 가지고 있고 억압에 있어서 어느 정도의 허점을 가지고 있을 것이다……. 그러나 예술가는 다음과 같은 방식으로 현실 속으로 되돌아오는 길을 발견한다……. 공상의 중간 영역에 대한 접근…… 그리고 궁핍 때문에 고통받는 사람은 누구나 그것으로부터 위안을 받기를 기대한다. 그러나 쾌락의 산출은…… 매우 제한적이다."¹⁰ 그리고 사실 그랬다. 일기에 그저 수동적인 죽음에 대한 생생한 공상을 고백하는 데 의존하기만 했을 뿐, 나이팅게일은 '잘 사는 것이 최상의 복수다.'라는 건강한 보복과 관계된 민간요법을 거의 따르지 못했다.

그러나 프로이트에 따르면, 진정한 예술가라면 단지 공상이 아니라 자신을 위해서 더 많은 일을 해야 한다. 처음에 그녀는 "자신의 백일몽에서 너무 사적이고 또 낯선 이들이 혐오감을 느끼게 만드는 것들을 떨쳐 버리는 방식으로 백일몽을 다루는 방법과 다른 사람들이 백일몽이 주는 즐거움을 함께 나눌 수 있도록 하는 방법을 깨닫는다."¹¹ 이 섬세한 과정은 결국 공중도덕의 수호자와 표현의 자유의 수호자 사이에서 벌어지는 전쟁의 핵심적 요소가 된다. 어떻게 우리는 다른 사람들이 우리의 자폐적인 몽상을 공유할 수 있도록 할 것인가? 포르노가 예술이 되는 것은 어느 지점부터인가? 구약성서에서 지옥 같은 변태성욕으로 간주하는 순간이 다윗과 요나단이 전형적으로 보여 주는 영감에 찬 천국 같은 사랑으로 탈바꿈하는 것은 어느 시점부터인가? 승화가 있는 곳은 역설로 가득 들어차 있다. 성숙한 방어들은 죄악을 도덕으로 탈바꿈시키지만 그것을 위해서는 정교한 균형 잡기가 필요하다.

나는 분열성 부랑자인 내 환자에게 병원을 나가게 되면 어떻게 먹고 살지를 물어본 적이 있다. 그는 내게 그의 공상을 이야기했다. "의사선생님, 전 편지를 잔뜩 써서 출판을 하려고요. 편지들이 가죽 장정으로 되어 있는 전집을 많이 봤어요. 도서관이라면 다 있더라고요. 저작권을 받아 생계를 해결할 수 있어요." 물론 그건 그리 쉽지 않다. 프로이트에 따르면, 오직 예술가만이 "어떤 특별한 재료가 공상의 충실한 이미지가 될 때까지 그러한 과정과 관계된 신비한 내적인 힘을 간직할 수 있다." "또 오직 예술가만이 무의식적 공상에 대한 이러한 표상과 풍부한 쾌락을 연결시키는 방법을 알고 있다." 오직 예술가와 정치가, 즉 사기의 전문적인 달인의 편지만이 출판할 만한 가치가 있는 것이다. 우리는 너무나 동일시하고 싶어 하는 카리스마 넘치는 웅변가들의 경우에만 그들의 편지를 읽고 싶어 하게 될 것이다. 예술가의 덜 억압적인 경향성은 다른 사람들이 이전에는 대중들이 접근할 수 없었던 예술가의 무의식에 있는 "쾌감의 근원……으로부터 위안과 완화를 얻도록" 허용해 준다. 이런 방식으로 예술가는 '대중들의 감사와 찬사'를 얻는다. 이것이 바로 플로렌스 나이팅게일이 영국의 감사와 찬사를 얻어 낸 길이다.[12]

플로렌스 나이팅게일이 어떤 '특별한 재료'를 발견해서 영국 국민들의 가슴에 자리 잡게 될 창조물을 만들어 냈던 길을 한 걸음씩 쫓아가 보자. 분명히 한때 나이팅게일은 내향적이었고 신경증 환자와 크게 다르지 않았다. 어린 시절 나이팅게일은 그녀가 다른 사람들과 같지 않다는 강박관념을 가지고 있었다. 그녀는 스스로를 괴물이라고 생각했고 "낯선 사람들, 특히 아이들은 반드시 피해야 한다고 믿었다. 그녀는 새로운 얼굴을 만날지도 모른다는 생각에 엄청 괴로워했고 남에게 자신을 보이는 것을 고문처럼 여겼다. 그녀는…… 아래층에서 식사하기를 거부했다. 나이프와 포크로 무언가 엄청난 사건을 벌이게 될 것이라고 확신했다."[13] 전기작가들에 따르면, 나이팅 게일은 어머니와 별로 애착을 형성하지 못한 것 같다. 사실 그녀는 그녀 자신과 언니가 마치 신기루 같은 어머니, 파니 나이팅게일Fanny Nightingale 때문에 말 그대로 애정에 굶주렸다고 묘사한 바 있다. "우리가 아프리카 사막에 있는 것보다도 더 외로웠다는 말은 결코 과장이 아니다. 잡으려고 손을 내밀 때마다 사라져 버리는 음식 같았다."[14]

비록 나이팅게일이 명예와 권력, 명성, 그리고 남자의 사랑을 얻는 수단은 부족했지만 그것들을 진정으로 바랐다는 것에는 의심의 여지가 없어 보인다. 공상과 현실의 중간 영역에 접근함으로써 그녀는 커다란 위안을 얻었다. 그녀의 꿈의 중심에는 구혼자였던 리처드 밀른이 있었다. 그녀는 밀른과의 결혼을 상상했고 그와 함께 온갖 영웅적인 활동을 하는 모습을 상상했다. 그러나 프로이트가 제시했고 또 수많은 위대한 시가 보여 주듯이, 예술가는 '억압으로부터 어느 정도는 이완'을 한다. 따라서 예술가가 '공상의 중간 영역에 접근하는 것'은 완전히는 아니더라도 거의 정신병적인 생생함을 취하는 수준으로 이루어질 수 있다. 그녀 이전에 잔 다르크가 그랬듯이, 열일곱 살 때 나이팅게일은 처음으로 정신병 같은 경험을 했다. 그녀는 그녀 밖의 어떤 실재 목소리가 인간의 말을 그녀에게 하는 것을 들었다. 그녀는 "하나님께서 제게 말씀하셨죠. 하나님의 봉사를 하라는 부름을 받았죠." 라고 말했다.[15] 나중에 병원에서 일하기 위해 집에서 도망갈 궁리를 하면서 그리고 하나님과 하나가 되고자 애쓰면서 밤을 지새울 때, 나이팅게일은 그녀의 고통스러운 삶 때문에 하나님이나 어머니를 비난하지 않았다. 잘못은 그녀한테 있었기 때문이다. 이처럼 성격장애나 정신병이 있는 사람과는 다르게 나이팅게일은 자신의 딜레마 때문에 다른 사람을 탓하지는 않았다. 투사가 아닌 반동형성을 사용하면서 "그녀가 맞닥뜨린 어려움은 그녀의 죄악에 대한 하나님의 처벌이다."라고 확신했다.[16] 진정한 유머작가가 그렇듯이, 창의적인 예술가도 자신의 고통에 대한 책임을 외부로 투사하지 않는다.

나이팅게일이 취한 해결책은 그녀의 백일몽으로부터 너무 사적이거나 낯선 이들이 거부감을 느끼는 부분을 제거해 버리는 것이었다. 이렇게 해서 그녀의 자아는 그녀가 배수구에 대한 강박관념과 어머니를 향한 분노를 다 듬어 나가서 훌륭한 간호사가 되고자 하는 이상형에 충실한 이미지가 될 수 있도록, 그리고 폭넓게 사랑받고 찬미받는 공상이 현실이 될 수 있도록 해 주었다. 잠 못 드는 수많은 밤마다 죽음을 갈망하는 젊은이로서 나이팅게일 은 그녀가 찾을 수 있는 위생과 분뇨 배수시설에 관한 책이란 책은 모조리 읽었다. 그녀가 지새운 밤들과 백일몽은 그녀의 예술적인 재료였던 통계와 배수에 초점이 맞추어졌다. 유능한 강박행동자였던 나이팅게일은 영국에서 선두적인 위생 전문가가 되었다. 리처드 밀른과 함께 영웅적인 활동을 하는 데 쏟았던 그녀의 열정적인 관심은 공공위생과 간호로 대체되었다. 아이의 분열적 성격의 공상이 강박적인 젊은 여성의 반동형성, 전위, 그리고 이지 화가 되었다.

그러나 그녀의 자아 변신술은 계속해서 진화했다. 그녀는 숫자를 가지 고 그림을 그리는 방법을 배웠다. 그녀는 통계 수치를 도표로 변형시킨 최 초의 사람들 중 하나였다. 사실상 그녀는 막대그래프를 발명한 공헌자다. 언론 캠페인을 통해서 그녀는 전시든 평상시든 군대에서 발생하는 대부분 의 사망이 예방 가능한 질병 때문이라는 강력한 증거를 국방부에 제시하기 위해 유채색의 도표를 사용했다. 그렇게 해서 "그녀는 영국 국방부를 처음 과는 다르게 변화시켰다."[17] 그리고 예전에는 존재하지 않았던 무엇인가를 세상에 내놓았다. 의료통계학의 창시자인 윌리엄 파William Farr 박사에 따르 면, 나이팅게일이 국방부에서 했던 연설은 "이제까지 도표 위에 쓰인 것 혹 은 군대에서 쓰인 것 중에서 최고였다. 나는 설사 데모스테네스Demosthenes 라고 해도 그 앞에 주어진 사실들을 가지고 이보다 더 잘 쓰거나 더 잘 웅 변할 수 없었을 것이라는 말로밖에 내 의견을 표현할 수 없다."[18]

1855년에 나이팅게일은 그녀 가족과의 연줄을 통해서, 그리고 오랫동안에 걸친 그녀의 고집스러운 계획에 의해서 크림 전쟁의 부상자를 간호하기 위해 근동 지역으로 보내졌다. 나이팅게일이 콘스탄티노플 부근의 스쿠타리에 있는 영국 군병원에 도착한 것은 영국 경기병대가 세바스토폴 근처에서 비극적인 전투를 치른 지 겨우 열흘 뒤였다. 그곳은 크림 전쟁의 부상자들을 위한 대피처로 사용되고 있었다. 그 군병원에는 비누가 없었고 스무 개의 요강밖에 없었으며 수천의 군사가 이질로 고통받고 있었다. 사망률은 42%였는데, 사실상 거의 설사 때문이었다. 다른 수천 명의 군사는 티푸스, 괴혈병, 그리고 상처 감염 때문에 심각하게 앓고 있었는데, 세탁하지 않은 담요는 벼룩, 이, 구더기로 우글거리고 있었다.

의연하게 나이팅게일은 '그녀의 공상의 충실한 이미지'를 실현하였다. 분열성 괴짜와는 달리, 나이팅게일은 주변의 세계가 그녀의 조건을 받아들이게 만들었다. 공중위생에 대한 헌신 속에서 그녀는 개인적으로 하루에 두 차례씩 침대 용변기의 보관통을 비우는 것을 감독했다. 그녀가 오기 전에는 그 보관통들이 어쩌다 한 번씩 비워졌을 뿐이었다. 그녀는 병원 식수의 공급지를 파헤치도록 지시했다. 알고 보니 식수는 죽은 말의 사체 위로 흐르고 있었다. 그녀는 병원의 세탁소를 만들어서 군인들의 더러운 의복과 침구를 세탁하기 시작했다. 그녀가 구매한 첫 번째 품목은 200개의 바닥 청소용 청소솔과 포대였다. 1855년 6월에 이르자 사망률은 2%로 줄어들었다. 나이팅게일이 보여 준 예술적인 작업은 치사율의 극적인 감소였다. 막대그래프를 고안해 낸 과학적 창의성이 예술적 창의성과 합쳐진 것이었다.

공상 속에서 나이팅게일은 스스로를 1만 8000명 아이들의 '어머니'라고 믿었지만 현실은 5만 명의 젊은 병사와 영국에 있는 그들의 진짜 어머니들이 그녀를 흠모하게 되는 것이었다. 그러나 나이팅게일의 힘이 역사적 맥락, 런던의 『타임즈』가 현대의 종군기자를 개발했던 역사적 순간에서 비롯된 것이라는 점에 주목할 만하다. 나이팅게일의 업적은 단순히 누군가의 인지적인 역작에 불과한 것이 아니다. 만약 여성의 성취가 조건을 주조할 수 있다면 조건 역시 여성의 성취를 주조할 수 있다. 이렇게 『타임즈』는 나이팅게일의 공적에 관한 뉴스를 확산시켰을 뿐만 아니라 특별기금을 통해서 그러한 변화의 많은 부분을 재정적으로 지원하였다. 그녀의 지휘관이었던 스털링 대령은 이것을 이해하지 못했고 격분해서 씩씩거리며 말했다. "미스 나이팅게일은 태연자약하게 수표를 갈취해 간다. 이것이 대영제국이 재정을 관리하는 방법인가?…… 여사제 미스 N, 내 주머니에서 현찰을 빼내 가는 자석 같은 추동력."[19] 스쿠타리의 남자들은 그것을 '나이팅게일 파워'라고 불렀다.

간호사들 중 하나가 스쿠타리 병원에서 야간 회진을 돌 때 나이팅게일을 수행하는 것이 어떠했는지 묘사했다. 그렇게 해서 그녀는 등불을 든 여인이라는 계속되는 민담이 만들어지는 데 기여했다. "그것은 끝없이 이어졌고 쉽게 잊힐 수 없는 것이었다. 우리가 천천히 지나갈 때 깊은 침묵이 돌았다. 아주 심하게 고통받고 있는 병사들의 신음소리나 울음소리가 가끔씩 들려왔다. 희미한 불빛이 여기저기서 비춰지고 있었다. 미스 나이팅게일은 등불을 들고 다녔고 환자들을 살펴보기 위해 허리를 굽힐 때면 옆에다 내려놓고는 했다. 나는 병사들을 대하는 그녀의 태도에 경탄했다. 그녀의 태도는 정말 다정다감하고 상냥한 것이었다."[20] 병사들은 차례로 나이팅게일의 그림자가 그들의 베개에 비춰질 때 그 그림자에 입을 맞추었다. 목격자에 따르면, "그녀는 장교들과 직원들이 병사들을 숭고한 기독교인들처럼 대우하도록 가르쳤다."[21] 이렇게 1855년과 1856년의 겨울 동안 아주 사소한 위반에도 무자비하게 태형을 당해야 했던, 술에 찌들고 아주 다르기 힘든 야수로 그려진 영국 병사의 모습은 점점 희미해져 갔고 결국 완전히 사라져 버렸다. 나이팅게일 파워와 『타임즈』는 환상의 콤비를 이뤘다.

나이팅게일은 그녀의 행동 중 많은 부분이 다른 사람들을 불편하게 한다는 사실을 알고 있었다. 그녀는 영국군의 후원자였던 시드니 허버트에게 "할 수만 있다면 나를 잔 다르크처럼 화형에 처해 버리고 싶어 하지 않는 직원은 하나도 없다."라고 썼다.[22] 그러나 사실은 그렇지 않았다. 처음에는 나이팅게일에게 격렬하게 반대했던 의사들도 점점 그녀에게 완전히 의지하게 되었다. 그리고 스털링 대령도 "이제 미스 나이팅게일은 절대권력의 여왕처럼 통치하고 있다."라고 집에 보내는 편지에만 불만을 얘기할 수밖에 없게 되었다.[23] 나이팅게일 자신의 말을 빌리자면, 그녀는 "피땀 흘려 일해서 겨우 관리들의 신임을 얻게 되었던 것이다."[24] 그녀는 두려움의 대상이었기 때문이 아니라 유용한 사람이었기 때문에 성공했으며, 하루 18시간씩 지치지 않고 꾸준히 자신의 재료를 수정하였다. 천재성은 신성한 영감만을 뜻하는 것이 아니다. 그것은 수고할 줄 아는 무한한 능력을 뜻하기도 한다. 나중에 보겠지만, 경력 강화에 헌신하도록 만들어 주는 것과 똑같은 자아 성숙과정이 창의성에도 필수적이다.

마지막으로, 크림 전쟁터로 여행하기 전과 후 모두에서 건강염려증 환자였던 나이팅게일은 실제로 병에 걸리게 되었다. 그녀는 발라클라바 지역에서 이질에 걸렸고 흑해를 거쳐 스쿠타리로 후송되어야 했다. 그녀가 병사들에게 불러일으켰던 사랑은 더욱더 확연하게 드러났다. 한 병장은 병사들이 나이팅게일의 병환 소식을 들었을 때 "얼굴을 벽에 대고 울음을 터뜨렸다. 모든 병사가 전적으로 나이팅게일을 믿고 있었다."라고 집에 보내는 편지에 적었다.[25] 그녀의 전기작가는 다음과 같이 적었다. "모든 고위직 관리가 그녀를 맞이하기 위해서 부잔교에서 대기하고 있었다……. 12명의 병사가 그녀의 짐을 나르는 영광을 나누었다. 그 들것 뒤로 많은 병사가 따라왔으며 절대적인 침묵 속에서 많은 병사가 울고 있었다."[26] 또 다른 목격자는 "나는 소박하지만 웅장한 그 행렬처럼 감정이 북받쳐 오르는 광경을 본 적이 없다."라고 적었다.[27] 이렇게 나이팅게일의 질환은 그녀 주변의 콜레라로 죽어 가는 사람들이 자신의 고통을 뛰어넘도록 만들었으며 사람들이 감사하는 마음으로 눈물을 흘리게 만들었다. 예술적인 비극은 대대로 그래 왔다. 소포클레스Sophocles와 디킨스Dickens도 그보다 더 성공적일 수는 없었을 것이다. 빅토리아 여왕조차도 나이팅게일의 회복을 공개적으로 기뻐했으며, 나이팅게일이 돌아왔을 때는 점심식사에 초대했다.

여느 예술가와 마찬가지로 나이팅게일은 전설을 창조하기 위해서 현실의 벽을 뛰어넘는 것이 가능했다. 전기작가로서 나는 병원의 사망률을 42%에서 2%로 낮추고, 환자의 간호사 호출용 벨을 발명하며(그 전에는 그녀가 환자와 간호사 스테이션을 연결하는 끈에 벨을 쭉 달았다), 지루한 숫자들이 알록달록한 막대그래프로 재탄생될 수 있도록 만든 것들이 그녀의 창의적인 생산물이라고 본다. 난 그녀의 과학적 창의성 앞에서 케스틀러식 '아하!'를 외친다.

나이팅게일이 영국에 돌아오기 전에 떠돌았던 전설, 즉 지금까지도 졸업하는 간호사들이 졸업하는 날 밤에 촛불을 밝히게 하는 그 전설은 사실 순서가 달랐다. 그러나 거기에도 역설은 존재한다. 그녀의 친언니와 그녀의 지휘하에 직접적으로 수고를 해야 했던 간호사들은 나이팅게일을 불친절하다고 볼 수 있었다. 대조적으로 병사들과 영국 국민은 그녀를 사랑했다. 예술가는 공상, 건강염려증, 반동형성을 변경시켜서 "다른 사람들이 자신들의 쾌감의 근원으로부터 위안과 완화를 한 번 더 이끌어 낼 수 있도록 하는 것이 가능하다."[28] 나이팅게일의 전설은 진정한 예술에 수반되는 케스틀러의 '아하!'로부터 만들어진 것이다.

나이팅게일이 분노와 원한으로 몸서리칠 때면 그녀의 원한도 창의적으로 되었다. 그녀의 열정은 파괴를 위한 것이 아니었고 개혁을 위한 것이었다. 그래서 간디나 톨스토이의 창의적인 에너지처럼 오직 그녀의 직계가족만 고통을 받았다. 순교정신과 건강염려증은 나이팅게일이 침대 곁에서 영국 국방부를 지도하고 괴롭히게 해 주었다. 나이팅게일이 한 치의 오차도 없이 가족 속에서는 최악의 모습을 보였다면, 국방부에 있는 관료들 사이에서는 최상의 모습을 보여 주었다. 그들은 나이팅게일에게 '총사령관'이라는 별명을 붙여 주었다. 나이팅게일에게 분노는 언제나 병약함으로 표현되었다. 크림에서 돌아온 지 한 달이 채 안 되어서 나이팅게일은 다시 몸져눕게 되었다. 그녀가 쓴 글은 그녀의 분노의 뿌리를 시사한다. "나의 1만 8000명 아이 하나하나를 위해서…… 나는 나의 어머니가 37년 동안 내게 쏟았던 것보다 더 많은 모성의 감정과 행동을 일주일 안에 쏟아 왔다."[29] 사랑받지 못한 딸로서 그리고 마조히즘(피학성)의 대가로서, 그녀는 "나는 사랑스러운 파시[친언니]에게 짜증을 부리지 않고 입을 열기가 힘들다."라고 적었다. 그리고 그녀는 어머니에 대해서 "오, 좋은 분이시죠. 어머니가 나한테 실망했다는 것을 느낄 때면 꼭 미쳐 버릴 것만 같았어요……. 난 그들의 행복을 파괴해 버리는 엄청난 살인자인 거죠."라고 말했다.[30] 마찬가지로 영국 내각의 구성원이었던 서덜랜드 박사가 그녀가 바라는 대로 하지 않았을 때, 그녀는 쓰러져서 불안해하면서 반쯤 기절한 상태에 빠져 버렸고 박사는 즉각적으로 크게 후회한다고 밝혔다. 나이팅게일은 서덜랜드 박사에게 말했다. "박사님, 제가 걷거나 운전을 한 다음에는 심계항진으로 밤새 깨어 있다는 것을 말씀드리죠……. 지금 내 가슴이 마구 뛰고 있어요……. 나의 불쌍한 부엉이[그녀의 이전 애완동물과 상상 속 친구들 중 하나]가 최근에 머리 없이, 생명 없이, 발톱 없이 당신의 카나리아 새장 속에 누워 있는 것을 보면서…… 그 작은 악당이 내 부엉이를 쪼아 대는 것을 보면서 대단히 괴로웠어요. 이제 그건 바로 납니다. 난 머리 없이 손발 없이 누워 있고 당신은 날 쪼아 대고 있어요." 그러나 서덜랜드 박사가 나이팅게일이 지시하는 대로 했던 이유는 그가 그녀의 건강염려증의 핵심에는 이차적 이득에 대한 소망뿐만이 아니라 적개심도 존재한다는 것을 알 정도로 충분히 현명했기 때문이었다. 그는 나이팅게일이 아니라 그가 모든 쪼아 댐의 희생자이며 "당신의 부리가 가장 날카롭다."라고 지적했다.[31]

42세가 되자 나이팅게일의 어머니를 향한 분노는 6년 내내 몸져누워 있을 정도로 극에 달했다. 18년 뒤에 어머니가 마침내 죽고 나서야 나이팅게일은 병환 중에도 영감과 자문을 오랫동안 제공해 왔던 런던 나이팅게일 간호학교를 최초로 직접 방문할 만큼 충분히 회복되었다. 그러나 그녀의 '질병'은 생명 작동이 손상된 것이라기보다는 어미 메추라기의 상처 입은 날개처럼 기발하게 작동하고 있는 자아의 결과물을 반영하는 것이다. 그녀의 분노에 찬 쇠약증에도 불구하고, 사실상 40년간 영국 군대의 위생 행정에 관한 심각한 안건들은 낱낱이 나이팅게일에게 의뢰되었다. 나이팅게일이 86세가 되어서 점점 건망증이 심해진 후에야 비로소 영국 국방부는 그녀의 의견을 구하기 위해서 보고서를 보내는 일을 중단하게 되었다.

터먼 여성 표본과 하버드생 표본에서의 창의성

이제 천상의 인물들로부터 지상의 인물들로 되돌아가서 성인발달 연구에서 수집한 자료에 담긴 일상생활 속의 창의성을 살펴보자. 영국의 작가이자 정신분석가인 앤서니 스토어Anthony Storr는 우리에게 주의를 주었다. "아마도 창의성은 정신병리보다는 '정상성의 역동'이라고 불릴 수 있는 것과 더 밀접하게 연루되어 있을 것이다. 그리고 현재 정신분석적 사고의 한 가지 약점은 다른 것과 마찬가지로 이 맥락 속에서 정상과 신경증을 충분히 구분해 내는 데 실패한 것이다."[32] 난 진심으로 동의한다. 결국 이 책의 주요한 목적은 우리가 정신병리라고 간주하는 것의 상당 부분이 기침과 발열처럼 사실은 '정상성의 역동'이라는 점을 강조하는 것이다. 더구나 100만 명 중 오로지 1명만이 나이팅게일처럼 창의적일 수 있다. 보통 사람들에게서 보이는 보통의 창의성은 어떤가? 일상의 창의성은? 이것을 검토하기 위해서 나는 가장 창의적인 터먼 표본의 여성과 가장 창의적이지 않은 하버드생 표본의 남성을 대조할 것이다.

그러나 우선 나는 그들의 창의적인 업적을 통계 분석적 관점에서 살펴볼 것이다. 먼저 시를 쓰고 『뉴요커』로부터 퇴짜를 맞는 것 외에는 출판 근처에도 가 본 적이 없는 채로 20년을 보낸 친구를 창의적이라고 가정해 볼 수 있다. 다른 한편으로는, 노벨상 수상자인 싱클레어 루이스Sinclair Lewis와 펄 벅Pearl Buck을 별로 창의적이지 않다고 생각할 수도 있다. 이렇게 창의성을 판단하는 데 있어서 우리는 어떤 일이 발생할 확률을 망각하는 경향이 있다. 100명 중의 1명도 출판을 위해서 시를 제출해 본 적이 없을 것이다. 하지만 문학뿐만 아니라 어떤 분야에서든 노벨상을 받을 확률은 2000만 분의 1에 불과하다. 매년 미국에서는 2~4만 권의 책이 출판된다. 비슷한 정도의 횟수로 공중을 위한 개인 음악회가 열리거나 공공 갤러리에서 그림이나 조각을 전시할 것이다. 확률 계산에 의하면, 미국인들이 일생 동안 책을 쓰거나 미술이나 음악적 재능을 대중에게 보여 줄 확률은 약 1000분의 1 정도밖에 되지 않는다. 우리가 터먼 표본과 하버드생 표본이 상위 1%에 해당하는 사람들이라고 본다면, 10명 중 1명은 책을 출판하거나 미술이나 음악을 대중에게 선보일 것으로 기대해 볼 수 있다. 터먼 여성과 하버드생 표본의 창의성은 이러한 낙관적인 계산을 초과했다. 그럼에도 불구하고 상대적으로 영재인 사람들의 표본에서조차도 창의성은 아마추어들과의 상대적인 비교를 통해서 판정되어야만 한다.

그러한 아마추어들을 대상으로 창의성을 경험적으로 연구하기 위한 노력의 일환으로, 나는 창의성을 "이전에는 존재하지 않았던 무언가를 세상에 가져오는 것"이라고 정의하였다. 터먼 여성과 하버드생 표본을 위해서 나는 창의적인 사람들을 네 가지 범주로 분류했다. 먼저 터먼 여성을 살펴보자. 가장 창의적인 범주(4점 척도에서 1점 평정)는 창의성을 통해서 주州에서 인정을 받은 경우다. 다음 범주(2점 평정)는 지역사회에서 인정을 받은 경우다 (예: 2개 이상의 논문, 기사 혹은 신문 칼럼을 출판하거나, 대중을 위한 연주회나 미술 전시회를 열거나, 어린이 심포니나 사회기관과 같은 공동체 조직을 만든 경우). 터먼 여성의 반수가 이 두 범주에 해당되었다. 세 번째 범주(3점 평정)는 창의적인 취미를 가지고 있기는 하나 혼자서만 즐긴 경우다. 가장 창의성이 적은 범주(4점 평정)는 평생 동안 여하간의 지속적인 창의성을 전혀 보인 적이 없는 경우다.

나는 더 창의적인 두 범주에 속하는 20명의 여성과 상대적으로 덜 창의적인 두 범주에 속하는 20명의 여성을 비교할 것이다. 그러나 그러기 전에 두 개의 초상화를 제시하고 싶다. 한 사람은 대단히 창의적인 여성이고 다른 한 사람은 정신적으로 병들었다고 할 수는 없지만 단 한 번도 창의적이었다고 평가할 수 없는 여성이다.

플로렌스 나이트Florence Knight의 삶은 창의성과 이타주의 및 생산성 간의 밀접한 관계를 잘 보여 준다. 그러나 그녀의 삶은 또한 일상에서의 창의성이라는 것이 무엇을 의미하는지를 잘 보여 준다. 대학 시절과 그 후 10년 동안, 그녀는 소극장과 성공적인 소설가들이 경력을 쌓게 하는 데 관심이 있어 왔다. 그녀는 "내가 직접 예술을 하는 것보다 예술가를 지원하는 것이 더 중요하다고 보았어요."라고 인정했다. 다음에 그녀는 각본 편집자로 일했고, 30대에는 혁신적인 인종통합형 교회의 창립을 도왔다. 당시 그녀는 "지난 3년 동안 대부분의 시간을 집중적으로 인종 간 관계에 쏟아 왔어요. 그게 또 나 자신의 문제를 해결하는 데 도움이 되었죠."라고 말했다. 그녀의 창의성이 다른 사람들로부터 인정받았다는 구체적인 증거는 그녀가 국제연합의 창립에서 스태프로 일하도록 초빙받는 영예를 얻었다는 점을 들 수 있다.

20~30대에 플로렌스 나이트는 프리랜서였다. 유령작가로 일했고 미출판된 단편들을 썼다. 뒤이은 19년 동안의 직업생활 동안 그녀는 멘도시노 교육계에서 교사로서 저널리즘과 영어를 가르쳤다. 그녀는 카운슬러가 "언제나 내게 괴짜들을 보냈죠. 전 다른 사람들이 거절한 사람들을 구하는 것이 좋았어요."라고 말했다. 그녀는 캘리포니아 고등학교 백일장에서 심사위원으로 봉사했고 미국 최고의 교사들 중의 한 명으로 선정되었다. 이제는 성공적인 저널리스트가 된 이전의 학생들이 그녀의 도움에 감사하기 위해

서 그녀를 찾아온다.

나이트의 상상적이고 생산적인 자질은 그녀가 고등학교 퇴임식에서 보여 준 장난기에서도 잘 드러난다. 그녀는 금시계 대신에 은그릇을 받았다. 그녀의 대립적인 요소를 포괄하는 야누스(두 얼굴을 가진 수호신 – 역자 주)식의 반응은 새로 얻은 손자를 그 은그릇에 놓는 것이었다. 불멸성, 즉 죽음과 재탄생 사이의 연결의 상징으로서 그녀의 은퇴를 상징하는 은그릇에 새로 태어난 손자를 놓는 것보다 더 좋은 것이 있을까? 5년 후에 그녀는 "손자와 함께하는 즐거움의 일부는 우리 아들이 자기는 가져 보지 못했던 그런 아빠가 되어 가는 것을 지켜보는 것이죠."라고 연구진에게 고백했다. 평생 동안 그녀는 여러 가지 면에서 이전에는 존재하지 않았던 것을 세상에 가져오도록 도왔다.

은퇴 후에 나이트는 창의적인 교습을 위한 교육 워크숍을 지속적으로 조직했다. 75세에 그녀는 독창적이고 도전적인 논문을 제출했다. 단순한 의미의 수호자 역할을 한 것이 아니라, 그녀는 여전히 30~40대 교사들의 고정된 사고방식을 흔들고 있었다. 그녀의 집은 훌륭한 진품 미국 예술작품으로 가득했다. 끝마칠 시간을 낼 수 없을지도 모르지만, 그녀의 책상 서랍에는 집필 중인 책이 한 권 있었다. 나이트는 이기적으로 구는 것을 잘 하지 못했다. 요약하자면, 그녀의 창의성은 생산성으로, 조직과 논문을 만들어 내는 것으로, 다른 사람들의 예술을 감상하고 인정하는 것으로, 그리고 케스틀러의 이연연상=連聯想, bisociation을 보여 주는 것으로 구현되었다.

윌라 로먼Willa Loman의 삶은 플로렌스 나이트의 삶과는 전혀 다른 대위법적인 예를 보여 준다. 로먼은 삭막한 아동기를 보냈는데, 어머니는 우울증이 있었고 친하지 않은 남자형제가 하나 있었다. 아서 밀러의 『세일즈맨의 죽음』에 나오는 동명인처럼, 윌라는 4세 때 아버지를 여의었고 스스로에 대해서 '일종의 임시적인' 느낌을 언제나 느꼈다. 오로지 학교에서만 그녀는 놀라울 정도로 성공적이었다. 그녀가 12세 때 담임교사는 터먼 연구진에게 아주 긍정적인 말들로 그녀를 묘사했다. 그녀는 "총명했고 신중하고 침착했다." 그녀가 18세가 되었을 때 담임교사는 그녀가 "탁월한 리더십, 실행 능력…… 대단히 매력적이고 사람의 마음을 끄는 성격을 가지고 있다."라고 적었다. 로먼 자신은 학교에 대해 "나는 청소년기를 사랑했다. 나는 생동감 넘치게 살았다……. 나는 고등학교 시절이 정말 좋았다."라고 회상했다. 그녀는 많은 친구가 있었고 여학생 클럽에 들었으며 청소년으로서 시를 써서 자신의 시들 중 하나를 출판하기까지 했다. 그녀는 고등학교 시절 졸업생 대표였고 UCLA를 졸업했으며 대학원에서 1년을 보냈다.

그러나 대학원을 졸업한 이후로 로먼의 삶의 빛은 꺼져 버린 듯 보였다. 그녀 이전에 많은 영재아가 그랬듯이 그녀는 그 이후로 영재성을 잃어 버렸다. 우울한 어머니에 의해 양육되고 불과 유황으로 타는 지옥을 강조하는 교회 안에서 그녀는 언제나 죄책감과 수치심을 느꼈다. 그녀 스스로 말한 바에 따르면, "거기 어디인가가 날 두렵게 했어요." 그녀는 대학 시절 도서관에 그녀가 들어갈 수 없었던 방이 있었다는 것을 기억했다. 그것은 너무나 아름다웠다. "그 우아함이 너무나 위압적이었다." 아마도 그녀의 삶에서 부족했던 것은 내적인 안전감이었던 것 같다. 아마도 그녀는 창의성에 동반되는 기회를 잡지 않음으로써 외적인 안전감을 획득할 필요가 있었던 것으로 보인다. 이전에는 없었던 무언가를 세상에 가져오는 일은 유약한 자에게는 어울리지 않는 프로메테우스 과제다. 동시에 **대부분**의 사람은 혁신적인 보헤미안이 아니라 따분한 어른이 되기 마련이다.

윌라 로먼이 뒤이은 55년 동안 무언가를 창조했다는 증거는 없다. 공무원 시험에서 수석을 차지해서 얻게 된 직장인 병원 실험실에서 평생 근무하는 동안, 그녀는 병원 병리검사실에서 유리그릇을 세척하고 적혈구 세포의 개수를 세는 '허드렛일' 이상을 한 적이 결코 없었다. 그녀가 설명한 대로, 결국 그 일은 특수교육을 받은 장애아도 할 수 있는 일로 인식되었다.

결혼생활 동안 로먼과 남편은 각방을 썼다. 결혼생활에서 서로에게 어떻게 의지했는지에 대한 질문에 그녀는 그들이 정서적으로 서로 준 것이 거의 없다고 얘기했다. "우리는 지지적이지 않았어요. 난 책에 빠져들었고 남편은 텔레비전에 빠져들었죠." 자녀들에게 무엇을 배웠냐는 질문을 받았을 때 "내가 참을성도 없고 친절하지도 않다는 것"이라고 대답한 여성이 바로 로먼이다. 지역사회 활동에 참여한 것이라고는 우편으로 돈을 기부하는 것뿐이었다. 그녀는 취미가 없었다. 그리고 인터뷰 동안 그녀는 잡지와 광고 메일을 읽는 것이 유일한 독서라고 인정했다.

50세 때 로먼은 터먼 연구진에게 "내게는 세상에 기여할 정도로 특별히 가치 있을 만한 것이 전혀 없었어요."라고 썼다. 60세 때는 "한 번도 참여자가 된 적이 없다."라고 적었다. 그리고 78세 때는 "난 가짜예요."라는 말로 인터뷰를 시작했다. 수치심이 완전히 그녀 존재의 핵심을 차지하고 있는 것처럼 보였다. 그녀는 "난 정말 특별할 것이 없는 쉽게 잊힐 사람이죠."라고 말했다.

그럼에도 불구하고 로먼이 괴짜이거나 부적절했던 것은 전혀 아니었다. 사회적 불안이 있다고 해도 인터뷰 동안에는 드러나지 않았다. 강박관념, 강박행동, 공포증, 심한 우울증 혹은 자폐적 사고에 대한 증거도 전혀 없었다. 그녀는 1950년에 개념숙달검사Concept Mastery Test(터먼이 사용한 검사로서 GRE와 유사하다)에서 178점을 받았는데, 이 점수는 터먼 연구에서 최고점이었다. 그러한 능력은 그녀가 성숙해지는 데 어떤 장해요소가 될 만한 기질적 뇌질환이 있을 가능성을 배제한다. 오히려 그녀가 보인 높은 수준의 개념 숙달은 그녀가 전문적인 잡지들과 책장에 놓인 낡은 책들을 읽어 왔기 때문에 얻을 수 있는 것이었다. 그러나 그녀는 그러한 사실을 면접자에게 얘기하지 못했다.

면접자에 따르면, 그녀의 로스엔젤레스 아파트는 "매우 사랑스러웠다." "그것은 극도로 단순했다. 돈을 썼다는 증거는 전혀 없어 보였다. 오직 감각 있는 취향과 애쓴 흔적만 남겨져 있었다. 바닥에 러그는 없었지만 굉장히 깨끗했다. 방 한 켠에는 해바라기가 담긴 꽃병이 하나 있었는데 아주 생생해서 반 고흐도 그리고 싶어 할 지경이었다." 그러나 그녀의 아파트를 장식한 매력적인 수공예품과 예술작품은 모두 친척들이 만든 것이었다. 면접자는 "요약하자면, 그녀는 평범하고 지적이며 완전히 유능한 여성이었다."라고 적었다. 그러나 윌라 로먼은 운전을 한 번도 배우지 않았고 다른 사람의 강점을 내재화해 본 적도 없다.

〈표 8-1〉은 창의적인 터먼 여성과 그렇지 않은 터먼 여성을 대비시킨 것이다. 창의적이라고 분류된 20명의 여성 중 19명은 무언가를 출판했거나 지역사회 조직을 창립하였다. 단 하나의 예외는 꽤 수준 높은 아마추어 화가로 지역사회의 지도자였으며 미술 박물관의 이사인 동시에 진지한 예술작품 수집가였다. 창의적이지 않은 것으로 분류된 20명의 여성은 바느질, 정원 가꾸기, 도자기공예 혹은 꽃꽂이 같은 취미를 가지고 있거나, 개 쇼나 우표 수집 혹은 조류학 같은 것으로 시간을 보내는 데 열심이거나, 미술이나 포크댄스 같은 과정을 배우는 것을 즐기는 사람들이었다. 그러나 창의적이지 않은 여성들 중 누구도 그들의 창의적인 노력으로 직계가족과 친한 친구들 이외의 다른 누군가에게 영향을 준 적은 없었다.

창의성, 즉 그전에는 존재하지 않았던 것을 세상 속으로 가져오는 일과 생산성, 즉 당신 자신보다 더 젊은 사람들의 발달을 위해서 배려를 하는 것은 동의어가 아니다. 그럼에도 불구하고 〈표 8-1〉을 보면 창의성과 생산성의 관련성이 자명하게 드러난다. 창의적인 터먼 여성 15명과 창의적이지 않은 터먼 여성 2명만이 그랜트 스터디의 생산성의 기준을 충족했다. 창의적인 예술가와 사회 조직의 창립자 사이에는 엄연히 이론적 차이가 존재하지만, 사실상 라이트풋Lightfoot의 지역사회 건축과 예술적인 창의성은 흔히 손을 잡고 함께 간다. 창의적으로 평가된 20명의 여성 중 5명은 출판을 하거나 대중을 위한 리사이틀을 개최했으며 또 지역사회 조직을 시작했다. 덜 창의적인 여성 20명 중에는 오로지 2명만 무언가를 출판한 적이 있었으며

표 8-1 I 터먼 표본에서 창의적인 여성과 덜 창의적인 여성 간의 주요한 차이

	창의적인 (n = 20)	덜 창의적인 (n = 20)	유의[a]
기본적인 차이			
생산적	75%	10%	***
책 출판	25	0	**
미술이나 음악 작품 출판	40	0	***
기타 출판	60	10	***
단체 설립	55	0	***
선행요인			
경력에 대한 계획 없음, 26세	10	30	—
작업 만족도, 40세	50	20	*
외부에서의 활동성, 45세	80	50	*
저조한 여가 시간 활용, 45세	30	70	***
결과			
생활의 기쁨(주관적), 60세	40	10	**
노년기 적응, 65~75세	85	50	**
노년기 적응, 75~78세	65	35	*
방어			
주 방어가 이타주의, 유머 또는 승화	85	15	***
주 방어가 승화	55	0	***
억압이 나타나지 않음	65	40	—
공상이 나타나지 않음	80	50	*

* $p < .05$; ** $p < .01$; *** $p < .001$
a. 본문에 소개된 창의성의 4점 척도를 이용해 계산한 결과임.

1명만이 지역사회 조직을 만드는 데 적극적이었다.

　젊었을 때 이 창의적인 여성들은 가정 밖에서도 스스로를 위한 활동적인 삶을 성취하는 데 더 많은 관심을 보였다. 그들은 26세에 경력 계획이 없을 가능성이 더 낮았으며, 40세에는 직업이나 가사를 즐길 가능성이 더 컸다. 45세에는 직업이든, 자원봉사이든, 창의적인 일이든 간에 그들을 집 밖으로 불러내는 어떤 활동에 개입하고 있을 가능성이 더 컸다. 이 창의적인 여성들 중 다수는 직업에서의 창의성 덕분에 창의적인 집단으로 분류되었는데, 단지 창의적인 취미를 가지고 있었던 여성들보다 여가 시간을 상상력이 더 풍부한 방식으로 사용하는 것으로 나타났다.

〈표 8-1〉은 자아방어의 선택이 이 두 집단의 여성들을 예리하게 구분해 준다는 점을 명확하게 보여 준다. 사실상 이 창의적인 여성들은 모두 이타주의, 유머 혹은 승화를 주요한 방어로 사용했지만 덜 창의적인 여성들은 단 한 명도 그러지 못했다. 또 이 세 가지 성숙한 방어 각각은 창의적인 여성들에게서 더 흔하게 나타났다. (하지만 이 세 가지 방어는 정신건강과의 상관이 가장 적게 나타난 성숙한 방어들이었다.)

프로이트도 그렇게 예측했겠지만, 억압은 창의적인 여성들에게서는 덜 빈번하게 눈에 띄었다. 그러나 사례 수가 적기 때문에 차이가 통계적으로 유의하지는 않았다. 마찬가지로 프로이트도 그렇게 예측했겠지만 창의적인 사람의 특징 중 하나는 대중적으로 받아들여지게 만든 백일몽이다. 따라서 덜 창의적인 여성에 비해 창의적인 여성 표본에서는 자폐적인 공상을 덜 사용하는 것으로 확인되었다. 궁극적으로 우리의 백일몽이 현실이 되도록 허락된다면 더 이상 그것은 백일몽이라고 할 수 없을 것이다. 나이팅게일은 스쿠타리의 해충이 들끓는 현실에 개입하기 위해서 깨끗한 공상을 포기하고 효율적인 예술가가 되었다.

또 〈표 8-1〉은 두 집단의 여성들 사이에 삶의 환희에서 차이가 있다는 점을 보여 준다. 중년기에 창의적인 여성들은 가정 외의 외부 활동을 할 가능성이 더 컸다. 그리고 60세에는 삶에서 즐거움을 표현하는 경향이 더 컸다. 가장 흥미로운 것은 창의적인 여성들이 덜 창의적인 여성들에 비해 '성공적으로 나이 들기'를 나타낼 확률이 2배나 되었다는 사실이다. '성공적으로 나이 들기'는 양호한 평정자 간 신뢰도를 지닌 5점 척도로 측정되었다.

5점은 75~78세에 이르는 여성이 삶을 즐기고 있으며, 쾌활하고 현실적이고 새로운 생각에 개방적이며, 쓸모가 있고 유머감각을 가지고 있으며, 이제까지의 삶을 수용한다는 것을 뜻한다. 나이팅게일은 나이 80에도 여전히 영국 국방부에 조언을 하고 있었다. 또 5점 척도는 다른 사람들을 돕고 적절하다면 책임을 지면서도 자신의 의존 욕구와 한계에 대해서도 품위를 지킬 수 있는 여성임을 보여 준다. 설사 신체적으로 병들었을지라도, 그녀는 의사가 치료하고 싶은 환자일 것이다. 노화에 대한 적응 척도에서 3점은 5점 준거의 오직 반만을 충족하는 경우를 나타낸다. 1점은 의사들도 좋아하지 않고 젊은 친척들은 슬슬 피하며 우울증을 보이고 의존성이나 사회적 철수를 불평하는 노인을 나타낸다. 1점은 경직되어 있고 자기중심적이며 노년기의 굴욕을 받아들이지 못하는 여성을 뜻한다.

20명의 가장 창의적인 여성 중에서 60세가 넘은 후에 최대의 대중적 성공을 성취한 사람은 9명이었다. 인생 후기의 그러한 창의성은 창의성이 50세 전에 절정에 다다른다고 믿었던 하비 레먼Harvey Lehman의 의견과는 대립되는 것이다.[33] 20명의 창의적인 터먼 여성 중에서 2명은 60세 이후에 이전보다 더 출중한 화가가 되었으며, 2명은 60세 이후에 첫 공개 연주회를 열었다. 게다가 이전에는 활발하게 활동하지 않던 작가였던 한 여성은 75세에 소규모 신문의 편집장이 되었고, 65세에 생애 최초로 저서를 출간하고 78세에는 첫 번째 시집을 출판한 여성도 있었다. 또 다른 여성은 대중적인 문학적 성취가 75세에 정점에 달했다. 아홉 번째 여성은 70세가 넘어서 조각품으로 첫 번째 상을 받기도 했다. 이러한 뒤늦은 재능의 개화는 대공황, 제2차 세계대전, 그리고 그들의 젊은 시절에 성행했던 성차별주의라는 세 가지 위험과 양육의 책임이 터먼 여성들로 하여금 잠재력을 표현하는 것을 지연시키게 만들었던 것으로 추측해 볼 수 있다.

그러나 창의성이 높은 집단과 창의성이 낮은 집단 간의 차이만큼이나 극적인 것은 그들 간의 유사성이다. 예를 들면, 행복도와 생산성 수준을 예외로 한다면 정신건강에서는 그들 간에 차이가 없었다. 창의성은 정신질환의 징표가 아니며 정신건강의 징표도 아니다. 창의성을 위한 배출구가 없는, 심지어는 사적인 배출구조차 없고 놀지도 못하는 여성만이 빈약한 수준의 정신건강을 보였다. 정신건강과 가장 높은 상관을 보이는 방어인 억제와 예상은 창의성이 높은 집단에서 더 흔하지 않았다. 보헤미안적인 예술가에 대한 우리의 고정관념과는 대조적으로, 창의적인 여성이 미성숙한 방어를 더 사용하지도 않았다. 창의적인 여성이 회상한 어린 시절의 행복도는 덜 창의적인 여성의 경우보다 더 좋지도 더 나쁘지도 않았다. 창의적인 여성이 정신과 환자가 되거나 지속적인 결혼 만족도를 누릴 가능성은 더 높지도 또 더 낮지도 않았다. 덜 창의적이었던 여성 중 몇몇은 가정을 매우 성공적으로 꾸리고 또 정원을 만드는 데 기여하였다. 하지만 이 장에서 나는 내면으로부터 샘솟는 창의성만을 주로 검토하고 있다. 나는 신체 작용으로부터의 밀접한 협조를 필요로 하는 유기적인 창의성을 논하고 있는 것이 아니다. 게다가 창의적인 여성의 아이들과 정원은 덜 창의적인 여성의 아이들과 정원보다 더 나은 것으로 드러났다.

창의적인 여성과 덜 창의적인 여성 사이에 지능의 차이는 없었다. 아동기 IQ로 측정하든, 중년기의 개념숙달검사로 측정하든, 혹은 교육 연한으로 평가하든 간에 두 집단 간 지적 능력에서의 차이는 없었다. 각 집단의 약 반수가량이 고졸이었으며, 성인기에는 각 집단의 반수 정도가 대중잡지와 가벼운 소설 정도를 읽는 데 그쳤다. 이 여성들이 기회라는 측면에서 차이가 있었던 것도 아니다. 창의적인 여성이 더 높은 사회계층 출신이었던 것도 아니다. 그들의 어머니가 더 많은 교육을 받았던 것도 아니다. 어린 시절 집에 더 많은 책이 있었던 것도 아니다. 그들의 부모가 성취를 돕기 위해서 더 많은 지원을 해 주었던 것도 아니다. 방어의 성숙 및 심리사회적 성숙과 더불어서 아마추어의 창의성은 외부 환경의 축복을 반영하는 것이 아니라 내면으로부터 비롯되는 것으로 보인다.

사례 수가 적고 교육 및 지능의 측면에서 매우 편포된 표집이라는 것은 인정한다. 하지만 분명히 지능 및 교육은 창의성과 상관이 있다. 사실상 터먼 여성을 대상으로 정한 표준을 혜택받지 못한 도심 표본의 남성들에게 적용한다면 그 창의성의 준거를 충족하는 사례는 거의 없을 것이다. 그러나 중요한 점은 창의적인 터먼 여성이 역시 그들의 또래하고만 비교되었다는 점이다.

*　*　*

터먼 여성에 대응하는 남성 사례로서 동등하게 잘 교육받은 하버드생 표본을 살펴보자. 이번에도 그들의 창의성은 유명한 예술가가 아니라 그들의 가장 창의적인 친구들과 비교해서 판단되어야 한다. 예를 들어, 노먼 메일러Norman Mailer와 레너드 번스타인Leonard Bernstein은 하버드생 표본과 동기였지만 아쉽게도 이 연구에 선발되지 않았다. 268명의 하버드생 표본 중에서 오직 2명만 소설가, 배우, 화가 혹은 음악가가 되어 생계를 해결했다.

이용 가능한 자료와 창의성을 발휘한 기회에서 차이가 있었기 때문에, 연구에서 사용한 하버드생 표본을 위한 창의성 준거의 네 가지 범주의 정의는 터먼 여성의 경우와는 약간 달랐다. 그들은 네 가지 창의성 영역에서 해당 사항이 있을 경우 영역별로 1점씩 받았다. 하나의 영역은 지속적인 창의적 성취였다. 즉, 작가, 배우, 미술가로서 생계를 꾸릴 수 있거나 2권이 넘는 책을 출판하거나 개인 전시회를 몇 차례 열거나 혹은 창의성으로 상을 받는 경우다. 두 번째 영역은 의도적으로 가장 포괄적인 영역으로 정했는데, 이전에는 존재하지 않았던 무언가를 세상 속으로 가져오는 경우다. 이것은 2개 이상의 특허를 소유하거나, 신문 또는 저널에 2개 이상의 기사를 싣거나, 조직을 만들거나, 설교를 하는 목사, 건물을 짓는 건축가, 카피를 만드는 광고인(다른 사람의 아이디어를 판매하는 영업 담당자와는 대조적으로)이 되는 것으로 정의된다. 정의상 첫 번째 영역에서의 성공은 두 번째 영역에서의 성공도 의미하게 된다. 세 번째 영역은 진지한 창의적인 취미를 가지고 있는 것이다. 이것은 완성되었지만 출판은 되지 않은 소설, 사적으로 인쇄한 시, 아마추어 배우, 주말의 진지한 그리기, 때때로 출간이 될 만큼 양호한 사진 등을 포함한다. 네 번째 영역은 대중 분야에서 예술에 종사하는 것이다. 이것은 문학비평가, 미술 박물관의 이사, 진지한 예술품 수집가, 편집자, 혹은 창의적 활동을 위한 포상위원회의 위원이 되는 것을 포함한다. 창의성에 관한 그런 정의는 네 아이를 둔 사랑이 넘치는 아버지가 되는 것이나 생일 시와 저녁식사 후의 건배를 재치 있게 만들어 내는 것과는 아무 상관이 없다. 그러나 내가 획득한 증거들에 따르면, 공공 분야에서의 창의성은 대개 사적인 삶에서의 창의성과 병행했다. 피카소는 캔버스 위에 그림을 그렸을 뿐만 아니라 친구 레스토랑의 냅킨에도 멋지게 스케치를 했다.

하버드생 표본에서 가장 창의적인 51명 중에서 13명은 3개 혹은 4개 영역에서 점수를 받았다. 이 13명 중에서 1명은 전문 배우였고 1명은 전문 소설가였다. 그중에는 재능 있고 전국에 알려진 인문학 교수가 5명 있었는데, 그중 대부분이 1권 이상의 책을 출간했다. 이례적으로 우수한 재능을 가진 건축가도 1명 있었고 아주 창의적인 편집자도 3명 있었는데, 그들 중 2명은 전국적인 인정을 받았다. 그리고 비록 생계 활동은 사업이었지만 조직을 창립하고 예술 활동을 통해서 만만찮은 아마추어로 인정받은 사람도 2명 있었는데, 한 명은 극작가로서였고 다른 한 명은 몇 차례 열었던 개인 전시회를 통해서였다. 창의적인 집단의 나머지 39명은 20명의 가장 창의적인 터먼 여성들과 닮은꼴이었다. 이 39명은 네 가지 영역 중 두 가지에서 점수를 얻었다.

창의성 스펙트럼의 반대 끝에는 네 가지 영역에서 하나도 점수를 얻지 못한 60명이 있었다. 그들은 스포츠에 능하고 사람들에게 관심이 있는 경향이 있었다. 가장 창의적이지 않은 터먼 여성과는 대조적으로, 그들은 여러 가지 외부적인 관심사를 가지고 있었다. 이 두 표본 간의 차이는 아마도 하버드생 표본이 원래 정신건강과 자립성 덕분에 선발되었기 때문일 것이다. 터먼 여성은 오로지 IQ검사 결과에 기초해 선택되었다.

〈표 8-2〉는 오직 한 영역에서만 창의적이었던 사례를 제외하고 가장 창의적인 남성과 가장 창의적이지 않은 남성을 비교하고 있다. 일반적으로 가장 창의적인 남성과 창의적이지 않은 남성 간 차이는 터먼 여성에게서 발견한 것들과 유사하다. 출판 경험이 있는 남성은 적어도 또 다른 하나의 영역에서 창의적인 경우가 흔했다. 당연하게도 창의적인 남성은 『미국명사인명록』에 이름을 올리고 방어로서 승화를 사용할 가능성이 더 컸다. 창의적인 남성은 창의적이지 않은 남성보다 더 생산적이었고 억압을 사용할 가능성이 적었지만, 이러한 차이점은 터먼 여성의 경우만큼 뚜렷하지는 않다. 터먼 여성의 창의성과 마찬가지로 하버드생 표본의 창의성도 성공적인 노

표 8-2 | 창의적인 하버드생과 창의적이지 않은 하버드생 간의 주요한 차이

	창의적인 (n = 51)	창의적이지 않은 (n = 66)	유의성
생산적	61%	45%	—
기타 출판	80	0	***
책 출판	18	0	***
직업을 즐김, 50~62세	82	55	**
1989년까지 죽음	4	21	**
주요 방어기제가 승화	27	0	***
억압이 나타나지 않음	63	50	—
『미국명사인명록』에 등재됨	40	17	***
학창 시절의 문화적 관심	41	18	***
학창 시절의 창의성과 직관	22	0	***
학창 시절의 언어적 유창성	33	12	***
학창 시절의 실용적 능력과 조직화 능력	20	52	***

** p < .01; *** p < .001

화와 관련이 있었다. 하지만 터먼 여성과는 다르게 창의적인 하버드생은 이타주의와 유머를 사용할 가능성이 더 크지는 않았다.

하버드생 표본의 남성들은 대학에 다닐 때 몇 가지 성격 특성을 평가받은 적이 있다. 그중 두 가지 특성은 대학 시절 지각된 정신건강을 고도로 예측했다. '정서적 활력성'은 양호한 대학 적응을 예측했고, '통합되지 않은 성격'은 부적응을 예측했다. 이 특성들 중 어느 것도 창의성과 연관되지는 않았다. '실용적인 조직화'라는 특성은 대학 재학 중 정신건강을 별로 예측하지 못했지만 생애 후기의 정신건강은 강력하게 예측했다. 그 특성은 '분석적이거나 창의적인 일보다 조직화를 더 잘하는' 2학년들을 묘사하는 것으로 생각되었다. "그들은 일을 완결하는 것에 관한…… 관심을 기술한다."[34] 통속적인 믿음처럼 〈표 8-2〉는 합리적이고 조직적으로 보이는 것은 미래의 창의성을 방해한다는 것을 시사한다.

요약하자면, 정신건강은 상식 및 생산성과 상관 있었지만 창의성, 이타주의, 혹은 승화와는 무관했다. 창의성은 생산성, 승화, 그리고 이타주의와 정적인 상관이 있었고, 상식과는 부적인 상관이 있었으며, 정신건강과는 독립적이었다.

그러나 대학 시절이든 인생의 후기에서든 정신건강과 상당히 무관한 세 가지 특성이 나중에 창의적인 행동을 나타낸 하버드생들에게서 4배나 더 흔하게 나타났다. 이 특성들 중에서 첫 번째는 '창의성과 직관을 향한 동기'를 갖는 것이었다. "자기표현 능력이 뛰어나거나 생각이 독창적이고 창의적인 집단……. 이 집단은 예술이나 문학과 관련된 경력을 고민하는 사람들이 주를 이루고 있다." 두 번째 특성은 '문화적인 것을 향한 동기'를 갖는 것이었다. "문학이나 예술에 참여하는 즐거움이 두드러진 집단이다……. 그러한 즐거움이 그들이 예술적 경력을 따르든가 혹은 문화적 욕구를 만족시키기 위해서 생계 수단으로 여하간의 평생 직업도 고려하게 만들 것이다." 세 번째 특성은 어구를 잘 가려 쓰는 것이다. 이것은 "언어를 능숙하게 사용하고 생각을 풍부하고 잘 형상화된 언어로 표현하는 능력을 가진" 2학년생에게 적용되었다.[35] 즉, 대학 시절에 창의적으로 사는 것에 관심이 있는 것은 차후의 삶에서 창의적으로 사는 것을 예측했다.

터먼 여성의 경우처럼 하버드생 표본에서도 창의성과 정신건강이 무관하다는 관찰은 2개의 보편적으로 신봉되는 믿음과 모순된다. 한편으로는 고뇌에 찬 시인이 우리의 주의를 끈다. 그렇기에 우리는 정신적 고통이 필수적인 뮤즈라고 믿는 오류를 저지른다. 다른 한편으로는 아이의 창의성은 건강함의 징표이고 놀이는 고통이 아닌 즐거움을 반영하기 때문에 창의적인 어른 역시 정신적으로 건강할 것이라고 생각한다. 이 두 가지 믿음과는 반대로, 성인발달 연구에서 재능을 지닌 아마추어들이 보인 창의성은 정신질환의 존재 혹은 부재와 어떤 식으로든 관련이 없어 보인다. 화목한 아동기 환경과 아동기 신경증을 평가하기 위한 여러 측정치와 성인 우울증과 정신병리를 평가하기 위해 사용된 측정치들은 하버드생 표본에게 적용된 창의성의 4점 척도와 .02 미만의 상관을 보였다. 유사하게 이 연구가 대학 시절 일과 사랑에서의 성공이라는 측면에서 정신건강을 평가하기 위해 사용한 전반적 차원들은 30세, 47세, 65세 때의 정신건강과 유의한 상관을 보이지 않았다. 창의성이 하버드생 표본에서 양호한 심리적 결과물과 연합되어 있는 것처럼 보이는 것은 생애 후기의 **즐거움**에서만 확인되었는데, 이는 터먼 여성도 마찬가지였다.

창의성이 정신질환과 상관 있다는 이제까지의 연구들 중에서 가장 설득력 있는 것은 학식이 아주 높은 정신과 의사인 낸시 안드리아슨Nancy Andreason의 연구다.[36] 그녀는 아이오와 대학의 작가 워크숍에서 30명의 전문 작가와 그들의 직계를 매치된 통제집단과 그들의 직계와 비교하는 연구를 했다. 안드리아슨은 임상적으로 유의한 우울장애는 통제집단과 그 친척들보다 작가 집단과 그 친척들에게서 약 3배가량 더 흔하게 나타난다는 것을 발견했다.

성인발달 연구의 결과는 덜 명확하다. 한편으로는 하버드생 표본의 11명의 진지한 작가 중에서 3명이 임상적으로 유의한 우울증을 경험했고 (예상했던 것의 3배), 심리적 문제가 전혀 없는 사람은 3명뿐이었다. 이 수치는 통계적 유의성을 얘기하기에는 너무 작지만, 소설가 그리고 특히 시인은 일반인보다 더 많은 우울증을 가지고 있다는 다른 발견들과 일치한다. 그러나 창의성과 가장 밀접한 상관이 있는 대학 시절의 세 가지 성격 특성(문화적 관심, 언어적 유창성, 창의적/직관적 성질) 중 어느 것도 주요우울장애와 별 상관이 없었다. 다시 말해서, 일반적인 예술가들 중에서 시인과 극작가의 경우에만 창의성과 정신질환을 동등하게 봐야 할 것이다.

내가 창의성과 부적으로 상관 있을 것으로 생각했던 두 가지 변인, 즉 알코올중독과 운동 습관은 부적 상관을 보이지 않았다. 만약 어떤 사람이 알코올중독에 걸렸다면 그 때문에 일에 지장을 상당히 받을 것이고 생산적일 수가 없을 것이라고 상상하기는 쉽다. 일반적으로는 그렇지만 창의성에서는 그렇지 않다. 사실 알코올중독은 많은 성공적인 미국 소설가와 영문학 교수가 받은 저주다. 둘째, 예술가이면서 운동선수라는 생각은 내게는 부자연스럽게 보였지만 하버드생들에게는 그렇지 않았다. 대학 시절이나 중년기의 현저한 운동 습관은 내가 창의성을 평가하기 위해서 사용했던 네 가지 영역에서의 성취와 전혀 대립되지 않았다.

* * *

지금까지 나는 자아에 의한 적응적인 작용으로서, 그리고 자아가 갈등을 해결하고 전능한 공상을 정당화하는 수단으로서 창의성을 논했다. 그러나 이것은 창의성을 과소평가하는 것이다. 어떻게 보면 자아와 창의성은 하나이며 똑같다. 예컨대, 창의성에 필수적인 것은 경력 강화의 필수요소인 자아 기술과 동일하다. 자신의 능력에 대한 믿음과 지속적인 관심을 발견하는 능력이다. 창의적인 아마추어들을 살펴봄으로써 내가 발견한 것은 창의성이 갈등 외에 많은 것을 필요로 한다는 점이다. 나이팅게일과 베토벤 (그리고 다음의 이어지는 세 장에 나오는 주인공들인 실비아 플라스, 안나 프로이트, 유진 오닐)의 갈등이 실린 삶은 규칙이 아닌 예외일 수도 있다. 오히려 창의성의 근원은 다중적이고 복잡하며 매혹적이고 아마도 결코 완전하게 이해되지 못할 것이다. 고통스러운 아동기는 심리전기작가들이 자아의 지혜와 연금술을 묘사하게 해 주지만, 내적인 고뇌가 창의성의 필요조건이나 충분조건인 것은 결코 아니다. 정신이상과 창의성 간에는 명확한 연관성이 없다. 오히려 창의성의 근원을 찾아볼 수 있는 곳은 방어기제 말고도 많이 있다. 결국 우리는 우리 안에 창의성을 위한 능력을 가지고 있다. 우리 모두는 삶을 깊이 있게 경험하고 우리의 독특한 경험을 다른 사람들과 나눌 수 있는 능력이 있다. 만약 우리가 표현할 수단을 찾기만 한다면 말이다.

첫째, 창의성의 표현을 위해서는 재능이 있어야 한다. 플로렌스 나이팅게일의 비상한 지능은 그녀의 성취에 의심할 바 없이 기여했다. 그러나 이미 밝혔듯이 재능을 개발하려면 헌신, 에너지, 끈기, 근면성이 요구된다. 지능과 마찬가지로 재능이 필요하지만 절대로 창의성의 충분조건이 되지는 못한다.

둘째, 창의성을 표현하려면 놀 줄 아는 능력이 유지되어야 한다. 그리고 놀이는 재미를 즐기는 한 가지 방법이지 정신병리를 해결하는 방법이 아니다. 방어들(그리고 의미의 수호자라는 인생 과제)은 적응과 협상을 포함한다. 어쩌면 방어들은 삶에 대해 **반응적**reactive이다. 아이의 창의성과 어른의 창의성은 **능동적**proactive이다. 따라서 창의성은 정신건강에 필수적이지 않다고 하더라도 흔히 탄력성의 일부분이 되기는 한다. 창의성은 우리를 완전하게 만들지는 않는다 하더라도 수동적으로 경험한 외상을 극복하고 적극적으로 숙달하게 해 준다.

이렇게 창의성이 가능하게 만드는 조건들 중의 하나는 어른이 되어도 노는 방법을 계속해서 알고 있는 그 신비한 과정이다. 헌신이 성숙의 영역 안에 있다면 놀이는 아이의 영역 안에 있다. 음악 신동 10명 중 어른이 되었을 때 거장이 되는 것은 대략 1명에 불과하다는 것은 사실이다. 미술 신동의 경우도 마찬가지다. 청소년기에 모든 터면 여성은(월라 로먼조차도) 창의적이었지만 성인이 되어서도 고도로 창의적이었던 사람은 극소수에 불과했다. 하버드생 표본의 다수는 젊었을 때에는 세상 속에 새로운 창조물들을 내놓았지만 시간이 흐르면서 더 이상 그렇지 않게 되었다. 그들은 잘해야 의미의 수호자가 되었다. 최악의 경우에는 상상력이 부족하고 경직된 괴곽한 사람이 되었다.

꿈과 놀이는 새로운 것을 개발하는 것과 상관이 있다. 반면에 좋든 싫든 간에 성숙은 현상 유지와 관계가 있다. 프로이트는 "사람들은 나이가 들면서 더 이상 놀지 않게 된다. 그리고 놀이에서 얻는 쾌감의 산물을 포기하는 것처럼 보인다."라고 적었다.[37] 또 오그덴 내시Ogden Nash가 적었듯이, "새끼 고양이의 문제는 결국 그것이 자라서 고양이가 된다는 것이다." 내시와 프로이트의 말을 인용하면서, 나는 책상에 앉아서 우리 집 고양이 두 마리를 지켜보았다. 5개월짜리 새끼 고양이는 상상 속의 생쥐와 자기가 일으킨 싸움을 하느라고 정신이 없고 전대미문의 후방 공중제비를 도는 묘기도 선보였다. 열두 살짜리 얼룩고양이는 졸고 있다. 그 고양이는 마치 하늘 아래 새로운 것은 없다는 듯이 간혹 한쪽 눈을 뜬다. 어쩌면 그 고양이는 전도서만큼 현명한 것일지도 모른다. 어쩌면 노는 방법을 잊어버린 것뿐일 수도 있다. 발달적 관점에서 젊음의 과제는 혁신하는 것이고, 중년기의 과제는 헌신과 끈기이며, 노년기의 과제는 과거에 배운 것을 물려주는 것이다. 아마도 자연의 장난으로 이 세 가지 과제가 창의적인 예술가에게서는 동시에 발생하는 것일 수 있다. 자아의 지혜와 아동기의 장난스러움이 동일한 인물에게서 일어나는 것이다. 창의적인 예술가가 흔하지 않은 것은 이상한 일이 아니다.

그러나 재능과 놀이만으로는 충분치 않다. 창의성의 발현을 위한 세 번째 필요조건은 의식ritual이다. 의식은 내면을 외부로 내보내기 위해서 필요한 평화를 만들어 내는 데 기여한다. 의식, 패턴화된 행동, 그리고 원칙은 예술에 필수적이다. 스토어는 "상징적이고 의식적인 행위는 주체의 내면세계와 외부세계 사이의 연결고리, 즉 하나의 세계에서 다른 세계로의 정서적 에너지의 전이를 촉진시키는 다리라고 볼 수 있다."라고 제안한다.[38] 요한 하위징아Johan Huizinga는 의식, 놀이, 창의성 사이의 동일한 연결을 다소 다르게 이해했다. "아마도 놀이와 질서 사이의 깊은 관련성은 우리가 지나가면서 보았듯이 놀이가 미학 분야에서 그토록 크게 자리 잡고 있는 이유일 것이다."[39]

나이팅게일은 깔끔함, 방법, 그리고 질서에 대한 열정을 가지고 있었다. 본능적으로 그녀는 사실을 잡기 위해서 손을 뻗쳤다. 가족들이 물건들을 찾는 데 도움을 준 것은 그녀였다. 그녀는 그녀 자신의 사무실 서랍의 정확한 내용물에 대해서도 굉장히 꼼꼼했다. 심지어 그녀는 관람했던 모든 오페라의 악보, 대본, 실적을 표로 만들어서 상세하게 비교하기도 했다. 정신과 의사들과 예술비평가들처럼, 그녀는 케스틀러의 '아하!' 경험으로부터 질서를 발견하고자 애썼다. 대부분의 정신과 의사 및 예술비평가와는 달리, 그녀는 '아하!' 경험을 다른 사람들에게서도 불러일으킬 수 있었다.

넷째, 창의성과 놀이는 패러독스와 예상치 못했던 것을 인정하는 것을 포함한다. 케스틀러가 지적하듯이, 과학적 발견, 유머, 좋은 예술은 모두 평범하고 진부한 것들을 완전히 뒤집어 생각할 수 있어야 한다. 이전에는 존재하지 않았던 것을 세상에 가져오려면 당신 이전의 사람들이 간과해 왔던 것을 볼 수 있어야만 한다. 아이들은 깜짝 놀라는 것을 좋아한다. 어른들은 그렇지 않다. 나이팅게일처럼 되려면, 이를테면 당신은 하수에서도 로맨스를 볼 수 있어야만 한다. 창의성을 연구하는 데 경력을 바친 정신분석가 앨버트 로덴버그Albert Rothenberg는 동시에 머리가 반대 방향을 향하는 야누스 신을 따라서 이러한 인내와 감상 능력을 야누시안적 사고Janusian thinking의 역설이라고 부른다.[40] 케스틀러는 동일한 공간을 차지하는 2개 이상의 뚜렷히 구별되는 실체를 적극적으로 인식하는 이 동일한 과정을 이연연상이라고 칭했다. 이연연상의 단순한 일상적 예는 치즈가 애플파이랑 함께하면 맛이 좋을 것이라고 처음으로 생각했지만 결국 유명해지지 못한 천재다. 창의성의 이연연상적 측면은 적용에도 필수적이다. 역설을 생산해 내는 능력, 즉 지푸라기를 짜서 황금을 만들고 비구름 안에서 희망에 찬 금빛 테두리를 발견하며 분쟁 속에서 웃음을 발견하는 능력은 자아의 지혜의 일부분이다.

다섯째, 창의성은 생각과 더불어 감정을 활용하는 것을 필요로 한다. 베토벤과 모차르트는 관념적인 음악적 천재성에도 불구하고 열정이 없었다면 '소리 나는 구리와 울리는 꽹과리'에 불과한 존재가 되었을 것이다. 영국 통계학회British Statistical Society에 선출된 최초의 여성인 나이팅게일이 처음 수학에 관심을 가지게 된 것은 의외의 이유 때문이었는데, 바로 동성인 사촌에 대한 짝사랑을 통해서였다. 아버지에게서 라틴어와 희랍어를 배운 후에 나이팅게일은 수학에 빠져들었다. 그러나 사촌인 헨리 니콜슨에게서 수학을 배우기로 마음먹었는데, 이는 그렇게 함으로써 그의 여동생인 마리안느 니콜슨에게 안전하게 가까이 다가갈 수 있었기 때문이었다. 나이팅게일은 마리안느에 대한 헌신을 단순 명백하게 표현했다. "내가 평생 열정을 가지고 사랑한 사람은 단 한 명이었고, 그녀가 바로 그 한 명이었다."[41] 그러나 이 열정은 상호적인 연애 속에서 표현되지는 못했고, 대신 평생에 걸친 숫자에 대한 사랑으로 표현되었다. 관념과 감정을 연결함으로써 창의성은 멀리서도 친밀감을 성취하는 수단이 될 수 있다.

여섯째, 창의성은 사고와 정서를 연결시킬 뿐만 아니라 우반구와 좌반구를 연결시킨다. 케스틀러는 이것을 약간 다르게 표현했고 우리가 다음을 참조하게 한다. "워드워스의 조언을 따르는 것처럼 보이는 모호한 시각적 이미지…… 언어는 생각하는 사람과 현실 사이에 스크린으로 작용할 수 있다. 창의성은 종종 언어가 끝나는 곳으로부터 시작된다. 즉, 언어 습득 이전의 수준으로, 정신 활동의 더 유동적이고 자유로운 형태로 퇴행함으로써 시작된다."[42] 클로드 베르나르Claude Bernard가 우리에게 말을 현상으로 대체할 것을 조언했을 때도 사실상 같은 것을 말한 것이다.

일곱째, 창의성은 어떤 수줍음에 의해서 촉진된다. 예술가는 소통하기를 원하지만 흔히 그것을 직접 표현하지는 않는다. 창의성은 우리의 마음을 감동시키지만 이는 예술가가 자리를 뜬 다음에 일어나게 된다. 창의성의 이러한 면은 사회적 도피, 중독, 거의 자위적이고 그 강도에서 분명히 분열성적인 공상을 사용하도록 만들 수 있다. 이런 경우 우리는 우리 앞에서 분별없는 모습을 보이는 누군가로부터 받은 노골적인 연애편지를 떠올리게 된다. 그러나 창의성과 공상 그리고 강박행동 사이의 구분은 창의성에는 너무 사적이거나 다른 사람들에게 거부감을 주는 내용이 빠져 있다는 것이다. 과학적 장비도 전혀 없이 그리고 수학도 거의 없이 알베르트 아인슈타인Albert Einstein은 우주를 새로운 방식으로, 거의 자폐적인 방식으로 상상해 냈다. 그러나 후속 실험들은 그의 공상을 정당화했다. 빈센트 반 고흐Vincent van Gogh는 그가 무언가 굉장히 중요한 것을 이야기할 필요가 있는 예술가라고 믿었다. 살아생전에 그는 한두 개의 그림을 팔았고 세상이 그를 미쳤다고 평가했지만, 후대는 그의 메시지가 매우 가치 있다는 것을 입증했다. 반 고흐와 에밀리 디킨슨Emily Dickinson은 그들이 살아 있을 때 소망했던 것처럼 사후에 마침내 사랑받게 되었다. 그들은 그들이 사람들을 사랑한다는 것을 직접적으로 말하는 것에 별로 익숙하지 않았다.

여덟째, 예술가가 필사적으로 소통을 원하는 것만으로는 충분치 않으며 창의적인 소통은 매체의 발견을 필요로 한다. 창의적인 **호모사피엔스**는 크로마뇽 문화가 유채색 진흙과 황토라는 매체와 라스코와 알타미라 동굴의 수용적인 벽을 발견할 때까지 예술가가 되는 것을 미루고 있었다. 둥근 천장의 기술적 발견과 돌을 자르고 들어 올리는 공학 기술의 발전은 중세의 건축가들이 반원통형 둥근 천장의 로마네스크 교회의 수수한 아름다움을 고딕 성당의 초월적인 우아함으로 탈바꿈시킬 수 있게 했다. 마찬가지로 나이팅게일은 청중을 필요로 했다. 다른 사람들이 나이팅게일의 무의식의 산물로부터 위안과 완화를 얻을 수 있게 하기 위해서 그녀는 문화적 허락과 그녀의 청중이 자진해서 동일시하는 것이 필요했다. 하수가 낭만적이 되려면 전쟁이 대중에게 실제로 다가와야 했다. 1850년대에 종군기자가 도입되지 않았다면 나이팅게일은 단순히 막대그래프를 발명한 사람으로만 기억되었을지 모른다. 나이팅게일에게 '경제권'을 주었던 것은 4만 파운드의 구호기금이었고, 그 대부분이 『타임즈』에 의해서 모금된 것이었다. '나이팅게일 파워'를 제공하고 그녀가 후속적으로 국방부 정책에 창의적인 간섭을 하는 데 필수적이었던 전설을 고무시킨 것은 다른 것도 있었겠지만 무엇보다도 고국으로 특전을 보낸 『타임즈』 종군기자들의 공이 컸다.

마지막으로, 창의성은 논리에 대한 호소만으로는 결코 설명될 수 없다. 아이의 탄생과 마찬가지로 창의성은 우리를 설명이 아닌 경외감과 감탄에 빠지게 만든다. 창의적인 예술가 앞에서는 정신분석뿐만 아니라 설득력 있는 논리sweet reason도 무장해제를 해야만 한다. 『개수대에 관한 논문A Treatise on Sinks』의 독신 노처녀 저자로서 나이팅게일은 어쨌든 젊은 병사들이 그녀가 지나갈 때 그녀의 그림자에 자진해서 입맞춤을 하도록 만들었다. 그리고 과잉 통제적인 간호 감독관이었음에도 불구하고 그녀는 오늘날까지도 어린 간호사들이 점등식에서 울게 만드는 전설을 만들어 낼 수 있었다.

사실상 방어로서의 놀이, 예술, 승화는 모두 원초적인 욕망을 해소하는 것을 훨씬 넘어선다. 그것들은 정신적 복잡성의 아주 고차적인 단계를 반영한다. 그것들은 모두 정신적 기능을 향상시키고 변형시킨다. 영화 프로젝터 안에 있는 고강도의 전구가 스크린에 비추는 특징 없는 이미지를 상상해 보라. 그다음에 영화 필름이 빛과 스크린 사이를 지나가고 그 결과로 영화적 착각이 우리의 가슴과 마음을 사로잡을 때 그 이미지에 어떤 일이 생기는지를 생각해 보자. 자아도 바로 그렇게 전에는 오직 눈이 부신 빛만 있었던 자리에 의미를 창출해 낸다. 프로이트가 관찰했듯이, "창의적인 예술가는 아이가 놀이에서 하는 것과 똑같은 것을 한다. 그는 매우 진지하게 취급하는 공상의 세계를 창조한다. 그는 그 공상의 세계를 현실로부터 예리하게 구분하면서도 거기에 많은 양의 정서를 투자한다."[43] 다음 장에서 보겠지만 창의성은 단순한 것과는 거리가 멀다.

실비아 플라스:

창의성과 정신병적 방어

> 안목 있는 사람에게 심각한 광기는
> 신성한 감각이 된다.
>
> —에밀리 디킨슨

정신적인 고통을 글로 표현하고 싶었던 실비아 플라스Sylvia Plath는 우리에게 정신병적 방어들의 탁월한 예시, 즉 정신병이 손상인 동시에 회복하기 위한 노력이라는 점을 드러내 주는 예시를 보여 준다. 플라스의 심리적 취약성, 비범한 끈기, 언어적 재능, 강박적인 글쓰기는 우리가 전기적 사실들과 창의적 생산물을 종합하는 과정을 통해 적응과정에 대해 이해할 수 있도록 해 준다. 따라서 나는 플라스의 삶을 이용해서 방어의 존재를 설명하고 증명하며 일상생활에서는 흔하게 볼 수 없는 네 가지 방어에 관해 살펴볼 것이다. 이 방어들 중 세 가지는 정신병의 기반이 된다. 망상적 투사de-lusional projection, 정신병적 부인psychotic denial, 왜곡distortion이 그것이다. 네 번째는 분리splitting인데, 이 방어기제는 갈등적인 관계를 다루기 위해서만 사용되기 때문에 이 책에서는 간단하게만 살펴보았다.

때때로 정신병적 방어들은 우리 꿈의 창의적인 생산물처럼 우리 뇌 속에서 일어나는 생화학적 이상으로부터 질서를 만들어 내는 것에 불과할 수 있다. 중독성 섬망과 간질성 정신병이 그 예다. 다른 경우, 정신병적 방어들은 온전한 뇌가 참을 수 없는 현실을 다루기 위해서 동원하는 것처럼 보인다. 그런 경우, 그 결과는 마치 건강한 것처럼 보일 수 있다. 엘빈 셈라드Elvin Semrad는 내가 방어들의 위계에 처음으로 관심을 갖게 한 하버드의 정신과 교수로, "종교는 단지 왜곡의 좋은 형태에 불과하다."라고 주장했다. 전쟁터 참호 속에서는 무신론자가 존재하지 않는 것처럼 정신병적 방어들은 우리로 하여금 비정상적인 곳에서 제정신을 유지할 수 있게 해 준다.

대개 우리의 가장 의미 있는 꿈과 마찬가지로 왜곡, 망상적 투사, 혹은 정신병적 부인은 생물학적 취약성 및 개인적 위기가 함께 발생하기 때문에 나타나게 된다. 어거스트 스트린드버그August Strindberg, 빈센트 반 고흐Vincent van Gogh, 윌리엄 블레이크William Blake, 실비아 플라스는 뇌 기능에서의 장애를 극복하기 위해서 자신의 창의적인 힘을 가지고 분투했다. 그들의 뇌는 심리적 갈등의 좌표들에 의해서 산산이 흩어졌을 뿐만 아니라 신경생물학적인 이상에 의해서 엉망이 되었다. 그러한 혼란 속에서 질서를 만들어 내고자 했던 그들의 노력은 사려 깊은 관찰자라면 누구나 인간 자아의 합성 능력에 대한 신선한 관점을 얻게 해 준다.

실비아 플라스의 생을 간략하게 묘사하는 것으로 시작해 보자. 플라스는 독재적인 독일인 아버지 오토 플라스Otto Plath의 외동딸이었다. 그는 벌을 연구하는 보스턴 대학의 생물학 교수였다. 그는 고립되어 있었고 근엄했으며 분열성 경향이 있던 남자로, 사람보다는 곤충에 더 관심이 많았기 때문에 딸이 알거나 내재화하기에 쉽지 않은 아버지였다. 오토 플라스 교수는 독일어를 썼다. 그리고 스미스 대학을 최우등으로 졸업한 플라스가 대학 시절 문제가 있었던 유일한 과목은 바로 독일어였다. 죽기 전 마지막 해에 당뇨성 혈관질환으로 고통받을 때에 의학적 도움을 찾는 대신에 오토 플라스는 침대에 틀어박혀서 크리스천 사이언스에 몰두했다. 그는 당뇨병을 치료하지 않은 채 병이 진행되도록 내버려 두었고, 결국 피하려면 피할 수도 있었던 괴저병으로 인해 서서히 죽음을 맞이하게 되었다.

실비아 플라스의 아버지가 죽은 것은 그녀가 8세 때였다. 그녀가 아버지를 마음속 깊이 사랑했지만 그는 스스로를 제대로 돌보지 않아서 죽은 것이었고, 그녀는 아버지의 죽음을 의식적으로는 자살로 그리고 그녀의 시에서는 살인으로 받아들였다. 그러한 혼란이 플라스의 무의식에서만 독특했던 것은 아니다. 자살이 그토록 큰 고통을 남기는 이유는 남은 자들이 자책을 하기 때문이다. 그녀의 자전적 기록에서 가장 친한 친구가 한 말에 의하면, 그녀는 아버지에 대해서 "아마도 난 아버지가 죽었으면 하고 수없이 바랐을지도 몰라……. 그리고 아버지는 내 뜻대로 죽었지. 난 내가 아버지를 죽이는 것을 상상했어."라고 말했다.[1] 혹은 우리는 그녀가 죽기 직전에 썼던 시인 〈아빠Daddy〉를 살펴볼 수도 있다. "아빠, 난 당신을 죽였어야만 했어요……. 아빠, 아빠, 나쁜 놈, 이젠 끝이에요."[2] 〈아빠〉는 아버지에 대한 느낌을 떠올릴 때 아버지가 "내 예쁜 빨간 심장을 둘로 쪼개 버렸다."라고 신랄하게 항의하는, 감수성이 민감하고 열정적인 작은 소녀가 기억에 의지해 쓴 시다.

플라스의 어머니는 강한 정신력과 인내심을 가진 비서였는데, 딸이 방어로서 이지화를 사용하는 데 영향을 주었다. 플라스는 남동생이 젖을 먹는 동안 스스로를 달래기 위해서 혹은 주의를 다른 데로 돌리기 위해서 알파벳을 배웠다. 자서전적 에세이에서 플라스는 남동생의 출생이 "이 세상 것들과의 아름다운 융합이 끝났다."는 것을 뜻했다는 점을 기억했다.[3] 플라스는 크리스천 사이언스의 신봉자였던 어머니가 우는 것을 한 번도 본 적이 없었다. 그녀는 아버지의 장례식에 참석하는 것이 금지되었다. 대신 아버지의 사망 직후 그녀는 첫 시를 발표했다. 그녀는 고등학교에 진학했고 A 이하의 성적은 받아 본 적이 없었다. 그녀는 일정을 짜 놓고 시를 썼으며 언제나 제시간에 숙제를 했다. 플라스의 자서전적 소설인 『벨 자The Bell Jar』의 주인공이자 그녀의 대리자아인 에스더 그린우드가 말한다. "결국 난 어느 쪽으로든 불구가 아니었어. 난 너무 열심히 공부했을 뿐이야. 난 멈춰야 할 때를 몰랐어."⁴ 에스더 그린우드 그리고 그녀의 창조자인 실비아 플라스가 처녀성을 잃어버린 것은 아마도 열정의 행위라기보다는 스스로 부과한 지적인 실험 과제로 봐야 할 것이다. 결국 그 결과물은 두렵기도 하고 절대적으로 부질없기도 했다.

그러고 나서 플라스가 뉴욕 패션 잡지의 객원 편집자가 된 후인 20세에 그녀는 장기간 지속된 정신병 삽화를 겪게 되었다. 플라스는 계속해서 3주 동안 똑같은 옷을 입고 먹지도 자지도 않았으며, 집중하지도 못했고 침대 아래 처박혀 있었으며, 결국 어머니의 진정제를 먹고 자살하려고 했다. 그녀는 지하실 구석에서 3일 동안 혼수상태로 쓰러져 있었다. 마침내 그녀의 신음소리를 들은 오빠가 그녀를 발견해서 종합병원으로 데려갔는데 그곳에서 정신과 병원으로 이송되었다. 플라스에게 맞는 진단이 정확히 무엇인지에 대해서는 논쟁의 여지가 있다 하더라도, 그녀가 정신병적으로 우울한 상태였다는 것에는 이견이 없을 것이다. 1년 후에 회복한 그녀는 스미스 대학으로 되돌아갔고 최우등으로 졸업하였다.

23세에 플라스는 테드 휴즈Ted Hughes와 결혼했다. 휴즈는 훗날 영국의 계관시인이 된 저명한 시인이었다. 스미스 대학에서 1년 동안 탁월한 교습 실력을 보인 후, 그녀는 영국으로 건너가서 두 명의 자녀를 낳았으며 25세에서 29세 사이에 『벨 자』를 썼다. 죽기 전해인 1962년에 플라스는 승화된 형태의 소설에서조차도 마치 그녀가 분노의 주인이라는 사실로부터 거리를 유지해야 하는 것처럼 가명으로 『벨 자』를 출판했다. 그 가을에 그녀는 충실치 못했던 남편과 별거에 들어갔고, 데본에서 런던으로 이사했으며, 다시 한 번 더 정신병에 빠져들었다. 20세에 그랬던 것처럼, 플라스는 개인적인 자기를 다시 무시하기 시작했다. 그러나 초기에 보였던 작가의 슬럼프 대신에 이번에는 반 고흐가 생애 마지막 두 해 동안 보였던 창의성을 동반한 광기에 빠져들었다. 이는 예술과 정신병 사이의 명확한 경계가 존재하지 않는다는 점을 보여 준다. 플라스가 가스 오븐에 머리를 넣고 자살하기 5개월 전에 그녀는 가장 빛나는 예술인 『아리엘*Ariel*』 시들을 만들어 냈다. 플라스는 친구인 루스 페인라이트Ruth Fainlight에게 "나는 엄청난 열병 같은 글쓰기를 통해 오랫동안 내 안에 가두어 놓았던 것들을 자유롭게 배출하면서 스파르타인처럼 살고 있어."라고 말했다.[5] 플라스와 반 고흐의 예술은 그들의 논리, 이상 혹은 관념이 아니라 그들의 색채, 느낌, 소위 본능적 욕구 중심의 1차 과정을 통해서 우리를 감동시킨다.

예술과 광기의 그러한 병치는 창의성의 열기 속에서 예술가가 예술과 죽음을 혼동하고 예술가는 필히 약간 미칠 필요가 있다는 착각을 하도록 만든다. 때때로 키츠Keats, 플라스, 반 고흐, 그리고 모차르트가 예술로 스스로를 불사르고 젊은 나이에 죽었던 것은 필연처럼 보인다. 우리는 창의성이 우리 정신이 잘 작동하고 있을 때에만 나타날 수 있으며 천재는 고통을 인내하는 무한한 능력에서 나온다는 사실을 잊어버린다. 새뮤얼 콜리지Samuel Coleridge가 언급했듯이, 그의 유명한 시인 〈쿠블라 칸Kubla Khan〉은 아편으로 영감을 얻은 일회성의 몽상에서 만개한 것이 아니다. 오히려 존 리빙스턴 로즈John Livingston Lewes가 기록했듯이,[6] 〈쿠블라 칸〉은 일생에 걸친 엄청난 독서를 통합하고 또 몇몇 초안을 공들여 다듬어 낸 결과로 얻어진 것이다. 더구나 정신이상과는 달리 예술은 자기위안과 더불어 이타적인 목적도 가지고 있다. 따라서 플라스는 "내게는 우리 시대의 실제 이슈들이 모든 시대의 이슈들, 즉 사랑의 경이와 상처다. 그것은 어린아이들, 빵 덩어리, 그림, 건물, 그리고 모든 곳에 있는 모든 사람의 삶처럼 다양한 형태로 존재한다."라고 쓸 수 있었다.[7] 예술은 개인적인 정신이상보다는 온전한 정신의 보편적인 지각에 더 많이 달려 있다.

전기적 기록과 플라스 자신의 일기는 『벨 자』에 나오는 에스더 그린우드의 삶이 마치 위장된 자서전처럼 다루어진다는 관점을 지지한다. 플라스의 말에 따르면, 그 소설은 "과거로부터 나 자신을 자유롭게 하게 위해서 반드시 써야만 했던 자전적인 실습 작품"이었다.[8] 플라스의 자서전적 주인공은 정신병적 방어에 관한 유용한 예시를 제공해 준다.

만약 우리가 정신병을 화학체계가 교란된 것 이상의 의미를 갖는 것으로 간주하고자 할 경우, 에스더/실비아는 무엇을 방어한 것으로 바라봐야 할까? 처음에는 플라스의 소설을 우울증에 관한 것으로 오인하기 쉽다. 하지만 얼마나 많은 사람이 『벨 자』를 읽으면서 감동을 받고 눈물을 흘렸을까? 조현병과 일상생활의 참을 수 없는 분노가 그렇듯이, 『벨 자』에서 묘사된 '우울증'은 격노와 공포를 점잖게 포장한 것이다. 당연히 에스더는 현실 세계에 들어가는 것을 고민해야 하는 대학생 스타의 실존적이고 발달적인 딜레마로 글을 시작한다. "내가 잘했던 일 중 하나는 장학금과 상을 타는 일이었는데 그 시대가 이제 끝나려고 한다. 나는 경기장이 없는 세상 속 경주마처럼 느껴진다. 혹은 갑자기 월스트리트와 양복을 맞닥뜨린 대학 풋볼 챔피언처럼 느껴진다. 그 영광의 날들은 비석 위의 날짜처럼 글자가 새겨진 작은 황금컵으로 축소되어 벽난로 선반 위에 놓인다."[9] 그러나 에스더의 느낌은 슬픔이나 심지어는 무망감 같은 것도 아니었다. 그녀는 화가 났고 두려웠다. 내가 대학생 청중에게 "에스더/실비아는 무엇을 방어하고 있는가?"라는 질문을 던지면, 학생들이 그 소설 전반에 걸친 지배적인 정서적 주제가 멜랑콜리의 무망감과 무력감이 아닌 분노와 공포라는 것을 깨닫기까지는 다소 시간이 걸린다.

분노와 우울 사이의 차이를 명확하게 구분해 보자. 1958년 겨울과 봄에 플라스는 자신이 사소한 일에도 화를 내고 있다는 것을 알게 되었다. 그녀는 인기 있는 영어 선생님으로 재직했던 스미스 대학을 떠나기로 한 자신의 결정에 대해서 죄책감을 느꼈다. 내적인 분노 때문에 그녀는 다음과 같이 썼다. "예의 바른 사회에서 숙녀는 주먹질을 하거나 침을 뱉지 않는다. 그래서 나는 내 일을 향해서 마음을 돌린다……. 나는 마땅히 격노할 만하다. 앙심, 비열함, 또 뭐가 있을까. 어떻게 그것들을 내 안에서 몰아낼까. 마치 분노처럼…… 당신을 던져 버리고 문책하고 격추시키고 주먹으로 친다. 발에 차이고 주먹질을 당하고. 폭력이 소용돌이친다. 누군가를 죽이는 기쁨, 순수한 희생양. 그러나 일해야 할 필요성이 있을 때는 가라앉힌다. 일이 구원해 준다."[10] 섬세한 예민함, 혹은 편집적인 감각으로, 플라스는 스미스 대학을 떠나는 것에 대한 동료 교수의 슬픔과 유감을 비난으로 인식했다. 사실 비난은 우리의 비통함을 구성하는 복잡한 정서적 구성요소 중의 하나다. 그러나 우리 대부분을 슬프게 만드는 비통함은 조현병 환자를 두렵게 만들고, 소위 사회병질자와 그에 대한 여성적 파트너인 '경계선 성격장애자'를 격노하게 만든다. 두 달 후에 플라스는 "나는 일주일 전 목요일, 휴가 첫날에 광기에 사로잡혔다. 그 후로는 계속 그 광기가 지속되고 있다. 쓰고 또 쓴다. 지난 8일 동안에 여덟 편의 시를 썼다……. 시들이 지난 5년 동안의 내 삶 속 실제 경험들을 부수어서 열어젖히고 있다."라고 썼다.[11] 그녀는 자신이 얼마나 통제력을 잃고 있다고 느끼는지를 계속해서 일기에 적었다. 그녀의 전기작가인 앤 스티븐슨Ann Stevenson은 다음과 같이 썼다. "늦은 밤 이웃에서 발생한 관목지대의 화재로 인해 그녀는 일기에서 불쑥 다음과 같이 내뱉었다. '나는 사건, 사고를 고대한다. 일반적 대학살을 위해서 반드시 있어야 하는 고삐 풀린 욕망은 무엇일까. 난 주변 거리를 거닌다. 나의 눈과 신경을 비극, 이를테면 차에 치인 아이, 불난 집, 말이 나무에다 내동댕이친 사람 같은 것에 대해서 시험하기를 기대하면서. 나는 잔뜩 긴장할 준비가 되어 있다.'"[12] 6개월 후에 플라스는 일기에 "맹렬한 분노가 식도에 꽉 차 있고 독을 퍼뜨린다. 하지만 내가 글쓰기를 시작하자마자 소멸되고 글자의 모습으로 흘러간다. 치료로서의 글쓰기?"라고 적었다.[13] 1958년 12월 12일에 그녀의 일기의 '주요 질문들'에는 "분노를 창의적으로 표현하는 방법은?"이 포함되어 있었다.[14] 1년 후에 그녀는 "섬뜩하게 재미있는"[15] 소설인 『벨 자』를 구상하기 시작했다.

그 소설 속에서 에스더 그린우드(그리고 플라스)가 자살 시도에 이르는 부분에서 플라스는 아버지에 대해 씀으로써 그녀의 외현적 우울 저변에 깔린 분노를 눈치챌 수 있게 한다. "어머니는 우리가 아버지 장례식에 가지 못하게 했다……. 그래서 묘지와 아버지의 죽음조차도 언제나 비현실적으로 느껴졌다. 최근에 나는 오랫동안 방치한 데 대해 **아버지에게 복수하고 싶어서**[강조 추가] 죽을 지경이었고 아버지의 묘지를 관리하기 시작했다."[16] 그녀는 계속해서 썼다. "그러고는 다리가 풀려서 흠뻑 젖은 풀 위에 주저앉았다. 나는 내가 왜 그렇게 심하게 우는지 알 수가 없었다. 그때 아버지의 죽음에 대해서 내가 한 번도 운 적이 없다는 사실을 기억했다……. 나는 대리석의 매끄러운 얼굴 위에 내 얼굴을 뉘인 다음 차갑고 짠 비를 맞으면서 길게 울부짖었다."[17] 만약 우리가 그녀의 일기와 시들을 가지고 있지 않았다면, 자살 시도를 이끈 이 사건은 단순한 우울 증상으로 간주되었을 수 있다. 그 후 실비아가 어머니의 금고를 부수고 수면제를 과다 복용했으며 나중에 〈아빠〉라는 시를 썼다는 사실은 '아버지에게 복수하고 싶은' 욕구를 상징적으로 보여 준다. 그러나 아마도 실제 세계는 내가 제안하는 것처럼 흑백으로 나눠지지는 않을 것이다. 분노는 흔히 우울을 가리게 되고 우울은 흔히 분노가 드러나지 않게 한다. 프로이트Freud가 지적했듯이, "전기작가는 거짓말, 은폐, 위선, 아첨, 심지어는 자신의 이해 부족을 감추는 일까지도 하게 된다. 왜냐하면 전기적 진실은 얻을 수 없는 것이며, 설사 얻는다 해도 이용할 수 없는 것이기 때문이다."[18] 따라서 실비아 플라스의 삶과 예술을 공부하는 학생들이 모두 나의 관점에 동의하지는 않을 것이다.

망상적 투사

분노 외에 에스더 그린우드가 묘사했던 또 다른 지배적인 감정은 원초적인 공포다. 그리고 이러한 정서는 정신분열적인 비참함의 핵심을 형성한다. 그녀는 우리에게 말한다. "나는 제대로 반응할 수가 없어. 그저 웅성거림뿐이야." 그것은 우울한 이미지가 아니다. 플라스의 소설은 우리에게 말한다. "나는 너무나 두려웠다. 마치 내가 출구도 없고 공기도 없는 검은 색 자루 속으로 점점 더 들어가면서 숨이 막히는 것 같았다." 그리고 자살하고 싶어 하는 에스더 그린우드는 어머니의 어두운 지하실의 구석으로 스스로를 그렇게 쑤셔 넣는다. 나중에 그녀를 도우려는 정신과 의사에게 그녀는 자신의 겁먹은 사고과정을 망상과 투사 사이의 중간물로 묘사하였다. "나는 언어들을 이율배반적으로 사용한다. 마치 외견상 바닷물에 의해 빛나는 둥근 조약돌 같지만 갑자기 발톱을 치켜세울 듯이 변해 버릴 것 같은 어떤 것처럼."[19]

자살 시도 후 입원한 병원에서 에스더는 줄콩과 구운 콩으로 식사를 했다. "이젠 알겠어. 한 끼에 두 종류의 콩을 동시에 주지는 않는군. 콩과 당근 그리고 콩과 완두콩은 줘도 줄콩과 구운 콩을 동시에 주지는 않는군. 그 흑인이 우리가 얼마나 먹는지를 보려고 애쓰고 있었을 때 나는 그의 종아리를 강하게 걷어 찼지."[20] 당연히 에스더는 그녀의 창조자인 실비아 플라스가 스미스 대학에 다니는 동안 상을 타기 위해서 이용했던 것과 동일한 공격적인 에너지를 가지고 자신의 가해자를 걷어찼다. 에스더가 자신을 도우려고 했던 남자에게 썼던 공격적인 에너지는 실비아가 병적인 질투(일상생활의 망상적 투사)에 사로잡혀서 남편이 쓰고 있던 시들을 모두 태워 버리고 그가 가장 좋아하는 셰익스피어 책을 파괴해 버리게 만들었던 바로 그 분노였다. 그렇게 하면서 실비아는 적을 쳐부수는 것이 아니라 오델로처럼 그녀가 가장 사랑했던 바로 그 대상을 죽이고 있었다. 이런 식으로 갈등을 다루는 것은 미친 짓이다.

만약 우리가 플라스의 상상의 주인공으로부터 그녀가 자살하기 직전에 쓴 시로 주의를 돌린다면, 비통함으로 가득 찬 시가 아닌 히로시마와 강제

수용소에 집착하는 시, 즉 제어되지 못한 분노와 공포의 시를 발견하게 된다. 첫 번째 자살 시도를 하기 전에 플라스는 로젠버그Rogenberg 부부를 스파이라는 죄목으로 재판하고 처형하는 일에 몰두하고 있었다. 〈아빠〉에서 그녀는 아버지를 공포의 근원으로 지각한다. "기관차 / 나를 유태인처럼 칙칙폭폭 실어 갔어요. / 다카우, 아우슈비츠, 벨젠으로 실려 가는 유태인처럼…… / 나는 당신을 늘 두려워했어요, / 당신의 독일 공군식의 딱딱한 말투를."[21] 플라스의 망상적 투사는 공포와 격노를 낳기도 했지만 때때로 위대한 시들을 낳기도 했다.

정신병적 부인

일상생활에서의 정신병적 부인의 한 예는 플라스가 어머니의 지하실에 있는 작은 공간 속에 스스로를 숨겨서 자살하려고 결심한 것이다. 그렇게 함으로써 플라스는 자신이 발견되지 않을 것이라고 믿었다. 마치 어린아이가 자신의 얼굴을 가림으로써 숨는 것처럼 말이다. 외부 현실에 대한 병리적인 부인의 또 다른 예는 자해에 대한 플라스의 반응이다. 자살 시도 전에 플라스의 어머니는 플라스의 다리에 그어진 면도칼 상처들을 보게 되었다. 『벨 자』에서는 면도칼로 스스로를 막 그은 뒤에 에스더 그린우드가 다음과 같이 말한다. "난 아무것도 못 느꼈어. 그때 난 작고 깊은 스릴을 느꼈지. 칼날이 지나간 자리에서 붉은 빛이 밝게 샘솟았어. 그 검붉은 피는 마치 과즙처럼 내 발목을 휘감고 흘러 검은 가죽 구두 속을 채웠지." 또 에스더는 전기충격 치료를 예상하면서 정신과 대기실에서 공포를 다룰 때도 부인을 보여 주었다. "그때 내 시선은 사람들로부터 투명한 커튼 너머의 푸른 빛으로 미끄러져 갔다. 그리고 나는 마치 내가 거대한 백화점의 전시용 유리창가에 앉아 있는 것처럼 느꼈다. 내 주변 사람들은 사람이 아니라 마치 사람처럼 채색되어 사람 흉내 내듯이 전시되어 있는 마네킹 같았다."²² 만약 실제로 존재하는 사람들이 그녀를 두렵게 한다면 그녀는 상상 속에서 그들을 비현실적인 존재로 만들어 버릴 수 있었다. 그리고 그녀는 사람들이 바로 눈앞에 있는 그 순간에도 이렇게 바꿀 수 있었다.

실비아 플라스 자신의 정신병적 부인에 대응되는 종교적인 등가물은 그녀의 부모가 그들의 종교적인 신념을 관철시켰던 데서 찾아볼 수 있다. 오토 플라스는 의료적 도움이 필요하다는 점을 부인하는 상태에서 서서히 공포스러운 죽음을 맞이했다. 오렐리아 플라스는 자신의 딸인 실비아가 아버지의 장례식이나 매장 장면을 목격하지 못하게 했다. 만약 보지 않는다면 실제로 일어난 것이 아니라고 믿었기 때문이다. 플라스는 에스더 그린우드를 통해 다음과 같이 말했다. "집에서 내가 본 것이라고는 일요일을 제외하고는 매일 5시에 문간에 나타났던 크리스천 사이언스 모니터였는데, 그 신문은 자살과 성범죄와 비행기 사고를 마치 일어나지 않는 것처럼 다루었다."²³ 그러나 플라스의 분노에 찬 경멸에도 불구하고 크리스천 사이언스 같은 모든 종교적인 형태의 부인은 사람들을 경악하게 하기보다는 훨씬 더 편안하게 해 준다.

왜 곡

현실을 왜곡하는 것은 시와 종교적 신념의 본질적인 부분이다. 『벨 자』에 나오는 가장 명백한 예는 아버지와 재결합하기 위해서 자살한다는 에스더의 믿음이다. 다른 예로는 아버지의 무덤 방문과 자살 시도 직전에 에스더가 그녀의 삶을 병원의 자원봉사자로 묘사하는 것이다. "나는 카트를 홀에 있는 벽감의 세면기 쪽으로 몰아갔다. 그리고 죽은 꽃들을 모두 뽑아내기 시작했다. 그리고 나서는 죽어 가는 꽃들도 뽑아냈다. 휴지통이 눈에 띄지 않았다. 그래서 나는 꽃들을 구겨서 하얀색 대야 안에 놓았다. 대야는 무덤처럼 차갑게 느껴졌다. 나는 미소 지었다. 분명히 이것은 그들이 시체를 병원 영안실로 치우는 방법일 것이다. 사소하지만 나의 몸짓은 의사와 간호사의 더 큰 몸짓을 그대로 닮았다."[24] 이렇게 한편으로 에스더 그린우드는 그녀의 자살이 유쾌한 게임으로 간주될 수도 있다는 것을 밝히면서 창의성과 정신병이 때로는 얼마나 가까운지를 보여 준다. 다른 한편으로, 에스더와 실비아는 놀이, 공상 혹은 소극적 공격의 사용자와는 다르게 자신들을 죽이기 위해서 실제로 노력했다. 왜곡에 기초한 "놀이는 현실과 그에 뒤따르는 고통을 무시하기 때문에 정신병적인 것으로 분류된다. 대조적으로 어린아이의 놀이는 현실을 직면하는 것을 피하거나 구체적이고 현실적인 결과물을 가져오지 않는다. 오직 즐거움만을 줄 뿐이다.

분열성 공상과 투사

에스더가 병들 때와 회복할 때 모두 우리는 정신병적 방어들의 더 성숙한 사촌들, 즉 투사와 분열성 공상schizoid fantasy을 그녀 안에서 볼 수 있다. 매사추세츠에서 피임약 판매가 여전히 불법이던 시절, 그녀는 새로 산 피임 기구를 가지고 약국에서 집으로 트롤리를 타고 오는 것을 묘사하였다.[25]

분열성 경향이 있는 많은 사람이 그렇듯이, 실비아 플라스는 친밀감을 두려워했다. 과거 많은 청소년이 그랬듯이, 실비아와 그녀의 상상 속 에스더는 그들의 머릿속에 존재하는 남자친구와 자폐적인 관계를 가질 때 가장 편안하게 느꼈다. 아직 스미스 대학에 있을 때 분열성 공상의 전지전능함 속에서 플라스는 자신의 남자친구 페리 노튼Perry Norton에게 〈미친 여자의 사랑 노래A Mad Girl's Love Song〉를 썼다.

눈을 감으면 세상은 모두 죽어 버려.

눈을 뜨면 세상은 다시 태어나지.

(아마 나는 너를 내 상상 속에서 만들어 낸 것 같아.)

네가 나를 홀려서 침대로 이끌어 가는 꿈을 꾸었어.

그리고 나에게 달빛을 유혹하듯 노래를 하고 키스를 해서 날 정신 나

가게 해.

(아마 나는 너를 내 상상 속에서 만들어 낸 것 같아.)**26**

유사하게 에스더 그린우드는 자신이 청소년기에 버디 윌러드(플라스가 페리 노튼을 위해서 지은 소설 속의 이름)에게 이끌렸던 것을 묘사한다. "나는 버디 윌러드와 상상의 대화를 하면서 많은 시간을 보냈다." "나는 그가 나를 보기도 전에 5년 동안 멀리서 그를 찬미했다. 그리고 내가 계속해서 그를 찬미하고 드디어 그가 나를 바라보기 시작했던 아름다운 시간이 있었다. 그러고 나서 그가 나를 점점 더 많이 보게 되면서 우연히 나는 그가 형편없는 위선자라는 것을 발견했다. 그리고 이제 그는 내가 그와 결혼하기를 원했다. 하지만 나는 그의 배짱이 질색이다."**27** 멜라니 클라인Melanie Klein과 오토 컨버그Otto Kernberg는 이와 같은 방어적 행동을 다루기 위해서 **평가절하**devaluation라는 용어를 사용하였다.

분 리

발달적으로 봤을 때, 분리splitting는 일상의 신경증적 방어로서 고립의 한 종류인 **취소**undoing와 오이겐 블로일러Eugen Bleuler가 조현병에 특유한 '4A'의 하나로 인식했던 정신병적 **양가감정**ambivalence 사이의 어딘가에 위치한 방어다. (나머지 'A'는 자폐증autism, 둔감한 정서flat affect, 그리고 연상의 이완loosened associations이다.) 분리의 목적은 정서적 양가성을 완화시키고 모든 좋은 감정을 한 대상에게 그리고 모든 나쁜 감정을 소위 희생양에게 할당하는 것이다. 대부분의 경우, 우리에게 분리는 모르는 사이에 조용하게 일어나며 공상에 의해서 경감된다. 우리 중 대부분은 상상에서만 분리를 사용하고 우리가 사랑하는 사람들에게는 보다 더 통합된 방식으로 행동한다. 분명 상상 속에서 우리는 마더 테레사와 엘리너 루스벨트의 선행보다는 엘비스 프레슬리와 마돈나처럼 거리낌 없이 행동하는 스타들의 행적에 더 큰 관심을 가지고 읽는다. 그러나 현실 속에서 우리는 마더 테레사나 엘리너 루스벨트처럼 행동하려고 애쓴다. 자그마한 아이는 나쁜 엄마에 대한 편리한 대체물의 역할을 하는 상상 속의 사악한 마녀와 계모 이야기를 들으면서도 아무런 거리낌 없이 좋아하는 엄마에게 꼭 안긴다.

분리는 반동형성과는 다르다. 반동형성에서는 사용자가 양가성에 대해서 무지하며 까만 것이 진짜 하얀 것으로 취급된다. 반면에 분리에서는 적당히 회색인 세상이 모두 까맣거나 모두 하얀 것으로 분리되고, 사람은 내 편이거나 적으로 나뉜다. 통합되지 않은 채로 한 사람 안에서 일어나는 분노와 사랑은 가학피학성 변태성욕자, 성도착자, 그리고 정신과 병동에서 전 세계 심리치료자들에게 **경계선 환자**라고 경멸조로 알려진 악명 높은 대상을 창조해 낸다. 소위 경계선 환자는 분리의 대가이며 정신과 병동의 의료진을 '좋은 사람'과 '나쁜 놈'으로 너무나 교묘하게 나누기 때문에 의료진조차도 그것을 믿기 시작한다.

분리가 작동하는 방식은 취소에서의 타협처럼 유순하지도 않고 조현병적 양가감정만큼 완전하게 사용자를 사랑하는 사람으로부터 고립시키지도 않는다. 거의 분리에 가까운 신경증적 취소의 한 예는 베토벤이 자신의 조카 카를과의 양가적인 관계에 대해서 친구에게 얘기한 내용이다. "그는 괴물이야……. 그에 대한 나의 사랑은 사라져 버렸어……. 물론 이게 진짜 내 생각은 아니라는 걸 자네는 이해할 거야(난 아직도 예전처럼 그를 사랑해……)."[28] 거의 분리에 가까운 정신병적 양가감정의 한 예는 자신의 삶이 다음과 같은 이유로 산산조각이 났다고 얘기한 조현병 여자였다. "전 집을 떠나야만 했어요. 우리는 편안하게 지내기에는 너무나 가까웠거든요!" 결국 그녀는 자신이 사랑했던 대상을 마음속에서 없애야만 했다. 대조적으로 베토벤은 자기 마음의 상반된 감정에 대해 동시에 이야기할 수 있었다.

또 베토벤은 분리에서 타협이 이루어지는 예를 우리에게 제공해 준다. 조카인 카를을 사랑하고 미워하는 것을 번갈아 나타내는 동안에 카를과 카를의 어머니인 요한나, 그리고 전 인류 자체는 베토벤의 뒤섞인 감정의 대상이 되었다. 실러의 〈환희의 송가〉―"오, 얼싸안아라, 수백만의 사람들이여 / 온 세상에게 입 맞추어라"―에 곡을 붙이는 작업을 했던 바로 그 동일한 시기에 그는 자신의 충실한 친구였던 카를 베르나르드에게 여성 혐오로 가득 찬 편지를 썼다. "오, 인류의 온갖 비참한 무리여, 저주받으라."[29] 세상은 온통 까맸고 또 온통 하얬다. 특히 그것은 한 사람의 마음속에서 그러했다.

현실에서 동일한 인물에 대한 긍정적인 감정과 부정적인 감정을 통합하려는 실비아 플라스의 노력은 비일관적인 인상을 주었다. 때때로 그녀는 이 모순되는 감정들을 함께 모으고 또 공적인 감정과 사적인 감정을 서로 연결할 수 있었다. 그 결과물은 무서울 정도로 아름다운 것이었다. 하지만 또 다른 경우에는 분리를 사용하는 것이 그녀가 가장 사랑했던 사람들에게 깊은 상처를 주었다.

플라스가 그녀의 소설인 『벨 자』의 탄생과 관련해서 우리에게 준 자서전적 증거를 가지고 분석을 시작해 보겠다. 그러한 증거는 어머니에게 보낸 야단스럽고 낙천적인 편지들이 보여 주는 공적인 자기와 『벨 자』에 나오는 에스더 그린우드의 어머니에 대한 감정을 통해 드러나는 사적인 자기 사이의 대비를 제공한다. 어머니에 대한 실비아의 예의바른 공적인 반응은 자신의 소설에 대한 논평에 잘 나타나 있다. "사실 돈벌이만을 노린 책이다. 하지만 내 생각에 이 소설은 사람이 신경쇠약으로 고통받고 있을 때 얼마나 고립되어 있다고 느끼는지를 보여 줄 것이라고 생각한다."[30] 그럼에도 불구하고 그 소설의 창조에 관한 그녀의 설명은 소설 속에서 에스더 그린우드의 입을 통해 표현되고 있다. "나는 그 여름을 소설을 쓰면서 보냈다. 그것은 많은 사람을 고칠 것이다."[31] 플라스의 소설 속 기술은 자신의 어머니가 그 소설에 대해서 느꼈던 바를 정확하게 예측했다. 어머니는 "이 책은 배은 망덕을 보여 준다."라고 썼다.[32] 소설에서 허구적 인물인 에스더는 어머니의 장미들을 휴지통에 던져 버린 후에 "난 그 여자를 증오해."라고 불쑥 내뱉는다. 일기에서 플라스는 소설 속 놀런 박사가 어머니를 향한 에스더의 증오에 대해서 허용적이었던 만큼 그녀의 심리치료사인 루스 부셔Ruth Beuscher 박사도 어머니를 향한 자신의 증오에 대해서 허용적이었다고 적고 있다. "브랜디 한 잔이 정서적 안식을 주는 것처럼, 코카인은 내게 생생하게 살아 있는 것 같은 느낌을 선사해 주지. 엄마를 증오하는 것을 허하노라." 2주 후 일기에서 플라스의 분리는 이지화와 취소에 길을 내주게 된다. "어머니에 대한 증오를 성숙하게 다루는 방법은 무엇인가? 성숙해 감에 따라 증오심을 표현하고자 하는 욕구는 희미해져 갈까?"[33] 다시 한 번 우리는 덜 성숙한 방어가 더 성숙한 방어로 진화해 가는 것을 본다. 분리가 취소로 변한 것이다.

플라스의 어머니는 분리를 바라보는 대부분의 사람이 그렇듯이 자기 딸의 자아가 좋은 감정과 나쁜 감정을 균형 맞추기 위해서 조심스럽게 행하는 정서적 작업을 늘 인식하지는 못했다. 즉, 플라스가 집에 보낸 애정 넘치는 편지들, 그리고 플라스가 어머니를 위해서 받았던 온갖 상과 영예가 『벨자』와 『아리엘』의 시들에 담긴 격노의 감정과 균형을 이룬다는 사실을 알지 못했다. 비록 고통을 동반했을지라도 때때로 오렐리라 플라스Aurelia Plath는 실비아가 쓴 글 속의 상징적 의미를 알아차리곤 했다. 딸이 쓴 일기의 출판본에서 오렐리라 플라스는 "다른 더 긍정적인 페이지들에서는 말을 번복함에도 불구하고 실비아가 여기서 폭로하는 부정적인 생각이 무엇이든 상관없이 많은 독자는 그것을 절대적인 진실로 받아들일 것이라는 데 의심의 여

지가 없다."라고 썼다.[34]

실비아 플라스는 어떤 날에는 어머니를 온통 좋게만 보았고 또 어떤 날에는 온통 나쁘게만 보았다. 플라스는 또한 자신의 후원자인 올리브 프라우티Olive Prouty를 향해서도 분리를 사용했다. 남자친구들 중 하나였던 에디 코헨Eddie Cohen에게 썼다가 부치지 않았던 1953년 편지에서, 그녀는 "스미스 대학에서 내 장학금을 주는 후원자가 요정 대모 같은 스타일로 나를 조종해 미국 최고의 정신병원에 들어가게 했다고만 말해 두자. 거기서 나는 나만의 매력적인 방과 나만의 매력적인 개인 정신과 의사를 갖게 되었다."라고 썼다. 『벨 자』의 출판과 더불어 어머니에게 보냈던 편지에서 그녀는 "프라우티 여사가 제게 전화했어요. 전 흥분되었지요. 저는 제 두 번째 시집[아리엘](거의 완성됨)을 영국에서는 프리드Friede와 니콜라스Nicholas에게 헌정할 거예요……. 만약 그 시집이 미국에서 받아들여진다면 미국에서는 그녀에게 헌정할 거예요."라고 썼다. 그녀는 2주 후에 어머니에게 "어제 프라우티 여사에게 편지를 썼어요. 동화책 리뷰의 사본을 동봉하면서 그녀의 첫 번째 후원금으로 샀던 멋진 예거Jaeger 옷에 대해서 얘기했고 제가 이번 겨울에 끝내려고 무지 애쓰고 있는 이 두 번째 소설을 그녀에게 헌정해도 될지를 물어봤어요."라고 썼다.[35] 하지만 그 당시 인쇄기는 전혀 다른 이야기를 말하고 있는 소설 『벨 자』를 뽑아내고 있었다. 플라스는 소설에서 프라우티 여사를 필로미나 기니라고 모욕적으로 재명명했다. "왜 기니 여사가 나타났는지 잘 모르겠다."라고 에스더 그린우드는 우리에게 말한다. "나는 내가 기니 여사에게 감사하게 생각해야 한다는 것을 알지만 눈곱만치도 그런 마음이 안 생긴다." 그녀는 "필로미나 기니는 의사들이 하고 있는 것에 대해 전혀 만족하지 않았고 그런 얘기를 의사들에게 계속 했다. 난 그녀가 방문하는 것을 증오했다."라고 덧붙였다.[36]

1956년에 플라스는 '사랑하는 어머니'에게 편지를 썼다. "엄마는 아빠의 길고 힘든 죽음을 참아 냈어요……. 엄마는 궤양과도 싸우고 우리가 보호받고 행복해지도록 해 주고 예술과 음악 레슨, 캠프와 놀이를 즐길 수 있도록 해 주셨죠……. 엄마가 이곳에 온 것은 엄마를 말로 표현할 수 있는 것보다 더 애정 어리게 사랑하는 딸에게 힘을 실어 주는 여행이라고 생각해 보세요. 전 엄마를 기다리고 있어요……. 전 이러한 말들이 제 가슴이 충만함으로 넘쳐나기에 당신에게 줄 수 있는 본질이라고 느껴요……. 당신의 사랑하는 시비."[37] 정서는 감동적이다. 실비아가 어머니를 사랑했던 것에는 의심의 여지가 없다. 하지만 이 편지는 거짓말처럼 느껴진다. 실비아 플라스는 누군가의 '사랑하는 시비'가 되기에는 너무나 격노와 갈망으로 가득 차 있었다.

영국에 있는 그녀를 만나러 와 달라고 어머니를 이렇게 초청한 것과는 정반대로 어머니의 이름을 가지고 장난친 시가 몇 개 있었다. 그런 시 중 하나가 〈메두사Medusa〉다. (메두사 오렐리아는 촉수를 가지고 있는 해파리의 일종이다. 실비아가 아이였을 때 어머니 오렐리아 플라스가 그녀 자신의 이름을 딴 것인 양 얘기했던 것이었다.) 부분적으로 '메두사'는 일기에서도 묘사되었듯이 어머니가 그녀의 모든 성취를 도용할지도 모른다는 실비아의 두려움을 반영한다. 그리고 부분적으로 그 시는 플라스와 남편 테드 휴즈가 별거할 준비를 하고 있던 여름 동안에 어머니가 영국을 방문하는 것에 대한 느낌을 표현한 것이다.

어쨌든 당신은 언제나 거기에 있어요.
내 전화선 저쪽 끝에서 떨리는 숨소리, ……
접촉감.

난 당신에게 전화하지 않았어요.
난 당신에게 절대로 전화하지 않았어요.

그래도, 그래도

당신은 바다를 건너 내게 온기를 전하죠.

뚱뚱하고 붉은, 태반

걷어차는 연인들을 마비시키는

……당신의 소망

내 죄들에게 조용히 하라고.

저리 가, 저리 가, 섬뜩한 촉수여!

우리 사이에는 아무것도 남지 않았네.[38]

실비아 플라스가 이 시를 쓴 바로 그날, 그녀는 어머니에게 '좋은 소식'을 전했다. "사랑하는 엄마……. 전 천재적인 작가예요. 천재성을 가지고 있어요. 전 생애 최고의 시들을 쓰고 있어요. 그 시들은 천하에 제 이름을 알릴 거예요."[39] 만약 그녀가 어머니와 진실된 감정을 나눌 수 있었다면 살아남았을 수 있을 것이다.

행동화의 경우처럼 분리가 위험한 이유는 양가감정의 순화되지 않은 부정적 측면이 사용자가 사랑하는 사람을 파괴하도록 위협한다는 사실을 사용자가 깨닫지 못하기 때문이다. 플라스의 전기작가인 앤 스티븐슨에 따르면, 플라스의 진지한 남자친구는 그녀에 대해서 "그녀가 말한 것, 그녀가 주장한 것, 그녀가 사랑했던 방식은 모두 신뢰성이 없었다."라고 적었다. 플라스가 그 여름의 말미에 그를 가볍게 떨쳐 냈을 때, 그는 "'이용당했다', 심지어는 '경멸당했다'는 느낌을 받았다."[40] 우리는 자신의 부정적인 감정을 받아 주는 대상으로 우리를 이용하는 사람들을 쉽게 용서하기 어렵다. 동시에 우리는 어머니를 향한 실비아 플라스의 순수하고 원초적인 분노와 불신이 우리 중 많은 이가 어머니와 관계를 맺으면서 지게 되는 정서적 부채

(빛)와 비슷하다는 사실을 기억해야만 한다. 플라스는 학대받은 아이가 아니었다. 그녀가 집에 보낸 편지들에서 표현된 부드럽고 불순하지 않은 사랑이란 자산도 우리가 우리의 어머니에 대해 느끼는 것과 비슷했다. 그러나 그녀의 분리에서 플라스는 그러한 자산과 부채를 합치는 데 실패했다. 그러한 형태의 결산 작업은 정서적 파산을 가져올 수 있다. 하지만 동시에 그것은 위대한 예술을 탄생시킬 수도 있다.

플라스가 처음으로 어머니를 향한 모순적인 감정들 속에 존재하는 심각한 분리 사이에 다리를 놓을 수 있었던 것은 1957년에 쓴 〈불안하게 하는 뮤즈들THe Disquieting Muses〉이라는 시에서였다. 그 시에서 그녀는 두 개의 기둥, 내적인 삶에 있는 '뮤즈들'의 맹렬한 분노와 어머니에게 보낸 '집으로 쓴 편지들' 속의 사카린 같은 달콤함을 연결시킨다. 그녀는 매사추세츠 주 윈드롭에 있는 어린 시절의 해변가 집을 산산조각 낸 1938년 뉴잉글랜드의 허리케인에 대해서 말한다.

> 허리케인이 닥쳐서, 아버지의 열두
> 서재 창문이 불룩해졌지요.
> 마치 터지기 직전의 거품처럼, 어머니께서는
> 내 동생과 나에게 과자와 오벌틴 음료를 주셨고
> 우리 둘이 합창하는 것을 거들어 주셨어요.
> "토르는 화가 났다네. 쾅 쾅 쾅!
> 토르는 화가 났다네. 우린 신경 안 쓴다네."
> 하지만 그 소녀들은 창문을 깨뜨렸지…….
>
> 그리고 이것은 당신이 제게 선사해 준 왕국이에요.
> 어머니, 어머니. 하지만 저의 찡그린 얼굴이
> 저와 함께하는 길동무들을 배반하지 않을 거예요.[41]

앤 스티븐슨은 실비아의 방어가 분리에서 승화로 변형되는 것을 섬세하게 기술함으로써 분리가 단지 '경계선' 성격에 대한 증거가 아니라 자아의 적응적 요술의 효력을 입증하는 것임을 보여 주고 있다. 스티븐슨은 다음과 같이 적었다.

〈마음을 어지럽히는 뮤즈들〉을 쓰면서 실비아는 처음으로 두 개의 상충되는 전의식적 추동을 하나의 파괴적인 시 안에 구현해 내는 방법을 발견한 것처럼 보인다. 사랑을 얻기에 충분한 재능을 차단하는 대신, 그녀는 원한을 그 시 안에 담았다. 조건 없는 사랑과 완전한 자기실현을 위한 끊임없는 노력 속에서 실비아는 마침내 그녀의 가장 훌륭한 작품의 비밀기제를 찾아낼 수 있었다. 그녀는 아주 절묘한 방식으로 독이 든 잔을 내놓았다. 그녀의 시들에서는 표현의 자유를 위한 유일한 길이 애증의 감정에 기초한 사랑의 청원을 쓰는 것인 듯 싶었다.[42]

딸의 죽음 후에 오렐리아 플라스는 "남편과 나는 강한 내적 삶을 구축하기 위해서는 이상적인 목적을 향해 자신의 삶을 방향 짓고 또 목표를 갖는 것이 중요하다고 믿고 있었는데, 우리 아이들이 그것을 이해할 만큼 나이가 들자마자 우리는 그러한 신념을 아이들과도 함께 나누었다."라고 자랑했다.[43] 〈메두사〉와 마찬가지로 어머니의 이름을 가지고 만들었던 시 〈아리엘〉에서 실비아는 어머니가 애착을 갖고 있는 교훈들을 몰인정하게 재구성했다.

그리고 나는
화살
자멸하며 날아가는
이슬. 동시에 붉은

눈, 아침의 솥

안으로 돌진해 들어가는.[44]

이 시를 쓴 지 4개월도 채 되지 않아서 실비아 플라스 자신이 날아가는 대신에 가스 오븐 속으로 자살하려고 기어 들어갔다. 장례식, 비행기 추락, 막 시작된 이혼을 무시하는 데 언제나 능숙했던 그녀의 어머니는 지난 여름 실비아와 테드가 이혼하기 바로 몇 주 전에 그들을 껄끄럽게 방문했던 일에 대해서 적었다. "7월 9일에 실비아와 내가 테드를 아이들과 함께 남겨 두고 떠났을 때…… 실비아는 자랑스럽게 말했다. '난 내가 원했던 모든 것을 가지고 있어요. 훌륭한 남편, 사랑스러운 두 아이, 멋진 집과 나의 글쓰기.'"[45] 어머니의 말들은 딸의 심장에서 이미 곪아터지고 있는, 곧 치명적인 것이 될 통증을 완전히 무시하고 있다. "그리고 이것이 당신이 제게 선사해 준 왕국이에요. / 어머니, 어머니. 하지만 저의 찡그린 얼굴이 / 저와 함께하는 길동무들을 배반하지 않을 거예요."

이 모든 것은 우리에게 골치 아픈 질문을 던진다. 예술과 정신병 사이의 연관성은 무엇인가? 내가 방어에 관한 대학교 강좌에서 『벨 자』에 대해 강의했을 때, 많은 학생은 여성이 창의적인 예술가가 되기 위해서 치러야 하는 대가가 자살인지에 대해서 궁금해했다. 그들은 버지니아 울프Virginia Woolf, 앤 섹스턴Ann Sexton, 실비아 플라스를 미치게 만든 것이 예술이라고 인식했다. 그들은 광기의 위협이 때로는 예술로 몰고갈 수 있다는 것을 생각하지 못했다. 위대한 시가 자살을 야기하지는 않는다. 그러나 아마도 반 고흐의 마지막 그림과 실비아 플라스의 마지막 시처럼 위대한 예술은 정신이상을 한동안 늦출 수 있다. 예술은 위험하지 않다. 아주 위험한 것을 초래하는 상황들, 그리고 치명적일지도 모르는 열정을 성숙한 방어들을 가지고 조절하지 못하는 것이 위험한 것이다. 실비아 플라스의 시를 리뷰하면서 조지 스타이너George Steiner는 "이 시들은 엄청난 위험을 내포하고 있다. 실비아 플라스 특유의 꾸밈없는 매너를 극한으로 확장시키고 있다. 그것들은 씁쓸한 승리다. 상상력을 통해 현실에 더 큰 영원성을 부여하는 시적 재능의 승리다."라고 밝혔다.[46] 프로이트가 썼듯이, "승화는 섹슈얼리티로부터 발생하는 지나치게 강한 흥분의 배출구를 발견함으로써 그것을 다른 영역에서 사용할 수 있게 한다. 정신적 효율성에서의 비약적인 증가는 그 자체로는 매우 위험한 성향으로부터 생겨나는 것이다."[47] 아마도 프로이트가 '섹슈얼리티, 격노, 공포, 슬픔, 그리고 그리움'이라고 썼다면 더 정확한 기술이 되었을 것이다.

창의성과 정신병이 때로는 혼합될 수 있다는 점은 정말 경이롭다. 정신병적 방어에서부터 미성숙한 방어를 거쳐서 신경증적 방어를 지나 성숙한 방어를 향해 나아가는 힘든 발달적 행군 대신에 플라스의 '지옥같이 웃기는 것'이 그녀의 정신병과 성숙한 승화를 직접적으로 병합하게 해 주었다는 점은 정말 놀랍다.

* * *

성숙한 방어기제에 관한 다음 장의 주인공인 안나 프로이트Anna Freud 와 정신병적 방어기제에 관한 이 장의 주인공인 실비아 플라스는 둘 다 아버지에 의해 희생되었다. 이 두 여성 모두 그들의 작품 속에 아버지의 혼을 담고자 애썼고, 그들의 저서들은 그들이 사망한 이후에도 오랫동안 팔리고 있다. 아버지의 80세 생일에 선물로 헌정한 『자아와 방어기제』라는 책에서 안나 프로이트의 방어들은 아버지의 업적을 보존시켰고 또 더 풍부하게 만들었다. 부적절한 사랑, 경쟁, 적개심, 그리고 양가감정은 아무데서도 찾아볼 수 없다. 대조적으로 실비아 플라스는 자신의 시에서 '아버지를 살해한 오이디푸스' 및 너무나 사랑하는 엘렉트라와 동일시를 했다. 그녀가 쓴 시에서 아버지의 업적은 조롱거리가 된다. 그리고 그녀의 시에는 경쟁, 적개심, 그리고 양가감정이 여기저기에 널려 있다. 하지만 실비아 플라스는 어떤 면에서 안나 프로이트보다 훨씬 덜 적응적인 삶을 살았다고 하더라도 위장막이 적게 쳐진 삶을 살았다고 주장할 수 있다. 그녀는 결혼했고 자녀를 두었으며 때로는 아버지가 '나쁜 놈'이었다는 것을 인정할 수 있었다. 그러나 적응은 '그렇다/아니다'의 문제가 아니다. 인정해야 할 중요한 점은 창의성이 목숨을 구할 수 있다는 것이다. 플라스의 경우에 창의성이 목숨을 구할 때의 이점은 개월 단위로 측정할 수 있었다. 안나 프로이트의 경우에 그것은 수십 년의 단위로 측정할 수 있었다. 한 여성이 다른 여성보다 더 위대했던 것은 아니었다. 그러나 안나 프로이트가 더 오래 살았고 더 충분하게 사랑받았으며 그녀를 사랑했던 사람들에게 더 적은 고통을 주었던 것은 분명하다.

　　인간 창의성의 세 거장인 알베르트 아인슈타인Albert Einstein, 제임스 조이스Jame Joyce, 버트런드 러셀Bertrand Russell은 모두 조현병이 있는 자녀를 두었다. 아마도 그것은 우연의 일치일 수도 있고 아닐 수도 있다. 어느 경우든, 플라스의 삶에서 그녀는 창조자이기도 했고 광인이기도 했다. 그녀와는 달리 그녀의 아버지 오토 플라스는 얼어붙어 버렸다. 교단에 섰던 실비아 플라스의 아버지는 벌에 관한 세계 최고 수준의 전문가이기는 해도 완전히 잊혀져 버릴 전문가였다. 그와 그의 벌들, 그리고 그의 딸에게 영원불멸성을 부여해 준 것은 시를 쓴 그의 '미친' 딸이었다. 우리에게는 오토 플라스 교수가 영감을 주는 교사였는지에 대한 증거는 없다. 반면에 한 전기작가에 의하면, 실비아 플라스는 "스미스 대학 영어학과에 몸담았던 두세 명의 가장 훌륭한 강사 중의 하나"로 기억되고 있다.[48] 게다가 그녀의 『아리엘』 시 수업은 앞으로도 수십 년 동안 계속될 것이다. 그러한 일들은 정신이상과는 전혀 관계가 없다. 대신 그녀의 자아의 눈부시게 빛나는 지혜와 밀접한 관련이 있다.

안나 프로이트: 성숙한 방어

> 안나 프로이트: 당신 생각에는 누구도 이타적으로 태어나지는 않는다는 것이군요.
>
> 조지프 샌들러: 어쩌면 선한 마음으로부터 우러나와서 이타적으로 되는 것조차도요.
>
> 안나 프로이트: 아니죠, 이타주의는 악한 마음에서 비롯되는 겁니다.
>
> −『방어의 분석』(1985)

지그문트 프로이트Sigmund Freud는 다소 경멸을 받을 만한 자기 아버지의 결점들에 대해 스스로 책임을 짊어졌다. 그리고 안나 프로이트 Anna Freud는 위대한 아버지의 결점들에 대해 스스로 책임을 짊어졌다. 두 사람 모두『꿈의 해석The Interpretation of Dreams』및『자아와 방어기제The Ego and the Mechanisms of Defense』에서 자신의 아버지의 결점에 대한 자신의 책임을 '고백'했다. 그러나 그들 각각의 고백을 통해 당사자들을 영원불멸의 존재로 만든 것은 창의적인 자아의 기가 막힌 재주다. 언뜻 보기에 그 책들은 저자들의 중심적인 철학을 나타내는 선언문이고 그들의 아버지와는 아무 관련이 없는 것처럼 보인다. 하지만 니체가 지적했듯이, 모든 철학적인 글은 '의지의 손이 닿지 않는 무의식적인 자서전'을 반영한다. 혹은 안나 프로이트에 관한 뛰어난 전기작가인 엘리자베스 영−브루엘Elisabeth Young-Bruehl이 표현했듯이, "사람들의 경우 이론의 확장과 자기통찰의 확장은 일치한다. 그리고 위대함은 일을 위해서 그리고 일을 통해서 성장한다."[1]

방어에 대한 가장 위대한 해설자인 안나 프로이트의 일생을 살펴봄으로써 방어의 사용을 묘사하는 것은 의미 있는 일로 보이지만, 그러한 과정은 원 속에 들어가 있는 또 다른 원을 규명하는 것을 포함하게 된다. 따라서 이 장은 동시에 여러 가지 점을 다룰 것이다. 이 장에서는 방어들이 사용자에게 보이기도 하고 또 보이지 않기도 하며, 역설적으로 방어들이 의식적인 동시에 무의식적이라는 증거를 제공할 것이다. 또한 방어의 활용이 병리적이지 않으며, 대단히 적응적이고 인간적일 수 있음을 강조할 것이다. 아울러 개인적인 자서전과 창의적인 생산물 그리고 전기를 통합하는 것이 어떻게 우리가 단지 정신분석가의 상상 속에서만 존재하는 것이 아니라 실생활에 존재하는 방어들을 규명할 수 있도록 돕는지를 계속해서 보여 줄 것이다. 그리고 이 장에서는 예술과 철학에서처럼 과학에서도 이론은 때때로 자기회복을 위한 창의적인 노력이라는 점을 보여 줄 것이다. 아마 무엇보다도 중요한 것은 안나 프로이트의 삶이 가장 성숙한 네 가지의 방어, 즉 승화, 억제, 이타주의, 유머를 생생하게 보여 줄 것이라는 점이다.

안나 프로이트의 삶이 사랑, 지속적인 명예, 의기양양하고 창의적인 공격성의 승리를 반영한다면, 그녀의 삶 역시 우리가 종종 창의적인 예술가의 삶과 연관 짓는 고통 위에 세워진 것이기도 했다. 36세에 그녀는 친구에게 고백했다. "어린 시절에 나는 언제나 나를 포기한 아이들을 쫓아다녔어. 그리고 언제나 그건 지금과 똑같은 영향을 내게 주었어. 그건 마치 다른 사람들의 눈으로 나 자신을 보는 것 같았어. 그리고 내가 그들에게 별 가치가 없듯이 내게도 별 가치가 없는 것 같았어. 이제는 거의 괜찮아, 이제는 그것을 아니까." 1년 후에 그녀는 같은 친구에게 말했다. "오늘밤에 내가 우리 집 요리사인 안나를 죽이는 꿈을 꾸었어. 그녀의 머리를 자르고 그녀를 조각조각 냈는데 아무런 죄의식도 느끼지 않아서 아주 이상했어. 이제 난 왜 그랬는지 알아. 왜냐하면 그녀의 이름이 안나거든. 그리고 그건 날 의미하지."[2]

자신의 분노를 스스로를 향해서 돌리는 그러한 능력과 다른 사람들로부터의 지지가 거의 없는 문제 때문에 안나 프로이트는 실비아 플라스처럼 자살로 생을 마감할 수도 있었다. 그러나 안나 프로이트는 86세에 사랑받는 명사로 생을 마감했다. 어떻게 그녀의 삶은 그렇게 잘 풀릴 수 있었을까? 그녀를 천하무적의 존재로 만든 자원은 무엇이었을까?

지그문트 프로이트의 막내딸은 1896년에 태어났으며, 삶에 지친 어머니가 계획하지도 원하지도 않았던 아이로 생을 시작했다. 그녀는 아버지가 좋아했던 환자들 중 하나였던 안나 해머쉬레그 리히트하임Anna Hamerschlag Lichtheim을 따라서 이름이 지어졌다. 1900년 안나가 네 살이었을 때 아버지는 자만스럽게 "여자아이의 첫 번째 애정은 아버지를 위한 것이다."라고 썼고, 그다음 페이지에 다음과 같이 덧붙였다. "특별히 재능이 있고 생기 있는 네 살짜리 여자아이가······ 상당히 공개적으로 공언했다. '엄마는 이제 없어져도 돼요. 그러면 아빠는 틀림없이 나와 결혼할 것이고 나는 아빠의 아내가 될 거예요.'"[3] 지그문트 프로이트와 안나 프로이트는 모두 딸들이 어머니도 어느 정도 좋아하고 또 아버지들도 딸에게 헌신할 수도 있는 대안적인 가능성을 저서에서 중요한 주제로 다룬 적이 전혀 없었다.

안나는 모유 수유를 받지 않았는데, 어머니는 손위의 세 오빠와 두 언니를 티나게 더 좋아했다. 아마도 그에 대한 반응으로 안나는 자신이 젊은 남자 영웅의 역할을 하는 풍부한 공상세계 속에서 스스로를 위로했던 것으로 보인다. 하지만 그 영웅의 우월해지고자 하는 도덕적 노력은 더 심한 외로움으로만 이끌 뿐이었다. 예를 들어, 어린아이였을 때 그녀는 다음과 같이 썼다.

나의 검이 얻어 낸 모든 승리를 위하여,
나이 든 이와 젊은이 모두 나를 부러워하네,
그러나 내 심장은 여전히 사랑을 갈망하네,

나 자신을 희생한 바로 그곳에.[4]

　안나 프로이트는 공상 속에서 외로움을 느끼는 한편, 일상생활 속에서는 끊임없이 수치심을 경험했다. 16세가 되자 그녀의 자세는 앞으로 구부정하게 굽었다. 그녀는 자신의 발목과 허리가 너무 뚱뚱하다고 믿었으며, 어머니가 더 예쁜 소피 언니를 가장 좋아한다는 사실에는 더 이상 의심의 여지가 없다고 생각했다. 19세에 그녀는 아버지에게 꿈꿨던 내용을 알렸다. "전 우리 가족의 우유 농장을 지켜야만 했어요. 하지만 [내] 칼이 부러져 있었어요. 그래서 적들 앞에서 그것을 꺼냈을 때 창피했지요." 그리고 20세에 그녀는 자신의 운동화가 "너무 커서 하우스프라우Hausfrau 가족이 그 신발을 봤을 때 남자 신발이 틀림없다고 말했다."라며 아버지에게 서글픈 편지를 썼다.[5]

　지그문트 프로이트는 19세기 유태인 가정의 장남이었고 어머니의 '금쪽같은 아들'이 되었다. 대조적으로, 19세기 유태인 가정의 막내딸이었던 안나를 위해 프로이트가 사용한 메타포는 납으로 만든 장식함이었다. 안나가 17세였을 때, 프로이트는 셰익스피어의 『베니스의 상인』에 나오는 세 가지의 장식함이란 주제로 에세이를 썼다. 그 에세이에서 바사니오가 납으로 만든 장식함을 선택함으로써 샤일록의 딸 포샤를 얻었다는 사실을 독자에게 상기시키면서, 프로이트는 코델리아와 신데렐라의 이야기를 언급했다. 코델리아와 신데렐라는 둘 다 세 자매 중 막내였고 가장 겸손했다. 그는 독자에게 "이 역시 세 여자 중에서 한 명을 고르는 장면이 아닌가? 그리고 세여자 중에서 막내가 가장 훌륭하다는 말이었다. 코델리아는 스스로를 납처럼 눈에 잘 띄지 않게, 남들이 알아보지 못하게 만든다. 그녀는 묵묵히 있을뿐이었다."라고 밝혔다. 그리고 그는 바사니오가 납 장식함을 고르면서 댔던 이유를 바꾸어 말한다. "다시 말해서, 그대의 검소한 모습이 다른 두 개의 노골적인 성질보다 나를 더 감동시킨다."[6] 이 에세이를 쓴 다음 해 여름에 프로이트는 친구인 산도르 페렌치Sandor Ferenczi에게 고백했다. "우리 한 사람 한 사람에 대해서 운명은 한(혹은 여러) 여자의 모습을 띠네……. [이 여름에] 나의 가장 친한 동료는 나의 어린 딸이 될 걸세. 그 아이는 지금 아주 잘 자라고 있네(자네는 오래전에 '세 가지 장식함의 주제'에 관한 주관적 조건을 추측했을 수도 있네)."[7] 『리어왕』에서 코델리아처럼 안나 프로이트는 결국 아버지가 가장 좋아하는 자녀가 되었다. 그러나 그녀의 길은 코델리아가 걸었던 길만큼이나 험난한 것이었고, 또 마찬가지 수준의 희생을 요구했다. 게다가 우리 대부분은 우리의 이성 부모가 우리를 아름답다고 봐 주기를 원했을 것이다.

아이였을 때 안나 프로이트는 자신의 공상을 이야기하는 것을 즐겼지만 다른 사람들의 공상적인 이야기는 거부했다. 그녀는 오로지 '그럴 수도 있는' 이야기만을 좋아했다. 결국 말하는 동물이나 마녀처럼 어느 것이든 일차적 과정에 너무 근접한 것들은 배척되었다. 사실 아버지의 시적인 '방어'에 구체적인 용어인 '기제'라는 말을 덧붙인 것 역시 아마도 현실적인 안나였을 것이다. 특히 그녀는 사춘기의 비이성적일 수 있는 결과물들에 기겁했다. 40세에 그녀는 사춘기에 대해 "이제는 강하게 성장한 이드가 자아를 굴복시킬 수 있다. 그런 경우에 그 사람의 이전의 모습은 흔적도 남지 않을 것이다. 그리고 성인기로의 진입은 본능의 제어되지 않은 욕구 충족의 폭동으로 점철될 것이다."라고 설명하였다.[8] 청소년기가 위험한 세계처럼 보였던 것이다. 1907년 안나가 11세였을 때 그녀의 아버지는 「어린이의 성의식의 개화The Sexual Enlightenment of Children」라는 논문을 썼다. 거기서 그는 아이들에게 솔직해야 하는 것의 중요성을 강조했다. 하지만 바로 그 이듬해에 안나는 아버지에게 단순히 검사를 받으러 병원에 간다고 들었지만 병원에 가서 마취 후 맹장제거 수술을 받았다. 그녀의 마음속에서는 그런 속임수가 어머니 탓으로 돌려졌다. 그러나 부모의 거짓말은 계속해서 안나의 마음을 괴롭혔다. 수년 후에 그녀는 그러한 잔인한 속임수로부터 미래의 아이들을 보호하기 위해서 자신의 임상 실제에서와 저술에서 상당한 노력을 기울였다. 안나 프로이트는 어린 환자들을 대하는 데 있어서의 정직함을 설파했을 뿐만 아니라 실천하기도 했다.

안나의 아버지가 다른 사람들에게 역설했던 것을 자신의 딸에게는 실행하지 않았던 더 중요한 예가 또 있다. 22세 되던 1918년에 안나는 자신의 아버지에게서 정신분석을 받았다. 그녀에 대한 분석은 1922년까지 계속되었고, 1924년에는 몇 달 동안 다시 진행되기도 했다. 때로 분석은 밤 10시처럼 하루의 일과를 마친 늦은 시각에 이루어지기도 했다. 25세가 된 1920년 5월 안나는 아버지에게서 반지를 하나 받았는데, 그 반지는 아버지가 자신과 가장 가까웠던 지지자에게 주었던 것과 비슷했다. 하지만 그럼에도 금반지는 피분석자에게 주는 이례적인 선물이었다. 폴 로젠Paul Roazen은 안나 프로이트의 분석가에 대해 다음과 같이 요약하였다. "딸의 공상적 삶 속에서 자연히 엄청난 인물이기도 했던 천재"였으며 "그녀의 분석가로서 그는 딸을 자신에게 영원히 속박시켰다."[9]

탁월한 학교 성적에도 불구하고 프로이트는 안나가 상급학교에 다닐 것을 격려하지 않았다. 대신 그녀가 16세가 되었을 때 그녀의 교육은 완료된 것으로 여겨졌다. 그녀는 초등학교 교사가 되기 위해 견습생이 되었다. 이듬해에 그녀의 아버지는 페렌치에게 안나의 언니들이 결혼했기 때문에 "나의 가장 친한 벗은 나의 어린 안나가 될 걸세."라고 썼다.[10] 이렇게 집에 남은 유일한 딸로서 18세의 안나는 아버지의 비서가 되었다. 또 그녀는 19세부터 24세까지 교사생활을 했다.

그러나 오랫동안 안나 프로이트는 아동 정신분석가로서의 미래 경력을 위해 은밀하게 독립적으로 준비해 오고 있었다. 수십 년 후에 그녀는 친구인 조지프 골드스타인Joseph Glodstein에게 "아버지의 서재에는 나무계단이 있었는데 난 거기에 조용히 앉아서 아버지가 방문객들과 토론하는 것을 듣고는 했지. 그게 매우 유용했어."라고 썼다.[11] 정말 그랬다. 안나는 14세 때 아버지가 비엔나의 프라터 공원을 걸어가면서 했던 말을 결코 잊지 않았다. "저기 정면이 아름다운 집들이 보이지? 하지만 뒷면을 보면 꼭 그렇게 아름답지만은 않단다. 그건 사람도 마찬가지야."[12] 18세 때 안나는 비엔나 대학에서 아버지가 강연하는 곳에 앉아 있었다. 그리고 20대에는 진행성 마비를 위한 말라리아 열치료를 발견한 공적으로 노벨상을 받은 율리우스 바그너 폰 야우레크Julius Wagner von Jauregg와 그의 조교인 헬렌 도이치Helene Deutsch, 그리고 그의 레지던트인 하인즈 하르트만Heinz Hartmann과 파울 쉴더Paul Schilder와 함께 회진을 돌았다. 헬렌 도이치, 하인즈 하르트만과 파울 쉴더는 미국에서 유명한 정신분석가가 되었다. 아마도 안나보다 더 저명한 교수진의 혜택을 누렸던 정신과 레지던트는 없을 것이다.

1923년에 안나의 아버지는 나중에는 거의 연례행사가 된 식도암 수술을 처음으로 받았다. 이때 안나 프로이트는 그의 비서이자 피분석자이면서 간호사가 되었다. 예전과는 다르게, 1926년에 프로이트 가족은 코티지 자나토리움에서 휴가를 보냈다. 안나는 아버지 옆방에서 잤고 어머니와 미나 숙모랑 번갈아 가면서 매일 반나절씩 그를 보살폈다.[13] 에른스트 존스Ernest Jones는 다음과 같이 지적하였다. "죽음에 다가갈수록 프로이트는 자신의 딸인 안나 이외에 그 누구의 간호도 받으려고 하지 않았다. 처음부터 그는 안나와 아무런 감정도 드러내지 않기로 약속했다……. 필요한 모든 것이 외과의사의 특징처럼 감정이 결여된 냉철한 사실 위주의 방식으로 행해져야 했다."[14] 말은 쉽지만 실행에 옮기기는 얼마나 어려운 일인가. 그러한 경험은 또 다른 중상류 계층의 비엔나인 딸인 베르타 파펜하임Bertha Pappenheim(브로이어의 유명한 환자인 안나 O)을 히스테리성 환청과 수년간의 무기력증에 시달리게 만든 것이기도 했다. 안나 프로이트처럼 안나 O 역시 교육을 받았던 남자 형제가 있었다. 그녀는 강박적인 백일몽으로 도피했다. 그러나 안나 O와는 달리, 안나 프로이트는 굴복하지 않았다. 아버지 때문에 일류 교육을 받지는 못했지만 개인 교습을 통해서 현대의 많은 정신분석가가 탐낼 만한 교육을 받았던 안나의 자아는 부정적인 면과 함께 긍정적인 면도 식별할 수 있었다. 그녀는 후자를 선택했다. 하지만 그녀의 자아는 그녀의 학대를 간과하지도 않았다.

3년 동안 아버지의 비서이자 간호사로서 역할을 훌륭하게 해냈던 1926년에 안나 프로이트는 아버지의 동료 정신분석가인 막스 아이팅곤Max Eitingon에게 "나는 나 자신을 위해서 즉각적으로 무언가를 원하지 않는다면 다른 사람을 위해서도 무언가를 하지 못한다는 사실을 우연히 알게 되었어요."라고 썼다.[15]

아버지에게 정신분석을 받는 것은 처음에 안나의 수치심을 더 깊게 만들 뿐이었다. 그녀는 매 맞는 성적인 공상을 아버지에게 고백해야만 했다. 나중에 그녀는 첫 번째 출간된 논문인 「매 맞는 공상과 백일몽Beating Fantasies and Daydreams」에서 이러한 공상들에 대해서 적고 있다. 임상보고서에서 그녀는 유쾌한 공상이 매 맞는 공상과 어떻게 공존할 있는지를 설명하고 있다. 그녀는 어떻게 젊은 여성이 자신을 지하감옥에 갇혀서 아주 엄격하게 양육되는 남자 주인공으로 상상하는 백일몽을 꾸는지를 기술했다. 그 남자 주인공은 잔인하고 강력한 힘을 가진 기사의 처분에 달려 있다. 그 기사는 "비밀을 폭로하라고 강요하면서 죄수를 고문하겠다고 협박한다." 뒤이어 그녀는 "그 공상은 아버지의 용서로 끝이 난다. 그리고 언제나 그것의 숨겨진 의미는 아버지가 나만을 사랑한다는 것이었다. 다른 사람들에게 인상을 남기기 위해서 사적인 즐거움을 포기하면서 저자는 중요한 발달 단계를 성취했다. 즉, 자폐적 공상이 사회적 활동으로 변신하는 것."이라고 설명했다. 따라서 승화를 그렇게나 적응적으로 만드는 것이 무엇인지에 대한 정의를 내리면서 안나는 자신의 아버지에 의해서 분석 카우치라는 고문대에 놓이는 수치심을 승화하기 위해 훌륭한 메타포를 창조해 냈다. 또 논문에서 그녀는 "물론 [아버지에 대한 딸의] 감각적인 사랑이 부드러운 우정으로 승화한 점은 이미 그 소녀가 매 맞는 공상의 초기 단계들에서 성차를 무시했고, 또

늘 소년으로 나타났다는 사실에 의해서 충분히 뒷받침된다."라고 말하고 있다. 외견상 이 논문은 그녀의 첫 번째 환자인 15세 소녀에 대한 것이었지만, 실제로 그것은 안나가 자신의 환자를 갖기 전이었던 1921년에 쓰였다. 게다가 그녀는 우리에게 그 환자의 매 맞는 공상이 "비교적 심도 있게 진행된 분석에서 증명되었다."라고 말한다.[16] 따라서 그녀 논문의 가장 그럴듯한 근거는 자신에 대한 분석이었을 것이다.

안나 프로이트의 논문은 상당 부분 비엔나 정신분석협회Vienna Psychoanalytic Society의 회원이 되기 위해서 필수적으로 갖추어야 할 조건을 충족하기 위해서 쓰였다. 그녀는 1922년 5월에 논문을 제출하고 그 협회의 회원이 되었다. 그 논문의 영향은 지대했으며, 정신분석에서의 초점이 밤에 꾸는 꿈에서 백일몽으로 옮겨 가는 계기가 되었다. 안나는 환자로서 그리고 동료로서 아버지의 관심 및 사실상 전체 정신분석학파의 주의를 이드심리학으로부터 자아심리학으로 변경시켰던 주역들 중 하나였다. 안나가 현실적인 아동서를 선호했던 것처럼, 그녀의 전문가로서의 경력도 인간의 정신이 성인의 꿈과 고대 희랍의 신화 속이 아니라 오히려 현실 속 놀이방에서 연구될 수 있음을 증명하는 데 바쳐졌다.

1925년에 병환으로 인해서 지그문트 프로이트는 딸에게 자신의 논문인 「성별 간 해부학적 차이의 정신적 결과물에 대한 일고Some Psychical Consequences of the Anatomical Distinction between the Sexes」를 제9회 국제정신분석학회 International Psychoanalytic Congress에서 대독하라고 요청했다. 오늘날의 기준으로 보면, 안나 프로이트에게 자신의 분석가가 쓴 그런 논문을 읽게 한 것은 믿을 수 없을 정도로 무자비하고 수치스러운 일로 보인다. 그러나 그 당시 학회 참가자 중에서 그 사건이 이례적인 일이었다는 점에 대해서 알아차린 사람은 없었던 것으로 보인다.

오늘날 안나 프로이트가 대독해야 했던 내용은 악명이 높다. 지그문트 프로이트의 성차별주의를 집약하고 있는 그 논문은 '해부학적 구조가 운명이다.'라는 별칭을 가지고 있다. 다음의 인용문을 살펴보자.

초기의 분석가는 각별한 강도와 고집스러움을 가지고 아버지와의 유
대에 집착하는 어떤 여성들과 아버지의 아이를 갖고 싶어 하는 데서 정
점을 이루는 소망을 만나게 되었다……. 그들[여성들]은 남자 형제나 놀이
친구의 확연하게 눈에 띄고 큰 비율을 차지하는 성기에 주목하게 되고 한
순간에 자신의 작고 눈에 띄지 않는 성기에 대한 우월한 상응물로서 인식
하며, 그 순간부터 남근에 대한 선망을 가지게 된다……. 남아의 여성에
대한 관계를 영구적으로 결정하는 다른 요인들은 불구가 된 피조물에 대
한 공포 혹은 승리감에 찬 경멸이다……. 작은 여자아이는 다르게 행동한
다. 여자아이는 판단과 결정을 순식간에 내린다. 여자아이는 이미 그것을
본 적이 있다. 여자아이는 자기에게 그것이 없다는 것을 알고 그것을 갖
기를 원한다……. 여자아이는 핵심적인 측면에서 열등한 성에 대한 남자
의 경멸을 공유하기 시작한다.[17]

그녀 자신과 다른 모든 여성의 해부학적 구조에 대해서 공개적으로 경
멸을 한 이후, 안나 프로이트는 계속해서 여성들의 성격에 대해서도 똑같
은 짓을 해야 했다. 그녀는 완전히 몰입한 청중들 앞에서 계속 읽어야 했다.
"나는 여성에게 윤리적으로 정상적인 것이 무엇인지에 관한 기준이 남성의
경우와는 다르다는 생각(내가 그것을 표현하는 것을 망설이기는 했지만)을 피할
수가 없다. 그들의 초자아는 결코…… 그것의 정서적 근원으로부터 그렇게
독립적이지 못하다. 우리가 남성에 대해 요구하는 것과는 다르다. 어느 시대
든 비평가들이 여성에 대해 반감을 갖고서 언급하는 성격 특성은 여성이 남
성보다 정의감이 부족하고 애정이나 적개심에 의해서 판단이 흐려지는 경
우가 더 많다는 것이다……. 우리는 여성주의자들이 부인한다고 해서 그러
한 결론을 간과해서는 안 된다."[18] 조지 버나드 쇼George Bernard Shaw의 대단한

성차별주의자인 헨리 히긴스Henry Higgins도 이보다 더 잘난 체하며 쓸 수는 없었을 것이다.

공식적인 학회보고서에 따르면, 당시 지그문트 프로이트의 논문은 '유쾌한 분위기 속에서 감사'와 더불어 받아들여졌다. 에른스트 존스는 "그[프로이트]가 보인 이러한 관심, 논문의 내용, 그리고 논문이 읽힌 방식 모두 전반적인 즐거움을 선사했다."라고 평했다.[19] 카를 아브라함Karl Abraham은 프로이트에게 "그러나 이제야 저는 전체 학회의 절정 부분을 말씀드리고자 합니다. 학회가 시작될 때 안나 양이 당신의 논문을 읽을 것이라는 소식이 전해지자 마음에서 우러난 박수가 터져 나왔어요. 당신이 직접 들을 수 있었으면 좋았을 텐데요. 안나 양의 굉장히 명료한 연설방식이 논문의 내용을 참으로 잘 전달했어요."라고 썼다.[20]

안나 프로이트가 자기를 희생하면서 아버지의 논문을 '충분히 잘 전달'했던 무렵에 그녀가 가장 좋아한 시들 중의 하나가 라이너 마리아 릴케Rainer Maria Rilke의 〈시인Der Dichter〉이었다. 그 시의 한 구절은 다음과 같다.

> 내겐 사랑하는 사람도 집도 없다네
> 내가 중심이 되는 모임도 없다네
> 내가 마음을 준 것들은
> 잘 자라지 ─하지만 난 황폐해지네.[21]

혹자는 질문할 수 있을 것이다. 안나 프로이트는 어떻게 살아남았을까? 어떻게 그녀는 단지 살아남는 것을 넘어서서 자신의 재능을 충분히 발휘할 수 있게 되었을까? 나는 그녀의 탄력성을 뒷받침해 주는 자원들이 많이 있다고 생각한다.

안나의 생물학적인 어머니는 평생 동안 거리가 있었지만 그녀의 유모인 조세핀은 안나의 말을 빌리자면 '심리적인 어머니'가 되었다. 그녀의 나머지 생애에서도 루 안드레아스-살로메Lou Andreas-Salomé, 프린세스 보나파르트Princess Bonaparte, 도로시 벌링햄Dorothy Burlingham과 같은 여성들 속에서 일련의 지속적인 심리적 어머니들을 발견할 수 있었다. 어머니의 대리인들은 때로는 학대받거나 유기된 아이들이 살아남아서 번영할 수 있게 해 준다.

다른 부분으로부터의 원조도 있었다. 안나의 아버지는 안나의 자기희생 능력을 이용했지만, 한편으로는 그녀의 공격성을 허용했다. 프로이트에게 그의 작은 안나가 보이는 분노는 그가 다른 사람들에게서는 비난의 대상으로 삼았던 타나토스Thanatos의 공격적인 반리비도anti-libido인 '죽음의 본능'이 표현된 것이 아니었다. 오히려 안나가 화를 내면서 성질을 부릴 때 프로이트는 친구인 빌헬름 플리스Wilhelm Fliess에게 "안나는 말썽을 부리면서 점점 더 예뻐지고 있다네."라고 말했다.[22] 안나의 전기작가인 영-브루엘은 "안나 프로이트가 이처럼 말썽을 부리는 면은 나중에 선함으로 가려졌다. 특히 아버지가 그러한 면을 좋아했기 때문에 결코 완전히 없어지지는 않았다."라고 설명했다. 영-브루엘은 플리스에게 보낸 편지에서 또 다른 문구를 인용했다. "최근에 안나는 마틸다[안나의 언니]가 사과를 몽땅 먹어 버렸다고 불평하면서 [마틸다의] 배를 갈라서 열라고 떼를 썼다네……. 안나는 매력적인 아이로 자라고 있어." 안나가 25세가 되었을 때 아버지는 그의 정신분석 운동에 절대적인 충성을 다하도록 그녀를 구속시킨 반지를 주었고, 그녀가 29세가 되었을 때는 일종의 아이 같은 까만 세퍼드 강아지를 선물했다. 영-브루엘에 따르면, "안나와 아버지는 그 개를 아이처럼 다루었다. 강아지가 말썽 부리는 것을 즐겼고, 마르타 프로이트Martha Freud[안나의 꼼꼼한 어머니]의 깔끔한 식탁에서 먹다 남은 음식 찌꺼기를 그 강아지한테 먹여서 그녀를 열받게 만들었다."[23]

따라서 안나 프로이트가 외견상 겸손하고 순종적이며 잘난 체하지 않았다고 해도, 또 다른 수준에서는 맹렬하게 경쟁적이어도 된다는 허락을 받았다고 느꼈음이 틀림없다. 그녀의 조카인 에른스트 프로이트Ernst Freud는 우리에게 다음과 같이 말했다. "나의 어머니가 돌아가셨을 때, 나의 어머니 다음으로 나이가 많았던 안나는 양어머니의 역할을 했고, 그녀처럼 독특하고 훌륭한 고모가 다른 어떤 어머니보다 훨씬 더 빈자리를 잘 채워 줄 수 있다고 나에게 자주 얘기했다. 안나 고모는 동물들을 잘 다루었고 게임에서 늘 이기는 편이었다⋯⋯. 그리고 내 생각에 자주 드러내지는 않았지만 우월감을 즐겼던 것 같다." 에른스트는 예를 들어서 우리에게 이야기한다. 오스트리아에서 런던으로 강제로 이주하게 된 이후에 안나 프로이트는 검독수리가 리젠트 공원에 보금자리를 정했다는 이야기를 들었다. 그녀는 검독수리를 보고 싶어 했으면서도 정작 검독수리를 본 후 공원을 떠나면서는 잘난 체하며 한마디 했다. "오스트리아의 독수리가 훨씬 더 멋지지."[24] 그녀에 따르면, 런던이 가진 것이 무엇이든 비엔나도 가지고 있었고 더 좋았다. 오랫동안 고통받고 겸손하기 이를 데 없었던 코델리아처럼, 안나는 아버지가 죽을 때까지 그의 삶에서 지배적인 여인이 되었다. 그럼에도 불구하고 그녀의 야심은 결코 관찰자를 거슬리게 하지 않았고, 그녀의 숙적인 멜라니 클라인 Melanie Klein 이 고안한 분리라는 방어도 그녀의 눈에는 들어오지 않았다. 실비아 플라스와는 달리, 안나 프로이트는 엘렉트라나 오이디푸스의 살인적인 격노나 어찌할 수 없는 사랑 중 어떤 것도 보인 적이 없다. 그녀의 승화는 언제나 치명적인 아름다움을 빚어냈다.

안나 프로이트에게는 겸손함과 명성을 향한 추구를 균형 잡는 일이 평생 동안 지속된 주제였다. 1929년에 그녀가 33세밖에 되지 않았을 때 프랑크푸르트의 한 신문은 그녀를 다음과 같이 묘사했다. "어제 평온하고 사심 없는 얼굴을 하고 있으며 검은 머리카락이 왕관처럼 둘러싸고 있는 가냘픈 젊은 여성이 전석이 매진된 작은 예배당의 연단에 서 있었다⋯⋯. 그녀의 발표는 매끄러움과 명료성, 객관성에 있어서 너무나 완벽했고 미사여구식의 수사적인 발표와는 정말 거리가 멀었기 때문에 그녀의 발표를 듣는 것은 심미적인 즐거움이 되었다. 자연스럽게 사로잡는 지적인 우아함."[25] 안나 프로이트가 스스로를 유산의 수호자로 보았지만 미국의 정신분석가 조지 폴록George Pollock은 "그녀는 겸손했지만 옳다고 느끼는 대의명분을 위해서는 주장적이었다……. 그녀는 솔선수범했다. 성실함, 높은 기준, 관대함, 진리에 대한 사랑, 다른 사람들에 대한 존중, 그리고 전반적으로는 이타주의."[26]라고 평가했다. 안나 프로이트는 확신했다. 그녀의 이타주의가 그녀 마음의 악으로부터, 다시 말해서 자신을 위해서 무언가를 가지고 싶은 강렬한 소망으로부터 비롯되었다는 것을 확신했다.

안나 프로이트의 이타주의의 우아함, 즉 자신의 본능적인 욕구를 충족하는 한편 다른 사람들을 위해 하는 행위의 우아함은 다음 예에서 극적으로 나타나고 있다. 여러 이유로 그녀는 독일에 대해서 심하게 분노하고 있었다. 나치는 그녀의 조국을 지배하고 그녀가 이민을 가게끔 강제하였고 포로수용소에서 세 고모를 살해했을 뿐만 아니라 1938년에 너무나 위험해서 인터뷰를 갈 때 자살 도구를 가지고 다녔던 상황에서 게슈타포에 의해 심문을 받아야만 했다. 그녀는 런던에 가한 독일의 폭격 때문에 부모와 떨어지게 된 영국 아이들의 정서적 욕구를 채워 주기 위해 애쓰면서 전시를 보냈다. 전쟁이 끝난 후에 그녀는 고모들이 가스실에서 죽임을 당했던 죽음의 수용소에서 구출된 유태인 고아들의 정서적인 재활을 위해 노력했다. 그 후 1964년에 뮌헨 시는 그녀에게 1만 5천 마르크에 해당하는 문화상을 수여했다. 당연히 그녀는 독일을 용서할 수 없었기 때문에 거절하고 싶어 했다. 그러나 기분을 상하게 하지 않기 위해서 그녀의 자아는 상냥하지만 철저하게 마키아벨리식인 해결책을 고안해 냈다. 그녀는 포상금이 "독일에서의 정신분석의 재건을 돕기 위해서"[27] 사용될 것이라는 조건하에 그 상을 받아들였다. 안나의 자아가 그녀의 분노를 황금으로 변화시킬 때 히틀러는 무덤 속에서 시들어 가고 있었을 것이다.

어린 시절에 얼마나 위축되어 있었든 간에 안나 프로이트의 해결책은 상당히 창의적이다. 1934년부터 시작해서 그녀는 '자아심리학'에 대해서 기록을 남기기 시작했다. 그 기록들은 1936년에 그녀가 아버지의 80세 생신에 선물로 드린 『자아와 방어기제』가 되었다. 그녀의 아버지가 적어도 17개의 방어[28]를 발견했다고 한다면, 안나 프로이트는 아버지의 생신 선물로 2개를 더 발견했다. 그것은 바로 **공격자와의 동일시**identification with the aggressor와 **이타주의적인 굴복**altruistic surrender이다. 놀랄 것도 없이 그녀가 최초로 기술한 이 2개의 방어는 삶에 대한 그녀 자신의 적응을 특징짓는 바로 그것이었다.

안나 프로이트가 기술한 첫 번째 방어인 **공격자와의 동일시**를 통해서 주체는 압제자로 보이는 사람의 특질, 행동, 사고, 공격의 형태 혹은 힘의 상징을 동화시킨다. 따라서 실비아 플라스처럼 '아버지'를 꾸짖는 대신 안나 프로이트는 아버지와 동일시했다. 아버지의 임무가 자신의 임무가 된 것이다. 아버지의 성차별주의는 그녀의 성차별주의가 되었다. 아버지에게 드리는 생신 선물의 일부로서 그녀는 여성의 "자기사랑은 자위를 하기에 더 좋은 장비를 갖춘 남자아이들과 자신을 비교할 때 훼손되며 자위행위에 몰두함으로써 자신의 불리함을 계속해서 상기하고 싶어 하지 않는다."라고 쓸 수 있었다. 안나 프로이트는 계속해서 이어 나간다. "만약 아버지에 대한 여자아이의 애착이 완전히 실패로 끝난다면,"

그것은 아버지와의 동일시에 자리를 내어줄 수 있다……. 그녀의 남근 선망은 야망에 찬 남자다운 공상의 형태를 가진 그 선망의 파생물과 더불어 금지되며, 아이를 갖고 싶은 여자다운 소망과 누드로든 아름다운 옷을 입고서든 아버지에게 스스로를 내보이고 찬사를 얻고 싶은 욕망도 금지된다. 그러나 이러한 충동들은 억압되지 않는다……. 내가 마지막 장에서 인용했던 사례에 나왔던 환자가 그랬듯이, 여자는 자신의 금지된 본능적인 충동을 다른 사람들에게 투사한다. 유일한 차이는 이러한 충동이 차후에 다루어지는 방식이다. 그 환자는 대리인들로부터 스스로를 분리시키지 않았고 대신 그들과 동일시를 했다.[29]

마찬가지로 안나 프로이트는 아버지와 동일시를 했다. 전문가로서의 일생 동안 그녀는 스스로를 아버지가 그녀를 봤던 그대로 눈 먼 오이디푸스의 맹목적으로 충성스러운 딸 안티고네로 보았다. 언제나 그녀는 아버지와 아버지의 종교에 충실하고자 무척 애썼다. 자기만의 관심을 포기하는 대신 아버지의 관심과 즐거움으로부터 대리적인 만족감을 얻고자 했던 그녀의 평생에 걸친 노력으로부터 스스로를 위한 성공과 즐거움을 이끌어 냈다.

실비아 플라스가 벌에 관한 국제적인 전문가였던 아버지와 동일시를 하려고 애쓰면서 작은 양봉장을 운영했을 때, 그 동일시는 그녀의 공격성이 그녀를 향하게 만들었다. 그녀는 "내가 실수로 설탕 먹이통을 쳤을 때 나의 사랑하는 벌들조차도 오늘 나를 화나게 만들었다. 온통 벌에 쏘였다."[30]라고 적었다.그러나 안나가 공격자와 동일시를 했을 때 그 결과는 피학증이 아닌 이타주의로 분류되어야 한다. 프로이트의 비밀 핵심 세력, 즉 '창단 멤버'의 한 구성원으로서 오토 랑크Otto Rank를 대신하게 되고 아버지로부터 음각한 반지를 받게 되면서 안나는 '고통'을 겪지 않았다. 오히려 1924년 그녀의 스물아홉 번째 생일에 맞추어 육인위원회Committee of Six가 그녀가 정신분석의 핵심 세력의 여섯 번째 멤버가 될 것이라고 공표했을 때, 그녀는 "때때로 가장 아름다운 일은 예상치 못하게 불로소득으로 얻게 되는, 그래서 정말 진정한 선물로 주어지는 어떤 것이다. 더구나 만약 그것이 아버지를 위한 것이라면 금상첨화일 것이다. 아버지와 나는 그것에 대해서 함께 기뻐했다. 아버지는 나 못지않게 기뻐하셨다."[31]라고 썼다.

1971년까지 안나 프로이트는 국제정신분석협회International Psychoanalytica Society에서 정신적으로 지도적인 인물이었다. 그해에 나는 안나 프로이트를 방문했고, 『자아와 방어기제』 책에 사인을 해 달라고 부탁했다. 굉장히 솔직하게 나는 그 책이 나의 정신분석 교육에서 가장 중요한 책이라고 설명했다. 그녀는 겸손하게 시선을 피했다. 그녀는 내가 말한 것을 듣지 못한 것처럼 보였다. 그리고 나서 갑자기 그녀는 손을 흔들어서 내 주의를 접견실로 돌리는 듯 보였다. 그곳은 예전에는 그녀의 아버지가 사용하던 서재였으며 그때까지도 그가 죽었을 때와 똑같은 상태로 보존되고 있었다. 그녀는 거의 질책하듯이 말했다. "정말 멋진 서재죠?" 그 질문의 의미는, 내가 무슨 권리로 그녀의 아버지의 유령 앞에서 그녀의 업적이 아버지의 업적보다 내게 더 중요한 의미가 있다는 말을 하느냐는 것이었을 것이다.

안나 프로이트가 두 번째로 기술한 이타적 굴복의 목적은 '자기애적 치욕'의 극복이다. 『자아와 방어기제』에서 안나 프로이트는 다음과 같은 의견을 제시했다.

> 그 시인[에드몽 로스탕]이 시라노의 '이타주의'에서 이상한 연애 모험 이상의 무언가를 묘사하고 있다는 것은 그가 시라노의 연애사와 시인으로서의 그의 운명 사이에서 이끌어 낸 평행성을 보면 자명하다. 크리스티앙이 시라노의 시와 편지의 도움을 얻어서 록산느에게 구애를 했던 것처럼 코르네유Corneille, 몰리에르Molière, 스위프트Swift 같은 작가들은 미지의 작품들로부터 전체 장면들을 빌려온다. 그리고 그 결과로 명성을 드높이게 된다……. 그가 생각하기에 그를 경멸의 대상이 되게 하는 개인적인 결함[너무 큰 코]은 그보다 더 인기 많은 사람이 그의 소망 공상을 실현하는 데 더 나은 자질을 지니고 있다고 느끼게 만든다.[32]

그런 것이 이타적 굴복이다. 수십 년 후 아버지의 정신분석적 유산의 자발적인 수호자이자 이타적 굴복의 고안자인 안나 자신이 죽어 가고 있을 때 조카인 에른스트는 강연 여행으로 미국에 가려고 하던 참이었다. 독일어로 그녀는 조카에게 당부했다. "만약 미국에 있는 내 친구들이 내 안부를 묻거든, '지나가는 나그네여, 가서 스파르타인에게 전하라, 우리가 그들의 법을 받들어 여기에 잠들었느라고.'라고 말해라."[33] 그녀는 시모니데스가 테르모필레에서 패배한 스파르타인들에게 바친 기념물의 묘비명을 인용하고 있었다. 그녀는 아버지를 위해서 자신의 삶을 희생했지만, 그럼에도 삶의 마지막까지 자신이 시라노 드 베르주라크Cyrano de Bergerac처럼, 스파르타인처럼 살았던 것을 자랑스럽게 여겼다.

그러나 안나의 이타적 굴복은 그녀가 자신의 주장성을 부인하게 한 것이 아니라 아버지와의 명확한 차이를 독창적인 방식으로 다루게 해 주었을 뿐이다. 아버지에게 드린 그녀의 생신 선물은 사실 그와의 뚜렷한 불일치, 특히 역설적인 종류의 불일치를 보여 주었다. 언행 모두에서 『자아와 방어기제』는 공격성이 타나토스, 즉 프로이트의 '죽음의 본능'과 밀접하게 연관되어 있지 않을 뿐만 아니라, 다름 아닌 창의성의 원천이라는 것을 보여 주었다. 분노는 리비도만큼이나 삶의 일부분이다. 아버지에게 드린 선물에서 분노는 그녀의 주인공들에 의해서 놀이와 건강한 성취로 탈바꿈했다. 적절하게 활용된다면 분노, 우리 마음의 악은 사랑에 기여한다. 그녀의 아버지가 평생을 사는 동안 많은 사람이 그에 대한 사랑을 접고 떨어져 나갔다. 하지만 안나 프로이트의 전기를 보면 그녀를 찬미하였던 그 많은 사람 중 그 누구도 그녀에 대한 사랑을 멈추었다는 증거가 없다. 그러한 것이 바로 자아의 지혜다.

동일한 생신 선물에서 안나 프로이트는 예술적인 발견과 더불어 개인적 갈등과 과학적 갈등 사이의 밀접한 평행성을 기술했다. 이타적 굴복의 자서전적 묘사에서 그녀는 분석을 받았던 젊은 여자 가정교사에 대한 이야기를 했는데, 그녀는 "아름다운 옷과 많은 아이를 가지고 싶어 했다……. 그녀는 그녀보다 훨씬 더 나이가 많은 놀이 친구들이 가진 것과 했던 것은 무엇이든 다 가지고 하고 싶어 했다……. 그들보다 더 뛰어나고 싶어 했고 총명하다고 칭찬받고 싶어 했다. '나도!'라고 끊임없이 외치는 소리는 손위 형제자매들에게 골칫거리였다." 안나 프로이트가 6형제 중 막내, 혹은 그녀 표현대로라면 '꼬맹이'였으며 그녀가 가정교사는 아니었다고 해도 어린아이들의 교사이자 분석가가 되었다는 사실을 기억하라. 그녀는 계속 설명했다. "성인으로서의 그녀[그 여자 가정교사]에 대해 가장 놀라운 것은,"

그녀의 솔직한 성격과 그녀가 삶에서 요구했던 것의 소박함이다. 분석을 받으러 왔을 때 그녀는 미혼에 아이도 없었고 옷차림은 좀 허름하고 별반 눈에 띄지 않았다……. 그녀는 자신의 옷차림을 별 문제 삼지 않았지만 친구들의 옷차림에 대해서는 지대한 관심을 보였다. 자기 아이는 없었지만 직업 선택에서 알 수 있듯이 그녀는 다른 사람들의 아이들에게 헌신적이었다……. 마찬가지로 남과 잘 어울리지 않는 행동에도 불구하고 그녀는 사랑하는 남자들에 대해서 걱정했으며, 지대한 관심을 가지고 그들의 직업적 경력을 따라갔다.[34]

안나 프로이트는 사례사 대신에 자서전을 써도 좋았을 뻔했다.

안나 프로이트는 한 번도 결혼한 적이 없다. 하지만 그녀는 언니를 쫓아다니던 한 남자를 매우 좋아했다. 그녀는 '그 여자 가정교사'가 "13세(안나가 언니가 구애받는 장면을 목격했던 나이) 때 이전에 질투의 특별한 대상이었던 언니의 친구와 함께 비밀스러운 사랑에 빠지게 되었다."[35]라고 우리에게 들려준다. 여자 시라노처럼 그 여자 가정교사는,

완전히 뚜렷하게 기억했다. 처음에는 실망 때문에 얼어붙었다가, 데이트를 나가는 언니를 '예쁘게' 만들어 주려고 이것저것 갖다 대고 열심히 준비를 도와주느라 이리저리 부산하게 돌아다니기 시작했던 것을. 이렇게 하면서 그 환자는 더없이 행복했으며 스스로를 즐기기 위해서 외출하려는 사람이 자기가 아닌 언니라는 사실을 완전히 잊어버렸다. 그녀는 사랑에 대한 스스로의 욕망과 찬사를 향한 갈망을 경쟁자에게 투사했으며 그녀의 부러움의 대상과 동일시를 하면서 그녀 자신의 욕망의 충족을 만끽했다.[36]

자신에 대한 실망 속에서 그녀는 자신의 소망을 자기보다 더 잘 충족할 수 있는 자질을 가지고 있다고 느낀 대상에게 전위시켰다. 그녀의 남자친구들은 그녀 자신은 결코 성취할 수 없었던 것을 전문가의 삶 속에서 그녀를 위해 대신 성취했으며 그녀보다 더 예쁘게 생긴 여자들은 사랑의 영역에서 같은 일을 했다.[37]

이쯤에서 사려 깊은 독자라면 그런 이타주의, 그런 자기기만, 그런 폴리애나식의 부인이 정말로 적응적일 수 있는지에 대해서 의문을 가지는 것이 당연하다. 그러나 안나 프로이트의 경우에는 사실이 그러했다.

현실 속에서 에릭 에릭슨Erik Erikson은 그녀가 도움을 주었던 남자들 중 하나였고, 그녀는 그의 성공으로부터 대리만족을 즐겼다. 에릭슨은 아이가 없는 안나 프로이트에게 분석을 받았을 때, "안나 프로이트는 내 정신분석 회기 동안에 때때로 뜨개질을 하곤 했다……. 내가 조안과 나의 새로 태어난 아들[카이]에 대해서 이야기하고 있을 때 한번은 그에 대해서 말한 적도 있는 것을 기억한다. 몇 회기가 지나고 난 뒤 어느 날 회기가 끝났을 때, 안나 프로이트는 늘 그렇듯 굳은 악수를 하면서 안녕 인사를 한 뒤에 미소 띤 얼굴로 내게 작은 파란색 니트 스웨터를 건네면서 '이건 카이 거예요.'라고 말했다."라고 회상했다.[38] 물론 분석가가 피분석가에게 아기 선물을 주어서는 안 된다 해도 내 생각에는 그녀를 아는 그 누구도 그녀의 마음속 선함 혹은 전문성을 의심할 것 같지는 않다. 분석을 받는 동안 또 다른 때에 에릭슨은 그가 정신분석에 기여하지 못할지도 모른다는 두려움에 대해서 이야기했다. "그렇게 수준 높은 지적인 노력 속에서 나의 예술적인 성향을 위한 자리를 찾을 수 없다고 한 번 더 선언했다. 그녀는 조용히 '당신은 그것들을 보게 도와줄 수 있을 거예요.'라고 말했다."[39] 에릭슨은 결코 잊지 않았다. 지그문트 프로이트는 딸을 자신의 운동에 결속시키기 위해서 피분석자였던 딸에게 반지를 선사했다. 하지만 안나 프로이트는 에릭슨의 창의성을 향상시키는 데 도움을 주기 위해서 피분석자였던 에릭슨에게 선물을 주었다. 2장에서 소개했듯이, 수녀가 되는 것보다 더 나쁜 운명도 있는 것 같다.

*　*　*

방어들을 집대성하면서 안나 프로이트는 "이 아홉 가지 방법의 방어에…… 우리는 열 번째를 더해야 한다. 바로 신경증 연구보다는 정상인 연구와 더 큰 관련이 있는 승화다."라고 썼다.[40] 나이가 들수록 그녀의 삶은 이타주의와 더불어 승화의 모델이 되었다.

20대에 안나 프로이트는 그녀의 정신분석가 구혼자들을 모두 거절했다. 왜냐하면 그들이 단지 아버지 때문에 자신을 사랑했다고 믿었기 때문이다. 그녀는 1928년까지 주변 사람들 때문에 지쳐 있었다고 말했다. "쓸모 있다는 이유로 낮 동안에 한 조각씩 한 조각씩 가져갈 것이다. 아무도 저녁때까지 남아 있는 쓸모없는 조각에 별 관심을 기울이지 않는다. 너무나 이상하게도 그 쓸모없는 부분이 진짜 자기라고 할지라도 말이다."[41] 그 후 30세가 되었을 때 그녀는 도로시 벌링햄과의 친밀한 우정 속에서 진정한 기쁨과 즐거움을 발견했다. 조울증이 있는 남편과 별거 중이었던 벌링햄은 어린 자녀들을 데리고 비엔나에 온 미국 여성이었다. 벌링햄의 자녀들이 안나 프로이트의 놀이학교에 다니다가 나중에 안나에게 치료를 받게 되면서 두 여성은 처음으로 만나게 되었다. 그녀의 이용할 수 없는 자기―이용 당하기를 원하지 않는 자기―는 벌링햄과의 친분 속에서 꽃을 피웠다. 그들은 오스트리아풍의 작은 전원주택을 사랑스럽게 꾸몄다. 이 우정을 통해서 안나 프로이트는 아동기 비사회성을 치유하는 비분석적이고 소급적인 방법을 발견했다. 그녀는 1928년 루 안드레아스-살로메에게 "작년과 올해에만 내가 내 생일을 진심으로 즐겼다는 것은 재미있는 일이에요. 이제까지 생일에는 너무나 많은 감정이 뒤엉켜 있었죠. 이제 모든 것이 훨씬 더 단순하고 더 아름다워요. 심지어 난 아이처럼 오후에 큰 파티를 열었어요."라고 썼다.[42] 반세기가 흐른 후에 벌링햄이 죽었을 때 그녀의 아들들 중의 하나는 안나 프로이트에게 이렇게 말할 수 있었다. "당신은 어머니에게 전부였어요. 어머니는 당신이 있어서 가장 멋진 삶을 살았어요……. 전 어머니와 당신이 함께 보냈던 하루하루의 그 행복했던 모든 시간을 계속해서 생각해요."[43] 비록 약화되었을지라도 양가적이지 않은 헌신과 50년 동안의 우정에 대한 그리 나쁘지 않은 찬사다. 또한 안나 프로이트의 스파르타 스타일의 선함에 대한 그리 나쁘지 않은 찬사다.

안나 프로이트의 스파르타식 삶은 억제의 방어도 보여 준다. 히틀러가 통치하는 비엔나에서 런던으로 간신히 도망치려고 준비하고 있던 1938년에 지그문트 프로이트는 "안나는, 지금 우리가 여기에서의 노고와 앞으로 직면해야 할 과제들 사이에서 그렇게나 필요했던 휴식을 취하고 있다고 말함으로써 현재의 상황을 견딜 만한 것으로 만들려고 애썼다."[44]라고 적었다. 안나 프로이트는 루 안드레아스-살로메에게 이 괴로웠던 시간 동안 보였던 자신의 행동에 대해서 약간 다르게 썼다. "언젠가 한번 당신이 내게 했던 말을 얼마나 자주 생각했는지 말도 못할 정도예요. 다름이 아니라 만약 우리가 진짜로 그 운명을 살기만 한다면 우리가 어떤 운명을 지녔는지는 중요하지 않다는 문구예요."[45]

절친한 친구이자 전문가 동료의 죽음 후에 안나는 도로시 벌링햄의 스웨터를 입는 습관이 생겼고, 벌링햄이 비엔나에서 안나의 아버지에게 드렸던 음식 중의 하나였던 조-피라는 음식을 샀다. 50년 동안 함께했던 가장 친한 친구를 위한 장례 송가에서 안나는 함께 애도하는 사람들에게 아버지의 금욕적인 지혜를 상기시켰다. 우정을 잃고 한탄하는 것보다 그 우정에 대해서 감사하는 것이 더 낫다. 금욕주의자는 용기 있는 추모가 슬픔에 대한 유일하고 순수한 해독제라는 것을 알고 있다. 아마도 억제의 가장 간단한 예는, 안나 프로이트가 아버지가 받았던 일련의 암수술 하나하나가 "나의 일부분을 가져간다. 하지만 그건 원래 그런 것이다. 우리는 건포도빵을 먹으면서 빵 조각이 묻지 않은 건포도를 바랄 수는 없다. 난 그걸 안다."[46] 라고 친구에게 편지를 썼던 일이다.

별빛처럼 유머는 잡기가 훨씬 더 어렵다. 그러나 유머는 안나 프로이트의 삶에 스며들어 있었다. 비록 그녀의 유머가 일화의 형태로 남겨져 있지 않을지라도 그녀를 알고 있었던 사람들은 그녀의 유머를 알아보았다. 그녀는 방어들에 대해서 "우리는 방어들을 미시적으로가 아니라 거시적으로 봐야만 한다. 당신은 방어들을 보기 위해서 안경을 벗어야 하며 써서는 안 된다."[47]라고 말했다. 나는 구체적인 예를 인용할 수는 없더라도 그녀가 유머를 사용했던 것을 증명하기 위해서 타인의 증언을 인용해 보겠다. 안나 프로이트를 위한 기념판에서 클리퍼드 요크Clifford Yorke는 "그녀의 위트는 물론 끝이 없었다. 필요하다면 매번 농담을 했다."[48]라고 적고 있다.

유머는 또한 놀이와 밀접하게 연관되어 있다. 아마도 안나 프로이트의 반동형성을 이타주의로 변모시킨 것은 그녀가 노는 방법을 한시도 잊어버린 적이 없었기 때문일 것이다. 그녀의 전기작가 우베 페터스Uwe Peters는 1985년에 "심지어 오늘날까지도 비엔나에는 열정을 통해 아이들이 중요한 재목이 되도록 고무시키는 안나 프로이트의 견줄 데 없이 훌륭한 재능을 기억하는 그녀의 과거 학생들이 있다."[49]라고 썼다. 안나 프로이트가 80세도 훨씬 넘어서 컬럼비아 대학에서 명예학위를 받고 뉴욕으로부터 막 돌아왔을 때, 그녀는 동료인 클리퍼드 요크와 핸시 케네디Hansi Kennedy에게 홀에서 기다려 달라고 부탁했다. 그녀는 급히 이층으로 가서 새로 받은 컬럼비아 대학의 학위복을 화려하게 차려입고 거창하게 입장하려고 내려왔다. 학위복을 차려입는 즐거움 속에서 그녀는 저명한 여성으로서 자신을 과시하는 동시에 아이의 천진난만함을 유지할 수 있었다. 사실 안나 프로이트는 대학을 졸업하지 않고도 시카고 대학(1966), 예일 대학(1968), 컬럼비아 대학(1978), 하버드 대학(1980)에서 명예학위를 받았으며, 심지어는 비엔나 대학

(1972)에서 의학 박사학위를 받은 유일한 여성이자 아마도 유일한 사람일 것이다.

이타주의처럼 겸손함도 그 자체의 보상을 제공한다. 세월이 흐르면서 지그문트 프로이트는 자신의 딸 안나를 점점 더 칭찬하게 되었고 겸손한 태도를 보였다. 자신이 발견했고 소유권자로서 관심을 느꼈을 만한 방어기제들의 감별진단에 대해 논의하면서, 보통은 경쟁적이었던 프로이트가 관심을 갖고 있는 학생에게 다음과 같이 조언을 했다. "자아가 방어적 기능을 발휘하기 위해서 사용하는 방법(혹은 기제)의 가지 수는 엄청나……. 아동분석가인 내 딸이 그것들에 대한 책을 쓰고 있다."[50] 『자아와 방어기제』가 출판된 후, 프로이트는 "우리는 이러한 절차들을 '방어기제'라고 부른다……. 안나 프로이트의 책은 우리에게 방어기제의 다중성과 다면적인 의미에 대해서 최초의 통찰을 제공하고 있다."[51]라고 썼다.

또 다른 기회에 그는 "내 딸 안나 프로이트가 이 연구[정신분석을 아동에게 적용하는 것]를 평생의 업으로 삼았고, 그래서 내가 간과했던 것을 보완했다는 것을 말할 수 있다는 사실이 매우 기쁘다."[52]라고 적었다. 안나 프로이트가 자신의 환자들—아버지의 환자들과 같은 대기실을 썼던—이 프로이트한테서 분석을 받고 싶어 한다면서 불평했지만, 프로이트의 답변은 간결하고 요지가 명확했다. "나의 환자들이 모두 그녀에게 갔더라면 더 잘 치료받았을 것이다."[53]

1953년 프로이트는 암으로 고통받으면서 죽어 가고 있을 때 친구에게 편지를 썼다. "봄에 대한 자네의 묘사는 나에게 슬픔과 부러움을 안겨 주었네. 나는 아직도 즐길 수 있는 능력을 많이 가지고 있기 때문에 억지로 사임하게 되어서 너무 실망스러워. 그러나 내 삶에서 하나 빛나는 부분은 안나가 일에서 성공한 것이네."[54] 같은 해에 그는 루 안드레아스-살로메에게 편지를 썼다. "내 만족감의 한 가지 근원은 안나야. 그녀가 일반적인 분석가들 속에서 그렇게 큰 영향력과 권위를 얻게 되었다는 것은 정말 놀라운 일이야."[55] 그는 4개월 후에 그녀에게 또 편지를 썼다. "종국에 우리 모두는 우리 자신이 만든 피조물에게 의지하게 되지……. 어쨌든 그녀를 탄생시킨 것은 아주 현명한 일이었어."[56]

아버지가 높이 평가했던 책을 마무리하기 위해서 안나 프로이트는 "자아의 방어적인 책략들이…… 자아로 하여금 불안과 '고통'의 발달을 제한하고 그렇게 해서 본능들을 변신시킴으로써 심지어는 어려운 상황에서조차 욕구 충족을 위한 어떤 방법들을 확보하게 만든다면 자아는 승리한 것이 된다."[57]라고 적었다. 베토벤처럼, 안나 프로이트는 의기양양하게 승리를 거두었다. 그녀는 아버지의 리비도 이론과 자신의 젊은 동료였던 에릭 에릭슨과 하인즈 하르트만의 자아 이론 사이에 결정적인 교량 역할을 하였다. 그녀 덕분에 방어들은 메타심리학의 영역을 떠나서 지구의 굴곡처럼 미묘한 현상이지만 진정한 관심을 가지고 보고자 하는 사람한테는 보일 수 있는 것이 되었다.

그녀의 아버지에게 안나 프로이트의 자아의 연금술은 납처럼 보잘것없는 딸을 순도 100%의 황금으로 탈바꿈시켰다. 대조적으로 오렐리아 플라스는 딸이 죽고 수십 년이 지난 후에 한 문학비평가에게 실비아 플라스에 대해 "그녀는 모든 것을 이용했지만 종종 황금을 납으로 변질시켰다……. 사랑은 남는다. 그리고 상처도. 우리에게 도피란 없다."[58]라고 말했다. 투사는 파괴시킨다. 반면에 이타주의는 치유한다. 하지만 둘 다 우리 마음 안에 있는 고통에서 비롯되는 것이다.

유진 오닐: 방어의 성숙

> 인간은 불구로 태어나 조각난 삶을 기우면서 살아간다.
> 이때 접착제는 바로 신의 은총이다!
>
> ─유진 오닐

미성숙한 방어들은 성격장애를 구축하는 벽돌들이다. 미성숙한 방어와 성격장애는 참기 어려운 갈등을 만들어 낼 수 있지만, 그러한 갈등을 해소하도록 돕기도 한다. 미성숙한 방어와 성격장애가 관계를 왜곡하고 결국에는 파괴할 때조차도 미성숙한 방어는 친밀감이라는 착각을 제공한다. 미성숙한 방어의 무의식적 목적은 안정적인 사랑이라는 착각을 확보하는 것이기 때문에, 심지어는 우리를 정신 없게 만들 때조차도 다른 사람의 미성숙한 방어는 우리를 움켜쥐고 껴안으며 침범한다. 나는 이런 '전염'이 가능한 이유가 미성숙한 방어에는 다른 사람의 침입으로부터 우리의 자기감의 경계를 보호하기 위해서 세워진 장벽을 뚫고 통과하며 짓밟고 넘어설 수 있는 능력이 있기 때문이라고 생각한다.

성격장애를 가진 사람들에 대해서 너무나 용서하기 어려워하면서 동시에 너무나 끌리게 되는 것은 신경증이 있는 사람과는 다르게 그들의 열망과 자기기만이 스스로의 내적인 환경뿐만 아니라 다른 사람들의 환경에까지 영향을 미치기 때문이다. 그러나 예술가, 성인, 그리고 플로렌스 나이팅게일의 삶에서 봤듯이 영웅의 열망과 자기기만 역시 그렇다. 빈센트 반 고흐, 잔 다르크, 플로렌스 나이팅게일은 모두 성격장애의 사례집에 실릴 만한 자격이 있다. 어떤 동시대인들은 그들을 사회에서 버림받은 자 또는 부적절한 자라고 보았고, 어떤 이들은 그들을 미쳤거나 형편없는 사람이라고 보았다. 그러나 세 사람은 아주 창의적이었고, 그 전에는 없었던 무엇인가를 이 세상에 가져왔으며, 오늘날 우리는 그들에게 찬사를 보낸다.

창의성이 정신병과는 다른 것처럼, 창의적인 천재도 성격장애가 있는 사람들보다는 더 성숙한 방어를 사용해야만 한다. 앞 장들에서 나는 방어가 정신병적 수준에서 미성숙한 수준으로, 미성숙한 수준에서 신경증적 수준으로, 그리고 다시 신경증적 수준에서 성숙한 수준으로 순차적으로 발달해 나간다고 주장했다. 또 실비아 플라스의 예술과 그녀의 정신병이 어떻게 부조리한 형태로 합쳐졌는지를 보여 주었다. 광기와 위대한 예술 사이의 아이러니로 가득 찬 경계 지역은 그러한 역설로 가득 차 있다. 이 역설을 이해하려면 우리는 자아의 성숙 그리고 미성숙한 방어와 성숙한 방어 사이의 진화적인 연결을 이해해야만 한다.

유진 오닐Eugene O'Neill의 삶은 미성숙한 방어의 전염성, 즉 밀접한 가족 상호작용을 통해서 전달되는 전염성과 미성숙한 방어의 성숙한 방어로의 진화를 잘 보여 준다. 미성숙한 방어의 저주는 버려진 아이들이 **그들의** 자녀를 또다시 버리도록 만든다는 사실이다. 미성숙한 방어의 축복은 사랑이 조금만 있으면 그것이 무언가 아름다운 것으로 발전해 갈 수 있다는 사실이다. 이런 점에서 오닐의 이야기는 버려진 아이가 알코올중독 부랑자가 된 사례사로 시작해서 노벨상을 받는 영예를 누렸지만, 그럼에도 자신의 아이들을 모두 버린 한 예술가의 전설적인 이야기로 끝난다.

1885년에 한 아기가 호텔 방에서 버려진 상태에서 홍역 때문에 사망했다. 그 아기의 부모인 제임스 오닐Jame O'Neill과 메리 엘렌 오닐Mary Ellen O'Neill은 그 당시 마을에 없었고, 그 아기와 형을 아이들의 할머니 브리짓 퀸란Bridget Quinlan에게 맡기고 떠난 상태였다. 남편의 순회극단과 함께 갔던 여행에서 돌아온 메리 엘렌은 살아남은 형 제이미Jamie에게 동생을 죽게 내버려 뒀다며 책망했다. 그리고 나서 이제 여덟 살밖에 되지 않은 제이미를 기숙학교에 보내 버렸다. 그는 크리스마스 때조차도 집에 오는 것을 허락받지 못했다.

2년 후에 유일한 안정적인 지지원이었던 어머니 브리짓 퀸란이 사망하자 메리 엘렌은 다시 한 번 상실감에 휩싸였다. 그 후 1988년에 또 다른 호텔방에서 남자아이 진이 태어났다. 그 부모는 아무런 계획도 없었다. 아기 아버지는 자리에 없었고 아이를 받은 사람은 호텔 의사였는데, 담배를 피면서 손도 씻지 않은 채였다. 죽은 아들과 죽은 어머니에 대해서 여전히 슬퍼하고 있던 메리 엘렌은 의사에게 슬픔이 아닌 고통을 호소했고, 의사는 슬픔이 아닌 통증을 위한 처방을 내렸다. 사랑하는 사람을 잃은 많은 사람들이 늘 그랬듯이, 메리 엘렌은 그러한 '통증'을 아편으로 없앨 수 있다는 사실을 발견했다. 버려진 채로 자라면서 진은 학교를 중퇴하고 거리에서 살게 되었다.

진은 친구, 건강, 가족 무엇 하나 없이 자라났다. 식모의 보살핌을 받으면서 그는 이 호텔에서 저 호텔로 옮겨 다녔다. 그의 형은 기숙학교에 있었고, 중독자인 어머니는 순회공연을 하는 남편과 1년이면 아홉 달을 여행했다. 아이였을 때 진은 장티푸스 때문에 거의 죽을 뻔했고 호흡기 감염과 구루병을 반복적으로 겪었다. 6세가 되던 해 그는 식모한테서 떨어져서 천주교 기숙학교로 보내졌고, 12세가 될 때까지 그곳에 있었다. 물론 여름에는 어머니와 시간을 보내야 했다. 하지만 기숙학교에 간 다음의 첫 번째 크리스마스는 식모와 함께 보내야 했다. 집에서 보내는 여름조차도 어머니가 모르핀 때문에 하루 종일 좀비 같은 상태에 있었던 탓에 전혀 편안한 느낌은 아니었다.

　어머니가 고통으로부터 도망가기 위해서 아편에 의지했던 것처럼, 진은 분열적인 공상 속으로 빠져들었다. 수십 년 후였다면 다음과 같이 진실을 글로 쓰면서 마음을 위로할 수 있었을 것이다. "나는 언제나 마음이 편하지 못한 이방인일 것이다. 누군가를 진정으로 원하지도 않고 누군가가 진정으로 원하지도 않은 이방인." 그러나 아이였던 그는 공상의 세계로 도망쳤다. 신의 사랑과 평화에 대한 수녀들의 가르침을 받아들이면서, 그는 종교에서 위안을 찾으려고 애썼다. 그는 기숙학교의 외로움 속에서 세상으로부터 그를 보호해 주고 감싸 안아 줄 이상적인 사랑을 공상하기 시작했다. 수년 후에 그는 이 반복적인 공상을 두 번째 아내에게 언급했다. "그건 내 어린 시절의 꿈이었어. 내가 혼자가 아니라는 것을 꿈꾸어야만 했던 어린 시절 말이야. 그 꿈에는 나하고 다른 한 사람이 더 있었어. 난 그 꿈을 자주 꾸었어. 그리고 간혹 낮에도 다른 사람이 나랑 같이 있는 것처럼 느꼈지. 그러면 나는 행복한 소년이 되었어. 그러나 내 꿈속의 이 **다른** 사람, 그 사람을 완전히 본 적은 한 번도 없어. 날 완전하게 만들어 주는 것처럼 느꼈던 어떤 존재랄까."[1] 하지만 물론 그의 안락함은 일시적인 착각에 불과했다.

　14세에 진은 어머니가 약물중독이라는 사실을 깨달았다. 이전까지는 신실하게 종교적이었지만 이제 그는 "교회 따위는 될 대로 되라지."라고 맹세했다. 15세에 이미 골초가 된 진은 마을에서 각양각색의 악명 높은 술집에서 술을 마시기 시작했다. 다시 말해서, 사춘기 불안정성의 사주를 받은 행동화 방어가 공상을 대체하기 시작했다. 그가 받은 유일한 정규교육인 고등학교 시절에 그는 니체, 잭 런던, 도스토예프스키, 오스카 와일드와 같은 문학의 이단자들의 작품을 빨아들였다. 그의 반항적인 독서와 경범죄 때문에 그가 다닌 고등학교의 교장은 그가 전기의자에서 생을 마칠 것이라고 예언하기도 했다.[2] 그러나 진은 고등학교에서 또 다른 기술을 배웠다. 그는 본 것을 흡수하고 또 글로 쓰는 데 굶주린 아이였다. 그는 방대한 양의 체계적인 공책을 만들기 시작했다. 그는 이 공책들을 평생 동안 보존하게 된다. 왜냐하면 그것들은 그 혹은 그의 가족에게 너무나도 고통스러워서 정교한 자기기만 없이는 참기 어려운 일상의 적나라한 진실을 쏟아부은 그릇이었기 때문이다.

고등학교를 졸업한 후에 진은 프린스턴 대학에 입학했는데 거기서도 행동화는 계속되었다. 그의 다른 급우들이 캠퍼스나 뉴욕 시의 일반 술집에서 맥주와 위스키를 마셨던 반면, 진은 뉴저지 주 트렌턴에 있는 게이바에서 압생트를 마셨고 아편을 해 보고 싶어서 안달이었다. 그는 학교정신을 경멸했지만 다른 학생들이 총장 우드로 윌슨을 싫어했기 때문에 총장을 오히려 좋아하는 편이었다. 진은 기숙사의 방을 브래지어와 사용한 콘돔이 주렁주렁 걸린 어망으로 장식해서 급우들에게 충격을 주려 했다. 또한 학교 도서관에서 책을 훔쳤고 무정부주의자들과 어울렸다. 그는 세 과목에서 F학점을 받았다. 그는 대학의 의자 2개와 세면기 1개를 부서뜨렸다. 그리고 권총으로 한 급우를 위협했고 만취 정도가 너무나 심해서 과음하는 남대생 사교클럽조차도 가입을 막을 정도였다. 그는 창문에 돌을 던져서 정학을 당했고 얼마 지나지 않아서 학점 미달로 퇴학을 당했다.

그 후 2년 동안 진은 뉴욕에서 살았다. 첫해는 어머니가 남편이랑 여행을 하는 동안 집에서 지냈고 그다음에는 어떤 가난한 보헤미안이랑 살았다. 그는 접대부를 통해서 위안을 얻었고 많은 시간 술에 취해 지냈다. 그의 유일한 긍정적인 활동은 아버지의 영향을 받아서 아방가르드 희곡을 보기 위해서 무료 티켓을 구하는 것이었다. 그는 〈헤다 게블러Hedda Gabler〉를 열 번 보았다. 어디서 행동화가 끝나고 어디서부터 창의적인 정신이 시작되는가?

1909년에 진은 여자친구를 임신시켰고 비밀리에 그녀와 결혼했다가 중앙아메리카에 금을 캐러 가기 위해서 그녀를 바로 버렸다. 거기서 궁둥이에 리볼버를 차고 다니면서 정글에서 살았고, 유부녀와 사랑에 빠졌으며, 그의 가슴과 일기에 고통스러운 기억을 쌓는 것 말고는 아무것도 이룬 것이 없었다. 그가 뉴욕으로 돌아왔을 때 그의 아내가 막 아이를 출산하려는 참이었지만 아내에게는 연락하지 않았다. 대신 그는 술집에서 타블로이드 지를 통해서 아들의 출생을 알게 되었다. 주사 상태에서 그는 비어 있는 부모의 아파트에 들어가서 마체테(날이 넓고 무거운 칼—역자 주)를 가지고 어머니 가구의 다리를 잘라 내려고 했다.[3] 나중에 그는 그 시절에 대해서 등장인물인 잭 타운센드의 입을 빌려서 묘사했다. "그 당시에는 모든 일이 단지 우리가 즐기고 있는 게임처럼 보였다. 심각한 측면은 멀게 비현실적으로 보였다. 난 그것들을 진지하게 생각해 본 적이 한 번도 없었다."[4] 행동화 방어는 초자아를 폐기하고 자기를 진정시키며 다른 사람들을 끔찍하게 상처 입힌다.

한 달 후에 충동적으로 진은 길을 떠났고 2년 동안 술에 절어서 부랑아 생활을 했다. 그는 남미를 향해서 출항했고 주머니에 달랑 10달러만 가진 채로 부에노스아이레스에 도착했다. 그는 곧 도시의 부랑아가 되었다. 돈을 구걸하거나 쓰레기통에서 뒤져 건진 것을 팔면서 오후를 보냈다. 저녁에는 값싼 아르헨티나 럼주를 마시면서 시간을 보냈다. 이른 아침은 공원 벤치에서 잠을 자거나 아연으로 만든 판잣집에서 비쩍 마른 10대 여자아이를 정부 삼아 잠을 자면서 보냈다. 길에서 보낸 이 첫해에 그는 출판되지 않은 시를 썼다. 어디서 창의적인 정신이 끝나고 어디서부터 행동화가 시작하는가?

1911년 5월에 진은 부정기 화물선을 타고 뉴욕으로 돌아왔다. 한 달 동안 그는 가족에게는 연락하지 않았다. 아내에게 얘기하지도 않았고 이제는 한 살이 된 아들을 보지도 않았다. 아내는 아쉬움에 그의 이름을 따서 아들의 이름을 지었다. 대신 그는 해충이 득실거리는 지미 더 프리스트라는 값싼 여인숙의 난방도 안 되는 방에서 지냈다. 무료 점심이 방에 딸려 있었고 싸구려 위스키는 한 잔에 5센트밖에 하지 않았다. 그의 유일한 지속적인 친구는 모드라는 접대부뿐이었다.

그해 7월에 진은 충동적으로 선원이 되어 런던으로 향하는 배를 탔다.

이 경험으로 그는 25달러를 벌어서 주머니가 넉넉해졌을 뿐만 아니라 갑판을 닦는 유용한 기술도 배울 수 있었다. 그것은 배의 칸막이 방수벽을 가성소다로 닦아 내는 일이었다. 뉴욕으로 돌아와서는 그해의 나머지 기간 동안 지미 더 프리스트에서 지냈다.

우리는 이렇게 방탕한 젊은이, 이렇게 이기적이고 자기도취적이며 완전히 무능력한 청년을 어떻게 이해해야 할까? 우리는 그를 사회병질자로 치부해 버릴 수도 있다. 이러한 진의 사례에 대해 우리에게는 다른 대안이 있었다. 그가 왜 그의 감정을 공유하기보다는 행동화로 표출해야만 한다고 믿었는지를 우리가 이해하게 도울 수 있는 자전적인 극본이 있기 때문이다.

다행히 미성숙한 방어들이 언제나 영원토록 지속되지는 않는다. 그리고 청소년기처럼 성격장애도 흔히 자기제한적인 질병이다. 결국 진이 가진 공상 능력은 그에게 위안 대신 기억을 통한 구원을 허락했다. 1924년에 그는 "창작은 일상으로부터의 휴가다. 그래서 나는 휴가가 따로 필요 없다."라고 썼다.[5] 그러나 그의 창작은 상당히 자전적이었고 진실로부터의 휴가나 진배없었다. 그의 해리의 진화는 그로 하여금 폴리애나의 해리 속으로가 아니라 현실의 극장 속으로 도피하게 해 주었다. 그의 공상과 해리는 승화로 진화해 갔다. 단순한 부인 대신에 그의 창작 활동은 회상된 고통 하나하나의 괴로움을 샅샅이 재창조해 주었다.

* * *

1908~1912년 사이에 방랑했던 진의 행동화가 노벨상 수상자인 유진 오닐의 승화된 명작인 1940년 『밤으로의 긴 여로_Long Day's Journey_』로 재탄생된 과정은 심리학적 회복의 오디세이다. 오닐의 전기는 어떻게 자아의 성숙이 성격장애를 치료하고 어떻게 진정한 비극이 카타르시스적인 예술로 진화해 갈 수 있는지, 어떻게 뒤틀린 유전인자와 뒤틀린 환경의 무망감도 승

리를 포함할 수 있는지를 보여 주는 데 도움이 된다. 오닐 자신이 썼듯이, "인간의 희망은 삶에서 가장 큰 힘이며 죽음을 물리치는 유일한 것이다."[6] 그럼에도 불구하고 그 이야기의 어두운 면은 그 역시 자신의 자녀들을 유기함으로써 원가족의 패턴을 답습했다는 사실이다.

한 일류 희곡비평가는 오닐의 위대한 자전적 희곡에 대해서, "오늘날 『아이스맨』은 『밤으로의 긴 여로』와 더불어 이 지구상에서 만들어진 최고의 극문헌이다"[7]라고 얘기했다. 오닐 자신도 『밤으로의 긴 여로』와 『아이스맨 코메스*The Iceman Cometh*』에 대해서 "이 두 희곡은 내가 이제까지 썼던 다른 어떤 희곡보다 나에게 더 큰 만족감을 주었다."라고 말했다.[8] 간단히 말해서, 그는 결정적인 한 해였던 1912년에 그의 가족의 괴로움에 대한 기억을 '그의 공상의 충실한 이미지'였던 동시에 그의 고통스러운 과거의 표상에 '상당량의 즐거움을 연결'시켜서 정신적 전염이라는 기적을 창출한 작품 속에서 형상화할 수 있었다. 이는 어떤 인지심리학자나 컴퓨터 시뮬레이션도 결코 완전하게 설명할 수 없을 것이다.

『밤으로의 긴 여로』는 진정한 자서전과 놀라울 정도로 닮아 있다. 가족의 성은 타이런으로 바뀌었지만 제임스, 제이미, 그리고 메리 엘렌 오닐이라는 이름은 그대로 사용되었다. 유진 오닐과 그의 작고한 형 에드먼드의 이름만 서로 바뀌었을 뿐이다. 그러나 그 희곡은 자서전인 동시에 위대한 예술일 뿐만 아니라 미성숙한 방어들의 진정한 교과서다. 동시에 그 희곡은 극장의 청중들에게 카타르시스와 새로운 진실에 대한 접근을 제공하면서도 미성숙한 방어들이 영혼을 파괴하는 방식을 생생하게 보여 준다.

미성숙한 방어들이 문제가 있지만 친밀한 세팅, 즉 주인공들이 너무나 가까워서 오히려 편안하게 느끼지 못하는 상황에서 가장 잘 나타나는 것은 당연하다. 그 희곡의 주인공 4명이 모두 약물학적으로 손상된 중추신경계를 지닌 알코올중독자이거나 약물중독자인 것도 우연이 아니다. 사회적 세팅과 생물학적 손상은 미성숙한 방어들의 출현을 촉진시킬 수 있다. 오닐이 그 희곡을 쓴 것이 50세가 넘은 후였고 금주를 한 지 13년이 지난 후였으며 마침내 위안을 느낄 수 있을 정도로 충분히 가까운 관계를 유지할 수 있었던 결혼생활 중이었던 때였다는 사실은 우연이 아니다. 사회적 지지와 성숙한 중추신경계는 둘 다 성숙한 방어들을 활용하기 쉽게 해 준다.

『밤으로의 긴 여로』는 패러독스를 보여 준다. 미성숙한 방어들의 주요한 목적 중 하나가 지속적인 관계에 대한 착각을 보존하기 위해서이기는 해도, 다른 목적은 사랑하는 사람을 지척에 두는 것이다. 따라서 36년간의 결혼생활 후에 타이런 부부는 여전히 서로에게 충실하며 의존적이면서도 함께 있을 때는 평가절하와 투사라는 방어를 쓰면서 서로를 질책한다.

> 타이런: 내가 당신을 믿다니 빌어먹을 바보 같으니라고!
> 메 리: 내가 느낀 거라곤 전부 불신과 감시와 의심뿐이야.[9]

그럼에도 남편과 떨어져 있을 때 메리는 "오, 난 상관없어. 난 36년 동안 남편을 진심으로 사랑해 왔어. 그것 자체가 내가 남편의 본심은 사랑스럽고 남편도 지금의 자기 모습을 어찌할 수 없다는 것을 알고 있다는 것을 증명하는 거지, 그렇지 않아?"라고 인정할 수 있었다. 그리고 하녀인 캐슬린은 "그렇죠, 부인. 남편분을 진심으로 사랑하세요. 남편분이 당신한테 완전히 반해 있다는 건 어느 바보라도 알 수 있을 정도니까요."라고 대답한다.[10] 마찬가지로 메리는 아들들에게 헌신적이지만 (에드먼드의 말을 빌리자면) 아들들이 "그건 마치 우리를 사랑하면서도 증오하는 것 같았다."라고 느끼게 만드는 방식으로였다.[11]

그러나 『밤으로의 긴 여로』는 미성숙한 방어들을 단순히 보여 주는 것 이상의 역할을 해 준다. 그것은 미성숙한 방어들의 탄생을 보여 준다. 다른 사람의 고통을 인정해 주지 못하는 비공감적인 실패는 미성숙한 방어들의 전염성에 대한 열쇠의 일부분이다. 더구나 미성숙한 방어들의 사용자는 다른 사람의 고통을 인식하지 못할 뿐만 아니라 다른 사람들 안에 남긴 자신의 고통이 곪아터져 그들 자신의 것으로 여겨지게 만든다. 예를 들어, 메리 타이런의 모르핀으로 촉진된 투사와 해리는 아들인 에드먼드에게 다소 다르기는 해도 행동화와 공상을 촉진시켰다. 방어들의 전이과정을 투사적 동일시라고 부르기도 한다.

메리의 투사는 에드먼드가 거짓말을 하게 부추기고, 더 위험하게는 바로 그 거짓말을 믿게 만든다. 이는 해리의 핵심에 있는 과정이다.

극 초반부에 메리는 에드먼드를 그녀 자신의 수치심의 근원으로 만들고 그가 스스로의 불안을 알아차리지 못하게 한다. 에드먼드가 약물중독의 재발을 눈치챘다는 것을 알자, 그녀는 아들에게 직접적으로 묻는다. "사실대로 얘기해 봐. 넌 왜 그렇게 갑자기 의심이 많아졌는데?"

> 에드먼드: "아니에요!"
> 메　리: "너 맞거든……."
> 에드먼드: "이제 또 없는 일을 상상하지 마세요, 엄마."[12]

메리의 비난과 그녀의 결백에 대한 에드먼드의 고집의 서로 반사적인 언쟁은 결국 메리가 "날 좀 그만 의심해! 제발, 얘야! 넌 내게 상처를 주었어! 난 네 생각[그의 결핵에 대한]을 하느라 잠을 잘 수 없었어. 그게 진짜 이유야!"라고 소리 지를 때까지 계속 더 심해졌다.[13]

아들은 거짓말을 한다. "그건 어리석은 일이에요." 자신의 결핵에 대한 걱정을 무시하게끔 한 다음에 그는 어머니에게 "어머니도 아시다시피 그건 심한 독감일 뿐이에요."라고 말한다.[14]

얼핏 보기에 메리는 자신의 행동에 대한 책임을 스스로 지는 것처럼 보이지만 은근 슬쩍 다른 사람들에게 전가한다. 에드먼드에게는 문제가 허락되지도 않을뿐더러 태어나는 순간부터 어머니에게 문제의 원인이 되었다.

메리의 투사는 아들의 정체성의 일부가 되었다. 그녀는 남편에게 말한다.

에드먼드가 태어나기 전에는 내가 참 건강했는데. 당신도 기억하죠, 제임스. 아픈 데가 하나도 없었죠……. 하지만 에드먼드를 낳은 게 최후의 결정타였어요. 그 뒤로는 너무 아파요. 그리고 그 싸구려 호텔의 무식한 돌팔이 의사, 그가 알았던 건 내가 아프다는 것뿐이었을 거야. 의사한테는 고통을 멈추게 하는 일은 식은 죽 먹기겠지……. 내 잘못이지 뭐. 유진이 죽은 다음엔 이제는 결코 애를 가지지 않을 것이라고 맹세했어. 그 애의 죽음이 모두 내 잘못 같았거든. 당신이 나한테 내가 너무 보고 싶어서 외롭다고 편지를 썼기 때문에 당신과 함께 여행 다니려고 그 애를 친정 엄마한테 맡기지만 않았다면 제이미가 홍역을 여전히 앓고 있는 상태에서 아기 방에 들어가는 일은 없었을 텐데. 난 언제나 제이미가 일부러 그랬다고 생각했어. 아기를 질투했거든.[15]

메리는 아이의 죽음에서 그녀가 한 역할, 그에 대한 책임을 지기보다는 세 사람을 비난하고 있다.

희곡 내내 메리는 가족 내 구성원 하나하나를 파괴시킨다고 위협하는 투사를 가지고 자신을 보호하면서 또 자신이 사랑하는 사람들을 속박시킨다. 예를 들어, 에드먼드는 어머니에게 그녀의 중독에 대해서 책임을 질 것을 간청한다. "어머닌 이제 막 시작했잖아요. 지금도 멈출 수 있어요. 어머닌 의지력을 가지고 있다고요! 우리 모두 어머니를 도울게요." 그러나 다시 또 그의 어머니는 에드먼드를 수치스러운 존재로 만들어 버린다. "좌우지간 난 네가 무슨 소리를 하고 있는지 모르겠다. 그렇지만 난 네가 그런 얘기를 할 수 있는 자격이 없다고 생각해. 내가 요양소에서 돌아온 직후에 너는 아프기 시작했잖니. 요양소의 의사가 나한테 그랬어. 집에서는 절대로 안정을 취해야 한다고. 아무것도 날 화나게 해서는 안 된다고. 근데 내가 한 일이라고는 온통 네 걱정이었잖아." 그리고 선동자의 영리한 책략을 가지고 메리는 에드먼드가 그녀의 투사를 비난할 기회조차 앗아가 버린다. 그녀는 에드먼드가 그녀에게 책임을 되돌리는 것을 수사학적으로 막아 버린다. 그녀는 에드먼드를 끌어안으면서 "하지만 그건 변명이 안 돼! 난 그저 설명하고 싶을 뿐이야. 그건 변명이 아니야! 얘야, 약속하렴. 내가 너한테 핑계를 댄 것이라고 생각하지 않겠다고."라고 소리친다.[16]

메리는 모든 사람의 불안을 부인하지만 자기의 불안은 절대 지나치지 않는다. 우리 중 많은 사람은 6세에 기숙학교로 보내지고 마약중독자인 어머니가 있으면 눈물을 보일 때가 종종 있을 것이다. 하지만 메리는 에드먼드가 그런 행동을 보이면 약점으로 취급했고 사람들 앞에서 대놓고 조롱거리로 삼았다. "에드먼드는 어렸을 때 쉽게 토라지곤 했지. 언제나 별일 아닌 것에 속상해하고 겁먹고 그랬어. 세상에, 모든 사람이 넌 모자만 떨어져도 울 거라고 했으니까."[17] 그의 어머니가 보기에 에드먼드의 고통은 타당하지 않은 것이었다.

싸구려 여인숙에서 지내다가 유진 오닐은 결핵에 걸리게 되었다. 실제 삶과 희곡 속에서 그는 어머니의 주의를 이 불행한 사실에 돌려보려고 애썼다. 희곡 속에서 어머니는 그의 불안을 무시해 버렸다. "앞에 뭐든지 가지고 있는 네 또래의 남자아이란! 공부하기 싫어서 그냥 그런 척하는 거지! 진짜로 하나도 아프지도 않잖니!" 그녀는 계속해서 "끔찍한 일들은 입에 올리지도 마라…… 넌 날 너무 겁먹게 하는구나…… 넌 오늘 아침보다 훨씬 더 보기 좋은데 뭘 그러니."라고 말했다. 에드먼드 자신의 불안은 인정받지 못하고 곪아 터져야만 했다. 심지어 메리는 그가 다른 사람들로부터 도움을 받을 수 있는 권리마저 부인한다. "오늘처럼 더운 날에 낡고 더러운 트롤리를 타고 시내까지 가는 건 정말 피곤한 일이야. 분명히 집에서 나랑 있는 게 훨씬 더 좋을 거다." 에드먼드는 어머니에게 호소한다. "어머니, 하디 선생님과 약속한 것을 잊어버리셨죠?" 어머니는 재빨리 대답한다. "네가 전화할 수 있잖니. 전화해서 많이 안 좋다고 말씀드려."[18]

그날 조금 뒤에 에드먼드는 치명적이었던 질병인 결핵에 대한 그 자신의 불안으로 어머니의 관심을 돌려보려고 다시 한 번 시도했다. 그는 불평한다. "이 모든 이야기가 나를 사랑하는 것에 관한 거예요. 어머넌 내가 얼마나 아픈지 얘기하려고 해도 들으려 하시지도 않잖아요—." 그의 어머니가 말을 자른다. "자, 자, 그거면 충분해! 난 듣고 싶지 않아……." 에드먼드는 다시 자신에게로 움츠러든다. 그의 어머니는 엄하지만 놀리는 투로 증가되는 기저의 원한을 담은 채 계속 말한다. "넌 정말 아무것도 아닌 일을 가지고 호들갑을 떠는구나. 그래서 더 극적이고 비극적일 수 있게 말이야." 경멸하는 냉소와 더불어서 그녀는 덧붙인다. "만약 내가 너한테 아주 조금이라도 맞장구를 치면 넌 아마 다음번엔 죽을 거라고 얘기할 거다—."

그 자신의 공황 수준이 높아지면서 에드먼드가 끼어든다. "사람들은 그것 때문에 죽기도 해요. 외할아버지도—." 어머니는 격분하면서 대꾸한다. "왜 외할아버지 얘기를 하는데? 너랑 비교할 건 아무것도 없어. 네 외할아버지는 폐병이었다고." 그녀는 화가 나서 계속 말한다. "난 네가 침울해지고 우울해지면 정말 네가 싫어! 네 외할아버지의 죽음에 대해서 다시는 생각나게 하지 마, 알아들었어?"

에드먼드도 제어할 수 없게 된다. "네, 들었어요, 엄마. 내가 하지 않았으면 좋았겠네요! 마약쟁이인 어머니가 있는 건 때때로 너무나 힘들다고요!" 그녀는 주춤하며 움츠러든다. 그녀의 얼굴로부터 모든 생기가 일순간 빠져나가는 듯 보이면서 플라스틱 얼굴 틀 같은 모양새가 된다. 이때 그녀의 아들이 알아차리고는 양심의 가책을 받는다. "엄마, 용서해 주세요. 화가났어요. 어머니가 제게 상처를 주셨어요."[19] 물론 이미 너무 늦었다. 일단 어머니를 마약쟁이라고 부른 후에는 그 울화를 주워 담을 수 없다. 그러나 그때 모르핀으로 증강된 오닐 여사의 이기심은 노발대발 격노하게 만들었을 것이다. 그 결과 진이 할 수 있는 일은 뭐가 있었을까? 마체테로 어머니의 가구에서 다리를 잘라 내는 것 말고.

　메리 타이런처럼 창의적인 예술가도 자신의 고통 때문에 다른 사람들을 꿰뚫을 수 있다. 하지만 예술가는 세상이 감사해하는 방식으로 한다. 카타르시스는 감염하고는 다르다. 메리가 주춤거린다. 그녀의 얼굴에서 핏기가 가신다. 그리고 그녀는 아들의 공격으로 움츠러든다. 연극 관객인 우리도 주춤거린다. 우리의 얼굴에서 핏기가 가신다. 그리고 우리는 황홀해진다. 성격장애가 있는 사람들은 주변 사람들을 오도하거나 화나게 만들거나 심지어는 파괴한다. 여주인공과 성자 그리고 극작가들은 주변 사람들에게 진실과 영감, 심지어는 건강을 가져다준다. 그러나 그들은 이러한 재능을 가까운 친인척에게만 선사하는 것은 아니다. 미성숙한 방어들은 일부 가족 구성원이 인생의 다른 측면을 통달하는 경우에조차 가족 내에서 계속해서 전해질 수 있다. 유진 오닐의 친할아버지는 그의 아들 제임스 오닐이 10세였을 때 가족을 버렸고 나중에 자살했다. 제임스 오닐은 그의 아들들인 제이미와 오닐을 유기했다. 그는 아들들이 6세였을 때 이미 음주를 통해 위안을 얻는 법을 가르쳤다. 그리고 아들들이 8세였을 때는 기숙학교로 보내는 것을 용납했다. 희랍 비극처럼 유진 오닐은 이러한 유기의 전통을 대물림했다. 그는 그의 아들 둘을 모두 방치했다. 첫째는 태어나기도 전에, 둘째는 그 자신이 기숙학교로 보내졌던 것과 동일한 나이에 그랬다. 그의 아들들은 모두 만성적인 약물중독자가 되었고 자살했다. 마찬가지로 그는 딸이 4세 때 방치했고 18세 때 그녀가 아버지인 유진 오닐과 같은 나이의 남자와 결혼하자 상속권을 박탈해 버렸다.

회 복

　나는 유진 오닐이 성숙을 통해서 회복했던 것처럼 사랑을 통해서도 회복했다고 믿는다. 그러나 그 사랑은 우리가 친구와 자녀들로부터 얻는 종류의 것이 아니다. 그가 받은 사랑은 환자가 치료자로부터 받는 사랑에 더 가깝다. 오닐에게 『밤으로의 긴 여로』의 사건을 포함했던 해는 그가 첫 시를 출판했던 1912년 봄부터 아마도 난생 처음으로 사랑에 빠졌던 1912년 가을로, 그리고 첫 번째 희곡을 집필했던 1913년 봄으로 이어지는 재탄생의 시작이었다. 이러한 과정을 촉진시킨 것은 보호시설, 유진 오닐이 실제로 결핵에 걸렸다는 것을 입증하고 그를 받아 주었으며 그가 보살핌을 받는다고 느낄 수 있게 해 준 모든 사람이었다. 성격장애가 심한 사람은 흔히 보호시설을 포함해서 체계화된 제도가 잡아 줄 필요가 있다. 어떤 개인이 단독으로 하기는 어려울 것이다. 오닐의 고통을 사랑으로 수용하는 것은 그의 결핵에 대한 어머니의 불안한 공포와 거리두기 반응과는 사뭇 대조된다.

1912년에 오닐은 결핵에 걸렸고 1913년에 게이로드 요양소Gaylord Sanatorium로 보내졌다. 거기서 그를 보살핀 것은 결핵에 걸렸다가 회복된 경험이 있는 간호사들과 의사들이었다. 그들은 그 요양소를 거의 자조적 집단처럼 운영했다. 말하자면 결핵 환우회인 셈이다. 난생 처음으로 오닐은 그가 아이였을 때부터 꿈꾸었던 어머니의 보살핌을 제공해 주는 환경 속에 있는 자신을 발견했다.

항생제나 심지어는 정확한 엑스레이 진단도 결여된 상태에서 게이로드 의료진은 가정과 같은 자애로운 분위기에 강조점을 두었다. 데이비드David 박사는 공감적인 선임 의사였는데, 오닐은 그의 "잿빛 눈은 환자의 괴로움을 목격하면 슬퍼졌으며 진정한 이해라는 공감 어린 자질을 가지고 있다. 그의 잿빛 눈은 동지애, 함께 나누는 희망의 용기를 갱신시켜 주는 인간적 동지애로 가득 차 있다."라고 썼다.[20] 모르핀으로 게슴츠레해진 희망 없는 어머니의 눈과는 천양지차다. 그의 자살 공상조차 이보다 더 따뜻할 수가 없다. 떠오르는 달빛을 따라서 바다로 헤엄쳐 나가다가 해월海月의 어머니 같은 품속으로 영원히 삼켜지는 공상.

데이비드 박사는 모든 환자의 치료를 완전한 침상 휴식을 취하는 것에서부터 시작했다. 이 상태는 환자들이 무기력으로부터 한 걸음씩 재탄생하는 과정으로 이어졌다. 우유는 그 요양소의 정규 식단 품목이었다. 데이비드 박사는 자기관리에서 면밀한 지시를 주었다. 어린 시절 그를 돌보아 주었던 사람도 전혀 없었고 프린스턴을 나온 다음에도 자신을 제대로 돌보지 못했던 유진에게는 그러한 초점화된 치료법이 아주 비범한 것으로 보였음에 틀림없다.

게이로드 요양소를 떠난 직후, 오닐은 데이비드 박사에게 편지를 썼다. "말하자면 고향을 방문하는 것이 즐거운 일이라는데, 내게는 내가 다시 태어난 곳을 방문하는 것이 두 배로 즐거운 일입니다. 왜냐면 나의 두 번째 탄생이야말로 내가 완전히 인정했던 유일한 것이었으니까요."[21] 그리고 오닐은 게이로드에서 여자들로부터 받은 친절을 결코 잊지 못했다. 그는 거의 평생 동안 거기 간호사들 중 한 명에게 계속해서 편지를 썼다. 1918년의 인터뷰에서 그는 게이로드 요양소의 분위기를 무대 위에서 다시 창조할 생각이라고 얘기했다. "나의 전체 아이디어는 희망이 없는 경우조차도 영적인 도움이 발휘할 수 있는 힘을 보여 주는 것이다……. 나 자신이 결핵 요양소의 환자였던 적이 있었기 때문에 난 그것을 아주 가까이에서 볼 수 있었다. 희망과 영적인 도움이 결핵을 물리친다."[22] "게이로드에서 난 처음으로 내 인생에 대해서, 과거와 미래에 대해서 진짜로 **생각했다.**"[23] 성숙한 방어의 발달은 정신적으로 시간, 과거와 미래를 제대로 이해할 수 있는 능력을 갖추게 되었는지에 달려 있는 것 같다.

프린스턴 대학에서 퇴학당한 후 게이로드에 들어가게 되기까지의 7년이라는 세월 동안 오닐의 삶은 온통 행동, 즉 느끼는 대신에 행동하기였다. 그리고 온통 공상, 즉 깨어 있는 대신에 꿈꾸기였다. 그다음의 7년 동안 오닐은 '그의 격분을 내부로 돌렸고 파괴자가 아닌 창조자가 될 수 있다는 기적적인 발견을 했다.' 공상은 승화로 진화해 갔고, 오닐은 도망치는 대신에

노는 법을 배웠다. 아니면 그가 말했듯이, "난 단막극을 쓰느라고 바빴다."[24]

오닐의 공상의 사용과 승화의 사용 간 연관성은 그의 친구인 버나드 사이먼Bernard Simon의 말에서 드러난다. "난 내가 얻을 수 있는 희곡들을 닥치는 대로 모두 읽기는 하지만 연극은 좀처럼 보러 가지 않는다. 늘 난 무대 위에 올려진 연극보다 더 근사한 연극을 마음속으로 만들 수 있기 때문에 극장에 가지 않고 더 좋은 시간을 갖는다. 그리고 청중 때문에 성가신 일도 없다. 내가 재미있어 하는 장면에서 재채기를 하는 사람도 없다."[25] 분열성 성격장애를 가진 사람과 유진 오닐을 구별해 주는 것은 오닐이 그의 꿈을 실현시켰다는 점이다. 그는 마음속 밖으로 연극을 꺼내서 현실 속에 집어넣었다.

1926년에는 오닐이 성격장애로부터 회복하게 만든 사건이 두 가지 더 있었다. 그의 인생에서 술이 떠나간 대신 칼로타 몬터레이Carlotta Monterrey가 들어왔다. 금주와 사랑은 그가 해리를 포기할 수 있게 하는 데 결정적이었다. 성숙한 방어의 진화는 생물학과 친절한 사람들의 내재화 모두에 달려 있다. 1925년에 오닐은 알코올 남용이 자신의 글쓰기를 파괴하고 있다는 것을 명확히 인식하기 시작했다. 그는 "내가 술을 마신다면, 아니, 술 냄새가 조금이라도 난다면 다시는 절대로 좋은 글을 쓰지 못할 것이다."[26]라고 공언했다. 유진 오닐은 1925년 12월 31일에 금주를 시작했고 잠깐 동안의 실수를 제외하고는 남은 생애 동안 금주를 유지했다.[27]

그 뒤의 몇 개월 동안 오닐은 두 번째 아내인 아그네스 볼턴Agnes Boulton과의 결혼생활에서 의식적으로 알아차리지는 못했지만 점점 더 불행하다고 느끼게 되었다. 아마도 그녀는 은연중에 그의 알코올중독을 부추겼을 것이다. 그는 결혼에 대한 연구를 하고 있었던 정신과 의사 길버트 해밀턴Gilbert Hamilton에게 6주 동안 진료를 받았다. 정신과 환자로서의 짧은 경험 동안 오닐은 그 자신에 대해 진실을 이야기하고 기억하는 법을 배웠다. 이 6주 동안 그는 자신에 대한 자서전적 기록을 남겼는데, 그것은 15년 뒤에 『밤으로의 긴 여로』의 뼈대를 제공하게 될 것이었다. 또 그는 자신의 결혼생활이 얼마나 불행한지를 또렷하게 의식하게 되었다. 그 여름에 그는 칼로타 몬터레이와 친구가 되었다. 그녀는 헤이즐 사싱이라는 세례명을 받았고 여러 번 반복된 짧은 결혼과 연애를 통해 부유해진 세련된 여배우였다.

1926년 가을에 오닐은 해밀턴 박사와 시작했던 자기발견 작업을 칼로타와 계속해 나갔다. 그 과정에서 그는 사랑에 빠졌다. 후에 칼로타가 오닐과의 초기 대화에 대해서 말했듯이, "그는 이야기를 하기 시작했다. 그리고 그의 출생, 거의 유아기 가장 처음의 기억에 대해서 이야기했다. 그는 이야기를 하고 또 하고 또 했다. 그러는 내내 그는 마치 **고문당하고** 있는 것처럼 보였다……. 그는 너무나 **불행해** 보였."[28] 한두 번의 만남 이후부터 그녀의 모성 본능에 발동이 걸리기 시작했고, 자신이 버림받은 아이에게 해 주었을 법하게 그를 보살피고 있다는 것을 깨닫게 되었다. 칼로타를 오랫동안 알아왔던 한 여배우는 "칼로타는 비범한 여성이었다. 그녀는 오닐을 위해서 아내 이상의 역할을 했다. 그녀는 그를 위해서 모든 것을 했다. 심지어는 타이피스트의 일도 했다. 그녀는 뭐든지 대충 하는 법이 없었다. 내가 알기론 칼로타가 이 세상에서 가장 관대한 사람이었다."[29]라고 말했다.

게이로드 요양소에서처럼 사랑을 흡수하는 오닐의 능력은 그의 치유와 창의성에 결정적인 촉매제가 되었다. 1928년에 유진과 칼로타는 유럽으로 함께 달아났다. 그 후 20년 동안 노약해져서 불구가 될 때까지 그들은 떨어지지 않았다. 나쁜 뉴스는 칼로타가 엄청나게 소유욕이 컸다는 것이다. 좋은 뉴스는 그때까지 누구에게도 소속되었다고 느낀 적이 없었던 오닐이 마침내 누군가에 의해서 소유당하는 것에 대해 깊은 감사를 느꼈다는 것이다.

만약 해리(신경증적 부인)가 부분적으로는 부모가 아이의 정서적인 고통을 인정해 주지 못한 데서 생긴 것이라면, 해리가 진화해서 승화가 되고 통찰이 생기는 것은 부분적으로는 그 고통을 인정받는 것에서부터 시작된다고 할 수 있다. 어떻게 칼로타의 인정이 오닐로 하여금 해리를 포기하도록 도울 수 있었는지를 이해하기 위해서 『밤으로의 긴 여로』의 다음 부분을 살펴보자. 메리 타이런은 약에 취해 몽롱한 상태로 방황하고 있었다. 그러자 장남 제이미가 스윈번Swinburne의 시를 냉소적으로 인용한다.

자, 가자, 내 노래들. 그녀는 듣지 않을 거야……
우리 모두 그녀를 사랑하지만 그녀는 당신도 나도 사랑하지 않네.
그래, 우리가 그녀의 귀에 천사 같은 노래를 속삭여도,
그녀는 듣지 않을 거야.

에드먼드는 갑자기 몸을 돌려서 메리의 팔을 움켜쥔다. 에드먼드가 얘기할 때면 당황하고 상처 입은 작은 소년의 기색이 분명하게 드러난다. "엄마! 그건 여름 감기가 아니야! 결핵이라고요!"

일순간 그는 돌파구를 찾은 듯했다. 메리는 부들부들 떨면서 얼굴 표정이 두려움으로 가득 찼다. 그녀는 마치 스스로한테 명령을 내리기라도 하듯이 정신없이 소리를 지른다. "안 돼!" 그리고 다시 즉각적으로 도망친다. 그녀는 부드럽긴 하지만 비인간적으로 중얼거린다. "넌 날 만지려고 하지 말았어야 해. 날 붙잡으면 안 된다고. 그건 옳지 않아."[30]

유진 오닐이 공상, 그다음에는 해리 속에서, 마침내는 해외로 달아나는 행동화 속에서 자신을 잃어버리는 방법을 배운 것도 당연하다. 바다에서 에드먼드 타이런과 그의 창조자 모두 회상한다.

나는 내 위로 높게 솟아 항해 때면 항상 달빛 속에서 하얗게 빛나는 돛대와 내 발 아래쪽의 물거품과 함께 선미를 바라보며 갑판 위에 선다.
나는 그 아름다운 정취 속에서 노래를 읊조리다가 술에 취하고 만다. 잠시 정신을 잃는다. 아니, 사실은 내 삶을 잃어버리고 만다. 나는 해방되었다……. 사실 내 삶에서 몇 번인가 같은 경험을 한 적이 있다. 저 멀리

헤엄쳐 갈 때 혹은 해변가에 혼자 누워 있을 때. 조수의 흐름 속에 흔들리면서 나는 태양이 되기도 하고 해변가의 모래가 되기도 하며 바위에 정박한 해초가 되기도 한다. 복된 삶에 대한 성인의 비전처럼. 보이지 않는 손에 가리워졌던 진실이 드러나는 것처럼.

　　찰나의 순간 동안 삶의 진실을 목격한다. 그리고 찰나의 순간 동안 삶의 의미가 생겨난다. 하지만 이내 진실은 베일로 가리워지고 나는 홀로 남아 안개 속에서 다시 길을 잃는다.[31]

대조적으로 칼로타와의 '심리치료' 직후에 오닐은 그녀에게 그녀의 사랑과 공감의 힘 덕분에 그의 해리와 공상을 하는 능력이 마치 영원히 사라진 것처럼 느꼈다고 썼다. 그는 항해를 하면서 보낸 날들에 관해 그녀에게 적어 보냈다.

　　그 무렵 삶은 만화영화에서 보는 그림처럼 내 영혼 속에서 깜박거리는 일련의 에피소드에 불과했다. 그리고 끊임없이 탈출하려고 애썼던 나의 시도가 그 에피소드들을 지나면서 하나의 지속적인 패턴을 만들고 있다는 것을 그 당시에는 알 수 없었다. 이제 옛날의 스릴은 지나갔다……. 꿈꾸면서 흥분했던 나 자신의 모습은 오래전 바다에 파묻혔다……[그리고 그는 이전 희곡의 상상 속 등장인물이 그에게 질문하게 한다]. "그들이 당신, 진 양키에게 바다 대신에 무엇을 주었지?" 나는 짐짓 쾌활한 어투로 대답한다. "뭐, 아다시피, 약간의 명성이랄까"…… 그는 "그건 나랑 잘 맞지는 않아, 그 이야기는." 하고 맞받아친다……. 오늘 나는 그에게 말한다. "칼로타가 있지." 그리고 난 그가 인정하듯 신음소리를 내는 것을 들었다."[32]

1931년에 오닐은 『상복이 어울리는 엘렉트라*Mourning Becomes Electra*』라는 작품에서 칼로타 역할의 중요성에 대해서 썼다. "간단히 말해서…… 오직 깊은 사랑만이 해낼 수 있는 형태로 당신은 이 끝내 주는 3부작을 쓰는 데 협력했소!……. 나는 내가 당신의 사랑을 알지 못하는 것처럼 보였을 때조차 내 사랑과 더불어 당신의 사랑을 알고 있었다는 것을 이 희곡을 통해서 당신에게 상기시켜 주고 싶소. 내가 거의 장님처럼 보였던 때조차 내가 당신의 사랑을 보고 있었다는 것을. 언제나 내 주위에서 당신의 사랑을 따뜻하게 느끼고 있었다는 것을…… 남자를 위한 따뜻하고 안전한 성소, 지지적이고 위로를 주는…… 삶 속 사랑의 승리─어머니이자 아내이자 연인이자 친구! 그리고 협력자!"[33] 이렇게 심신을 무력화하는 해리라는 방어가 승화로 발전하는 촉매제 작용이 일어났다.

* * *

성숙하는 자아의 지속적이면서 기적과 같은 또 다른 과제는 자기파괴적인 시기심과 복수하고 싶은 욕망을 감사로 전환시키는 것이다. 오닐은 복수가 주요한 이슈가 되는 분위기 속에서 자라났다. 그의 아버지는 몬테크리스토 백작 역을 반복해서 맡았다. 가해자들을 효과적으로 없애 버리면서 제임스 오닐은 백작의 복수를 마무리 지었다. 바로 그런 식으로 오닐의 초기 희곡 대부분에서는 복수가 중요한 모티브였다. 실제 삶에서도 꼭 그런 식으로 오닐은 자신의 자녀들인 셰인Shane과 우나Oona를 상속에서 제외했고 잔인하게 앙갚음을 했다. 왜냐하면 리어왕과 같은 무분별함을 가지고 그는 그들의 배은망덕함과 자기 아버지의 학대를 투사했기 때문이다.

수년 동안 유진 오닐은 자신이 태어난 것에 대해서 스스로에게 처벌을 가했다. 『밤으로의 긴 여로』에서 그는 멜라니 클라인Melanie Klein이 시기심이라고 부르고 안나 프로이트Anna Freud가 자기로부터 멀어지기라고 불렀으며 내가 이 책에서 소극적 공격이라고 칭한 영혼을 파괴하는 특징에 관한 생생한 그림을 그렸다. 그러한 시기심과 소극적 공격을 활용하는 데서 비롯되는 가학–피학성 관계는 대인관계 갈등을 매개한다. 그러한 방어는 자기와 타인을 병합시키고 진정한 친밀감을 형성하는 데 절대적으로 요구되는 안전한 분리에 대한 욕구를 침해한다. 따라서 『밤으로의 긴 여로』에서 새디스트이면서 동시에 마조히스트인 제이미는 에드먼드를 향해 뿌듯해하면서 말한다. "넌 나한테 공을 돌려야 해. 널 키운 건 다른 누구보다 나와 더 큰 상관이 있어. 난 네가 여자에게 눈을 뜨게 해 줬어⋯⋯. 그리고 애초에 시를 읽으라고 가르쳐 준 게 누구지? 예를 들자면, 스윈번? 나라고! 그리고 한때는 내가 글을 쓰기를 원했기 때문에 난 네가 언젠가 글을 쓸 것이라는 생각을 네 마음속에 심어 놓았지! 빌어먹을, 넌 내 동생 이상이야. 내가 널 만들었다고! 넌 내 프랑켄슈타인이야!"[34] 그는 다음과 같이 계속 말한다.

> "사실 널 쓸모없는 인간으로 만들려고 일부러 그랬어. 술에 취한 게 낭만적으로 보이게 말이야. 매춘부들이 가난하고 멍청하며 병든 게으름뱅이가 아니라 매혹적인 뱀파이어인 것처럼 보이게 만들고, 일은 잘 속아 넘어가는 멍청이들이나 하는 게임이라고 비웃고, 난 네가 성공하기를 바란 적이 한 번도 없어. 만약 그랬다간 비교당해서 내가 더 못나 보일 테니까. 네가 실패하기를 바랐다고. 언제나 네가 부러웠어. 엄마의 아기, 아빠가 가장 좋아하는 애!⋯⋯ 난 널 싫어하기보다는 좋아해⋯⋯. 하지만 넌 방심하지 않는 게 좋을 거야. 널 실패하게 만들려고 무슨 짓이라도 할 거니까. 어쩔 수 없어. 나도 내가 싫어. 복수를 해야 해. 모든 사람한테. 특히 너한테 말이야."[35]

제이미 오닐은 몇 년 후에 죽었다. 하지만 그의 고통은 조금도 수그러들지 않았다.

『상복이 어울리는 엘렉트라』에서 오닐은 어떻게 복수가 행동화로 표출되지 않고 대신에 주인공 자신에게로 향해질 수 있는지를 보여 준다. 라비

니아 마농은 자신의 슬픔을 다음과 같이 다룬다. "난 나 자신을 처벌해야만 해! 죽은 자들과 여기서 홀로 지내는 것은 죽음이나 감옥보다 더 심한 정의의 행위야……. 한줄기 햇살도 들어오지 못하게 셔터를 못질하고 닫아 버릴 거야. 난 홀로 죽은 자들과 살면서 그들의 비밀을 지키고 그들이 나를 따라다니며 괴롭히게 내버려 둘 테야. 저주의 대가를 치르고 최후의 마농이 죽게 될 때까지! (수년 동안의 자기 고문을 흐뭇해하는 기이하고 잔인한 미소를 지으면서) 난 그들이 내가 오랫동안 살도록 주시할 것이라는 걸 안다고! 마농 일가는 태어났다는 이유만으로 그들 스스로를 벌하게 돼!"[36] 그녀의 대사는 『밤으로의 긴 여로』를 쓰기 전까지 오닐 자신이 가지고 있었던 평생에 걸친 자신에 대한 저주를 반영한다.

그 희곡에서 오닐은 죽은 자들을 다루는 또 다른 방법을 배웠다. 그로 하여금 '피와 눈물로 쓰인 낡은 슬픔'을 마지막으로 방출하게끔 해 준 그 희곡에서 오닐은 태어났다는 이유 때문에 스스로를 처벌하곤 했던 때와 유사한 고통을 경험했다. 하지만 그전과는 달리 이제는 더 큰 화해와 더 큰 감사가 함께했다. 칼로타 오닐이 『밤으로의 긴 여로』를 타이핑했는데, 그녀는 오닐이 그 작품을 쓰면서 얼마나 괴로워했는지를 회상했다. "어떤 땐 그 사람이 미쳐 버릴 것 같다고 생각했어요. 그의 고통을 지켜보는 건 끔찍한 일이었어요."[37] 그녀는 리포터에게 말했다. "난 이 희곡을 두 번 타이핑했어요. 유진이 많은 부분을 거듭 살펴봤거든요. 난 내내 울었어요. 그게 날 너무 속상하게 했거든요."[38] "이 희곡을 쓰느라 그는 거의 죽을 뻔했어요"라고 그녀는 또 다른 기회에 말했다. "매일 밤 난 그를 꼭 껴안아 주었어요. 그래야지 그가 편안해져서 잠들 수 있었거든요……. 그렇게 해서 그 희곡이 써졌죠."[39] 어쩌면 약간 과장되었겠지만 그게 바로 피질과 변연계를 연결하기 위해서, 정신과 마음을 연결하기 위해서 오닐이 희곡을 선택한 이유다. 그리고 셰익스피어와 프로이트 같은 인간의 조건에 관한 위대한 전문가가 시와 메타포를 선택했던 이유이기도 하다.

칼로타의 보살핌에 대한 답례로 유진은 그녀에게 편지를 썼다.

　　사랑하는 그대에게

　　눈물과 피로 쓴, 오래된 슬픔에 관한 이 희곡의 원본을 그대에게 드립니다. 행복한 날의 축하 선물치고는 부적절할 정도로 슬퍼 보일게요. 하지만 그대는 이해할 거요. 나로 하여금 마침내 죽은 자와 마주하게 하고 4명의 겁에 질린 타이런 일가를 위한 깊은 연민과 이해 그리고 용서하는 마음으로 이 희곡을 쓸 수 있도록 만들어 준, 사랑에 대한 믿음을 내게 선사해 준 그대의 사랑과 온화함에 바치는 헌사라오.

　　사랑받으며 살았던 지난 12년은 빛과 사랑으로의 여로였소. 당신은 알거요. 내가 얼마나 감사하는지. 그리고 나의 사랑에 대해서도![40]

이보다 12년 앞서서 오닐은 사랑과 감사에 의해서 변하게 된 동일한 과정을 훨씬 더 짧게 기술한 적이 있다. 유진과 칼로타가 동거하기 시작한 직후인 1928년 2월에 그는 한 친구에게 다음과 같이 썼다.

　　세상에, 내가 얼마나 행복한지 자네에게 말할 수 있다면 좋겠네! 그야말로 나는 완전히 바뀌고 변했어! 내가 포기했던 꿈, 언젠가 다시 꿈꾸었으면 했던 바람조차도 이루어졌다고! 수천 배는 더 가슴에 사무치게 달콤하고 황홀한 신혼여행 때 너무 즐거워서 바보같이 눈이 휘둥그레진 채로 이리저리 돌아다녔어. 왜냐하면 그러한 기쁨이 누군가의 과거, 특히 내 것과 같은 과거가 행복이 무엇을 의미하는지, 행복이 얼마나 드문지, 그리고 우리가 그것을 얼마나 겸손한 마음으로 감사해야 하는지를 알아차릴 수 있게 해 주는 힘을 선사해 주는 나이에 왔기 때문이야……. 신비주의적인 해석을 하자면, 동정심 많은 신이 불행했던 칼로타와 나의 인생을 뒤돌아보면서, 글쎄…… 그들은 서로한테 좋은 짝이 될 거야. 만약 그들이 그 선물을 받아들일 배짱만 있다면 말이야라고 하는 것처럼 보여. 그리고 우리는 그렇게 했지. 우리는 바로 여기에 있어!…… 내가 예전에 경험했던 어떤 사랑도 칼로타와 내가 사랑에 빠졌다고 말하는 것에 비할 수 없어. 이건 완전히 새로운 감정이야……. 그건 어떤 점을 보더라도 절대적으로 옳아! 우리는 서로에게 '소속'되어 있지! 우리는 서로를 채워 줘!⁴¹

오닐에게 칼로타와의 융합은 시기가 아닌 감사로 이어졌고, 오닐은 나이 들어 갈수록 복수에 대한 강박관념을 완전히 잊어버렸다. 노년기에 그는 "내 모든 희곡에서 죄는 처벌되고 구원이 이루어진다. 악과 선은 공존할 수 없다. 악을 파괴하는 것은 다정한 키스에 무너질 때다."⁴²라고 말했다. 그리고 당신이 그러한 치료를 '사랑' '신의 은총' 혹은 '성숙한 방어기제들' 중 어느 것에 귀인하든 별 차이가 없을 것이다.

어쨌든 1940년까지 오닐의 적응 스타일은 승화 이외에도 다른 성숙한 방어들을 예전보다 더 많이 사용하는 모습을 나타냈다. 『사생아를 위한 달 Moon for the Misbegotten』을 썼던 암울했던 1년 동안, 오닐은 파킨슨씨병과 유사한 떨림 증상 때문에 장애를 일으키는 희귀한 신경질환을 앓으면서 작업을 했다. 그는 유머를 가지고 썼다. "나한테는 언제나 [떨림 증상이] 다소간 있었어. 하지만 프린스턴 각본을 썼던 기간에는 심하지 않았지. 오랫동안 내 희곡들을 타이핑해 온 오닐 여사는 이제 돋보기와 이집트학 책을 가지고 작업을 해야 할 판이야. 이 시간들이야말로 그녀가 우리의 결혼이 스스로 무덤을 파는 것과 같은 심각한 실수는 아니었다고 생각하게 되는 때지."⁴³

삶의 막바지로 향해 가면서 한때는 충동적이고 방종했던 선원은 억제의 대가가 되었다. 그는 젊은 시절 스윈번, 럼주, 그리고 바다에서 술에 취해 지냈던 해리자였던 것에 걸맞은 수준으로 훌륭한 금욕주의자가 되었다. 1942년 12월에 신경학적 질환으로 장애를 겪고 있어 더 이상의 희곡을 쓰기에는 너무나 아프고 떨림 증상이 심해졌을 때, 오닐은 친구에게 고통스럽게 갈겨 쓴 편지를 보냈다. "우리는 2주에 한 번씩 받아야 할 중요한 치료를 위해서 오클랜드의 의사한테까지 운전을 해 줄 사람(댄빌에 사는 철물상인)을 찾았어. 지금은 가솔린 배급제가 있으니까 이걸 'A'급에 걸맞게 하려면 상당히 힘들게 주판알을 튕겨야 해. 하지만 알게 뭐야! 우리는 좋은 시간을 보내고 있고 앞으로도 그럭저럭 잘 지내면서 꽤 쾌활하게 계속 지낼 거야. 너무나 많은 면에서 해결 불가능한 상황들에 직면하고 있는 여기 주변 농부들에 비한다면 우리는 훨씬 좋은 처지이고 그다지 힘든 일도 없어."[44]

미성숙한 방어들은 어떤 사람이 다른 사람의 뼛속 깊이 골수를 침범하게 만듦으로써 효력을 얻는다. 반대로 성숙한 방어들은 본질적으로 정직하고 도덕적이며 안전하고 덜 침입적인 친밀감을 허용한다. 오직 예술가만이 우리의 폐부 깊숙이 뚫고 들어와 성숙한 방어를 사용하는 사람의 정직성과 도덕성을 우리의 가장 오래된 갈망을 일깨워 주는 사기꾼과 죄인의 능력과 결합시킬 수 있다. 오닐의 삶을 다른 말로 바꾸어 표현한다면, 비극 자체는 심오하게 아름다운 진실을 지니고 있다는 것일 것이다.

약점, 탄력성, 그리고 성숙한 방어기제

> 역경이 성격 '구조'에 영구적인 손상을 입힌다는 생각을 뒷받침해 주는 경험적인 근거 자료는 거의 없다.
>
> ―마이클 러터

인간의 삶은 언제나 예상했던 대로 펼쳐지지는 않는다. 때로는 예기치 못했던 비극적인 결과가 나타나기도 한다. 전도유망한 젊은이가 감옥에 가거나 약물중독으로 망가지기도 한다. 또 애정이 넘치고 연약한 어머니가 외동이를 백혈병으로 잃기도 한다. 이런 일들을 겪을 때 우리는 그러한 사건이 일어날 수도 있었다는 것을 알지 못했다는 사실조차 거의 깨닫지 못한다. 우리 모두는 험프티 덤프티(영국의 전래동요에 나오는 주인공으로 담벼락에서 떨어져 깨져 버린 의인화된 달걀―역자 주)가 담장에서 떨어지면 산산조각이 나고 영원히 고칠 수 없다는 것을 안다. 하지만 때때로 우리는 예상치 못했던 결과로부터 더 많은 가르침을 얻기도 한다. 약점이 있는 젊은이가 사랑을 주고 또 창의적인 성공을 이루게 된다. '기회를 가지지 못했던' 아이는 행복하고 건강한 어른으로 성장한다. 이런 점에서 우리는 한때는 부서졌지만 10년 혹은 심지어는 40년 후에 온전한 전체가 되는 험프티 덤프티로부터 배울 것이 많다고 할 수 있다.

약점으로부터 이렇게 회복되는 핵심 과정에는 탄력성resilience이 자리 잡고 있다. 탄력성이란 개념은 더 대중적이긴 하지만 사실 공감이 잘 안 되는 개념인 불침성invulnerability이라는 표현보다 훨씬 더 정확하고 유용하다. 어떤 식으로든 탄력적인 청소년이 결국에는 성취해 내는 생존과 회복이 불사신을 의미하지는 않는다. 사실 아동발달에 관한 위대한 종단 연구들 중 하나인 카우아이 연구Kauai Study[1]의 지적인 대모인 에미 워너Emmy Werner는 그렇게 수리된 험프티 덤프티를 '취약하지만 천하무적'이라고 표현했다.

탄력성 현상은 이해하기 쉽지 않다. 사회과학의 많은 용어가 그렇듯이 다른 누군가가 탄력성을 정의하는 것을 듣기 전까지는 우리 모두 탄력성이 무엇을 의미하는지를 완전하게 알고 있다고 믿는다. 탄력성은 부러지지 않은 채로 구부릴 수 있는 능력과 일단 구부려진 다음에는 다시 튀어오를 수 있는 능력 모두의 의미를 담고 있다. 따라서 나는 에미 워너와 루스 스미스Ruth Smith가 정의한 탄력성을 좋아한다. "인간 유기체 내에 존재하는 자기교정적인 경향성."[2] 그러나 이것은 단순히 취약성과 다중적인 위험요인에도 불구하고 생존하는 것을 의미하는가? 아니면 그것이 또한 행복까지도 허용할 때에만 탄력성이라고 생각해야 하는 것일까? 취약한 환자가 수술을 견디어 내는 것만으로 충분할까? 고아가 수용소에서 살아남는 것만으로 충분할까? 아니면 탄력적이라고 할 수 있으려면 그들이 뛰고 웃고 기쁨을 느낄 수도 있어야 하는 것일까? 독자가 선택해야 한다. 내가 이 장에서 논의하는 모든 남자는 취약한 사람들이다. 하지만 그 대부분은 탄력적이고 궁극적으로는 천하무적일 것이며 그중 몇 명은 행복할 것이다.

앞 장들에서 내가 자아의 지혜로 제시한 대부분의 예는 중류층 혹은 상류층 출신의 상당히 지적인 사람들로서 양호한 건강 상태와 비범한 에너지, 그리고 일정 분야에서 성공한 부모라는 혜택을 누린 사람들이었다. 이 장에서는 가장 불리한 처지에 있었던 도심 표본의 남성들에만 초점을 맞출 것이다. (도심 표본에는 여성이 없었기 때문에 독자들만큼이나 나도 여기서 기술되는 발견들이 여성에게도 똑같이 적용될지에 대해서는 궁금한 상태다.) 출발점으로서 나는 도심 표본 456명의 아동기를 검토했던 한 평정자에게 아동기 환경이 최악이었던 명단을 작성해 달라고 요청했다. 이 명단은 다양한 위험요인을 지니는 동시에 탄력성을 촉진시키는 것으로 생각되는 아동기 보호요인들이 대부분 결여되었던 남성들로 구성되었다. 이 집단 중에서 선택한 11명의 사례는 〈표 12-1〉에 요약되어 있다.

도심 표본의 각 참여자는 아동기에 일반적으로 아이들에게 열악한 심리사회적 적응을 초래하는 것으로 여겨지는 위험요인들이 있었는지 여부에 따라서 평가되었다. 〈표 12-1〉에 수록된 대부분의 위험요인은 그 자체로 설명력을 갖는다. '낮은 사회경제적 지위'는 고등학교를 졸업하지 못하고 또 미숙련 직종에서 일하는 아버지가 부양하거나 아니면 복지제도가 지원하는 임대주택에서 거주하는 것을 의미한다. '낮은 자존감'은 9점 척도인 자기존중감 척도에서 7~9점에 해당하는 점수를 받는 것을 의미한다. '복합문제 가족'은 역기능적 가족구조의 스물다섯 가지 객관적 징후 중에서 아홉 가지 이상이 나타나는 가족 속에서 성장했다는 것을 의미한다. 이 객관적 징후들은 범죄학자인 글루엑Glueck 부부가 원래 제안했던 것으로 부모 모두로부터 분리되는 것, 정신질환이 있는 어머니, 알코올중독이거나 정신지체인 아버지 등이 그 예가 된다.[3] 〈표 12-1〉의 위험요인 각각은 연속선상의 한 축이다. 보통 다른 한 축은 흔히 인용되는 보호요인이다. 달리 말해서, 높은 자존감이나 지능, 혹은 사회적 지위는 그렇지 않았다면 취약했을 아이를 보호해 주는 경향이 있다. 이 도심 표본 참여자들이 유일하게 누렸던 두 가지 보호요인은, 첫째, 한 명만 제외하고는 모두 신체적인 건강이 양호했다는 점, 둘째, 두 명을 제외하고는 바로 손아래 동생보다 적어도 두 살은 위였다는 점이다. 그러나 전반적으로 표에 제시된 모든 남성의 아동기는 워너와 스미스의 불리한 동년배인 카우이 아동들 중에서도 하위 20%를 특

표 12-1 | 도심 표본 중 취약한 11명과 그들의 위험요인

위험요인	킨더	후포	코월스키	소토	부라이트	패트리아이커	멀리건	펠	힐	그림	로먼
IQ <85(워너)[a]	99	90	110	101	79	60	91	98	79	87	88
낮은 사회경제적 지위(러터)[b]	2	4	3	4	4	4	5	5	4	5	5
낮은 자존감(가메지)[c]	2/9	9/9	9/9	7/9	1/9	6/9	7/9	2/9	4/9	2/9	9/9
심각한 부부 불화(러터)	x	x	x	x				x			
가정위탁 6개월 이상(러터)	x										
정신적으로 병든 어머니(러터)	x	x		x							
범죄 성향을 보이는 아버지(러터)	x	x		x	x	x	x	x	x	x	x
가족/방 비율이 1 초과(러터)		x		x	x	x	x	x	x	x	x
손아래 형제자매와의 나이차가 두 살 미만(워너)		x		x		x	x				
친형제자매가 5명 이상(러터)		x	x	x	x	x	x		x		
알코올중독인 부모(베일런트)[d]	x	x	x	x	x	x	x	x	x	x	x
복합문제 가족(베일런트)		x	x	x	x	x		x	x		
위험요인의 총합	4	8	4	8	5	6	5	5	5	3	3
결과											
건강 질병 평정척도 점수(47세)	88	73	88	90	92	84	91	93	48	68	?
방어의 성숙도 점수(47세)	2	3	1	4	1	4	4	3	9	9	?

주: IQ, 자존감, 사회경제적 지위 점수가 위험요인으로 분류될 정도로 충분히 낮은 경우에는 밑줄로 표시함. 다른 변인들의 경우에는 x가 위험요인의 존재를 나타냄.
a. 워너: E. E. Werner and R. S. Smith, *Vulnerable but Invincible* (New York: McGraw-Hill, 1982).
b. 러터: M. Rutter, B. Yule, D. Quinton, O. Rowlands, W. Yule, and M. Berger, "Attainment and Adjustment in Two Geographical Areas, III: Some Factors Accounting for Area Differences," *British Journal of Psychiatry*, 125 (1974): 520–533.
c. 가메지: N. Garmezy, "Stressors of Children," in *Stress, Coping and Development in Children*, ed. N. Garmezy and M. Rutter (New York: McGraw-Hill, 1983), pp. 43–84.
d. 베일런트: G. E. Vaillant, *The Natural History of Alcoholism* (Cambridge, Mass: Harvard University Press, 1983).

징짓는 바로 그 요인들을 보여 주고 있었다. 카우이 아동들은 "지지를 거의 제공해 주지 못하는, 지속적으로 혼란된 가족환경 속에서 살았다……. 이 집단의 대부분은 끊임없이 심각한 적응 문제를 겪는 경향이 있었다."[4] 워너와 스미스에 따르면, 만약 적어도 네 가지 주요한 위험요인이 존재한다면 초기 성인기에 성공적인 삶을 살 확률은 1/4보다도 작다.

전향적 연구가 10년간 진행된 뒤인 25세 때 모든 도심 표본 참여자는 여전히 회복될 수 없을 정도로 망가져 있는 것처럼 보였다. 내게 성인발달 연구의 망원경이라는 축복이 없었다면, 50년이란 추수조사를 접할 기회가 없었다면, 그들의 인생이 진짜 어떻게 되었는지에 대해서 결코 몰랐을 것이다. 인간은 조각난 채로 태어난다. 그리고 인간은 조각난 삶을 수선하면서 살아간다. 이때 자아의 지혜는 접착제 역할을 톡톡히 해낸다.

50년에 걸친 추수조사 후에 11명 중 8명이 지울 수 없는 자질로서의 탄력성을 드러냈다. 중년기에 이를 때까지 그들은 스스로를 변화시켜 나갔고 때론 약간의 기쁨마저 누렸다. 표에 제시된 첫 번째 8명은 중년기에 건강 질병 평정척도 점수가 보여 주듯이 아주 잘 지내는 것으로 나타났다. 이 척도는 정신건강을 수량화한 신뢰로운 측정 도구로서 1점에서 100점까지의 점수로 이루어져 있다. 청소년기에 이 8명 모두 적어도 네 가지 위험요인을 가지고 있었지만 로버트 호프Robert Hope를 제외한 나머지 사람은 모두 나중에 정신건강에서 상위 1/4에 속했다. 8명 모두 비교적 성숙한 방어기제(9점 척도에서 1~4점에 해당)를 보여 주었다.

대조적으로 표에서 나머지 3명, 즉 유리 힙Yuri Heep, 새미 그림Sammy Grimm, 윌 로먼Will Loman은 불행한 운명을 보여 주었다. 그들은 처음에는 더 낮은 위험에 처했지만 나중에 훨씬 덜 성숙한 방어들을 사용했다.

따라서 전도유망과는 거리가 먼 인생이 탄력성을 발휘하는 과정을 설명할 때 성숙한 방어라는 개념을 불러들이는 것은 유용할 수 있다. 나는 그처럼 역경에 굴하지 않는 사람들이 보여 주는, 지푸라기를 황금으로 짜내고 스스로에 대해서 웃을 수 있으며 공감을 표현하는 능력, 불굴의 정신, 그리고 미래의 문제요소들에 대해 현실적으로 대비할 수 있는 능력을 볼 때마다 매번 깜짝깜짝 놀란다.

마이클 러터Michael Rutter, 노먼 가메지Norman Garmezy, 에미 워너와 같은 아동기 탄력성에 관한 지도적인 연구자 3명은 그러한 자아 방어기제의 중요성을 제안한 적이 있다. 하지만 그들은 각각 자아 방어기제의 개념을 간과해 버리거나 혹은 나와는 완전히 다른 개념으로 그러한 방어들을 다루어 왔다. 예를 들어, 캘리포니아 성격검사California Personality Inventory를 이용한 워너는 탄력적인 청소년을 그렇지 않은 청소년과 구분하는 가장 중요한 형용사로 '유머스러운' '정서적으로 반응적이고 배려하고 이상적인'(다른 말로 이타적인), '진취적이고 지략이 많은'(창의적인), 그리고 '계획 능력'(예상)을 포함시켰다.[5]

도시 빈민가 출신 흑인 아이들의 유능성을 설명하는 요인들을 정리하면서, 가메지는 그런 아이들이 스스로에게 등을 돌리는(소극적 공격) 대신 그들의 "지배적인 인지 스타일로 심사숙고와 '충동' 통제(억제)를 사용한다."는 사실에 주목한다.[6] 가메지 역시 워너처럼 내적 통제 소재의 중요성에 주목한다. 이는 외적 통제 소재와 연관되어 있는 미성숙한 외현화 방어기제보다는 중간 수준 및 성숙한 수준의 내재화 방어들을 사용하는 것과 일치하는 개념이다.

러터는 방어기제에 대해 회의적인 태도를 보였다. "적응기제는 사람들이 스트레스나 역경을 겪은 후에 심리적 장애를 발달시킬지 여부를 결정하는 데 중요할 수 있다. 그러나 적응기제들을 적응적 특성 혹은 부적응적 특성에 따라 분류하려는 시도가 유익한지 여부는 매우 의심스럽다."[7] 다른 데서도 그는 "직관적으로 적응과정이 스트레스 사건들을 겪은 후의 결과물들을 결정하는 데 중요한 역할을 한다는 것은 분명해 보인다. 하지만 지금까지 그러한 개념들과 측정치들은 정의 내리기 힘든 것으로 밝혀져 왔고, 채택된 특정 적응기제가 (성인에게서든 아동에게서든) 정신과 장애에 대한 위험요소가 된다는 증거도 부족하다. 다만 그것은 중요할 수도 있고 또 그 가능성에 대해 연구한다면 좋을 것이다."[8] 성인발달 연구에서 나온 지난 20년간에 걸친 조사는 분화된 방어들의 설명력이 너무나 회의적인 수준이었음을 보여 주었다.[9] 〈표 12-1〉에 나오는 남성들의 예시적인 인생 이야기를 통해 그 이유에 대해 살펴보도록 하겠다.

*   *   *

〈표 12-1〉에 수록된 도심 표본 남성들 중에는 새미 그림과 켄 킨더Ken Kinder가 있다. 새미 그림에게는 실비아 플라스, 플로렌스 나이팅게일, 유진 오닐의 경제적 혜택도 지적인 유리함도 전혀 없었다. 편견을 갖고 있던 사회복지사가 처음에 새미 그림의 집을 조사했을 때 그녀는 그의 가족을 '원시적'이라고 묘사했고, 그의 집은 "악의 소굴 같았다……. 마치 도스토예프스키가 잘 표현할 것 같은" 곳이라고 묘사했다. 그녀가 현관문을 들어섰을 때,

난 부서진 현관 입구의 계단에 바글거리고 있는 온갖 연령대의 아이들을 보았다. 모두 왁자지껄 떠들며 소리 지르고 있었다……. 어두운 복도에 들어가자 남자아이 둘이서 주먹다짐을 하며 끌어안고 있었는데, 한 아이는 불쌍하게 비명을 지르고 있었다. 다른 아이가 소리 지르고 있는 아이의 목을 물고 있었다. 내가 말을 걸었을 때에도 멈추지를 않았다……. 그 집은 내가 방문했던 집들 중에서 가장 더러웠으며 허물어지기 일보 직전이었다. 짖어 대는 개 한 마리와 울고 있는 아기가 방에서 나는 심하게 불쾌한 냄새와 함께 나를 덮쳤다. 새미의 부모와 한 이웃이 와인 술단지와 대여섯 개의 술잔, 더러운 옷가지와 빵 몇 조가리가 널려 있는 기름투성이의 식탁 주변에 앉아 있었다.

그 집은 더운 물도 나오지 않았고 중앙난방도 되지 않았다.

새미 그림의 아버지는 음주 때문에 체포된 적이 몇 번 있었다. 그의 어머니는 공갈폭행죄를 선고받은 적이 있었고 4명의 조부모는 모두 문맹이었다. 그림은 부모 모두와 강한 유대감을 가지고 있다고 말했다. 하지만 부모가 선호한 훈육방식은 체벌이었고 그것도 비일관적이었다. 아버지는 "엄마가 된다고 하면 내가 안 된다고 하지."라고 말했다. 놀랄 것도 없이, 새미 그림의 학교 수행은 흥미 결여, 무단결석, 흡연 및 부주의로 점철되어 있었다. 그는 두 학년을 유급했다. 그의 지능지수는 87이었는데, 언어성 지능지수가 동작성 지능지수보다 무려 30점이나 낮았다(지적 잠재력과 후천적 학습 수준 간 괴리를 시사함―역자 주).

30년 후 중년기에 인터뷰를 할 때 새미 그림은 여전히 쇠락한 아파트에서 살고 있었다. 그는 작은 키에 배가 불룩하게 나왔고 뚱뚱했다. 그는 정부의 한직으로 일하는 것에 대해서 "세상에서 제일 좋은 일은 아니지만 만족스러워요……. 격주로 급여를 받거든요."라고 말했다. 오래전에 결혼했지만 겨우 1년밖에 유지하지 못했다. 현재 여자친구와는 10년째 같이 살고 있다. 면접자는 "이 여성과 연구 참여자의 관계는 양쪽 모두 의존적이라는 것이 내 인상이다. 이 참여자에게는 그의 삶 속에서 일어나고 있는 그 어떤 것에 대해서도 열정이 진짜 없었다."라고 썼다. 그림은 휴식을 위해서 도박을 했고 또 TV를 봤다. 그는 가끔씩 "대박이 나면 돈을 다 날려 버리죠."라고 말했다.

새미 그림은 빌 디마지오(7장 참조)가 친밀감, 경력 강화, 생산성의 전문가였던 것과는 동떨어진 삶을 살았다. 그림과 디마지오의 아동기는 크게 다르지 않았다. 하지만 그들의 적응 스타일은 판이하게 달랐다. 일생 동안 그림은 어려움에 대처하기 위해서 미성숙한 방어인 소극적 공격과 해리를 사용했다. 그의 방어는 그 연구에 참여한 어느 누구도 견줄 수 없을 정도로 미성숙했다. 그림은 어렸을 때 면접자에게 자신이 화가 나면 '돌아 버린다'

고 얘기했다. 중년기에 그는 자신이 화가 나면 "아마 밖에 나가서 술 먹고 취해 버리겠죠."라고 말했다. 중년기에 인터뷰를 할 때, 그는 고혈압으로 고생하고 있었고 다섯 종류의 약을 복용하고 있었다. 의학적 처방 때문에 생기는 가장 큰 어려움은 그가 복용 지시를 잘 따르지 않는다는 것이었다. 왜냐하면 소극적으로 공격적인 그림은 권위적인 인물이 시키는 일을 결코 좋아한 적이 없기 때문이었다. 면접자가 그의 형편없는 자기관리 문제에 주목한 지 2년 후 결국 새미 그림은 고혈압으로 사망했다. 슬프기는 해도 어느 정도는 예측할 수 있는 일이었다. 그렇다면 어떤 대안적 삶이 가능했겠는가? 켄 킨더의 삶은 전혀 다른 양상을 나타냈다.

* * *

새미 그림은 심각한 알코올중독 문제를 보이지 않는, 비일관적이지만 안정적인 부모를 견뎌 냈다. 대조적으로 켄 킨더의 아동기는 모든 것이 잘못되어 있었다. 그의 어머니는 네 살 때 친모랑 헤어졌다. 그녀는 조부모의 보살핌을 받다가 나중에 친부와 계모랑 살게 되었다. 친부가 그녀를 너무나 심하게 폭행했기 때문에 청소년 시기에 고아원에 가야만 했다. 고아원에서 나온 후 결혼을 했고 알코올중독이 된 상태에서 켄 킨더를 낳았다. 그녀는 술에 취했을 때 아들을 술집 밖에 내버려 두곤 했다. 경찰이 아이를 발견해서 경찰서에 데려가곤 했다. 결국 킨더가 네 살이었을 때 그의 어머니는 알코올중독으로 사망했다. 이듬해에 킨더도 고아원에 가게 되었다. 같은 해에 그는 차에 치여서 의식을 잃었다. (두부손상은 도심 표본 청소년에게는 매우 흔한 일이었고 우발적인 취약성의 또 다른 근원이었다.) 고아원을 나온 다음 킨더는 친조부와 함께 살게 되었는데, 친조모는 정신병적 우울증으로 입원을 하고 있었다. 그의 외조모는 그를 데려갈 수가 없었는데, 조현병과 매독을 앓고 있었기 때문이었다. 킨더에게도 조현병에 걸린 여동생이 있었다. 그녀는 나중에 10년 동안 입원했다.

　그러나 켄 킨더의 인생은 그의 어머니의 인생과는 사뭇 달랐다. 그의 아버지는 그가 13세 때 그를 도로 데려왔다. 아버지는 건축가였지만 대공황 동안에는 사무직과 제도사 일밖에 할 수 없었다. 그래도 그는 계속 고용 상태를 유지할 수 있었다. 특히 그는 두 번째 결혼을 제대로 선택했다. 계모는 켄 킨더를 엄격하게 훈육했다. 집안의 일상은 규칙적이었고 집은 깨끗했다. 13세 때 그는 아버지와 계모에 대한 강한 유대감을 명확하게 인식하고 있었고 자신의 아동기를 매우 긍정적으로 묘사했다. 새미 그림과는 달리, 그는 부모의 훈육을 엄격하지만 친절한 것으로 묘사했다.

　또 켄 킨더는 운 좋은 기질을 타고난 복을 누렸다. 사회복지사는 켄 킨더의 핵심 성격 특성을 표현하는 형용사들이 '양심적, 자기비판적, 심미적'이라는 사실에 주목했다. 학교에서 그는 노력해서 A를 받았다. 고아원에 있을 때 2학년을 유급한 적이 있었지만 결국에는 고등학교를 성공적으로 졸업했다. 정신과 의사는 "그 문제[청소년 비행]에 대해 논의하면서, 켄이 언제나 상황의 양쪽 측면을 보고 있으며 늘 결과를 중요하게 생각하는 경향이 있다는 것이 분명했다." 킨더의 이러한 예상 능력은 그의 장래를 위해서는 좋은 징조였다.

　혼란스러웠던 아동기에도 불구하고 켄 킨더는 매우 친밀한 대가족 출신의 여성과 결혼했다. 그녀의 아버지는 자녀들을 사랑했고 관대했다. 킨더가 32세였을 때 그의 집은 '무결점'이라고 묘사되었다. 당시에 그는 면접자에게 "난 경제적으로 능력이 되자마자 아내와 가족을 위해서 집을 샀어요."라고 말했다. 47세의 킨더는 앞머리가 약간 벗겨지기 시작했지만 큰 키에 잘생긴 남성으로서 유쾌한 미소와 매력적인 매너를 보여 주었다. 그는 경치가 좋은 콘도미니엄 빌딩에 있는 매력적인 아파트와 케이프코드의 별장을 가지고 있었다. 그는 지난 15년 동안 세일즈맨으로 일해 왔다.

　인터뷰 도중에 그의 아내가 끼어들어서 그가 그의 일에 관한 모든 것을 사랑한다고 말했다. 킨더는 고용인들과도 잘 지내지만 특히 고객들을 좋아한다고 덧붙였다. "당신은 당신이 다루어야 하는 사람을 잘 알아야 합니다. 당신은 그들을 최대한 활용해야 해요. 뭔가가 잘못되고 있는 것처럼 보이면 이해하려고 노력해야죠. 그들의 입장에서 생각해 봐야 해요." 이타주의의 축복 덕분에 켄 킨더는 세일즈맨 일을 아주 좋아하는 듯 보였다. 그는 200명의 단골을 만들었고 만약 자기 일이 잘못될 경우에 그들 중 누구라도 그들의 회사에 자신을 위한 자리를 만들어 줄 것이라고 확신한다고 말했다.

켄 킨더가 화를 다루는 방식은 새미 그림의 방식과는 전혀 달랐다. 킨더는 이지화와 전위를 사용했다. 그림은 해리를 사용했다. 10대였을 때 킨더는 살아남기 위해서 싸워야만 했다고 말했다. 하지만 결혼한 이후로는 몸싸움을 한 적이 없었다. 요즘은 화가 났을 때 어떻게 하냐는 질문에 그는 자신이 성미가 급하다고 대답했다. "난 금방 터져요. 하지만 잠깐 뿐이죠." 그의 아내가 보탰다. "남편이 집안일을 하고 있을 때 욕을 몇 마디나 하는지를 보면 일이 얼마나 잘되고 있는지를 말할 수 있어요." 킨더는 부부 갈등을 해결하는 적응방식이 문제의 근원에 도달할 때까지 이야기하는 것이라고 설명했다. "끝날 때까지 계속 얘기하죠."

아마도 킨더의 탄력성은 그의 공감과 이타주의 능력 덕분이었을 수 있다. 하지만 그의 방어들은 어디에서 나온 것일까? 그가 일찍 사망한 친어머니나 정신병이 있는 조모에게서 공감을 배웠을 것 같지는 않다. 킨더의 기록을 검토하면서 나는 그가 역경에도 불구하고 끄떡도 하지 않을 수 있었던 것은 아내의 헌신과 보살핌 덕분이라는 것을 알게 되었다. 결혼 초기에 그는 아내에게 말하기도 전부터 개신교에서 아내의 천주교로 개종했고 함께 규칙적으로 성당에 나갔다. 아마도 그의 아내에 대한 동일시는 그러한 일화가 보여 주는 것보다 더 깊은 수준이었던 것 같다. 그들의 결혼은 여섯 아이가 RH– 혈액형 문제로 인해서 아기였을 때 모두 사망했기 때문에 힘들었다. 킨더는 함께 겪은 비극이 그들의 결혼을 약하게 만들기보다는 실제로 더 강하게 만들었다고 말했다(이것은 부인일까 혹은 극기일까?).

킨더는 면접자에게 자신은 취미가 없다고 말했지만, 그의 아내는 "오, 제 남편이 다른 사람들을 위해서 하는 온갖 일에 대해서 물어보지 않으셨죠. 남편은 여가 시간에 내 조카들을 엄청 많이 도와줘요. 그 애들이 자립할 수 있도록 언제나 도움을 주죠."라고 말했다. 제일 친한 친구를 묘사하면서 킨더는 자신이랑 매우 닮은 사람을 들었다. "그 친군 솔직담백한 사람이죠. 상식적이고요. 나랑 사고방식이 같아요. 엄격하지만 친절하고, 이해심 있고 공평하죠."

면접자는 킨더 부부와의 인터뷰를 마무리 지었다. "원한을 품지 않는 형태로 문제들을 헤쳐 오고 여전히 따뜻하고 관대한 사람들의 이야기를 듣는 것은 언제나 감동적이다⋯⋯. 태어나서부터 여러 가지 면에서 상처 경험이 많았던 사람이 정신적으로나 신체적으로나 아주 건강한 모습으로 완성된 것을 보는 일은 기적 같다." 아마도 더 큰 기적은 킨더 부부가 공유하는 이타주의일 것이다. 그 면접자는 임신하고 있었다. 그녀가 여섯 번이나 아이를 잃은 킨더 부부의 아파트를 나서려고 할 때, 킨더 부인은 그녀에게 손뜨개로 만든 아기 옷을 선물했다. 자신의 아이를 여섯이나 잃었지만 여전히 그녀는 인터뷰하기 위해 자신의 삶에 침입했던 유복한 낯선 임신부에게도 관대할 수 있었다. 아마도 도스토예프스키보다는 톨스토이가 킨더 부부의 가정을 표현하는 데는 제격으로 보인다. 이타주의는 남편과 아내 모두에게 우세한 적응기제였다.

＊　　＊　　＊

그러나 우리의 잘못은 우리의 운명뿐만 아니라 우리 자신에게도 있다. 양육뿐만 아니라 천성도 중요하다는 것이다. 열악한 아동기 환경뿐만 아니라 빈약한 기질이라는 악조건에 시달리는 젊은이는 어떨까? 청소년기에 까다로운 성격 때문에 성공할 가능성이 지극히 낮아 보이는 젊은이는 어떨까? 난 456명 참여자의 장래는 몰랐지만 그들의 아동기를 모두 검토했던 평정자가 내게 주었던 가장 불리한 조건에 있던 청소년들의 목록에서 그런 예들을 선정했다. 그런 젊은이들 중에서 윌 로먼은 상대적으로 양호한 환경을 누렸지만 그의 성격은 가장 가망이 없어 보였다. 한편으로 로먼 가족에게는 비행도, 알코올중독도, 정신지체도, 정신질환도 없었다. 집은 깨끗하게 정돈되어 있었고 페인트칠과 도배를 새로 한 상태였고 '가구도 꽤 충분했고' 동네도 좋았다. 윌 로먼의 아버지는 건강 상태가 아주 좋았고 아픈 날이 하루도 없었으며 정규직 감독으로 일했다. 어머니는 만성적으로 몸이 아팠지만 아버지가 그 역할을 대신했고 아들을 매우 아끼는 것처럼 보였다.

다른 한편으로 윌 로먼은 친구가 없는 것처럼 보였다. 아주 가끔 아이들과 놀기는 했지만 자신보다 훨씬 더 어린 애들하고만 놀았다. 그는 물을 무서워했다. 그는 자신이 영화를 몰래 보기에는 "너무 싹수가 노랗다."라고 말했다. 그리고 그의 친척들은 그가 "진실을 말하는 법이 없다."라고 말했다. 그의 고모는 그를 '한심한 놈, 교활하고 못된 놈'으로 냉정하게 묘사했다. 학교에서 그는 역사, 수학, 과학, 지리 과목에서 낙제했다. 선생님은 그를 '자신만의 세계에 살고 있으며, 자신에 관한 모든 것에 무관심한 것처럼 보이는 둔하고 활기 없는 남자애'라고 보았다. "반 애들은 그 애한테 관심이 없고 그 애도 반 애들한테 관심이 없어요." 그는 게으르고 칠칠치 못한 옷매무새에 비사교적이고 무관심해 보였으며 유일한 기술이라고는 '상상해서 거짓말하기'뿐이었다. 그는 무단결석도 종종 했다. 학교는 그를 '단정치 못하고 정신없는 아이, 혼란스러운 아이, 평범한 학급에서 정한 기준조차 맞추지 못하는 것으로 보이는 아이'로 묘사했다.

정신과 의사는 로먼을 "무척 지저분하고 단정치 못하며 자세가 아주 부자연스러웠다. 그는 사회적으로 그리고 정서적으로 아주 미성숙한 것처럼 보였다……. 그는 이상할 정도로 소심해 보였다……. 치아도 제대로 관리되지 않은 상태다. 안경이 필요하다. 그는 어머니가 가사를 도우라고 주로 집에 있게 한다고 한다……. 그는 신체적으로나 사회적으로나 자신에 대한 확신이 없다."라고 묘사했다. 그의 집안 배경에 대해 몰랐던 평정자는 그에게 9점짜리 자존감 척도에서 최저치를 주었다.

로먼은 10학년 때 학교를 중퇴했고 시시한 일을 했으며 군대에 들어가서 물건을 발송하는 곳에서 일했다. 그는 불명예 제대를 했고 가명으로 재입대를 했다. 이번에는 트럭을 운전했다. 21세에 휴가를 나왔을 때 훨씬 더 어린 친구들과 집에 있었다. 그는 그의 10대 친구들에게 깊은 인상을 심어주고 싶어서 러시안 룰렛을 시도했다. 처음 몇 번은 이겼다. 하지만 결국 목숨을 잃고 말았다. 윌 로먼은 도심 표본에서 첫 번째 사망자였다. 그는 기질적으로 취약했고 정말 너무나도 쉽게 삶의 문제들에 굴복했다.

*　*　*

로버트 호프도 기질상의 약점이 굉장히 컸지만, 윌 로먼과는 달리 그는 가장 불리한 환경에서 성장했다. 그에게는 주립 정신병원에 입원한 친척들이 여럿 있었다. 더구나 아버지와 고모 둘을 포함해서 아버지 쪽의 친척 여럿이 알코올중독이었다. 가족을 몇 차례나 버렸던 그의 아버지는 로버트가 9세 때 사망했다. 그의 어머니도 알코올중독이었고 지능에도 문제가 있었다. 성인이 되었을 때 로버트 호프는 그의 어머니를 '정신적으로 무능하다'고 기술했으며 '증오했다'고 말했다.

로버트 호프는 임대주택에서 살았고 연구진의 일원이었던 사회복지사는 그의 형제자매들이 '지저분하고 누더기가 된 옷을 입고 신발도 신고 있지 않았다'는 점에 주목했다. 다세대주택인 집에는 전기가 들어오지 않았고 더럽고 축축했으며 침대와 침구도 제대로 갖추지 못했다. 학교에서 호프는 전 과목에서 D와 F를 받았다. 15세에도 그는 여전히 7학년에 머물러 있었다. 그의 전체 지능지수는 90이었지만 동작성 지능지수는 72밖에 되지 않았다. 선생님들은 그를 "게으르고 우울하며 비사교적이고 수줍어한다."라고 기술했다. 그는 경쟁을 두려워했다. 정신과 의사는 그를 "불행하고 부끄러움을 많이 타고 비사교적이다……. 긴장되어 있고 불편해하며 움츠리고 있고 소심하다."라고 기술했다. 그의 자존감은 형편없었다. 그는 정신과 의사에게 "난 내가 잘 하는 걸 한 가지도 생각할 수가 없어요."라고 말했다. 초기 청소년기까지 호프는 무단결석을 하고 담배를 피고 그의 아버지처럼 술을 마시기 시작했다. 사실 15세 때 처음 술을 마시기 시작한 이래로 매주 이틀 밤은 술에 취해 지냈다. 유전과 환경 모두 그의 동지가 아닌 듯 보였다.

로버트 호프도 군대에서 불명예 제대를 했다. 그는 돌아와서 알코올중독인 어머니와 함께 살았다. 25세의 호프를 인터뷰하면서 면접자는 식탁 위에 널려 있는 먹다 남은 음식과 여기 저기 널려 있는 맥주병들에 눈이 갔다. 호프는 지난 다섯 달 동안 실직 상태라는 것을 인정했고 알코올 남용 상태였으며 데이트를 하기에는 너무나 비사교적이라고 얘기했다. 도대체 어떻게 하면 그의 인생이 윌 로먼의 인생과 달라질 수 있을까?

역시 한 가지 대답은 호프가 공감적인 배우자를 발견했다는 것이다. 또 다른 대답은 그가 알코올 남용 상태에서 벗어났다는 것이다. 32세에 인터뷰에 참여했을 때 그는 결혼한 상태였다. 그보다 열 살 연하인 그의 아내는 '얼룩 하나 없이 깨끗한 부엌'을 유지했지만 '열등감도 가지고 있었다.' 결혼한 후에 호프는 금주와 금연을 했고 고등학교 검정고시에 합격했으며 융, 프로이트, 물리학, 그리고 칸트를 읽기 시작했다. 25세에는 면접자를 의심스러워하면서 무뚝뚝하고 퉁명스럽게 굴었지만, 32세에는 '다정하고 우호적'이었다. 그럼에도 불구하고 그는 여전히 자신의 잘못을 주변 사람들에게 투사했다. 사회적 지지는 어떻게 방어가 성숙하는지에 대한 오직 부분적인 답을 줄 뿐이다.

40대 초반에 호프는 이혼했고 또 상담을 받으러 갔는데, 심리검사에서는 자신에 대해서 대단히 과잉 비판적이고 이혼을 슬퍼하고 있으며 자존감이 낮은 상태인 것으로 나타났다. 그러나 그의 긍정적인 특성은 "감수성이 있고 편견을 갖지 않으려 노력하며 민감하고 상상력이 풍부하며 개성이 있고 솔직하다."는 것이었다.

2년 후인 47세에 인터뷰를 했을 때, 로버트 호프의 편집적인 적응 스타일은 32세 때와는 완전히 달라져 있었다. 반동형성과 억제가 투사를 대체했고 도량이 꾸준히 조금씩 더 커졌다. 호프는 이웃의 편견에 대해서 비판적인 태도를 취하는 한편 합리적인 태도로 자신을 책망할 줄도 알게 되었다. "최근에 와서야 나는 세상만사를 있는 그대로 받아들일 수 있게 되었다." 더구나 그는 "반응이 솔직하고 개방적이었으며 특히 자신을 표현하는 재능이 있었고 편안해 보였다." 그는 자신이 '우울한' 상태에서 '슬픈' 상태로 변하고 있다고 보았다. 또 그는 (투사를 포기하는 동시에) 화를 표현하는 방법을 배우고 있었다. "내가 생각하는 것을 사람들에게 직접 얘기할 수도 있죠." 그는 이것을 20대 초기에 해안 경비대에서 보냈던 시간과 비교했다. 그때 그가 분노를 다루는 방식은 트럭을 훔치고 부대지휘관과 주먹다짐을 하는 것이었다. 울분을 터뜨리는 것(행동화)은 자신의 분노에 초점을 맞추면서 견뎌 내는 것과는 다르다. 더 최근에는 새로이 발달한 반동형성에 걸맞게 상사와 싸움을 하는 대신에 그는 죄의식에 사로잡혔다. 왜냐하면 그의 감독관은 그의 일을 면제해 주고 또 굉장히 친절했기 때문이었다. 그는 덧붙였다. "난 함께 일하는 사람들을 좋아한다. 그들은 훌륭한 사람들이다." 일생 동안 호프는 사회적 지지를 이끌어 내고 이용할 줄 알았다.

다시 한 번, 사회적 지지만으로는 충분하지 않은 것으로 나타났다. 직장 사람들이 그를 좋아하고 그에게 충실한 것처럼 보이기는 했지만, 그는 반복해서 실패했기 때문에 자신의 일을 그다지 좋아하지 않았다. 절망 속에서 그는 직장을 그만두었다. 동작성 지능지수가 72인 사람이 전자회사에서 일하기는 어려웠을 것이다. 그럼에도 불구하고 호프는 인내심이 많았고 구직시장에서 엄청난 인내심을 보였다. 중년에 실시된 인터뷰에서 그는 스스로에 대한 태도 변화에 관해 다음과 같이 설명했다. 우선 그는 학창 시절을 불행과 실패로 얼룩진 괴로웠던 시간으로 기억했다. 돌이켜 보면서, 그는 어머니에 대해 "아마도 조현병이었을 거예요……. 난 과거의 내가 어땠는지를 되돌아보면 날 싫어하게 됩니다. 하지만 이제는 내가 괜찮은 사람이라는 걸 알아요."라고 말했다.

호프는 지난 10년 동안 자신의 가장 큰 욕심은 '내가 중요한 사람처럼 느끼게 해 주는' 자녀들을 위해서 보다 더 많은 걸 하는 것이라고 말했다. 그는 자녀들과 매우 친했고 적어도 일주일에 한 번씩은 만났다. 그는 자녀들의 인생이 자신의 것과는 다르다는 점을 자랑스럽게 생각했다. "그 아이들은 이 집에서 사랑을 느껴요." "어머니가 나한테 많은 애정을 가지고 있었지만 난 그걸 알지 못했어요." 1990년 당시 그의 딸들은 둘 다 고등학교를 졸업하고 자녀도 낳았으며 안정적인 결혼생활을 하고 있었다.

이혼, 낮은 자존감, 47세 때의 단기 실직 때문에 로버트 호프는 〈표 12-1〉의 정신건강에서 단지 평균점수(73점)만을 받았다. 그러나 그는 정직함에서 높은 점수를 받을 만했다. 인터뷰 후에 그는 연구진에게 편지를 썼다. "내가 선택된 것에 대해서 개인적으로 이의는 없습니다. 하지만 객관적으로는 그건 판단 오류인 것 같습니다. 무슨 얘기냐면, 난 내가 잘 적응한 사람이라고 생각하지 않습니다. 적어도 내가 익히 알고 있는 기준들을 놓고 볼 때 말입니다……. 난 왜 문제가 존재하는지를 머리로는 알고 있지만 실제적으로는 그것에 대해서 아무것도 하지 못하는 자신을 봅니다……. 내가 이 프로젝트에 참여하고 싶어 하지 않는다는 인상을 주고 싶지는 않습니다. 사실 난 엄청 참여하고 싶습니다. 난 단지 당신이 잘못된 자료를 얻지 않기를 바랄 뿐입니다."

연구진은 로버트 호프가 성실한 참여자로 남아 있어서 좋았다. 47세 이후에도 그의 정신건강과 적응 수준은 계속해서 향상되었다. 60세 때 그는 이제까지 중에서 가장 좋은 직업을 가지고 있었다. 그는 전자회사의 고객 서비스 기술자로 일했다. 그는 연구진에게 말했다. "내가 만약 어떤 문제를 풀 수 없을 때면, 그것을 제쳐두는 법을 배웠습니다. 내가 변화시킬 수 없는 것을 변화시키려고 하는 건 아무 소용없는 일입니다……. 다른 사람들에게 도움을 구하는 것은 내 성질에 맞지 않습니다. 내 잘못으로 문제가 생겼을 때 그것으로 다른 사람들을 힘들게 하고 싶지는 않습니다." 그러나 그가 자신의 새로운 일에 대해서 특히 좋아했던 것은 그 일이 그에게 다른 사람들을 돕고 가르칠 기회를 주었다는 점이다. 그는 새로운 것을 만들어 내고 배우는 것을 즐겼으며 일을 완수하는 데서 자부심을 느꼈다.

성인기 후기에 로버트 호프의 반동형성 적응 스타일은 더 분명하게 억제와 이타주의로 발전해 갔다. 그의 생활은 금욕 자체였다. 그는 하루에 담배를 두 갑씩 피우던 골초였지만 26세 때 담배를 끊은 이래로 한 번도 다시 피운 적이 없었다. 그는 알코올중독이었지만 다른 사람의 도움 없이도 60세가 되었을 때 이미 25년이나 금주한 상태를 유지하고 있었다. 일찌감치 알코올중독과 골초 문제를 극복했던 그는 최근에 비만도 극복해 냈다. 그는 96킬로그램에서 72~77킬로그램 수준으로 감량했다.

기분 조절을 위해서 이제 호프는 매일 두 시간씩 운동을 했다. 감기에 걸렸을 때도 약을 먹지 않았다. "몸이 알아서 스스로를 돌보도록 해야 해요." 그는 과거에 "나는 언제나 특별한 사람이 되고 싶었습니다."라고 말했다. 하지만 "이제 난 내가 가진 것만으로도 행복해요."라고 말했다. 그는 현재의 건강과 매일의 근력운동이 커다란 만족감을 준다고 말했다. 청소년기에 그는 "신체적 힘을 신봉했다. 내게는 없는 것이다."라고 생각했다. 이제 그는 용기가 더 중요하다는 것을 깨달았고, 용기는 그가 자신이 가지고 있다는 것을 알고 있는 자질이다. 그것도 엄청나게 많이 가지고 있는 자질. 그런데 우리는 싸움에서 중요한 것은 개의 크기가 아니라 개가 가지고 있는 투지의 크기라는 것을 어떻게 해서 알게 되는 것일까? 어떻게 우리는 우리

표 12-2 | 회복탄력성의 잠재적 근원

인지적 전략
    귀인 양식
    기질

사회적 지지
    사회적 지지를 내재화하는 능력
    심리사회적 성숙
    희망과 믿음
    사회적 매력

자아 방어기제
    위험요인의 부재와 보호요인의 존재

운

타이밍

자존감과 자기효능감

자신을 위한 연민을 갖게 되는 것일까? 그리고 왜 로버트 호프는 그것을 배웠지만 윌 로먼은 배우지 못했을까?

탄력성은 지능이나 운동 능력만큼이나 다차원적 개념임이 분명하다. 지적인 방법도 여러 가지이고 스포츠 스타가 되는 길도 여러 가지이듯이, 탄력적으로 되는 데도 여러 가지 방법이 있다. 뒤에 나오는 사례들에 대한 이해를 돕고자 〈표 12-2〉은 탄력성의 열두 가지 근원을 나열하고 있다. 앞 장들에서 논의되지 않았던 탄력성의 일부 특징을 강조할 때도 더러 있겠지만, 기본적으로 나는 방어의 성숙도를 다른 방식으로는 설명이 불가능한 탄력성의 존재를 입증해 주는 것처럼 보이는 '기계 속의 신' 같은 것으로 소개할 것이다. 그러나 〈표 12-2〉에 수록된 탄력성의 열두 가지 근원은 상호 의존적이다. 비록 항목별 제목은 단순하지만, 나의 모든 사례는 탄력성이 다요인적인 성질을 갖고 있음을 보여 줄 것이다.

나는 1장에서 정신적 항상성의 세 가지 근원을 규정하였다. 바로 인지적 전략, 사회적 지지, 그리고 자아 방어기제다. 난 탄력성에 대해서도 또다시 이 세 가지 근원에 초점을 맞추겠지만 먼저 그 밖의 다른 근원들에 관해 살펴보겠다.

위험요인과 보호요인 어떤 연구자들은 탄력성을 단순히 **위험요인**은 없는 반면 **보호요인**은 존재하는 상태로 본다.[10] 이것은 내가 〈표 12-1〉에서 제시한 모델이다. 환경적인 시련(신생아 합병증, 알코올중독 어머니, 형편없는 학교)이 충분히 심각하다면 우리 모두 실패할 것이다. 보호요인(사랑해 주는 부모, 좋은 건강, 대학교육)이 충분하다면 우리 모두 강력한 힘을 갖게 될 것이다. 그러나 마이클 러터는 겉보기에 "축적된 위험요인의 합이 축적된 보호요인의 합보다 큰 문제 때문에 사람들이 굴복하는 것처럼 보일지라도…… [그리고] 이 아이디어가 틀림없이 중요한 의미를 갖고 있다고 할지라도…… 그것은 현상을 설명하기에는 여전히 불충분해 보인다."라고 우리에게 경고한다.[11]

화목한 가정 출신으로 머리 좋고 아주 건강하며 하버드대를 졸업한 대학생이 결국 키웨스트에서 노숙자로 살아가는 경우를 생각해 보자. 그는 그의 아내 및 아이들과 소원하게 지냈고 스테이션 웨건 뒤칸에서 개와 함께 잤다. 왜일까? 평생 동안 그는 유약하다고 느꼈다. 그리고 분명 점점 심해지는 알코올중독은 문제를 해결하는 데 도움이 되지 않았다. 그러나 그의 알코올중독이 심각한 수준이었던 것은 아니었다. 그는 살면서 한 번도 성숙한 방어기제를 보인 적이 없었으며 중간 수준의 방어조차 효율적으로 사용한 적이 없었다. 그는 언제나 삶에 압도되었다.

켄 킨더와 로버트 호프 같은 도심 표본 참여자를 생각해 보자. 처음에 그들에게는 앤 매스튼Ann Masten과 노먼 가메지가 제시한 스트레스를 이겨내는 데 필요한 세 가지 보호요인이 없었다. 그 범주들은 ① 자존감과 긍정적인 사회적 오리엔테이션, ② 가족 응집력, ③ 사회적 기술을 고무시키고 지지해 주는 외부 지지체계의 이용 가능성이다.[12] 그렇지만 킨더와 호프는 성공했고 사랑을 베풀었으며 생산적인 사람이 되었다. 왜일까? 러터가 지적한 대로, 탄력성은 위험요인과 보호요인 간 차이 그 이상의 것에 해당된다. 탄력성은 생생하게 살아 있는 작은 녹색 가지를 특징짓는 치유력 같은 것이다. 밟혔을 때 그런 가지는 구부려졌다가 이내 다시 펴진다.

운　운에 관해서도 아직까지 풀리지 않은 의문이 남아 있다. 어떤 이들은 탄력성을 단순히 불운과 반대되는 행운이라고 본다. 때로 탄력성은 루브 골드버그Rube Goldberg, 수스Seuss 박사, 혹은 카오스 이론에서 언급되는 운명으로부터 비롯된다. 선행이 역효과를 낳기도 하고 실수가 보상을 받기도 한다. 아주 사소한 일 때문에 전쟁에서 패하기도 한다. 비행기를 놓쳐서 목숨을 건지기도 한다. 신은 우주와 주사위 놀이를 하지 않는다는 아인슈타인의 믿음에도 불구하고, 분명히 운도 중요한 역할을 할 수 있다. 때때로 우연한 경험이 우리의 인생을 바꿀 수 있다. 그러나 루이 파스퇴르Louis Pasteur의 말을 조금 수정해서 표현하자면, 탄력성을 생산하는 과정에서 우연은 쾌활한 기질과 성숙한 자아를 보다 더 선호한다.

타이밍과 맥락　존 밀턴John Milton은 우리에게 인간의 마음은 지옥을 천국으로 만들 수도 있고 천국을 지옥으로 만들 수도 있다고 말한다. 어떤 면에서 우리가 어떤 사건을 어떻게 보는지는 자기기만을 하는 우리의 노력과 귀인 인지 스타일의 결과물에 해당된다. 그러나 또 다른 면에서 어떤 사건의 주관적인 의미는 타이밍과 맥락의 산물이기도 하다. 타이밍을 살짝만 달리 해도 농담이 재미있게 들리지 않거나 목숨을 구하는 대신에 재난이 되기도 한다. 탄력성도 마찬가지다. 나이 40세에 배우자가 사망하는 것은 너무나 힘든 일이다. 하지만, 나이 80세에는 똑같은 사건이 신의 뜻이 된다. 나이 30세 때 폐경을 하게 된다면 우울할 것이지만, 나이 50세 때에는 폐경이 축복일 수 있다. 22세 때 해고당하는 것은 당연한 일로 받아들일 수도 있으나, 55세 때 당하는 해고는 치명타가 될 수 있다. 그러한 점은 탄력성의 여러 면에서도 마찬가지다. 딱 적절한 시기에 맞이하는 휴가처럼 일정 기간의 휴식, 즉 다음 상처가 나기 전에 하나의 상처가 아무는 데 필요한 시간 간격이 방해받는다면 탄력성에 치명적인 것이 될 수 있다.

때때로 탄력성은 단순히 맥락의 부산물일 수도 있다. 한 가지 영역에서의 탄력성이 다른 영역에서는 취약성이 될 수 있다. 예컨대, 해군 신병훈련소에서 쉽게 적응을 한 것은 육해군 공동 침공에서 상륙하는 선발대에 배치되었다가 전사하게 할 수도 있다. 제2차 세계대전에서 사망한 6명의 대학생은 어린 시절 또래보다 더 많이 사랑받는 아이였고 더 용감했으며 더 건강했다. 그들은 시력도 더 좋았고 리더십 역량도 뛰어났다. 그들보다 잘 적응하지 못했던 또래들은 하고 싶었어도 전투에서 지도자 역할이 주어지지 않았고, 그 결과 전쟁에서 살아남을 수 있었다. 일반적인 상황에서는 약점이고 고통스러웠던 상처들이 제2차 세계대전 당시 안지오 상륙 지점에서는 사실상 고통스러운 것이 아니었다. 그것이 안전지대로의 도피를 의미했으니까.

* * *

탄력성에서 차지하는 맥락의 중요성을 예시하기 위해서 버치 패트리아카Butch Patriarcha를 예로 들어 보겠다. 패트리아카는 연구에 참여했던 가족들 중에서 가장 형편없었고 그의 지능지수는 60밖에 되지 않았다. 하지만 그의 강한 기질과 억제를 활용하는 비범한 능력은 그가 그러한 핸디캡을 극복할 수 있게 도왔다. 그러나 그가 처했던 맥락 역시 결정적인 역할을 하였다.

평생 패트리아카의 부모는 생활보조비를 받았고 '황폐한' 3층짜리 임대주택에서 살았다. 외조부는 문맹이었고 이웃들은 패트리아카의 가족 전체를 저능아로 보았다. 어머니는 알코올 남용과 공갈폭행으로 기소된 적이 있었다. 경찰 보고서에는 그녀의 집이 아주 지저분하고 '더러운' 집으로 묘사되어 있었다. 아버지는 알코올중독자였을 뿐만 아니라 거의 걷지도 못할 정도로 심한 절름발이였다. 그는 자살 시도를 한 적이 있었고 아동방임과 부양의무 불이행으로 몇 차례 법정에 소환된 적도 있었다. 그리고 그는 집에 있을 때면 아들과 침대를 함께 썼다.

버치 패트리아카는 자원이 거의 하나도 없는 채로 성장했다. 6세에서 10세 사이에 그는 두개골 골절 사고를 세 번 겪었다. 정신과 의사는 그를 "단정하지 못하고 지저분한 모습…… 굽은 어깨…… 매우 둔해 보이며" 언어장애가 있다고 묘사했다. 그는 17세가 되어서도 여전히 7학년에 다니고 있었으며 여덟 살짜리 수준의 독해 능력을 가지고 있었다. 신체적인 건강을 보자면, 구개파열이 있었고 왼쪽 눈이 초점을 맞추는 데 문제가 있었으며 구루병도 있었다. 18세 되었을 때는 치아가 하나도 없었다. 뚜렷한 운동 능력도 가진 것이 없었다. 어렵사리 그는 입대를 했지만 영창에서 1개월을 보냈을 뿐이었다. 군대에서 내려진 정신과적 진단은 '정신박약'이었다.

이러한 판도라의 공포 상자 속에서 버치 패트리아카는 희망을 발견하지는 못했을 지라도 어쨌든 금욕주의는 발견할 수 있었다. 그가 14세 되었을 때 정신과 의사는 그가 '느릿느릿 해 나가는 것에 만족해하는 상당히 유순한 아이'라는, 목숨을 보존하도록 해 주는 사실의 가치를 제대로 깨닫지 못했다. 반복적인 실패에도 불구하고 그가 18세 될 때까지 끈질기게 학교를 다녔다는 사실에 주목할 만하다. 읽기를 배우지 못하고 학교에서 네 학년이나 뒤처지며 또 특수반에 배치되는 그 수년 동안 그가 도서관에서 복잡한 퍼즐들을 빌려다가 어렵게 어렵게 완성했다는 사실 역시 주목할 만하다.

25세에 결혼할 때까지 버치 패트리아카의 유일한 실제 성취는 10대에는 교회에 나가고 소년 클럽에 참여한 점이며 성인으로서는 화물운송 회사에서 정규직으로 일했다는 점이다. 뒤이은 35년 동안 계속해서 그는 동일한 클리브랜드 화물운송 회사에서 일했다. 그는 짐 싣는 곳에서 높은 급여를 받는 야간 근무에 배치된 것을 감사하게 생각했고 또 자랑스러워했다. 그는 대가에 상응하는 일을 하는 것에 대해서 자부심을 느꼈다. 아동기 내내 생활보조비를 받고 생활했던 패트리아카는 나이 60이 되었을 때 자신이 시간당 거의 20달러를 번다는 사실에 자랑스러웠다. 그는 겨울에는 플로리다로, 여름에는 메인 주의 시골집으로 가족 여행을 갈 수 있었다. 그가 자라났던 낡은 집과는 대조적으로, 그는 허름한 외관의 임대주택 안에 있기는 했지만 아파트의 내부를 수리하고 칠하는 등 잘 관리했다.

47세가 되기까지 패트리아카는 같은 회사를 위해서 25년 동안 일했을 뿐만 아니라 동일한 친구들과 오랫동안 함께하고 있었다. 그의 가장 오래된 친구는 어린 시절부터 알고 지낸 친구였고, 그는 그 친구의 자녀를 위해 대부 역할을 맡았다. 그는 20년 동안 충실한 노조원이었다. 그는 11년 동안 키와니스 클럽의 멤버로 봉사해 왔고 보이스카우트를 위한 자원봉사 활동도 열심히 했다. 그의 아들들 중 한 명은 이글 스카우트가 되었는데, 그에게는 그것이 또 다른 자랑거리였다. 패트리아카는 야간 근무를 했기 때문에 아들들이 집에 돌아왔을 때 같이 놀아 주기 위해서 그들이 학교에 간 사이에 낮잠을 자 두었다. 50세에 인터뷰를 했을 때, 패트리아카는 아이들이 숙제를 제대로 하는지 잔소리를 하고 있었다. 그는 아이들을 교구 부속학교에 보내면서 등록금을 지불하고 있었다. 그의 아들들은 고등학교를 졸업하고 숙련직에 종사했다.

패트리아카가 50세였을 때, 그의 어린 시절 지능검사 결과에 대해서 모르는 상태에서 면접자는 그에 대해서 다음과 같이 요약했다.

버치와 그의 아내는 이 연구에 대해서 상당히 솔직한 관심을 보였다. 그들의 질문은 성인발달 연구의 미묘함과 의미에 대해서 이례적으로 민감해 보였다. 마찬가지로 두 사람 모두 별다른 설명 없이 인터뷰 질문의 의도를 잘 파악하는 것처럼 보였으며 최대한 개방적으로 응답했다. 참여자는 상당한 생산적인 에너지를 가지고 그의 아동기를 견디어 낸 것처럼 보였다. 사실상 학교나 행운의 도움 없이 그는 세상과 사람들에 대한 그의 호기심과 인간적인 반응들을 유지해 왔다. 그는 기품 있는 모습을 보여 주었다. 그는 그의 교육이나 말에 대해서 유감스럽게 생각하지 않는다. 물론 그 때문에 상당한 대가를 치렀다는 것을 알지만…… 그와 아내는 심리적 여유감을 꽤 가지고 그들의 가족과 공동체에게 베풀 수 있었고 그것을 즐기는 듯 보였다.

버치 패트리아카는 해리를 사용하는 사람처럼 장밋빛 색안경과 부인을 쓰지 않았다. 대신 금욕주의자로서 그리고 억제의 대가로서 인생의 어려움 속에서도 빛나는 밝은 부분을 결코 놓치지 않았다. 그의 적응 스타일에는 과거를 실제보다 약간 더 좋은 쪽으로 기억하는 것도 포함되어 있었다. 그는 때때로 어린 시절로 돌아가고 싶을 때가 있다고 말했다. 하지만 그는 또한 일을 하러 가야만 했고 번 돈을 모두 어머니에게 가져다드려야 했던 것도 기억할 수 있었다. 그는 학업이 아주 힘들었으며 특수치료 학급에 다녀야 했던 사실을 기억했다. 그럼에도 불구하고 그는 학교에 다니고 매일 공부하는 것이 즐거웠다고 회상했다. 그는 기분이 나쁠 때는 다른 사람들에게 아무 말도 하지 않았다. 하지만 그는 시간이 지난 후 "나는 짜증스러운 기분에서 혼자서 벗어났다."라고 말했다. 그는 시작한 일은 무엇이든 중단하는 법이 없었다. 30세 이후에 그는 마침내 운동을 좋아하는 사람이 되었고 마을의 축구팀에서 활약하기까지 했다.

버치 패트리아카의 아내는 분명 남편보다 더 지적이었고, 그는 그녀가 자신을 돌봐 주는 것에 대해서 감사하게 여겼다. 그는 "아내는 훌륭한 여자예요. 내가 더 좋은 사람을 만날 수는 없었을 겁니다."라고 말했으며, 그녀는 "남편이 나를 돌봐 주고 내가 해 달라고 하는 것은 무엇이든 해 줄 거예요"라고 덧붙였다. 또 그는 원가족과도 가까이 지냈다. 부모가 죽은 후에 그는 가족의 수장이 되었다. 50세 때 인터뷰를 하는 동안 그의 여동생이 장거리 전화를 걸어서 그에게 도움을 구하기도 했다. 그는 지능검사에서 급우들만큼 잘하지는 못했지만 상대적으로 지능이 낮았던 패트리아카 가족 내에서는 언제나 퍼즐을 풀 수 있었던 똑똑한 사람이었다. 타이밍처럼 맥락도 중요하다.

자존감　탄력성은 자존감, 자기효능감, 그리고 안정적인 자아상의 산물이기도 하다. 이는 앨버트 반두라Albert Bandura와 같은 행동주의자들과 하인즈 코헛Heinz Kohut과 같은 자기심리학자들이 전반적으로 동의하는 것으로 보이는 성격 특징이다. 우리는 예전에 극복한 적이 있는 장애물을 극복할 때 훨씬 더 탄력적인 사람이 된다. 우리는 자신이 누구인지 잘 알고 사랑받을 수 있는 존재라는 것을 알 때 훨씬 더 탄력적인 사람이 된다. 성공은 성공을 낳는다. 반면에 과거의 반복된 실패가 다시 예상된다면 우리는 우울해지고 '부서지기 쉬울' 수 있다. 하지만 자존감과 자기효능감은 도대체 어디서 오는 것일까? 다른 누군가가 우리를 사랑해 주지 않아도 우리가 우리 스스로를 사랑하는 법을 어떻게 배우는 것일까? 실패 속에서도 성공을 기대하는 법을 어떻게 배우는 것일까? 아니면 반대로 도대체 무엇이 언제나 '수'만 받고 화목한 가정에서 자라났으면서도 스스로를 믿지 못하는 아이를 괴롭히는 것일까? 내 추측은 자존감이 〈표 12-2〉에 있는 열한 가지 다른 요인의 산물에 불과하다는 것이지만, 다른 가능성을 배제하지는 않겠다.

* * *

버치 패트리아카의 인생처럼 빌 펜Bill Penn의 인생도 자존감의 중요성을 보여 준다. 그러나 생물학적으로 펜의 탄력성은 그의 냉철한 기질 덕분이기도 하다. 환경적인 측면에서 볼 때 그의 탄력성은 자애로운 어머니 덕분이기도 하다. 마지막으로, 그의 자존감은 사회적 지지, 특히 종교를 수용하는 그의 능력과 연관된 듯 보인다.

빌 펜의 아버지는 흉기 소지 폭행죄로 체포된 적이 있었고 알코올중독 때문에 몇 차례 치료를 받기도 했다. 그는 아들이 6세였을 때 가족을 버렸다. 몇 년 후에 그와 아내는 다시 합쳤다가 빌이 10세 때 결국 완전히 헤어졌다. 그 뒤 그는 수위 일을 하다 말다를 계속하다가 결국 60세에 자살했다. 부모가 이혼한 후에 펜은 가난한 동네의 오래된 임대주택에서 살았고, 그의 가족은 정부의 생활보조비를 받았다. 그는 거실에 있는 소파에서 잠을 잤고 고등학교 1학년 때 자퇴했다. 결국 그의 여동생과 어머니는 알코올중독자가 되었다.

긍정적인 면은 빌 펜이 청소년기 후기가 될 때까지는 그의 어머니가 책임감 있고 근면한 속기사였으며 좋은 주부였다는 것이다. 그는 아이였을 때 이례적으로 양호한 신체적 건강 상태를 유지했고 책임감 있으며 '도리를 아는' 아이로 묘사되었다. '원래 그렇게 태어났다'는 것이 어머니의 설명이었다. 그는 학교 품행에서 '수'를 받았고 독서를 좋아했으며 '언제나 책을 가지고 있었다.' (탄력성을 증진하는 데 필요한 폭넓고 풍부한 독서의 역할은 아직 밝혀지지 않은 영역이지만, 독서가 많은 이에게 성장과 치유를 제공하는 것은 사실이다.) 그는 도심의 영국성공회 교회를 다녔고 충실하게 봉사했다. 또한 방과 후에 일했으며 아동기에 "양심적이고 정서적으로 안정적이며 좋은 매너를 가지고 있고 자제력이 있으며 분별력이 있고 선견지명이 있다."라고 기술되었다. 그 결과는 청소년으로서나 청년으로서나 펜은 이례적으로 높은 자존감을 보여 주었다는 점이다(독립적인 평정자가 9점 척도에서 2점을 주었음. 드물게 높은 수준의 자존감을 갖는다는 의미 ─역자 주).

30세가 되자 빌 펜은 알코올중독이라는 가족의 저주에 굴복하고 말았다. 그리고 그의 인생은 재난이 되었다. 그는 매일 스카치 위스키를 1쿼터씩 마셨고 이성 및 동성과 문란한 성생활을 했다. 또 36세에는 잠깐 동안

데메롤Demerol에 중독되기도 했다. 또 그는 리브리움Librium과 페노바르비탈 Phenobarbital을 남용했다. 그는 불안과 우울 때문에 주립병원에 3개월간 입원 하기도 했고 감옥에서 10일을 보내기도 했다. 그는 이혼했고 전처가 재혼 을 하자마자 자녀 둘의 양육권을 포기해 버렸다. 그리고 직업적으로도 실패 했다. 군대에서 보낸 3년 동안 그는 일등병 수준 이상으로 승진하지 못했고 젊은 시절 내내 잡역부 이상의 일을 해 본 적이 없었다.

연구에 참여했던 많은 남성처럼, 빌 펜도 부모의 죽음이 심리사회적 성 숙과 종교를 통해 사회적 지지를 다시 추구하는 데 촉매제가 되었다. 그가 마지막으로 술을 마신 것이 아버지가 자살한 지 일주일이 지난 시점이었고 아버지의 장례식이 끝난 직후였다는 사실은 중요하다. 펜은 40세였다. 술이 깬 후에 그는 알코올중독자재활협회와 퀘이커교에 투신하였다. 퀘이커교 모임에서 그는 여자친구를 만났다.

도심 표본 남성들에게는 알코올중독이 취약성의 중요한 근원이었고 금주는 탄력성의 중요한 근원이었다. 그러나 빌 펜은 알코올중독이었던 시 간을 허송세월로 만들지는 않았다. 그의 면접자는 "그는 자신이 병들었다는 사실을 알고 있다. 그러나 그는 술에 취해 지내던 당시에 했던 그의 일부 행 적에 대해서는 다소 방어적으로 이야기했다. 월도프에서 일하던 동안에 그 는 직장에서 그가 얼마나 믿을 만했는지에 대해서 자랑했다. 그는 술친구들 중 몇몇은 정말 좋은 친구들이었고 아직까지도 만나고 있다."는 점에 주목 했다. 폭음과 폭음 사이에 그는 공공도서관에 가서 시를 쓰고는 했다. 심한 알코올중독 상태였던 수년간의 시기에도 펜은 여전히 자존감의 일부를 보 존할 수 있었다.

47세에 빌 펜은 매우 성숙하고 정신적으로도 건강해 보였다. "빌은 유 머감각이 좋다."라고 면접자는 지적했다. "그리고 질문에 진지하게 대답하 기 전에 농담을 하곤 했다. 그는 삶의 여정에서 자신이 어떤 시기에 와 있 는지를 잘 자각하고 있었다." 그가 자신의 일에서 가장 좋아했던 것은 바로 사람들이었다. 지난 15년간 잡역부로 일해 오기는 했지만, 그는 간디를 인용할 수 있었고 프리랜서 작가가 되고 싶다고 했다. 화가 날 때 어떻게 하느냐는 질문에 처음에는 농담으로 받은 후에 답변을 했다. "열까지 셉니다. 약간의 평정심을 찾으려고 노력하죠." 만약 앞으로 살아갈 날이 얼마 안 남게 된다면 무엇을 하겠느냐는 질문에 그는 다음과 같이 대답했다. "난 과거 속에서 살지 않습니다. 난 여기에서 오늘을 살고 있고 삶이 끝나지 않았다는 것을 압니다." 어린 시절에 대해서 그는 "우리는 먹을 것이 엄청나게 많지는 않았지만 그래도 영양가 있는 것을 먹었습니다. 우리는 함께인 것처럼 느꼈죠."라고 대답했다. 그는 어렸을 때 주먹다툼을 하곤 했는데, "그건 꽤 멍청한 짓이었죠. 우리가 160센티미터 안팎밖에 되지 않았는데 말이죠."라고 말했다.

다른 사람들에게 도움을 청하느냐는 질문에 그는 알코올중독자재활협회에서 새로 오는 사람들을 위해 후원자 역할을 하고 있는데 이 일이 그에게도 도움이 되었다고 말했다. 그 자신도 그 지지체계에 상당히 의지하고 있었다. 알코올중독자재활협회와 퀘이커교 신자들과의 관계에 대해서 그는 "내가 의지할 수 있는 사람들의 수는 믿을 수 없을 정도로 많다."라고 말했다. 알코올중독자재활협회에서 그는 '스태프 그룹'에 적극적으로 참여했고 다양한 모임에서 강연을 했다. 그는 평화와 사회정의를 위한 퀘이커 신도들 모임에도 열심히 참여했다. 그는 비조합원이 생산한 포도를 보이콧하는 일에 참여 중이었고 베트남 전쟁을 강력하게 반대했으며 원자력 공장에 반대하는 피켓 시위도 했다. 그는 공동체 식품조합에서도 적극적으로 일했다.

휴가 중 일주일간 빌 펜은 여자친구랑 화이트마운틴에서 하이킹을 하면서 보냈다. 다른 한 주는 퀘이커 대학에서 세미나를 들으면서 보냈다. 그는 정기적으로 테니스를 쳤고, 취미는 글쓰기와 사진 찍기였다. 앞으로 10년 후, 즉 57세가 되었을 때는 무엇을 하고 있을 것 같냐는 질문에 그는

"그냥 57세였으면 좋겠는데요. 왜냐하면 현실과는 다른 가능성은 나한테 매력이 없으니까요."라고 농담을 했다. 그러고는 더 진지하게 여전히 '활동적이고 인생을 즐기며 사람들을 배려하고 싶은' 야심이 있다고 덧붙였다.

빌 펜은 자존감의 예를 보여 주지만, 또 다른 한편으로는 사회적 지지와 신념 그리고 희망이라는 재능의 중요성을 보여 준다. 분류상, 나는 희망과 신념을 사회적 지지 아래 두고자 한다. 왜냐하면 그것들은 종종 성당 복사, 퀘이커 신도, 알코올중독자재활협회의 후원자 역할을 하면서 얻게 된 것처럼 보이기 때문이다. 그러나 아직 풀리지 않은 의문도 있다. 자존감은 '우리 자신보다 더 큰 힘'을 믿는 능력에서 비롯되는가, 아니면 자존감이 믿음과 희망에 대한 촉매 작용을 하는가? 내 생각에는 '상기한 모든 것'이 다 가능성 있어 보인다.

귀인 양식

이제는 인지적 전략들과 사회적 지지가 탄력성에서 차지하는 중요성에 관해 살펴보자. 〈표 12-2〉는 이 두 가지 제목 아래 탄력성과 연관된 여섯 가지 근원이 나열되어 있다. 귀인 양식, 기질, 사회적 지지의 내재화, 심리사회적 성숙, 희망, 그리고 사회적 매력이 그것들이다.

탄력성을 의도적인 적응전략을 적절하게 사용하는 능력이라고 정의하는 것도 가능하다. 이러한 관점에서 탄력성은 지능, 세상물정에 밝은 것, 계획 능력, 교육에 지나지 않는다. 하지만 낮은 지능을 지녔던 일부 도심 표본의 참여자들은 영재였던 터먼 표본의 여성들과 잘 교육받은 하버드생 표본의 참여자보다 훨씬 더 나은 인생을 살았다. 그들의 탄력성은 도대체 어디에서 솟아난 것일까?

그러한 예외를 설명하기 위해서 인지심리학자들은 귀인 양식의 탄력성에 주목했다. 귀인 양식은 우리가 겪게 되는 좋은 일과 나쁜 일들에 관한 책임 소재에 대해 어떻게 해석하는지에 따라 결정된다. 수학 시험에서 A를 받았을 때 실수라고 생각하는가? 다시는 일어나지 않을 단 한 번의 일이라고 생각하는가? 아니면 수학 시험에서 A를 받은 것은 내가 노력한 결과이며, 이 성공은 철자법 시험에도 일반화될 수 있고 또 앞으로도 내가 계속 잘 할 것이라고 믿는가? 내가 수학에서 F를 받았을 때 그건 전적으로 내 책임이며 F가 언제나 내 운명일 것이라고 생각하는가? 심지어는 철자법 시험에서도? 아니면 낮은 점수를 받은 원인이 수학 과목이 우리말을 잘 못하는 선생님이 가르치는 이례적으로 어렵고 중요하지 않은 교과목이었다는 사실이라고 보는가? 내가 대학에서 외국어를 전공할 계획이기 때문에 수학 낙제점은 미래의 삶에 영향을 별로 미치지 않을 것이라고 믿는가?

귀인 양식의 보다 더 구체적인 예는 당뇨병에 걸리는 이유를 뭐라고 생각하는가일 것이다. 탄력적인 귀인 양식은 이렇게 생각한다. 난 당뇨병이라고 불리는 질환(제한적이고 총체적이지 않은 문제)이 있기는 하지만 멀쩡한 사람이야. 나한테는 인슐린을 매일 자가 주사함으로써(통제 가능성) 당뇨병을 치료할 수 있는 힘이 있어(책임). 반면에 취약한 귀인 양식은 이렇게 생각한다. 난 희망 없는 당뇨병 환자야(총체적인 결함). 치료할 수 없는 고통이 있는데다가(무력감) 결국에는 발기부전에 장님이 되고 말 거야(무망감).

해리 소로Harry Thoreau의 이야기는 탄력성에서 낙관적인 귀인 양식과 쾌활한 기질에 기초한 영리한 인지적 전략이 매우 중요하다는 점을 보여 준다. 소로는 온갖 역경이 가득한 환경 속에서 성장했다. 그럼에도 불구하고 그는 엔지니어였던 친조부와 숙련된 철공기술자였던 외조부의 유전인자와 훌륭한 기질을 물려받는 축복을 누렸던 것 같다.

부정적인 면을 보자면, 결혼한 이후로 17개의 사회기관에 이름이 알려졌던 소로의 부모보다 그의 조부들이 훨씬 더 적응적이었고 경제적으로 더 성공적이었다는 사실이다. 소로는 욕조도 없고 중앙난방과 온수도 나오지 않는 북새통 같은 임대아파트에서 자랐다. 그는 거실에 있는 소파에서 자거나 형과 같은 침대에서 잤다. 아이였을 때 폐렴에 걸려서 피를 토할 정도로 기침을 한 적도 있지만 그의 부모는 너무 가난해서 그를 병원에 데려가지도 못했다. 공갈폭행죄와 절도죄로 종종 체포되었던 형제들 중 하나는 소년원을 들락날락했다. 비행아였던 또 다른 형제는 지능지수가 96인데도 정신에 결함이 있다는 진단까지 받았다.

소로의 부모의 결혼은 시작부터 불행했다. 그의 외조모는 조울증이 있었고 소로가 2세였을 때 어머니 역시 조울증적 정신병으로 입원하였다. 어머니가 가사를 돌볼 정도로 정신이 괜찮을 때는 집 안이 '비교적 깔끔한' 것으로 묘사되었다. 하지만 정신병 삽화 동안 집 안은 "매우 더러웠다……. 어머니는 늦게까지 침대에 있었고 스스로나 아이들을 어떻게 돌볼지에 대한 개념이 전혀 없는 것처럼 보였다." 알코올중독 때문에 소로의 아버지는 안정적인 취업을 하지 못했다. 그는 아이들이 피를 흘릴 때까지 때릴 정도로 '통제 불가능한 다혈질'을 가진 잔인한 사람으로 묘사되었다. 그의 지능지수는 87이었고 간신히 읽을 줄 아는 수준이었다. 그는 전반적으로 부적절한 사람으로 기술되었다. 그는 해리가 6세 때 집을 나갔다.

강점의 관점에서 본다면, 해리 소로는 그의 비행 형제들과는 달리 반사회적 습관이 없는 것으로 묘사되었다. 교사들은 그를 백일몽에 빠져 있고 신뢰성이 없으며 게으르고 학업에 큰 관심이 없는 학생으로 보았지만, 그의 성적은 B와 C였고 때로는 월반을 하기도 했다. 그는 꾸준히 교회에 다녔는데 그의 친구들은 비행아가 아니었다. 그는 '자기비판적이고 정서적으로 안정적이며 관습적'이라고 묘사되었다. 그는 보이즈 클럽에 가입했다. 아버지가 가족을 버렸을 때, 소로는 형제자매들에게 의지했다. 제일 큰 형이 아버지 역할을 했고 롤 모델이 되었다. 소로는 여자 형제들하고도 가까웠다. 정신과 의사는 소로의 사시와 나쁜 자세를 알아차렸지만 동시에 비교적 보수적인 인상을 주는 외모의 단정한 소년이라는 것도 알아보았다. 간단히 말해서, 그의 기질은 유순했고 자신에게 일어나는 좋은 일 하나하나에 대해 개방적인 자세를 유지했다.

소로는 19세 되었을 때 입대를 했는데, 거기서 그는 정보부와 전자부에서 일했다. 제대한 후에는 적진에서 비밀요원으로 일했고 가라테에서 갈색 띠를 취득했다. 그의 어머니는 25세 때의 그를 언제나 올바르게 행동하고 야심이 있으며 성실하다고 묘사했으며, 그가 "어떤 목표를 이룰 때까지 끈기 있게 매달린다."라고 말했다. 면접자는 그를 "적응적이고 자신의 능력에 대해서 완전히 자신 있어 하며 교양 있다."라고 기술했다. 그는 소로가 음주나 흡연 경험이 전혀 없다는 사실과 "그의 실제 IQ[101]보다 더 지적으로 보인다."는 점에 주목했다. 31세 때 소로는 공직생활을 그만두고 부두노동자로 일하기 시작했다. 그는 군대에서 번 돈을 사실상 모두 저축해 두었다. 그는 어머니의 집을 고치는 데 자신의 돈과 여가 시간의 대부분을 썼다. 그 과정에서 자연스럽게 그는 '숙련된 장식가이자 목공 전문가'가 되어 있었다.

33세 때 해리 소로는 버펄로 소방국에 들어갔다. 그가 소방국에서 가장 좋아했던 것은 소방수들의 동지애였다. 그는 "소방서에서는 사람들이 매우 가까워져요."라고 설명했다. 그는 '아무 도움 없이 완전히 혼자 힘으로' 자신의 집을 지었다는 사실을 매우 자랑스러워했다. 그는 9년간의 연애 끝에 42세에 결혼했다. 그의 아내는 대졸이었고 수입도 더 많았다. 그는 아내를 '상냥하고 정이 많은 사람'으로 묘사했다. 47세 때 그는 자신의 결혼이 점점 더 좋아지고 있다고 대답했다. 그는 60세 때 연구 설문지의 결혼에 대한 질문에 응답하면서 아주 좋은, 좋은, 보통, 나쁜의 네 가지 중에서 '아주 좋은'에 체크했는데, 네 번이나 함으로써 좋다는 것을 분명히 나타냈다.

소로는 45세 때 '인터뷰하기에 매력적인' 사람이었다. "그는 생기 있었고 어구를 잘 가려 쓰는 사람이었고 온후한 성품에 매력적이었다. 그는 안정적인 눈 맞춤을 유지했다." 그는 재치 있었고 "그의 협조, 솔직함, 그리고 온화함이 인터뷰를 아주 인상적으로 만들었다." 그는 어려운 상황에서 유머를 사용하는 것처럼 보였고 현재 건강 상태도 아주 좋았다. 그는 독서에서 큰 즐거움을 얻었고 논픽션 서적들로 집을 가득 채웠다. 또한 스노모빌을 가지고 있었고, 메시지 전달용 비둘기를 키웠으며, 부수입을 위해 TV를 수리했다. 그는 담배를 피우지 않았고 술은 1년에 넉 잔만 마셨다. 면접자는 "이 사람의 이야기를 듣는 동안 무척 즐거웠다."라고 적었다.

CIA를 위해 정글에서 일한 적이 있었던 해리 소로는 지금은 버몬트에서 개를 데리고 숲을 즐길 줄 아는 사람이 되어 있었다. 면접자는 "정글에서 살아남고 냉전 시대에서 싸우는 법을 배웠던 그는 이제 180도 달라져서 지도와 나침반 그리고 아름다움에 대한 감상력과 더불어 숲과 자연을 즐기는 법을 배운 것처럼 보였다. 그는 일생 동안 현재의 즐거움과 미래의 유용성을 위해 새로운 기술을 배웠다……. 정부에 의해서 게릴라로 키워졌지만 해리 소로에게는 어떤 죄책감이 있었고 그것이 그를 온화하고 인간적이며 매우 매력적인 사람으로 탈바꿈시켰다." 그는 패러슈팅, 라디오와 배관 수리를 포함해서 새로운 기술들을 계속 배웠고 응급의료기사가 되었다.

소로는 45세 때 면접자에게 소방서에서 56세에 조기 퇴직할 계획이라고 말했다. 수공예, 목공예, 그리고 주택 개조에 대해 각별한 관심을 갖고 있었기 때문에 버몬트의 노스이스트 킹덤으로 이사를 갈 생각이었다. 10년 후에 그는 바로 계획했던 대로 실행에 옮겼다. 그는 다시 매주 교회에 다니기 시작했다. 그는 그의 삶, 직업, 결혼, 자녀들, 친구들에 대해 아주 만족스럽다고 생각했다. 그리고 그의 기분과 건강도 여전히 우수한 수준이라고 말했다.

해리는 이 연구에 지대한 관심을 보였고 질문지에 언제나 성실하게 답해 주었다. 면접자들 중 한 명이 알아보았듯이, 그는 '거의 순진하게 보일 정도로 꾸준한 낙관주의'를 누리는 축복을 받았다. 알코올중독자인 아버지에게 매를 맞았고 CIA 비밀요원으로 일하기 위해서 가라테를 배웠던 이 남자는 55세 때 뢰빙거의 워싱턴 대학 문장완성검사에 다음과 같이 응답함으로써 자신의 귀인 양식을 드러냈다.

> 나는 '동물을 사랑하지 않는 사람들을' 유감스럽게 생각한다.
> 남자는 언제나 '친절하고자 노력'해야 한다.
> 나는 '못되고 잔인한' 사람들을 참을 수가 없다.
> '만약 내가 언쟁 중에 다른 사람의 감정을 상하게 한다면' 내 양심이
> 나를 괴롭힌다.
> 규칙들은 '인류가 생존하기 위해서는 필수적이다.'

해리 소로가 자신의 22세 된 아들에게서 가장 자랑스럽게 생각하는 것은 아들이 '점잖고 친절하다'는 것이었다. 기질, 좋은 인지적 전략, 낙관적인 귀인 양식은 많은 것을 설명해 준다. 그러나 소로의 삶과 그의 문장완성검사가 성숙한 자아발달의 모습을 보여 주었기 때문에, 우리는 자아발달이 어디서부터 비롯되는지를 궁금해할 필요가 있다. 이 질문은 13장에서 다룰 것이다.

기 질

연구에 참여했던 일부 남성은 좋은 자아와 기질을 타고났고, 그들의 삶은 제한적인 지능을 초월하는 것처럼 보였다. 그중 하나가 사이먼 브라이트 Simon Bright다. 그의 외삼촌은 교도소에서 2년을 보냈고, 그의 아버지는 어렸을 때 절도와 알코올 남용 때문에 체포된 적이 있었다. 사이먼 브라이트는 중앙난방이 되지 않는 임대주택에서 살았고 9학년 때 유급했다. 그의 IQ는 웩슬러 지능검사에서는 79였고 터먼 지능검사에서는 78이었다. 25세 때 그

는 오로지 타블로이드지와 만화만 읽었고 면접자가 보기에 덧셈이나 곱셈을 할 줄 모르는 것 같았다. 31세 때 그는 자신이 '그다지 똑똑하지 않고 멍청한 편'이라고 얘기했다. 그는 최저 급여 수준보다 약간 더 받는 조건으로 트럭 운전수의 조수로 일하고 있었다.

긍정적인 면을 보자면, 사이먼 브라이트는 모두가 친밀하게 지내는 3대가 모여 사는 가정에서 자랐다. 그의 어머니는 아주 훌륭한 주부였고 중년기에 이르자 그의 아버지도 금주를 하고 성실하게 일했다. 그의 어머니는 일곱 명의 자녀 중에서 사이먼을 가장 예뻐했다. 그가 14세 되었을 때, 어머니는 "사이먼은 노는 법이 없어요. 학교에 다니고 방과 후에는 일을 하죠. 그리고 여름방학에는 하루 종일 일해요."라고 말했다. 꼬마 청교도로서 그는 터먼 여성들의 반밖에 안 되는 IQ를 가졌기 때문에 더 열심히 노력해야 했다.

브라이트는 자신의 부모에 대해서 긍정적으로 생각했고 부모의 훈육이 '엄격하지만 친절하다'고 평가했다. 일요일에는 교회에 갔다. 면접자가 14세의 브라이트를 기술하는 데 사용한 형용사들은 '외향적, 모험적, 정서적으로 안정된, 양심적인, 실용적인, 적극적인'이었다. 덧붙여서 그는 '검소한' '특히 적절한' '솔직하고 유머러스한' 사람으로 보였다. 그는 자신이 지능이 아닌 몸을 써야 할 것이라는 걸 알기 때문에 어른이 되면 정비공이 되고 싶다고 말했다. 25세 때 비숙련직에 종사하고 있었는데도 결혼한 상태였으며 아내는 집을 '점 하나 없이 깨끗하게' 유지했고 '풀먹인 뽀송뽀송한 커튼'이 쳐져 있었다. 그는 이미 한 배의 공동 소유자였고 수상스키와 상당한 은행예금 계좌의 소유자였다. 그는 책을 통해 배우는 재주는 없었지만 세상 물정에 밝았고 상식이 있었으며 훌륭한 기질을 가지고 있었다.

브라이트는 1970년대 초반에 산 호세 레크리에이션부에서 일하기 시작했다. 처음에는 한 시간에 2달러 반을 받았지만 금세 감독자로 승진했다. 47세가 되었을 때는 1년에 1만 5000달러를 벌었지만 여전히 두 가지 일을 했다. 그 당시 면접자가 보기에 그는 "아주 남성다운 풍모에 근육질의 좋은 몸매를 유지하고 있고 나이에 비해 젊어 보였으며, 솔직하고 쉽게 이야기했고 눈 맞춤에 어려움이 없었으며, 에너지 수준이 높았고 질문에는 감정을 담아서 쉽게 대답했다." 다시 한 번, "모든 것이 흠집 하나 없었고 깔끔했다." "그는 아이들과 운동을 하고 작업하는 것을 즐거워했다. 그에게는 자신감과 확신 그리고 솔직함이 있었다." 브라이트는 아이들과 함께하는 것을 즐겼고 몇몇 팀에서 코치를 맡기도 했다 그는 레크리에이션부에서 일했을 뿐만 아니라 지역의 한 약물치료센터에서 자원봉사 활동을 적극적으로 하기도 했다. 그는 친구가 헤로인 중독으로 죽었을 때부터 약물 남용과 싸우는 데 관심을 가지게 되었다고 말했다.

공원에서 일을 하는 동안, 브라이트는 욱하고 화를 낼 때도 있었지만 몸싸움을 하지는 않았다. 공격성을 사용하는 데 있어서 그는 승화를 보여주었다. 그는 자신의 화를 어려움을 일으키기보다는 문제를 해결하는 데 썼다. 면접자는 그가 다투었던 이유가 대부분 "그의 시설을 보호하기 위해서였던 것처럼 보인다."라고 지적했다. 다른 사람들의 저항은 강제로 제압되었지만 결국 가치 있는 목적을 위해서였다. 그는 자기의 주장성을 공격적인 코치들에게 대항해서 필드의 에티켓을 지키도록 하는 것과 돈이 없었을 때 아들의 구강파열을 게으른 도시복지 관료가 고치도록 했을 때 사용했다. 가족 문제는 '그 문제를 우리 체계에서 몰아내고 우리 안에서 머물지 못하게 하기 위해서' 전체 가족이 팀처럼 식탁에 둘러앉아서 함께 해결했다.

60세가 될 때까지 사이먼 브라이트는 계속 승진했고 1년에 5만 2000달러를 벌고 있었다. 학습장애 때문에 여전히 그는 서류 작업을 위임했다. 하지만 면접자에게 "사람들은 나를 좋아합니다. 내가 아주 솔직하기 때문이죠."라고 자랑했다. 그는 13명을 감독했다. "나는 그들 모두를 내 아들처럼 여깁니다. 난 바닥에서부터 시작해서 부서의 디렉터가 되기까지 계속 일해 왔답니다."

사이먼 브라이트는 60세에도 여전히 일주일에 80시간을 일했다. 하지만 그는 아들들과 테니스 치는 시간을 규칙적으로 가졌고 친구들과는 일주일에 세 번씩 라켓볼을 쳤다. 그는 친구들과 친지들을 방문하면서 휴가를 보냈으며 여전히 수상스키를 즐겼다. 그는 일주일에 한 번은 아내와 외식을 하고 춤을 췄다. 자녀들은 모두 고등학교를 졸업했으며 그중 1명은 전문대에 진학했다고 답했다. 아버지와 마찬가지로 두 자녀는 매니저로 일하고 있었다. 다른 두 아들은 경찰이 되었다. 브라이트에게 경찰이 되는 것은 어린 시절의 꿈이었지만, 그는 필기시험에 합격할 수가 없었다.

사회적 지지

탄력성은 사회적 지지의 함수라고 할 수 있다. 나는 사회적 지지 속에 부모의 사회적 위치, 따뜻한 가정, 이해해 주는 배우자와의 결혼, 그리고 러터가 "안정적인 애정 어린 관계"[13]라고 부른 것을 포함시킬 것이다. 그러나 성숙한 방어기제와 시회적 지지는 복잡하게 얽혀 있다. 만약 우리가 친구들 사이에 있다면, 성숙한 방어들을 활용할 수 있을 정도로 안전하게 느끼기가 더 쉬울 것이다. 하지만 다른 사람들이 우리의 친구가 되고 싶도록 만드는 것은 우리 방어기제의 성숙도와 심리사회적 성숙도에 달려 있다. 친밀감과 생산성, 성숙한 방어기제를 사용하는 능력은 따뜻한 관계와 사회적 지지를 이끌어 낸다. 반대로 암울한 관계와 빈약한 사회적 지지는 미성숙한 방어를 유발하게 된다. 〈표 12-2〉에 제시된 탄력성을 증진하는 요인들은 수레와 말의 관계처럼 명확한 인과관계보다는 닭이 먼저냐 혹은 달걀이 먼저냐 식의 모호한 인과관계로 같이 묶여 있다.

달리 말해서, 사회적 지지가 탄력성에 중요하다고 할 때 그 효과는 복잡한 방식으로 중재된다. 내가 〈표 12-2〉에 개관한 사회적 지지의 하위 측면인 과거의 사회적 지지를 내재화하는 능력, 심리사회적 성숙, 그리고 희망을 각각 살펴보자. 첫째, 사회적 지지는 단순히 존재하는 것만으로는 충분하지 않다. 사회적 지지는 지각되어야 하고 내재화되어야만 한다. 사회적 경험은 당신에게 일어나는 무언가에 국한되는 것은 아니다. 사회적 경험은 당신에게 일어나는 무언가를 가지고 당신이 무엇을 하는가 하는 문제와 밀접한 관계가 있다. 훌륭한 풋볼 러닝백 기술의 일부분이 블로커를 발견하는 능력인 것처럼, 탄력성의 일부분은 자신의 대인관계 매트릭스 내에서 사랑과 건강을 줄 수 있는 사람을 파악하는 능력과 밀접한 관계가 있다. 더구나 탄력성은 좋은 가족 구성원, 교사, 실망스러운 매트릭스 내에서도 발견되는 좋은 이웃을 파악하는 능력뿐만 아니라 그들과 유대관계를 맺는 능력까지도 포함한다. 카우아이의 취약하고 불쌍한 아이들이 어떻게 효율적인 성인이 되었는지를 더듬어 가면서, 에미 워너는 다른 사람들로부터 지배적으로 긍정적인 반응을 이끌어 내고 대리부모를 설득할 수 있는 '꼭 껴안고 싶은 사랑스러운' 아이가 되는 것의 중요성을 강조했다. 그러한 행운은 흔히 기질적인 매치 혹은 알렉산더 토머스Alexander Thomas와 스텔라 체스Stella Chess가 "맞춤의 적합성"[14]이라고 부른 것에 달려 있다. 우리는 그러한 배우자를 선택하는 행운이 로버트 호프와 켄 킨더의 탄력성에서 분명히 중요한 역할을 했음을 알 수 있었다. 그들은 그 전까지는 사랑을 받는 데 별로 성공한 적이 없었다. 따라서 사회적 지지는 기질과 행운의 결과물인 경우가 많다.

그러나 사회적 지지를 사용하는 것은 맞춤의 적합성을 잘 고르고 찾아내는 것 이상이다. 사회적 지지를 사용하는 능력은 일단 발견한 대상들을 말하자면 잘 소화하는 능력을 포함한다. 이 능력은 심리사회적 성숙을 위한 잠재력과 불가분하게 묶여 있다. 해리 할로Harry Harlow가 철사와 헝겊으로 만들어진 무생물 대리모와 함께 자란 원숭이들의 추수 연구를 통해서 증명했듯이, 우리는 사회적 지지 없이는 성숙할 수 없다.

사랑받는 경험을 어떤 위험이나 권리가 아닌 선물로 받아들이려면 우리에게는 우리를 사랑하는 사람을 흡수할 수 있는 자아의 능력이 필요하다. 만약 우리가 우리보다 훨씬 더 부유한 사람과 결혼하게 된다면, 우리는 감사하게 생각할까 혹은 부러워할까? 만약 우리의 테니스 상대가 언제나 이긴다면, 우리의 게임이 향상될까 혹은 우리의 자존감이 곤두박질칠까? 만약 우리의 아버지가 어떻게 해서든 완전 실패작이라면, 우리는 정말로 훌륭한 아버지가 됨으로써 복수를 다짐할 것인가 혹은 우리가 받은 대로 다른 사람들에게 행동할 것인가?

행복한 가정에서 자랐지만 아무것도 내면으로 흡수해 내지 못하는 사람들을 생각해 보자. 사랑을 받았지만 그것을 사용할 수 없었던 사람들은 어떻게 된 것일까? 인생의 대부분에서 성격상 사람들을 내부에 받아들일 수 없었던 엘리자와 알제론 영(7장)은 어른이라기보다는 그저 초등학생 같은 상태로 남아 있었다. 어떤 사람들은 록펠러나 로스차일드 신탁기금을 불안정감을 유발하는 부담으로 여기는 것처럼, 어떤 사람들은 사랑 때문에 공황 상태에 빠진다. 조현병이 있는 사람들이 분명한 예가 된다. 이처럼 윌 로먼과 로버트 호프 사이의 가장 큰 차이는 그들이 직면한 사회적 지지를 사용하는 능력의 차이였다. 윌 로먼은 조현병이 발병하기 전에 사망했지만, 무정보 상태의 평정자에 의해서 장차 조현병이 발병될 것으로 예측되었던 17명의 참여자 중 하나였다.[15] 조현병이 있었던 내 환자 중에는 자신이 가장 증오하고 자신을 가장 위협했던 사람들이 바로 간호사들이었다고 말한 여자가 있었다. 그 이유를 묻자, 그녀는 간호사들이 "나를 돌보니까요."라고 말했다. 그녀는 마피아가 적을 손보는 방식을 언급할 때와 똑같은 방식으로 그 용어를 사용했다.

나는 이용 가능한 사회적 지지 안에서 무엇이 좋고 영양분이 되는지를 알아보는 능력은 낙관적인 인지적 귀인의 사회적 대응물이라고 생각한다. 그러나 사회적 지지를 대사하는 과정은 훨씬 더 미묘하다. 우리는 사람들에게 관념을 가르칠 수 있다. 우리는 누군가에게 반 잔의 물이 반밖에 남지 않은 것이 아니라 반이나 남은 것이라고 보도록 가르칠 수 있다. 하지만 누군가에게 사랑의 돌진을 위협이 아닌 선물로 취급하도록 어떻게 가르칠지 하는 문제는 더 벅찬 일이다. 은총 혹은 적어도 능숙한 기술이 필요한 일인 것만큼은 틀림없다.

탄력성은 〈표 12-2〉에 제시된 사회적 지지의 두 번째 측면인 성숙과도 밀접하게 연관되어 있다. 내가 의미하는 성숙은 상황의 상대성을 제대로 인식하는 자아 능력과 발달적인 관점을 취하고 역설을 참을 수 있는 능력이다. 그러나 성숙은 이해하기 쉬운 개념이 아니다. 아돌프 마이어Adolf Meyer의 말을 빌리자면, "어쩔 수 없이 상대적인 고려를 해야 하는 사항들 중에서 성숙은 가장 이해하기 어려운 것들 중 하나다."[16] 성숙에서 필수적인 것은 만사가 상대적이며 다른 사람들이 자신보다 더 안 좋은 상황을 겪은 후에도 살아남았다는 사실을 이해하는 능력이다. 성숙에 필수적인 것은 이 또한 지나갈 것이라고 아는 것과 더불어 충족의 억압이 아닌 지연 능력이다. 성숙의 그러한 정의는 억제와 예상이라는 자아방어기제와 매우 가깝다. 그러나 그것은 제인 뢰빙거Jane Loevinger의 성숙한 자아발달의 정의, 장 피아제Jean Piaget의 형식적 조작 개념, 로렌스 콜버그Lawrence Kohlberg의 도덕발달의 최고 단계, 그리고 에릭 에릭슨Erik Erikson의 생산성의 개념과도 매우 유사하다.

탄력성에 중요한 사회적 지지의 세 번째 측면은 힘이 되는 특별한 근원에 대한 기억을 위해서 과거로 되돌아갈 수 있으면서 동시에 미래에서 사랑을 발견하리라는 희망을 마음에 품고 있는 능력이다. 사실 사랑, 희망, 신념은 불가분하게 얽혀 있다. 이혼 한가운데 있거나, 시험에 실패한 아이, 혹은 타이 난민촌에서 고생하고 있는 아이가 더 좋았던 날들을 기억할 수 있을까? 그 아이가 "이것도 지나갈 거야."라는 신념을 계속 가질 수 있을까? 희망과 신념은 아주 간단한 말이지만 탄력성의 핵심적인 측면을 담고 있다. 판도라의 신화에서처럼 오랫동안 희망은 탄력성이 의존하는 정신적 향유香油로 간주되어 왔다. 그리고 희망과 신념은 사회적 지지와 불가분하게 결속되어 있다.

〈표 12-2〉에 제시되어 있는 사회적 지지의 네 번째 측면은 사회적 매력이다. 우리의 사회적 지지는 우리가 어떻게 우리의 주변 사람들에게 영향을 미치는지에 달려 있다. 따라서 한 개인의 사회적 지지를 끌어내는 유능성을 확인하는 한 가지 방법은 그 개인에 대한 훈련된 면접자의 주관적 인상을 기록하는 것이다. 그러한 인상은 흔히 주관적 편향이나 역전이라고 치부되어 버린다. 그러나 사회적 매력이 성숙한 기제에 달려 있는 정도만큼 그러한 매력은 탄력성에 대한 중요한 단서가 된다. 성인의 경우에는 성숙한 방어가 이를테면 유아들의 '사랑스러움'과 같은 역할을 한다. 성숙한 방어는 그것을 사용하는 사람들이 다른 사람에게 매력적으로 보이도록 만든다. 유리 힙Yuri Heep과 스탠 코월스키Stan Kowalski에 대한 면접자의 다른 반응을 살펴보자. 두 사람은 모두 작은 키에 뚱뚱하고 볼품없는 외모를 지녔다. 그러나 그들은 다른 사람들에게 극적으로 다른 인상을 주었는데, 힙의 100kg이 모두 지방 덩어리이고 코월스키의 100kg이 모두 문신을 새긴 근육이었기 때문은 아니었다. 면접자에게 가장 크게 영향을 미쳤던 것은 바로 그들의 다른 방어 스타일이었다. 두 남자는 47세에 전혀 다른 방식으로 면접자에게 영향을 주었다.

힙의 면접자는 다음과 같이 적고 있다.

힙 씨는 좀 많이 나온 배 위에 파란색 파자마 바지만 걸친 채로 헝클어지고 졸린 모습으로 나타났다……. 인터뷰 내용을 적으면서 나는 힙에 대해서 점점 더 화가 나고 경멸감이 드는 느낌을 경험했다. 우리가 이야기를 나누는 동안, 나는 쾌활한 태평스러움으로 인해서 매력을 느꼈다고 생각했지만 거리가 좁혀지자 내가 너무나 미성숙한 남자와 이야기를 하고 있으며, 그 미성숙함은 내가 처음에는 이례적인 솔직함으로 생각했지만 실제로는 유아적인 노출증에 불과했다는 사실을 깨달았다. 그것은 그가 지나치게 개방적으로 거론했던 그의 인생과 행동의 여러 가지 측면에 대해 도덕적 분별이나 구분 없이 그저 뭐든지 보여 주고 나누며 양심으로부터 자유롭게 그리고 조금도 거리낌 없이 드러내는 것이었다. 나는 그가 파자마 바지만 입은 (아기처럼) 뚱뚱하고 행복하며 침실에서 아장아장 걸어 나오는 모습으로 생각했다가 나중에는 식탁에 앉아서 숟가락으로 식탁을 두드려 대는 아기로 상상하게 되었다. 또 나는 인터뷰 때 함께 있었던 그의 아내에 대해서도 생각하기 시작했다. 그는 아내와 함께 인터뷰를 받으려 했고, 아내가 전화를 받기 위해서 잠깐씩 방을 비운 사이에 불안해하는 것이 확연히 보였다. 어머니에 대한 안전감이 어머니가 눈에서 보이지 않게 되자마자 사라져 버리는 아이처럼 말이다. 내 생각에 내가 느꼈던 경멸감은 그가 철이 더 들었어야 한다는 느낌과 자신의 삶에서 정말 무슨 일이 벌어지고 있는지를 보지 못한다는 점 때문인 것 같다. 그러나 분명히 그는 철이 들지 않았고 볼 수 없었다.

나는 내가 화가 나는 이유가 그의 경조증적인 자기과시 때문일 수도 있겠다고 생각했다. 내 화가 상당히 가라앉게 된 것은 그가 인터뷰 끝무렵에 표면상의 정서 이면에 깔려 있는 비참함과 깊은 우울을 내비치기 시작했을 때부터였다. 이 남자는 아내와 부모에게 전적으로 의존하고 있는 중년의 아기였다.

힙과 부인의 관계에서 그들을 결속시키는 힘은 그의 악마-천사, 착한 소년-나쁜 소년, 혹은 아내의 말대로 '지킬박사와 하이드' 성향이 교차하는 것과 관계 있는 것처럼 보였다. 내가 보기에 그들은 벼랑 끝 협상전략 같은 게임을 하고 있는 것 같았다. 얼마만큼이나 벗어날 수 있는지 그리고 아내가 참을 수 있는 짓의 한계는 무엇인지를 살피다가 다짐과 달래기 그리고 참회하는 다정함 등의 기간이 번갈아 진행되는 게임이라고 생각한다. 나는 그의 아내가 이 불행한 게임에 걸맞은 완벽한 파트너라고 짐작했다.

스탠 코월스키와의 인터뷰에서 나는 힙의 면접자만큼이나 편향되어 있었지만 내 기록은 칭찬 일색이었다.

　　스탠 코월스키는 대머리였고 땅딸막했으며 173센티미터에 100킬로그램이었다. 팔뚝에는 문신이 잔뜩 새겨져 있었고 노동자 셔츠를 입은 그는 강인한 하사, 바텐더, 그리고 차량 정비공 모델 바로 그 자체였다. 코월스키는 육체적인 건강 문제에 대해서 강하게 집착하는 모습을 보였다. 그의 도시락 통은 카운터 위 영예로운 장소에 둥지를 틀고 있었다. 그는 카멜 담배를 피우면서 근사한 미소를 지었다. 내가 그의 집에 도착한 것은 하루에 14시간이나 일한 뒤였지만 그의 눈 맞춤과 내 관심을 붙드는 사교적 유능성이 나 자신의 에너지를 즉각적으로 복구하게 이끌었다.

　　코월스키가 나를 대하는 매너는 지극히 쉬워 보였지만 그럼에도 불구하고 감동적이었다. 허세가 없는 자기확신이었다. 그는 알코올중독자재활협회 회원이 보일 법한 평온함을 보이면서도 내가 알코올중독자재활협회의 철학에 대해서 잘못 알고 있다며 나를 놀렸다. 인터뷰는 그가 선천적인 이야기꾼으로서 자기 인생에서 고통스러웠던 일들보다는 유쾌하고 즐거운 이야기를 하는 것을 더 선호했기 때문에 조금은 어려웠다. 그는 종종 과거 일들을 기억하는 데 어려움을 보여서 다시 기억날 때까지 자유 연상을 해야만 했다.

　　스탠 코월스키는 걸걸한 마초였다. 그리고 그는 "형무소(싱싱 형무소)에서 나왔을 때 적응하기가 어려웠지요."라는 말로 인터뷰를 시작했다. 하지만 그는 자신과 관련 있는 사람들을 인정하는 방식에서도 비범한 인상을 주었다. 내가 자리를 뜰 때, 그는 나에게 자신이 양어머니에게 얼마나 헌신적인지를 언급했다. 그의 동일시 능력, 즉 사람들을 마음 안에 받아들이고 양가감정 없이 사랑하는 능력은 정말 탁월했다. 나는 하버드생 표본에서 세계적인 명성이 있지만 알코올중독으로 완전히 망가져 버린 내과 의사와 인터뷰를 막 마친 직후였기 때문에 코월스키와의 인터뷰는 극적인 인상을 주었다. 그 내과 의사랑 그의 아내와의 인터뷰는 완전히 우울한 것이었다. 그 내과 의사는 그의 부러진 발목과 간간이 빠지는 알코올중독 상태가 자신을 부셔 버릴 만큼 중대한 문제가 아니라고 생각했지만 사실 그의 삶은 부서졌다. 그리고 여기 스탠 코월스키가 있다. 세 남자를 망가뜨렸을 정도로 인생에서 고통이 많았음에도 불구하고 여전히 그는 천하무적이었다. 그는 무척 사랑했던 양아들을 잃어버린 일에 대해서 말했다. 내 생각에는 그가 주변 사람들을 모두 사랑했던 것 같다. 그는 아이를 잃어버린 일에 대해서 원망 없이 그리고 슬픔을 내비치지 않으면서 말했다. 하지만 그는 그전에 내게 남자는 절대로 울어서는 안 된다고 말한 바 있었으며, 게다가 나는 그의 모습에서 납작한 코를 가진 프로 권투 선수 얼굴 표정 바로 아래에 있는 슬픔을 어렵지 않게 목격할 수 있었다.

문 안으로 막 들어왔을 때, 나는 그의 아내와 마주쳤다. 그녀는 지저분한 금발 머리에 불량한 자세로 마치 조지 프라이스George Price의 카툰에서 막 튀어나온 것처럼 보였다. 그녀는 자신이 소개한 것보다 10년은 더 나이 들어 보였고 사실 자기관리에 거의 신경 쓰지 않는 것처럼 보였다. 내 짐작으로는 코월스키가 의지박약의 헤로인 중독자와 결혼한 것 같았다. 어쨌든 난 그녀와 식탁에 앉았고 그녀는 내게 커피 한 잔을 마시겠냐고 물었다. 나는 그러겠다고 했다. 그때 미소 지으면서 코월스키가 불평했다. "내가 물어봤을 때는 거절했는데." 미소 지으면서 그녀가 부드럽게 대꾸했다. "그건 당신이 착하지 않아서 그런 거예요." 이러한 대화는 그녀에 대한 내 생각을 완전히 바꿨다. 그녀가 흠모하는 미소를 지으면서 남편을 바라볼 때면 그녀의 얼굴 전체가 사랑으로 아름답게 빛났다.

그것은 정말로 흥미로운 인터뷰였다. 고통스러운 이슈들을 흥미롭고 재미있는 것으로 만드는 코월스키의 능력이 방어 덕분이라는 데는 의문의 여지가 없었다. 그럼에도 불구하고 지난 6개월간의 기분 상태에 대한 질문을 받자 계속 웃고 나를 즐겁게 했던 이 남자는 "문제가 뭔지는 생각할 수 없지만 한 가지는 있다는 것을 압니다."라고 말했다. 그러고는 그 문제가 무엇인지에 대해서 서서히 생각하기 시작했다. "난 한 달 동안 화가 나 있었죠."라고 그가 내게 말했다. "이사 사업이 슬럼프예요. 처음으로 빚을 지게 되었죠. 이사 업계에서 4월이 침체기라는 사실을 나는 잘 기억하지 못해요. 난 매년 새삼 깨닫곤 하죠." 스탠은 그런 문제들이 있을 때 기분이 좋아지게 하기 위한 것에 대해 "음악을 연주하거나 아니면 아내나 딸아이에게 내 문제들을 얘기해요. 그럼 도움이 돼요."라고 말했다.

달리 말하자면, 인터뷰 당시 스탠 코월스키는 계속해서 고통을 경험하고 있었지만 그것을 통달해 왔다. 스탠과 그의 아내를 함께 지켜보는 정감 어린 경험은 유리 힙과 그의 아내가 다른 면접자에게 너무나 화가 나는 경험이었던 만큼 내게 아주 감동적이었다. 우리 모두는 경멸보다는 찬사를 이끌어 낼 수 있을 때, 이기적인 유아가 아닌 금욕주의자로 비칠 때 훨씬 탄력적이 된다.

그러나 만약 그 남자들이 성인이 되었을 때 너무나 달랐다면 이러한 결과들이 아동기에도 예측 가능했을까? 답은 '아니요'다. 힙은 안정적인 가정에서 자랐다. 그의 어린 시절 아파트는 오로지 '엄청난 수의 그림' 때문에 주목할 만했다. 그의 아버지는 정규직이었고 아들이 대학에 가기를 원했다. 부모 모두 아들에게 전념했다. 그는 유급을 한 적도 없고 학업과 품행 모두 적절했다. 힙의 선생님은 "힙은 아주 머리가 좋아요. 집중력도 좋고 학급에서 가장 잘하는 아이들 중의 하나예요."라고 말하기까지 했다. 정신과 의사는 그가 긴장되어 있지만 '단정해 보이는 소년'이라고 보았다. 그는 규칙적으로 교회에 다녔고 흡연 외에는 학교에서 품행 문제를 보인 적이 없었다.

대조적으로 스탠 코월스키는 생후 30년 동안 방황하며 보냈다. 그는 태어나자마자 아버지에게 버림받았다. 외할머니는 어머니가 어렸을 때 자살했다. 어머니는 스탠이 세 살밖에 되지 않았을 때 크리스마스 날 결핵으로 사망했다. 그후 중앙난방이 되지 않는 임대주택에 사는 나이 든 친척 아줌마가 그를 맡게 되었다. 청소년이 될 때까지 이 친척 아줌마는 그를 긴 곱슬머리에 여자 같은 남자아이로 키웠다. 나중에 그는 무단결석, 무임승차, 학교에서 부정행위를 하는 법을 배웠다. 보통상 수준의 지능에도 불구하고 그는 8학년 때 직업학교를 중퇴했다. 17세에는 차량절도 때문에 교도소에 들어갔다.

코월스키는 20세에 결혼했는데, 상대는 나중에 조현병 진단을 받았다. 사회복지사는 그녀를 '남편에 대한 애정이 전혀 없고 지저분한' 가정주부라고 묘사했다. 화가 날 때면 이 커플은 서로 칼을 들고 공격할 정도였다. 25세에 그의 다음 번 인터뷰가 잡혀 있었을 때, 코월스키는 이혼을 했고 강간죄로 싱싱 교도소에 수감되어 있었다. 32세에 마침내 인터뷰가 가능해졌을 때 그는 부랑죄로 지방교도소에 수감된 상태였다. 그는 이미 15년 동안 알코올중독 상태였고 때로는 남자를 상대로, 또 어떤 때는 여자를 상대로 매춘을 해서 생계를 유지할 때도 있었다. 유리 힙의 유년기가 더 양호했다는 데는 조금도 이견이 있을 수 없다.

그렇기는 해도 유리 힙의 어린 시절이 온통 좋기만 했던 것은 아니다. 그는 외아들이었고 어머니와 같은 방을 썼다. 그의 아버지는 아내에 대한 공갈폭행죄로 기소되었다. 힙은 정신과 의사에게 아버지의 폭력 행사로 생긴 멍 자국을 보여 주었지만 아버지가 알코올중독인 사실은 부인했다. 선생님의 낙관적인 평가에도 불구하고 힙의 IQ는 79였으며 2년 동안 특수학급에서 공부했다. 그의 스탠퍼드 읽기검사 점수는 70점에 불과했다. 평생 그는 타블로이드지와 만화책만 읽었다. 힙이 캠프에 갔을 때 그는 '논쟁적이고 말썽쟁이이며 형편없는 아이'로 비쳐졌다. 정신과 의사는 그가 '상당히 걱정이 많은유의 아이'라는 점에 주목했다. 간단히 말해서, 유리 힙은 에미 워너가 '보상을 주지 않는 까다로운 기질'이라고 부른 것을 가지고 있었다. 대부분의 직업생활 동안, 그는 택시 운전을 했고 친척 소유의 집이나 아파트에서 살았다. 인생 대부분 동안 그는 아버지의 재정적 도움을 받았다.

스탠 코월스키의 유년기 또한 모두 나쁜 것만은 아니었다. 그의 '교양 있는' 고모할머니는 그를 사랑했다. 그리고 그를 여자애처럼 기르기는 했지만 집안을 잘 돌보았다. 어렸을 때 그는 도움을 청할 줄도 알았다. 14세가 될 때까지는 매주 주일학교에 나갔다. 그리고 젊었을 때는 술에 취해 주립 교도소를 들락날락하면서도 목사가 되기 위해서 성서학교를 다녔다. 그의 IQ는 110이었고 그의 독해지수는 112였다. 그는 건강한 신체를 타고났으며 게다가 대단히 뛰어난 운동선수였다. 그는 전문 권투선수로서 돈을 벌었고 풋볼과 하키에도 능했다. 스탠 코월스키의 범죄 기록은 전형적으로 스트레스에 대한 반응에 해당되었다. 그가 심각한 범죄를 저질렀던 것은 언제나 크리스마스이브이거나 크리스마스 날 그리고 어머니의 추도일이었다.

25세 때 유리 힙은 "어쨌든 아버지가 도와주실 거예요. 내 살 집을 마련해 주고 집도 꾸며 주고요."라고 말했다. 30세에 그를 인터뷰한 면접자는 "먹고 도박하고 강요당했을 때만 일하는 데 만족하고 있다…… 좀 미성숙하고 의존적이다."라고 적었다. 힙은 아동부양세대 보조금을 받을 수 있도록 아내와 이혼하고 라스베이거스로 도망갔다가 되돌아와서 다시 아내랑 함께 살았다. 44세 무렵부터 힙은 현기증 발작, '척추만곡증' '일종의 관절염' 그리고 '심장비대증'으로 장애 상태에 빠졌다. 15년 후에 심전도를 포함해서 객관적인 신체검사를 받았을 때 그의 심장은 꽤 정상적인 것으로 보였다. 44세 때 그는 "내 평생 일주일 내내 일해 본 적은 절대 없다니까요."라며 거의 으스대기까지 했다. 47세 때 힙과 그의 아내, 자녀들 모두 그의 아버지가 부양하고 있었다. 면접자는 "그의 하루 일과 중 일부는 어머니에게 심부름을 시키는 일이었다."라고 적었다. 그러나 힙은 면접자에게 "난 정말로 아무것도 하지 않아요."라고 재차 확인까지 시켜 주었다.

힙이 32세였을 때 그의 아내는 그가 "집안일을 하는 데 하등의 도움이 되지 않는다."라며 불만스러워했다. 집을 페인트칠하는 것도 도배하는 것도 모두 그녀의 담당이었고, 그는 그저 '수수방관할 뿐이었다.' "남편이랑 같이 외출하면 친정아버지처럼 보일 정도로 뚱뚱해요."라고 그녀는 말했다. 아내가 있는 자리에서 아내에 대해서 말해 보라고 하자, 힙은 "아내는 나쁜 년이에요. 결혼하면서 내 건강이 나빠지기 시작했다니까요."라고 대답했다. 힙이 아내에 대해서 가장 기쁘게 생각하는 점은 "내가 화가 났을 때, 입을 다물어야 한다는 것 정도는 안다는 거죠……. 상냥하게 굴면서 나를 진정시키려고 하면 오히려 난 미쳐 버릴 수도 있어요."라고 했다. 힙의 아내가 대꾸했다. "언어적 학대가 때로는 손을 쓰는 것보다 더 나쁘죠." "그래도 당신은 결코 떠나지 않을 거야."라고 힙이 말했다. 그러자 아내는 "두고 보면 알겠죠."라고 대꾸했다.

과거에 힙은 아내에게 충실하지 못했는데 외도를 하면 꼭 들통이 나곤 했다. 면접자는 그들이 외출하면 무엇을 하냐고 질문했다. 딸이 대답했다. "싸우세요." 아주 많이 화가 나면 힙은 '뭐든지 깨부수는 편이었다.' 그의 아내는 그가 사람들에게 주먹질을 한다고 덧붙였다. 그는 더 이상 가족들에게는 손을 대지 않는다고 말했다. 그러자 딸이 말하기 시작했다. "오, 그러세요? 그럼 지지난주에 있었던 일은 뭐였죠?"

그 후에도 힙의 삶은 나아지지 않았다. 그는 58세에 퇴직했다. 그는 여전히 허리 문제(객관적 증거 없음) 때문에 자신을 장애인이라고 생각했고 어렸을 때처럼 '심하게 걱정하는' 것도 여전했다. 그는 168센티미터에 거의 110킬로그램이었다. 그는 매일 담배를 세 갑씩 피워 댔다. 그는 자신의 건강이 '형편없다'고 알고 있었고 만성 통증도 경험하고 있었다.

내가 스탠 코월스키를 만났을 때 그는 47세였고 32세 때 했던 마지막 인터뷰 이후로 감옥에 간 적이 없었다. 그는 집을 가지고 있었고 지난 2년 반 동안 그 집에서 살고 있었다. 내가 약속 시간보다 2분 늦게 도착했을 때 그는 활짝 웃는 표정으로 나를 맞이하면서 소리쳤다. "늦었잖아요!" 그는 바퀴가 18개 달린 특대형 이삿짐 트럭을 운전할 자격증을 가지고 있었으며 성실한 일꾼으로 알려져 있다고 자랑했다. 그는 3년 전에 모든 이삿짐꾼이 꿈꾸는 일인 피아노를 혼자 힘으로 옮기는 것을 해냈다고 으스댔다. 그는 자신의 트럭을 구입하는 것이 꿈이라고 말했다. (그는 인터뷰를 한 지 3년 뒤에 실제로 이 목표를 달성했다.)

　코월스키는 10년 전에 금주에 어떻게 성공했는지를 내게 말해 주었다. 그는 1961년에 주립 교도소에서 나온 뒤부터 뉴올리언즈의 길거리에서 살았다. 겨울에는 비를 피하기 위해서 배수로에서 낙엽을 덮고 잠을 자곤 했다. 그러고는 아침에 흙투성이 상태 그대로, 공포영화에서 갓 튀어나온 것 같은 모습으로 일어나서는 술을 사 먹기 위해서 겁먹은 행인들에게 돈을 구걸하곤 했다. 그가 처음으로 술을 끊은 것은 1964년이었는데 여자친구 덕분이었다. 마지막으로 술을 마신 것은 1967년이었다. 따라서 금주가 내리막으로 치닫는 인생 행로를 역전시키는 강력한 수단임에는 틀림없어 보인다. 그러나 코월스키가 다른 사람으로 하여금 자신을 돌보게끔 허용할 수 있었던 점도 마찬가지로 중요하다. 그것이 그의 구원이었다. 그러나 그가 받았던 보살핌은 힙이 얻어 냈던 것과는 사뭇 다른 것이었다. 코월스키는 5년 동안 휴가를 가지 않았고 전직 프로권투 선수로서 이제는 등짐으로 피아노를 옮겼다. 그럼에도 아팠을 때 그는 스스로를 돌보려고 하지 않았다. 그는 "그냥 누워서 약을 먹죠."라고 말했다. 그리고 그의 아내가 덧붙였다. "그리고 불평을 해요. 애들보다도 심하다니까요." 그러나 힙의 아내와는 달리 그녀는 그러한 얘기를 남편에 대한 애정을 가지고 말했다. 그리고 힙과는 달리 코월스키의 의존성은 그에게 남자 두 몫에 해당되는 힘을 주었다. 술을 마시고 싶을 때면 그는 알코올중독자재활협회 후원자에게 전화로 다음과 같이 말했다. "전화박스에 들어가서 동전을 꺼내드는 순간 이미 당신은 술을 마시지 않을 거라는 걸 알죠." 코월스키가 술을 끊을 수 있는 데 가장 큰 도움을 준 것은 바로 그의 양아들이었다. "그 아이는 나를 숭배했죠. 난 걸으면서 술을 깨곤 했는데 아들이 '아빠, 전 아빠가 술을 끊었으면 좋겠어요.'라고 말했죠. 아들은 나하고 함께 걸으면서 내게 '걷다 보면 정말 힘들어요.'라고 말하곤 했죠." 그렇게 스탠 코월스키는 술을 끊었다. 어쨌든 그는 사람들을 마음속에 담는 재능을 가지고 있었다.

코월스키는 직장에서도 사람들과 잘 지냈다. 한때는 흉악범이자 프로권투 선수이자 매춘부였던 그는 공감의 매력을 발산했다. "나는 안타까운 상황에서 이사하는 사람들의 마음을 편하게 해 주려고 하죠. 하지만 내가 정신과 의사는 아니니까 오늘이 그 사람들의 인생에서 가장 속상한 날들 중의 하나일 거라고 생각하려고 노력해요. 난 그 사람들이 속상하다는 걸 내가 알고 있다는 것을 설명한 후 마음을 진정시키게 해 보려고 하죠."

스탠 코월스키는 네 번째 아내와 결혼한 지 5년이 지났다. 아내에 대해서 이야기해 보라고 하자, 그는 "아내는 이삿짐 트럭 이래로 최고의 선물이죠. 난 아내를 믿어요……. 우리는 둘 다 학대당하고 함부로 취급받는 데 질렸으니까요."라고 말했다. 그는 자신들이 대접받고 싶은 방식대로 상대방을 대한다고 말했다. 나중에 인생에서 가장 큰 만족이 무엇이냐는 질문을 받자 그는 엄지손가락을 아내를 향해서 가리키더니 "아내와 결혼한 거죠. 우리는 정말 찰떡궁합이에요. 가끔씩 지금 이게 꿈인지 생시인지 확인하기 위해서 자신을 꼬집어 봐야 할 정도예요."라고 말했다. 그들의 결혼은 10년 후에 그가 죽을 때까지 안정적으로 지속되었다.

코월스키와 힙은 아주 다른 방어들을 사용했다. 코월스키의 이타주의는 힙의 소극적 공격만큼이나 지배적인 것으로 보였다. 내가 인터뷰하고 있는 동안, 코월스키는 친구가 도움을 청하는 전화를 두 통이나 받았다. 그가 가장 많이 관여하고 있는 사교모임은 바로 알코올중독자재활협회라고 했다. 그러나 아마도 우리의 만남에서 가장 기억할 만한 일은 그의 억제와 이타주의 그리고 유머가 그의 사회적 활동 반경을 변화시키고 내게서 찬사와 호감을 이끌어 냈던 방식일 것이다.

나는 코월스키에게 지난 20년 동안 무엇을 배웠냐고 물었다. 그는 "나는 나쁜 아이는 아니었어요. 하지만 어리석은 아이였죠. 난 신을 믿어요. 신은 내게 경외감을 주는 교훈을 선사해 주죠."라고 말했다. 교회에 다닌 적이 있냐는 질문에는 알코올중독자재활협회가 그에게는 교회였다고 대답했다. "신은 평생 동안 내 가까이에 있었죠. 거의 목사가 될 정도였죠. 그거 연구진 기록에 있지 않나요?" 물론 기록되어 있었다. 하지만 당시에는 아무도 그걸 믿지 않았다.

관찰자 편향

때로는 연구자의 판단이 단지 역전이에 불과하기도 하다. 따라서 일부 도심 표본 참여자의 '취약성'은 그들의 생물심리사회적인 위험을 뜻하기보다는 인내심 부족한 관찰자들의 시선에서 비롯된 것일 수도 있다. 때로는 관찰자의 견해는 편견과 이해 부족을 드러내기도 한다. 그런 경우에 한 개인의 탄력성은 실제보다 더 분명해 보인다. 왜냐하면 사실 애당초 그 사람은 관찰자가 생각했던 것보다 훨씬 더 적은 위험에 처해 있었기 때문이다. 마이크 멀리건Mike Mulligan의 삶은 그러한 예를 잘 보여 준다.

마이크 멀리건의 평가에서 있었던 오류는 관찰자가 그의 가정의 지저분함을 잘못 해석한 데서 비롯되었다. 부유한 집안의 경우, 과도한 깔끔함과 청결은 청교도주의나 정신병리 혹은 지나치게 강박적인 성격에 대한 증거가 되기도 한다. 그러나 사면초가에 몰린 빈민 가정에서는 청결이 탄력성과 높은 도덕성, 자존감, 그리고 정신건강을 나타내는 지표가 되기도 한다. 깔끔함은 그렇지 않았다면 혼란스러웠을 환경을 다루기 위한 성공적인 노력을 반영하기 때문이다. 그러나 멀리건 집안처럼 외견상의 불결함이 단지 표면적인 모습에 불과할 때도 종종 있다.

마이크 멀리건은 가장 기본적인 생필품만을 겨우 갖춘 임대아파트에서 성장했다. 그 아파트는 중앙난방도 되지 않았고 '목욕시설'도 없었다. 멀리건 집안의 아이들은 머릿니와 고름딱지 때문에, 또는 단지 씻지 않았다는 이유로 반복해서 정학을 당했다. 몇몇 아동가족복지기관이 멀리건 가족과 연관되어 있었다. 한 노트에는 "목사 X는 이 가족이 희망이 없는 경우라고 느낀다. 어머니는 습관적인 거지다."라고 적혀 있었다. 그의 교회는 멀리건 가족을 돌보려고 애썼지만 '옷차림과 가구가 제대로 관리된 적이 없었다.' 교육감은 멀리건 가정에 대해서 "이것은 완전한 불결함의 최악의 사례들 중 하나다."라고 적고 있다. 그 가정의 일상사는 "뒤죽박죽, 끔찍한 상황이다. 침대는 더럽고 아이들은 지저분하고 옷도 잘 입지 않았다." 사회복지 조사자는 멀리건의 집을 처음으로 방문했을 때 그의 어머니가 머리도 빗지 않고 손톱에 더러운 때가 낀 채로 낡은 기모노를 추레하게 입고 있었다고 적고 있다. 그는 멀리건의 여자 형제들을 다음과 같이 묘사했다. "스물두 살밖에 되지 않았지만 앞니는 완전히 빠져 버렸고 단지 몇 개의 충치만 입 한쪽에서 볼 수 있었다." 보스턴 시립병원의 의료 기록도 "그들은 체질적으로 열등했지만 정신박약은 아니었다."라고 하면서 마이크 멀리건의 부모에 대한 편견을 드러냈다. 아동학대예방협회Society for the Prevention of Cruelty to Children 의 기록에 따르면, "경찰은 마이크의 어머니가 지적이라는 사실을 전혀 믿지 않았다."

그러나 이러한 추정된 역경 중 어느 것도 실제로 마이크 멀리건을 손상시키지 못했다. 정신과 의사는 그를 '관습적이고 피암시적'이라고 했으며 "빗지 않은 머리에 찢어진 셔츠를 입고 조심성 없는 몸가짐에 단정치 못한 소년임에 분명했지만 쾌활하고 친근한 매너를 지니고 있었다."라고 기록했다.

하지만 진실은 멀리건 가족이 달랐을 뿐 역기능적이지는 않았다는 것이다. 마이크 멀리건의 어머니가 5학년 때 14세의 나이로 중퇴했으며 서커스단 일원이었던 아버지는 중학교 2학년까지밖에 다니지 않았다. 그러나 그는 성실한 근로자였고 아들을 데리고 야구경기도 보러 가고 집에서도 함께 놀아 주는 아버지였다. 마이크의 어머니는 가족들에 대해서 "우리 가족은 함께 정말 재미있게 지냈어요."라고 말했다. 마이크 멀리건의 독해지수는 68밖에 되지 않았고 산술지수는 68에 불과했으며 두 학년을 유급당했다. 마이크가 "지능이 더 좋아야 한다."고 생각한 것만 제외한다면 그의 생활기록부는 꽤 양호했다. 교사들은 그에 대해 "인기 있고 행복한 웃음을 지니고 있으며 무엇이라도 기꺼이 할 자세를 가지고 있다."라고 기술했다. 그의 신체적 건강은 양호했고 비행 문제도 없었다. 그는 규칙적으로 주일학교에 다녔고 성가대 활동을 했으며 비행아가 아닌 아이들하고 어울렸다. 동네가 형편없고 목사 X가 마이크 멀리건에 대해서 비관적이었음에도 불구하고 교회의 영향력은 강력했고, 멀리건은 그 힘을 흡수했다.

마이크 멀리건은 아버지가 그랬던 것처럼 순회 서커스단에서 일하기 위해서 16세에 학교를 그만두었다. 그는 한국전쟁 시에 군에 입대하였고 한국에서 끔찍한 전투를 겪은 후 외상후 스트레스 장애를 겪었다. 그는 제대했고 정신과 문제로 50퍼센트 기능 수준의 장애 등급을 받았다. 공감이라고는 전혀 찾아볼 수 없는 의료 기록은 그가 '미성숙함, 형편없는 판단력, 피상적인 자살 시도를 통해서 환경을 통제하려는 시도'를 나타냈다고 적고 있다. (외상후 스트레스 장애에 대한 적절한 이해는 30년도 더 뒤의 일이다.) 멀리건의 문제는 입대 전부터도 있었지만 군대의 정신과 의사는 성인발달 연구와는 달리 전향적으로 수집된 자료를 가지고 있지 않았다. 한때는 의사들이 멀리건의 외상후 스트레스 장애를 '조현병적 반응'이라고 진단하였고 또 '우울성 반응'이라는 진단명으로 퇴원시키기도 했다. 그는 1952년에 필그림 주립병원에서 전기충격 처치를 아홉 번이나 받고 '정신분열성 성격'이라는 진단하에 퇴원하기도 했다. 제대를 한 후에 그는 이 일에서 저 일로, 이 하숙집에서 저 하숙집으로 떠돌아 다녔고 과음을 하기 시작했다. 그는 오로지 타블로이드지와 만화만을 읽었다. 1956년에 그의 집주인은 여전히 그를 '정신이 약간 좀 이상한' 것으로 보았다.

1960년에 멀리건은 초등학교 선생님과 결혼했다. 그는 매주 70달러를 받으면서 연장공장에서 꾸준히 일하기 시작했고 상당량의 저축을 하게 되었다. 47세가 되었을 때야 비로소 진짜 마이크 멀리건의 모습이 근시안적인 중류층 출신의 연구자들에게 분명하게 보였던 것 같다. 아내 덕분에 그의 집안은 이제 '깔끔하고 청결'해졌으며 면접자도 멀리건을 제대로 볼 수 있게 되었다.

그의 눈 맞춤은 양호했고 정서도 상당히 적절했다. 그는 엄청난 에너지를 가지고 있었으며 수월하게 경청하고 반응하는 능력을 가지고 있는 훌륭한 대화자였다. 그는 이 연구에 대해서 상당한 관심을 보였으며 비행에 대한 자신의 견해를 소개하기도 했다. 흔히 인생에는 오르막도 있고 내리막도 있다는 얘기를 하면서 그것들을 순순히 받아들이는 마이크의 낙천적인 태도는 매우 인상적이었으며, 문제를 무시하지 않으면서도 그것들을 쉽게 털어 버릴 수 있는 능력도 마찬가지로 인상적이었다. 그는 함께 이야기를 나누기에 매력적인 남자임에 틀림없었다.

간단히 말해서, 마이크 멀리건은 아무리 생각해 봐도 분열성 성격장애를 가지고 있지는 않았다.

면접자는 "마이크가 직장 상사를 존경하고 또 그로부터 상당히 많은 것을 배운 것처럼 보인다."라고 적었다. 마이크는 "나는 전국 최고의 기계기술자라고요. 상사가 그러셨죠. 내가 두 사람 몫을 해낼 수 있다고."라고 자랑했다. 엄청난 재정적인 희생에도 불구하고, 그는 자녀들을 모두 교구 부속학교에 보냈는데 모두 대학까지 진학했다. 자신의 아버지처럼 멀리건은 자녀들과 많은 시간을 보냈고 자녀들이 우승을 했던 것과 똑같은 스포츠를 즐겼다. 자녀들의 스포츠 트로피 옆에는 리틀 리그의 지도자로서 지역사회에 기여한 바를 기리는 감사패가 있었다. 그는 '250명의 아이가 곤경에 빠지지 않도록 하는 것'을 즐겼다. 또 그는 안전관리자였고 리틀 리그의 심판 이었다. 만약 목사 X가 아동기의 청결이 반드시 신앙심과 함께하는 것은 아 니라는 점을 알게 된다면 깜짝 놀랄 것이다.

마이크 멀리건은 아내에 대해서 가장 기분 좋게 생각하는 것은 "그냥 아내 자체죠. 아내랑 함께하는 것."이라고 대답했다. 멀리건 부부는 아주 태 평스러운 관계인 것처럼 보였다. 지난 6개월간 그의 기분은 '즐겁고 행복한' 것이었다. 그는 이제는 싸움을 피한다고 말했다. "이제는 영리해졌죠. 난 그 다지 덩치가 큰 편이 아니에요. 19세 때 깨달았죠. 내가 덩치 큰 사내들의 맞수가 되지 못한다는 것을 말예요." 한국전쟁 경험의 측면에서 그는 "이제 는 꽤 정상적으로 잘 지내고 있죠."라고 말했다. 멀리건의 과거에 대해서 모 르는 면접자는 "아마도 20년 전에는 정신건강과 정서건강이 아주 나쁜 것 으로 평가되었을 한 성인이 완벽하게 진화하고 성숙해진 매력적인 예다."라 고 적었다.

한때 하숙집을 여기저기 떠돌아 다녔던 마이크 멀리건은 60세가 되었 을 때는 25년 이상 한 주소지에서 살고 있었다. 그는 25세 때 '자신의 연금 을 보호하기 위해서' 미국상이군인회Digabled American Veterans에 속해 있었다. 하지만 60세 때는 지역 공동체 서비스 활동에 참여하기 위해서 그 조직회 에 몸담고 있었다. 58세 때 그는 기계기술자로 연봉 2만 5000달러를 받고 있었으며 건강 상태도 좋았다. 그는 담배를 끊었고 술은 거의 마시지 않았 다. 자원봉사 활동에 적극적으로 참여했으며 활동적인 사교생활을 즐겼다. 그는 더 이상 교회에 다니지 않았지만, 거리에서 구걸했던 어머니와 서커스 단에서 일했던 아버지가 그의 내면에서 영감의 원천으로 자리 잡고 있었다. 그의 취미는 여전히 여행이었으며 정착하고 또 결혼도 했지만 서커스단과 함께했던 지난날들을 결코 잊지 않았다. 이제 그는 자신이 이사회 멤버로 있는 스테이튼 아일랜드 리틀 리그를 위한 기금 모금을 위해 어릿광대 복장 을 하고 행진을 하는 사람이 되었다. 퇴직했을 때의 바람은 집집마다 다니면서 과일 카트에서 물건들을 파는 것이었다. 아동기의 더러움은 바깥세계에서 머물고 있었다. 내면적으로 마이크 멀리건은 거리의 걸인과 서커스단 광대였던 양쪽 부모로부터 최상의 것을 받아 재창조했다. 연구진의 평정자가 마이크 멀리건에게 해당된다고 본 방어들에는 유머, 이타주의, 승화, 억제 그리고 예상이 있었다. 결국 마이크 멀리건은 성숙한 방어 다섯 가지를 모두 활용하고 있었다.

자아는 어떻게 성숙하는가

> 머리는 하늘보다 넓다
> 그것들을 나란히 놓으면
> 하나가 다른 하나를 쉽게 포함할 것이므로.
> 당신까지도.
> ……
>
> 뇌는 신의 무게와 같다
> 그것들을 나란히 재어 보면,
> 혹시 다르다 해도
> 그것은 말과 소리의 차이 정도이므로.
>
> — 에밀리 디킨슨

어떻게 자아는 지푸라기로 황금을 만들어 내는 법을 배우는 것일까? 어떻게 성숙하는 자아 기능이 조지프 콘래드Joseph Conrad의 씁쓸한 예언을 취소시킬 수 있을까? "젊은 시절 희망하고 사랑하며 인생에 믿음을 가지는 것을 배우지 못한 자에게 화禍가 있을지어다." 나는 자아가 아동기에서와 마찬가지로 성인기에서도 사람들을 마음속에 담아냄으로써 그렇게 할 수 있다고 생각한다. 이 장에서 나는 우리가 사랑하는 사람들과 우리를 사랑해 주는 사람들을 내재화하는 과정을 체계적으로 살펴볼 것이다.

마지막 두 장에서 제시했던 인생 이야기들은 자아 성숙의 몇 가지 잠재적인 근원, 즉 생물학적 근원과 대인관계적 근원을 밝혀 주었다. 첫째는 생물학이다. 유진 오닐, 스탠 코월스키 및 빌 펜이 점점 더 성숙해진 것은 상당 부분 금주 덕분이다. 그리고 11장과 12장에 나왔던 25명의 '청소년' 대부분은 중년에 가까워지면서 성숙해졌다. 둘째, 성숙해지기 위해서 개개인은 성인기 삶에서 존재 가치를 검증받고 무조건적인 긍정적 존중을 찾기 위한 안전한 환경이 필요했다. 이 안전한 환경이 코월스키에게는 알코올중독자재활협회였고 펜에게는 퀘어커교였으며 오닐에게는 게이로드 요양소였다. 우리 모두는 우리의 의존적 욕구가 채워질 것이라고 믿을 때 더 성숙한 방어들을 이용할 수 있다. 셋째, 주인공들은 새로운 사랑을 내재화할 필요가 있다. 오닐은 칼로타를, 킨더와 코월스키, 호프, 패트리아카, 소로 또한 지지적인 아내를 발견했다. 마찬가지로 다른 연구자들도 고아원에서 자란 여성들의 성인기 탄력성에 중요한 것이 지지적인 남편이라는 것을 발견했다.[1] 그들의 인생 이야기에서 발견되는 성숙의 더 신비로운 마지막 근원은 희망, 사기 진작, 새로운 신념의 복귀다. 이 갱신된 믿음은 흔히 겉보기에는 종교적이지만, 그러한 성숙은 심리치료와 지지적인 집단에 의해서도 마찬가지로 나타날 수 있다.

자아발달의 모델

　앞에서 제시한 자아 성숙의 첫 번째 세 가지 근원은 자아발달의 다소 분명한 세 가지 개념적 모델과 관련이 있다. 그것은 신경생물학적 모델, 환경 모델, 그리고 동화 혹은 각인 모델이다. 완전한 이해를 위해서는 이 세 가지 모델이 동시에 다루어져야겠지만, 이 장에서 나는 자아 성숙의 세 번째 모델인 다른 사람들을 동화하는 과정에 초점을 맞추려고 한다. 또 나는 희망, 신념, 그리고 성숙한 방어 간 관계에 대해서 간단히 언급할 것이다.

　첫 번째는 자아의 **신경생물학적 모델**neurobiological model이다. 이것은 유전주의자들의 모델이면서 동시에 훨씬 더 제한적이기는 하지만 로렌스 콜버그Lowrence Cohlberg와 제인 뢰빙거Jane Loevinger와 같은 발달심리학자들의 내현적 모델이기도 하다. 이 모델에서 자아는 이미 정해진 방향으로 성숙해 가는 중추신경계에 의해서 만들어지며 그 발달과정은 환경에 그다지 의존하지 않는다. 이 모델을 지지하는 증거는 수초화(신경섬유의 절연화)가 생후 30년까지 지속된다는 점이다.[2] 게다가 인간 성격이 동일한 신경학적 손상에 반응하는 방식은 성인의 생애주기에 따라 달라진다.[3] 이 두 가지 결과 모두 뇌의 신경생물학적 복잡성이 성인기에 이르기까지 발달한다는 것을 시사한다. 특정 방어의 생물학적 경향성에 관한 또 다른 강력한 증거는 성인발달 연구 참여자들의 경우, 인종, 문화, 사회계층, 교육—인간 행동의 여러 가지 측면에 영향을 미치는 잠재적인 환경요소들—이 개인 방어의 선택이나 성숙에 그다지 영향을 미치지 않았다는 점이다.

또 일부 방어에 대한 경향성이 유전된다는 증거도 있다. 해리 방어를 사용하는 경향성은 반사회적이고 아주 외향적인 개인들의 가족에서 대물림된다. 예를 들어, 알코올중독 가족력은 하버드생 표본과 도심 표본에서 참여자들이 알코올중독자가 아닐 때조차 해리를 사용하는 경향성과 유의한 상관이 있었다. 고립과 전위 방어는 강박장애가 있는 사람들의 친인척에서 흔하다. 공상과 투사는 조현병 환자의 친인척들에게서 흔히 볼 수 있다. 방어의 유전적(신경생물학적) 전이를 지지하는 증거에는 특별한 재능에 미치는 유전의 영향도 포함된다. 베토벤의 음악적 재능과 나이팅게일의 숫자 자료를 다루는 재능은 부분적으로는 유전의 영향을 받았을 것이다.

자아발달의 신경생물학적 모델에 대한 가장 설득력 있는 증거는 쌍생아 연구에서 찾아볼 수 있다. 뇌의 유전적인 '설계'는 가정 양육의 효과보다 더 우선시되는 것 같다. 따로 떨어져서 자란 일란성 쌍생아는 함께 자란 이란성 쌍생아보다 훨씬 더 유사한 기질과 성격 특성을 가지고 있다.[4] 그리고 따로 자란 일란성 쌍생아의 유사성은 시간이 지날수록 줄어드는 것이 아니라 증가된다.

아동의 도덕적 추론에 대한 고전적인 연구에서 장 피아제Jean Piaget는 아동의 도덕성이 성숙하면서 발전해 가며 그러한 도덕적 발달은 아동이 종교적 교육을 받았는지, 주일학교에 다녔는지와는 전혀 상관없이 일어난다는 것을 관찰했다.[5] 마찬가지로 성숙한 방어를 이용할 수 있으려면 피아제가 형식적 조작이라고 명명한 것 혹은 뢰빙거가 자율적인 자아의 기능이라고 명명한 것을 성취하는 수준까지 인지적으로 성숙해야만 한다. 즉, 성숙한 방어의 사용자는 인지적으로 원칙을 맥락으로부터 분리시킬 수 있어야만 한다. 역설, 모호성, 그리고 역사적인 상대성을 견딜 수 있어야 한다.

인지적 발달 틀 안에서 역설을 견디는 능력은 자아 성숙의 특징이다. 신피아제 학파는 형식적 조작을 넘어서서 성숙하기 위해서는 우리가 2개의 경쟁적인 관점을 동시에 고려할 수 있어야만 한다고 강조한다. 도덕발달을 연구하는 학자들도 똑같은 이야기를 한다. 예를 들어, 뢰빙거는 자아발달의 가장 성숙한 '통합된' 단계를 모호성에 대한 인내, 내적 갈등의 조정, 그리고 상호 의존성을 존중하는 동시에 다른 사람의 개성을 소중하게 여기는 능력이라고 정의한다. 앨버트 로덴버그Albert Rothenberg와 아서 쾨슬러Arthur Koestler와 같이 창의성에 관심이 아주 많은 학자도 창의성을 성취하려면 우리의 마음이 갈등하는 이미지들을 동시에 포괄할 수 있어야만 한다는 것을 강조한다.

그런 모델에서 자아의 성숙(어떤 이들은 지혜라고 부른다)은 역설을 인내하는 능력이 증가하는 것을 반영한다. 성숙한 방어들은 화해할 수 없는 것들 사이에서 창의적이고 융통성 있는 긴장을 유지할 수 있으며 양심, 추동, 현실, 애착이 모두 중앙 무대에 자리를 잡을 수 있도록 허용할 수 있다. 예를 들어, 성숙한 방어의 모델이자 아랍세계에 대한 화려한 경력의 외교관이었던 하버드생은 유대인 문화교육촉진협회B'nai B'rith에 연설을 하러 간다고 얘기했다. 나는 그에게 팔레스타인 딜레마에 대해서 무슨 얘기를 할 계획이냐고 물었다. 그는 "갈등 상태에 있는 양쪽이 모두 각자 도덕적 권리를 가지고 있는 것이 바로 비극의 의미다."라고 논평했던 현자를 인용할 것이라고 대답했다. 역설 하나. 유진 오닐은 비극 자체는 진실된 아름다움을 가지고 있다고 제안했다. 역설 둘. 그러나 그러한 역설을 견디는 능력은 어디서부터 비롯되는 것일까?

성숙한 방어들 각각에 내재한 역설을 생각해 보자. 예상이란 방어는 비교적 안전한 현재에서 미래의 고통과 연합된 정서를 경험하는 능력을 반영한다. 이타주의는 다른 사람이 어떻게 느끼는지를 이해하지만 동시에 적당한 거리를 유지해서 동정의 먹잇감이 되고 또 정서적 경계를 무너뜨리지 않도록 해 주는 공감을 반영한다. 억제는 우리에게 우리가 변화시킬 수 있는 것을 변화시키는 용기, 우리가 변화시킬 수 없는 것을 받아들이는 마음의 평온 그리고 그 차이를 아는 지혜를 준다.

승화와 유머 역시 역설의 정신내적 화해에서 비롯된다. 예술과 유머는 둘 다 사랑과 증오를 화해시킨다. 쾨슬러가 지적했듯이, 유머와 승화는 창의성의 하위 유형이다. 예술가와 유머작가는 통합하는 동시에 분리하는 능력을 소유하고 있다.[6] 우리가 실비아 플라스의 인생에서 보았듯이, 승화는 우리가 사랑하는 동시에 증오하는 사람의 두 가지 대립되는 정신적 표상을 함께 가져오는 데서부터 시작된다. 그리고 아이들의 잔인한 유머와 찰리 채플린이나 우디 앨런 영화 속의 부드러운 자기조롱의 어릿광대놀음을 비교해 보면 알 수 있듯이, 유머는 가학피학의 양극적 갈등에서부터 비롯된다. 주인공과 관찰자 둘 다에게 유머와 승화의 결과는 갈등이 아닌 카타르시스다.

심리학자 피비 크레이머Phoebe Cramer는 아동에게서 보이는 자아 방어기제의 성숙을 수록한 문헌들을 고찰했다. 크레이머는 어느 정도 방어기제는 유아기 반사행동의 관념적 표상으로 간주될 수 있다는 점을 상기시킨다. 유아들이 불편한 소리와 장면을 여과시키는 능력에서 차이가 나는 것처럼, 부인과 같은 성인의 방어 사용에도 생물학적 차이가 있을 수 있다. 또 크레이머는 "모호한 그림을 이용한 전경-배경 역전에 관한 실험 연구는 그러한 역전 능력이 나이가 들수록 증가한다는 사실을 보여 주었다."라고 지적한다. 그러한 과정은 유머에 필수적이다. 유머에서는 과거에는 고통과 연합되었지만 이제는 웃음의 방출과 연합된 무엇인가를 하는 척하게 된다. 예를 들어, 권총이 누군가에게 향해지고 방아쇠가 당겨지는데 총구에서 깃발이 튀어나올 때 청중의 반응이 어떨지 생각해 보라. 말하자면 전경과 배경이 역전된다. 마지막으로, 크레이머는 "아이들이 자랄수록 그들의 행동에 대한 통제 소재가 외부 소재 우세에서 내부 소재 우세로 바뀐다. 따라서 아이는 자신의 감정과 행동에 대한 책임이 다른 사람에게 있다고 생각하지 않고 그 책임을 내재화하게 된다."라고 말하고 있다.[7] 미성숙한 방어는 책임을 외부로 돌린다. 중간 수준의 방어와 성숙한 방어는 책임을 내재화한다. 간단히 말해, 시간의 경과와 더불어, 그리고 외부 자극에 제한적으로만 의존함으로써 성숙한 방어의 발달을 위한 '설계'의 상당 부분이 자리를 잡아 가는 것처럼 보인다.

*　　*　　*

자아 성숙의 두 번째 모델은 양육과 환경의 영향에 초점을 맞추고 있다. 이것은 자아발달의 학습 이론 혹은 **환경 모델**environmental model이며, 앨버트 반두라Albert Bandura와 월터 미셸Walter Mischel과 같은 사회학습 이론가들의 모델이자 스키너B. F. Skinner와 존 왓슨John Watson과 같은 행동주의자들의 모델이며, 프란츠 보아스Franz Boas와 같은 인류학자의 모델이자 카를 마르크스Karl Marx와 어빙 고프먼Erving Goffman과 같은 사회주의자들의 모델이다. 18세기의 철학자 존 로크John Locke는 그것을 한마디로 잘 표현하였다. 그는 뇌가 경험이 쓰이는 **백지**tabula rosa 같은 것이라고 생각했다. 이 이론에서는 생물학적인 선천적 경향성을 무시하며 뇌를 개인의 경험에 의해서 프로그램되기를 기다리는 새 컴퓨터와 비슷하다고 본다. 자아과정은 단순히 사회가 개인의 무제한적인 수용 능력을 가진 마음을 프로그램화하는 소프트웨어에 불과하다. 이 모델에서는 경험이 없다면 자아는 존재하지 않는다. 이 모델에 따르면, 정신병질자의 뇌는 단순히 부정확하게 프로그램된 것에 불과하다. 반면에 유전주의자들은 그 결함이 유전자 속에 존재한다고 생각한다.

정신과 의사 스튜어트 하우저Stuart Hauser와 그의 동료들은 가족생활이 자아발달을 증진시키는 데 있어서 매우 중요한 역할을 한다는 점을 지적했다. 청소년의 성숙에 미치는 가족환경의 영향에 관한 연구에서 그들은 청소년 자녀들의 의견을 경청하고 적극적으로 알아차린 부모들이 자녀들의 자아발달을 돕는다는 사실을 발견했다. 대조적으로 10대 자녀들의 의견을 무시하면서 참을성이 없는 모습('특히 자녀들이 새로운 리듬이나 멜로디를 표현할 때')을 보인 부모는 자녀의 발달을 지연시켰다. "변화와 성장을 고무시키는 또 다른 가족 특징은 청소년의 감정을 인내하는 것이다."라고 하우저는 우리에게 말한다. "가족들은 감정, 특히 분노, 공격성, 질투, 파괴력이 잠재되어 있는 감정을 다루는 여러 가지 방법을 가지고 있다. 어떤 가족들은 이런 감정들을 표현하는 것에 대해서, 아니, 느끼는 것조차도 질색을 한다……. 그러한 분위기 속에서는 청소년이 부모에게 화를 내면서 대드는 것이 전혀 안전하지가 않다."[8] 하우저는 이렇게 억압적인 분위기 속에서 자란 아이의 경우 자아발달이 정지되어 있을 가능성이 크다고 주장한다.

자아발달의 두 번째 모델 역시 11장과 12장에서 소개된 인생사들에 의해서 지지된다. 연구 참여자들의 인생에서 꽤 늦게 등장한 감이 있기는 하지만, 사랑해 주는 주변 사람의 존재는 성숙한 방어기제가 출현하는 데 결정적인 것 같다. 어머니의 지지 없이는 결핵을 직면하지 못했던 오닐의 어려움에서 시사되듯이, 우리는 현재의 불안을 참는 법을 배우는 동안 우리와 함께하는 존재가 있어야만 미래의 고통을 효율적으로 예상하는 법을 배울 수 있다. 문제가 심한 가정의 아이들은 예상이나 억제에 익숙하지 않다. 아이들을 대상으로 한 추적 연구는 부모와의 조기 이별이 아동의 만족 지연 능력을 손상시킨다는 것을 발견했다. 초기의 안정적인 애정관계가 결핍된 경우, 아이들은 시간 개념이 별로 없고 미래를 위한 계획 능력도 빈약하며 좌절에 대한 인내도 부족해진다.

우리는 강렬한 정서를 다루는 법을 어떻게 배우는가? 성인으로서 우리는 '탈진'하거나 '속상해 죽겠다'거나 아니면 '어쩔 줄 모르는' 것이 아니라, 화나거나 슬프거나 창피하거나 부끄럽다는 형태로 인식하고 말하는 법을 어떻게 배우는가? 흔히 우리는 다른 누군가가 우리로 하여금 고통을 참고 알아차리도록 도와줄 수 있어야만 비로소 그렇게 하는 법을 배울 수 있다. 따라서 우리의 자아발달과 우리가 어떻게 느끼는지를 아는 능력은 감정이입에 기초해 우리를 수용해 준 사람들 덕분이다.

자아 기능을 조형하는 과정에서 환경이 중요하다는 점을 보여 주는 증거에는 사회 시스템과 인간 행동의 관계가 포함된다. 사회적 지지는 성숙한 방어를 촉진시킨다. 외로움은 미성숙한 방어를 조장한다. 우리와 성격, 가치관 그리고 말이 비슷하고 우리의 안전감과 자존감을 고양시키는 사람들의 존재는 우리가 갈등을 해석하고 성숙하게 반응하며 덜 왜곡적인(즉, 더 성숙한) 방어들을 활용하는 능력을 증진시킨다. 예를 들면, 미 국무부는 잘 아는 친구들에게는 이타주의를 보이고 제대로 이해하지 못하는 적들에게는 투사를 보인다. 마찬가지로 동료가 보이는 특정한 방어는 우리 안에서 그에 대해 보완적인 역할을 해 주는 방어를 유발할 수도 있다. 이는 미성숙한 방어가 전염되는 사례에 특히 잘 들어맞는다. 마지막으로, 집단이 허용해 주는지 여부가 방어의 선택에 강력한 영향을 미친다. 독일 나치의 투사, 전시戰時의 행동화, 카니발에서의 해리는 방어 스타일을 결정하는 사회적 승인의 예들이다. 그러나 이 모든 예가 한시적이라는 사실에 주목하라. 환경의 영향을 제거하면 그 효과는 사라질 것이다. 반면에 유전의 영향은 더 오래 지속된다.

물론 성숙은 언제나 천성과 양육 모두를 필요로 한다. 하지만 때로는 사소한 환경상의 점화 경험으로도 성숙한 자아 기능이 일어날 수 있다. 예를 들어, 어린 푸른머리되새가 성숙한 푸른머리되새의 노래를 아무리 많이

466 행복의 지도

듣는다고 하더라도 내년에 더 완전히 크기 전까지는 그 노래를 부를 수 없다. 노래하는 새의 능력은 미리 프로그램된 발생학적 발달에 달려 있다. 그럼에도 불구하고 어린 새는 성체가 되었을 때 노래를 할 수 있으려면 성체의 노래를 적어도 한 번은 들은 적이 있어야만 한다. 마찬가지로 사랑하려면 어렸을 때 누군가에 의해서 사랑받았다고 느낄 필요가 있다.

결론 내리자면, 유전과 더불어 학습도 방어의 선택에서 주요한 역할을 담당한다. 승화는 피학성보다 상처가 적게 남는다. 이타주의는 반동형성보다 더 나은 보답을 받는다. 유머는 위트보다 우리에게 더 많은 친구 혹은 적어도 더 적은 적을 갖게 해 준다. 승화의 발달에 관한 환경 모델에서는 선천적인 재능이 있어야 할 뿐만 아니라 그러한 재능이 외부세계에 의해서 강화받아야만 승화가 나타날 수 있다고 본다. 만약 오닐의 희곡들이 상연되지 않았더라도 그 희곡들을 쓰면서 똑같은 위안을 얻을 수 있었을까? 만약 베토벤이 대영제국에서 태어나서 재능이 뛰어난 음악가를 위해 귀족이 후원하는 것이 관습이 아니라 예외적인 일이었다면 어떻게 되었을까? 9번 교향곡을 작곡하는 대신에 자살 의도를 행동에 옮기지 않았을까?

*　　*　　*

그러나 12장에서 탄력성에 가장 중요한 것은 사회적 지지가 아니라 그러한 사회적 지지를 내재화하는 능력이란 점을 명확히 소개하였다. 자아발달의 **동화 혹은 각인 모델**assimilation or imprinting model은 자아가 초기 관계들의 결과물로서, 각인이라는 생태학적 개념과 유사한 과정 속에서 형성된다고 가정한다. 이는 천성과 양육 사이의 중간쯤에 있는 상호작용 모델이다. 인지심리학자들은 심리적 동화 과제를 관계들의 정신적 도식 형성으로, 즉 '역할–관계 모델들'로 개념화한다.[9] 각인 모델은 복잡한 행동들을 초기 동일시의 생산물로 간주한다. 따라서 내재화된 안정적인 표상들이 자아발달에 촉매 작용을 한다는 프로이트 학파의 견해는 많은 면에서 생태학자의 견해와 잘 부합된다. 상당한 정도로 피아제 역시 마음이 사회적 경험을 동화시키는 능력에 의해서 형성된다고 보았다. 만약 자아 방어기제가 우리가 세상을 **조절**하는 데 도움을 준다면 자아가 사람들을 동일시하고 내재화하는 것은 피아제의 **동화** 개념과 유사하다. 나로 하여금 방어기제에 관한 많은 저자와 헤어지게 한 것은 이 세 번째 모델에 대한 나의 존경심 때문이었다. 그래서 나는 내재화와 동일시 과정(다음에서 정의한 바대로)을 주요한 방어기제로 분류하지 않았다. 내재화와 동일시는 단순한 방어로 치부해 버리기에는 실제 자아의 탄생에 너무나 중요하기 때문이다.

이 세 번째 모델에서 자아는 구구단과 사회적 금기를 가지고 있는 컴퓨터처럼 프로그램되어 있지도 않고 우리의 생식기가 사춘기 때 저절로 성장하는 것처럼 성숙해지지도 않는다. 오히려 이 모델은 자아가 사랑하는 사람들과 그들의 덕목 및 금기를 내재화함으로써 발달하는 '기관'이라고 본다. 자아의 가치, 충성, 방어들은 식사 예절 혹은 심지어는 구애 의식을 배우는 방식으로는 배울 수 없다. 오히려 에릭 에릭슨Erik Erikson은 우리의 자아정체성이 이전의 모든 동일시를 점진적으로 통합함으로써 발달한다고 제안한다.[10] 정신분석가인 한스 뢰발트Hans Loewald도 다른 사람들의 내재화가 자아 능력의 성장을 증진시키는 방식들에 대해서 심층적으로 논의했다.[11] 신경생물학적 모델이 자아를 우리의 유전자에 귀인시키고 환경 모델이 자아를 우리의 대뇌피질에 귀인시킨다면, 이 세 번째 모델은 자아의 적응적 능력을 우리의 기억, 성, 종교, 애착이 모두 만나는 측두엽에 귀속시킨다.

부분적으로 우리의 내재화하는 자아 능력은 정서적 상태를 식별하는 능력에서 비롯된다. 성숙한 방어들은 결국 정확한 현실 검증과 명확한 자기감뿐만 아니라 경쟁관계에 있는 정서와 애착관계들을 구별하고 어디에서 내가 끝나고 네가 시작되는지를 구분하는 문제도 포함하고 있다. 자기와 다른 사람들 간의 혼란은 공감을 투사로 만들며, 특히 투사는 다른 사람들의 도움을 통해서 성장할 수 없게 만들어 버린다.

이 세 번째 모델의 문제는 어떻게 그것을 과학적으로 설득력 있게 만드는가다. 예를 들어, 정신분석 문헌에는 합체incorporation에 대해서 정교하지만 실험적으로 검증되지 않은 기록들이 포함되어 있다. 어떤 교재들은 좋은 가슴은 합체되고 나쁜 가슴은 퇴출된다고 언급하고 있다. 정신분석가들은 자아가 자아의 '핵이 응집시키는' 주변 사람들의 '결과물'에 의해서 형성된다고 말한다. 정신분석가인 조지프 샌들러Joseph Sandler는 내적 대상들의 세계는 우리가 '실세계와 더불어 동시에 살고 있는 일종의 (대부분 무의식적인) 유령세계'에 해당된다고 적고 있다. "이 내적 세계는 무의식적인 유령 대상 이미지들로 들어찬 세계다……. 그 존재는 만족스럽고 소망 충족적이며 안심을 준다."[12] 프로이트는 동일한 점을 보다 더 전문적인 용어로 설명하고 있다. "자아의 특징은 표기된 대상-카텍시스cathexes의 응집물이며…… 이러한 대상 선택들의 역사를 내포하고 있다."[13]

그러한 용어는 그것이 메타포라는 사실을 우리가 기억하고 신화가 되어 버리지 않게 해야만 유용성을 지닐 것이다. 메타포는 제약 없이 확장이 가능한 반면에 신화는 경직되어 있고 심각하다. 메타포는 '~와 유사한' 그리고 '만약 ~라면'을 의미한다. 신화는 '난 그렇게 들었다' 그리고 '바로 성경(혹은 정규판)에 그렇게 적혀 있다'를 의미한다. 메타포는 매번 다시 이야기할 때마다 우리 꿈의 진실이 점점 더 분명해지도록 해 준다. 대조적으로 신화는 도그마와 합쳐지고 모든 꿈은 소망 충족을 나타낸다고 고집을 부릴 수 있다. 메타포는 이론과 시에 변화와 생기를 주지만, 신화는 토마스 학파와 탈무드의 산문에 무거운 부담을 지운다. 메타포는 개념화하고, 신화는 신주를 모신다. 신화는 과학을 정체시키고, 메타포는 과학을 진보시킨다.

어린왕자와 여우 그리고 비행사에 관한 생텍쥐페리의 우화인 『어린왕자The Little Prince』를 생각해 보자. 책이 끝날 즈음에 다음의 대화가 소개된다.

어린왕자는 그렇게 여우를 길들였다. 그리고 떠나야 할 시간이 가까
워오자,

"아," 여우가 말했다. "난 아마 울 거야."

"그건 네 잘못이야."라고 어린왕자가 말했다. "난 너한테 해를 끼칠
생각은 추호도 없었어. 하지만 네가 원했어. 내가 널 길들이기를……."

"그래, 그랬지." 여우가 말했다.

"하지만 이제 넌 울려고 하잖아!" 어린왕자가 말했다.

"응, 그래." 여우가 말했다.

"그러면 너한테 좋을 게 하나도 없잖아!"

"나한테 좋은 거야." 여우가 말했다. "밀밭의 색깔 때문에."[14]

알다시피, 조금 전에 여우는 왕자에게 말했다. "난 빵을 먹지 않아. 밀은
나한테 아무 소용이 없어……. 그리고 그건 슬픈 일이야. 하지만 넌 머리가
황금색이잖니……. 밀알, 마찬가지로 황금색인 밀알은 네 생각을 떠오르게
할 거야. 그러면 난 밀밭에서 바람 소리 듣는 걸 무지 좋아하게 될 거야."[15]

비록 어린왕자를 떠나 보낼지라도 나중에 비행사는 영원히 풍요로워진
다. 밀밭과 별들의 풍경은 그에게 더 이상 예전과 같지 않을 것이다. 밀밭은
언제나 어린왕자의 황금색 머리 빛깔로 빛날 것이다. 별들은 언제나 어린왕
자처럼 웃음 지을 것이다. 그리고 이러한 기억은 언제나 비행사에게 어린왕
자의 애완용 양이 어린왕자가 아끼는 장미를 먹어 치워 버리지나 않을까 하
는 내용의 괴롭고도 모순적인 걱정을 생각나게 할 것이다. 애착은 고통 없이
오지 않는다. 하지만 그러한 고통은 대상 동화의 과정을 특징짓는 불꽃이며
인간 발달에 필수불가결한 것이다. 비행사의 경우, 어린왕자와의 동일시 경
험 때문에 슬픔은 더 이상 결코 그렇게 갈등을 일으키지 않을 것이며 눈물
의 안락함이 그렇게 절대 혐오의 대상이 되지도 않을 것이다. 또 우리는 민
담과 정신과적 신화와는 다르게 상실 그 자체는 정신병리를 일으키지 않는

다는 사실을 잊어버릴 때가 간혹 있다. 우리는 누군가를 잃었을 때의 건강한 슬픔이 아프지만 그것이 우리를 병들게 하지는 않는다는 것을 잊어버린다. 슬픔은 단지 눈물을 만들 뿐 환자를 만드는 것은 아니다. 사랑할 누군가를 가지고 있다는 것이 우리를 불구로 만드는 법은 절대 없다. 우리를 화나게 만드는 것은 우리의 삶 속에 머물고 있으면서도 비일관적인 모습을 보이는 사람들이지 변화가 없는 죽은 사람들이 아니다. 성인발달을 저해하는 것은 우리가 사랑했던 사람들을 내재화하지 못하기 때문이지 그들을 잃어버려서가 아니다. 이런 점에서 생텍쥐페리의 메타포는 칸트의 논리보다도 이것을 더 명확하게 보여 준다. 메타포는 강한 감정들로부터 비롯될 뿐만 아니라 강한 감정들을 일으키기도 한다. 이는 장점이 될 수 있다. 포스터E. M. Forster는 『하워즈 엔드Howards End』에서 우리에게 "산문과 정열을 연결해야만 둘 다 고귀해지리라."라고 말한다.

성인발달 연구의 참여자들 중에서 내재화에 실패했던 남성들과 여성들은 어땠을까? 그들이 반복적으로 상실의 고통을 경험했던 것은 아니다. 그들은 곁에 있기는 했지만 정서적으로 비일관적인 부모와 평생 동안 살았던 사람들이다. 우리는 이미 미성숙한 방어들(투사와 공상 같은)을 사용하는 것이 내적인 대상관계들을 안정시키려는 노력의 일환이지만 그러한 방어들을 사용하는 것은 사랑하는 사람을 완전히 동화시켜 주지 않는다는 사실을 잘 안다. 예컨대, 실비아 플라스는 어머니에 대해서 안정적이거나 정말로 위안이 되는 내적인 기억을 결코 누려 본 적이 없다. 성숙한 방어들의 발달은 그보다는 더 완전한 형태의 심리적 대사를 필요로 한다.

마이클 러터Michael Rutter는 결핍privation과 박탈deprivation[16]을 구분할 때 바로 이 점을 지적한다. 결핍은 한 번도 사랑받아 본 적이 없는 것을 의미하며 정신병적 장애로까지 이끌 수 있다. 박탈은 우리가 사랑했던 사람을 상실하는 것을 의미하며 대개는 질병이 아닌 정서적인 디스트레스를 유발한다. 장애와 디스트레스 사이의 차이는 불구가 되는 것과 고통을 겪는 것 사이의 차이, 행동과 말 사이의 차이다. 우리가 사랑하고 또 사랑받았던 사람을 위해 애도를 하는 것은 슬픔을 가져오지 정신병리를 가져오지는 않는다. 사실 우리가 알제론 영, 빌 펜, 유진 오닐의 사례에서 본 것처럼 슬픔은 내재화와 동일시의 촉매가 될 수 있다. 반면에 결핍은 전혀 그런 일을 하지 못한다.

극한 고립에서 살아남은 생존자들을 연구한 정신분석가인 제이 셜리Jay Shurley는 과학 저술가에게 아동의 통사적 문법 습득과정에 대해 설명하고자 했다. 그 저술가는 사춘기까지 빈 방에서 사회적으로 완전히 고립된 채 성장한 여자가 왜 그러한 문법을 습득하지 못했는지를 이해하고 싶어 했다. 그 여자가 고립 상태에서 벗어나게 된 것은 13세 때였는데, 그 후 15년에 걸쳐서 언어를 성공적으로 습득하였다. 하지만 그녀는 말을 조직화하는 데 필요한 내재화된 형태의 구문 규칙을 습득하지 못했다. "우리의 진보는 관계 안에서 일어납니다."라고 셜리가 설명했다. "유아가 뭔가를 배우려면—그리고 이 점은 다시 아베롱의 야생소년을 떠올리게 하는데—아이가 앞으로 나아가기에 충분할 정도의 양육을 얻을 수 있는 관계가 선행되어야만 한다. 그 과정에서 정서적 애착이 주요한 역할을 한다. 그것은 지적인 과정이 아니다. 지적인 능력은 정서적 유대에 편승하는 것일 뿐이다."[17] 당연히 성숙한 자아방어와 관계된 기술을 학습하는 것은 적절한 문법을 배우는 것만큼이나 복잡하다.

나는 결핍으로 괴로움을 겪었던 60세의 하버드생 표본 참여자에게 살아오면서 한 명이라도 그의 마음을 어루만져 주었던 사람이 있었는지를 물었다. 그는 "내 생각에 아무도 없는 것 같습니다. 그게 내 성격이죠. 그런 건 끔찍합니다."라고 대답했다. 그의 답변 내용은 그 자신의 문제에 대한 부분적인 설명을 제공해 준다. "어렸을 때 전 스스로를 단련시키는 걸 배웠죠." 그는 어머니가 조울증 삽화를 겪는 동안에 이렇게 하는 것을 배웠다. 그의 어린 시절 동안 다른 가족은 없었다. 알코올중독자인 아버지는 일찌감치 집을 나갔고 형제자매도 다른 친인척도 전혀 없었다. 한편 나이 60세가 되었을 때 그는 모든 희망을 포기했다. 아무도 사랑하지 않았고 관절염에 대해서 침울하게 곱씹었다. 그는 이 세상에 혼자뿐이었다. 그는 전국적으로 존경을 받을 정도로 성공적인 예술가였지만 스스로를 실패자로 보았고, 그의 내면에는 조울증을 앓는 어머니밖에 없는 것처럼 보였다. 다른 한편 그는 분열성 성격장애도 아니었고, 쾌감을 상실한 것도 아니었으며, 스스로를 불쌍하게 생각하지도 않았고, 정신과적인 도움을 찾은 적도 전혀 없었다. 그는 어머니를 우울병으로 이끌었던 유전인자로부터 도망칠 수 있었다. 그는 나의 종단 연구에 대해서 굉장히 지혜롭고 성숙한 질문을 할 수 있었다. 그의 유일한 실패는 애착이 없다는 것이었다. 그는 누군가를 사랑했던 기억이 전혀 없었다. 원한다면 그를 자기도취적이라고 할 수도 있을 것이다. 그러나 흔히 나르시즘은 더 공감적인 용어인 '괴로운 상태'에 대한 동의어에 불과하다.

분명히 천성, 양육, 그리고 다른 사람의 동화는 모두 자아를 창조하는 데 개입한다. 관계의 내재화를 통해서 자아가 발달한다는 설명은 설득력이 있는 한편 어떤 면에서는 또 다른 질문을 내놓는다. 다른 사람들을 내재화하는 능력은 어디에서 비롯되는가? 가능한 답변의 하나는 그것이 우리의 환경과 우리의 천성으로부터 온다는 것이다. 알맞은 시기에 알맞은 사람(환경)[18]을 만나고, 그 사람과의 기질적 적합성(천성)[19]이 양호할 때 동일시와 내재화가 촉진된다.

* * *

자아발달의 세 번째 모델에 대해서 자세히 설명하기 전에 많은 연구 참여자가 성숙해지면서 그들의 삶을 관통했던 줄기, 영적인 성장이라는 줄기 혹은 더 좋게 표현하자면 종교적 경이를 살펴보고 싶다. 다른 이들은 그 과정에 대해 도덕발달이라고 부르는 것을 선호할 것이다. 어떤 점에서 패러독스를 유지하는 인지적 능력은 심오한 종교적 확신이 그러하듯이 똑같이 고차적인 수준의 정신적 통합을 반영한다. 그러나 도덕발달과 인지발달만으로는 충분하지 않다. 앞서 언급한 60세의 하버드생 표본 참여자는 둘 다 가지고 있었지만 믿음과 경이가 없었다. 그러나 또 한편으로는 희망 없는 하버드생 표본의 예술가와 마찬가지로 결핍을 겪었던 유진 오닐과 빌 펜처럼, 연구 참여자들 중 어떤 사람들은 그럼에도 믿음을 발달시킬 수 있었다.

성숙한 방어들은 삶과 살아 있음 그리고 경험에 대해서 감사하게 여기고 동화하며 통달하는 우리 뇌의 진화하는 능력을 통해 자라난다. 그러한 감사는 경이로움을 느낄 줄 아는 능력을 포함한다. 교향악 또는 석양의 기쁨을 알아보는 것 혹은 성숙한 종교적 신념을 지키는 것은 그의 마음이 일종의 환각이나 착각을 경험했음을 뜻한다. 그러한 경이는 그 자체로 가장 숭고한 성질을 변형시키고 자기기만을 한 결과에 해당된다. 그러나 그러한 경이는 어떻게 발달하는가? 우리는 어떻게 그러한 역설적인 희망을 이해해야 하는가? 건강을 증진시키고 사기를 진작시키는 형태의 자기기만이 폐쇄적으로 홀로 지내는 외로운 무신론자를 진정한 신자로 변화시킨다는 것을 말이다.

전반적으로 이 책에서 나는 신비주의와는 거리를 두고 정신분석적 불가지론자의 역할을 하지 않으려고 노력해 왔지만 이 장에서는 신神, 즉 독자가 이해하는 대로의 신의 역할을 보다 더 폭넓게 허용하려고 한다. 왜냐하면 자아는 매혹적인 '기관'이고 훌륭한 합성자이며 때때로 자아의 성취는 기적과 다름없기 때문이다. 1845년에 최초의 위대한 정신과 의사들 중의 하나인 빌헬름 그리젱거Wilhelm Griesenger는 독일 심리학이 정신에 대한 낭만적이고 신학적인 설명으로부터 벗어나서 엄밀하게 경험적인 뇌심리학을 향해 가는 데 도움을 주었다. 그러나 이성적인 관점을 취하기 위해서 그리젱거가 합성적인 정신적 활동 현상을 완전히 배제했던 것은 아니다. 따라서 그는 "어떻게 신경 섬유나 세포 안에서의 물질적인 신체 활동이 아이디어 및 의식의 활동으로 전환될 수 있는지는 절대 이해 불가능하다. 사실 우리는 그것들 사이에 존재하는 매개체의 존재나 그 본질에 대한 질문을 해결하는 것조차도 전혀 할 수 없다……. 기능과 기관 사이에 존재하는 것과 마찬가지로 영혼의 능력을 신체와 연결시키는 것…… 대뇌 모든 상태의 총합으로서 영혼을 일차적으로 현저하게 고려하는 것은 과학적으로 용인될 수 있다."[20]라고 기술했다.

창의성, 성숙한 자기기만, 종교적 경이를 위한 우리의 능력은 일종의 가상 현실, 즉 우리가 받는 사랑을 보완하고 향상하는 방법을 창조해 내는 상황들에 의해서 촉진된다. 그러한 상황은 우리가 과거를 돌아보고 미래를 시연하면서 **꿈꾸는 동안** 발생한다. 여기에는 밤에 꾸는 꿈과 백일몽이 모두 포함된다. 또 우리 인간은 우리가 필요로 하는 포용적인 환경을 발견할 수 있는 **신성한 장소**를 찾는다. **놀고** 아이디어와 **정서를 통합**하는 우리의 능력은 창의성, 방어의 성숙과 경이를 고무시키는 조건들을 창조하는 데 도움이 된다. 너무나 당연하게도 꿈, 신성한 장소, 놀이, 그리고 아이디어와 정서의 연결의 네 가지는 모두 대부분의 심리치료 및 자조 집단에서 필수요소로 간주된다. 그리고 그 모두는 인생 후반에서조차 희망, 믿음, 감사를 발달시키는 영적인 성장과 심리적 성장을 돕는다.

첫째, 꿈꾸기는 우리가 마음속에서 과거와 미래를 조작할 수 있게 함으로써 우리에게 시간의 경과를 다루는 방법을 제공해 준다. 바늘두더지와 오리너구리처럼 알을 낳는 포유류는 파충류 조상으로부터 진화되어 왔다. 그들은 극적으로 확대된 전두엽을 발달시켰지만 꿈꾸는 능력까지는 아니었다. 전두엽의 그러한 확장은 연합하고 이해하며 행동 전에 생각하는 능력이 증가하는 것을 반영하는 것으로 여겨진다. 알을 낳지 않는 포유류는 파충류 조상으로부터 진화되어 오면서 비슷하게 확대된 전두엽을 발달시키는 데 실패했지만 야간의 꿈 상태를 위한 능력을 발달시켰다. 밤에 꾸는 꿈의 경우, 논쟁의 여지가 있지만 한 가지 목적은 유기체가 탈력발작(상대성 마비) 때문에 행동할 수 없는 동안에 과거를 기억하고 연합시키며 반추할 수 있게 해 주는 것이다.

인류는 원시적인 포유동물과 공유하는 특징인 비대한 전두엽과 더불어 개나 고양이와 공유하는 밤에 꿈꾸는 능력을 진화시켜 왔다. 또 인류는 깨어 있는 동안 백일몽을 통해 과거와 미래를 시연해 보는 능력도 가지고 있다. 추론해 보건대, 백일몽과 꿈은 우리가 과거를 재창조하고 미래를 시연하게 해 주는 것으로 보인다. 이렇게 꿈과 전두엽 연합 영역의 진화는 유기체가 과거의 경험과 미래의 선택을 서로 연결할 수 있도록 해 준다. 아마도 상상과 백일몽에서도 마찬가지일 것이다. 그러나 그것들은 시간의 통달, 성숙한 방어의 발달, 그리고 우리가 어디에서 오고 어디로 가는지를 궁금해하는 것에도 필수적이다. 꿈꾸기와 전두엽은 우리가 상상할 수 있게 해 주고, 상상은 종교와 심리치료 그리고 성숙한 방어에 필수불가결하다. 상상과 현재 시점을 초월하는 능력이 없다면 성숙한 방어와 믿음은 존재할 수 없다.

신성한 장소도 우리가 상상하고 패러독스를 지탱하며 여러 가지를 생각해 볼 수 있게 한다. 알타미라와 라스코 동굴의 벽화에서, 프로이트의 장식품으로 둘러싸인 동양의 깔개가 늘어뜨려진 카우치에서, 혹은 호주 북부의 신성한 영역에서 행해지는 원주민 춤에서. 그러한 신성한 장소들에서 예술과 종교, 자아, 메타포, 놀이, 꿈은 뒤섞인다. 동굴인의 성지, 분석가의 상담실, 아이의 놀이집은 현실로부터 분리되어 있는 동시에 현실로 둘러싸여 있다. 똑같은 얘기를 스톤헨지, 샤르트르 성당의 신도석, 피카소의 스튜디오, 셰익스피어의 글로브 극장에 대해서도 적용할 수 있다. 과도기적 대상물(초기 관계들의 상징)은 도처에 널려 있다. 성례와 비극 그리고 분노와 절정은 모두 견뎌 내는 것이 가능하다. 대지는 2명의 도덕적 사람에게 동시에 소유될 수도 있다. 와인은 구세주의 보혈이 될 수 있고, 지푸라기는 황금이 될 수도 있다. 아마도 신성한 장소보다 더 적절한 용어는 성인을 위한 놀이실 혹은 영적인 유치원일 것이다.

창의성과 성숙한 자기기만, 경이 사이의 세 번째 연결은 놀이다. 놀이는 자기기만과 종교적 경이가 진실인 것처럼 **보이게 하고** 혼돈으로부터 질서를 창조해 낸다. 정신분석가인 안나 마리아 리주토Anna Maria Rizzuto가 증명했듯이 성인들에게 '놀라'고 하고 어린 시절의 가족과 신을 그려 보라고 하면, 신을 그린 이미지는 그들이 원가족에 대해서 그린 이미지들 속에서도 찾을 수 있다.[21] 심리적 갈등이 있을 때 놀이는 그전에는 존재하지 않았던 것을 세상에 내놓을 수 있다. 놀이는 우리가 갈등관계를 반복해서 재창조할 수 있도록 해 준다. 그렇게 해서 우리는 우리가 사랑하는 사람들을 점차 안정적으로 내재화할 수 있게 된다. 놀이를 통한 반복은 무기력한 과거 경험에 대한 통달 체험을 제공한다. 종교와 방어처럼 놀이는 질서를 창조한다. 사실상 놀이는 질서이며 "우리에게 제한적이기는 해도 놀라운 완벽함을 가져다준다."[22] 놀이에서 그리고 성숙한 방어의 발달에서 더 높은 수준의 강점이 우리 것이 될 수 있다. 놀이는 피아제의 동화라는 개념에 필수적이기 때문에 우리가 흔히 착각으로 여기는 것과는 정반대의 것을 만들어 낸다. 그러나 놀이는 시작과 끝이 있다. 놀이는 제한적이며 현실과 혼동되지 않는다. 종교나 방어처럼 놀이는 그 자체의 현실을 창조한다. 놀이를 방해하면 당혹함과 분노를 일으킨다. 마찬가지 현상이 방어와 종교적 의례를 방해받는 경우에도 일어난다. 위안을 주는 가상 현실이 파괴되면 흥을 깨는 사람은 원망받게 된다.

때로는 의례가 놀이에서의 가상 현실을 현실이 되도록 해 주기도 한다. 의례나 성례를 통해서 우리가 변형된 정체성을 받아들일 때, 우리의 옛날 자기와 새로운 자기 사이의 관계는 단순히 상징적인 변형 혹은 미신적인 변형으로 불리는 것만으로는 적절하게 표현될 수 없다. 때때로 우리의 옛 정체성과 새로운 정체성이 하나로 통합되는 것은 사람과 상징적 이미지 사이의 단순한 대응관계보다 훨씬 더 심오하다. 그것은 신비로운 단일성이다. 하나가 다른 하나가 **되는** 것이다. 마술과 같은 춤 속에서 원주민 댄서는 캥거루가 된다. 결혼과 졸업이라는 마술 의식을 통해 소녀는 부인이 되고 의

대생은 의사가 된다.

　성숙한 방어들과 많은 종교적 관습에 공통적인 네 번째 주제는 정서와 애착의 세계를 이성과 지각의 세계에 연결시키는 능력이다. 장례식, 결혼식, 할례식과 세례식은 모두 열정과 이성을 동시에 정신 속으로 끌어들인다. 솔직한 신경과학자는 성숙한 방어들과 창의적·종교적 경이가 모두 뇌의 연합 영역, 특히 전두엽 및 측두엽에서 비롯된다고 조심스럽게 말할 수도 있다. 만약 대뇌피질이 우리로 하여금 분류하고 읽으며 셈을 하고 변별할 수 있게 해 준다면, '끈적끈적한' 측두엽은 우리가 사람들과 감정들을 혼합하고 애착하며 응축하고 기억하게 해 준다. 이런 점에서 냄새, 창의성, 애착, 기억, 종교적 집착이 모두 측두엽을 포함한다는 사실은 우연이 아니다. 측두엽 발작과 측두엽의 자극은 과서증hypergraphia, 과다성욕hypersexuality, 종교광hyperreligiosity을 유발하며, 때때로 냄새와 오래된 노래를 재경험하게 한다. 전두엽이 손상되면 우리는 '옳고 그름'을 분별하는 능력과 판단력을 잃게 된다. 측두엽이 손상되면 우리의 기억, 따라서 우리의 사랑하는 능력도 파괴된다. 피질의 나머지 부분을 제거하면 우리는 움직일 수도, 말할 수도 그리고 셈을 할 수도 없다. 하지만 우리의 정서적 애착과 도덕성은 보존될 수 있다. 그럼에도 불구하고 정서가 실린 측두엽과 논리적인 어휘의 두정엽은 동일한 뇌의 일부분이다. 특히 측두엽과 두정엽의 **통합**은 성숙한 방어를 만들어 낸다. 피아제가 우리에게 상기시키듯이, "그 두 가지 측면, 즉 정서적 측면과 인지적 측면은 분리하는 것이 불가능한 동시에 더 이상 단순화할 수조차 없다."[23]

* 　* 　*

　영성발달을 자아발달의 세 가지 모델과 통합시키고 투사가 공감으로 진화하는 영적인 경로를 예시하기 위해, 나는 유진 오닐의 어머니인 메리 엘렌 오닐(엘라로 부름)의 이야기를 하고자 한다. 다만 『밤으로의 긴 여로』에서 묘사된 시점을 넘어서서 그녀가 아편을 끊고 절제하게 된 시점까지 이어 가려 한다. 자아 성숙과 연합된 영적 성장은 어느 정도까지는 약물의존에서 안정적인 절제로 진행해 가는 데 필요한 심리적인 단계들과 상응한다. 영적인 성장과정에서 생물학, 양육, 그리고 새로운 사람의 내재화 모두 약물을 끊는 데 결정적이다. 알코올중독자재활협회에 따르면 '마시지 않는 상태(일시적으로 알코올 섭취를 중단한 상태)'와 '끊은 상태(성숙함을 성취함으로써 알코올 남용의 재발에 대한 저항력을 성취한 상태)' 사이는 천양지차다.

『밤으로의 긴 여로』는 왜 유진 오닐이 부에노스아이레스로 도망쳤는지, 그리고 왜 어머니의 편집적인 비난에 노출되는 대신에 만취 상태를 선호했는지를 이해하는 데 도움이 된다. 이렇게 이해하게 되면 우리는 오닐의 미성숙한 방어를 용서할 수 있다. 그러나 우리가 오닐을 용서한다면 그의 어머니는 마녀가 된다. 어떻게 하면 우리는 그녀의 투사를 오닐의 미성숙한 방어에 대해서처럼 이해하고 용서할 수 있을까?

현실 속에서 엘라 오닐은 1912년의 편집증적인 좀비에서 1919년 유진 오닐의 아들이 태어난 지 이틀 후에 다음과 같은 편지를 썼던 공감적인 노부인으로 변했다. "내게 그렇게 근사한 손자가 있다는 것을 알게 된 오늘 밤 나는 뉴욕에서 가장 행복한 할머니들 중 하나란다. 하지만 태어났을 때의 너보다 더 근사하지는 않을 거다. 넌 그때 11파운드였고 겁이 없는 아이였지. 네가 3개월 때 찍은 사진을 같이 보내마. 네 아들도 너만큼 잘생겼기를 바란다." 그녀는 오닐의 아내인 아그네스와 손자 그리고 "셋 중 가장 큰 아기인 너"[24]에게 사랑을 보내면서 편지를 마무리했다. 1919년이 되자 엘라 오닐은 유능하고 자립적이며 약물을 끊은 할머니가 되어 있었다. 어쩌다 한 번씩만 웃던 젊은 여성에서 생기가 넘치고 잘 웃는 사람으로 변했다. 그녀는 자부심, 지성 및 공감을 벗삼아 극작가인 아들의 화려한 경력을 따라갔다.[25] 마침내 유진 오닐이 태어난 지 30년도 더 지나서야 자신의 회복을 통해 안전감을 느낀 엘라 오닐은 아들이 태어난 것에 대해 진정한 감사를 느낀다는 점을 인정할 수 있었다.

그러나 우리가 엘라 오닐의 회복과정을 이해하려면 그녀의 갈등에 대해 먼저 알아야 한다. 평생 동안 유진 오닐은 어머니의 문제들이 자신의 탓인지에 대해서 고민했다. 『밤으로의 긴 여로』에서 메리 타이런은 자신의 중독에 대해서 에드먼드뿐만 아니라 거의 모든 친인척을 비난했다. 유진 오닐은 어머니의 중독에 대한 단서를 찾고자 했지만 자신의 출생 이전 일에 대해서는 알 수가 없었다. 그렇다면 유진의 출생 전에 무슨 일이 있었던 것일까? 엘라가 마취시켜 버리고 싶었던 진짜 고통은 무엇이었을까? 그녀의 행동 기저에 있는 절망적인 자기기만의 근원은 무엇이었을까? 그 극작가도 그리고 그의 비통해하는 주인공인 메리 타이런도 주의를 기울이지 않았던 한 친척을 살펴보자. 이 가족 드라마에서 빠져 있었던 사람은 다름 아닌 엘라 오닐의 어머니였다. 브리짓 퀸란이 죽은 것은 유진을 임신하기 전에 엘라와 제임스 오닐이 유럽에서 4개월간 휴가를 보내고 있을 때였다. 그리고 아마도 메리 타이런이 아편에 의존해야 했던 이유로 설명했던 호텔 방에서의 외로움은 어머니의 죽음과 관련해서 깨닫지 못했던 슬픔을 전위시켰던 것이었을 것이다.

그러나 제임스 오닐과 결혼하기 전에도 엘라 오닐은 별로 웃지 않았다고 한다. 나중에 그녀는 첫째와 둘째 아이를 제대로 돌보지 못한다는 것을 알게 되면서 만성적으로 우울해졌다. 그녀는 아이들을 키우는 데 어머니의 도움을 많이 받았다. 또 그녀는 셋째를 갖는 것에 대해서 양가적이었으며 인공유산을 여러 번 했다. 하지만 어머니의 죽음 직후에 임신한 셋째는 그대로 두었다. 극 중에서 메리 타이런은 말한다. "난 에드먼드를 임신한 내내 두려웠어. 뭔가 끔찍한 일이 벌어질 것 같았거든. 난 내가 유진[에드먼드 오닐, 엘라의 둘째 아이, 1세 때 사망함]을 떠난 방식이 다른 아이를 가질 만한 자격이 없다는 걸 보여 준다고 생각했거든. 또 만약 내가 임신하면 신이 날 벌할 거라고 생각했지……. 그리고 이제 그 아이가 아프기 시작한 다음부터 난 유진과 내 아버지를 계속 떠올리게 되었어. 너무나 겁먹은 상태에서 죄의식을 느끼고 있어." 나중에 극 중에서 그녀는 자신의 슬픔을 시간상 더 앞으로 당긴 상태에서 에드먼드의 출생 이후에 "[의사가] 아는 것이라곤 내가 아프다는 것뿐이었어. 의사가 고통을 중단시키는 것은 쉬운 일이었지."라고 말했다. 그리고 나중에 그녀는 아편을 '특별한 종류의 약'이라고 묘사한다. "난 그걸 먹어야만 했어. 그것 말고는 고통—모든 고통—그러니까 내 손안에 있는 고통을 멈출 수 있는 것이 없었거든."[26]

어머니의 죽음을 슬퍼하는 대신, 메리 타이런은 만화 〈피너츠Peanuts〉에 나오는 라이너스가 담요에 매달리는 것처럼 그녀의 웨딩드레스에 집착한다. "내가 찾고 있는 건 뭐지?" 그녀는 울부짖는다. "뭔가를 내가 잃어버렸다는 것은 알겠는데…… 내가 미치도록 그리워하는 무언가. 그렇게 완전히 잃어버릴 수는 없는데." 그러나 그녀의 어머니는 변형된 형태로만 동일시된다. 예를 들어, 메리는 스스로에게 말한다. "여긴 너무나 외로워. 넌 스스로한테 또 거짓말을 하고 있어. 넌 그것들을 없애 버리고 싶잖아. 그들의 경멸과 혐오는 결코 유쾌한 친구가 아니야. 그들이 가 버려서 좋잖니. 그런데 성모마리아여, 전 왜 이리도 외로운 걸까요?" 나중에 아편 때문에 가능했던 흥겹고 소망 충족적인 왜곡 속에서 메리는 마침내 그녀가 찾고 있는 것을 발견한다. 그러나 약물로 유발된 왜곡 방어 덕분에 그녀는 진짜 어머니와의 관계가 개선된다. 그녀는 "난 마더 엘리자베스와 이야기를 나누었어……. 죄를 짓는 것일지도 모르지만 난 친어머니보다 마더 엘리자베스를 더 사랑해. 그녀는 언제나 이해해 주니까."라는 말로 극을 마무리한다.[27]

하지만 사랑만으로는 충분하지 않다. 치유에는 희망과 믿음이 절대적으로 필요하다. 『밤으로의 긴 여로』에서 초기에 메리 타이런은 우리에게 그녀가 더 높은 힘에 대한 믿음을 잃어버렸다고 말한다. "내가 잃어버린 믿음을 되찾을 수만 있다면, 그래서 내가 다시 기도할 수만 있다면!…… 성모마리아가 말만 늘어놓는 거짓말쟁이 마약복용자한테 속기를 바라다니! 성모 마리아로부터 숨는 것은 불가능해!" 중산층 아일랜드계 천주교 소녀로서 메리 타이런은 오직 매춘부들만 마약을 한다는 사실을 알고 있었다. 그녀의 남편 역시 그녀의 수치심을 이해했다. 그는 "아내는 그녀의 믿음을 부인한 적은 없지만 잊어버리고 있다. 지금까지 저주에 대항해서 싸울 만한 정신력 이 그녀 안에 남아 있지 않아."라고 말했다. 나중에 메리는 똑같은 점을 보다 더 희망적으로 표현했다. "언젠가 성모마리아가 날 용서해 주시고 내가 수녀원 시절에 가지고 있었던 성모마리아의 사랑과 자비에 대한 믿음을 내 안에 되살려 주셔서 내가 다시 기도할 수 있을 때—이 세상 누구도 더 이상 나를 한순간도 믿지 못한다는 것을 성모마리아가 보실 때—성모마리아는 날 믿으실 것이고 성모마리아의 도움으로 난 편해질 거야."[28]

극의 마지막에서 메리 타이런은 정신병적 왜곡 속에서 정확하게 미래를 예측한다. "난 성지에 가서 성모마리아님께 기도하고 다시 평화를 발견 했어. 왜냐하면 마리아님이 내 기도를 듣고 내가 마리아님에 대한 믿음을 잃지 않는 한 언제나 날 사랑해 주실 것이며 내가 해를 입을 일이 없다는 걸 알기 때문이지."[29]

그녀의 아들이 극 중에서 나중에 묘사할 그날 이후로 2년이 지났을 때, 엘라 오닐은 모르핀을 끊기 위해 수녀원에서 생활하려고 떠났다. 모르핀을 끊는 데 성공하는 과정에서 그녀는 내가 방어의 성숙을 설명하기 위해 제 시했던 몇 가지 모델의 예를 보여 준다. 첫째, 외부 환경은 우리의 내적인 삶을 안정시키는 데 도움이 된다. 미성숙한 방어들이 부적응적이라는 사실 을 상기시켜 주는 외부 단서는 우리가 미성숙한 방어들을 버리는 것을 돕는 다. 우리가 나쁜 습관을 변화시키려고 할 때 외적인 초자아와 외적인 강화 는 도움이 된다. 외적 초자아라 함은 개인 자신의 의지력 이외의 규칙과 동 기화의 근원을 일컫는다. 엘라 오닐이 수녀원에 들어간 해가 해리슨 마약법 Harrison Narcotics Act(의사에 의한 무분별한 아편 처방을 불법으로 규정한 연방정부

법)이 통과된 바로 그해라는 사실은 우연이 아닐 것이다. 그녀의 주치의는 더 이상 합법적으로 아편을 처방할 수 없게 되었다.

둘째, 만약 카를 마르크스가 종교를 대중의 아편으로 치부해 버렸다면 카를 융Carl Jung은 마르크스의 마르크시즘을 되돌려서 알코올중독자재활협회의 공동 창시자인 밥Bob 박사에게 '반주정 정신기법Spiritus Contra Spiritu'이라는 처방을 제공하였다. 신선한 희망, 고조된 사기, 권위적 인물과의 우호적인 동일시는 약물의존으로부터의 회복을 촉진시킨다. 도움이 되는 내재화된 인물들이 부족한 사람들에게 알코올중독자재활협회와 교회는 진짜 사람들 및 의존을 위한 대안적인 근원을 제공해 준다. 수녀원에서 엘라 오닐은 사랑을 주는 진짜 수녀들을 만나 보살핌을 받았다. 그녀는 안전담요의 역할을 하는 웨딩드레스와 공상 속의 어머니보다 더 훌륭한 대리모를 발견했다. 수녀원의 사회적 지지에 의존하는 것은 사면초가에 몰린 자아에 의존하는 것을 감소시켰다. 따라서 수녀원에서 엘라 오닐은 수녀들에게 의존할 수 있었고 찾아 헤맸던 대리모를 발견할 수 있었을 뿐만 아니라 신선한 희망과 사기도 발견할 수 있었다. 종교, 심리치료, 영적인 각성은 모두 성숙한 방어를 위한 자아 통합을 허용해 주는 사기 진작과 동일시를 촉진시킨다. 우리의 자아는 전쟁터보다 수녀원의 지지적인 환경 속에서 더 성숙하게 기능할 것이다. 마찬가지로 심리치료의 안정적이고 안전한 지지적 환경 속에서 우리는 소극적 공격, 해리, 투사가 우리에게 전혀 득이 되지 않는다는 사실을 이해하게 되며, 그래서 우리는 미성숙한 방어들을 성숙한 방어들로 대체할 수 있을 것이다.

우리가 사랑하는 사람을 동화하기

이제 자아 성숙에 대한 세 번째 모델로 돌아가 어떻게 성인이 성숙한 방어를 이용하기 위한 안전감과 내적인 성숙을 성취하기 위해서 사랑하는 사람들을 내재화할 수 있는지를 살펴보자. 영어의 'i'로 시작하는 6개의 단어—합체incorporation, 내사introjection, 모방imitation, 내재화internalization, 이상화idealization, 동일시identification—는 사람들이 다른 사람들을 동화하는 방식들을 묘사하고 있다. 이 과정들은 흔히 방어기제로 분류된다. 방어기제는 사람들이 내부 환경과 외부 환경에 적응하고 대항할 수 있도록 돕는다. 방어기제가 없었다면 이러한 내부 환경과 외부 환경은 조절하기 어려웠을 것이다. 대조적으로 동화의 내재화 과정이 일어난 후에는 『어린왕자』의 비행사처럼 그 사람은 더 이상 예전과 같아질 수 없다.

그러한 내재화 과정이 단순히 기억의 한 면에 불과한 것으로 분류될 수 있다고 인정한다 해도, 그러한 동화는 아주 특별한 종류의 기억을 포함한다. 이 특화된 기억을 더 평범하고 더 순수하게 인지적인 예와 비교해 보자. 우리는 전화번호와 구구단을 기계적으로 외워서 암기한다. 그 과정은 인지적이고 느낌을 동반하지 않는다. 우리는 그러한 기억을 언제든지 의지에 따라 인출할 수 있다. 우리는 정확히 글자 그대로 암송할 수 있다. 대조적으로 우리는 개가 주인의 냄새로 주인을 기억하는 방식과 유사한 방식으로 사람, 냄새, 멜로디, 개인적인 위기의 순간을 기억한다. 냄새에 대한 지각이 서서히 시작되고 우리가 그 냄새를 피하려고 할 때조차도 맴돈다. 지지적 관계든 파괴적 관계든 간에, 그 기억은 우리의 의지와 상관없이 불수의적으로 우리의 마음에 들어와 우리의 기분을 변화시킨다. 그러한 기억은 향기, 음악, 상징에 의해 유발되는 것이지 명령에 의해 일어나는 것이 아니다. 우리는 시인이 아니니까 사랑하는 사람들에 대한 우리의 기억을 말로 표현할 수는 없다. 하지만 사랑하는 사람의 향수에 대한 우리의 기억은 쉽게 언어화되는 구구단에 대한 기억보다 더 생생하다. 단순하게 말하자면, 우리는 사랑하는 사람들을 감정과 혼합해서 동화하며 그들을 내면에 담는 것은 우리를 변화시킨다. 대조적으로 우리는 전혀 아무런 감정도 없이 구구단을 배울 수 있다. 그리고 그렇게 한다고 해서 우리가 변하지도 않는다.

사람들의 슬픔과 동화는 밀접하게, 어쩌면 역설적으로 얽혀 있다. 비행사는 어린왕자를 잃어버림으로써 어린왕자를 내재화하고 동일시한다. 엘라오닐은 어머니를 애도함으로써 잃어버렸던 어머니를 되찾는다. 우리가 사랑한 적이 있었던 사람들을 완전히 잃어버리는 일은 없다. 그리고 우리가 사랑한 적이 없었던 사람들을 위해서 슬퍼하는 경우도 거의 없다. 우리가 조금만 사랑하고 많이 미워했던 사람을 잃는 것은 정신질환에 걸릴 지경에 이를 정도로 고통스럽기도 하다. 따라서 우리가 나이 들수록 정신병리로부터의 자유와 탄력성은 닭이 먼저냐 달걀이 먼저냐 하는 과정을 포함한다. 한편으로는 우리가 사랑했지만 떠나보낸 사람들을 위해 슬퍼함으로써, 그리고 사람들을 마음에 담음으로써 우리는 미성숙한 방어로부터 성숙한 방어로 옮겨갈 수 있다. 다른 한편으로는 성숙한 방어들을 이용함으로써 우리는 괴로움보다는 애정과 감사를 가지고 잃어버린 사랑했던 사람들을 기억해 낼 수 있으며 새로운 사람들을 우리 곁으로 끌어당길 수 있다. 우리는 나이 들어 가면서 새로운 사람들을 동화하며 과거에 불완전하게 '소화한' 사람들을 더 완전하게 동화한다. 사실상 성인발달 연구 자료는 인간관계에 대한 감정이입의 증가와 사회적 불안의 감소가 성인기 내내 지속될 수 있음을 보여 준다.

자아발달의 세 번째 모델의 근간을 이루는 합체, 내사, 모방, 내재화, 이상화, 동일시의 여섯 가지 개념을 논의하기 위해서 나는 메타포에 의지해야만 한다. 나는 피아제의 추상적인 개념인 **동화**assimilation를 위한 메타포로 **대사**metabolism를 사용할 것이다. 또 이 용어들의 의미에 대한 합의가 없기 때문에(예컨대, 크레이머는 동일시의 각기 다른 정의가 적어도 18개나 된다는 사실을 우리에게 알려 준다)[30] 내가 사용하는 정의는 임의적인 것이다. 나는 성숙의 관점에서 이 개념들을 설명하겠다.

합체는 다른 사람에 대한 '대사'가 최소한으로만 이루어진 것을 의미하고, 동일시는 가장 완전한 형태의 대사를 의미한다. 『어린왕자』는 전혀 소화되지 않은 코끼리를 삼킨 보아뱀 그림으로 시작한다. 이 그림은 내가 의미하는 합체의 개념을 생생하게 보여 주는 이미지다. 책의 말미에서 비행사는 어린왕자를 우아하게 동화하였다. 이제 비행사는 밀밭을 볼 때마다 어린왕자에 대한 그의 애정을 떠올릴 것이다. 이러한 이미지는 내가 다른 사람에 대한 완전한 대사와 동일시로 소개하고자 하는 것을 잘 보여 준다. 비행사의 정신적 풍요를 콜 포터Cole Porter의 '난 당신에게 완전히 반해 버렸어요.' 또는 로저스Rodgers와 해머스타인Hammerstein의 '난 그 남자를 내 머리에서 씻어 내고 싶어.'를 신경질적으로 흥얼거리는 사람의 마음 상태와 비교해 보자. 이 노래들은 보아뱀이 후피동물을 삼킨 상태에서 느낄 만한 소화불량 상태와 비슷하다. 그리고 사람들에 대한 내적 표상을 묘사하기 위해서 내가 이성적인 논쟁이 아닌 노래에 의지해야 하는 것은 우연이 아니다.

내가 합체라고 부르는 다른 사람에 대한 불완전한 대사는 불수의적 멜랑콜리아 및 병리적인 애도와 연관된 정신장애로 고통받는 사람들에게서 흔히 나타난다. 그런 우울한 환자들은 왜곡과 망상적 투사를 사용하며, 그들이 애도하는 사랑하는 사람들이 멀쩡하게 살아 있다거나 혹은 실제로 자신들의 몸 일부에서 살고 있다는 환각을 보이기도 한다.

동화의 두 번째 과정은 내사다. 대상 전체를 흡수하는 합체와는 대조적으로, 내사는 우리가 어떤 사람의 일면만을 받아들이게 한다. 그럼에도 불구하고 내사는 우리가 마치 이물질을 삼킨 것처럼 느끼도록 만든다.

적절한 대사 작용 없이 사람들을 받아들일 경우 미성숙한 방어들이 과도해질 수 있다. 내사는 학령전기 아이들과 성격장애가 있는 성인들, 그리고 심한 우울증 환자들에게서 흔히 나타난다. 건강염려증적인 방어와 공격적인 추동이 자기에게로 향하는 방어(소극적 공격)는 내사의 예가 된다. 편집증적인 사람들, 즉 그들의 감정을 우리에게 투사하는 사람들을 내사하는 것이 가장 쉽다. 선동자는 우리를 성가시게 만들며, 그래서 우리는 그의 망상을 공유하게 된다. 우리는 우리 양심의 자아 이질적인 지각에 대해 이야기할 수도 있다. "귀뚜라미 지미니가 내 어깨 위에 앉아 있어요." "전 어머니가 말하는 소리가 들려요." 혹은 "그게 사악하다는 걸 내 뼛속에서 느껴요."와 같이 이야기할 수도 있다. 어떻게 보면 내사는 투사의 반대다. 투사에서는 우리 자신의 감정과 특성이 다른 사람에게로 귀속된다. 반면에 내사에서는 다른 사람의 감정이나 특성을 우리 안에서 경험한다.

하버드생 표본 중 한 남성에게는 수년간 협심증을 앓다가 관상동맥 혈전증으로 급사한 아버지가 있었다. 아버지의 죽음 후에 그 남성은 8년 동안이나 원인불명의 가슴 통증을 경험했다. 아버지를 위해서 의식적으로 애도하는 대신, 그는 아버지의 가슴 통증을 자신의 것으로 받아들였던 것이다. 심전도와 건강 검진 결과가 정상이었는데도 그 통증은 점점 더 심해져서 협심증처럼 되었다. 마침내 대중과학 잡지에서 '상상' 심장질환에 대해서 읽은 후에 그는 연구진 중 내과 의사에게 그의 이상한 가슴 통증에 대해서 써 보냈다. 그렇게 하면서 처음으로 그는 가슴 통증을 아버지의 죽음과 연관지을 수 있었다. 그는 아버지의 장례식에서 '감정적으로 어때야 하는 걸까'라고 의문스러워했던 것'과 '슬픔을 보이고 싶지 않다'고 느꼈던 것을 기억했다. 연구진 중 내과 의사는 그가 진료를 받았던 다른 의사들과는 달리 그의 가슴 통증이 상상이 아니라고 안심시켰다. 마침내 슬픔을 의식적으로 깨닫는 순간 그는 아버지에 대한 고통스러운 내사로부터 벗어날 수 있게 되었다. 그 후 그는 40년간 연구에 참여하고 있으며 다시는 '상상' 속 가슴 통증 문제를 겪은 적이 없었다. 그의 아버지에 대한 동화가 더 완전해진 것이다.

또 내사의 과정은 안나 프로이트Anna Freud가 공격자와의 동일시라고 명명한 현상에서도 극적으로 나타난다. 그러한 동일시는 다른 사람, 흔히 가학자의 불완전한 대사 상태를 반영한다. 예를 들어, 나치 수용소가 해방되었을 때 연합군들은 원래는 나치 통치에 대한 강한 반대 때문에 수감되었던 가장 오래된 죄수들 중 일부가 게슈타포 간수들처럼 모자를 구부려 쓰고 수용소의 규칙을 아무런 망설임 없이 시행하고 있는 것을 보고 깜짝 놀랐다. 그러나 그 죄수들이 게슈타포 간수가 되기를 진정으로 바랐던 것은 아니었다. 그들은 부패했다고 느꼈다. 나는 처음에는 공격자와의 동일시라는 개념을 전혀 믿지 않고 묵살해 버렸던 의대생을 한 명 기억한다. 그런데 갑자기 그는 유난히 싫어했던 유기화학 교수를 기억해 냈다. 화학 강좌가 끝나갈 무렵, 그는 자신이 그 교수와 똑같은 콧수염을 기르고 있다는 사실을 깨달았다. 일단 내사가 의식화되자 그는 부지불식간에 받아들였던 것을 없애 버렸다. 상기한 죄수들과 의대생이 힘 있는 자의 특성을 받아들였지만 거기에는 수정이나 개인적인 풍요로움은 없었다. 소화가 제대로 일어나지 않은 것이다.

내사가 공격적인 추동이 자기에게로 향하는 것 그리고 건강염려증과 공통점이 있다면, 동화의 세 번째 과정인 **모방**은 해리라는 방어기제와 유사하다. 모방은 다섯 살짜리들에게서 흔하게 나타난다. 탁자 밑의 소꿉놀이 집에서 아이들은 한동안 엄마 또는 아빠가 될 수 있다. 성인기에는 모방이 애도하는 동안 무의식적인 방어기제의 형태로 나타날 수 있다. 방어적인 적응의 일환으로 애도자가 죽은 사람을 불수의적으로 모방할 경우, 그 과정은 **히스테리성 동일시**hysterical identification로 명명된다. 예컨대, 존 F. 케네디가 사망한 후에 내 친구 중 한 명은 흔들의자에 앉을 때마다 자신이 마치 케네디가 된 것처럼 굴기도 했다.

모방은 놀이와 심리극에 필수적이다. 스타니슬랍스키Stanislavsky 연기법에서 연기자는 동화하고자 하는 인물에 몰입하기 위해서 자신의 성격을 포기하도록 요청받는다. 그러나 분장을 지우고 나면 연기자는 원래의 자기로 돌아온다. 그러한 과정은 안나 프로이트가 **역전**reversal이라고 부른 방어기제에 대한 기술에서도 나타난다. 안나 프로이트는 역전을 설명하면서 유령에 대한 공포를 '마주칠지도 모르는 유령인 척함으로써' 극복하는 아이의 이야기를 예로 든다.[31] 이런 종류의 모방에서는 모방자가 그 역할을 완전하게 통달하지는 못하며 단지 일시적으로만 다른 사람이라고 상상한다. 공격자와의 동일시처럼 모방도 내적인 풍요로움을 선사하지는 않는다. 크레이머는 그러한 미성숙한 과정을 성숙한 동일시와 다음과 같이 구별한다. "모방과 학습을 통해서 아이는 기능적으로 더 부모를 닮아 간다. 이는 부모와의 동일시가 일어날 수 있는 토대가 된다. 일단 아이가 레퍼토리 안에 어느 정도 부모 같은 행동을 할 수 있게 해 주는 이해 및 행동틀을 갖게 되면 동일시를 통해서 부모와 같은 유형의 사람이 **되어 갈** 수 있다."[32]

동화의 네 번째 과정인 **내재화**는 반동형성 및 취소의 방어와 밀접한 연관이 있다. 우리는 다른 사람의 규칙과 역할을 우리 안에 받아들이며 그것을 마치 우리 것인 양 수용하지만, 그 규칙이 여전히 우리의 양심에 속해 있을 뿐 우리의 영혼에는 속하지 않는 경우도 많다. 열 살짜리 남자아이는 "남자아이는 울지 않아."라고 말한다. 내사와는 달리, 더 이상 그 아이는 다른 누군가가 그 명령을 내린다고 여기지는 않는다. 이런 점에서 그의 내재화는 '자아 동질적'이다. 하지만 울지 말라는 명령은 그 아이가 진정으로 원하는 것이 아닐 수 있다.

여러 가지 면에서 내재화는 합체, 내사, 그리고 모방과는 다르다. 이 세 가지의 덜 성숙한 과정을 통해서 사람들을 마음속에 담는 것은 우리를 진정으로 강하게 만들어 주지는 못한다. 모방은 오랫동안 지속되는 힘이 없고, 합체와 내사는 우리가 더 완전하다고 느끼게 해 주지 못하며 오히려 부담만 더 느끼게 한다. 대조적으로 내재화 과정은 자존감에 대한 안정적인 지지를 제공해 준다. 내재화와 더불어 우리는 사람들을 마음속에 담을 수 있을 뿐만 아니라 "당신이 내 손을 잡자 내 팔이 더 강해졌어요."라고 노래할 수도 있게 된다. 오닐은 이런 식으로 칼로타 몬터레이를 가슴에 담았다. 울지 않는 금욕적인 열 살짜리 소년은 공격자와 동일시하는 사람보다 상대적으로 스스로 더 완전하다고 느낀다.

내재화의 극적인 예는 손상된 식도를 가지고 태어난 모니카에 관한 조지 엥겔George Engel의 유명한 종단 연구 자료에서 확인할 수 있다.[33] 이 선천성 결함은 아기 모니카가 위 속으로 직접 연결되는 튜브를 통해서 음식을 공급받아야 한다는 것을 의미한다. 따라서 음식을 먹으려면 모니카는 어머니의 무릎에 머리를 두고 발은 어머니의 배를 누르는 자세로 누워야 했는데, 이것은 아기의 얼굴이 어머니의 얼굴 가까이에 있고 젖가슴에 안긴 채로 모유나 분유를 먹는 일반적인 자세와는 대조적인 것이다. 자라면서 모니카는 자신처럼 젖을 먹는 아이를 한 번도 보지 못했지만, 인형에게 우유를 먹이면서 인형의 머리는 자신의 무릎에 올려놓고 인형의 발은 자신의 배를 향하게 했다. 어른이 되어서 실제 자신의 아이들에게 분유를 먹일 때도 그 이상한 방법을 똑같이 사용했다. 마치 그녀가 어머니의 행동에 의해서 각인된 것 같은 인상을 주었다.

우리는 우리가 내재화한 것들이 되지만 대사 작용은 아직도 불완전하다. 아이에게 자전거 타는 법을 가르쳐 본 사람은 알겠지만, 부모가 여전히 자전거 좌석 아래를 붙잡고 있다고 믿고 있어야만 두발자전거에서 균형을 유지할 수 있는 시점이 있다. 실제로는 부모가 더 이상 자전거를 붙잡고 있지 않아도 되지만, 그때까지 아이의 기술은 스스로 의심이 들지 않을 정도로 무르익은 수준은 아닌 것이다. 아들이 5세였을 때 나는 아들과 세발자전거를 언덕 위로 밀고 올라가야 했다. 아들이 5세 반이 되자 혼자서 세발자전거를 타고 그 언덕을 올라갈 수 있었다. 하지만 내가 마치 밀어 주는 것처럼 아들의 등에 손가락을 살짝 대고 있을 때에만 그렇게 할 수 있었다. 아이의 정신세계에서는 내가 그의 등을 만졌을 때 그의 다리가 더 강해진 것이다. 자전거를 타는 것과 마찬가지로 성숙한 방어를 사용하는 것은 통합적이면서도 불수의적인 행위다. 처음에는 그러한 방어들을 사용하려면 우리가 사랑했던 사람들이 여전히 곁에 있다고 믿을 필요가 있다.

12장에서 분명하게 밝혔듯이, 다른 사람을 손쉽게 내재화하는 능력은 사회적 지지를 효과적으로 활용하기 위해서 필수적이다. 성인발달 연구에 두 형제가 있었다. 한 명은 성공했고 다른 한 명은 그렇지 못했다. 이혼과 알코올중독으로 아버지를 잃고 아버지가 대륙의 반대편 해안으로 옮겨 간 것은 형제가 '남근기'에 있을 때였다. 강하고 고압적인 어머니가 여전히 뒤에 있었다. 아들 중 한 명은 챔피언 레슬러가 되었고 어머니와 대놓고 싸웠으며 아버지의 알코올중독 장벽을 넘어섬으로써 아버지에게 더 가까이 갈 수 있다는 것을 알게 되었다. 사실상 남은 삶을 살아가면서 이 아들은 대상 상실을 반복적으로 계속 경험했지만 새롭고 친밀한 우정을 맺는 비범한 능력을 통해서 그러한 상실들을 치유했다. 그리고 각각의 새로운 우정 어린 만남은 그에게 새로운 기술, 이전에는 없었던 승화를 위한 새로운 능력을 남겨 주었다. 그는 훌륭한 인문학자가 되었다. 하지만 다른 한 아들은 어쩔 줄 몰라했다. 그는 어머니에게 압도당했다. 그는 아버지와의 관계를 전혀 재정립하지 못했고 나중에는 나머지 가족과도 지리적으로 떨어져 살았다. 그는 젊은 나이에 죽었다. 첫 번째 아들은 다른 사람들을 쉽게 내재화했지만 두 번째 아들은 그러지 못했다.

동화의 다섯 번째 과정인 이상화는 이타주의의 일촌 친척이며 진정한 공감을 표현하는 능력과 연관되어 있다. 이상화는 내재화보다 더 성숙하며 다른 사람들을 완전하게 합성하는 것에 더 가깝다. 이상화는 내재화에 비해 더 적은 의무와 더 많은 감사를 포함한다. 청소년기에 우리의 개인적인 정체성은 이상화 과정을 통해서 발달한다. 프로이트는 자아 이상ego ideal이 "아버지와의 동일시와 어머니와의 동일시라는 두 동일시의 융합으로 구성된 자아의 결과물"이라고 제안했다. 그는 "자아 이상이 인간의 고귀한 품성에 대해 기대되는 모든 것에 대한 답이라는 것을 보여 주는 것은 쉽다……. 그것은 모든 종교가 발달해 온 기원을 포함하고 있다……. 종교, 도덕성, 사회적 감각—인간의 고차원적인 면에 있는 주요 요소들—은 원래 하나였고 똑같은 것이었다."라고 덧붙였다.[34]

다른 동화과정과 마찬가지로 이상화는 이상화된 사람의 죽음에 의해서 촉진된다. 나는 한 친구의 장례식을 기억한다. 그 장례식에서 생전의 내 친구를 그대로 기술했던 송사는 3개 중 1개뿐이었다. 나머지 2개는 그의 실제 모습과는 아주 다른 이상화된 페르소나를 부여했는데, 그것은 내 죽은 친구보다도 그 2개의 송사를 쓴 사람들이 되고 싶은 사람에 더 가까운 것처럼 보였다.

하버드생 표본의 한 참여자는 이상화에서의 변화를 보여 주는 예가 될 수 있다. 그는 첫 면접에서 어머니를 그의 삶에서 매우 존경하는 힘으로 인식하고 있다는 점을 보여 주었다. 어머니가 그의 고등학교 친구들을 골라 주었고 대학 전공도 정해 주었다. 어머니는 천식과 건초열이 있었는데, 하버드대 2학년이었던 그도 천식과 건초열이 있었다. 그의 부모는 서로 다른 종교를 믿었고, 그는 어머니의 교회에 다녔다. 그는 아버지를 소화불량으로 고생하는 수동적이고 거리감이 있으며 그의 삶에서 별로 중요한 역할을 하지 못하는 사람으로 묘사했다.

그는 47세가 되었을 때 다시 부모에 관해 질문을 받았다. 그의 아버지는 1년 전에 죽었다. 이제 그는 어머니가 힘없고 신경증적인 여성이며 그의 삶에서 미약한 역할을 했다고 기술했다. 반면에 그는 아버지를 이상화된 인물, 즉 멋진 유머감각을 가진 인물로 기억했다. 우리의 이상화가 변하듯이 우리의 정체성도 변화한다. 최근 몇 년 동안 그는 어머니의 천식과 건초열로 고생한 적이 없는 대신에 아버지의 종교를 믿었고, 이제는 아버지의 소화불량이 그의 소화불량이 되었다. 이처럼 좋은 것은 나쁜 것과 함께 받아들여지기 쉽다.

동화의 여섯 번째 과정인 **동일시**를 공격자와의 동일시와 혼동해서는 안 된다. 공격자와의 동일시는 내재화 부분에서 다루었다. 반면에 동일시는 승화의 방어기제와 밀접한 연관이 있다. 만약 승화가 외부세계에 대한 적응적인 **순응**adaptive accommodation의 가장 우아한 예라고 한다면, 동일시는 외부세계의 **동화**의 가장 우아한 예라고 할 수 있다.

정신분석가인 오토 페니헬Otto Fenichel의 말에 의하면, "승화, 특히 어린 시절에 일어나는 승화가 모델의 존재, 즉 환경에 의해서 직간접적으로 제공되는 유인가에 달려 있다는 경험적 사실은 승화가 동일시와 밀접한 연관이 있다는 프로이트의 가정을 확증해 준다."[35] 내재화에 비해 동일시는 다른 사람들을 받아들이는 데 있어서 더 융통적이고 가역적이며 중립적이고 차별화되어 있는 선택적 방식이다. 동일시에서는 소위 다른 사람의 대사가 선택적인 동시에 완전하게 이루어진다. 동일시에서 우리는 "그 사람이 그걸 했어. 만약 내가 선택한다면 나도 그것을 할 수 있어."라고 스스로에게 말할 수 있다. 그럼에도 불구하고 동화의 나머지 다섯 가지 과정과 마찬가지로 동일시에서도 우리는 지시받은 것이나 단순히 보는 것에 반응하기보다는 어떻게 다루어지는지에 민감하게 반응한다. 세탁기는 사용법을 보고 돌릴 수 있지만 바이올린을 사용하는 방법은 선생님을 통해 동화해야만 한다. 우리는 어떻게 하라는 지시가 아니라 보이는 것을 통해서만 동일시할 수 있다.

달리 말하자면, 새로운 자아 구조를 창출하려면 동일시 과정에서 외부 세계와 만나 그 만남을 내면에 들여놓는 것이 필요하다. 대조적으로 투사는 갈등의 근원을 없애 버리기 위해서 내적 정신 표상을 꺼내서 외부세계에 내놓는다. 정신분석가인 로이 셰이퍼Roy Schafer는 다른 사람과 동일시하는 과정은 "현저하고 유의미한 전의식적 요소와 의식적 요소를 모두 가지고 있을지라도 본질적으로 무의식적이다. 이 과정에서 주체는 '~처럼' '~과 같이' 경험하는 방식으로 동기와 행동 패턴 그리고 그에 상응하는 자기표상을 수정하고 그 대상에서 한 가지 이상의 표상과 병합된다."[36]

표절과 마찬가지로 합체는 부러움을 반영한다. 반면에 우리가 동일시하는 멘토와 선생님은 부러움이 아닌 감사를 이끌어 낸다. 합체 및 내사의 경우, 상대방은 마치 사물처럼 다루어진다. 이상화에서조차 우리는 상대방에 대해 비공감적인 기대를 한다. 우리의 아이돌은 결점을 가져서는 안 된다. 동일시에서 우리는 상대의 진짜 강점을 동화해서 우리 것으로 만든다.

또 우리는 그 사람의 결점을 인식할 수 있는 동시에 묻어 둘 수도 있다. 우리는 어떤 사람 전체를 **모방**하거나 **합체**한다. 하지만 우리는 어떤 사람의 행동만 **동일시**한다.

동일시는 자존감을 획득하는 우리의 능력을 향상시킨다. 언제나 동일시의 목표는 다른 사람과의 관계를 유지하는 것이다. 그 관계를 외부에서 내부로 이전시키면서 계속하는 것이다. 이러한 이전은 세계를 더 안전하게 만들고 성숙한 방어의 호사를 누리게 해 준다. 지혜로운 심리학자인 마이런 호퍼Myron Hofer의 말을 빌리자면,

인간관계는 감각운동 수준뿐만 아니라 정신적 혹은 상징적 수준에서도 이루어진다. 우리의 삶은 실제 사람들 속에서만큼 내적 정신 표상의 세계에서도 진행되고 있다. 이는 우리로 하여금 전면적인 사별 반응 없이도 일시적인 분리를 견딜 수 있게 해 준다. 따라서 다른 사람과의 관계에 대한 내적인 경험은…… 적어도 실제 대인관계 상호작용 자체와 대등한 수준으로 고려해야 할 중요성을 가지고 있다. 우리의 실험에서 어미와의 실제 감각운동 상호작용이 새끼를 위해서 기능하는 것과 유사한 방식으로 이러한 내적 삶의 요소들이 생물학적인 조절자 역할을 할 수 있게 될 것인가? 그리고 이것이 내적 대상관계와 생물학적 시스템을 연결시킬 수 있을 것인가? 내 생각에는 가능할 것 같다.[37]

우리에게는 공감적인 사람을 파악하는 것이 가장 쉽다. 그리고 우리가 동일시를 위한 멘토를 얻게 되면 그러한 동일시는 미성숙한 방어의 유혹에 빠지려 하는 우리의 욕구를 물리치는 데 도움이 된다. 달리 말하자면, 우리는 새로운 사랑하는 사람과 동일시함으로써만 우리의 원시적인 양심을 없애고 보다 더 자비로운 양심을 얻을 수 있게 된다.

내가 지금까지 이야기한 것을 요약하자면, 합체와 내사는 우리가 다른

사람을 소유한다고 믿는 방법들이다. 이상화와 동일시는 우리가 다른 사람이 **되면서** 동시에 우리 자신이 되는 방법들에 해당된다.

*   *   *

레프 톨스토이의 긴 삶에는 이 책에서 다루는 적응적 창의성, 성인의 심리사회적 발달, 방어의 발전이라는 세 가지 가닥이 함께 어우러져 있다. 톨스토이의 창의성과 그의 웰빙 간 밀접한 관련성은 잘 알려져 있으며, 6장에서 심리사회적 발달 단계를 통해 그의 연속적인 경로를 논의한 바 있다. 이제 결론에 이르러서 나는 그의 방어가 행동화, 투사, 해리, 건강염려증에서 시작해서 반동형성을 거쳐 이타주의, 승화, 억제에 이르기까지 성숙해 가는 것을 논의할 것이다. (죽기 1년 전에 아마도 그는 신체와 뇌의 쇠락으로 인해 다시 미성숙한 방어로 돌아갔던 것 같다.) 또 나는 방금 기술했던 동화의 과정을 거쳐 가는 그의 삶의 흔적을 쫓아가 볼 것이다. 그의 어머니를 동화하고 외부 위협으로서의 어머니에 대한 기억을 내적인 힘의 근원으로 탈바꿈시키기 위한 평생에 걸친 노력에서 톨스토이는 여섯 가지 심리적 동화과정을 모두 보여 주었다.

20대에 톨스토이는 부잣집 고등학교 중퇴자였고 도박과 매춘, 하인 강간, 가출 등으로 바빴다. 그가 일탈을 보인 이유는 찾기 어렵지 않다. 그의 어머니가 죽은 것은 톨스토이가 2세 때였다. 그의 아버지도 그가 9세였을 때 죽었다. 대리모 역할을 했던 할머니마저도 그 이듬해에 죽었다. 그리고 할머니를 대신했던 두 숙모도 톨스토이가 13세 때 죽었다.

따라서 어떻게 보면 톨스토이는 유진 오닐처럼 (칼로타 오닐의 말로 표현하자면) '결코 성장한 적이 없었던 아기'였던 채로 평생을 보냈다. 턱수염을 기른 70대의 노인인 톨스토이는 일기에 "정원을 걸으면서 어머니 생각을 한다. 엄마 생각을! 어머니를 기억하지는 못하지만 어머니는 언제나 나에게 숭고한 이상적 존재였다."라고 적고 있다.³⁸ 그보다 2년 전에 그는 낙서 쪽지에 고백한 적이 있다. "하루 종일 따분하고 슬펐다……. 아이였을 때처럼 난 뭔가 부드럽고 온정 어린 존재에게 따뜻이 안겨서 사랑으로 눈물 흘리고 위로받고 싶었다……. 작은 아이가 되고, 어머니 가까이에서, 내가 상상한 대로의 어머니. 그래요, 그래, 나의 엄마, 엄마가 죽었을 때 나는 말할 줄 몰랐기 때문에 단 한 번도 불러 볼 수 없었던 엄마. 그녀는 가장 고귀한 사랑의 이미지다. 차갑지 않은, 신성한 사랑이지만 따뜻한, 속세의 사랑. 엄마, 절 안아 주세요, 아기인 저를!"³⁹ 『세일즈맨의 죽음』에서 아서 밀러의 윌리 로먼이 그랬듯이, 톨스토이는 "나 자신에 대해서 불안정감을 경험한다."라고 적었다. 왜냐하면 78년의 삶을 산 다음에도 톨스토이는 내면에 누가 있는지에 대해서 충분한 확신이 없었기 때문이다.

1908년 톨스토이가 80세였을 때 아메리칸 프레스는 톨스토이를 '세상에서 가장 유명한 사람'으로 칭했다. 난봉꾼이었던 젊은 시절 이래로 톨스토이와 그의 방어 모두 성숙해졌다. 그는 세계 문헌에서 가장 깊이 있는 소설들 중 2개를 쓴 저자로 발전했고, 세계 소설에 나오는 가장 경쟁력 있는 여성들 중 하나를 창조한 존경받는 제작자가 되었으며, 20세기의 가장 성숙한 세계적 지도자인 마하트마 간디와 마틴 루서 킹 주니어에게 영감을 불어넣은 러시아인 현자가 되었다. 나는 이러한 발달을 가능하게 한 것이 대상 항상성의 측면에서는 평생 이방인 신세였던 레프 톨스토이가 성인기에 많은 사람을 내재화하는 것을 배웠기 때문이라고 생각한다.

톨스토이의 전기작가인 앙리 트로야Henri Troyat는 우리에게 톨스토이가 두 살이었을 때 그의 어머니가 그의 생활 반경에서 완전히 밖에 있었다고 말한다. 1830년 8월 성찬식을 마친 후에 톨스토이의 어머니는 작별인사를 하기 위해서 사랑하는 사람들을 보겠다고 했다. "가족이 그녀의 침대 주위에 모여들었다. 보모의 팔에 안긴 23개월 된 작은 레프는 그윽한 상냥함과 눈물이 가득한 눈으로 그를 보고 있는 납빛의 얼굴을 보고는 겁에 질려 소리를 질러 댔다. 그는 어머니를 알아보지 못했다. 사실 그는 이 이상한 여자를 혐오했다. 보모는 그를 침실로 다시 데려갔고, 그는 장난감들 속에서 평온해졌다."[40] 그 당시 톨스토이는 말을 거의 하지 못했지만 이미 놀라운 관찰력을 지니고 있었다. 22년 후에 톨스토이는 어머니의 관을 지켜보던, 약간 허구적인 기억에 대해 말했다. "향 냄새와 뒤섞인 채 방을 채웠던 무겁고 강한 냄새가 어디서부터 시작되었는지를 이해했던 것은 바로 그 순간이었다. 바로 며칠 전까지만 해도 이 세상에서 가장 아름답고 다정했던 얼굴이 공포를 유발할 수 있다는 생각이 내게 쓸쓸한 진실을 처음으로 보여 주는 것처럼 보였고 내 영혼을 절망감으로 채웠다."[41] 『안나 카레니나』를 완성할 때까지 계속해서 톨스토이는 여성을 잠재적으로 누군가를 괴롭히는 사람으로 보았다.

뒤이은 수십 년 동안 일련의 근사치를 통해서 톨스토이는 어머니를 내면으로 담아내기 위해서 노력했다. 그 과정에서 그의 방어는 투사와 해리에서 반동형성으로, 그리고 다시 이타주의와 억제로 발전해 갔다.

처음에 그의 심리적 동화 양식은 내사 및 합체와 일치했다. 왜곡과 심지어는 정신병적 부인이라는 원시적 방어에 의존했기 때문에 이 미성숙한 양식을 통한 자기복구적 노력은 진정한 자기향상을 가져오지 못했다. 17세 때 학교를 중퇴한 톨스토이는 친숙한 고향인 야스나야 폴랴나로 되돌아갔다. 정신병적 부인의 경계에 있는 해리를 이용해, 그는 '날 둘러싼 자연을 채운 똑같은 힘, 신선하고 젊은 힘'이 이제 그를 관통해서 지나갔다고 적었다. 그날 밤 그는 검은 머리를 땋고 도발적인 가슴을 가진 이상적인 여자에 관한 꿈을 꿨다(환각이 있었다). "그러나 무언가가 내게 맨 팔로 격렬하게 껴안는 그녀가 세상 속 모든 행복은 절대 아니라고 말했다……. 하늘 높이 떠 있는 달을 쳐다볼수록 진정한 아름다움과 진정한 행복이 더 높고 더 순수하며 모든 선함과 아름다움의 근원인 그에게 더 가까이 있는 것처럼 보였다. 그리고 기쁨의 눈물이 흘렀다……. 그러자 자연, 달과 내가 일심동체인 것처럼 느껴졌다."[42] 간단히 말해서, 톨스토이는 모성의 달을 합체했지만 그러한 공상은 지속력이 없다. 톨스토이는 스스로에게 자폐적인 거울을 제공했다. 그건 마치 스스로를 껴안으려고 애쓰는 것과 같다. 싸늘한 경험이다.

어떻게 그는 깊은 연민을 스스로 내재화할 수 있었을까? 톨스토이가 자기 안팎의 여성과 하나가 되고 싶은 열망을 얼마나 많이 가지고 있었든 상관없이 그에게 여성이 존재하는 이유는 오로지 남성이 짐승처럼 행동하도록 선동하고 좌절시키기 위한 것처럼 보였기 때문이다. 투사와 분리의 방어를 통해서 그의 내적 세계를 조직화했던 톨스토이는 친밀감을 배제해 왔다. 21세의 그는 강박적 도박자이자 사창굴의 후원자가 되어 있었다. 투사와 반동형성이 그의 삶을 지배했다. 집시 여성과 행운의 여신에 대한 열망을 극복하기 위해서 그는 일기에 다음과 같이 적고 있다. "이제 나는 다음의 규칙을 따를 것이다. 여성과 함께 있는 것은 필요한 사회악으로 생각하고 가능한 한 피하도록 한다. 여자가 아니라면 사실 누가 관능, 나태, 경망, 그리고 우리 안에 있는 온갖 악의 원인이 되겠는가? 여자가 아니라면 무엇이 우리로 하여금 용기, 결단력, 이성과 정의 등의 자연적인 본성을 잃게 만들겠는가?"[43] 아직까지는 여성이 양육적인 방식으로 그의 내면에 들어오는 것이 허용되지 않는 상태였다. 여성은 그 자신의 거부된 감정들을 받아 내는 그릇으로 여전히 남아 있었다.

그러나 정서적으로 성장하려면 사람들을 내면에 받아들이는 것이 필요하다. 탐구를 멈추지 않은 채, 이듬해 톨스토이는 이상화된 대리모를 찾았다. 그 사람은 그의 숙모였던 투아네트였다. 그녀는 톨스토이의 아버지가 결혼하기 전에 그를 사랑했고 톨스토이의 어머니가 죽은 뒤에는 톨스토이의 아버지에게 프러포즈를 받았다. 때때로 투아네트는 톨스토이를 그의 아버지의 이름으로 부르는 실수를 하곤 했다. "그녀는 아버지의 이미지와 나 자신의 이미지가 우리를 위한 그녀의 사랑 속에 하나로 합쳐졌다는 것을 내게 보여 주었다." 또 그는 투아네트 숙모에 대해서 "어린 시절부터 그녀가 나에게 끼친 주요한 영향은 내가 사랑의 영적인 기쁨을 느끼게 해 주었다는 것이다. 나는 그녀가 사랑을 하면서 얼마나 행복해하는지를 알 수 있었다." 라고 적었다.[44]

얼마 후 톨스토이는 도박을 포기하고 그의 충직한 57세의 숙모와 2인 합주로 소나타를 연주하기 시작했다. 이상화된 순결한 대리모와 2인 합주 소나타를 연주하는 것을 다른 용어로 표현하자면, '포용적인 환경의 발견' '병행놀이' 혹은 '이상화된 멘토에 의한 반영'이 될 것이다. 톨스토이는 거의 매일 밤 숙모와 함께 시간을 보냈다. "투아네트 숙모를 볼 때마다 그녀에게서 더 훌륭한 자질들을 발견한다."라고 그는 적었다. "숙모에게서 발견할 수 있는 유일한 결점은 그녀가 너무 낭만적이라는 것이다. 하지만 그건 숙모가 그렇게 고운 마음씨와 정신을 가지고 있었기 때문이며, 그녀는 그녀의 마음을 무언가로 채워야만 했고 더 나은 것이 없었기 때문에 세상 전체를 하나의 위대한 로맨스로 만들겠다고 선택했다."[45] 그런데 톨스토이는 투사를 하고 있었다. 그 또한 대단한 낭만주의자였기 때문이다.

투아네트 숙모에 대한 이상화를 통해서 톨스토이는 자신을 사랑받는 사람으로 계속 느낄 수 있었고, 그래서 창조를 할 수 있게 되었다. 그는 '어제에 관한 연구The Study of Yesterday'라는 책을 써야만 할 것 같은 느낌을 받기 시작했다. 이것은 후에 그의 위대한 첫 번째 소설 『유년시절Childhood』로 발전했다. 처음에 그 책은 투아네트 숙모에 관한 것이었지만 톨스토이는 투사를 버릴 수 있게 되었고, 결국 그것이 자신에 관한 것이었음을 깨닫게 되었다. 그는 유년 시절의 세계를 하나의 위대한 이상화된 로맨스로 정립하면서 그 소설을 시작했다. 그렇게 하면서 그는 순수한 해리의 놀랄 만한 예를 보여 준다. 네 번이나 고아가 되었던 톨스토이는 한 친구에게 "내가 『유년시절』을 썼을 때 나 이전의 그 누구도 그 시절의 아름다운 서정성을 느끼거나 표현하지 못했던 것 같다는 인상을 받았어."라고 썼다.[46] 그러나 그의 해리와 이지화는 이전의 투사보다는 더 적응적이었다.

『유년시절』에서 톨스토이는 투아네트 숙모를 내재화하고 이상화했지만 그의 어머니는 여전히 그의 마음속에서 내사된 상태로 존재하고 있었다는 점을 보여 주었다. 그는 어머니의 단편만을 묘사할 수 있었다. 그는 기억을 통해 어머니의 몸을 더듬으로써 어머니의 성격을 간신히 기술할 수 있었다. "그 당시의 어머니를 기억하려고 할 때 언제나 사랑과 선함을 보여 주었던 갈색 눈 말고는 아무것도 생각나지 않는다. 짧은 머리카락이 자라는 데보다 약간 낮은 쪽의 목에 있었던 사마귀, 자수가 놓인 칼라, 그렇게나 자주 나를 쓰다듬어 주고 내가 키스하곤 했던 어머니의 차갑고 부드러운 손. 그러나 어머니의 전체 이미지는 생각나지 않는다." 그는 더 명확한 기억의 가치를 알고 있었다. 소망을 담아서 "예전처럼 아름다운 엄마의 얼굴, 어머니가 미소 지을 때면 비교할 수 없게 더 사랑스럽다……. 살면서 한 번이라도 더 그 미소를 볼 수 있다면 슬픔이 무엇인지 알 수 없으리라."라고 적었다.[47] 그러나 그가 그렇게 쉽사리 슬픔으로부터 도망칠 수 있는 운명은 아니었다.

어떤 면에서 우리는 사람들이 우리에게 불러일으켰던 느낌을 기억함으로써 그들을 기억한다. 만약 톨스토이의 어머니가 단편적으로만 기억된다면 그녀 또한 톨스토이를 괴롭혔던 유령이었던 셈이 된다. 『유년시절』에서 톨스토이는 어머니가 연주하는 콘체르토를 듣던 기억을 말한다. "난 꿈을 꾸었다. 빛나고 밝고 투명한 회상들이 나의 상상 속을 관통했다. 어머니는 베토벤의 비창 소나타를 연주하고 있었고 나의 기억은 고통스럽고 어두우며 무거운 짐이 되어 버렸다. 엄마는 종종 그 두 곡을 연주하곤 했다. 그래서 난 그 곡들이 내게 불러일으키는 느낌을 잘 기억하고 있다. 그건 기억과 비슷하다. 하지만 무슨 기억? 전혀 있지도 않았던 일을 기억하는 것처럼 보인다." 처음에는 취소의 방어를 통해서 장밋빛 유년 시절과 비창 소나타의 연관성을 부인했지만 톨스토이는 계속 글을 썼고 그의 기억에 대한 현실 검증력이 향상되었다. 어머니에 대한 회상은 더 생생해졌다. 유년 시절의

'아름다운 서정성'에 관한 그의 이야기의 마지막 2장을 '슬픔'과 '최후의 슬픈 기억'이라고 불렀다. "엄마는 눈을 뜨고 있었지만 아무것도 보지 못했다. 오, 그 끔찍한 모습을 평생 잊지 못할 거다. 그건 너무나 많은 고통을 보여 주고 있었다. 그들은 우리를 데리고 갔다……. 엄마는 끔찍한 괴로움 속에서 돌아가셨다." 그리고 『유년시절』의 제일 마지막 부분은 다음과 같다. "때때로 나는 성당과 그 까만 울타리 중간에 가만히 멈춰 서 있었다. 괴로운 기억이 갑자기 내 영혼을 관통했다. 그 생각이 떠올랐다. 신의 섭리가 단순히 내가 그들을 위해서 영원히 애도하게 만들기 위해서 나를 그 두 사람[그의 어머니와 할머니]과 연결시켰나?"48

많은 병리적인 애도가 내사를 보여 준다고 한다면, 성공적인 애도는 내가 내재화라고 부르는 것을 포함하는 경우가 많다. 소설의 마지막을 향해 가면서 톨스토이는 우리에게 내재화의 모델을 제공해 준다. "오직 강렬하게 사랑할 수 있는 사람들만이 커다란 슬픔 때문에 고통받을 수 있다. 그러나 사랑은 필연적으로 그들의 슬픔을 극복하고 치유하는 데에도 기여한다……. 슬픔은 결코 삶을 망가뜨리지 않는다."49

하지만 어떻게 해서 톨스토이가 여성을 음탕한 집시 아니면 순결한 투아네트 숙모의 양극단으로 분리하는 것을 포기하게 되었을까? 젊은 톨스토이는 슬픔에 대해서 쓸 수는 있었지만 아직 그것을 일상 속에서 견뎌 낼 수는 없었다. 여성과의 친밀감 형성이라는 심리사회적 과제로부터 도망치면서 초기 성인기를 보내 버렸던 것처럼, 그는 해리와 이지화에 힘입어 종군기자를 한 것을 제외한다면 죽음에 직면해야 하는 자아의 과제로부터도 도망쳤다. 어떻게 그는 게으르고 방탕한 도박꾼에서 성인으로 발전해 갔던 것일까? 한 가지 대답은 그의 삶에서는 헌신적인 대가족이라는 축복이 함께했다는 것이다. 플라스, 오닐, 나이팅게일의 가정과 같은 소규모 핵가족은 성숙해지는 데 불리한 환경일 수 있다. 하지만 톨스토이의 삶에서는 얼핏 보기에 사랑과 슬픔에 필요한 친인척이란 자원이 마르지 않는 것처럼 보였다. 30세가 되었을 때 마침내 그는 사랑했던 남동생의 죽음에 직면할 수 있게 되었다. 마침내 그는 한 사람을 사랑하는 동시에 그 사람을 위해서 슬퍼할 수도 있게 되었다. 마찬가지로 그는 수많은 여성 친인척을 여성에 대한 양가감정을 극복하는 데 이용했다. 그는 15년 동안 친척 여성이나 숙모와 잇따라 오랫동안 함께 살았다. 그리고 마침내 33세가 되었을 때 18세의 소냐 베르Sonya Behrs를 눈여겨보기 시작했고, 1년 이내에 타인에 대한 양가적이지 않은 애착 형성이라는 과제를 완수했다.

친밀감의 숙달과 함께 경력 강화는 톨스토이에게 더 심층적인 재발견의 길을 열어 주었다. 경력 강화는 신경생물학적인 성숙과 소냐의 '포용성', 그리고 관대한 유전인자로부터 파생된 위대한 재능에 의해서 촉진되었다. 드디어 톨스토이의 자아는 슬픔과 욕정, 분노, 의존, 신뢰, 사랑을 화해시킬 수 있게 되었다. 뒤이어 그는 『전쟁과 평화』를 쓰기 시작했다. 이 소설에서 한때는 『유년시절』의 낭만적인 고향이었던 곳이 블리크 힐스로 개명되었으며, 그의 어머니는 더 이상 이상화되지 않았다. 톨스토이 어머니의 처녀 시절 이름은 마리아 볼콘스키Marya Volkonsky였는데 그의 상상 속 블리크 힐스에는 마리아 볼콘스키 공주가 살았다. 그녀는 열일곱 살짜리 톨스토이의 '저 높은 하늘의 달', 그리고 『유년시절』에 나오는 엄마의 '선함과 사랑의 표정'과는 사뭇 다르게 묘사되었다.

마리아 공주는 거의 언제나 그렇듯이 그녀의 평범하고 아파 보이는 얼굴을 더욱 평범하게 보이도록 만드는 슬프고 겁먹은 표정을 한 채로 그녀의 방으로 돌아갔다……. 마리아 공주는 한숨을 쉬면서 거울을 들여다보았다……. 거울에는 약하고 꼴사나운 모습의 야윈 얼굴이 있었다……. [줄리가] '나한테 빈말 한 거였구나.'라고 공주는 생각했다……. 하지만 줄리는 그녀의 친구에게 빈말을 한 것이 아니었다. 공주의 두 눈—크고 깊고 빛나는(때로는 따뜻한 빛의 한 줄기 광선처럼 빛나는)—은 무척이나 아름다웠다……. 하지만 공주는 그녀 자신의 아름다운 표정을 본 적이 전혀 없었다……. 모든 이처럼 그녀의 얼굴은 거울을 보자마자 억지스럽고 부자연스러운 표정을 지었다.

소설에서 마리아의 오빠는 안드레이 볼콘스키였는데 톨스토이 자신의 일면을 보여 주는 인물이다. 그건 사실 놀라운 일이 아니다. 여동생과 오빠 사이의 허구적인 상호작용에 대한 기술은 어머니와 어린 자녀 사이의 얘기 같은 인상을 준다. 마리아는 오빠를 향해서 말한다. "그녀의 눈물 사이로 커다랗고 빛나는 두 눈은 사랑스럽고 따뜻하며 다정한 표정을 담고서 안드레이 왕자의 얼굴을 쳐다보았다."[50]

『전쟁과 평화』를 완성한 후에야 톨스토이는 "난 작가다."라고 말할 수 있었다. 그러나 동시에 그는 죽음에 집착하게 되었다. 메리 타이런과 마찬가지로 그는 스스로에게 물었다. "내가 무엇을 원할 수 있을까?…… 내 마음속으로 온갖 것이 스쳐 지나갔다……. 아무것도 내 안에 있는 이 욕망을 채워 줄 수는 없을 것이다. 그리고 그 욕망은 계속된다……. 나는 이 세상에 존재하지 않기를 원한다. 하지만 그건 어디엔가 존재한다……. 그럼 어디에?" 이러한 말들을 인용한 후에 트로야는 계속해서 우리에게 말한다. "그의 남은 생애 동안 그는 마치 제거 불가능한 총알에 맞은 남자처럼 살았다. 그것은 언제나 거기에 있다. 그 사람의 머릿속에 남아 있다. 그걸 거의 느낄 수는 없지만 결코 잊어버릴 수는 없다."[51] 병리적 애도의 내사는 단순한 슬픔의 고통과는 완전히 다르다.

그래서 43세에 톨스토이는 점점 더 건강염려증을 보이기 시작했다. 건강염려증은 내사와 가장 밀접한 관계가 있는 방어기제다. 그에게는 죽음이 온갖 종류의 수상한 변장을 하고 그의 몸속으로 꿈틀거리며 파고들어 오는 것처럼 보였다. 그는 한 친구에게 "난 아프네. 하지만 뭐가 문제인지는 잘 모르겠어. 어쨌든 종말에 대한 태도에 따라서 그건 나쁘게 보이기도 하고 좋게 보이기도 하네……. 내 건강은 별로일세. 내 평생 이렇게 우울했던 적은 없었네. 삶에서 모든 기쁨을 잃어버렸어."라고 썼다.[52] 소냐는 톨스토이에게 쿠미스Kumys치료를 받으라고 부추겼다. 쿠미스 치료를 받기 위해서 톨스토이는 펠트 텐트에서 은둔했는데, 하루에 여섯 번씩 시골 아낙이 거품이 나는 발효된 우유를 담은 가죽 주머니를 텐트의 구멍을 통해서 밀어 넣으면 그것을 마셨다. 게이로드 요양소에서 오닐이 그랬듯이, 톨스토이는 말 그대로 수유를 통해서 서서히 회복되었다. 그의 반응은 6만 700에이커의 농장을 구입하는 것이었다. 그러고 나서 사기를 더욱 진작시키기 위해서 그의 가장 사치스러운 찬미자를 그곳으로 초대했다. 쏟아지는 칭찬 속에서 그리고 그런 은유적인 내재화를 통해서 톨스토이의 우울증은 자취를 감췄다.

이 일련의 자기충만 직후에 톨스토이는 지방의 한 기차역에서 『안나 카레니나』를 위한 영감의 근원이 될 운명적인 여인의 부러진 몸을 처음으로 보게 되었다. 그는 "경찰 조사관 앞에서 부검이 행해지고 있는 동안에 구경꾼으로서 그 역에 갔다. 그 작업장의 구석에 서서 절단된 상태에서 피가 흐르고 두개골이 부서진 채로 탁자 위에 놓여 있는 여인의 몸을 구석구석 관찰했다……. 그는 사랑을 위해서 모든 것을 바쳤지만 결국 그렇게 진부하고 추한 죽음을 만나게 될 운명이었던 이 불쌍한 여자에 대해 상상해보려고 애썼다."[53] 나는 그로 하여금 어머니의 상실에 대한 기억을 불러일으키게 했던 이 잔인한 사건이 톨스토이가 어머니에 대한 애착을 예술적으로 회복하게 해 준 통로가 되었다고 믿는다. 그 여인의 죽음이 그의 관심을 끌었던 이유는 뉴스 기사를 통해 그녀가 연인에게 "당신이 바로 날 죽인 살인자예요. 살인범도 행복할 수 있다면 행복하세요."[54]라는 편지를 남겼다는 사실을 알게 되었기 때문이었다. 어렸을 때 어머니를 잃은 아이들 중에는 스스로를 암살범으로 공상하는 경우가 많다. 이제 톨스토이는 다음의 위대한 소설 『안나 카레니나』를 시작할 수 있게 되었다. 그것은 그가 어머니에 대해 갖고 있던 분리된 형태의 내재화된 이미지들을 통합할 수 있게 해 주는 대작이 될 만한 것이었다. 한때는 사랑을 주던 어머니와 그의 '영혼을 절망으로' 채웠던 그녀의 유령이 비로소 하나로 합쳐지기 시작했던 것이다.

트로야에 따르면 『안나 카레니나』의 초고에서 "그녀의 성격은 살인자였다. 초고에서는 한 장 전체가 안나를 묘사하는 내용이었는데 '악마'라는 제목이 달려 있었다. 그녀는 이 세상 속 악마의 대리인이다. 남편과 연인들 모두 그녀의 피해자였다." 그러나 톨스토이가 소설을 써 감에 따라 안나에 대한 그의 정신적 이미지가 사랑을 불러일으키는 것을 더 이상 감출 수 없었다. 그는 친구에게 말했다 "혹시 알아? 내가 무언가 구체적인 것을 쓰기 위해서 앉아 있을 때 갑자기 더 넓은 길에 있는 나 자신을 발견하곤 해……. 『안나 카레니나』를 쓸 때도 그랬어."[55]

결국 안나는 악마가 아닌 것으로 드러났다. 대신 톨스토이는 우리에게 그녀의 연인인 브론스키의 이야기를 다음과 같이 들려준다.

물론 그녀가 매우 아름다운 여성이기는 했지만, 그녀의 아름다움이나 그녀가 풍기는 우아한 기품 때문이 아니라 그녀의 매혹적인 얼굴에서 보이는 전적으로 다정한 표정[모던 라이브러리 판은 이 문구를 '특히 애무하듯이 부드러운 표정'이라고 번역했다] 때문에 이끌렸다……. 짙은 속눈썹 때문에 더 어두워 보이는 그녀의 예리한 잿빛 눈은 그를 알아본 것처럼 친근한 눈길을 그에게 주기 위해서 일순간 정지했다. 그리고 그녀는 군중 속에서 누군가를 찾기 시작했다……. 그녀의 눈과 미소는 금방이라도 터져나올 기세로 억눌려 있는 막대한 활력의 저장고를 드러내 주었다.[56]

톨스토이 어머니의 특징적인 용모는 숱이 많은 눈썹이 있는 눈이었다고 얘기한다. 톨스토이는 어머니의 사진이 남아 있지 않아서 다행이라고 했지만 그는 그 사진들을 그의 기억 속에, 즉 어머니 전체 얼굴의 인지적 이미지를 떠올리는 것보다 더 효과적으로 어머니의 냄새, 촉감, 그리고 음악을 일종의 기억 장치인 측두엽 안에 새겨 두었다.

　소설의 끝에서 톨스토이가 여성을 천사와 악마로 분리했던 초기의 방어는 브론스키가 안나에 대한 2개의 이미지를 통합하는 것, 즉 사랑하지만 고뇌하는 모습에 의해 대체되었다. 어머니가 고통 속에서 죽어 가는 모습을 2세 때 목격했던 톨스토이는 안나가 자살한 후 기차역에 서 있는 브론스키의 내면세계를 다음과 묘사한다. "그리고 갑자기 다른 고통, 통증이 아니지만 그의 전체 존재를 괴로움 속으로 밀어 넣은 내면의 문제가 한순간 치통을 잊어버리게 만들었다. 기차와 선로를 바라보면서…… 그는 갑자기 그녀를 떠올렸다……. 방금 전까지만 해도 생기발랄했으나 피범벅이 된 몸, 머리카락 무게 때문에 뒤로 젖혀진 다치지 않은 머리, 관자놀이 근처의 곱슬거리는 긴 머리, 매우 아름다운 얼굴, 반쯤 벌려진 붉은 입, 입술은 애처로움으로, 그리고 여전히 뜨고 있는 눈은 끔찍함으로 고정된 이상한 표정."[57]

　그리고 톨스토이는 소설 속에서는 분리되어 있지만 그의 마음속에서는 분명하게 동화된 2개의 이미지를 묘사한다. "그리고 그는 마찬가지로 기차역에서 그녀를 처음 만났을 때의 모습 그대로 그녀를 기억해 보려고 했다. 신비롭고 정말 아름답고 사랑스럽고 행복을 찾는 동시에 마지막 순간의 모습처럼 무자비한 복수심에 사무치지 않는 모습으로. 그는 그녀와 보냈던 가장 좋았던 순간들을 기억하고자 했다. 하지만 그런 순간들은 영원히 망가져 버렸다. 그는 그녀가 결코 지워지지 않을 완전히 쓸모없는 회한의 위협에서 승리하고 성공했다고 생각할 수밖에 없었다."[58] 브론스키는 치통을 완전히 잊어버린 상태에서 눈물을 터뜨렸다.

　나는 톨스토이가 『안나 카레니나』를 쓰면서 어머니에 대한 사랑을 회복했다고 생각한다. 안나에 대한 브론스키의 죄의식과 책망은 평생 톨스토이에게도 있었던 것인 한편, 사랑스러운 안나에 대한 통합은 새로운 것이었다. 아마도 옛사랑을 재발견한 것이 소설을 창작하기 전에 그를 괴롭혔던 자살 사고로부터 그를 구해 주었을 것이다. 『안나 카레니나』에서 톨스토이는 우리에게 자신의 대리자아인 레빈에 대해서 다음과 같이 말한다. 레빈은 행복한 아버지이자 남편이며 충분히 건강하지만 몇 번은 설명하기 어려울 정도로 자살에 가까이 갔기 때문에 목을 매고 싶은 유혹에 빠지지 않으려고 밧줄을 숨긴다. 톨스토이 역시 스스로를 쏠까 봐 총을 가지고 외출하는 것을 두려워했던 적이 있다. 그러나 레빈은 목을 매달지 않았고 톨스토이도 자신을 쏘지 않았다. 대신 『안나 카레니나』를 끝내면서 톨스토이는 그의 자전적인 레빈에 관해서 개인적인 의견을 표현할 수 있었다. "부지불식간에 그는 어머니의 모유와 함께 영적인 진리를 빨아들임으로써 삶을 존속할 수 있었다." 이 소설에서 그는 레빈을 통해 다음과 같이 말한다. "그리고 이 지식은 내가 습득한 것이 아니다. 그것은 나에게 주어진 것이다. 다른 모든 것처럼 **주어졌다**. 난 그것을 어디에서 얻어야 하는지 알 수 없었다……. 이성으로 얻은 것일까? 하지만 이성이 내가 내 이웃의 목을 조르는 대신 사랑해야만 한다는 것을 내게 증명한 적이 있었던가? 난 그걸 어린 시절에 배우기도 했지만 이미 내 영혼 속에 존재하고 있었기 때문에 흔쾌히 그걸 믿었다……. 이성은 이웃을 사랑하는 것과는 아무런 상관이 없다."[59] 오히려 에밀리 디킨슨이 우리에게 상기시키듯이, "뇌는 신의 무게와 같다." 그리고 삶을 숙달하기 위한 자신만의 노력 속에서 톨스토이는 세상 사람들에게 영감을 주는 존재가 되었다.

그러나 76세에도 그는 슬피 울부짖으면서 정원을 혼자 걷곤 했다. "그녀는 가장 고귀한 사랑의 이미지다. 차갑지 않은, 신성한 사랑이지만 따뜻한, 속세의 사랑. 엄마, 절 안아 주세요, 아기인 저를!" 카를 융의 말을 빌리자면, "경험된 삶의 많은—너무나 많은—측면이 먼지 앉은 기억들 사이의 헛간 안에 놓여 있다. 그러나 회색빛 재 속에는 은은하게 타고 있는 석탄이 있다."[60] 무의식은 시간의 흐름을 존중하지 않는다. 그러나 성숙한 자아가 과거를 그 자체보다 더 나아지게 할 수는 없어도 과거의 고통을 정직하게 직면한 후 뒤에 남겨 두고 감으로써 미래를 부드럽게 할 수는 있을 것이다.

          *   *   *

19세기 영국의 위대한 외과 의사였던 존 헌터John Hunter는 "감염 자체를 질환으로 간주해서는 안 된다. 감염은 때때로 질환의 원인이 되기도 하지만 치료방법이 되기도 한다. 왜냐하면 감염은 질병의 증상을 유익하게 변화시킴으로써 단단하게 된[감염된] 부분의 문제를 해결하기 때문이다."[61] 이 책에서 나는 잠재적인 파국 상황하에서 창의적인 자기기만과 광기가 어떻게 구사일생의 기회를 제공했는지에 관한 이야기들을 반복해서 진행했다. 플라톤은 소크라테스가 했던 것과 비슷한 형태의 관찰을 우리에게 전해 준다. "신성한 선물이자 인간에게 허락된 가장 값싼 축복의 근원이기도 한 광기도 있다……. 멀쩡한 정신보다 우월한 광기. 왜냐하면 하나는 오직 인간의 것이고 다른 하나는 신성한 근원을 가지고 있기 때문이다……. 뮤즈의 광기의 손길이 닿지 않은 영혼의 소유자인 그는…… 미친 사람과의 경쟁에서 승산이 없다."[62] 하지만 정신병의 광기와 승화의 광기 사이에는 엄청난 차이가 있다. 찰스 램Charles Lamb이 지적한 바 있듯이, 진정한 시인은 깨어 있는 동안에 꿈꾼다. 그들은 그들의 문제의식에 사로잡히지 않으며 오히려 지배한다. 그리고 바로 거기에서 모든 차이가 비롯되는 것이다.

베토벤의 전기작가인 메이너드 솔로먼Maynard Solomon은 우리에게 다음과 같은 점을 일깨워 준다. "예술의 명작에는 끊임없이 새로워지는 엄청난 에너지가 깃들어 있다. 인간관계에서 변화를 가져오는 동기적 힘을 제공하는 에너지 말이다. 왜냐하면 명작들에는 이제까지 성취되지 못했던 인간의 욕망과 목표를 투사하는 과정이 포함되기 때문이다."[63] 간단히 말해서, 소크라테스의 신성한 광기는 베토벤으로 하여금 자기기만을 9번 교향곡으로 탈바꿈하게 했고, 나이팅게일의 신경증적 강박증이 병원의 사망률을 40퍼센트에서 2퍼센트로 떨어지게 했으며, 톨스토이의 연민을 향한 갈망이 간디와 마틴 루서 킹 주니어에게 영감을 제공하게 해 주었다.

오직 지난 반세기 동안 내과와 외과라는 2개의 전문 분야만 존 헌터에게 귀 기울이는 법을 배웠다. 오직 지난 반세기 동안 내과와 외과만이 인간 신체의 치유적인 잠재력을 적이 아닌 조력자로 다루는 법을 배웠다. 항상성, 면역학, 그리고 자연치유 과정을 완전하게 이해함으로써 내과와 외과 모두 의미 있는 진전을 이룰 수 있었다. 똑같은 방식으로, 성숙한 방어의 기발한 자기기만을 고려하는 것은 우리가 수치심을 배우고 자아가 우리보다 지혜롭다는 것을 인정하도록 해 준다. 방어기제의 항상성을 이해하는 것은 우리가 심리적 치유과정의 주인이라기보다는 하인이라는 점을 깨닫도록 해 준다. 면역체계와 마찬가지로 인간의 자아는 우리에게 최고의 수련을 받은 의사나 최신의 약품보다도 더 좋은 치료를 지속적으로 제공해 줄 수 있다. 따라서 우리 모두는 이 강력한 조력자와 함께 작업하고 이해하는 방법을 배워야만 한다.

후 주

저자 서문

1. W. B. Cannon, *The Wisdom of the Body* (New York: Norton, 1932).

2. S, Freud, *The Ego and the Id* (1923), in Standard Edition of the Complete Psychological Works of Sigmund Freud (hereinafter abbreviated SE), ed. and trans. James Strachey (London: Hogarth Press and Institute of Psychoanalysis, 1953-1964), 24 vols., 19: 17.

3. R. Kegan, *The Evolving Self* (Cambridge, Mass.: Harvard University Press, 1982), pp. 16, 17.

4. Ibid., p. 17.

5. H. Gardner, *The Mind's New Science* (New York: Basic Books, 1985), p. 6.

6. J. Nemiah, "Reflections of an Aging Educator: A Tale of Two Residents" (Teacher of the Year Award Address presented to the Association of Academic Psychiatry, Seattle, 1990).

Chapter 1

1. M. S. Gazzaniga, "Organization of the Human Brain," *Science 245* (1989): 947-952, p. 947.

2. D. Shutcliffe, ed., *Untriangulated Stars: The Letters of Edwin Arlington Robinson to Harry DeForest Smith* (Cambridge, Mass.: Harvard University Press, 1947), p. 325.

3. M. Konner, *The Tangled Wing* (New York: Holt, Rinegart and Winston, 1982), p. 20.

4. C. S. Sherrington, *The Integrative Action of the Nervous System* (London: Oxford University Press, 1911).

5. Konner, *The Tangled Wing*, p. 180.

6. M. S. Gazzaniga, *Mind Matters* (Boston: Houghton Mifflin, 1988), pp. 13-14.

7. P. G. Bourne, R. M. Rose, and J. W. Mason, "Urinary 17-OHCS Levels in Combat," *Ar-*

chives of General Psychiatry 19 (1988): 135-144.

8. M. Rutter, "Resilience in the Face of Adversities," *British Journal of Psychiatry 147* (1985): 598-611.

Chapter 2

1. R. S. Lazarus, J. R. Averill, and E. M. Opton, "The Psychology of Coping: Issue of Research and Assessment," in *Coping and Adaptation,* ed. G. Coehlo, D. Hamburg, and J. Adams (New York: Basic Books, 1974), pp. 249-315.

2. Plato, Phaedrus, ed. I. Edman (New York: Modern Library, 1928), pp. 295-296.

3. S. B. Friedman, P. Chodoff, J. W. Mason, and D. Hamburg, "Behavioral Observations on Parents Anticipating the Death of a Child," *Pediatrics 32* (1963): 610-625.

4. N. Hann, Coping and Defending (New York: Academic Press, 1977).

5. G. L. Bibring, T. F. Dwyer, D. S. Huntingon, and A. Valenstein, "A Study of the Psychological Process in Pregnancy," *Psychoanalytic Study of the Child 16* (1961): 25-72.

6. G. E. Vailland, *Ego Mechanisms of Defense* (Washington, D.C.: American Psychiatric Association Press, 1992); M. Beutel, *Bewältigunges-prozesse beichronischen Erkrankungen* (Munich: VCH, 1988).

7. S. Freud, "Three Essays on the Theory of Sexuality" (1905), *SE* 7: 238.

8. H. Hartmann, *Ego Psychology and the Problem of Adaptation* (New York: International Universities Press, 1958), p. 43

9. S. Freud, *Jokes and Their Relation to the Unconscious* (1905), *SE* 8: 233.

10. Ibid.

Chapter 3

1. R. White, *Lives in Progress* (New York: Holt, Rinehart and Winston, 1952), p. 4.

2. E. Forbes, *Thayer's Life of Beethoven* (Princeton, N.J.: Princeton University Press, 1969), p. 282.

3. Ibid., p. 284.

4. Ibid., pp. 304-305.

5. Ibid., pp. 909-910.

6. Ibid., p. 896.

7. Ibid., p. 306.

8. Ibid., p. 286.

9. Ibid., p. 892.

10. Ibid., p. 1053.

11. A. Rich, *Diving into the Wreck* (New York: Norton, 1973), p. 43.

12. R. Coles, *Children of Crisis* (Boston: Little, Brown, 1967), p. 299.

13. Ibid., p. 304.

14. Ibid., p. 315.

15. Ibid., p. 302.

16. Ibid., p. 112.

17. Ibid., p. 117.

18. Ibid., p. 122.

19. W. Wundt, *Lectures on Human and Animal Psychology* (New York: Macmillan, 1986); W. James, *The Principles of Psychology* (New York: Henry Holt and Co., 1983).

20. S. Freud, "Neuropsychoses of Defence" (1894), SE 7: 45-61.

21. *The Complete Letters of Sigmund Freud to Wilhelm Fliess, trans.* J. M. Masson (Cambridge, Mass.: Harvard University Press, 1985), p. 65

22. Ibid., p. 65.

23. Ibid., p. 136.

24. Ibid., p. 73.

25. Ibid., p. 67.

26. M. Shur, *Freud, Living and Dying* (New York: International Universities Press, 1972).

27. J. Masson, *The Assault on Truth: Freud's Suppression of the Seduction Thery* (New York: Farrar, Straus and Giroux, 1984), p. 202.

28. M. Krull, *Freud and His Father* (New York: Norton, 1986), p. 43.

29. *Complete Letters to Fliess,* pp. 230-231.

30. Ibid., p. 250.

31. Ibid., p. 249.

32. Ibid., p. 253.

33. Ibid., p. 261.

34. Ibid., p. 264.

35. Ibid., p. 272.

36. Ibid., p. 298.

37. S. Freud, *The Interpretation of Dreams* (1900), preface to the 2nd ed., trans. J. Strachey (New York: Basic Books, 1956), p. xxvi.

38. S. Freud, "My Views on the Part Played by Sexuality in the Aetiology of the Neuroses" (1906), *SE* 7: 276.

39. S. Freud, *Id, Inhibitions and Anxiety* (1926), *SE* 20: 163.

40. Ibid., p. 120.

41. P. Gay, *Freud: A Life for Our Time* (New York: Norton, 1988).

42. A. Freud, *The Ego and the Mechanisms of Defense* (London: Hogarth Press, 1937), p. 9.

43. C. Bernard, *An Introduction to the Study of Experimental Medicine* (1865; New York: Macmillan, 1927), p. 188.

Chapter 4

1. S. Freud, *New Introductory Lectures* (1932), *SE* 22.

2. A. Freud, *The Ego and the Mechanisms of Defense* (London: Hogarth Press, 1937).

3. G. L. Bibring, T. F. Dwyer, D. S. Huntington, and A. Valenstein, "A Study of the Psy-

chological Process in Pregnancy and of the Earliest Mother-Child Relationship, II: Methodological Considerations," *Psychoanalytic Study of the Child 16* (1961): 25-72.

4. J. Sandler and A. Freud, *The Analysis of Defense: The Ego and the Mechanisms of Defense Revisited* (New York: International Universities Press, 1985), p. 176.

5. S. Freud, "Fragment of an Anaylysis of a Case of Hysteria" (1901; 1905) *SE* 7: 50.

6. J. Piaget, *The Moral Judgement of the Child*, trans. M. Gabain (London: Kegan Paul, 1932).

7. H. Hartmann, *Ego Psychology and the Problem of Adaptation* (New York: International Universities Press, 1958), p. 30.

8. A. Colby, L. Kohlberg, J. Gibbs, and M. Lieberman, "A Longitudinal Study of Moral Judgement," *Monographs of the Society for Research in Child Development 48* (1983): 1-2, Serial 200; S. T. Hauser, "Loevinger's Model and Measure of Ego Development: A Critical Review," Psychological Bulletin 83 (1976): 928-955.

9. S. T. Hauser, *Adolescents and Their Families* (New York: Free Press, 1991); R. Kegan, The Evolving Self (Cambridge, Mass.: Harvard University Press, 1982)

10. G. E. Vaillant and L. McCullough, "A Comparison of the Washington University Sentence Completion Test(SCT) with Other Measures of Adult Ego Development," *American Journal of Psychiatry 144* (1987): 1189-1194; A. M. Jacobson, W. Beardslee, E. Gelfand, S. T. Hauser, G. G. Noem, and S. I. Powers, "An Approach to Evaluating Adolescent Ego Defense Mechanisms Using Clinical Interviews," in *Ego Mechanisms of Defense: A Guide for Clinicians and Researchers,* ed. G. E. Vaillant (Washington, D.C.: American Psychiatric Press, 1992), pp. 181-194.

Chapter 5

1. G. E. Vaillant, *Adaptation to Life* (Boston: Little, Brown, 1977).

2. G. E. Vaillant and C. O. Vaillant, "Natural History of Male Psychological Health, X: Work as a Predictor of Positive Mental Health," *American Journal of Psychiatry 138* (1981): 1433-1440.

3. C. Heath, *What People Are* (Cambridge, Mass.: Harvard University Press, 1945), p. 4.

4. J. P. Monks, *College Men at War* (Boston: American Academy of Arts and Sciences, 1957).

5. S. Glueck and E. Glueck, *Unraveling Juvenile Delinquency* (New York: Commonwealth Foundation, 1950), and *Delinquents and Non-Delinquents in Perspective* (Cambridge, Mass.: Harvard University Press, 1968).

6. A Hollingshead and F. C. Redlich, *Social Class and Mental Illness* (New York: Wiley, 1958).

7. L. M. Terman, "Mental and Physical Traits of a Thousand Gifted Children," in *Genetic Studies of Genius*, vol. 1 (Stanford: Stanford University Press, 1925).

8. M. D. Terman and M. H. Oden, "The Gifted Group at Midlife," in *Genetic Studies of Genius,* vol. 5 (Stanford: Stanford University Press, 1959); M. H. Oden, "The Fulfill-

ment of Promise: 40-year Follow-up of the Terman Gifted Group," *Genetic Psychological Monographs* 77 (1968): 3–93; R. R. Sears, "The Terman Gifted Children Study," in *Handbook of Longitudinal Research*, ed. S. A. Mednick, M. Harway, and K. M. Finello (New York: Praeger, 1984), pp. 398–414.

9. 횟수를 확인할 수 있을 만큼 충분히 자주 사용된 15개의 방어를 성숙한 방어, 신경증적 방어, 그리고 미성숙한 방어의 세 가지 범주로 나누었다. 또한 각 범주에 해당하는 방어 일화의 상대적 비율을 결정하기 위해서 9점 척도인 방어 성숙도 척도를 사용하였다.

10. G. E. Vaillant, M. Bond, and C. O. Vaillant, "An Empirically Validated Hierarchy of Defense Mechanisms," *Archives of General Psychiatry 43* (1986): 786–794.

11. N. Haan, "Proposed Model of Ego Functioning: Coping and Defense Mechanisms in Relationship to IQ Change," *Psychological Monographs* 77 (1963): 1–23.

12. G. E. Vaillant and C. O. Vaillant, "Natural History of Male Psychological Health, XII: A Forty-Five Year Study of Predictors of Successful Aging at Age 65," *American Journal of Psychiatry 147* (1990): 31–37.

13. G. E. Vaillant and L. McCullough, "A Comparison of the Washington University Sentence Completion Test (SCT) with Other Measures of Adult Ego Dvelopment," *American Journal of Psychiatry 144* (1987): 1189–1194.

14. G. E. Vaillant, *The Natural History of Alcoholism* (Cambridge, Mass.: Harvard University Press, 1983).

15. R. A. Levine, *Culture, Behavior and Personality* (Chicago: Aldine, 1973); A. Kleinman, *Social Origins of Distress and Disease* (New Haven: Yale University Press, 1986).

Chapter 6

1. S. Lightfoot, *Swarthmore College Bulletin*, Aug. 1989, p. 24.

2. H. Troyat, *Tolstoy* (Garden City, N.Y.: Doubleday, 1967), p. 139.

3. Ibid., p. 290.

4. Ibid., p. 297.

5. G. E. Vaillant and S. H. Koury, "Late Midlife Development," in *The Course of Life,* vol. 6, ed. G. E. Pollock and S. I. Greenspan (New York: International Universities Press, 1993); G. E. Vaillant and E. Milofsky, "Natural History of Male Psychological Health: Empirical Evidence for Erikson's Model of the Lifecycle," *American Journal of Psychiatry 137* (1980): 1348–1359.

6. B. L. Neugarten, "Personality and Aging," in *Handbook of the Psychology of Aging*, ed. J. E. Birren and K. W. Schaie (New York: Van Nostrand, 1977), pp. 626–649; R. Kegan, *The Evolving Self* (Cambridge, Mass.: Harvard University Press, 1982); J. Stevens-Long, *Adult Life* (Palo Alto, Calif.: Mayfield, 1984).

7. R. Havinghurst, *Developmental Tasks and Education* (New York: David McKay, 1972).

8. E. Hancock, *The Girl Within* (New York: E. P. Dutton, 1989), p. 83.

9. A. H. Barr, Jr., *Picasso: Fifty Years of His Art* (New York: Museum of Modern Art, 1946), pp. 247, 264.

10. E. Erikson, *Childhood and Society*, 2nd ed. (New York: Norton, 1963).

11. J. Loevinger, *Ego Development* (San Francisco: Jossey-Bass, 1976); L. Kohlberg, "Continuities in Childhood and Adult Moral Development Revisited," in *Life-Span Developmental Psychology: Personality and Socialization,* ed. P. B. Baltes and K. W. Schaie (New York: Academic Press, 1973)

12. C. Gilligan, "In a Different Voice: Women's Conception of the Self and Morality," *Education Review 47* (1977): 481-517.

13. E. Erikson, "The Problem of Ego Identity," *Journal of the American Psychoanalytic Association 4* (1956): 56-121.

14. G. W. Goethals and D. S. Klos, *Experiencing Youth* (Boston: Little, Brown, 1976).

15. D. Levinson, *The Seasons of a Man's Life* (New York: Knopf, 1978).

16. J. Kotre, *Outliving the Self* (Baltimore: Johns Hopkins University Press, 1984).

17. V. P. Clayton and J. E. Birren, "The Development of Wisdom across the Life Span: A Re-Examination of an Ancient Topic," in *Life-Span Development and Behavior,* vol. 3, ed. P. B. Baltes and O. G. Brimm (New York: Academic Press, 1980); P. B. Baltes and J. Smith, "Toward a Psychology of Wisdom and its Ontogenesis," in *Wisdom: Its Nature, Origins and Development,* ed. R. J. Sternberg (Cambridge: Cambridge University Press, 1990), pp. 87-120.

18. Erikson, *Childhood and Society,* p. 231.

19. Erikson, "The Problem of Ego Identity"; E. Erikson, "Identity and the Life Cycle," *Psychological Issues 1* (1959): 1-171.

20. Hancock, *The Girl Within,* p. 66.

21. Ibid., p. 13.

22. Ibid., p. 6.

23. I. Broverman, S. Voger, D. Broverman, F. Clarkson, and P. Rosenkrantz, "Sex-role Stereotypes: A Current Appraisal," *Journal of Social Issues 28* (1972): 59-78.

24. R. Helson and G. Moane, "Personality Change in Women from College to Midlife," *Journal of Personality and Social Behavior 53* (1987): 176-186.

25. D. Guttman, "The Cross-Cultural Perspective: Notes toward a Comparative Psychology of Aging," in *Handbook of the Psychology of Aging,* ed. J. E. Birren and K. W. Schaie (New York: Van Nostrand, 1977), pp. 302-236; G. E. Vaillant, *Adaptation to Life* (Boston: Little, Brown, 1977).

26. Baltes and Smith, "Toward a Psychology of Wisdom," p. 102.

27. Kotre, *Outliving the Self,* p. 14.

28. S. K. Whitbourne, "Openness to Experience, Identity Flexibility, and Life Change in Adults," *Journal of Personality and Social Psychology 50* (1986): 163-168.

29. A. H. Maslow, "Neurosis as a Failure of Personal Growth," *Humanities 3* (1967): 153-170; Kohlberg, "Continuities in Childhood"; Loevinger, *Ego Development*.

30. Gilligan, "In a Different Voice," p. 504.

31. G. L. Klerman and D. J. Levinson, "Becoming the Director: Promotion as a Phase in Personal-Professional Development," *Psychiatry 32* (1969): 411-427.

32. B. L. Neugarten, *Personality in Middle and Late Life* (New York: Atherton, 1964), p. 189.

33. T. S. Eliot, *The Confidential Clerk* (New York: Harcourt, Brace, 1954), p. 43.

34. D. Offer and J. Offer, *From Teenage to Young Manhood* (New York: Basic Books, 1975); M. P. Farrell and S. D. Rosenberg, *Men at Midlife* (Boston: Auburn House, 1981).

35. Erikson, *Childhood and Society*, p. 270.

36. K. W. Schaie, *Longitudinal Studies of Adult Psychological Development* (New York: Guilford Press, 1983)

37. R. R. McCare and P. T. Costa, *Emerging Lives, Enduring Dispositions* (Boston: Little, Brown, 1984).

38. Erikson, *Childhood and Society*, p. 274.

Chapter 7

1. G. Pollock, "The Morning Process and Creativity: Organizational Changes," *Journal of the American Psychoanalytic Association* 25 (1977): 3-34.

2. G. E. Vaillant and E. Milofsky, "Natural History of Male Psychological Health: Empirical Evidence for Erikson's Model of the Lifecycle," *American Journal of Psychiatry* 137 (1980): 1348-1359.

3. M. Horner, "Toward an Understanding of Achievement-Related Conflicts in Women," *Journal of Social Issues* 8 (1972): 157-174.

4. E. Fibush and M. Morgan, *Forgive Me No Longer: The Liberation of Martha* (New York: Family Service Association of America, 1977).

5. Ibid., pp. 207-208.

6. Ibid., p. 207.

7. Ibid., p. 129.

8. Ibid.

9. Ibid., p. 131.

10. Ibid., p. 129.

11. Ibid., p. 285.

12. Ibid., pp. 222-223.

13. Ibid., pp. 223-224.

14. S. Plath, "Daddy" in *Collected Poems*, ed. T. Hughes (New York: Harper and Row, 1962), p. 203.

15. Fibush and Morgan, *Liberation of Martha*, p. 224.

16. Ibid., p. 293.

17. J. Korte, *Outliving the Self* (Baltimore: Johns Hopkins University Press, 1984), p. 10.

18. 이 부분의 내용에서는 공동 작업자인 사라 쿠리(Sara Koury)의 공이 크다.

19. D. Levinson, *The Seasons of a Man's Life* (New York: Knopf, 1978).

20. E. Erikson, *Childhood and Society*, 2nd ed. (New York: Norton, 1963).

21. J. Loevinger, *Ego Development* (San Francisco: Jossey-Bass, 1976), p. 59.

Chapter 8

1. C. Woodham-Smith, *Florence Nightingale* (London: Constable, 1950), p. 93

2. Ibid., pp. 94-95.

3. Ibid., pp. 95-96.

4. Ibid., p. 46.

5. Ibid., p. 76.

6. M. Goldsmith, *Florence Nightingale* (London: Hodder and Stoughton, 1937), p. 72.

7. A. Koestler, "Three Domains of Creativity," in *Challenges of Humanistic Psychology*, ed. J. F. T. Bugental (New York: McGraw-Hill, 1967), p. 31.

8. H. Gardner, *The Mind's New Science* (New York: Basic Books, 1985), p. 6.

9. S. Freud, *Introductory Lectures on Psychoanalysis* (1916-17), *SE* 15: 376.

10. Ibid.

11. Ibid.

12. Ibid.

13. Woodham-Smith, *Florence Nightingale*, p. 7.

14. Goldsmith, *Florence Nightingale*, pp. 23-24.

15. Woodham-Smith, *Florence Nightingale*, p. 17.

16. Ibid., p. 59.

17. G. Pickering, *Creative Malady* (New York: Oxford University Press, 1974), pp. 131-132.

18. Z. Cope, *Florence Nightingale and the Doctors* (London: Museum Press Ltd., 1958), p. 100.

19. Woodham-Smith, *Florence Nightingale*, p. 178.

20. Ibid., p. 207.

21. Ibid., p. 257

22. Ibid., p. 232.

23. Ibid., p. 200.

24. Ibid., p. 397.

25. Ibid., p. 220.

26. Ibid., p. 222.

27. Ibid.

28. Freud, *Introductory Lectures*, p. 376.

29. Pickering, *Creative Malady*, p. 131.

30. Woodham-Smith, *Florence Nightingale*, p. 86.

31. Ibid., pp. 300-301.

32. A. Storr, *The Dynamics of Creation* (Harmondsworth, England: Penguin, 1976), p. 13.

33. H. C. Lehman, "The Age Decrement in Outstanding Scientific Creativity," *American Psychologist 15* (1960): 128-134.

34. C. Heath, *What People Are* (Cambridge, Mass.: Harvard University Press, 1945), p. 27.

35. Ibid.

36. N. C. Adreason, "Creativity and Mental Illness: Prevalence Rates in Writers and Their First-Degree Relatives," *American Journal of Psychiatry 144* (1987): 1288-1292.

37. S. Freud, "Creative Writing and Day-dreaming" (1908), *SE* 9: 144.

38. A. Storr, *Dynamics of Creation*, p. 139.

39. J. Huizinga, *Homo Ludens* (London: Temple Smith, 1971), pp. 28-29.

40. A. Rothenberg, *The Emerging Goddess* (Chicago: University of Chicago Press, 1979)

41. Woodham-Smith, *Florence Nightingale*, p. 33.

42. Koestler, *Three Domains of Creativity,* p. 38.

43. Freud, "Creative Writing," p. 144.

Chapter 9

1. N. H. Steiner, *A Closer Look at Ariel: A Memory of Sylvia Plath* (New York: Popular Library, 1973), p. 22.

2. S. Plath, "Daddy," in *Collected Poems,* ed. Ted Hughes (New York: Harper Row, 1981).

3. Steiner, *A Closer Look at Ariel*, p. 20.

4. S. Plath, *The Bell Jar* (1962; New York: Harper and Row, 1971), p. 47.

5. A. Stevenson, *Bitter Fame* (Boston: Houghton Mifflin, 1989).

6. J. L. Lowes, *The Road To Xanadu* (Boston: Houghton Mifflin, 1927).

7. Stevenson, *Bitter Fame*, p. 228.

8. L. Ames, "Sylvia Plath: A Biographical Note," in Plath, *The Bell Jar,* p. 213.

9. Plath, *The Bell Jar,* p. 62.

10. S. Plath, *The Journals of Sylvia Plath,* ed. T. Hughes and F. McCullough (New York: Random House, 1982), pp. 184-185.

11. Ibid., p. 209.

12. Stevenson, *Bitter Fame,* pp. 123-124.

13. Plath, *Journals*, p. 255.

14. Ibid., p. 272.

15. S. Plath, *Letters Home-Correspondence,* 1950-1963, ed. with commentary by A. S. Plath (New York: Harper and Row, 1975), p. 467.

16. Plath, *The Bell Jar*, p. 135.

17. Ibid., pp. 136-137.

18. S. Freud, "Letters to Arnold Zweig," in *Letters of Sigmund Freud,* trans. T. Stern and J. Stern (New York: Basic Books, 1960), p. 430.

19. Plath, *The Bell Jar*, pp. 2, 105, 106.

20. Ibid., p. 148.

21. Plath, *Collected Poems,* p. 203.

22. Plath, *The Bell Jar*, pp. 121, 116.

23. Ibid., p. 112.

24. Ibid., p. 132.

25. Ibid., p. 182.

26. S. Plath, "A Mad Girl's Love Song," in Ames, *Sylvia Plath*, p. 216.

27. Plath, *The Bell Jar*, pp. 46, 41.

28. M. Solomon, *Beethoven* (New York: Schirmer Books, 1977), p. 246.

29. Ibid., p. 241.

30. Ames, "Sylvia Plath," p. 214.

31. Plath, *The Bell Jar*, p. 98.

32. Ames, "Sylvia Plath," p. 215.

33. Plath, *Journals*, pp. 265, 281.

34. Ibid., p. 261.

35. Plath, *Letters Home*, pp. 131, 478, 481-482.

36. Plath, *The Bell Jar*, pp. 152, 165.

37. Plath, *Letters Home*, pp. 239-240.

38. Plath, *Collected Poems*, pp. 225-226.

39. Plath, *Letters Home*, p. 468.

40. Stevenson, *Bitter Fame*, p. 62.

41. Plath, *Collected Poems*, pp. 75-76

42. Stevenson, *Bitter Fame*, p. 126.

43. Plath, *Letters Home*, p. 31.

44. Plath, *Collected Poems*, pp. 239-240.

45. Plath, *Letters Home*, p. 458.

46. G. Steiner, "Dying is an Art," in *The Reporter* (Oct. 7, 1965), p. 54.

47. S. Freud, "Three Essays on the Theory of Sexuality" (1905), *SE* 7: 130-243, p. 238.

48. Ames, "Sylvia Plath," p. 209.

Chapter 10

1. E. Young-Bruehl, *Anna Freud* (New York: Summit Books, 1988), p. 459.

2. Ibid., p. 211.

3. S. Freud, *The Interpretation of Dreams* (New York: Basic Books, 1955), p. 257.

4. Young-Bruehl, *Anna Freud*, p. 90.

5. Ibid., p. 75.

6. S. Freud, "The Theme of the Three Caskets" (1913), *SE* 12: 291-310, pp. 293-294.

7. S. Freud, *Letters of Sigmund Freud*, ed. E. L. Freud (New York: Basic Books, 1960), p. 301.

8. A. Freud, *The Ego and the Mechanisms of Defense*, trans. C. Baines (London: Hogarth Press and the Institute of Psychoanalysis, 1937), p. 163.

9. P. Roazen, *Freud and His Followers* (New York: Knopf, 1976), p. 440.

10. Young-Bruehl, *Anna Freud*, p. 62.

11. "Anna Freud Memorial Issue," *Bulletin of the Hampstead Clinic-Part I* 6(1983): 1-135, p. 31.

12. Young-Bruehl, *Anna Freud,* p. 52.

13. U. H. Peters, *Anna Freud* (New York: Schocken Books, 1985).

14. E. Jones, *The Life and Work of Sigmund Freud,* vol. 3 (New York: Basic Books, 1957), p. 96.

15. Young-Bruehl, *Anna Freud,* p. 130.

16. A. Freud, "Beating Fantasies and Daydreams," in *Complete Works,* vol. 1 (London: International Universities Press, 1966), pp. 146, 157, 153, 138.

17. S. Freud, "Some Psychical Consequences of the Anatomical Distinction between the Sexes" (1925), *SE* 19: 248-258, pp. 251-253.

18. Ibid., pp. 257-258.

19. Jones, *Sigmund Freud,* p. 112.

20. Peters, *Anna Freud,* p. 69.

21. Rilke quoted in Young-Bruehl, *Anna Freud,* p. 128.

22. J. M. Masson, *The Complete Letters of Sigmund Freud to Wilhelm Fliess* (Cambridge, Mass.: Harvard University Press, 1985), p. 358.

23. Young-Bruehl, *Anna Freud,* pp. 43, 39, 99.

24. E. Freud in "Anna Freud Memorial Issue," pp. 5-6, 8.

25. Ibid., p. 22.

26. Ibid., p. 47.

27. Young-Bruehl, *Anna Freud,* p. 397.

28. G. E. Vaillant, "The Historical Origins and Future Potential of Sigmund Freud's Concept of the Mechanisms of Defense," *International Review of Psychoanalysis 19* (1992): 35-50.

29. A. Freud, *The Ego and the Mechanisms of Defense,* pp. 105, 136.

30. S. Plath, *Letter Home* (New York: Harper and Row, 1975), p. 465.

31. Young-Bruehl, *Anna Freud,* p. 150.

32. A. Freud, *The Ego and the Mechanisms of Defense,* p. 144.

33. "Anna Freud Memorial Issue," p. 8.

34. A. Freud, *The Ego and the Mechanisms of Defense,* pp. 134-135.

35. Ibid., p. 137.

36. Ibid.

37. Ibid., p. 142.

38. "Anna Freud Memorial Issue," p. 52.

39. E. Erikson, *Life History and the Historical Moment* (New York: Norton, 1975), p. 30.

40. A. Freud, *The Ego and the Mechanisms of Defense,* p. 47.

41. Young-Bruehl, *Anna Freud,* p. 191.

42. Ibid.

43. Ibid., p. 443.

44. Ibid., p. 229.

45. Ibid., p. 230.
46. Ibid., p. 197.
47. J. Sandler and A. Freud, The Analysis of Defense: *The Ego and the Mechanisms of Defense Revisited* (New York: International Universities Press, 1985), p. 176.
48. "Anna Freud Memorial Issue," pp. 13-14.
49. Peters, *Anna Freud*, p. 23.
50. S. Freud, "Disturbance of Memory on the Acropolis" (1936), *SE* 22: 239-248, p. 245.
51. S. Freud, "Analysis Terminable and Interminable" (1936), *SE* 23: 235-236.
52. S. Freud, *New Introductory Lectures on Psychoanalysis* (1932), *SE* 22: 146.
53. "Anna Freud Memorial Issue," p. 15.
54. Jones, *Sigmund Freud*, p. 195.
55. Peters, *Anna Freud*, p. 131.
56. Young-Bruehl, *Anna Freud*, p. 234.
57. A. Freud, *The Ego and the Mechanisms of Defense*, p. 193.
58. Stevenson, *Bitter Fame,* p. 302.

Chapter 11

1. L. Sheaffer, *O'Neill: Son and Playwright* (Boston: Little, Brown, 1968), p. 67.
2. A. Gelb and B. Gelb, *O'Neill* (New York: Harper and Row, 1962), p. 78.
3. Sheaffer, *O'Neill: Son and Playwright*, p. 156.
4. Geld and Gelb, *O'Neill*, pp. 137-138.
5. Ibid., p. 235.
6. Ibid., p. 283.
7. J. H. Raleigh, "Introduction," in *Twentieth-Century Interpretations of The Iceman Cometh* (Englewood Cliffs, N. J.: Prentice Hall, 1968). p. 17
8. Ibid., p. 20.
9. E. O'Neill, *Long Day's Journey into Night* (New Haven: Yale University Press, 1955), p. 69.
10. Ibid., p. 101.
11. Ibid.
12. Ibid., p. 45.
13. Ibid., p. 47.
14. Ibid., p. 48.
15. Ibid., p. 87.
16. Ibid., pp. 92, 93.
17. Ibid., p. 110.
18. Ibid., pp. 90, 91, 92.
19. Ibid., p. 120.
20. Geld and Gelb, *O'Neill,* p. 227.
21. Ibid., p. 235.

22. Ibid., p. 383.

23. Sheaffer, *O'Neill: Son and Playwright*, p. 252.

24. Geld and Gelb, *O'Neill*, pp. 233, 231.

25. Ibid., p. 559.

26. Sheaffer, *O'Neill: Son and Playwright*, p. 424.

27. L. Sheaffer, *O'Neill: Son and Artist* (Boston: Little, Brown, 1973), p. 187.

28. Geld and Gelb, *O'Neill*, p. 962.

29. Ibid., p. 706.

30. O'Neill, *Long Day's Journey*, pp. 173-174.

31. Ibid., p. 153.

32. T. Bogard and J. R. Bryer, *Selected Letters of Eugene O'Neill* (New Haven: Yale University Press, 1988), pp. 220-221.

33. Geld and Gelb, *O'Neill*, p. 735.

34. O'Neill, *Long Day's Journey*, p. 164.

35. Ibid., pp. 165-166.

36. E. O'Neill, Nine Plays: *Mourning Becomes Electra* (New York: Modern Library, 1941), pp. 866-867.

37. Geld and Gelb, *O'Neill*, p. 836.

38. Ibid., p. 838.

39. Sheaffer, *O'Neill: Son and Artist*, p. 509

40. O'Neill, *Long Day's Journey*, dedication page.

41. Bogard and Bryer, *Selected Letters of O'Neill*, pp. 227-278.

42. Raleigh, *The Iceman Cometh*, p. 22.

43. Geld and Gelb, *O'Neill*, p. 848.

44. Ibid., p. 845.

Chapter 12

1. E. E. Werner and R. S. Smith, *Vulnerable but Invincible* (New York, McGraw-Hill, 1982).

2. Ibid., p. 152.

3. 아동기환경취약성척도(Childhood Environmental Weakness Scale)의 25개 항목: ① 응집력 있는 가정의 결여: (a) 8번 이상의 이사, (b) 6세 전에 한 부모 상실, (c) 부모 모두로부터 6개월 이상 분리 경험, (d) 이혼하거나 만성적으로 불화 상태인 부모, (e) 9개 이상의 사회복지기관의 관여. ② 어머니의 보호감독 결여: (a) 아이가 그렇다고 말함, (b) 알코올중독이거나 범죄 성향이 있는 어머니, (c) 심한 장애가 있는 어머니, (d) 기준 이하의 집안 관리 상태(2명의 관찰자), (e) 어머니 부재 시 보호감독 결여. ③ 어머니의 애정 결여: (a) 다수의 관찰자가 그렇다고 말함, (b) 아이가 그렇다고 말함, (c) 어머니가 2년 이상 부재, (d) 아이가 어머니한테 무관심하거나 싫어함, (e) 정신질환이 있는 어머니. ④ 아버지의 보호감독 결여: (a) 알코올중독이거나 정신지체인 어머니, (b) 범죄 성향이 있는 아버지, (c) 아버지가 6년 이상 부재, (d) 다수의 관찰자가 훈육이 불충분하다고 말함, e) 아이가 훈육이 불충분하다고

말함. ⑤ 아버지 애정의 결여: (a) 아이가 그렇다고 말함, (b) 다수의 관찰자가 그렇다고 말함, (c) 아버지가 아이를 2년 이상 의도적으로 유기, (d) 정신질환이 있는 아버지, (e) 아이가 아버지한테 무관심하거나 싫어함.

4. Werner and Smith, *Vulnerable but Invincible*, p. 133.

5. Ibid., p. 88.

6. N. Garmezy, "Stressors of Childhood," in *Stress, Coping and Development in Children*, ed. N. Garmezy and M. Rutter (New York: McGraw-Hill, 1983), p. 75.

7. M. Rutter, "Myerian Psychology, Personality Development and the Role of Life Experiences," *American Journal of Psychiatry 143* (1986): 1077-1087, p. 1083.

8. M. Rutter, "Stress, Coping and Development: Some Issues and Some Questions," *Journal of Child Psychology and Psychiatry 22* (1981): 323-356, p. 346.

9. G. E. Vaillant, *Adaptation to Life* (Boston: Little, Brown, 1977); G. E. Vaillant and C. O. Vaillant, "Natural History of Male Psychological Health, XII: A Forty-Five-Year Study of Successful Aging at Age 65," *American Journal of Psychiatry 147* (1990): 31-37; G. E. Vaillant, *Ego Mechanisms of Defense* (Washington, D.C.: American Psychiatric Press, 1992).

10. Garmezy, "Stressors of Childhood." Werner and Smith, *Vulnerable but Invincible*.

11. M. Rutter, "Resilience in the Face of Adversity: Protective Factors and Resistance to Psychiatric Disorder," *British Journey of Psychiatry 147*(1985): 598-611, p. 600.

12. A. S. Masten and N. Garmezy, "Risk, Vulnerability and Protective Factors in Developmental Psychopathology," in B. B. Lahey and A. E. Kasdin, eds., *Advances in Clinical Child Psychology*, vol. 8 (New York: Plenum, 1985), pp. 1-52.

13. Rutter, "Myerian Psychobiology."

14. A. Thomas and S. Chess, "Genesis and Evolution of Behavioral Disorders: From Infancy to Early Adult Life," *American Journal of Psychiatry 141*(1984): 1-9.

15. E. Hartmann, E. Milofsky, G. Vaillant, M. Oldfield, R. Dalke, and C. Ducey, "Vulnerability to Schizophrenia: Prediction of Adult Schizophrenia Using Childhood Information," *Archives of General Psychiatry 41*(1984): 1050-1056.

16. A. Meyer, *The Collected Papers of Adolf Meyer*, vol. 4, *Mental Hygiene* (1908), ed. E. Q. Winters (Baltimore: Johns Hopkins University Press, 1950-1952).

Chapter 13

1. D. Quinton, M. Rutter, and C. Liddle, "Institutional Rearing, Parenting Difficulties and Marital Support," *Psychological Medicine 14* (1984): 101-124.

2. P. I. Yakovley and A. R. Lecours, "The Myeogentic Cycles of Regional Maturation of the Brain," in *Reginal Development of the Brain in Early Life*, ed. A. Minkowski (Oxford: Blackwell Scientific Publication, 1967).

3. D. R. Weinberger, "Implication of Nomal Brain Development for the Pathogenesis of Schizophrenia," *Archives of General Psychiatry 44* (1987): 660-669.

4. T. J. Bouchard, D. T. Lykken, M. Mcgue, N. L. Segal, and A. Tellegen, "Sources of Hu-

man Psychological Differences: The Minnesota Study of Twins Reared Apart," *Science 250* (1990): 223-228.

5. J. Piaget, *The Moral Judgement of the Child* (London: Kegan Paul, 1932).

6. A. Koestler, *The Act of Creation* (New York: Dell, 1964).

7. P. Cramer, *The Development of Defense Mechanisms* (New York: Springer-Verlag, 1991), pp. 48, 74.

8. S. T. Hauser, *Adolescents and Their Families* (New York: Free Press, 1991), pp. 239-240.

9. M. J. Horowitz, *Introduction to Psychodynamics* (New York: Free Press, 1991), pp. 239-240.

10. E. Erikson, "Identity and the Lifecycle," *Psychological Issues 1* (1959): 18-164).

11. H. W. Loewald, *Papers on Psychoanalysis* (New Haven: Yale University Press, 1980).

12. J. Sandler, "On Internal Object Relation," *Journal of the American Psychoanalytic Association 38* (1990): 859-880.

13. S. Freud, *The Ego and the Id* (1923), *SE* 19: 29.

14. A. de Saint-Exupéry, *The Little Prince* (New York: Harcourt, Brace and World, 1943), p. 68

15. Ibid., p. 67.

16. M. Rutter, *Maternal Deprivation Reassessed*, 2nd ed. (Harmondsworth: Penguin Books, 1981).

17. R. Rymer, "A Silent Childhood-Ⅱ," *New Yorker*, April 20, 1992, p. 77.

18. Quinton, Rutter, and Liddle. "Institutional Rearing."

19. A. Thomas and S. Chess, *The Dynamics of Psychological Development* (New York: Brunner/Mazel, 1980).

20. W. Griesenger, *Mental Pathology and Therapeutics* (London: New Sydenham Society, 1867), pp. 5-6.

21. A. Rizzuto, *The Birth of the Living God* (Chicago: University of Chicago Press, 1979).

22. J. Huizinga, *Homo Ludens* (London: Temple Smith, 1971), p. 10.

23. J. Piaget and B. Inhelder, *The Psychology of the Child* (New York: Basic Books, 1969), p. 158.

24. L. Sheaffer, *O'Neill: Son and Playwright* (Boston: Little, Brown, 1968), p. 4.

25. A. Gelb and B. Gelb, *O'Neill* (New York: Harper and Row, 1962), p. 434.

26. E. O'Neill, *Long Day's Journey into Night* (New Haven: Yale University Press, 1955), pp. 88, 87, 103.

27. Ibid., pp. 172-173, 95, 175.

28. Ibid., pp. 107, 78, 95.

29. Ibid., p. 176.

30. Cramer, *Defense Mechanisms*, p. 40.

31. A. Freud, *The Ego and the Mechanisms of Defense* (London: Hogarth Press, 1937): 107-126.

32. Carmer, *Defense Mechanisms*, p. 88.

33. G. L. Angel, F. Richsman, A. S. Dowling, V. Harway, and D. W. Hess, "Monica: A 25-Year Longitudinal Study of the Consequences of Trauma in Infancy," *Journey of the American Psychoanalytic Association 27* (1979): 107-126.

34. S. Freud, *The Ego and the Id,* p. 37.

35. O. Fenichel, *The Psychoanalytic Theory of Neurosis* (New York: Norton, 1945), p. 195.

36. R. Schafer, *Aspects of Internalization* (New York, International Universities Press, 1968), p. 179.

37. M. Hofer, "Relationships as Regulators: A Psychobiologic Perspective on Bereavement," *Psychosomatic Medicine 46* (1984): 183-197, pp. 194-195.

38. H. Troyat, *Tolstoy* (Garden City, N.Y.: Doubleday, 1967), p. 14.

39. Ibid.

40. Ibid., p. 13.

41. L. Tolstoy, *Childhood, Boyhood,* Youth (1852; New York: Scribners, 1904), p. 103.

42. Troyat, *Tolstoy,* pp. 49, 50.

43. Ibid., p. 59.

44. Ibid., pp. 63, 17.

45. Ibid., p. 63.

46. Ibid., p. 98.

47. Tolstoy, *Childhood,* pp. 7, 8.

48. Ibid., pp. 35, 98, 113.

49. Ibid., p. 109.

50. L. Tlstoy, *War and Peace* (1868; London: Oxford University Press, 1930), vol. 1, pp. 114-115, 122.

51. Troyat, Tolstoy, pp. 336-337.

52. Ibid., p. 344.

53. Ibid., p. 361.

54. Ibid.

55. Ibid., pp. 377, 384.

56. L. Tolstoy, *Anna Karenina* (1877; New York: Modern Library, 1950), p. 908.

57. Ibid., p. 909

58. Ibid.

59. L. Tolstoy, *Anna Karenina* (1988; New York: Scribners, 1904), vol. 3, pp. 371-372.

60. C. G. Jung, "The Stages of Life," in *The Portable Jung,* ed. J. Campbell (New York: Viking, 1971), p. 122.

61. H. E. Siegrist, *The Great Doctors* (New York: Doubleday, 1958), p. 209.

62. Plato, *Phaedrus,* ed. I. Edman (New York: Modern Library, 1928), pp. 284-285.

63. M. Solomon, *Beethoven* (New York: Schirmer Books, 1977), pp. 315-316.

찾아보기

[인명]

Abraham, K. 359
Andreason, N. 316
Andreas-Salom, L. 360

Baltes, P. 218
Bandura, A. 426, 464
Bernard Shaw, G. 281, 358
Bernard, C. 143, 322
Bernstein, L. 312
Beutel, M. 61
Bibring, G. 61, 146
Blake, W. 326
Bleule, E. 337
Boas, F. 464
Bock, A. 178
Bonaparte, P. 360
Broverman, I. 224
Buck, P. 302
Bullfinch, T. 216
Burlingham, D. 360

Cannon, W. B. 27
Chaplin, C. 113

Chess, S. 439
Clayton, V. 218
Cleckley, H. 86
Coleridge, S. 329
Coles, R. 58, 127
Conrad, J. 459
Costa, P. 245
Cramer, P. 463
Cummings, E. E. 175

da Vinci, L. 140
Darwin, C. 140
Deutsch, H. 355
Dickinson, E. 322

Einstein, A. 322, 348
Eitingon, M. 356
Eliot, T. S. 232
Engel, G. 490
Erikson, E. 128, 207
Erikson, K. 58

Farr, W. 295

Mann, T. 29
Marx, K. 464
McCrae, R. 245
Meyer, A. 48, 441
Miller, H. 168
Milton, J. 421
Mischel, W. 464
Monroe, M. 113

Nash, O. 90
Neugarten, B. 223
Nightingale, F. 250, 289
Nin, A. 97

O'Neill, E. 376
Oden, M. 185
Osler, W. 282

Pasteur, L. 421
Piaget, J. 167
Picasso, P. 216
Plath, S. 325
Pollock, G. 255
Pritchard, J. 86

Reagan, R. 217
Rilke, R. M. 359
Rizzuto, A. M. 477
Robinson, E. A. 27
Rothenberg, A. 320, 462
Russell, B. 348
Rutter, M. 36, 406

Sacks, O. 128
Sandler, J. 150
Schafer, R. 493
Schaie, W. 245
Schilder, P. 355
Schur, M. 135
Sears, R. 185

Segal, E. 83
Selye, H. 30
Semrad, E. 326
Shakespeare, W. 32
Sherrington, C. 33
Shurley, J. 472
Simon, B. 391
Skinner, B. F. 32, 74, 464
Smith, C. W. 288
Smith, J. 227
Smith, R. 402
Solomon, M. 508
Spiegel, J. 58
Stalin, J. 45
Stanislavsky, K. 488
Storr, A. 301
Strindberg, A. 326
Sullivan, H. S. 33, 57

Terman, L. 182
Thomas, A. 439
Tolstoy, L. 88, 205
Troyat, H. 496
Twain, M. 114

Uwe Peters, U. 371

Vaillant, C. 185
van Beethoven, L. 123
van Gogh, V. 322
Verdi, G. 32
von Goethe, J. W. 216
von Jauregg, J. W. 45, 355
Vonnegut, K. 87

Warhol, A. 289
Watson, J. 464
Werner, E. 402
White, R. 117
Whitenbourne, S. 229

조지 베일런트(George E. Vaillant)

인간의 실제 삶을 가장 오랫동안 추적 조사한 하버드 대학의 성인발달 연구를 무려 43년간 이끌어 온 총책임자이자 정신과 전문의로서 이 시대 가장 존경받는 인간발달 연구의 세계적인 대가다. 1934년 뉴욕에서 태어났으며, 현재 하버드 대학교 의과대학 교수이자 보스턴 브리검여성병원 정신의학과 연구소장으로 재직 중이다. 평생에 걸친 그의 주된 관심사는 행복한 삶의 비결을 과학적인 동시에 예술적인 시각으로 고찰하는 것이었다. 그의 아버지는 영화 〈인디아나 존스(Indiana Jones)〉의 실제 모델인 고고학자 조지 클랩 베일런트(George Clapp Vaillant)다. 사람들이 실제 삶에서 보이는 수많은 인생의 굴곡을 학문적 호기심과 인간애로 조명한 그의 작업은 학계에 지속적으로 깊은 영감을 주고 있다. 지금도 그는 여전히 하버드 대학의 성인발달 연구에 계속 참여하고 있다. 주요 저서로는 『행복의 완성』『행복의 조건』『성공적 삶의 심리학(*Adaptation to Life*)』등이 있다.

역자 소개

김진영

고려대학교 심리학과에서 임상심리학으로 박사학위를 받았으며, 예일 대학교 의과대학 소아과와 심리학과에서 박사후 연구원을 지냈다. 고려대학교 구로병원 신경정신과 임상심리 레지던트 등을 역임했으며, 현재는 서울여자대학교 아동학과 부교수로 있다. 대학의 강단뿐만 아니라 중앙공무원교육원을 비롯해 사회 각계의 다양한 심리학 프로그램에서 강사로 활약하였다. 『이상심리학』『임상심리학』『멘탈 휘트니스 긍정심리 프로그램』『그림으로 이해하는 심리학』등을 공저했고, 『성격의 자화상』을 공역했다.

고영건

고려대학교 심리학과에서 임상심리학으로 박사학위를 받았으며, 삼성서울병원 정신과에서 임상심리 레지던트로서 수련을 받았다. 세계 최초로 '감성지능(EQ)'의 개념을 이론화한 현재 예일 대학교 총장 피터 샐로비(Peter Salovey) 교수의 지도하에 박사후 연구원으로 정서지능에 관한 연구를 수행하였다. 고려대학교 학생상담센터장을 역임했으며, 현재는 고려대학교 심리학과 교수로 있다. 대학의 강단뿐만 아니라 중앙공무원교육원, 지방행정연수원, 서울특별시 교육연수원, 그리고 삼성, LG, SK, 교보생명 등 대기업의 다양한 심리학 프로그램에서 강사로 활약하였다. 주요 저서로는 『삶에 단비가 필요하다면: 인디언기우제 이야기』『심리학적인 연금술』『멘탈 휘트니스 긍정심리 프로그램』『그림으로 이해하는 심리학』등이 있다.

행복의 지도

―하버드 성인발달 연구가 주는 선물―

(The Wisdom of the Ego)

2013년 8월 30일 1판 1쇄 발행
2023년 1월 20일 1판 5쇄 발행

지은이 • George E. Vaillant
옮긴이 • 김진영 · 고영건
펴낸이 • 김 진 환
펴낸곳 • ㈜ **학지사**
　　　　04031 서울특별시 마포구 양화로 15길 20 마인드월드빌딩 5층
대표전화 • 02) 330-5114　　　팩스 • 02) 324-2345
등록번호 • 제313-2006-000265호
홈페이지 • http://www.hakjisa.co.kr
페이스북 • https://www.facebook.com/hakjisabook

ISBN 978-89-997-0201-3 03180

정가 **17,000원**

출판미디어기업 **학지사**

간호보건의학출판 **학지사메디컬** www.hakjisamd.co.kr
심리검사연구소 **인싸이트** www.inpsyt.co.kr
학술논문서비스 **뉴논문** www.newnonmun.com
원격교육연수원 **카운피아** www.counpia.com